梁平区行政区划图

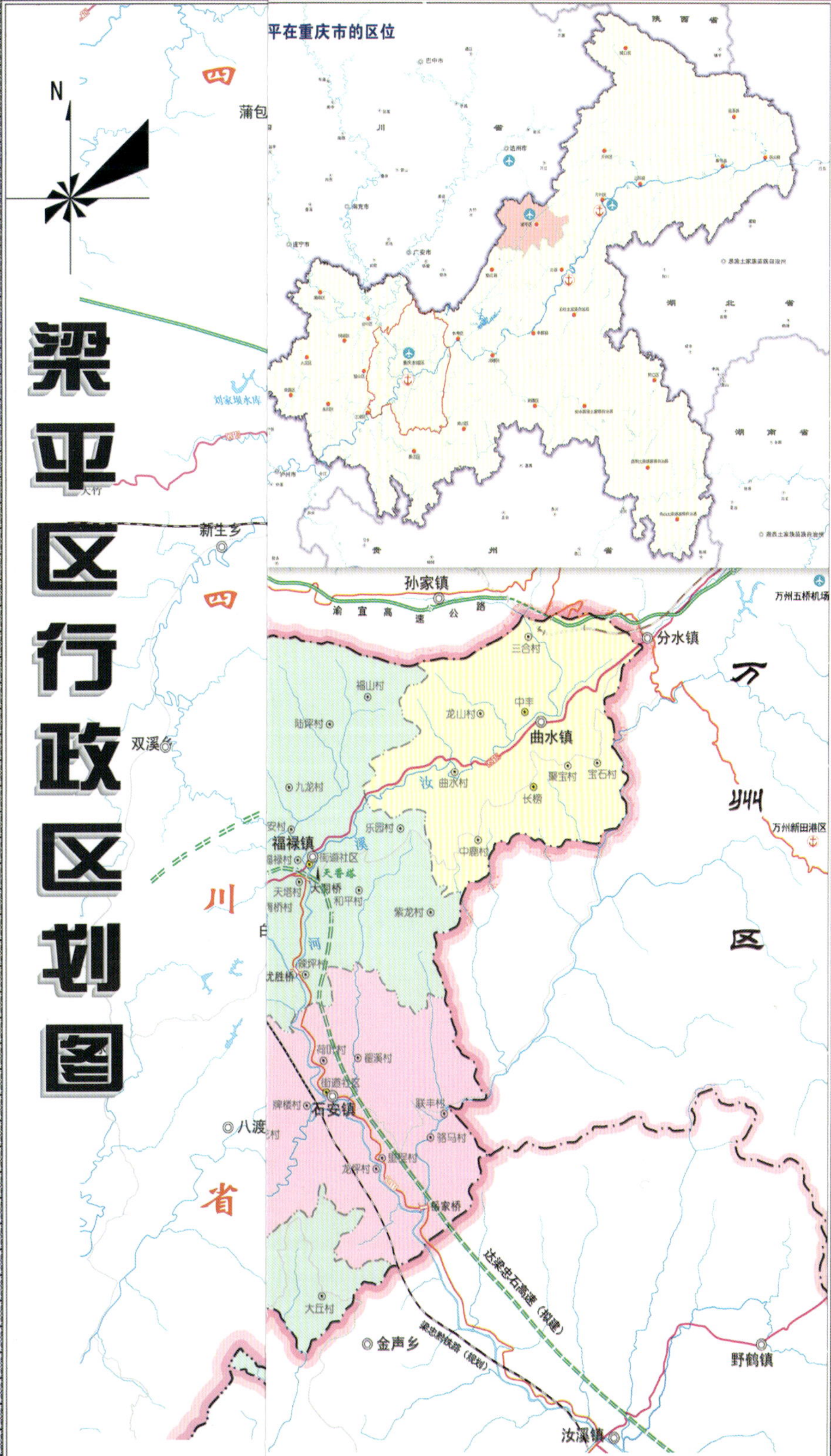

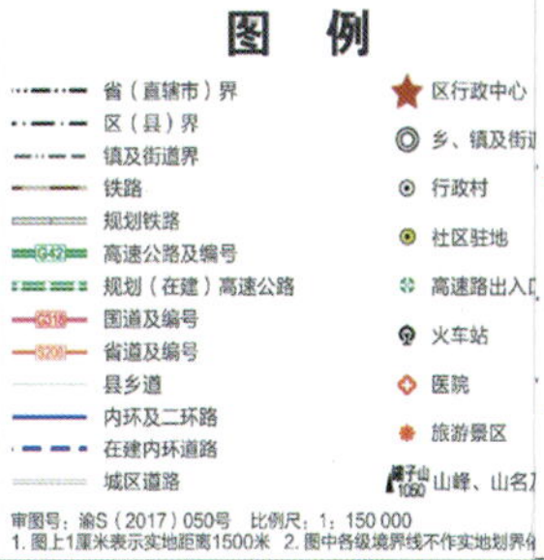

梁平位于重庆市东北部，幅员面积1892平
公里。东邻重庆市万州区，西连四川省大竹
，南靠重庆市忠县、垫江县，北接四川省达州
、开江县。梁平辖5个街道，26个镇，2个乡。

审图号：渝S（2017）050重庆市梁平区规划局 监制 二〇一七年十月

梁平全域旅游

山水田园·美丽梁平

手绘地图

图书在版编目（CIP）数据

梁平年鉴. 2021 / 梁平年鉴编纂委员会编. --北京：方志出版社，2021.10
ISBN 978-7-5144-4889-4

Ⅰ. ①梁… Ⅱ. ①梁… Ⅲ. ①梁平区—2021—年鉴
Ⅳ. ①Z527.194

中国版本图书馆CIP数据核字（2021）第230954号

梁平年鉴（2021）

编　　者：	梁平年鉴编纂委员会
责任编辑：	程　倩
出 版 者：	方志出版社
	地址　北京市朝阳区潘家园东里9号（国家方志馆4层）
	邮编　100021
	网址　http://www.zgfzcb.cn
发　　行：	方志出版社图书经销中心
	电话（010）67110500
经　　销：	各地新华书店
印　　刷：	重庆巴南彩印厂
开　　本：	889×1194　1/16
印　　张：	26.375
字　　数：	852千字
印　　数：	0001~1000册
版　　次：	2021年10月第1版　2021年10月第1次印刷

ISBN 978-7-5144-4889-4　　定价：320.00元

梁平区地方志编纂委员会

主 任 委 员　陈孟文

副主任委员　张子玉　李志祥　唐　军

廖文宪　杨　雄　刘明山

委 员 单 位

区纪委监委机关	区委办公室
区人大常委会办公室	区政府办公室
区政协办公室	区委组织部
区委宣传部	区委统战部
区委政法委	区委编办
区发展改革委	区教委
区科技局	区经济信息委
区民族宗教委	区公安局
区民政局	区司法局
区财政局	区人力社保局
区规划自然资源局	区生态环境局
区住房城乡建委	区城管局
区交通局	区水利局
区农业农村委	区商务委
区文化旅游委	区卫生健康委
区退役军人事务局	区应急局
区审计局	区政府外事办
区国资委	区市场监管局
区统计局	区法院
区检察院	区人武部
区档案馆	

总　编　辑　罗　勇　邓宣波

副 总 编 辑　聂月红

《梁平年鉴》编辑部

主　　　编　唐　军
副　主　编　罗　勇　邓宣波
执行主编　聂月红
文字编辑　聂月红　黄增平　张　怡
美术编辑　黄增平
版式设计　陈开玲
封面设计　颜学均

编辑说明

一、《梁平年鉴》以马克思列宁主义、毛泽东思想、邓小平理论、“三个代表”重要思想、科学发展观、习近平新时代中国特色社会主义思想为指导，坚持辩证唯物主义和历史唯物主义的立场、观点和方法，力求全面、客观、系统地记述梁平年度发展情况。

二、《梁平年鉴（2021）》真实、全面、系统地记载和反映本行政区域2020年自然、经济、政治、文化、社会、生态文明等领域的情况，具有权威性、系统性、科学性和实用性，旨在为决策服务，为经济导航，为民众提供信息，为修志积累史料。

三、《梁平年鉴（2021）》（总第11卷）记述时限为2020年1月1日至2020年12月31日，重大史实适当下延。

四、《梁平年鉴（2021）》采取类目、分目、条目的编辑体例，少数分目下增设次分目，以字体、字号等版式设计区别不同层次。条目标题用【】加黑体字表示。

五、《梁平年鉴（2021）》除采用国家新规定的统一计量单位之外，沿用“公顷”“吨”等计量单位。为免累赘，凡直书月、日而未写年份的，即为2020年，数据增加或减少多少未说明与某一年份比较，即为年鉴记载当年（2020年）与上年（2019年）比较。

六、《梁平年鉴（2021）》文字稿件由区委各部委、区属各部门、各企事业单位、各社会团体、各乡镇（街道）政府（办事处）和驻梁平部队提供，并经供稿单位领导审核。图片由区融媒体中心供稿，统计资料由区统计局提供，区级部门和乡镇（街道）提供的稿件中有个别数据与统计资料数据不尽一致的，以区统计局数据为准。

山水田园 美丽梁平

百里竹海　　肖　华　摄

山水田园 美丽梁平

双桂湖智创生态城　高小华　摄

山水田园 美丽梁平

山水田园城市

山水田园 美丽梁平

水稻基地

百年老柚树

2020年1月7日，重庆市梁平区第十七届人民代表大会第四次会议召开　　向成国　摄

2020年1月6日，中国人民政治协商会议重庆市梁平区十四届委员会第四次全体会议召开　　熊　伟　摄

2020年1月5日，国家储备林项目开工现场　　张常伟　摄

2020年1月31日，梁平区新型冠状病毒感染的肺炎防控工作新闻发布会

2020年2月15日，蟠龙镇工作人员冒着雨雪开展疫情防控检查　　熊　伟　摄

2020年2月19日，梁平区支援湖北医疗队出征仪式　　熊　伟　摄

2020年4月8日，梁平区支援湖北新冠肺炎疫情防治工作医疗队40名队员凯旋

2020年5月1日，购物消费节活动现场　　向成国　摄

2020年5月29日，梁平区实验小学新加入少先队队员进行集体宣誓　　张常伟　摄

2020年6月30日，碧山镇供销合作社无人机植保队队员在回龙镇清平村开展“飞防”作业　　熊　伟　摄

2020年7月16日，梁平区发生水灾，区公安局民警转移卫生院病人

2020年7月19日，市民在双桂湖国家湿地公园体验消防水枪，学习消防技能　　熊　伟　摄

2020年8月6日，区消防救援支队消防员向学生们讲解消防器材的正确使用方法　　熊　伟　摄

2020年8月7日，第三届三峡（梁平）晒秋节现场

2020年8月20日，仁贤街道仁贤村4组村民晾晒稻谷　　向成国　摄

2020年9月15日，礼让镇川西村村民在鱼塘捕捞鱼　　熊　伟　摄

2020年3月4日，重庆渝工科技有限公司生产车间　　熊　伟　摄

2020年12月21日，重庆渝美滋食品有限公司生产车间　　熊　伟　摄

2020年9月25日，区文化馆开展“周周讲 · 月月演”文化惠民系列活动传统戏曲协会专场

2020年11月4日，招聘会现场，企业相关负责人为前往应聘咨询的求职者讲解　　张常伟　摄

2020年11月11日，1500余名中老年人沿着双桂湖健步走　　张常伟　摄

2020年11月28日，重庆市乡村振兴重大项目招商签约仪式现场　　张常伟　摄

2020年12月1日，在报国公园北池社区，工作人员（左一）引导学生和家长正确扔垃圾　　张常伟　摄

2020年12月7日，四川开江至重庆梁平高速公路联合开工活动现场　　张常伟　摄

数字梁平

面积	1892平方千米
年末户籍总人口	921444人
年末常住人口	645315人
地区生产总值	4932423万元
财政总收入	456803万元
财政总支出	1028368万元
全部工业增加值	1636981万元
农林牧渔业增加值	602809万元
固定资产投资总额	1783495万元
社会消费品零售总额	2327771万元
金融机构存款余额	4749635 万元
金融机构贷款余额	2572372 万元
城镇常住居民人均可支配收入	39645元
城镇居民恩格尔系数	35.0%
农村常住居民人均可支配收入	18210元
农村居民恩格尔系数	33.0%

目 录

特 载

专 辑

大事记

梁平概貌

中共重庆市梁平区委员会

重庆市梁平区人民代表大会

重庆市梁平区人民政府

政协重庆市梁平区委员会

中共重庆市梁平区纪委　梁平区监委

民主党派

人民团体

法　治

军 事

经济管理

农业　农村

工　业

交通　邮政

城乡建设

商贸流通

信息业

金融业

文化　旅游

教育　体育

卫生健康

科技　气象

社会事务服务

人民生活

生态文明建设

乡镇（街道）

荣 誉

文 献

统计资料

附 录

特 载

政府工作报告

——2021年2月20日在梁平区第十七届人民代表大会第五次会议上

梁平区人民政府区长 蒲继承

各位代表：

现在，我代表区人民政府，向大会报告工作，请予审议。请政协委员提出意见。

一、“十三五”时期和2020年工作回顾

“十三五”时期是全面建成小康社会决胜阶段，是梁平实现撤县设区，阔步新时代，成就新辉煌的五年。五年来，特别是党的十九大以来，我们深学笃用习近平新时代中国特色社会主义思想，牢记习近平总书记视察重庆系列重要指示精神，坚持稳中求进工作总基调，坚持新发展理念，坚持以供给侧结构性改革为主线，坚持以改革开放为动力，坚决打赢三大攻坚战，深入实施“八项行动计划”，统筹推进稳增长、促改革、调结构、惠民生、防风险、保稳定，推动梁平各项事业呈现新面貌，高质量发展势头强劲，民生保障坚实有力，社会大局和谐稳定，“十三五”规划圆满收官，全面建成小康社会胜利在望，为开启社会主义现代化建设新征程奠定了坚实基础。

综合实力跃上大台阶。全区地区生产总值从“十二五”末的291.8亿元增加到493.2亿元，年均增长8.3%；人均GDP突破1万美元。固定资产投资年均增长10.9%。服务业对经济增长贡献率42.8%。社会消费品零售总额年均增长13.1%。一般公共预算收入年均增长5.8%，税收收入年均增长10%。市委市政府经济社会实绩考核稳居渝东北前列。

三大攻坚战取得决定性成就。脱贫攻坚即将顺利收官。10个市级贫困村全部脱贫出列，29908名建档立卡贫困人口全部脱贫，“两不愁三保障”等综合保障体系全面建立。污染防治成效显著。创成国家生态保护与建设典型示范区、全国水生态文明城市。勇担上游责任，历经五年阻击战、持久战，全区河流出境水质从普遍Ⅳ类甚至劣Ⅴ类“蝶变”至稳定达到或优于水域功能要求，龙溪河被评为“长江经济带美丽河流”。森林覆盖率达47.3%。PM2.5平均浓度下降32.5%，城区空气质量优良天数稳定在340天以上。土壤环境质量保持稳定。防范化解重大风险有力有效。政府债务风险可控，无系统性区域性金融风险发生。扫黑除恶专项斗争纵深推进，群众安全感指数稳居全市前列。

经济结构更加优化。创新赋能动力变革，三次产业结构调优为12.1∶49.2∶38.7。绿色制造业提质升级。新增制造业、信息传输企业729家。规上工业增加值年均增长7.8%，科技进步贡献率达58%，高新技术企业、工业投资总量、工业增加值列渝东北第一。工业园区建成区13平方公里、集中度达75%，产出强度83亿元/平方公里。咬定“科技强区”不放松，创成“两群”地区首个市级高新技术产业开发区。现代服务业提档增效。培育引进各类专业研发、科技服务等机构77家。金融支小助微超140亿元，银行贷款余额年均增长20.7%，存贷比增加21.4个百分点，达54.2%。新增国家AAAA级景区2个，创成百里竹海市级旅游度假区，农文旅融合发展百花齐放，旅游综合收入年均增长50%以上。获批国家电子商务进农村综合示范区。现代山地特色高效农业培优做强。“米袋子”“菜篮子”“肉盘子”量足价稳，农业总产值年均增长4.8%。获批国家农村产业融合发展示范园、国家农产品质量安全县。

城乡融合协同共进。城镇化格局更加优化，城市生活更加美好。内外兼修成就城市颜值与气质，彰显城市自信。城区规模迈进30平方公里30万人，常住人口城镇化率约53%；精雕细琢展现了双桂湖国家湿地公园、梁平南站综合枢纽、全民健身中心和新区两馆等城市名片，建成区域一流水准的区人民医院、西南大学梁平实中，科技馆、图书馆相继投用；投入45亿元实施棚改旧改近100万平方米，惠及万家；新开放城市公园45个，人均公园绿地面积达10.7平方米；投入8亿元提升场镇功能品质。乡村振兴工作走在全市前列，美丽乡村让人更加向往。干净整洁成为常态，乡村面貌绽放新颜。农村卫生厕所普及率、垃圾治理覆盖率、聚集点生活污水处理率分别提高到83%、97%、75%。农村饮水安全达标率100%、自来水普及率87%；新改建“四好农村路”2500公里，村民小组通达通畅率100%，“二环路”入选全国美丽乡村路。改造提升农村危旧房11399户。山水田园、美丽梁平的画卷徐徐展开。

改革开放再谱新篇。改革步稳蹄疾、动力强劲。深化供给侧结构性改革，推动烟花爆竹、乡镇煤矿、非煤矿山等110家企业转型发展，去落后产能40亿元；累计为企业减税降费逾12亿元。获批全国第二批农村改革试验区。市场主体总量突破6万户，民营经济占比超过60%；营商环境纳税指标考核、消防执法评估均列全市第一。区属国企优化重组为9家，资产总额由114亿元增长到532亿元。对外开放水平大幅提升。渝万城际铁路、梁忠高速公路通车，梁平机场通航起飞，外联内畅交通大网络四向便捷。倡导发起的川渝东北六区县共建明月山绿色发展示范带阶段性成效明显。长江三峡晒秋节品牌影响提升。进出口总额1.76亿美元、增幅47.9%。

社会事业全面进步。民生支出占一般公共预算支出比重保持80%以上。城镇新增就业5.7万人，登记失业率控制在4%以内。城乡人均可支配收入年均增长8.4%、10.1%，城乡居民收入比缩小至2.18∶1。下大力气解决教育、医疗、养老等群众“急难愁盼”问题，更好满足群众享有高品质公共服务需求。新改建学校65所、新增学位1.6万余个，学前教育、义务教育、中等职业教育量质提升。坚持软硬件一齐抓，区级医疗机构全面升级扩建，实现质的飞跃，完成基层医疗机构改造提升，人均预期寿命增至77.5岁。基本养老、医疗保险参保率稳定96%以上。城乡三级公共文化服务体系基本建成。非遗保护名录突破百项，列全市第一。社会治理体系更加完善，平安梁平再上台阶。

深入推进依法行政，高质高效整改各类巡视、督察、审计反馈问题，加强党风廉政建设，促进政风作风转变，全面提升履职水平。深化双拥共建活动，军政军民团结不断巩固。国防动员、民族宗教、审计、统计、信访、供销、档案、消防、人防、气象、邮政等工作取得新成效，知识产权、工会、妇联、共青团、科协、老龄、工商联、社科联、残联、侨联等事业实现新发展。

各位代表，过去一年，我们统筹疫情防控和经济社会发展，扎实做好“六稳”工作、落实“六保”任务，捷报频传、再添佳绩。梁平每个人都了不起！涓滴之力汇聚成磅礴伟力，逆风破浪开新局，为我们共同创造的这份成绩单点赞！

（一）*大战大考取得重大胜利*。全力战疫情，坚持人民生命至上，用不到一个月实现新确诊病例零增长，4例确诊、住院病例“双清零”。3批43名医护人员白衣执甲，逆行驰援湖北、万州。严格“外防输入、内防反弹”抓好常态化疫情防控，为恢复经济赢得主动。全力战复工，严格实行分区分级精准防控，有序推动复工复产、复商复市、复课复学。精准落实“助力市场主体健康发展45条”等纾困惠企政策，用“硬核”举措帮助企业渡难关。各行各业全力以赴抢进度、赶时间、补损失，齐力推进经济社会快速转入正常运行轨道。全力战脱贫，做好扶贫产业恢复生产，帮助贫困劳动力稳岗就业，深入实施脱贫攻坚总攻十大专项行动，打好百日大会战、收官大决战，完成脱贫攻坚专项调查，“两不愁三保障”问题动态清零，健全稳定脱贫长效机制，巩固提升脱贫成果。全力战洪水，保持临战状态，统筹做好监测预警、堤库排查、应急处置、抢险救援、群众安置和灾后恢复重建，成功抵御“7·15”“7·25”等洪涝灾害，确保安全度汛。事非经过不知难，在一次又一次大战大考中，93万梁平人民没有旁观者、没有局外人，百折不挠战荆棘，千锤百炼淬成金！每个人都是平凡英雄，向大家致以崇高敬意和诚挚感谢！

（二）创新驱动引领工业发展。“3+3”绿色制造业体系初步构建，增加值占比突破30%，数字经济增加值占GDP比重达9%。近300家企业“上云上平台”，国家知识产权试点城市通过验收。科创中心、高新区规划展览馆投用，都梁科技企业孵化器获市级认定。实施“凤还巢”“小培强”工程，引进108个项目232亿元，落地率69%。新增市场主体13122户，净增长率列全市第一。

（三）绣花功夫打造郊区新城。都梁新区快速崛起，投用城市地下综合管廊等一批牵引性功能性项目，贯通竹海大道等城市主干道5条，大规模实施绿化美化亮化工程。提质梁山城区，改造老旧小区188个，投用一批停车场、菜市场、公厕、健身休闲等生活配套设施。“大城三管”持续发力，城镇垃圾分类全面推开。

（四）综合示范推进乡村振兴。突出农业“接二连三”，绿色食品加工业规上产值达55亿元，农业产业化龙头企业突破200家，获批国家农业科技园区。完善乡镇场镇功能，实施雨污分流管网40余公里，新建一批市级农民体育健身点，建成镇级电商孵化中心、基层供销社。新培育“两品一标”农产品40个，乡村旅游综合收入增长17%，合兴街道上榜全国农业产业强镇。新改农厕2760户，提升农村旧房3000户，创成全国村庄清洁行动先进区。

（五）重大项目牵引发展提速。实行重点项目“揭榜挂帅”，固投增长12.2%。龙溪河PPP、龙象寺水库、水系连通工程等重大项目全面开工。左柏水库、龙溪河服务区投用，G318仁贤至屏锦段、城区至乡镇集镇的道路全面完成升级改造。

（六）上游担当筑牢生态屏障。国家战略储备林、亚行生态项目快速推进，复垦复绿关闭矿山600亩，关闭整治畜禽养殖场45家，完成长江支流禁捕退捕。中央生态环保督察等反馈问题整改扎实，解决一大批突出环境问题。提名第二届国际湿地城市，龙溪河河长制典型经验获水利部全国推广。

（七）问需于民增添民生温度。41件重点民生实事落地见效。新增就业8251人，发放创业担保贷款3.9亿元。开建修缮学校5所，义务教育城镇大班额基本消除。国家卫生区创建通过市级初评，高新医院、妇女儿童医院正式接诊。建成10个乡镇（街道）养老服务中心、35个社区养老服务站。创成全国无障碍环境达标区。青少年活动中心、巴蜀水情馆投用开放。人均体育场地面积增加至2.05平方米。新增5G基站627个。有序开展第七次全国人口普查。

各位代表，艰难方显勇毅，磨砺始得玉成。回顾“十三五”发展历程，我们敢干有为、奋楫争先，梁平各项事业取得新的重大成就，实现了领跑库区、比肩渝西的赶超跨越，全区人民幸福感、获得感、自豪感显著增强。区党政领导班子连年被市委、市政府表彰为先进。五年同心同向、众志成城，五年埋首耕耘、艰辛奋进，我们交出了沉甸甸的成绩单。成就来之不易，经验弥足珍贵。最根本在于以习近平同志为核心的党中央的坚强领导，离不开市委、市政府的正确领导，是区委团结带领全区干部群众锐意进取、真抓实干，区四套班子精诚团结、共进善为的结果。在此，我代表区人民政府，向在各行各业辛勤劳动的广大干部群众，向人大代表、政协委员，向各民主党派、工商联、人民团体和社会各界人士，向驻梁部队、武警官兵、公安干警和消防救援队伍指战员致以崇高敬意！向关心支持梁平发展的市级各部门和川渝兄弟区县，向深耕助力梁平发展的企业家和各界朋友表示衷心感谢！

当前，我区发展仍面临一些矛盾和问题：产业集群规模不大不强，引领性的龙头企业、生产性服务业缺乏，科技创新偏弱等短板亟待破解，战略性新兴产业仍需用力培育；城镇化水平还不高，生态环境保护任务较重，新型和传统基础设施仍需补短强弱；“一老一小”等民生保障还存在不少薄弱环节；政府职能转变不够到位，营商环境还需进一步优化。我们要聚力攻坚克难、破解瓶颈制约，持续巩固发展好势头，开创发展新局面，用忠诚和担当扛起时代赋予的重任和群众寄予的重托。

二、“十四五”发展主要目标任务和二〇三五年远景目标

“十四五”时期，梁平正逢大有作为的重要战略机遇期，推动高质量发展具有全新优势和多方面条件。长江经济带发展、成渝地区双城经济圈建设等国家战略交汇叠加，政策红利将呈现乘数效应加速释放。构建双循环新发展格局，巨大的内需潜力将得以充分激发，经济增长空间将得以进一步拓展。全市“一区两群”协调发展深入实施，明月山绿色发展示范带有力推进，我们将迎来区域开放和高质量发展的重大机遇。好雨知时节，好风凭借力，我们要抓牢机遇，集中精力办好自己的事，扬帆起航、逐梦前行，奋力开启全面建设社会主义现代化新征程。

“十四五”时期，我区经济社会发展的指导思想是：高举中国特色社会主义伟大旗帜，深入贯彻党的十九大和十九届二中、三中、四中、五中全会精神，坚持以马克思列宁主义、毛泽东思想、邓小平理论、“三个代表”重要思想、科学发展观、习近平新时代中国特色社会主义思想为指导，全面贯彻党的基本理论、基本路线、基本方略，统筹推进“五位一体”总体布局，协调推进“四个全面”战略布局，深入贯彻习近平总书记对重庆提出的营造良好政治生态，坚持“两点”定位、“两地”“两高”目标，发挥“三个作用”和推动成渝地区双城经济圈建设等重要指示要求，准确把握新发展阶段，深入践行新发展理念，积极融入新发展格局，切实担当新发展使命，坚持稳中求进工作总基调，认真落实市委赋予梁平“发挥联接主城都市区作用”“积极承接沿海地区和主城都市区的产业转移，吸纳生态功能区的人口转移”等功能定位，以推动高质量发展为主题，以深化供给侧结构性改革为主线，以改革创新为根本动力，以满足人民日益增长的美好生活需要为根本目的，统筹发展和安全，加快建设生态优先绿色发展先行示范区，推进治理体系和治理能力现代化，实现经济行稳致远、社会安定和谐，确保社会主义现代化建设新征程开好局、起好步。

“十四五”时期，我区经济社会发展的主要目标是：以建成生态优先绿色发展新范例为统领，在全面建成小康社会的基础上实现新的更大发展，高质量发展实现重大突破，高品质生活实现长足进步，改革开放取得决定性进展，山清水秀美丽之地建设取得重大进展，在推进成渝地区双城经济圈建设和全市“一区两群”协调发展中走在前列。

展望二〇三五年，我区将与全国、全市一道基本实现社会主义现代化，经济总量和城乡居民收入较2020年翻一番以上。综合实力、科技实力大幅跃升，高品质生活充分彰显，建成生态优先绿色发展先行示范区。

“十四五”期间，我们要坚持系统观念，树立正确的发展观、现代化观，用大历史观看待问题，在战略上布好局、在关键处落好子。重点推进十一个方面的工作。

（一）坚持大数据智能化赋能，区域创新高地引领绿色发展。完善科技创新体制机制，持续优化创新创业生态，加强科技开放合作和引才引智，加速聚集创新资源，建成国家双创示范基地、高新区数字经济产业园，培育引进科技型市场主体，培育壮大高新技术产业、战略性新兴产业，提升企业创新能力，建设人才强区，创成国家高新技术产业开发区。

（二）发展现代产业体系，承接产业转移示范脚踏实地。把制造业高质量发展和高水平承接产业转移放到更加突出位置，壮大电子信息、智能家居、绿色食品加工等主导产业，发展集成电路、新材料、通用航空等战略性新兴产业。“十四五”末，高新技术企业数量达到130家以上，战略性新兴产业产值占工业总产值比重突破20%。突出发展现代服务业。推动生产性服务业向专业化和价值链高端延伸，现代服务业同绿色制造业、现代农业深度融合，增加值年均增速达到9%。建成都梁新经济活力区。发展新业态、新模式，打造具有区域影响力的新经济策源地、活力区和区域大数据中心，建设新型智慧城市。推进各领域大数据智能化应用取得重大进展。数字经济增加值占GDP比重提高到15%。

（三）释放投资消费潜力，扩大内需连通双循环的战略基点深耕夯实。积极融入国内国际双循环。全面加强产业发展、科技创新、对外开放等领域合作，促进产业、人口及各类生产要素高效聚集。壮大外资外贸企业，深化与川渝区县合作。强力扩大有效投资。发挥投资对优化供给结构的关键作用，以“两新一重”、基础设施和公共服务补短板、战略性新兴产业投资为重点，实施一批牵引性重大工程和利长远的重点项目。“十四五”期间固投年均增长10%。促进消费供给升级。增强消费对经济发展的基础性作用，顺应消费升级趋势，完善消费市场体系建设，构建多元融合的消费需求，推动消费供给升级。“十四五”期间社零总额年均增长8%。

（四）接力优化营商环境，区域开放跃上大台阶。突出营商环境提升。促进大众创业、万众创新，培育壮大各类市场主体。推进国有企业市场化改革，促进国有资本做强做优做大、国有资产保值增值。深化投融资体制改革。强化财政资金、国有资产、金融资源协同，形成市场主导、政府引导的投资内生增长机制，持续激发民间有效投资活力。提高对外开放水平。完善基础设施体系、政策创新体系，拓展开放通道。建设仓储物流基地、保税仓、转运中心。借力中新（重庆）战略互联互通示范项目，带动“梁平造”优质产品迈向国际市场。

（五）深度融入成渝地区双城经济圈和全市“一区两群”，勇当协调发展排头兵。合力建设基础设施网络。共建内畅外联交通大格局。规划建设铁路、高速公路、快速通道，强化四向快速联通。推动跨区域重大引调水工程建设，建设新一代信息基础设施。协同打造绿色产业体系。共建绿色制造业集群、消费品产业集群，建成有重要影响力的产业转移承接地和人口转移承载地。强化生态共建和环境共保。构建龙溪河、明月江绿色生态走廊。建立跨流域跨区域横向生态保护补偿机制。强化公共服务共建共享。推进基本公共服务标准化便利化，全面加强社会事业领域合作。

（六）坚持生态优先绿色发展，生态文明典型示范区走在前列。统筹山水林田湖草系统治理，实施一批水土保持、水源涵养、生物多样性保护重大工程，筑牢绿色本底。全面推行林长制，建成国家森林城市、国家战略储备林示范基地，“十四五”末森林覆盖率提高到55%。PM2.5年均浓度稳定达标。强化国土空间规划和“三条控制线”用途管控，发展循环经济，推动低碳发展，开展绿色生活创建活动。深入落实河长制，实施全域治水，“十四五”期间主要河流水质优良比例达到100%。创成国际湿地城市。

（七）提速新型城镇化，现代田园城市生机勃勃。优化城镇空间布局。建立完善“多规合一”国土空间规划体系，规划建设“双百”城市。做大做强中心城区，提升城市综合承载力、影响力。推动与四川毗邻乡镇共同打造跨区域川渝名镇。支持区域中心镇特色发展。高标准规划建成都梁新区。实施城市更新行动，优化布局城市组团，突出产城融合、职住平衡、生态宜居、交通便利，建设有鲜明特色的现代田园城市和郊区新城。提升城市治理水平。以创建国家生态园林城市、国家卫生区为抓手，全面提升城市颜值品质。突出城市生态修复、功能完善。建设海绵城市、韧性城市。构建房地产调控长效机制，完善住房保障体系。深化户籍制度改革，引导农民就地就近城镇化。

（八）致力农业农村现代化，绘就乡村振兴壮美画卷。提高农业质量效益和竞争力。建成川渝东北地区重要的粮食、生猪、蔬菜等主要农产品生产供应基地。创建国家农业高新技术产业示范区。“十四五”期间一产增加值年均增长5%左右，农产品加工产值与农业总产值比达到2∶1。实施乡村建设行动。强化乡镇服务农民的综合能力。实施农村人居环境整治提升五年行动，建设美丽乡村。培育壮大职业农民队伍、新型农业经营主体。深化农村“三变”改革，开展宅基地制度改革试点。推动“三社”融合发展，发展新型集体经济。实现巩固拓展脱贫攻坚成果同乡村振兴有效衔接。推动产业振兴，完善基础设施，增强内生发展能力，巩固脱贫成果。

（九）繁荣发展文化事业和文化产业，文化强区自信满满。提升社会文明程度。深入推进公民道德建设，广泛开展弘扬时代新风行动，积极创建全国文明城区。提升公共文化服务水平。实施文艺作品质量提升工程、全媒体传播工程。推进城乡公共文化服务体系一体建设，传承弘扬中华优秀传统文化。培育现代文化产业体系。发展数字文化新型业态。规划打造文化产业园区。推动文化和旅游深度融合发展。“十四五”末文化产业增加值、旅游产业增加值占GDP比重分别达到3.5%、5.5%。

（十）奋力创造高品质生活，社会建设安定祥和。夯实民生保障基础。千方百计稳定和扩大就业。多渠道增加城乡居民财产性收入。健全多层次社会保障体系。落实退役军人工作保障制度。健全高质量教育体系。优化城乡教育资源配置，完善普惠性学前教育和特殊教育、专门教育保障机制，突出办好优质初中、高中，提升职业教育层次和质量，聚力引进发展高等教育，构建终身教育体系。提高健康梁平水平。织牢公共卫生防护网，为群众提供全方位全生命周期服务。推进等级医院创建。深化医药卫生体制改革。发展中医药事业。成功创建国家卫生区。“十四五”末人均期望寿命达到79.3岁。建设体育强区。完善全民健身公共服务体系，广泛开展全民健身活动。推动体育产业与文化创意、休闲旅游等产业融合。加强和创新社会治理。健全党组织领导的自治、法治、德治相结合的城乡基层治理体系，完善基层民主协商制度。创成全国市域社会治理现代化试点城市。

（十一）统筹发展和安全，筑牢安全发展底线。全力维护国家安全。加强国家安全体系和能力建设，坚决维护政治安全，增强国防动员能力。突出抓好经济安全。加强经济安全风险预警、防控机制和能力建设，维护金融、粮食、能源、网络等安全。切实保障公共安全。加强重点领域安全监管，加强自然灾害防范应对，完善应急管理体系，深化平安创建活动，确保社会安定有序。

各位代表，乘风破浪正当时，不负韶华共奋进。站在历史新起点上，百年大党风华正茂，新时代中国朝气蓬勃。我们有信心、有底气、有能力，接力跑好“十四五”新征程。我们要把思想和行动统一到党中央决策部署上来，在市委、市政府坚强领导下，牢记初心使命、勇于担当作为，扬鞭奋蹄、勇毅前行，以实干实绩谱写社会主义现代化建设新篇章！

三、2021年工作安排

全区经济社会发展主要预期目标是：GDP增长8%以上，规上工业增加值增长8%，固定资产投资增长12%，社会消费品零售总额增长10%以上，居民收入增长与经济增长基本同步。

实现上述目标，要紧扣高质量发展主题，牢牢把握新发展阶段，完整准确全面贯彻新发展理念，推动构建新发展格局，继续做好“六稳”工作，落实“六保”任务，努力保持经济运行在合理区间，全力抓创新强支撑、抓项目强投资、抓实体强产业、抓民生强保障、抓开放强协同，确保经济健康发展和社会安全稳定，确保“十四五”发展开好局，确保落实成渝地区双城经济圈建设和全市“一区两群”协调发展部署迈新步。

重点抓好九个方面的工作。

（一）聚力国家高新区创建，在建设绿色制造业基地上有新突破。坚持把发展经济着力点放在实体经济上，以创建国家高新区为牵引，积极承接东部沿海和川渝主城都市区产业转移，实施智能制造、科技创新、引资引智三大行动，在主导产业上锻长板，促进制造业高质量发展。工业总产值突破500亿元，工业投资增长10%。推动智能制造。平伟5G射频模组、克鲁德智能家居等项目投产，加速亿联智能家居制造、兰星电子GPP芯片等项目建设。投用绿色食品产业园，建设数字经济孵化园、集成电路产业园，打造设计园区、智慧园区。支持企业实施智能化改造项目20个以上，累计400家企业“上云上平台”。推动科技创新。创建国家双创示范基地，设立高新技术产业研发专项，全社会研发投入强度达到1%。新培育科技型企业40家、高新技术企业20家。新增“四上”企业100家，其中规上工业企业25家。推动引资引智。突出上下游、产供销、大中小企业协同补链成群，引进项目100个以上，合同引资300亿元，其中工业引资200亿元。注重招商实效，加强项目跟踪服务，健全政府兑现招商协议和企业履约第三方评估机制。发挥产业研究院、专家院士工作站等创新平台聚集作用，引进高校设立二级学院或合办产业学院，聚焦主导产业引进培养急需专业人才。

（二）聚力“两新一重”稳增长，在有效投资上有新放量。统筹编制政府投资五年规划、三年储备库、年度投资计划，强化“项目池、资金池、资源要素池”对接，持续扩大有效投资拉动经济增长。抓牢重点项目建设。组织实施15个市级、150个区级重点项目建设，全年完成投资150亿元。提速梁平至开江高速、龙象寺水库等项目建设，开建梁平至开州高速、银河桥水库等项目。发展新型基础设施。建设5G基站600个、梁平大数据中心，布局一批新能源充电桩、综合能源站；规划建设工业互联网、物联网，推进IPv6规模部署；做深梁平航空产业园项目前期；争取梁平—垫江（沙坪场）国家特大型战略储气库和中石化页岩气脱硫厂落地。拓宽资金来源渠道。争取更多市上项目落地梁平、区级项目挤入市上盘子，争取中央预算内资金、上级专项基金、地方政府债券等更多资金。发挥好财政资金撬动和区属国企主力军作用，引导和带动更多社会资本投资重点领域。强化项目要素保障。注重协作、服务、管理并重，及时解决项目审批、用地、用工、用能和资金问题，推动项目早开工、早建设、早达效。

（三）聚力扩消费强内需，在现代服务业上有新提质。培育发展生产性服务业。信息服务，聚焦研发设计、检验检测，培育生产性服务机构30家，打造科技服务平台20个。物流服务，推动达万铁路扩能改造，实施梁平火车北站集装箱货运站场建设；完善城乡村三级物流配送网络，布局物流分拨基地；推进天华物流产业园二期。金融服务，发展消费金融、金融科技、融资租赁等新兴业态，新引进银行2家；银行贷款余额增加10%以上，存贷比达60%，新增重庆OTC挂牌企业4家以上，增强金融服务实体经济能力。做强做优生活性服务业。文化旅游，启动国家级旅游度假区创建，提质升级AAAA级景区和旅游融合项目建设运营，高水平举办长江三峡（梁平）晒秋节、国际柚博会；紧盯服务川渝主城都市区人群，发展城郊经济、假日经济，力争旅游人均消费突破千元。商贸服务，实施消费升级行动计划，提升三大城区商圈消费能级，打造特色商业街区，支持乡镇发展限上批零住餐企业，提档乡镇农贸市场；发展网上餐厅、智能商超等新业态，促进线上线下消费融合发展。举办促销节会展会，扩大住房、汽车、家居等传统大宗消费。发展限上商贸企业30家。新增电商主体200个。健康服务，推进医、养、旅、康、体跨界融合发展，培育发展中医保健、社区养老、机构养老、健康疗养等大健康业态，发展家政、物业、托幼、家庭配送等服务业。

（四）聚力城乡协调发展，在建设郊区新城上有新颜值。深入推进以人为核心的新型城镇化，统筹生产生活生态空间和城市安全，推进城市扩容提质，分类引导集镇发展，创成国家森林城市、国家卫生区，创建国家生态园林城市。现代田园城市品牌彰显，城镇化率提高到55%以上。推进城市品质提升。都梁新区突出生态示范、宜居宜业宜游、智慧生活，打造新经济活力区。开建都梁大剧院、数字文创小镇、数字大厦等牵引性项目，贯通都梁大道一期、高新大道、水东路等主次干道，积极推进都梁大道二期、赤牛城环线、赤牛城宋蒙（元）文物遗址公园建设，高水平谋划建设城市滨湖客厅、城市之眼等功能新名片。梁山城区突出生态修复、功能完善，改造老旧小区119个，抓好老旧楼院安防工程、电梯安装。建立健全金带、仁贤、合兴街道同城化发展机制，增强城区综合承载能力。推进智慧城市建设。坚持数字赋能城市治理，用好智慧城市“两中心一平台”，做实城市管理“一网统筹”，打造双桂湖智慧体验公园、高新区智慧园区等5个应用体验场景。推进城市精细化管理。深化“城市三管”“马路办公”，促进管理提效、环境提质和功能提升。建成城市“双水源”工程。实施兴隆、回兴，清都、上八等片区人居环境整治。完善雨污管网127公里，实现城区雨污分流全覆盖。实施“增绿添园”。垃圾分类示范覆盖面扩大至城镇建成区75%以上和行政村40%以上。激活镇域经济发展。指导乡镇立足自然资源、产业基础，因地制宜培育镇域支柱产业。支持符合国土、环保、安全条件的地方，打造区域性工业集聚区。屏锦回龙聚奎片、福禄石安片作为工业园区组团，强化与高新区联动发展，提升“一区三组团”整体发展能级。云龙荫平、袁驿碧山虎城、新盛礼让、蟠龙铁门等4个区域小微企业创业园，要联动周边镇乡发展绿色食品加工、竹木建材加工等劳动密集型产业，吸纳群众就近就便就业。

（五）聚力乡村振兴示范，在农业农村现代化上有新景象。坚持农业农村优先发展，推进乡村振兴扩面提质。提高农业质量效益。创建国家农业现代化示范区、国家现代农业产业园。落实最严格的耕地保护制度，实施现代种业提升和千年良田工程，坚决遏制耕地“非农化”，防止耕地“非粮化”。建设10万亩级高标准农田和宜机化改造示范片，实施龙溪河灌区现代化改造5万亩，打造高标准“样板田”，创建全国主要农作物生产全程机械化示范区。推动品种培优、品质提升、品牌打造和农业标准化生产，做优做强“粮猪菜”保供产业、提质增效“柚竹渔”特色产业。农业“接二连三”有大手笔，打造百亿级绿色食品加工示范区、百亿级粮油产业集群、百亿级生猪产业链。新培育“两品一标”农产品30个。实施乡村建设行动。新改建“四好农村路”200公里，实施村电网升级改造，宽带通信网络全覆盖，自来水普及率达到90%、天然气覆盖率达到85%。完善场镇文体小广场功能配套，提升村级卫生室服务能力，建设基层综合服务站点，把乡镇建成服务群众的区域中心。常态化开展村庄清洁行动，实施礼让、明达，袁驿、屏锦、竹山等人居环境集中连片整治。改造农村户厕2000个；实施旧房整治提升1000户，创建美丽庭院1000个，安装村庄照明灯1000盏，建设美丽乡村。推进农村改革创新。开展农村宅基地制度改革试点，推广农业专业化社会化服务，培育新型农业经营主体100家。深化农村“三变”改革、“三社”融合发展。加强与高校院所合作，推行科技特派员制度，共建创新创业服务平台。培育发展农业产业化龙头企业等创新主体15个。建成区级农业农村大数据中心、2个智慧农业示范园。巩固拓展脱贫成果。严格落实“四个不摘”，做实防止返贫动态监测和精准帮扶，常态跟踪收入变化和“两不愁三保障”巩固情况。注重激发群众内生动力，推动产业扶贫向产业振兴提升，做好脱贫人口稳岗就业，强化社会保障和兜底救助，促进脱贫群众持续增收致富。

（六）聚力共建明月山绿色发展示范带，在践行“两山论”上有新样板。严格落实“三条红线”“三线一单”管控，推动生态产业化、产业生态化，将生态优势转变成发展优势。加强生态系统保护修复。实施龙溪河PPP、亚行生态项目，完成水系连通及农村水系综合整治35公里。落实“林长制”，保护好东山国家森林公园，国家战略储备林基地改培、抚育林地6万亩，森林覆盖率提高到50%。实施国土整治7万亩，治理水土流失4万亩，复垦复绿关闭矿山4家。完成中央第二轮环保督察整改任务销号。强化生态环境联防联治。新建村级污水处理厂（站）25个，雨污管网150公里，巩固提升跨界流域水环境综合治理成果。开展农药化肥减量和农业生产废弃物资源化利用行动，完成渔业养殖集中区域尾水治理，持续做好禁捕退捕工作。PM2.5浓度稳定达标，城区空气质量优良天数达345天以上。持续推动绿色低碳发展。严格落实“碳达峰、碳中和”工作要求，节能减排降碳完成国家下达任务，单位GDP能耗下降3.5%。加强废旧资源循环利用，开工生活垃圾环保发电项目。倡导“光盘行动”，开展绿色生活创建活动。探索生态产品价值实现。实施龙溪河源头绿色发展示范项目，创建生态产品价值实现试验区。共建明月山森林公园、精品民宿群、国家旅游风景道，做响“东有莫干山、西有明月山”品牌，打造川渝巴蜀文旅长廊新线路。

（七）聚力打造区域开放高地，在改革开放上有新成果。坚持向改革开放要动力，最大限度释放社会创新创业创造动能。提升对外开放水平。协同建设主城东向物流大通道；完成长垫梁—万—恩施货运铁路立项，力争明年开工；做细梁平—忠县石宝寨—石柱西沱接黔江高速前期规划；谋划实施四向快速通道建设，打造梁平“候机厅”“无水港”。全面开放合作，协同长寿、垫江打造龙溪河绿色经济走廊，共建主城都市区东向拓展区；争取重庆高新区在梁平、垫江开展“一区多园”试点示范；联动对接涪陵、长寿天然气化工产业集群，发展塑料热成型消费品加工产业；对接落实好市委“一区两群”璧山—梁平对口协同发展机制，共同提档升级开放平台、产业园区，建设承接产业转移示范区。深化改革增动力。落实积极的财政政策要提质增效、更可持续，强化预算绩效管理、财力整合，确保财政平稳运行。深化投融资体制改革，确保融资合规适度、结构优化、风险可控；提高政府投资精准度，激发释放民间有效投资活力，让更多基础设施投资形成优质资产、产业投资形成实体企业、民生投资形成消费潜力。深化国资国企改革，实施国企改革三年行动，推动国企向市场化转型，全面提升企业自主经营能力，持续壮大企业资产规模、优化资产结构、提升资产质量，区属国企资产突破600亿元。深化“放管服”改革，提高行政审批效能，推进政务服务便民化；实施营商环境建设专项行动，依法保障民营企业平等获取生产要素和政策支持；全面落实减税降费等惠企政策，“真金白银”助力企业发展，激发市场主体活力。新发展市场主体1万户。

（八）聚力保障改善民生，全区群众幸福感有新获得。坚持政府过紧日子，群众过好日子。千方百计促进稳岗就业。突出抓好高校毕业生、退役军人、农民工等重点人群就业，强化就业技能培训，落实创业贷款政策，城镇新增就业7000人以上，城镇登记失业率控制在4%以内；稳定基本养老、医疗保险参保率96%以上。健全完善住房保障体系。保持房地产市场平稳健康发展；加强保障性住房配租管理，强化租购并举，有效满足群众住房需求。努力办好群众满意教育。深入推进新时代教育评价改革。创建全国义务教育优质均衡发展区，创成国家学前教育普及普惠区。实施职教园二期、袁驿二小等乡镇学校改扩建，突出优质初中、高中联动打造，加强名校长名教师培养、教师队伍建设、办学质量提升，聚力建设教育强区。实施健康中国梁平行动。推进“三通”型医共体建设、乡镇卫生院“两部一馆一专区”改革、创建三级医院取得实质性成果。启动一批乡镇卫生院改扩建，完善提升基本公共卫生服务能力。促进中医药传承创新发展。深入开展爱国卫生运动，倡导全民健身，群众健康素养水平达20%以上。加强养老服务体系建设。建成一批康养机构、乡镇养老服务中心和村级互助养老服务点，实施农村失能特困人员集中照护机构建设和乡镇敬老院改造提升，实现社区居家养老服务全覆盖。丰富群众精神文化生活。弘扬社会主义核心价值观，实施文化惠民工程。注重文化遗产保护传承和文物保护利用，促进文化事业和文化产业同步发展。加强和创新社会治理。推进市域社会治理现代化试点，完善城乡社区治理和服务体系；加大矛盾纠纷、信访积案、社会风险排查化解力度；抓好平安梁平建设，严厉打击各类违法犯罪行为，巩固拓展扫黑除恶和禁毒专项斗争成果。织密筑牢安全稳定底板。深入推进安全生产专项整治三年行动和自然灾害防治能力建设，坚持“四个最严”标准加强食品药品安全监管，及时有效化解各类安全隐患，坚决防范和遏制较大以上安全事故发生。

（九）聚力维护人民安全健康，在常态化疫情防控上有新举措。坚决守住疫情防控安全底线。持续抓好“外防输入”。坚持“人物同防”，严格入境和中高风险地区来梁返梁人员闭环管理，加强进口物品核酸检测和预防性全面消毒，坚决阻断疫情传播风险。持续抓好“内防反弹”。加强重点人群健康管理服务，强化聚集场所精准防控，引导群众继续做好个人防护，坚决防止集聚交叉感染；强化联防联控、群防群治，筑牢疫情防控社会防线。持续抓好应急处置。保持防疫指挥体系运行顺畅，加强应急培训演练和物资储备，提升应急处置和保障能力。

四、全面加强政府自身建设

坚持在法治轨道上推进政府治理体系和治理能力现代化，深入推进政府职能转变，提高行政效能和服务水平，增强政府公信力和执行力。

牢记初心、抓政治强经济。坚持以党的政治建设为统领，增强“四个意识”，坚定“四个自信”，做到“两个维护”。更加坚定守初心、担使命，践行以人民为中心的发展思想，自觉提升政治判断力、领悟力、执行力，不折不扣把党中央决策部署落到实处。

坚守法治、抓诚信强环境。坚持依法全面履行政府职责，提高法治意识和依法行政能力。规范行政决策程序，广泛听取各方面意见，提高行政决策法治化水平。严格规范公正文明执法，提升行政执法效能。深入推进政务公开，依法接受人大工作监督和法律监督，自觉接受政协民主监督，主动接受社会和舆论监督。

“一岗双责”、抓廉政强作风。落实全面从严治党要求，驰而不息纠治“四风”，严厉整肃庸政懒政怠政行为，坚决惩治各类腐败行为。严格管好用好公共资金，加强审计监督，遏制权力“越线”。政府工作人员要奉公守节、勤勉尽责、艰苦创业，做人民满意公仆。

充电补课、抓能力强素质。政府系统党员领导干部要带头真抓实干、担当作为，共同营造干事创业的良好氛围。自觉增强补课充电的紧迫感，注重提升专业化能力。坚持调查研究，帮助群众和企业解决实际问题，在实践中求真知长才干。

各位代表，征程万里风正劲，重任千钧再出发。我们要更加紧密团结在以习近平同志为核心的党中央周围，发扬为民服务孺子牛、创新发展拓荒牛、艰苦奋斗老黄牛的精神，凝聚“九牛爬坡，个个出力”的奋斗合力，负重前行，勇往直前，续写更多精彩的“梁平故事”，为实现“两个一百年”目标和中华民族伟大复兴中国梦作出新的更大贡献！以优异成绩庆祝建党100周年！

推动成渝地区双城经济圈建设
梁平争当川渝毗邻区县融合发展突击队

行至高梁，心纳平川。梁平区自秦以来为古蜀道东大路之要塞，自古为交通南北、东出西进陆路要道，处于重庆市“一区两群”和川东北的重要联接点上，是重庆市的“腰部”、大三峡发展的纵深地带，东部、主城都市区产业转移最佳承接地，三峡库区产业人口就近转移承载地。

梁平区全面贯彻落实习近平总书记关于区域协调发展和推动成渝地区双城经济圈建设的重要讲话精神，抢抓历史机遇，发挥比较优势，顺势而为、乘势而上，接轨大都市，融入大三峡，协同川东北，推动全开放，充分发挥连接主城都市区作用，更好承接产业转移，更好服务渝东北、川东北，共建明月山绿色发展川渝协作示范带，打造先进制造业基地、乡村振兴示范区、现代田园城市，建设生态优先绿色发展先行示范区，力争发挥梁平独特优势，展现更大担当，争取更大作为。

第一大平坝　在双城经济圈有独特优势

梁平区70%为平坝，方圆1000余平方千米的梁平坝子是巴渝第一大平坝。这里距离长江平均约40千米，降雨均衡、温暖润泽、无旱无涝、风调雨顺。大诗人陆游赞叹，“都梁之民独无苦，须晴得晴雨得雨”。与全市其他区县和三峡库区沿江区县相比，梁平区用地条件好、建设成本低，环境容量大、环境敏感度低。

梁平区东距巫山渝鄂交界处220千米，西到荣昌川渝交界处260千米，距万州机场、达州机场均60千米，到万州港、忠州港各半小时车程。梁平机场乃川渝最早机场，达万铁路、渝万高铁、拟建的广万铁路、遂万铁路、广大梁忠铁路，渝宜高速、张南高速、梁开高速、拟建的巫梁高速、城邻高速、达石高速，318国道、243国道，渝万快速通道承东启西、纵贯南北。

从历史文化来看，梁平区古称都梁，是巴蜀有名的鱼米之乡，有“梁山熟，川东足”之美誉，素为商贾云集、贸易繁荣之地。良好的自然生态、多元的劳动方式、便利的交通条件，孕育了厚重的农耕文化、非遗文化、禅宗文化和“通商宽农”“士笃儒风”的商贾文化、儒士文化，多元文化互融共生，成为巴蜀文化的重要发源地。因此，梁平区素有“小天府”“小成都”之称。

梁平区还是渝东北、川东北靓丽的“生态眼”、浓厚的乡愁源。梁平区是国家水生态文明示范区、国际湿地城市，东部高梁山、西部明月山，作为城市生态屏障；城北10万亩稻田、城区万亩双桂湖湿地成为城市“肺叶”。境内，龙溪河、明月江、浦里河，碧水清清、蜿蜒润城，构成了城在田中、田在城中，推窗见田、推窗见湿的现代田园城市风貌，成为高品质生活宜居地。旖旎的田园风光、丰富的湿地资源，是优质的生态环境与巴蜀文明交相辉映，是对“生态兴则文明兴”的生动诠释。

党的十九大以来，梁平区坚持新发展理念，积极创建国家高新区，建设三峡新经济区，不断壮大集成电路、智能家居、绿色食品先进制造业集群，大力培育大数据、物联网等新经济、新业态。

梁平区双桂湖国家湿地公园　吴梦雄　摄

2019年，梁平区生产总值实现464.1亿元，位列渝东北第三位；人均地区生产总值7.1万元，列渝东北第一位；工业增加值162.9亿元，列渝东北第一位；国家高新技术企业31家，位列渝东北第二位；市级数字化车间4家，列渝东北第一位。2018年全面建成小康社会实现程度96.79%，列全市第五位、渝东北第一位。产业基础扎实，新型工业化、信息化、城镇化、农业现代化“四化同步”统筹推进，高质量发展势头强劲。

梁平区积淀着务实打拼、通达宽和、开放包容、亲商爱商的城市文化与品格。行千里，致广大。梁平区正全力打造区域开放高地，让“投资重庆、看好梁平”成为共识，让“优良营商环境”成为核心竞争力、永续发展动力。

梁平区，自然地理优越、区位优势明显、历史人文厚重、用地条件良好、环境容量较大、产业基础扎实，发展前景广阔，在成渝地区双城经济圈有独特优势。

接轨大都市　共同做强渝东平原产业带

垫江、梁平地处明月山脉和南华山脉之间的槽谷地带，形成2000平方千米的渝东平原（其中梁平境内1000多平方千米）。这一区域用地条件好、环境容量大，产业基础扎实，是主城都市区与三峡库区城镇群产业交通最重要的连接带，是东部、主城都市区产业转移最佳承接地、三峡库区产业人口就近就地转移承载地，是两江新区东向发展的拓展区。从经济发展规律来看，区域发展一定是推动资源、人口要素向优势地理集中。从全球来看，任何一个国家、一个地区，平原都是最宝贵的资源，全世界80%的人口、产业都集中在平原地区。梁平区将联合垫江充分利用渝东平原优越的自然地理条件，共同打造成渝地区双城经济圈产业承接地。

梁平区还是渝东北三峡库区城镇群与四川接壤最多的区县，发展生态工业经济地理位置和要素保障最好，且具备良好的产业基础和科技创新能力。2019年，梁平区决定，以梁平工业园区为基础，立足“发展高科技、培育新产业”，到

四通八达的交通网络　黄江湖　摄

2022年成功创建国家高新区，打造先进制造业基地、营商环境高地，协同相关区县共同建设三峡新经济区、承接产业转移示范基地。

截至2020年，梁平区拥有集成电路、智能家居、绿色食品加工三大新兴产业企业98家，拥有国家功率半导体封测高新技术产业化基地1个、国家企业技术中心、重庆市高端研发机构、工程技术研究中心、院士工作站、重点实验室、企业技术中心、市级中小企业技术研发中心等研发机构51个，众创空间、星创天地等科技服务机构达到23个，不锈钢制品、集成电路院士工作站2个。万名从业人员拥有发明专利数18.2件，全区创新创业创造生态持续优化，产业创新能力不断增强。

梁平区将充分利用渝东平原优越的自然地理条件，充分发挥比较优势，协同垫江区错位发展、优势互补，完善产业链、建立供应链、提升价值链，优化产业生态，共同打造先进制造业基地、营商环境高地，共同建设三峡新经济区、承接产业转移示范基地。共同推动渝宜高速扩能降费、渝万高铁提速降费，共同推动长寿至垫江至梁平货运铁路和连接主城的快速通道建设，加快推进建设长寿至垫江至梁平至万州物流快速通道。共同推动龙溪河水环境综合治理与可持续发展，共同打造龙溪河美丽乡村示范带，共同建设城乡融合发展示范区和高品质生活宜居地。

融入大三峡　共同打造绿色发展示范区

三峡库区是全国柑橘最适宜生产区域之一，生态、味美就是三峡柑橘的特色。2018年，万州、忠县、开州、云阳、奉节、巫山、梁平、垫江、长寿等10个区县携手培育三峡柑橘区域公

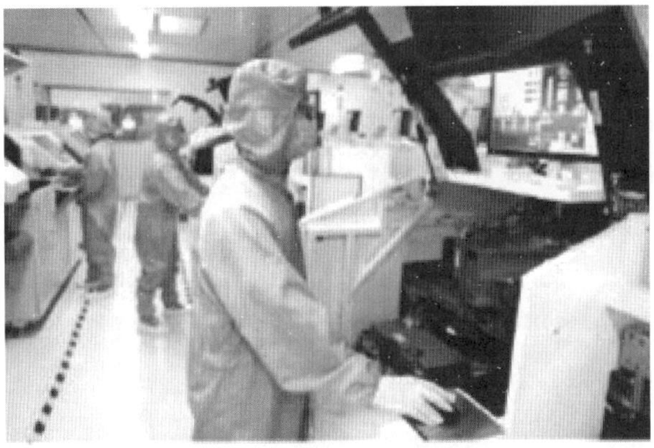

国家功率半导体封测高新技术产业化基地　刘辉　摄

梁平区百年张鸭子生产线

共品牌，让三峡柑橘卖得更远、卖得更快、卖得更好。梁平区主动融入大三峡，积极参与三峡柑橘国际交易会。当年，梁平柚喜获“三峡柑橘十佳名品区域品牌”，并销售柚子8000余吨。

三峡库区是长江上游的重要生态屏障，是长江经济带的重要组成部分，是重庆向东开放的门户。保护好三峡库区和长江母亲河，事关重庆长远发展，事关国家发展全局。

“融入大三峡，共同打造绿色发展示范区。”梁平区相关负责人称，将共同抓好大保护、不搞大开发，共同守护好一江碧水、两岸青山，筑牢长江上游生态屏障。支持万州建设三峡库区经济中心，联动开州、云阳、四川达州一体化发展。

龙溪河发源于梁平区，流经垫江，于长寿区下游注入长江，是三峡库区重要生态屏障，被纳入国家首批16个流域水环境综合治理与可持续发展试点之一，生态地位尤为突出。党的十九大以来，梁平区着力推动龙溪河流域生态环境持续向好发展，龙溪河出境水质由劣V类提升到III类，龙溪河再现清水绿岸。龙溪河（梁平段）被评为“长江经济带美丽河流”“重庆市十大最美河流”，“统筹规划精准治理龙溪河流域水环境”典型经验做法被国务院通报表扬。

同时，梁平区牢固树立“以文促旅，以旅彰文”的理念，积极融入“大三峡”旅游一体化发展格局，共同重塑“大三峡”国际旅游品牌，共同建设环三峡国际旅游度假区，共同打造国际知名旅游目的地。

梁平区融入“大三峡”旅游一体化发展，要依托三峡地区少有的田园风光、农耕文化等自然人文资源，建设践行“两山论”样板地明月山·百里竹海景区，打造农旅融合示范景区双桂田园，发展一批中、高端精品民宿等特色景区，展示三峡腹地田园风光；要将三峡田园风光与梁平农耕文明、非遗文化、生态文化等结合，彰显长江经济带绿色发展的显著成效，实现了从“梁平晒秋”到“三峡晒秋”的升级跨越，打造三峡晒秋节会品牌；要主动融入大三峡寻求合作，依托高速、高铁、通用机场串联相关区县的优势旅游资源，在“大三峡”旅游集散中心建设、旅游线路产品开发、旅游服务设施完善等方面加强合作、资源共享，提升区域协作和大三峡旅游业发展整体水平。

此外，融入大三峡，还要共同推动三峡库区对外大通道建设，加快建设环三峡库区快速通道、沿江货运铁路、梁平至万州新田港物流快速通道、梁平至忠县新生港物流快速通道，构建内畅外联交通大格局。

携手六区县　共建明月山绿色发展示范带

明月山纵贯四川省开江县、达川区、大竹县、邻水县、和重庆市梁平区、垫江县等区县，绵延起伏近300千米，自然生态优越，历史文化深厚，产业基础扎实，是重要的亚热带生物资源基因库，是长江上游的重要生态屏障，是巴蜀文化旅游走廊的重要通道，“生态兴则文明兴”的生动诠释。

“唱好‘双城记’，建好‘经济圈’。”3月以

明月山·百里竹海景区　吴宇　摄

来，梁平区党政代表团先后前往达川、大竹、开江、邻水、垫江等区县考察商定，携手六区县，用好竹资源，发展民宿群，共建明月山绿色发展川渝协作示范带，共同打造明月山践行“两山论”样板地，共同推动成渝地区双城经济圈建设。

首先是共抓大保护，共同建设川渝森林城市群及生物多样性生态功能区。牢固树立“绿水青山就是金山银山”理念，共同保护好明月山生态资源，特别是以300万亩竹林资源为主的森林植被，共同推进龙溪河流域水环境综合治理与可持续发展PPP项目、明月江和明月山其他流域生态清洁小流域综合治理、明月山国家战略储备林基地等建设，共同推动明月山湿地资源及生物多样性保护。

其次要共谋大健康，共同建设明月山川渝民宿群和森林康养示范带。共同发展以民宿休闲养生、康体养生等业态为主的明月山精品民宿群、生态康养区，共同叫响“东有莫干山，西有明月山”品牌，共同打造明月山森林康养示范带。

明月山民宿群　熊伟　摄

第三是要深耕文化源，共同建设古蜀道文化、巴蜀非物质文化遗产传承发展基地。共同申报古蜀道（东大路）为世界文化遗产，共同保护和利用好禅宗文化、非遗文化、竹文化，构建多元文化发展体系。

第四是要共建产业链，共同打造一、二、三产业融合发展示范带。坚持生态产业化、产业生态化，加快构建优势互补的现代产业体系，联合建设国家现代农业产业园，共同申报建设明月山农业高新技术产业示范区，共同建设明月山新经济区、明月山美丽乡村示范带。

第五是要共享基础设施，共同推动明月山交通互联互通。加快推进大竹至梁平至万州新田港物流快速通道、大竹至梁平至忠县新生港物流快速通道、垫江至梁平至开江至开州物流快速通道、梁平至达川物流快速通道建设，共同推动梁平与达州毗邻乡镇“断头路”连通工程、川渝东北部货运物流分拨中心建设。规划打造明月山旅游交通环线，升级改造明月山连通路、景区路。

“生态兴则文明兴。”梁平区将充分发挥六区县产业优势，共同建设明月山优质高产高效粮油、柚子、生猪、香椿、富硒茶产业基地和蔬菜保供基地，共同打造“明月山”农产品区域公共品牌；积极发展竹工艺品和竹家居产业，共同打造明月山竹木家居产业园，推动明月山绿色食品加工产业园、柚产业加工园、农副产品加工基地建设。共同发展巴蜀非遗文化产业园，共同策划精品旅游线路，共同举办长江三峡晒秋节、国际柚博会等重大节会活动。

协同川东北　共建川渝统筹发展示范区

梁平与大竹、达川、开江，万州与开江，开州与开江、宣汉接壤；达州市总人口690万人、经济总量2041亿元，万州、开州、梁平总人口438万人、经济总量1890亿元。

“梁平与川东北、渝东北人缘相亲、文脉相融，历来是‘川渝一家亲、达梁一家人’。”达州和万州、开州、梁平是川东北、渝东北地区经济发展较活跃、开放程度较高、创新能力较强的区域，在成渝地区双城经济圈和川渝地区向东开放大格局中具有举足轻重的战略地位。

共建川渝统筹发展示范区，将共同推进达万铁路扩能、成达万高铁、广大梁万铁路以及达石、城邻、梁平至开江、梁平至开州高速公路、梁平至达川物流快速通道建设，打通毗连区县间的“断头路”“瓶颈路”，发挥万州机场、达州机场及万州港集散、中转功能。要充分发挥万州达州开州梁平同处四川盆地天然气带，能源资源富集，农产品资源丰富的优势，共同打造以天然气为主的国家能源产业基地、川渝消费品工业基地，共同建设农产品保供基地，共同打造全国基层干部培训基地—乡村振兴研究院。

2020年3月24日至25日，梁平区党政代表团赴四川省达州市学习考察。两地签署《共同推动成渝地区双城经济圈建设合作协议》，充分挖掘利用在区位、资源、产业、生态等方面的优势，优化资源要素配置，携手实施近百个项目，围绕基础设施、现代产业、生态保护、公共服务等推进区域发展良性互动，推动成渝地区双城经济圈建设。

在基础设施方面，两地将共同实施川渝东北区域环线铁路、梁平至开江高速公路、达川至梁平至忠县至利川高速公路等18个项目，推进交通基础设施互联互通；现代产业方面，两地携手打造川渝东北国家能源产业基地、钒钛钢铁装备制造产业园、川渝东北部·现代物流产业园等31个项目，推动现代产业协同发展；在生态保护方面，两地将共建明月山·明月江生物多样性研究国家重点实验室、川渝东北地区森林城市群、乡村小微湿地协同建设及保护等18个项目，加强生态环境联防联治；一起打造川渝东北乡村振兴培训基地、川渝东北地区中医应急医院、科技人才专家库共享平台等23个项目，强化公共服务共建共享。

此外，梁平区与达州市还建立党政联席会议制度，研究重大合作战略，确定全局性的重大合作事项；建立协调会商机制，确定年度重点工作，定期研究解决、督促落实重大合作事项；建立联席会议办公室，负责日常事务和综合协调，定期通报合作进展情况；建立行业领域合作对接机制，针对具体合作事项提出有效的工作措施，制定合作计划并逐一落实。

梁平区加快创建国家高新区　向成国　摄

专 辑

战“疫”部署

组织机构

2020年重庆市梁平区新型冠状病毒感染的肺炎疫情防控工作指挥部

一、领导机构

总指挥长：

杨晓云　区委书记

执行总指挥长：

蒲继承　区委副书记、区政府区长

分指挥长：

陈孟文　区委副书记

张子玉　区委常委、宣传部部长

陈道彬　区委常委、区政府常务副区长

毛大春　区委常委、政法委书记

付　云　区委常委、区政府党组成员、工业园区管委会主任

唐　军　区政府副区长

唐诗平　区政府副区长

雷旭东　区政府副区长

徐　勇　区政府副区长

邱树洪　区政府副区长、区公安局局长

区委加强对全区疫情防控工作的统一领导、统一指挥，实行指挥长负责制，区委主要负责人、区政府主要负责人负责全区疫情防控工作的总指挥、总调度。分指挥长负责相关领域的具体指挥调度。指挥部下设综合办公室和专项工作组。

二、综合机构

组长：

陈道彬　区委常委、区政府常务副区长

执行副组长：

刘明山　区政府办公室主任

副组长：

曹刚静　区委办公室副主任

王益术　区发展研究中心主任

唐俊梅　区政府办公室副主任

成员：

区委办公室、区政府办公室、区卫生健康委、区应急局、区信访办、机关事务管理中心相关负责人

联络员：

严　华　（区政府办公室）

工作职责：

包括组织协调各成员单位、各专项工作组、各乡镇（街道）等共同履行工作职责；收集、整理、上报新型冠状病毒感染的肺炎疫情工作信息；起草文件，承办会议等；承担领导交办的其他工作。

三、工作机构

（一）医疗救治组

组长：

陈道彬　区委常委、区政府常务副区长

雷旭东　区政府副区长

执行副组长：

彭　彬　区卫生健康委党委书记

副组长：

谭　平　区卫生健康委副主任

吴启斌　区中医医院院长

常金红　区人民医院副院长、副主任医师

杨学兵　区人民医院副主任医师

成员：

区市场监管局、区医保局分管负责人，全区各医疗卫生机构主要负责人

联络员：

刘祖国　（区卫生健康委）

工作职责：

按照全国、全市新型冠状病毒感染的肺炎疫情相关诊疗技术方案组织救治；指导各乡镇（街道）做好疫情医疗救治和医疗保障工作，为医疗救治所需诊断药品等提供保障，加强人员调配；提出完善医疗救治工作的策略、措施建议；负责对全体卫生专业人员开展防控知识培训；负责开展防控知识宣传；承担领导交办的其他工作。

（二）疫情防控组

组长：

陈道彬　区委常委、区政府常务副区长

雷旭东　区政府副区长

执行副组长：

郑　权　区卫生健康委主任

副组长：

梁　明　区卫生健康委党委副书记

高小俐　区卫生健康委副主任

谢崇凡　区疾控中心主任

成员：

区公安局、区农业农村委、区人力社保局、区文化旅游委分管负责人，各乡镇人民政府、街道办事处主要负责人

联络员：

黄开荣（区卫生健康委）

工作职责：

按照全国、全市新型冠状病毒感染的肺炎疫情预防控制相关预案及技术方案执行；对全区疫情监测、报告（网络直报）、流行病学调查、标本采集和检测、疫情处置等工作提供指导；做好入境列车、汽车等交通工具的卫生检疫；提出完善疫情防控工作的策略、措施建议；承担领导交办的其他工作。

（三）应急保障组

组长：

付　云　区委常委、区政府党组成员、工业园区管委会主任

执行副组长：

周龙举　区经济信息委主任

副组长：

唐光艳　区应急局局长

唐俊义　区财政局局长

李万祥　区政府办副主任

成员：

区公安局、区人力社保局、区商务委、区卫生健康委、区医保局、区气象局、区红十字会分管负责人

联络员：

何红祥　（区应急局）

工作职责：

负责牵头完善防疫工作各类应急预案和操作手册；牵头疫情应急处置工作；负责各类防疫物资储备工作，负责防控相关工作经费保障，监督相关经费使用。负责统筹口罩等防控物资保障储备工作，保障疫情发生时的市场供应，做好重要商品和防疫物资价格监测预警，密切关注因新型冠状病毒感染疫情可能引起的市场价格波动，密切监测口罩等防护物资及抗病毒药物和中药中成药的供销情况。严查借疫情哄抬物价，囤积居奇，设立投诉电话，一经查实从重处理；参与综合防控重大问题研究和协调；负责出台相关政策，保障患者和密切接触隔离人员在疫情防控期间的劳动关系稳定和相关待遇；承担领导交办的其他工作。

（四）排查防控组

组长：

毛大春　区委常委、政法委书记

唐诗平　区政府副区长

执行副组长：

张　成　区委政法委常务副书记

副组长：

周江平　区委政法委副书记

王建平　区教委主任

石慎丰　区公安局副局长

朱均燕　区民政局局长

成员：各乡镇、街道主要负责人

联络员：

张　丹　（区委政法委）

工作职责：

开展全面、深入、彻底的社区拉网式排查，重点排查2020年1月10日以来，湖北旅游等人员，确保不漏一户、不漏一人；负责督促落实重点疑似人员管理工作，做好上门宣传告知、居家观察或到指定医院诊治工作；负责落实各级各类学校和托幼机构、养老机构的疫情防控及日常检查等工作；承担领导交办的其他工作。

（五）现场处置组

组长：

邱树洪　区政府副区长、区公安局局长

执行副组长：

高武军　区公安局常务副局长

副组长：

姜在莲　区信访办主任

成员：

区司法局、区人力社保局、区卫生健康委、区应急局等分管负责人

联络员：

王　松　（区公安局）

工作职责：

负责依法严厉打击阻扰防控措施实施、借防控为名生产销售伪劣药品和医用物资、扰乱救治医院诊疗秩序、利用网络和自媒体等散布谣言、扰乱社会秩序等违法犯罪行为；负责封锁可疑区域、疫点、疫区等现场封锁工作；负责交通疏导，保障疫情处置车辆人员迅速抵达疫区；负责依法协助采取强制隔离措施；负责疫情防控有关法律事务；负责社会稳定相关工作，做好群众信访接访；负责依法保障病患社保、工资等有关待遇，负责检测农民工等群体流向；负责疫情防控中相关突发事件处置；承担领导交办的其他工作。

（六）市场监管及供应保障组

组长：

唐　军　区政府副区长

唐诗平　区政府副区长

徐　勇　区政府副区长

执行副组长：

石思燕　区商务委主任

邓君龙　区市场监管局局长

副组长：

熊　健　区住房城乡建委主任

黄朝国　区城管局局长

陈泽田　区农业农村委主任

刘　原　区文化旅游委主任

陈世康　区林业局局长

成员：

区发展改革委、区公安局、区财政局、区生态环境局、区住房城乡建委、区城管局、区交通局、区应急局、区国资委分管负责人，各乡镇人民政府、街道办事处主要负责人

联络员：

肖文爽　（区市场监管局）

工作职责：

监督指导养殖场、屠宰场等重点场所做好消毒灭源工作，负责畜禽防疫检疫工作；负责落实文化旅游行业防控工作，建立可疑者排查、登记跟踪、测温消毒等制度；取消大型群体活动，关闭大型旅游景点，积极做好相关善后工作；倡导取消宴请宴会；负责督促各旅行社不得组织大型群体性活动，不组织到边远农村地区旅游等；负责督促重点发病地区星级以上酒店落实各项防控制度；负责组织文化娱乐场所、景区景点对接待游客场所和游客使用设施设备进行通风、消毒，负责做好文化旅游场所可疑病例防护隔离；负责对医疗废物收集、运输、储存、处置活动中的环境污染防治监管；负责城乡人居环境综合整治、

清洁整治环境卫生；负责组织开展批发市场、农贸市场、水产市场环境秩序专项整治，加强农贸市场清洁、消毒、通风，坚决禁止活禽销售，严厉打击野生动物非法交易；负责开展野生动物疾病监测，及时处理病死动物，最大程度消除风险因素；负责蔬菜检测、肉品检验检疫工作；负责做好市场的冲洗和终末消毒，做好消毒效果监测评价；负责从动物养殖到餐桌消费全流程管理，严把食品安全关；负责组织协调农产品批发市场、大型超市企业，加强与生产企业、基地、供货商对接，建立稳定可靠的产销合作关系，切实保障蔬菜、水果等市场供应；组织协调大型商贸流通企业，拓宽货源组织渠道，加大采购力度，确保粮、油、蛋、奶、糖、成品油等商品供应和储备；积极扩大猪肉外采，加大政府储备冻猪肉投放力度，增加牛、羊、鱼、禽肉货源组织，确保肉类市场供应；加强生活必需品价格和供应情况统计监测，适时预警预报，指导企业货源组织，引导消费需求；指导督促住宅小区做好疫情防控工作；承担领导交办的其他工作。

（七）交通运输防控组

组长：

陈道彬　区委常委、区政府常务副区长

执行副组长：

杨　颂　区交通局局长

副组长：

陶远见　区公安局副局长

刘　成　区卫生健康委副主任

成员：

梁平南站、梁平火车站主要负责人，各乡镇人民政府、街道办事处分管负责人

联络员：

陈建伟　（区交通局）

工作职责：

负责制定疫情防控交通应急措施，负责督促城市公交、出租汽车、道路客运等各运输企业落实车站及交通工具日常消毒通风措施，最大风量通风换气，公交车厢每日消毒，司乘人员一律佩戴口罩；加强巡逻值班；积极配合开展体温检测、发热疑似病例排查、应急宣传培训，以及入境列车、汽车、出入境交通工具和人员的卫生检疫，负责督促运输企业做好发热病人转送定点医疗机构；负责将符合疑似病例判定标准人员的相关信息及时通报卫生健康部门；承担领导交办的其他工作。

（八）宣传舆情组

组长：

张子玉　区委常委、宣传部部长

执行副组长：

屈　刚　区委网信办主任

副组长：

唐仁平　区委宣传部副部长、区融媒体中心主任

李耀昕　区卫生健康委副主任

成员：

指挥部成员单位分管负责人

联络员：

雷国宏　（区委宣传部）

工作职责：

负责组织协调新闻媒体及时报道新型冠状病毒感染的肺炎疫情变化信息和疫情防控工作机制主要工作开展情况，积极正确引导舆论；跟踪区内外舆情，及时澄清事实；加强网上新闻发布的管理和引导，及时处置不实言论，对于擅自发布和传播不实言论者，实施落地查人；协助相关部门宣传新型冠状病毒感染的肺炎防病知识，科学指导居民正确认识和预防疾病，提高人民群众自我保护能力，及时组织专家回应社会关切；及时收集、整理和报送舆情监测等相关信息；承担领导交办的其他工作。

（九）督导组

组长：陈孟文　区委副书记

执行副组长：

罗　勇　区委办公室主任

副组长：

罗小松　区纪委常务副书记、区监委副主任

袁华春　区委研究室主任

万明全　区政府办副主任

陈学仁　区委组织部常务副部长

成员：

区纪委监委机关、区委办公室、区政府办公室、区民政局、区公安局、区交通局、区农业农村委、区文化旅游委、区卫生健康委、区市场监管局、区信访办相关负责人

联络员：

肖明显　（区委办公室）

工作职责：

督导各乡镇（街道）、有关部门贯彻落实上级新型冠状病毒感染的肺炎疫情防控工作会议精神的推进情况；组织对疫情防控措施落实情况进行督导检查；督办区防控工作领导小组和指挥部各项议定事项，督促工作进度及成果。完成领导交办的其他工作。

领导讲话

以最鲜明的态度最坚决的行动科学有序做好疫情防控各项工作

（杨晓云主持并讲话）

2020年1月25日，中共梁平区委常委会召开扩大会议，深入学习贯彻习近平总书记对新型冠状病毒感染的肺炎疫情作出的重要指示精神，认真落实市委、市政府要求，听取全区疫情防控工作情况汇报，研究部署相关工作。区委书记杨晓云主持会议并讲话。区委副书记、区长蒲继承，区委副书记陈孟文，区委常委出席会议。区政府负责同志列席会议。

会议指出，近期湖北省武汉市等多个地区突然发生新型冠状病毒感染的肺炎疫情。疫情发生后，习近平总书记作出重要指示，强调各级党委、政府及有关部门要把人民群众生命安全和身体健康放在第一位，全力做好防控工作，坚决遏制疫情蔓延势头。李克强总理作出批示并进行部署。市委、市政府迅速安排部署，并启动重大突发公共卫生事件一级响应。区委、区政府认真贯彻党中央、国务院部署和市委、市政府要求，及时召开专题会议研究，工作开展有力有序。

会议强调，疫情防控事关人民群众生命健康安全。全区各级各部门和广大党员干部要提高政治站位，深入学习贯彻习近平总书记重要指示精神，按照党中央、国务院部署和市委、市政府要求，从保护人民健康、保障公共安全的高度，以最鲜明的态度、最坚决的行动、最严格的措施，全力以赴、科学有序把疫情防控作为重大责任切实抓紧抓实抓好。

会议强调，当前正值春节假期，人员流动频繁，疫情防控任务艰巨。要高度重视、高度警惕，切实增强风险意识，牢固树立底线思维，加强组织领导，完善工作机制，精准摸排、全面防控，做好预案、有序处置，全面动员、群防群治，坚决遏制疫情扩散蔓延，共同打赢疫情防控阻击战。要加强舆论导控，及时发布权威信息，提高公众认知和自我防护能力，严厉打击造谣传谣行为。要严格落实领导责任、属地责任和行业责任，有力有序做好疫情防治人财物保障。奋战在抗击疫情一线的工作人员特别是医务人员，要强化专业防护，保护好自身安全。各级领导干部要在岗位、在状态、在现场，带头落实各项安排部署，模范遵守有关规范要求，严肃处理故意破坏、扰乱疫情防控工作的行为。要强化值班值守，强化应急处置，确保春节期间社会大局稳定。

区有关部门负责人参加。

把疫情防控作为压倒一切的重大政治任务坚决打赢疫情防控阻击战

（杨晓云出席并讲话）

1月27日，梁平区召开新型冠状病毒感染的肺炎疫情防控工作电视电话会议，对全区疫情防控工作进行调度。区委书记、区新型冠状病毒感染的肺炎疫情防控工作领导小组组长杨晓云出席会议并讲话。他强调，要深入学习贯彻习近平总书记在中央政治局常务委员会会议上的重要讲话精神，认真落实党中央决策部署和市委、市政府要求，高度重视、高度警惕，把疫情防控作为当前压倒一切的重大政治任务，严格落实属地属事责任，科学防控、全面动员，全力以赴、众志成城，坚决打赢疫情防控阻击战。

区委副书记、区长、领导小组组长蒲继承主持，领导小组副组长出席。会议通报了全区疫情防控工作情况。

杨晓云指出，疫情就是命令，时间就是生命。当前，形势依然严峻，斗争还在继续。我们要深入学习贯彻总书记在中央政治局常务委员会会议上的重要讲话精神，按照党中央统一部署和市委、市政府要求，在区委、区政府统一指挥下，把疫情防控作为当前压倒一切的重大政治任务，保持清醒头脑，态度坚决鲜明，行动迅速有力，保持战斗状态，坚定必胜信心，坚决打赢疫情防控阻击战。

杨晓云强调，全区各级各部门要全力做好医疗救治面、交通流动面、社会面、社会舆论舆情面防控工作，做到科学防控。要坚持全民动员、群防群治，依靠群众、发动群众，加大群众工作力度，广泛宣传动员，增强群众防控意识和能力，切断疫情传播源头途径，戮力同心打一场群防群治的人民战争。要严格落实属地属事责任，各乡镇、街道和部门要在区领导小组、指挥部的统一指挥调度下，加强组织领导，认真履行职责，统筹调配辖区人财物等各类资源，确保工作有力有序有效开展。全区社区、乡村等基层组织和干部要按照全覆盖的要求，全体动员、迅速行动，精准掌握辖区内流动人员情况，切实把流动人员的疫情监测和防控措施落实好。奋战在一线的广大医务工作者和同志们要强化防护，切实保障自身健康和安全。各级各部门主要负责同志取消休假、坚守岗位、靠前指挥，做到在岗位、在状态、在一线，对敷衍塞责、履职不力的将依法依纪严肃处理。

蒲继承在主持时指出，全区上下要深刻认识疫情防控的严峻形势，把疫情防控作为当前最重要的工作来抓，进一步压紧压实责任，采取更加科学、务实、有效、管用举措，坚决打赢疫情防控阻击战。要抓好以消防为主的安全工作，严格落实属地责任、监管责任、主体责任，从源头上堵漏洞、补短板，加强宣传教育，强化值班值守，坚决守住安全生产底线。

区疫情防控工作领导小组成员参加。各乡镇、街道设分会场。

研究部署进一步加强疫情防控和企业复工复产工作

（杨晓云主持并讲话）

2月10日下午，区委常委会召开会议，进一步深入贯彻习近平总书记重要指示精神，学习市领导小组关于进一步加强疫情防控工作的通知要求，听取我区近期疫情防控、复工复产工作情况汇报，分析研判当前疫情防控形势，研究部署下一步针对性的防控措施。

区委书记、总指挥长杨晓云主持会议并讲话。区委副书记、区长、执行总指挥长蒲继承，区委副书记陈孟文，区委常委出席会议。区人大常委会党组书记郑云山，区政协党组书记周仁胜，区政府负责同志，区法院、区检察院主要负责同志列席会议。

会议指出，当前，防控形势依然复杂，战斗仍在继续。要深入贯彻习近平总书记重要指示要求，认真落实党中央、国务院决策部署和市委、市政府统一安排，按照市领导小组关于进一步加强疫情防控工作的通知要求，坚持问题导向、目标导向、结果导向，防止厌战情绪，巩固已有措施，持续精准扎实有效做好疫情防控各项工作，坚决打赢疫情防控阻击战。

会议强调，要抓好确诊病例、疑似病例、密切接触者、需要关注的其他可疑人员、有发热症状人员、重点地区返梁来梁人员、企业复工复产返岗人员、交通流动人员、机关事业单位、社区和乡村居家十类人员防控管理，做到底数清、情况明，分门别类管、精准有效防。对疑似病例，要进一步加大筛查力度，加快检测速度，及早作出明确诊断。对密切接触者，要精准把握、分类实施集中隔离和居家隔离，对新增的、外来的、居家条件不达标的，要实施集中隔离。对重点地区返梁来梁人员，要加强动态管控，确保精准可控、规范管理。对机关事业单位人员，要继续采取网上办公、错峰上下班等有效措施，尽量减少人员聚集。对社区和乡村居家人员，丝毫不能松懈，加强服务、严格管理、注重宣传引导。

会议强调，要持续有效推进各项工作。继续深入做好排查防控，持续做好社区、乡村滚动排查、精准排查，加大复工企业、机关事业单位返岗人员排查管理力度，确保排查全覆盖，对排查出的重点人员落实好“三包一”“四包一”措施。继续落实好既定的交通管控措施，确保交通通畅，确保监测到位。进一步做好医用口罩、防护服等物资供应，优先保障医疗机构、医务人员，重点保障基层一线防控人员，统筹保障广大市民口罩需求。要掌握政策、注意方式方法，做好舆论宣传引导，确保导向正确，确保引导有力。

会议强调，要深入贯彻落实总书记关于在做好防控工作的同时统筹抓好改革发展稳定各项工作的重要指示要求，按照市委、市政府安排，坚持两手抓、两不误，确保完成全年经济社会发展目标。要在落实好防控措施的前提下，分类分步有序抓好企业复工复产，对疫情防控急需和居民生活必需的已开工企业继续保障服务好，其他企业必须在落实防控措施的前提下有序复工复产，确保平稳可控。

会议强调，全区上下要继续共同落实好防控责任，进一步凝聚联防联控、群防群治的强大合力。要严格落实疫情防控乡镇、街道和园区的属地责任，行业主管部门的属事责任，企业的主体责任，认真做好企业复工防控措施落实的督促、检查和指导。各相关部门要通过网上办理、线上会审等手段做好全区重大项目前期工作。要认真落实市政府关于应对新型冠状病毒感染的肺炎疫情支持中小企业共渡难关的二十条政策措施，抓紧细化落实措施，支持企业积极应对疫情影响，营造良好发展环境。

区有关部门负责人列席会议。

实施“外防输入”防控策略 全面恢复正常生产生活秩序

（杨晓云主持并讲话）

2月26日下午，区委常委会召开扩大会议，传达学习市新冠肺炎疫情防控工作领导小组有关通知精神，听取我区2020年重大项目推进情况汇报，进一步研究细化统筹推进疫情防控和经济社会发展工作措施。

区委书记杨晓云主持会议并讲话。区委副书记、区长蒲继承，区人大常委会主任郑云山，区政协主席周仁胜，区委副书记陈孟文，区委常委，区政府负责同志参加。

会议指出，新冠肺炎疫情发生以来，全区上下坚决贯彻习近平总书记重要指示精神和党中央、国务院决策部署，认真落实市委、市政府工作安排，经过大家辛苦工作和各方面艰苦努力，疫情防控工作取得阶段性成效。各级各部门要认真落实低风险区精准防控要求，实施“外防输入”策略，全面恢复正常生产生活秩序，统筹抓好疫情防控和经济社会发展工作，确保实现全年经济发展目标任务。

会议强调，要增强法治意识、坚持底线思维，依法做好疫情防控。一是继续做好排查管控。运用大数据等手段，对疫情严重地区以及高风险地区流入人员加强跟踪管理，开展健康监测和服务。二是继续做好医疗救治。强化监测发现报告、预检分诊，规范发热门诊等工作，及时开展流行病学调查和密切接触者追踪管理。三是继续做好单元管控。社区机关企事业单位等要按照新冠肺炎疫情社区防控工作方案 落实相关防控措施，加强环境卫生整治，防扎堆、防聚集。四是继续做好宣传引导普及。加大疫情防控知识宣传普及，引导公众做好个人 防护，养成良好生活习惯。五是继续做好稳定工作。依法妥善处理各类矛盾问题。

会议强调，要加快推进企业全面复工复产，积极主动服务，“点对点”帮扶，帮助企业解决用工、原材料、资金、设备等方面的困难和问题。企业要继续做好通风、消毒、体温检测等防控和安全生产工作，指导员工做好个人防护。要增强项目意识，加强项目统筹调度，分行业分领域打表推进，抓紧时间、抢抓进度，做好项目进度跟踪，推动在建项目全面复工、已开工项目在保证安全和质量前提下提速提量、新建项目尽快开工，确保每个项目出形象有进度，努力形成更多投资量、实物量。要围绕基础设施、公共服务、社会民生、大健康等领域，超前谋划一批重点项目，做好包装策划和前期工作，储备一批项目。要大力营造良好营商环境，全面落实中央和市委、市政府各项政策措施，进一步解放思想，简化审批程序，提高办事效率，充分运用大数据智能化手段，大力推行网上审批、网上办理，让企业少跑腿、不跑腿。要坚定不移打好三大攻坚战，努力降低疫情对贫困群众收入的影响，确保脱贫攻坚任务如期全面完成；围绕推动生态环境质量持续好转，打好污染防治攻坚战；扎实抓好安全生产和社会稳定工作，打好防范化解重大风险攻坚战。

在全区新型冠状病毒感染的肺炎疫情防控工作会上的讲话

（2020年1月21日）

蒲继承

同志们：

今天，我们按照市政府统一安排召开疫情防控工作会议，传达贯彻习近平总书记重要指示、李克强总理批示精神，国务院电视电话会议和全市防控工作会议精神，安排应对新型冠状病毒感染的肺炎疫情防控工作。我讲三点意见。

一、坚决落实中央领导同志指示批示精神和国务院就决策部署，按照市政府疫情防控工作要求压实责任

1月20日，习近平总书记对新型冠状病毒感染的肺炎疫情作出重要指示，湖北武汉市等地近期突然发生新型冠状病毒感染的肺炎疫情，必须引起高度重视，全力做好防控工作。目前正值春节期间，人员大范围密集流动，做好疫情防控工作十分紧要。各级党委和政府及有关部门要把人民群众生命安全和身体健康放在第一位，制定周密方案，组织各方力量开展防控，采取切实有效措施，坚决遏制疫情蔓延势头。要全力救治患者，尽快查明病毒感染和传播原因，加强病例监测，规范处置流程。要及时发布疫情信息，深化国际合作。要加强舆论引导，加强有关政策措施宣传解读工作，坚决维护社会大局稳定，确保人民群众度过一个安定祥和的新春佳节。

李克强总理对疫情作出批示，各相关部门和地方要以对人民群众健康高度负责的态度，完善应对方案，全力以赴做好防控工作，落实早发现、早报告、早隔离、早治疗和集中救治措施。加快查明病毒源头和感染、传播等机理，及时客观发布疫情和防控工作信息，科学宣传疫情防护知识。做好与世界卫生组织、有关国家和港澳台地区的沟通协调，密切协作形成合力，坚决防止疫情扩散蔓延。

1月20日，国务院召开常务会议指出，疫情防控事关人民群众生命健康安全，各相关部门和地方要按照党中央、国务院部署，对人民高度负责，全力以赴科学有效抓好疫情防控。一是依法将新型冠状病毒感染的肺炎纳入传染病管理，按照多部门联防联控机制和突发公共卫生事件应急预案，进一步做好防控工作。二是坚决遏制疫情扩散。落实属地责任。武汉市要严格落实防控措施，把好相关市场关闭、野生动物管控和机场、车站、码头等体温筛检关口。各地要因地制宜落实重点场所和公共交通工具的通风、消毒、测体温等必要措施，同时加强监测和预检分诊，确保疫情及时发现、有效处置。三是落实早发现、早报告、早隔离、早治疗和集中救治措施，调配精干力量和医疗资源，加强患者医疗救治费用保障，全力做好患者特别是重症患者救治。加强各类医院的防控措施，严格控制医院感染，强化医务人员防护。四是坚持公开透明，及时客观向社会通报疫情态势和防控工作进展，统一发布权威信息。科学宣传疫情防护知识，提高公众自我保护意识。加强与世界卫生组织、有关国家和港澳台地区沟通合作。五是加强科研攻关。在已查明病原基础上，尽快查明传染源、传播途径，密切跟踪病毒毒力、传播力变化，做好应对疫情变化技术准备。会议强调，各有关方面特别是医疗系统要加强春节期间在岗值守，做好应急处置，切实保障人民生命健康安全。

根据习近平指示和李克强要求，国务院联防联控机制1月20日召开电视电话会议，对新型冠状病毒感染的肺炎疫情防控工作进行全面部署，国务院副总理孙春兰出席会议并讲话，国家卫生健康委、湖北省和呼吸病学专家钟南山分别发言。国家卫生健康委成立新型冠状病毒感染的肺炎应对处置工作领导小组，指导地方做好疫情应对处置工作。会议要求，各地要落实政府责任、强化属地管理，依法落实疫情监测、隔离救治、检验检疫等各项防控措施。加强防控技术科研攻关，坚持中西医结合，尽快明确诊疗程序、有效治疗药物、重症病人抢救措施。要严格零报告制度，公开透明发布信息，普及防控知识，做好与国际社会沟通合作。

全市防控工作会议上，市政府副市长、市政协副主席屈谦要求全市各区县要落实主体责任，加强疫情防控、宣传引导等工作。

二、严防死守，全面落实好各项防控措施

国家卫生健康委已将新型冠状病毒感染的肺炎疫情定性为乙类传染疾病，实行甲类管理。截至1月20日18时，境内累计报告新型冠状病毒感染的肺炎病例224例，其中确诊病例217例(武汉市198例，北京市5例，广东省14例)；疑似病例7例（四川省2例，云南省1例，上海市2例，广西壮族自治区1例，山东省1例)。日本通报确诊病例1例，泰国通报确诊病例2例，韩国通报确诊病例1例。此次由武汉爆发的新型冠状病毒传染来源尚未找到，确诊病例均与武汉有关，武汉、广东等地已发现人传人现象，还可能出现病毒变异。

（一）高度重视，增强做好防控工作的责任感、紧迫感

新型冠状病毒感染的肺炎是继2003年SARS(非典）之后的又一起全球高度关注的公共卫生事件。党中央、国务院高度重视，前面已经将相关指示、批示和会议精神传达了。各部门、各单位要认真贯彻落实国家、市会议精神，在区委、区政府的统一领导下，切实把思想统一到党中央、国务院和市委、市政府关于加强新型冠状病毒感染的肺炎防控工作的要求和部署上来，进一步增强政治责任感。要以对党和人民高度负责的态度，继续毫不松懈、全力以赴地做好新型冠状病毒感染的肺炎防控工作，全力防范疫情。要以对人民群众健康安危高度负责的精神，保持高度警惕，采取有力措施，严密监控防范，切实保障人民群众健康和生命安全，保障全区社会生产生活正常进行。

（二）正确认识疫情，做到不恐慌、不松懈。从通报的情况来看，新型冠状病毒感染的肺炎疫情目前主要集中在武汉地区，北京、广东的病例均为前往武汉后感染的。1月8日，初步确认了新型冠状病毒为此次疫情的病原后，国家卫生健康委对全国疫情防控工作进行了全面部署，印发病例诊疗、防控方案（涵盖监测、流调、密切接触者管理、实验室检测等内容)，在全国建立了“日报告、零报告”制度，向全国各省市派出工作组，指导做好疫情防控相关工作。武汉、深圳等地区机场、火车站开始对相关乘客进行体温检测，严防死守，坚决杜绝武汉疫情扩散。国家正在全面防控疫情扩散，并加大科技攻关力度。专家研判认为，当前疫情仍可防可控。

（三）落实属地管理原则，做到心中有数。病毒存在输入风险，肯定存在人传人的情况。近期是春节返乡高峰期，大量外出务工人员返家，不排除有从疫区返乡的人员。按照“属地管理、谁主管谁负责”的原则，各乡镇人民政府、街道办事处要落实专人，细致排查从武汉返梁人员，各乡镇卫生院要密切关注这些人员的身体状况，做到早排查、早发现；区疾控中心要切实落实疫情监测工作，密切关注疫情动态，积极开展流行病学调查，为科学决策提供依据；区卫生健康委要密切关注疫情的发展态势，掌握疫情发展趋势，做好疫情的研判和对我区的风险评估工作，及时向区委、区政府汇报有关情况，加强信息交流，全力应对。

（四）建立联防联控机制，加强疫情防控。区卫生健康委要牵头建立联防联控机制，公安、交通、市场监管、文旅、商务、教育等部门配合，落实疫情监测各项措施，及早确定医学观察地点；要强化定点救治医院和发热门诊的各项工作措施的落实，进一步规范发热门诊的设置，各

医疗单位发热门诊要严格执行诊疗程序，严格预检分诊和首诊医师负责制；要确保全区疫情监测网络的畅通，要加强对人口密集的车站、商场、学校以及景区等重点场所的疫情监测，加强对不明原因肺炎病例、流感样病例的监测，切实做到早发现、早报告、早诊断、早隔离、早治疗。要全力做好应急处置工作，对于可疑病人要实施隔离，及时开展密切接触者调查、隔离观察工作。医护人员必须严格按要求做好自身防护，严防院内交叉感染。坚决做到“零死亡，零二代，防控好，保祥和”的目标。

（五）加强舆情引导，科学释疑解惑。区卫生健康委要按照全国、全市部署，市网信办、卫健委宣传口径，主动及时回应群众关切，区委网信办要正确引导社会舆论，做好信息发布工作，确保信息准确无误，不造谣、不传谣，避免社会恐慌。区卫生健康委要会同宣传部门制定宣传方案，加大防控知识宣传力度，普及疫病防控常识，让广大居民了解新型冠状病毒感染的肺炎卫生知识，引导公众养成良好的个人卫生习惯，提高群众自我保护意识和防病能力。

三、强化领导，加强督查，做好打攻坚战的准备

一要加强领导，落实责任。各乡镇政府、街道办事处、区卫健委要切实把新型冠状病毒感染的肺炎防控工作作为重大任务，摆上重要议事日程。主要负责人要亲自抓、分管领导直接抓，目前，要集中主要精力抓好这项工作，深入一线，靠前指挥。领导班子成员都要实行“一岗双责”，既要抓好分管的工作，更要抓好分管部门、单位的新型冠状病毒感染的肺炎防控工作。各单位要加强春节期间值班值守，做好疫情应急处置工作。

二要服从指挥，通力协作。要自觉服从区委、区政府对防治工作的统一安排，做到一切行动听指挥，确保政令畅通，绝不允许推诿拖延、玩忽职守。辖区内的医疗卫生资源和医务人员队伍，均由卫生健康行政部门统一指挥调度，实行资源整合，有效利用。教育部门要做好学校和托幼机构的防控工作，坚持托幼机构晨检、午检措施不放松、每天消毒措施不放松。公安部门要在做好外来人员信息统计的前提下，密切注视社会动态，维护社会稳定，依法落实各项强制措施。财政部门要增加防病投入，落实疫情处置经费，确保相关检测试剂、疫苗、防控药品、设备等物资的储备和供应。交通部门负责车站和各类大众交通工具的消毒工作，协助做好疫情监测，保证医疗人员和物资运输的安全畅通；旅游部门落实旅游团队信息台账制度，了解近期我区在武汉等地旅游团队人员及疫区到我区旅游团队情况，防治新型冠状病毒感染的肺炎通过旅游渠道传入我区。市场监管部门要加强对防控所需药品、医疗器械和设备的市场监管，维护药品市场安全。区林业局要会同区农委、商务委对市场野生动物监管。

三要加强督查，确保落实。要把防治工作的责任层层分解落实到基层单位，落实到村社，将专业防治、社会防治和综合防治结合起来，以严格的分级分工责任制和完善的工作措施，保证人员到位、责任到位、措施到位，保证良好的工作秩序。区政府将组成督察组，近期对各乡镇、各部门防控工作进行督促检查。对因工作不到位、不能准确掌握疫情或有意隐瞒疫情的，或因防治不及时、延误救治造成疫情传播和扩散的，要严肃追责。

同志们，做好新型冠状病毒感染的肺炎防控工作事关全局，责任重大。我们要以高度的政治责任感和使命感，沉着应对，积极行动，切实做好各项防控工作，坚决防止疫情传入和扩散，为保障人民群众身体健康和生命安全，维护社会稳定做出积极贡献！

在全区防疫视频调度会议上的主持讲话

（2020年2月21日）

蒲继承

同志们：

为落实中央政治局常委会议精神，18日国务院常务会议部署，要统筹抓好疫情防控和经济社会发展，压实地方属地责任，抓好抓细春季农业生产；多措并举稳企业稳就业。20日，中央应对新冠肺炎疫情工作领导小组会议强调，要统筹疫情防控和经济社会发展，分区分级精准做好疫情防控，推动有序复工复产，纠正影响复工复产的不合理规定，解决用工、物流、资金等问题，切实抓好春季农业生产。

19日，市防控工作总指挥长调度会、电视电话会议强调，我市已进入一手抓防控、一手抓发展的新阶段，要统筹疫情防控与经济社会秩序恢复，不断提高疫情防控的科学性有效性。要科学有效抓好疫情分区分级分类防控，有力有序推动经济社会持续健康发展。刚才，市政府又就恢复交通秩序、复工复产问题进行部署。

区委常委会扩大会就统筹抓好疫情防控和经济社会发展，做到两手抓两手硬双落实双推进作了调度安排。昨天指挥长调度会议研究我区分区分级分类防控方案。我们要提高疫情防控的科学性有效性，统筹抓好防控、复工、生产、发展等工作，进一步畅通人流、物流，接续产业链、供应链、资金链，努力把疫情对经济社会发展的影响降到最低。

下面请诗平、道彬同志作相关工作安排。

……讲话毕。

我再强调几点。

一、关于防疫工作

1.精心抓细分区分级分类方案落地。落实好乡镇（街道）属地责任，村、社区的直接管理责任，机关企事业单位的主体责任，准确掌握不同村社、机关企事业单位具体情况，划小管控单元，继续落实好辖区内村（社区）、机关、企事业单位、社会组织和个人的防控措施。要注重精准施策，根据各管控单元实际情况，因地制宜健全实施差异化疫情防控措施，有序可控恢复经济社会秩序，不搞“一刀切”，不搞层层加码，不搞简单化一关了之、一停了之。要保障交通畅通，在坚决阻断病毒传播渠道的前提下，进一步做好交通运输保畅工作，维护正常客流物流运行秩序。要加强督导指导，压紧压实领导责任，确保疫情防控和恢复经济社会秩序各项工作落到实处。要在确保准备充分、措施到位的前提下加快复工复产。

2.务必依法开展防控疫情工作。越是疫情防控的关键时期，越要严格执行《重庆市人民代表大会常务会员会关于依法全力开展新冠肺炎疫情防控工作的决定》，做到依法防控、依规治理。要依法实施疫情防控及应急处理措施，严格依照法定权限和程序实施疫情排查、区域管控、小区封闭管理、病人隔离、交通管制、征收征用等措施，依法维护个人生活出行、企业生产经营和社会生活秩序。加强公共卫生环境治理，严格依法科学处理医疗垃圾和其他垃圾废弃物。要严厉打击制售假劣药品，医疗器械、医用卫生材料等违法犯罪行为。要加强疫情防控期间矛盾纠纷化解。前几天，湖北安陆市发生一起“防控队员损坏村民麻将桌”，孝昌发生一起“劝阻打麻将冲突”事件，工作人员因处理方式简单粗暴在社会上造成了严重负面影响。“合兴镇四人抬着麻将桌在街上行走”的视频，被多家媒体转载，引发舆论广泛关注，上级正在调查督办。要坚持严格规范公正文明执法，引导群众理解支持防控工作。要保持理性平和，避免激化矛盾、扩大事态，严禁侮辱性、刺激性语言和不当行为。注意方式方法，妥善应对现场突发情况和围观人员，严禁因应对不当引发负面影响。因地制宜开展群众喜闻乐见的法治宣传，做好社会面管控，严惩扰乱社会秩序等违法犯罪行为，维护社会大局稳定。

3. 抓好对一线医护人员的保护关心爱护。习总书记强调，医务人员战斗在一线，医务人员是战胜疫情的中坚力量。区卫健委负责，切实加强院感防护和医护人员防护，做好区人民医院、区中医院，乡镇街卫生院等医疗机构规范感染控制措施，加强培训和指导力度，确保医护人员“零感染”。区人力社保局、区卫健委等部门、乡镇（街道）具体负责，做好对我区“援鄂”“援万”医务人员的关心关爱、走访慰问，落实好职称评审、子女入学等政策，帮助解决困难问题，确保医护人员持续健康投入战胜疫情斗争。务必落实好对医务人员舒缓压力、生活保障、必要休整、精神鼓励等措施。区财政局会同区卫生健康委，加强对乡镇卫生院、村（社区）卫生室防疫工作资金的保障。

二、关于复产复工和稳定就业

突出抓好稳就业这一“六稳”首要任务。区财税、金融、经信、商务、农业、文旅等职能部门要用好用活用足疫情防控财税、金融支持政策，抓好政策宣传、细化落实，做好受影响企业调查摸底，有针对性研究制定帮扶措施。区人社局要落实好阶段性减免企业养老、失业、工伤保险单位缴费，减轻疫情对企业特别是中小微企业的影响，有力有序促进稳岗，避免发生大规模减员裁员。区人社局、财政局、区交通局对我区农民工人数较多的集中务工区域，要抓紧研究农民工返岗就业交通补贴措施，有针对性做好重点群体就业工作，可通过点对点开行跨区域包车，及时组 织其有序返岗。区市场监管局等职能部门要落实好支持个体工商户政策，让他们尽可能多地生存下来，培育发展更多市场经营主体。区人 社局、乡镇（街道）要抓好劳动力就业，摸清农民工外出就业意愿，及时收集发布用工信息，浙江温州市甄海区政府来函请我们协助组织2000名务工人员，可以通过线上招聘等多种方式，对无法回湖北就业的务工人员，要引导做好市内就业工作或就近就业。

三、关于春耕生产和“菜篮子”保供

1. 抓好春耕生产。当前正值春耕备耕关键时节，要做好疫情防控和春耕生产两手抓、两不误。要抓农时促春耕，及时开展春耕春播，积极组织粮食、蔬菜等农作物种植，稳定粮食生产。要抓畅通促供销，开通“绿色通道”，落实“三不一优先”政策，组织农资供销合作社、有关企业进村到户配送春耕生产物资，强化种子、化肥、农药、农机等农资保障，让农产品能出村、农资能到户。要抓政策保运转，加大涉农政策支持力度，帮助企业和农户解决困难，承接落实好市政府办公厅关于应对新冠肺炎疫情支持新型农业经营主体渡难关促发展的十二条政策举措。要抓经营保收入，发展富民乡村产业，积极主动服务农民工就业，促进农民持续增收。

2. 抓实“菜篮子”保供。切实做好重要品稳产保供各项工作，确保蔬菜、水果、肉蛋奶、水产平等“菜篮子”产品持续供应。篮子”产品生产供给。抓好蔬菜生产采购，努力做到蔬菜稳定供应。加快恢复生猪生产，及时补栏、增加存栏，保障生鲜禽肉市场供应。要抓好涉农企业复工生产。做好农业领域疫情防控、农业生产和农产品保供稳价工作，按市上要求有序恢复畜禽水产养殖、蔬菜种植和其他民生保供农业企业生产，龙头保供企业在2月底，力争本周内全面复工复产。及时解决企业资金、物流、用能、用工等难题，帮助涉农企业复工复产。

四、关于基础设施补短板

国家将以补短板稳增长，我们要结合自身实际，找准短板，对一些薄弱环节、领域增加投资，加快补齐基础设施短板。要增强公共医疗卫生服务能力，解决好平时看病难和医患矛盾，避免在疫情爆发的特殊时期出现医疗挤兑。要做好城市污水和垃圾处理，区住房城乡建委要抓好老城区、新城区等二三级污水管网建设；区农业农村委、区市场监管局等部门要抓紧调研出台方案，做好禽畜鱼虾的宰杀垃圾和污水的处理，规范畜禽宰杀和交易行为。要持续用力抓好棚户区和老旧小区改造，整合好项目，用好项目资金，突出重点、集中火力抓好城区河道综合整治，改善城市综合环境。要加强智慧城市建设，运用好大数据手段，做好“渝康码”上线启用工作，提升城市管理和疫情防控智能化水平。“疫情排查”信息系统与2月20日正式启用，全市已推出“健康出行一码通”，我们要加大宣传推广力度，做好实时精准采集入渝人员和返岗人员信息工作。要抓 好农村人居环境整治，以疫情防治为切入点，实施好“三清一改”农村人居环境整治村庄清洁行动，加强乡村人居环境和公共卫生体系建设。

颁发文件

重庆市梁平区新型冠状病毒感染的肺炎疫情防控工作指挥部通告

（梁肺炎指发〔2020〕1号）

各镇乡党委、街道党工委和镇乡人民政府、街道办事处，区委各部委，区级国家机关各部门，各人民团体，有关单位：

为进一步保障公众健康安全，依据《中华人民共和国传染病防治法》，国务院《突发公共卫生事件应急条例》等法律法规，按照重庆市新型冠状病毒感染的肺炎疫情Ⅰ级响应要求，经报请区新型冠状病毒感染的肺炎疫情防控工作领导小组同意，指挥部决定将有关事项通告如下：

一、2020年1月8日以来所有来自湖北的人员须到村（社区）委会登记，并居家观察14天。如果出现发热、乏力、干咳等症状，应到指定医疗机构发热门诊就诊。

二、暂停开放图书馆、文化馆、博物馆等各类公共文化体育场所；暂停开放网吧、影（剧）院、洗浴、茶楼、KTV等娱乐场所；暂停一切文化、旅游、体育聚集性活动。

三、禁止举办各类群体性聚餐活动（含农村自办群体性宴席）。倡议取消家庭聚会。

四、暂停农（集）贸市场活禽交易和宰杀，严禁非法转运、销售野生动物及其制品。

五、宾馆、商场、超市（含食品经营店）、医院、农（集）贸市场、加油（加气）站、婴幼儿用品店、药店等公共场所的从业人员和消费者必须佩戴口罩。宾馆、旅馆等住宿场所进出人员必须佩戴口罩并自觉接受体温检测。

六、全区旅行社暂停经营活动，不再组团收客，已经组团的一律取消。目前如还有在行程中涉及湖北进入梁平的游客信息，各旅行社平台公司必须向区文化旅游委报告。非旅行社组织的散客各自到住宿处属地社区（村）报告自身信息情况。

七、不信谣、不传谣、不造谣，不扰乱社会公共秩序。

八、市民如果对新型冠状病毒感染的肺炎有咨询需要，可拨打区长公开电话：12345。

九、如有违反本通告的行为，由相关部门依法处理。

本通告自发布之时施行。

重庆市梁平区新型冠状病毒感染的肺炎情防控工作指挥部关于印发《重庆市梁平区新型冠状病毒感染的肺炎疫情防控暂行办法》的通知

（梁肺炎指发〔2020〕9号）

各镇乡党委、街道党工委和镇乡人民政府、街道办事处，区委各部委，区级国家机关各部门，各人民团体，有关单位：

为依法科学有序防控新型冠状病毒感染的肺炎疫情，规范疫情应急处置工作，保护人民群众生命安全和身体健康，维护社会稳定，根据《中华人民共和国突发事件应对法》《中华人民共和国传染病防治法》《突发公共卫生事件应急条例》等法律法规，结合实际，制定本办法。经区新型冠状病毒感染的肺炎疫情防控工作指挥 部同意，现予以公布。

重庆市梁平区新型冠状病毒感染的肺炎疫情防控暂行办法

第一章　总　则

第一条　为有效防控新型冠状病毒感染的肺炎疫情，规范疫情应急处置工作，保护人民群众身体健康与生命安全，维护社会稳定，根据《中华人民共和国突发事件应对法》《中华人民共和国传染病防治法》《突发公共卫生事件应急条例》《重庆市突发事件应对条例》等法律法规，制定本办法。

第二条　本办法适用于全区新型冠状病毒感染的肺炎疫情预防与控制（以下简称防控）。

第三条　新型冠状病毒感染的肺炎纳入《中华人民共和国传染病防治法》规定的乙类传染病，采取甲类传染病管理措施实施管控。新型冠状病毒感染的肺炎疫情防控应当遵循统一领导、分级负责、依法管理、科学规范、快速反应、高效处置、公开透明、实事求是的原则。

第四条　设立区新型冠状病毒感染的肺炎疫情防控工作指挥部，由区委书记任指挥长，区政府区长任执行指挥长，相关区领导任分指挥长，区委区政府有关单位为成员。区新型冠状病毒感染的肺炎疫情防控工作指挥部（以下简称“区防控指挥部”）全面负责全区肺炎疫情防控工作；指挥部设置“1个综合办公室+9个专项工作组（即医疗救治组、疫情防控组、应急保障组、排查防控组、现场处置组、市场监管及供应保障组、交通运输防控组、宣传舆情组、督导组）”，具体落实全区疫情防控工作。各乡镇人民政府（街道办事处）成立相应指挥机构，按照属地管理原则，统一负责本区域内新型冠状病毒感染的肺炎疫情防控工作。

第五条　对参与新型冠状病毒感染的肺炎疫情防控的医护人员和有关工作人员，按规定给予补助；对新型冠状病毒感染的肺炎疫情防 控工作作出突出贡献的人员，给予表彰和奖励；对因参与新型冠状病毒感染的肺炎疫情防控工作致病、致残、死亡的人员，按照国家有关规定，给予相应的补助和抚恤。

第二章　疫情报告

第六条　各医疗机构发现符合病例定义的疑似病例后，应立即进行隔离治疗，院内专家会诊或主诊医师会诊，仍考虑疑似病例，在2小时内进行网络直报，同时尽快将疑似病人转运至定点医院。区疾控中心应当及时组织开展病例的流行病学调查。

第七条 各乡镇（街道）应组织人员在所辖的村（社区）对重点地区来梁人员逐一开展排查，按要求进行网格化管理，切实做到全覆盖、不留死角。并将排查到的人员登记造册，将统计排查情况第一时间如实报告区卫生健康委和区委政法委。各级党政机关、企事业单位、各类社会机构对所有的职工员工排查要实现全覆盖。区防控指挥部应当迅速配齐必要设备，组织队伍开展相关防控工作。

第八条 疫情报告实行属地化管理，全区各党政机企事业单位发现疫情，应当按规定报告乡镇（街道）医疗卫生机构，同时抄报乡镇（街道）疫情防控工作指挥部。

第九条 零售药店、个体诊所、村（社区）卫生室及民营医疗机构的工作人员，对前来购买治疗发热、咳嗽药品的人员，应当登记并详细询问、了解有关情况，劝导患者及时到医疗机构就诊；发现新型冠状病毒感染的肺炎病例或疑似病例，应当以最快方式向区疾控中心或乡镇（街道）医疗卫生机构报告。

第十条 鼓励公众对新型冠状病毒感染的肺炎疫情进行监督，发现有疑似人员或密切接触者，应当及时拨打12345举报或向区疾控中心报告。区定点医疗机构、疾病预防控制机构、各级政府办公室、公安、卫生健康等部门，应当向社会公开咨询、投诉、求助电话，所有电话24小时值守，并按规定及时处理相关信息。

第十一条 区疾控中心依照本办法规定接到报告后应当立即组织力量对报告事项调查核实、确证，并采取必要的控制措施。

第十二条 任何单位和个人对新型冠状病毒感染的肺炎疫情，不得隐瞒、缓报、谎报或者授意他人隐瞒、缓报、谎报。

第三章 预防与监测

第十三条 各医疗机构应当严格执行相关管理制度、操作规程，防止医源性感染、医院内感染和致病性微生物的扩散。

第十四条 对从事新型冠状病毒感染的肺炎预防控制、医疗救治的人员，所在单位应当根据有关规定，采取有效的防护措施和医疗保障措施。

第十五条 有关部门应当加强流动人员管理，对检测发现有疑似症状的人员，实施临时隔离，及时按规范程序移交定点医疗机构。

第十六条 全区各党政机关、企事业单位及车站、超市、农贸市场等公共场所应当设立体温检测点，对进入人员实行体温检测，检测认定发烧或者不予配合的，应当阻止其进入。

第十七条 有关单位和个人应当按照相关要求，对新型冠状病毒感染的肺炎病原体污染的污水、污物、粪便等进行严密消毒后处理。任何单位和个人不得销售废弃的口罩、防护服等防护物品和医疗废弃物。

第四章 医疗救治

第十八条 按照“集中病例、集中专家、集中资源、集中救治”的原则，建立完善医疗救治运行机制，将确诊病人集中安排在定点医院救治。对确诊病人、疑似病人以及密切接触者应当按规定采取医学观察、隔离治疗、分类管理等医疗措施。

第十九条 区定点医疗机构应当设立发热门诊和隔离观察室，收治可疑发热病人，实行首诊负责制；对收治的确诊病人或者疑似病人，应当严格按照国家卫生部门公布的诊疗方案进行治疗。

第二十条 区防控指挥部指定专门机构对医疗物资实行统一管理、统一调度、统一分配，畅通运输渠道，理顺分配机制，保障医疗物资供应充足，优先满足医疗救治需要。

第二十一条 区防控指挥部指定专门机构维护正常的医疗秩序，确保定点医疗机构24小时接诊，应收尽收、应检尽检、应治尽治。

第二十二条 需要接受隔离治疗、医学观察的病人、疑似病人以及密切接触者，在医疗机构或者有关机构采取医学措施时应当予以配 合；拒绝配合的，由公安机关依法协助强制执行。

第二十三条　需要接受隔离治疗、医学观察的病人、疑似病人以及密切接触者，在接受医疗救治时，不得侮辱、伤害医务人员和扰乱正常医疗秩序；侮辱、伤害医务人员或扰乱正常医疗秩序的，由公安机关依法从严处理。

第五章　社会面防控

第二十四条　区防控指挥部在新型冠状病毒感染的肺炎疫情期间，根据需要实施下列措施并公告：

（一）禁止大型群众性活动，包括：音乐会等 文艺演出，大型体育赛事，撞钟、庙会、敬香祈福等民俗活动，展览、展销和人才招聘等；

（二）暂停影剧院、娱乐场所、棋牌室、麻将室、网吧、洗浴、体育场馆等场所营业；

（三）关闭图书馆、博物馆、文化馆等场馆，暂停开放旅游景区等人员密集场所；

（四）停止培训机构（含托幼机构）开展线下服务；

（五）禁止所有农（集）贸市场、超市等各类经营场所销售活禽，暂停宠物商店（医院）营业；

（六）餐饮服务单位、家庭集体宴席服务活动经营者禁止举办任何形式的群体性聚餐活动；

（七）要求所有人员出入公共场所佩戴口罩；

（八）暂停各类赶场赶集活动；

（九）其他紧急措施。

第二十五条　区防控指挥部根据疫情防控需要，依法采取停产、停业和停课等措施并公告。

第二十六条　区防控指挥部根据疫情防控需要，依法实施交通管制并公告。

第二十七条　区防控指挥部根据疫情防控需要，依法组织对相关人员进行疏散或者隔离。鼓励公众减少出行，取消聚餐、聚会，做好 个人防护措施。

第二十八条　各类超市、农贸市场、养老机构等人员密集场所应当严格消毒，对进出人员做体温检测，做好防护措施；必要时对养老机构实施封闭管理，对农贸市场实施关闭。

第二十九条　社区、学校、企业和相关单位应当组织开展老年人群、返校师生及返岗人员的健康提示和健康管理工作。

第三十条　大力开展爱国卫生运动，全面清理重点地带、重点场所的环境卫生。发动社会力量群防群控，切断疫情传播途径。

乡镇人民政府（街道办事处）、村民委员会（社区居委会）等组织应当加强新型冠状病毒感染的肺炎防治宣传，提高公众防治意识。

第三十一条　禁止交易、运输、携带、寄递野生动物及其制品，禁止食用野生动物及其制品，禁止发布销售利用野生动物及其制品的广告。何单位和个人发现与野生动物及其制品有关的违法行为，有权依法举报。

第三十二条　新型冠状病毒感染的肺炎病人死亡后，尸体应当按照《中华人民共和国传染病防治法》的有关规定，立即消毒、火化。

第六章　保障措施

第三十三条　区防控指挥部根据疫情防控需要，依法调集人员和征用医疗机构、医疗用品、交通工具、房屋等物资和场所，相关人员和单位应当积极配合。

第三十四条　区财政应当按照国家有关规定负责保障疫情防控工作所需资金，落实患者救治政策。

第三十五条　区防控指挥部指定专门机构组织做好药品、消毒物品、防护用品、医疗器械、检测试剂等医疗用品的储备和供应工作，保障各类生活必需品的供应。鼓励本地相关企业积极生产，保障物资供应。禁止囤积居奇、哄抬物价等行为。

第三十六条　区防控指挥部应当做好医护人员、参与防控工作的人员的后勤保障工作。

第七章　附　则

第三十七条　违反本办法规定，由相关部门依法查处。

第三十八条　本办法自公布之日起施行。

见证战“疫”

防控概况

1月26日，梁平区按照市委、市政府工作部署，调整成立疫情防控领导小组和疫情联防联控指挥部，指挥部下设综合办公室，设置医疗救治、疫情防控、应急保障、排查防控、现场处置、市场、交通、宣传舆情、督导9个专项工作组，负责全区疫情防控工作分析研判、指挥调度、应急保障、疫情防控、医疗救治等工作。

从1月23日晚开始，梁平区所有的活禽市场交易场所实行休市，严肃查处打击贩卖宰杀野生动物等违法行为，对饲养繁育可能携带新型冠状病毒野生动物（如竹鼠、獾等）的场所实施封控隔离，取消动物类演出活动。加强药品、医疗器械等价格监管，严厉打击哄抬物价、囤货居奇等违法行为。

从1月24日起，梁平区通过民警、卫生、村组干部和网格员等，重点排查出1月8日以来有武汉工作史和滞留史的返回梁平、来到梁平的人员，建立台账，落实了监测措施。同时加强公共场所管理，关闭公共文化馆、图书馆，停止一切文化娱乐活动；动员双桂堂、鸣钟寺寺管会自觉发布通告，除夕夜不对外开放，停止大型宗教法事活动；对张南高速礼让服务区设置了临时监测卡扣，加强了火车站、汽车站人员管控工作。

与此同时，梁平区加强防控保障，全区加强采购口罩、防护服（隔离衣）、消毒液、手持测温仪等医用物资，确保能够基本满足当前疫情防控需要；成立了10人的区级疾控专家组和22人的医疗救治专家组，培训基层医护人员防疫知识500余人次；区人民医院单设病房用于隔离观察、治疗，并做好隔离观察点的储备。

梁平区中医医院、妇幼保健院、乡镇卫生院和社区服务中心均设置了发热门诊，对有发热、咳嗽、胸痛症状患者进行预检分诊和初筛，对重点人群居家观察人员按“三包一”方式（医护人员、民警、社区干部各1名）每天2次上门服务。区人民医院作为定点救治医院，对有发热、咳嗽等症状的人员，结合流行病学史调查全面开展 排查和诊治工作。

此外，梁平区成立了8个专项督导组，从区纪委监委、区委组织部、区委办、区政府办、区卫生健康委等单位抽调专人，对各乡镇（街道）和有关单位防控工作开展情况督导。

一、确定救治医院

指定区人民医院为梁平区新型冠状病毒感染的肺炎收治定点医院，设床位30张，区中医医院为后备定点救治医院，负责收治全区新型冠状病毒感染的肺炎疑似患者、确诊患者以及需要隔离观察治疗的患者。设置集中隔离观察区1个，安宁敬老院隔离区有隔离观察房间45个，后备集中隔离观察区1个，梁山敬老院有隔离观察房间30个，主要用于新型冠状病毒感染的肺炎非疑似患者、确诊患者的集中隔离观察。

二、成立救治专家组

为确保疫情防控各项工作落实，区新型冠状病毒感染的肺炎联防联控指挥部设立医疗救治组，成立了包括呼吸、感染、疾控等专业的咨询专家组，同时还成立了包含呼吸、感染科、影像等22名高年次主治医师以上专业人员的专家组。

三、统筹医务人员

区卫生健康委统一调配全区医务人员从事医疗救治工作，全区卫生系统从大年三十开始，全部取消休假，积极投入到疫情防控战斗当中。参与区定点医疗机构发热门诊、预检分诊及隔离病区工作的医务人员168人，后备60人（区人民医院30人、区中医医院30人）。全区其他医疗机构参与发热门诊、预检分计、社区排查、居家医学观察等防控工作的医务人员共计1400余人。另外，我区组建20名医扩人员的医疗队，随时服从市医疗救治组统一调度，支援三峡中心医院。同时各卫生健康单位加强了值班制度，严格实行24小时专人值班。

四、加强业务培训

1月23日，区卫生健康委分别对全区医疗卫生单位主要负责人及相关医护人员150余人进行了新型冠状病毒感染的肺炎诊疗方案及防控指南等相关知识进行了培训。各医疗机构负责人及区级医疗机构相关科室负责人参加全国全市培训5次，共计400余人次。各医疗机构对医务人员也开展了相应的培训。新的诊疗方案出来后，及时通过QQ群、微信群等转发各医疗机构，要求各医疗机构组织医务人员认真学习。刚出台的诊疗方案第五版，已转各医疗机构，要求各医疗机构加强培训，同时组织城区各医疗机构相关科室人员参与国家卫生健康委员会组织的视频培训。

五、做好医疗救治工作

下发了《关于进一步做好新型冠状病毒感染的肺炎患者筛查、救治及诊断工作的通知》，明确患者转运工作流程，各基层医疗机构收发治热患者后，经初步检查诊断，认为不符合疑似病例条件的患者，予以就地隔离治疗或居家医学观察。符合疑似病例条件的患者，将病历摘要发送给区级专家组会诊，排除疑似患者，确定就地隔离治疗、居家医学观察。专家会诊不能排除疑似病例者，由定点医疗机构派专用救护车接到定点医疗医院进一步诊治。确诊患者现按市医疗救治组统一安排转入集中救治定点医院万州三峡中心医院治疗。全区各医疗机构设立预检分诊点及发热门诊，按诊疗方案要求开展各项诊疗活动，对所有就诊人员进行预检分诊，对从疫区回来且有发热、咳嗽等症状的，单独分开诊治。已转运2名确诊患者。截止2月4日24时，全区发热门诊共接诊患者2132人。区人民医院隔离病区及安宁隔离区共累计收治留观病人128人，其中疑似患者65例，确诊患者3人（均已转入万州三峡中心医院治疗），在院留 观患者41人，其中疑似患者9人。

六、加强工作督查

为确保防控各项工作落实，1月22日，区卫健委组成了6个工作督促检查组对全区各医疗机构预检分诊、发热门诊等工作落实情况进行了全面的检查，对督查发现的问题要求各医疗机构及时整改。区医疗救治组每天到各医疗机构督导，督促各医疗机构做好预检分诊、发热门诊等工作，督查发现的问题要求各医疗机构立即整改。

防控排查

一、排查要求。各级各部门落实“基础数据全摸清、动态情况全掌握”和“不漏一户、不落一人”的要求，逐村逐社、逐户逐人，逐单位逐人、逐企业逐人、逐行业场所逐人落实，至少每5天开展一次全面的拉网式排查，确保全覆盖、无死角。

二、排查范围。三个面：一是村（社区）面。组织镇村干部、村组干部、医务人员、公安干警、网格员，以村社为单位、网格为基础，逐户逐人开展上门排查核实。重点排查1月8日以来，湖北省特别是武汉市来梁、返梁人员，精准到户、精准到人、精准到车辆，建档造册，掌握基本情况。二是机关企事业单位和社会机构面。对辖区各机关事业单位、公司企业和其他社会机构的职工员工春节期间外出轨迹、聚餐聚会接触人群等情况开展排查。排查是否外出，是否到过、经停过湖北特别是武汉地区，是否与湖北返梁来梁人员有过密切接触。三是服务行业和重点场所面。对辖区酒店、旅馆、民宿、日租房等走访排查，督促各个主体做好每日登记、防控和报告工作；组织网格员每天到辖区内零售药店收集发热、咳嗽病人购买相关药品登记信息，按程序上报。

三、排查机制。区级层面实行市管领导干部包乡镇（街道）、区级部门负责人驻点的摸排工作责任机制。乡镇（街道）实行镇街领导干部包村社，驻村干部包村包组，村社干部、组干部、网格员包户包人的工作机制。

四、分类防控。对排查出来的湖北省返梁来梁人员以及机关企事业单位职工到过湖北、经停湖北、与湖北省来梁返梁人员有密切接触的人员落实镇街村社干部、公安干警、医务人员“三包一”措施，督促其居家观察14天；对出现可疑症状人员，第一时间报告卫生健康部门。

五、排查进度。全区从1月25日开展至29日，已完成第一轮排查。从1月30日起，开始第二轮排查。对排查出来的情况实行清单式管理、台账式管理，排查数据每天14：00前，经主要领导审核后，由乡镇（街道）和牵头单位报送到区委政法委党政内网邮箱。

管控交通

重庆市梁平区新型冠状病毒感染的肺炎疫情联防联控工作指挥部令

（第1号）

鉴于当前新型冠状病毒感染的肺炎疫情的严峻形势，为降低病毒传播扩散风险，维护公众安全，现命令如下：

一、在全区高速公路出口、高速公路服务区和重要国省干线公路省界附近设立临时交通卫生检疫站。分别为：G42梁平出口、G42梁平云龙出口、G5515铁门出口、G5515袁驿出口、G5515仁贤出口、G5515礼让服务区、S206线k166+850新盛站、S204线k0+000文化站、G318沪聂线k2002+170碧山站、X116线k5+600七星站、S510线k147+100虎城站。

二、临时交通卫生检疫站实行24小时工作制。

三、通过临时卫生检疫站的所有车辆及人员，必须主动配合检测人员接受检测和相关处置。

本令自发布之日起施行，违者依法依规严肃处理，撤除时间另行通告。

重庆市梁平区新型冠状病毒感染的肺炎疫情联防联控工作指挥部

2020年1月26日

关于设立临时交通卫生检疫站的通告

（梁肺炎指发〔2020〕2号）

各镇乡党委、街道党工委和镇乡人民政府、街道办事处，区委各部委，区级国家机关各部门，人民团体，有关单位：

重庆市于2020年1月24日启动重大突发公共卫生事件Ⅰ级响应。根据梁平区新型冠状病毒感染的肺炎疫情防控需要，为有效切断病毒传播途径，保障广大人民群众的身体健康和生命安全，经报请区新型冠状病毒感染的肺炎疫情防控工作领导小组同意，指挥部决定通告如下：

一、在全区高速公路出口、高速公路服务区和重要国省干线公路省界附近设立临时交通卫生检疫站。分别为：G42梁平出口、G42梁平云龙出口、G5515铁门出口、G5515袁驿出口、G5515仁贤出口、G5515礼让服务区、S206线k166+850新盛站、S204线k0+000文化站、G318沪聂线k2002+170碧山站、X116线k5+600七星站、S510线k147+100虎城站。

二、2020年1月27日下午17：00时起，通过临时交通卫生检疫站的所有车辆及人员，请主动配合检测人员接受检测和相关处置。

三、临时交通卫生检疫站实行24小时工作制。撤除时间另行通知。由此带来的不便，敬请广大市民理解和支持。

重庆市梁平区新型冠状病毒感染的
肺炎疫情防控工作指挥部
2020年1月27日

重庆市梁平区新型冠状病毒感染的肺炎疫情防控工作指部关于暂停部分公共交通客运的通告

（第3号）

重庆市于2020年1月24日启动重大突发公共卫生事件Ⅰ级响应，已暂停全市省级道路客运班车和省际客运包车运营。根据梁平区新型冠状病毒感染的肺炎疫情防控需要，为有效切断病毒传播途径，保障广大人民群众的身体健康和生命安全，经报请区新型冠状病毒感染的肺炎疫情防控工作领导小组同意，指挥部决定通告如下：

自2020年1月28日零时起：

一、所有包车客运、省际班车客运、县际班车客运（保留梁平至重庆直达客运班线每日7班以内除外）、县内客运暂时停运。

二、公交客运：暂停101、102、203、205、301、302、303、304、305路公交，保留梁平南站、梁平火车站运行的103、104、201、202、204、206、207、208路公交。

恢复运营时间另行通知。已购票乘客可到相应汽车客运站售票窗口免费办理退票事宜。由此带来的不便，敬请广大市民予以理解和支 持。

重庆市梁平区新型冠状病毒感染的
肺炎疫情防控工作指挥部
2020年1月27日

重庆市梁平区新型冠状病毒感染的肺炎疫情防控工作指挥部交通运输防控组关于实施临时交通管控的通告

为更加从严开展我区新型冠状病毒感染的肺炎疫情防控工作，保障人民群众生命健康安全，根据《中华人民共和国传染病防治法》《中华人民共和国突发事件应对法》的相关规定，经请示区新型冠状病毒感染的肺炎疫情防控工作指挥部同意，区交通运输防控组决定通告如下：

一、实施分道路、分车籍管控措施 。一是高速公路管控：梁平辖区内高速公路服务区和高速公路出口，对湖北籍车辆一律劝返；对非梁平籍车辆禁止进入梁平境内，对不服从安排的由公安机关依法强制处置。 二是国省县道管控：与周边区县交界的国道、省道和县道严禁非梁平籍车辆驶入。三是乡镇（村、组）道路管控：各乡镇（街道）负责本辖区道路的管控，从严控制车辆通行；凡与周边区县接壤的镇乡、村组道路一律严禁车辆通行。上述管控道路设置防疫联合检查站，坚持“逢车必检、逢人必测”原则，对驾乘人员一律检测体温筛查，并按相关规定进行信息登记、分类处置。

二、高铁站、火车站等交通站场管控措施。一是对通过高铁、火车交通工具来梁的乘客严格检测体温筛查，并对体温异常的执行登记理，定点隔离、留置观察；二是对通过高铁、火车交通工具来梁的湖北籍乘客按相关规定做好详细登记。

三、严控车辆上道路行驶。对已进入梁平区的湖北籍车辆，一律指定地点停放，严禁在道路上行驶；其他车辆非工作、生产生活急需，原则上不得上道路行驶。

四、保障应急车辆运行。经核实系执行应急任务的警车、消防车、救护车、工程抢险车、应急医疗物资运输车和基本生活保障供给车以及疫情防控工作车不受本通告限制。

五、疫情管控期间，请广大驾乘人员及市民自觉遵守上述规定，配合现场工作人员工作。对不服从、不配合现场工作人员工作的，将依法采取强制措施，对影响疫情防控管控现场秩序、殴打辱骂工作人员及其他妨碍现场工作的行为，构成犯罪的，将依法追究刑事责任。

六、上述交通管控措施自2020年2月1日18时起施行。解除时间另行通知。

由此带来的不便，敬请广大市民予以理解和支持。

重庆市梁平区新型冠状病毒感染的肺炎
疫情防控工作指挥部交通运输防控组
2020年2月1日

重庆市梁平区新型冠状病毒感染的肺炎疫情防控工作指部交通防控工作组关于乘坐公共交通工具必须戴口罩的通告

为了维护广大乘客切身利益，阻断病毒在交通流动环节传播，根据市交通运输防控有关要求，经报请区新型冠状病毒感染的肺炎疫情防控工作指挥部同意，现通告如下：

一、自2020年1月31日起，乘坐梁平区公共交通工具，包括城市公共汽车、出租汽车、班线客车等，乘客应戴口罩乘坐。

二、对于没有戴口罩的乘客，公共交通工具营运人予以劝返，对于不听劝返的，营运人有权拒绝乘客乘坐。劝返过程中，乘客扰乱运输秩序的，移送公安机关处理。

三、公共交通工具的从业人员必须戴口罩上岗。

重庆市梁平区新型冠状病毒感染的肺炎
疫情防控工作指挥部交通防控工作组
2020年1月30日

驰援湖北

成立援鄂医疗队

重庆市梁平区新型冠状病毒肺炎疫情防控工作指挥部综合办公室关于成立重庆市梁平区援鄂医疗队的通知

（梁肺炎指办发〔2020〕12号）

各乡镇（街道）新冠肺炎疫情防控工作领导小组，区政府有关部门，有关单位：

为深入贯彻落实习近平总书记关于统筹解决湖北市肺炎疫情防治工作的重要指示精神，全力驰援湖北市武汉市新型冠状病毒肺炎疫情防治工作，经研究决定，成立重庆市梁平区援鄂医疗队。现将组成人员名单通知如下：

队　长：陈晓琴 区人民医院党委委员、重症医 学科主任护师

副队长：

李和龙 区中医院医务科长、主治中医师

赵　睿　区人民医院神经内科副主任、主治医师

成　员（共37人，排名不分先后）：

王长勇　区人民医院感染科主治医师

向鸿鹄　区人民医院心内科住院医师

李　理　区人民医院消化内分泌科主治

医师：李　锋 区人民医院急救重症部主治医师

刘光兰　区人民医院呼吸与危重症医学科护师

崔　舒　区人民医院呼吸与危重症医学科护士

李　玲　区人民医院重症医学科护士

董世红　区人民医院产科护师

吕玉娟　区人民医院神经内科护士

魏　倩　区人民医院神经内科护士

王海均　区人民医院胸心血管外科护师

谢　黎　区人民医院骨科护师

刘　瑶　区人民医院肾病内科护士

胡　丹　区人民医院耳鼻喉科主管护师

刘　静　区人民医院心血管内科护师

蒋莹银　区人民医院心血管内科护士

高珊珊　区人民医院眼科护士

黄朝茜　区人民医院消化内科护士

谭　涵　区人民医院消化内科护士

谭正渊　区人民医院康复科护士

郑莉莉　区人民医院骨科护士

蒋启美　区人民医院泌尿外科护士

易亚洲　区人民医院泌尿外科护士

刘晓波　区中医医院呼吸内科中西医主治医师

杨永高　区中医医院呼吸内科主治医师

周义俊　区中医医院医务科副科长、中西医主治医师

谭国军　区中医医院内科中西医结合主治医师

张晓娟　区中医医院肺病科主管护师

谢家红　区中医医院肾病科护师

翟明翠　区中医医院肾病科护师

高艳淑　区中医医院脾胃病科护师

屈　潇　区中医医院肛肠科主管护师

陈莉娟　区中医医院妇产科主管护师

向　林　区中医医院脑病科护

莫小丽　区中医医院外科

刘晓英　区中医医院心病科主管护师

张嬰鑫　区中医医院骨科主管护师

援鄂工作情况

重庆市梁平区援鄂医疗队工作情况

根据国家卫生健康委统一部署、重庆市疫情防控工作领导小组医疗救治组要求，在区委、区府的坚强领导下、区卫健委的精心组织下，抽调区人民医院25名、区中医院15名政治素质过硬、业务能力强的40名医护人员组成支援湖北医疗队驰援武汉中心医院后湖院区。于2月19日抵汉，3月25日离汉，共历时37天。

一、援鄂医疗队组成。援鄂医疗队共40名医护人员，由重症、呼吸、感染、中医、护理等专业组成。其中医生10名，护士30名，正高级专业技术人员1名，绝大多数为副高级、中级专业技术人员，及时完成岗前培训，于2月26日进入武汉市中心医院后湖院区。援鄂医疗队人员先后分布于ICU、发热14、发热15、发热12不同病区。3月23日完成与武汉中心医院移交。

二、医疗队工作开展

（一）医疗工作完成情况

1、累计管理患者86人，其中重型25人，普通61例。需要透析者6人，合并胰腺炎2人，高频吸氧23人，共查房诊治病人约1000人次，行胸腔闭式引流1人。护理队伍共护理1050人次， 动静脉穿刺210人次，心理疏导203人次，健康宣教120人次，取咽拭子200人次，消杀公共区域130次，所管患者均明显好转，总有效率98，治愈率90%。ICU累计特级护理61人次，其中：使用有创呼吸机19人次，俯卧位通气80小时，肠内营养55人次，中心静脉置管护理23人次，外周静脉置管护理227人次，使用微量泵80人次，吸痰护理161人次，尿道口护理152人次，口腔护理220人次，气管插管护理19人次，气管切开护理5人次。

2、成立MDT团队。认真落实多学科联合诊疗制度，联合开展中西医诊疗，予口服中药103人次、中药足浴92人次。援鄂医疗队根据第七版新冠防治疗指南，结合武汉中心医院中医专家组经验，每天对患者进行脉象、舌苔等四诊合参后临证加减个性化治疗，同时配合心理疏导，中医养生、耳穴刺激、康复指导等中医适宜技术综合治疗，深受患者好评，得到病区护理团队及患者的一致好评。

（二）护理工作完成情况。一是构建护理管理组织架构。二是细化完善护理工作制度。根据武汉中心医院相关流程、制度，结合医疗队实际制定了制度、流程、职责、应急预案等31个工作规范。三是实行病区“6S”管理，将物品分类、分区放置，标识清楚，服务流程优化。四是加强护理安全管理。严格落实护理核心制度，认真履行岗位职责，无任何差错及不良事件发生。五是成立MDT护理团队，对各病区伤口造口、静疗、CRRT患者进行护理会诊，提高专科护理质量。

（三）院感工作情况。成立了感控小组，牵头制定防护用品穿脱流程、区域清洁消毒操作规程等。考核穿脱防护服流程人人过关，进行专科培训并规范操作流程，院感专职人员现场督查穿防护服655人次，制止违规行为4人次，发现防护装备破损5次，处理疑似职业暴露5人次，进入污染区督导6人次。

（四）加强健康监测。实行“互联网+健康监测”，指定专人为预防保健网格员，负责队员健康状况监测；在酒店进行体温监测，定时、定点监测体温；按市急救中心“重庆视频120”急视救系统（微信小程序），队员每天监测并填报自己的健康指标，后台实时汇总数据，自动生成全队健康状况分析报告；从分析报告中提取异常数据，由医生进行问诊，做好异常人员的追踪管理，实现诊疗和健康监测“零接触”。

（五）亮点工作

1、创造四个“一”第一批次上隔离病房、第一批次单独值班、第一批次作为应急队伍承担加班工作（也是本医疗队唯一1次加班）、最后一批次完成交接班工作，离开医院。

2、亲情特色服务。（1）队员主动将节省生活物资送给患者。（2）给3名贫困患者手机充话费350元。（3）联系当地社区干部对贫困患者家庭给予关爱和帮助。（4）“三八”妇女节，为病区女性患者送上鲜花和小礼物。（5）为患者们送去热腾腾爱心汤圆。（6）为病人庆生。（7）自制理发围裙，在病房开理发店为患者理发、剃胡须。（8）为患者开展心理健康测试及干预，发放《大爱暖心，向光前行》全民抗疫身心健康读本，帮助患者抚平内心伤痛，重树战胜病魔的信心。（9）教患者咳嗽礼仪、带领患者练习八段锦、呼吸操等康复运动。

3、关心关爱队员。（1）组织队员填写《新冠疫情下心理评估表》测试，参与重医附一院精神科李静教授的“失眠抗体”课程学习，联系专家，为队员提供心理干预；根据任务量变化，实时调整优化排班，最大限度保证队员休息。（2）三八节录制慰问视频，展示梁平区援鄂医疗队美好形象。

4、特殊抢救不顾个人安危。队员赵睿和胡丹参与了一次特殊抢救，到驻地酒店突遇附近居民病危，在防护不完全充分的情况下到患者家中抢救，深受当地居民的高度赞扬。

大 事 记

1 月

2日

△区委书记杨晓云到云龙镇、荫平镇调研乡村振兴，检查脱贫攻坚工作。

△梁平区安全生产和自然灾害防治工作会议召开，区长蒲继承出席会议并讲话。

△区长蒲继承主持召开区政府第七次全体会议，审议《2020年梁平区政府工作报告》和《2019年梁平区国民经济和社会发展执行情况及2020年计划草案报告（讨论稿）》，安排部署近期重点工作。

3日

△区委常委会召开会议，学习贯彻习近平总书记在中共中央政治局“不忘初心、牢记使命”专题民主生活会上重要讲话精神，听取2019年全区意识形态工作和湿地保护工作情况汇报，研究部署有关工作。区委书记杨晓云主持会议并讲话。

△区政府组织区应急局、区消防救援支队、区城管局、区商务委、区市场监管局、梁山街道等部门单位，对老城区老旧小区、酒店、商场、菜市场、货运配送仓库等消防重点单位进行消防安全大检查，做细做实今冬明春火灾防控工作。

5日

△梁平区2020年一季度重大招商引资项目集中签约仪式举行。此次签约的49个项目涉及高端半导体、生态环保、通用航空、食品医药等多个领域，合同引资总额155.46亿元。中国长江三峡集团有限公司党组成员、副总经理孙志禹，市政府副秘书长岳顺，长江生态环保集团有限公司党委书记、董事长赵峰，国家发改委、中林集团、市发改委、市科技局、市林业局、市经信委相关负责人，区委书记杨晓云，区委副书记、区长蒲继承，区人大常委会主任郑云山，区政协主席周仁胜，区委副书记陈孟文等出席活动。

△梁平区2020年一季度重点项目集中开工活动举行。此次集中开工重点项目25个，计划总投资98.3亿元，主要包括生态工程、集成电路产业、水利设施等领域重大项目，建成达产后可实现年产值130亿元。

△重庆梁平通用航空飞行观摩活动在梁平机场举办。

△梁平区组织召开《重庆市梁平区湿地保护与合理利用总体规划》（2019—2025年）专家咨询会。中国湿地保护协会、市林业局组织专家学者进行专家咨询，专家们一致认为方案可行性、针对性很强，对梁平湿地保护建设具有引领意义。

6日

△中国人民政治协商会议重庆市梁平区第十四届委员会第四次会议在梁平会堂开幕。周仁胜代表政协重庆市梁平区第十四届委员会常务委员会作工作报告，廖文宪作提案工作情况报告。

△2019年度“感动重庆十大人物”颁奖典礼在重庆广电大厦演播厅举行，梁平区退役老兵蒲良培获此项殊荣。

7日

△重庆市梁平区第十七届人民代表大会第四次会议在梁平会堂开幕，区长蒲继承作政府工作报告。

△“春暖滑石·唱响梁平”全民KTV歌大赛初赛在梁平英皇国际KTV举行，来自重庆主城、万州、垫江、梁平等地的79名参赛选手参加比赛，最终决出前50名选手进入复赛。

8日

△政协重庆市梁平区十四届委员会第四次会议完成各项议程，在梁平会堂闭幕。会议通报区政协十四届委员会第四次会议期间提案征集情况。审议通过政协重庆市梁平区第十四届委员会常务委员会工作报告的决议和政协重庆市梁平区第十四届委员会第四次全体会议决议。

△区十七届人大四次会议举行第二次全体会议。听取区人大常委会主任郑云山作区人大常委会工作报告，区人民法院院长石溅泉、区人民检察院检察长王鸣隆分别作工作报告。表决通过大会选举办法草案。

9日

△重庆市梁平区十七届人大四次会议在完成各项议程后闭幕。会议选举重庆市梁平区监察委员会主任和重庆市梁平区第十七届人民代表大会常务委员会委员4名。会议表决通过关于区人民政府工作报告的决议；关于区2019年国民经济和社会发展计划执行情况及2020年计划的决议；关于区2019年财政预算执行和2020年财政预算草案的决议；关于区人大常委会工作报告的决议；关于区人民法院工作报告的决议和关于区人民检察院工作报告的决议。

10日

△第十九届中国西部（重庆）国际农产品交易会在重庆市国际会议展览中心开幕。在乡村振兴招商引资重大项目签约中，梁平区与四川德康集团签订30万头生猪养殖产业化项目投资协议。在优质气候品牌发布仪式上，梁平柚获重庆优质气候农产品称号。在重庆市农产品出口示范基地授牌仪式上，梁平旭焰实业金带柚园获得2019年度重庆市农产品（水果）出口示范基地称号。

△市总工会副主席潘勇一行到梁平区开展元旦春节送温暖活动，对部分困难职工（全国级建档困难职工）、困难企业、劳动模范、互助会重疾会员进行走访慰问。

△北京市供销合作社消费扶贫年货大集暨贫困地区农副产品展示展销会在北京开幕。梁平区供销合作社组织梁平柚、柚皮糖、老荫茶等10余个优质特色农产品参加活动。

14日

△川渝七县区第57届联防护林经济协作会议在重庆市梁平区召开，会议总结本届任期内的联防护林经济协作工作，修订《联防章程》，表彰先进单位和先进个人，交流联防护林先进经验并移交会旗，提出下届工作意见。

15日

△市应急局纪检监察组组长、党组成员黄成洪到梁平。

区开展春节“送温暖、办实事”走访慰问活动。

△国家发展改革委农经司副司长关锡璠一行到梁平区金带镇滑石村、重庆数谷农场、竹山镇猎神村、猎神水库等地调研，并召开推行村庄建设项目简易审批专题调研座谈会。

16日

△区委常委会召开扩大会议，学习贯彻习近平总书记在中央财经委员会第六次会议上的重要讲话精神，传达学习全市“两会”以及2020年扩大有效投资和发展改革工作会精神。区委书记杨晓云主持会议并讲话。

△区长蒲继承主持召开区政府第78次常务会议，安排政府工作报告主要目标任务分解落实工作，审议深化公共资源交易监督管理改革等事宜。

17日

△亿联智慧小镇智能制造一期项目投产仪式举行。区委书记杨晓云，区委副书记、区长蒲继承，区人大常委会主任郑云山，区政协主席周仁胜，亿联控股集团董事长严立森，天华控股集团董事长刘涛，亿联控股集团副总裁、梁平区智慧小镇项目总经理胡维维等出席仪式。

△2020年梁平区春节联欢晚会在梁平影剧院举行。

22日

△区长蒲继承带队先后到中石油福德加油站、仁贤镇烟花爆竹销售点、邵兴煤矿等地检查安全生产，到袁驿美辉超市、万运梁平汽车站等

地查看市场保供和交通出行，对排查出的问题现场督办，到仁贤卫生院查看医疗环境和岗位值守情况。

23日

△区委书记杨晓云到部分区级部门和景区景点，检查春节期间安全生产工作，看望慰问坚守岗位的一线干部职工，代表区委、区政府向大家致以新春的祝福。

△全区新冠肺炎疫情防控工作电视电话会议召开。区长蒲继承出席会议并讲话。会议强调，要提高政治站位，充分认识疫情防控的复杂性、严峻性，完善相关应对方案、应急预案，全力以赴抓好防控工作，确保人民群众欢度安定祥和春节。

24日

△梁平区召开新型冠状病毒感染的肺炎疫情防控工作领导小组第二次会议，区长蒲继承出席会议并讲话。

△区长蒲继承带队检查督导区防控新型冠状病毒感染的肺炎疫情工作，先后到滑石古寨、重庆数谷农场、双桂堂等地，检查应急值守、防控措施到位、景区暂停经营等工作落实情况，现场指导疫情防控。

25日

△区委常委会召开扩大会议，深入学习贯彻习近平总书记对新型冠状病毒感染的肺炎疫情作出的重要指示精神，认真落实市委、市政府要求，听取全区疫情防控工作情况汇报，研究部署相关工作。区委书记杨晓云主持会议并讲话。

△市新型冠状病毒感染的肺炎疫情防控工作领导小组一级响应工作调度会议召开。会议以电视电话形式举行。梁平区设立分会场认真组织收听收看。区委书记杨晓云，区委副书记、区长蒲继承，区委副书记陈孟文，区委常委，区政府负责人；区疫情防控工作领导小组成员及相关部门负责人参会。

△区长蒲继承主持召开全区消防安全委员会主任（扩大）会议。

26日

△区委书记杨晓云到车站、景点、医院，检查指导梁平区新型冠状病毒感染的肺炎疫情防控工作。

△区长蒲继承带队检查指导疫情防控工作，先后到区疾控中心、区人民医院等地，检查医疗设施配备、防疫物资储备和防控措施落实情况，看望慰问一线医护人员。

△区新型冠状病毒感染的肺炎疫情防控工作领导小组召开会议，传达学习贯彻习近平总书记在中央政治局常务委员会会议上的重要讲话精神，听取全区疫情防控工作情况汇报，进一步研究部署、深化落实全区疫情防控工作。区委书记、领导小组组长杨晓云主持会议并讲话。区委副书记、区长、领导小组组长蒲继承，区委常委，区政府负责人参加。

27日

△梁平区新型冠状病毒感染的肺炎疫情联防联控小组在沪蓉高速梁平出口对过往旅客进行体温监测。

△梁平区召开新型冠状病毒感染的肺炎疫情防控工作电视电话会议，对全区疫情防控工作进行调度。区委书记、区新型冠状病毒感染的肺炎疫情防控工作领导小组组长杨晓云出席会议并讲话。

△由区公安局、区交通局、区卫生健康委及各乡镇、街道抽调人员，组成的联防联控小组，在沪蓉高速、梁忠高速多个高速出口处，全区各大客运站，达万铁路梁平火车站、渝万高铁梁平南站等地实行24小时值班站岗，不间断排查所有外来车辆，在进入梁平的边界上架起一道坚实的防线。

△区商务委成立领导小组，重点对辖区内的商场、超市、市场、餐饮住宿企业等商贸企业开展监督检查，督促企业加紧调运米、油、菜等重要生活物资，确保货品库存充足、不断档脱销、价格稳定。

△区新型冠状病毒感染的肺炎疫情防控工作指挥部检查指导组到G5515张南高速梁忠路段的

袁驿、梁平西（仁贤镇）收费站下道口、礼让服务区、省道S206新盛（联盟桥）临时卫生检疫站，以及新盛中心卫生院等地听取关于疫情防控措施落实情况汇报，安排部署下一步疫情防控工作。

28日

△区委书记杨晓云检查部分乡镇、街道以及重要节点疫情防控工作。

△区应急局积极调拨救灾帐篷28顶，用于各交通要道设置检查点和乡镇卫生院设置发热门诊。自开展肺炎疫情防控工作以来，累计调拨帐篷42顶。

△从即日起，梁平区停运101、102、203、205、301、302、303、304、305共9路公交车，余下103、104、201、202、204、206、207、208共8路公交车建立日消毒机制，切实把好疫情防控关。

29日

△区长蒲继承督导专题调度防疫物资储备供应落地情况，检查生活物资市场保供工作。

△区林业局全面开展野生动物及制品拉网式大检查，全面封闭梁平区野生动物养殖场所39家，出动执法人员300人次，发放疫源疫病防控告知书800余份，张贴停止陆生野生动物行政许可审批通告500余份，对进出林区人员、车辆进行野生动物及其制品检查，筑牢疫情防线。

△区住房城乡建委发布《梁平住建发〔2020〕10号通知》，按通知规定，全区房屋市政工程项目工地开（复）工时间不得早于2月9日24时。其中，涉及保障城市运行必需、疫情防控必需以及其他重要国计民生的相关项目，须提前开（复）工的，应达到区卫生健康部门确定的防控标准。

30日

△区委常委会召开扩大会议，深入学习贯彻习近平总书记关于新型冠状病毒感染的肺炎疫情防控工作系列重要指示精神，落实中央、市委通知要求，听取区疫情防控工作情况汇报，进一步研究疫情防控形势、部署加强防控工作。区委书记杨晓云主持会议并讲话。

△为全力做好新型冠状病毒感染的肺炎疫情防控阻击工作，30日零时起，梁平区双桂湖国家湿地公园临时关闭，恢复开放时间根据实际情况另行通知。

30日

△区委书记杨晓云到农村社区、乡镇卫生院、入境通道卡点，看望奋战在疫情防控一线的工作人员，检查疫情防控工作。

31日

△区长蒲继承一行先后到区中医医院、区妇幼保健院，梁山街道办事处、社区卫生服务中心和名豪酒店，暗访检查疫情防控措施落地落细情况。到城区部分药店，询问防护口罩、清洁消毒及防疫药品的销售、储存情况，检查购买发热、咳嗽药物人员信息登记制度落实。

△梁平区举行新闻发布会，介绍梁平区新型冠状病毒感染的肺炎疫情防控工作。区政府办、区委政法委、区卫生健康委、区交通局、区商务局、区市场监管局相关负责人分别介绍有关情况。

2　月

1日

△区委书记、区疫情防控工作总指挥长杨晓云到区中医医院、区疾控中心、天心药房等地，检查医疗卫生系统疫情防控工作，看望一线工作人员。到云龙镇、荫平镇、屏锦镇等地，检查督促疫情防控工作。

△梁平区全面关停、监管涉疫风险行业，包括51个活禽交易宰杀市场及摊位；70处野生动物人工繁育场所；除政府机关、医院单位食堂及乡村基、华莱士等快餐店线上送餐以外的餐饮单位；94家文化休闲旅游场所；98户校外培训机构暂停线下培训活动；26家乡镇（街道）养老机构。

2日

△梁平区疫情防控指挥调度会议召开。区委

书记、总指挥长杨晓云在应急应战指挥中心，与防控一线的部门和乡镇、街道实时视频连线，调度检查疫情防控工作，进一步研究部署、深化落实工作举措，督促防控责任再压实、防控工作再深化。区委副书记、区长、执行总指挥长蒲继承以及区疫情防控指挥部分指挥长出席。

△区长蒲继承到星桥镇高都村和文化镇齐发村、长春村，向镇村干部询问流动人员监测、入户排查等情况，在龙门镇明亮村检查重点人员“三包一”措施落实，督促整改扎堆打牌、红白事聚集、超市防疫不严等事宜。在文化镇、新盛镇卫生院，超市、药房，查看发热门诊设置，药店购买发热、咳嗽药物群众登记排查以及居民日常生活用品储备供应等情况。在文化镇、新盛镇至四川省开江县等交通卡口检疫站点，详细了解车辆管控、流动人员排查等情况，看望慰问疫情防控一线工作人员。

△成都梁平商会常务副会长高峰向梁平区梁山街道捐赠口罩5000只。

3日

△2—3日市疫情防控工作督导组先后到梁平区人民医院、区疾控中心、袁驿镇高速出口、超市、药房等地实地督导，并召开意见反馈会。

4日

△区委常委会召开会议，学习贯彻习近平总书记在中共中央政治局常务委员会会议上的重要讲话精神，听取市第五督导组督导梁平疫情防控专项工作情况汇报，研究下一步疫情防控工作。区委书记、总指挥长杨晓云主持会议并讲话。

△区长蒲继承到梁平南站查看乘客进出站体温监测、排查登记，到云湖酒店检查人员入住、信息登记，到双桂湖公园、城区居民小区查看群众出行管控、居家隔离等情况，看望慰问一线工作人员。到区社会福利院、八角老年公寓检查老年人疫情防控措施落地落细情况。

△区委书记、区疫情防控工作总指挥长杨晓云到合兴镇、复平镇检查疫情防控工作情况。

6日

△截至16时，区疫情防控指挥部接受用于防控新型冠状病毒感染的肺炎疫情的社会捐赠款物共计163.01万元，其中捐赠资金122.84万元、捐物价值40.17万元。

△梁平区疫情防控工作视频会议召开，传达贯彻全市防控工作视频会议精神，进一步调度安排、细化落实疫情防控工作。区委书记、区疫情防控工作总指挥长杨晓云主持会议并讲话。

7日

△区委书记、区疫情防控工作总指挥长杨晓云到部分企业、乡镇，调研企业复工复产、生活物资保供和疫情防控措施落实等情况。

△区长蒲继承到区委党校查看集中隔离观察点启用情况，现场解决防护物资和后勤保障事宜。到梁平火车站检查进出站检疫、群众出行及周边超市、便利店等经营场所防疫措施落实情况。到区政务服务中心，检查大厅窗口人员值班值守、业务办理等情况。

△市长唐良智到梁平高速路口暗访督导疫情防控工作。

8日

△区疫情防控指挥部调度会召开，传达贯彻唐良智市长到梁平暗查暗访疫情防控工作时的指示要求和市政府电视电话会议精神，研究细化全区疫情防控工作。区委书记、总指挥长杨晓云主持会议并讲话。区委副书记、区长、执行总指挥长蒲继承，区疫情防控指挥部分指挥长出席会议。

△梁平区召开全区企业复工复产和农业生产保供视频调度会，部署全区企业复工复产、农产品保供稳价、春管备耕及脱贫攻坚有关工作。

△区委书记、区疫情防控工作总指挥长杨晓云到袁驿镇、碧山镇、七星镇检查疫情防控工作。

△梁平区首例新冠肺炎确诊病例吴某，男，42岁，家住梁山街道石马山南一段。1月25日发病，29日确诊，2月8日于重庆三峡中心医院治愈出院。

10日

△区委常委会召开会议，进一步深入贯彻习

近平总书记重要指示精神，学习市领导小组关于进一步加强疫情防控工作的通知要求，听取近期疫情防控、复工复产工作情况汇报，分析研判当前疫情防控形势，研究部署下一步针对性的防控措施。区委书记、总指挥长杨晓云主持会议并讲话。

11日

△区委书记、区疫情防控工作总指挥长杨晓云到部分企业检查疫情防控工作和企业复工复产工作。

△重庆市赴湖北省孝感市新冠肺炎防治工作对口支援队出征，梁平区人民医院呼吸与危重症医学科医生何昭锜接受市医疗救治组调派，投入湖北抗疫一线。

12日

△区疫情防控指挥部调度会召开，深入学习贯彻习近平总书记在北京调研指导新型冠状病毒肺炎疫情防控工作时的重要讲话精神，进一步研究部署全区疫情防控工作的针对性举措。区委书记、总指挥长杨晓云主持会议并讲话。区委副书记、区长、执行总指挥长蒲继承，区疫情防控工作指挥部分指挥长出席。

△区长蒲继承实地暗访督查企业复产复工、重点人员集中隔离管控和村（社区）排查防控工作。

△梁平区首例确诊患者胡某，经三峡中心医院治愈出院，由屏锦镇人民政府派人接回家中休养。这是梁平区第二例治愈出院的患者。

13日

△区委书记、总指挥长杨晓云在应急应战指挥中心主持召开区疫情防控指挥调度视频会议，认真学习贯彻习近平总书记在中共中央政治局常务委员会会议上的重要讲话精神，分析研究当前全区疫情防控形势，深化落实工作举措，督促防控责任再压实、防控工作再深化。区委副书记、区长、执行总指挥长蒲继承，区疫情防控工作指挥部分指挥长出席。

△区长蒲继承实地暗访督查企业复产复工、重点人员集中隔离管控和村（社区）排查防控工作。市督查组到梁山街道指导疫情防控工作，查看小区楼院封闭式管理、人员出入登记等工作开展情况。

△下午，区委书记、区疫情防控工作总指挥长杨晓云到区集中隔离医学观察点，检查指导疫情防控工作。

△区长蒲继承实地检查交通卡口管控和企业复工复产工作。

14日

△梁平区中小学生可通过广电网络收看“重庆云课堂”网络教学平台，进行远程教育学习和疫情防控知识学习，实现延迟开学期间“离校不离教，停课不停学”。

△根据铁路部门统一安排，经过梁平的25趟列车将停运，开行11趟。

15日

△梁平区又有2例新冠肺炎患者痊愈出院。至此，全区被确诊的4名新冠肺炎患者已全部治愈出院。

16日

△区长蒲继承先后前往和林镇、云龙镇、金带镇，实地检查调研春耕备耕和种植业养殖业生产工作。到龙溪河和林、云龙段巡河，沿线查看河道整治、河流水质情况。

△梁平区第二批援外医护人员向万州启程。来自区人民医院重症医学科的2位主治医师周汉东、来小兵将在重庆三峡中心医院与其他区（县）的支援医护人员组建医疗队，开展新冠肺炎患者医疗救治工作。

17日

△区委书记、区疫情防控工作总指挥长杨晓云到部分企业，检查疫情防控和复工复产工作。

18日

△区长蒲继承到工业园区桑德污水处理厂、餐厨垃圾集中收储转运站、诺天医疗废弃物处置中心检查生活污水处置、城市垃圾安全处理全流程情况，督促企业做好防疫工作落实，查看大沙河、小沙河水质。随机抽查蜀达饲料生产和“驻厂员”值守情况，检查防疫措施和防控责任落

实，了解饲料生产和市场供应情况。

19日

△市政府副市长李明清到梁平区检查指导新冠肺炎疫情防控、春耕生产、涉农企业开工复产工作。市农业农村委主任路伟，市供销社主任李洪义，区委书记杨晓云，区委副书记、区长蒲继承，区委副书记陈孟文参加检查。

△梁平区支援湖北的40名医疗队队员启程奔赴湖北，驰援疫情阻击战前线，这是疫情发生后梁平区派出的第三批外援医疗队。区委书记杨晓云、区人大常委会主任郑云山、区政协主席周仁胜代表93万名梁平人民为医疗队送行。

△区市场监管局组织执法人员对城区各农贸市场、大型商场、超市、企业食堂等进行全面检查，共检查农贸市场3家、食品经营单位48户、抽检食品20批次、立案查处食品违法案件2件、责令整改5户。

△区委常委会召开扩大会议，学习贯彻习近平总书记在中央全面深化改革委员会第十二次会议上的重要讲话精神和市委常委会会议精神，听取全区近期新冠肺炎疫情防控、企业复工复产以及重点项目前期工作情况汇报，进一步分析研判全区疫情形势和当前经济形势，研究部署针对性的应对举措。区委书记杨晓云主持会议并讲话。

20日

△截至2月20日，梁平区组织45个志愿服务组织，3支专业志愿服务分队和各村社343支志愿服务小队，1.5万余名志愿者积极有序地投入疫情防控中，为群众健康筑起一道安全屏障。

△区疫情防控指挥部调度会召开，专题研究落实全市疫情分区分级分类防控要求，细化全区疫情分区分级分类防控实施方案。区委书记、总指挥长杨晓云主持会议并讲话。区委副书记、区长、执行总指挥长蒲继承，区疫情防控指挥部分指挥长出席。

21日

△区委书记杨晓云到龙门镇、新盛镇所辖村（社区）、卫生院和春耕现场检查疫情防控工作和生产生活秩序恢复情况。

△全区疫情防控暨恢复经济社会秩序视频会议召开。区委副书记、区长蒲继承强调，要一手抓防控、一手抓发展，精心抓细分区分级分类方案落地，统筹做好疫情防控与经济社会秩序恢复。

△梁平区建筑工地复工复产工作培训会召开。会议组织学习《梁平区建筑工地复工期间新型冠状病毒肺炎疫情防控工作要点》，对下阶段工作进行安排部署。区政协主席周仁胜等参加会议。

22日

△区委书记杨晓云到部分区级机关、在产企业和项目建设现场检查机关工作人员下沉服务和企业复工复产情况。

△区长蒲继承到仁贤镇、虎城镇、碧山镇、袁驿镇，实地检查指导生产生活秩序恢复工作。

△梁平区全面恢复农村客运和城市公交班线。

23日

△区长蒲继承实地检查指导企业复工复产和重点项目复工开工。

△区人大常委会主任郑云山先后到平伟实业、亿联智能家居、上口佳食品、融康包装等企业或建设工地，实地检查指导企业复工复产情况，重点督导企业疫情防控措施是否落实到位。

△区国家储备林建设项目正式复工，32名工人进入东山林场山王垭口管护站建设现场作业，区林业局指派专人到场监督防疫安全及施工安全。

24日

△区委常委会召开扩大会议，学习贯彻习近平总书记在统筹推进新冠肺炎疫情防控和经济社会发展工作部署会议上的重要讲话精神，传达学习市委视频会议精神，听取全区近期新冠肺炎疫情防控工作情况汇报，进一步研究部署统筹做好疫情防控和经济社会发展工作的针对性举措。区委书记杨晓云主持会议并讲话。

△梁平区召开视频会议，深入贯彻落实习近平总书记在统筹推进新冠肺炎疫情防控和经济社

会发展工作部署会议上的重要讲话精神，部署统筹推进疫情防控和经济社会发展工作。区委书记杨晓云讲话。区委副书记、区长蒲继承，区人大常委会主任郑云山，区政协主席周仁胜，区委副书记陈孟文等出席会议。

25日

△梁平区建设项目复工复产安全形势研判会召开，研判、部署重点行业领域建设施工项目复工复产疫情防控和安全生产工作。

△梁平区189名务工人员乘坐区政府安排的8辆“专车”前往北京市、浙江省温州市、广东省广州市等地返岗复工，享受从家门到厂门的贴心服务。

△重庆市妇联为梁平区42名支援湖北的医务工作者家庭寄送医护家庭关爱包和慰问信。

△重庆耕爵科技有限公司捐赠1套价值150万元的生命康养系统驰援湖北武汉，并派出10名工作人员分批次自行驾车前往武汉亚心总医院。截至25日，该批物资、工作人员陆续到达。

26日

△区委书记杨晓云到企业和项目建设现场，实地检查调研企业复工复产和重大项目复工开工建设。

△区长蒲继承到福禄、石安、曲水等镇卫生院检查疫情防控，查看基层医疗卫生条件，了解一线医护人员待遇落实情况。到福禄镇青花椒和吊瓜种植等脱贫产业基地、石安镇建卡贫困户家中，向村组干部、群众询问脱贫政策和帮扶措施落实，检查春耕生产农资供销。

△即日起，梁平区驰援湖北医疗队40名医护人员正式进入武汉市中心医院后湖院区，与另一支医疗队共同接管两个感染病区、一个重症监护室，救治危重症患者。

△区委常委会召开扩大会议，传达学习市新冠肺炎疫情防控工作领导小组有关通知精神，听取区2020年重大项目推进情况汇报，进一步研究细化统筹推进疫情防控和经济社会发展工作措施。区委书记杨晓云主持会议并讲话。

28日

△区委书记杨晓云实地检查调研城市提升项目复工开工情况。

△区长蒲继承主持召开第80次常务会议。学习传达习近平总书记统筹推进新冠肺炎疫情防控和经济社会发展工作重要讲话精神，贯彻落实市委、市政府决策部署，研究统筹推进疫情防控和经济社会发展工作。会议审议龙溪河PPP项目全过程工程咨询服务、建立项目责任分解、协调管理机制等事宜。

3　月

1日

△3月1日上午，区委书记杨晓云到竹山镇、紫照镇检查疫情防控和脱贫攻坚工作。

2日

△区长蒲继承到双桂街道太和社区便民服务中心、兴茂居民小区，生活超市、母婴店等地检查防疫和复工情况；到区民政局婚姻登记处查看登记工作防控流程，叮嘱工作人员要严格规范操作，提醒办事群众戴好口罩、保持距离，做好自我防护。

3日

△梁平区农村工作会议暨扶贫开发工作会议召开。区委书记杨晓云出席会议并讲话。区委副书记、区长蒲继承部署工作，区人大常委会主任郑云山、区政协主席周仁胜、区委副书记陈孟文等出席会议。

△重庆上口佳农业开发有限公司、重庆市金带铝业有限公司、重庆卓果节能建材有限公司等14家企业首次通过国家高新技术企业认定；重庆平伟实业股份有限公司、重庆巨源不锈钢制品有限公司等6家企业通过复审，继续被认定为国家高新技术企业。截至3月3日，梁平区在有效期内的国家高新技术企业有31家。

△浙江省台州市临海市爱心企业华皓能源有限公司向梁平区捐赠1.53万个防护口罩，增加梁平区防疫应急物资储备。

4日

△兴业银行重庆分行党委书记、行长才智斌一行到梁平考察。双方就加强合作进行交流。区委书记杨晓云参加。

△国家林业和草原局日前公布第一批和第二批国家森林乡村认定名单，重庆市梁平区新盛镇银杏村、竹山镇大塘村、屏锦镇竹海村、合兴镇龙滩村、曲水镇聚宝村、柏家镇龙峰村6个村上榜。

5日

△区委召开理论学习中心组专题学习会，深入学习贯彻习近平总书记在中央财经委员会第六次会议上的重要讲话精神，贯彻落实党中央关于推动成渝地区双城经济圈建设的重大战略部署和全市“一区两群”协调发展工作部署，传达学习市委书记陈敏尔对梁平当前工作的指示要求。区委书记杨晓云主持会议并讲话。

6日

△区长蒲继承到平伟实业、亿联智能家居、天华电商物流园、巨源不锈钢冷轧线车间等地，了解企业用工、原材料供给保障和复产达能情况；到渝每滋食品、克路德智能家居等新开工在建项目工地，协调解决问题。到三峡中医院一期门诊楼、新区妇女儿童医院等续建工地检查项目建设管理和安全质量，督促项目打卡推进，明确投用工期、倒逼工程进度；就拟建设三峡疾控中心的策划和选址，听取前期工作情况汇报。

△区人大常委会主任郑云山一行到梁山街道八角、清都片区查看城周环境大提升工作，并召集区城管局、水利局、林业局等部门共同商议该街道乡村振兴工作重点。

7日

△市委常委、常务副市长吴存荣到梁平区调研企业复工复产、重点项目复工开工和渝东北三峡库区城镇群建设情况。市政府副秘书长罗蔺，区委书记杨晓云，区委副书记、区长蒲继承等参加调研或座谈。

8日

△区长蒲继承到平野园林酒店、区委党校集中隔离观察点检查人员隔离安置、安全措施落实等情况，现场督促问题整改，看望慰问隔离点工作人员。

△梁平籍南非华侨何艺为家乡四处高价采购630个N95口罩、1万个一次性医用口罩和400支手套等应急防护物资，花费1万余元快递费用，运抵梁平，增加梁平区应急防护物资储备。

10日

△海南成美慈善基金会向梁平区人民医院捐赠防护服300套、防护面罩200个。

△区长蒲继承主持召开国资国企主要负责人述职述廉暨国资国企工作会。

△梁平区招商引资工作推进会召开。

11日

△区人大常委会到福禄镇调研松材线虫病防治情况，实地查看枯死松树清理施工、疫木除害处理、检查检疫、打孔注药等，并对严防疫情扩散蔓延等提出建议。

△梁平区公立医院、民营医院和个体诊所全面恢复正常的诊疗服务。

△区长蒲继承主持召开第81次常务会议，学习传达习近平总书记3月10日在湖北武汉考察疫情防控工作重要指示精神，贯彻落实市委、市政府决策部署，研究布置坚决防止疫情反弹，着力抓紧项目投资放量，促进经济发展工作。

△市应急指挥中心一行到梁平区督导值班值守、应急系统指挥（值班）中心标准化建设等工作，并对相关工作提出要求。

12日

△区人大常委会主任郑云山一行到梁山街道金桥村走访贫困群众，关心其住房安全和生产生活情况。

13日

△梁平区召开新冠肺炎疫情防控暨开展爱国卫生运动视频调度会，传达学习全市推进中小微企业和个体工商户复工复产视频调度会议精神，部署当前新阶段疫情防控和开展爱国卫生运动工作。

14日

△区委书记杨晓云到双桂湖国家湿地公园、百里竹海调研生态环保工程项目建设情况。

17日

△四川省达州市副市长丁应虎率队到重庆市梁平区考察，为推动成渝地区双城经济圈建设，推进两地毗邻区县协同发展合作进行深入洽谈，就谋划川渝东北一体化发展规划编制、策划两地协作项目库的储备论证、协商共同争取省市支持事项、洽谈推进工作方案和机制等形成共识。四川省达州市达川区、大竹县、开江县有关领导和部门负责人，重庆市梁平区委副书记、区长蒲继承参加。

△截至3月17日，梁平区蟠龙洞景区、金城古寨玫瑰园、三峡竹博园、滑石古寨、双桂堂、数谷农场和明月山·百里竹海景区观音洞、寿海、竹海之门在内的9个景区景点已开门迎客，并在年内将对全国医护人员和公安民警免费开放。

19日

△17—19日，川渝两地20多位专家学者到梁平，通过实地考察和座谈交流，调研梁平经济社会发展，为梁平更好地推动成渝地区双城经济圈建设和全市“一区两群”协调发展建言献策。市人大常委会副主任王越、市政协副主席周克勤出席，区委书记杨晓云，区委副书记、区长蒲继承，区人大常委会主任郑云山，区政协主席周仁胜，市社会科学院党组书记、院长、教授唐青阳，重庆师范大学党委书记、教授曾礼，四川文理学院党委书记、教授王成端，市经济信息委副主任王任林以及部分川渝两地科研院所、高等院校、市级部门的专家学者参加调研或座谈。

△重庆高速公路集团有限公司副总经理杜国平，中国铁建股份有限公司区域总部副总经理、中铁建重庆投资集团副总经理彭兴国一行到梁平区，考察重庆市梁平区至四川省开江县高速公路项目，并召开投资洽谈座谈会。区政协主席周仁胜等区领导参加会议。

△市林业局调研组总工程师李辉乾一行到梁平区梁山街道东山村花园寨、双桂湖西岸、三峡竹博园等地调研春季林业重点工作，听取区林业局关于开展春季植绿、森林火灾预防及安全生产、松材线虫病除治等重点工作情况汇报。

△区长蒲继承带队调研消费品工业基地建设工作，专题研究融入成渝地区双城经济圈建设和“一区两群”协调发展相关事宜。

20日

△梁平区湿地保护专家委员会副主任委员、重庆大学教授袁兴中到梁平区指导国际湿地城市创建工作，与区政府分管领导交流研讨国际湿地城市创建，并到双桂湖国家湿地公园、张星桥河、竹山镇等地，就国家重要湿地、城市河流湿地建设、乡村小微湿地建设等给予现场指导。

△区长蒲继承主持召开区政府第82次常务会议，审议“营商环境建设年”系列专项行动方案，研究统筹推进疫情防控和经济社会发展工作。

21日

△区长蒲继承到梁山城区重百商场，逐层察看，边走边问，详细了解商品种类、促销活动开展、客流量变化、防疫措施落实等情况；到都梁广场商圈副食京东便利店、服装店，重庆银行网点，了解复工复产情况。

△区长蒲继承主持召开区疫情防控工作领导小组调度会议，研究部署统筹抓好疫情防控和经济社会发展重点工作。

23日

△梁平区召开视频会议，学习贯彻习近平总书记在3月18日中央政治局常务委员会会议上的重要讲话精神，研究部署贯彻落实工作。区委书记杨晓云主持会议并讲话。区委副书记、区长蒲继承，区人大常委会主任郑云山，区政协主席周仁胜，区委副书记陈孟文等出席会议。

△区长蒲继承主持召开城市提升领导小组工作会议，专题研究龙溪河PPP项目全过程工程咨询服务、监理招标，城市公共停车场建设，棚改、老旧小区改造年度任务等工作。

△截至3月23日，梁平区社区商业街及工业

消费品市场门店（经营户）707个、限额以下商贸企业（个体）25400家全部正常营业，营业率达100%。

24日

△区长蒲继承一行先后到湖晓路菜市场、体育馆、游泳馆、青少年活动中心、湖鸣路、双桂湖廊桥等施工现场，检查城市公建和基础设施项目建设进度，了解巴蜀水利博物馆规划选址，现场督办解决问题。

25日

△24—25日，重庆市梁平区党政代表团赴四川省达州市学习考察，贯彻落实习近平总书记在中央财经委员会第六次会议上的重要讲话和视察重庆重要讲话精神，推动成渝地区双城经济圈建设，两市区召开推进区域协同发展座谈会并签署协议，强化战略对接，加快推进达梁区域协同发展。四川省人大常委会副主任、达州市委书记包惠，梁平区委书记杨晓云在座谈会上讲话。梁平区委副书记、区长蒲继承，达州市委常委、市政府常务副市长邓瑜华分别介绍梁平和达州经济社会发展情况及合作事宜。达州市人大常委会主任胥健、市政协主席康莲英、市委副书记徐芝文，梁平区人大常委会主任郑云山、区政协主席周仁胜等参加。

△市文化旅游委副主任朱茂一行到重庆数谷农场、明月山·百里竹海、猎神居、梦溪湉园等景区和民宿实地考察，调研指导梁平区文化旅游产业发展。

△市食药监局正式公布重庆市60个“放心肉菜示范超市”名单，其中梁平区重百超市榜上有名。

26日

△区十七届人大常委会第二十九次会议召开，审议并通过区人大常委会2020年工作要点。区人大常委会主任郑云山参加会议。

△市应急局一行到梁平区督导复工复产、清明节防火安全、值班值守、应急平台建设等工作，并对相关工作提出要求。

△区长蒲继承主持召开区规划委员会主任会议，审议通过《长江经济带战略环境评价梁平区“三线一单”成果》。区委副书记陈孟文参加会议。

27日

△梁平支援重庆三峡中心医院的2名医护人员平安返回梁平，区卫生健康委、区人民医院联合举行欢迎仪式。

△区委常委会召开会议，研究大力培育市场主体、打造营商环境高地工作，审议《重庆市梁平区“营商环境建设年”行动方案》和专项行动方案，听取一季度平安综治和安全稳定工作汇报。区委书记杨晓云主持会议并讲话。

28日

△区委书记杨晓云到部分景区景点检查管理运营情况并带头消费。

△区长蒲继承主持召开重点项目储备建设专题调度会，研究项目储备申报和提速超产事宜。

30日

△区政协党组会议暨第四十五次主席（扩大）会议召开，传达学习中央、市委和区委有关会议精神，修改完善区政协工作要点。区政协党组书记、主席周仁胜出席会议。

31日

△中国共产党重庆市梁平区第十四届纪律检查委员会第五次全体会议召开。区委书记杨晓云出席会议并讲话。区委副书记、区长蒲继承，区人大常委会主任郑云山，区政协主席周仁胜，区委副书记陈孟文，区委常委，区人大常委会、区政府、区政协负责人，区法院、区检察院主要负责人出席会议。

△梁平区2020年度武装工作会议召开。区委书记杨晓云出席会议并讲话。

△区长蒲继承一行先后到桂东大桥改线工程检查施工进度、查看一环路南段设计规划；到原盐业公司、原麻纺厂、西大街片区查看棚改腾退土地管理利用；到兴隆街、扈家巷检查农贸市场建设和开业准备，查看豆芽巷片区城市环境治理；到白沙河巡河，检查清都、八角片区城周人居环境综合整治，现场协调解决问题。

4 月

1日

△重庆市梁平区党政代表团到四川省垫江县学习考察，两区县召开推进区域协同发展座谈会议，强化战略对接，全面深化合作，推动成渝地区双城经济圈建设和全市“一区两群”协调发展。

梁平区委书记杨晓云，垫江县委书记蒲彬彬在座谈会上讲话。梁平区委副书记、区长蒲继承，垫江县委副书记、县长贾晖分别介绍梁平和垫江经济社会发展情况。梁平区人大常委会主任郑云山、区政协主席周仁胜、区委副书记陈孟文，垫江县人大常委会主任易大斌、县政协主席杨刚、县委副书记粟登琳等参加。

2日

△梁平区召开2020年森林草原防灭火工作电视电话会议。

△梁平区召开2020年交通建设三年行动“四好农村路”建设推进会。

△区委理论学习中心组（扩大）举行专题学习会，学习贯彻习近平总书记在3月27日中央政治局会议上的重要讲话精神和习近平总书记在浙江考察时的重要讲话精神。区委书记杨晓云主持会议并讲话。区委副书记、区长蒲继承，区人大常委会主任郑云山，区政协主席周仁胜，区委副书记陈孟文，区委常委，区政府负责人参加。

△区长蒲继承主持召开区政府第83次常务会议，学习贯彻习近平总书记4月1日在浙江考察重要讲话精神，国务院3月31日常务会议精神，安排布置统筹防止疫情反弹和经济社会发展工作。

3日

△梁平区召开营商环境建设年动员大会。

7日

△区委书记杨晓云到部分重点项目施工现场，检查项目推进和优化营商环境工作时强调，要进一步把思想和行动统一到习近平总书记重要讲话精神和党中央、国务院决策部署上来，抢抓成渝地区双城经济圈建设和全市“一区两群”协调发展机遇，化危为机，持续优化营商环境，进一步强化要素保障、加快项目进度，把时间抢回来，把损失补回来，奋力实现全年经济社会发展目标。

8日

△四川省达州市党政代表团到重庆市梁平区考察，双方就推动成渝地区双城经济圈建设，深化两地合作进行深入交流。四川省人大常委会副主任、达州市委书记包惠，市委副书记、市长郭亨孝，市人大常委会主任胥健，市政协主席康莲英；重庆市梁平区委书记杨晓云，区委副书记、区长蒲继承，区人大常委会主任郑云山，区政协主席周仁胜等出席。

△梁平区赴湖北支援新冠肺炎防治工作医疗队40名队员完成任务凯旋。区委书记杨晓云，区委副书记、区长蒲继承，区人大常委会主任郑云山，区政协主席周仁胜，区委副书记陈孟文等到场迎接，代表区委、区人大常委会、区政府、区政协和93万名梁平人民向队员们致以崇高敬意，对大家平安凯旋表示热烈欢迎，向他们及他们的家人表示亲切慰问和衷心感谢。

△梁平区2020年宣传文化干部会议召开。

9日

△区人大常委会执法检查组到梁山街道、安胜镇、屏锦镇、回龙镇、仁贤镇、袁驿镇、云龙镇的养殖大户、规模化养殖场、定点屠宰场、边境检查点和区动物疫病预防控制中心，开展《中华人民共和国动物防疫法》执法检查。

△区委全面深化改革委员会召开第八次会议。会议学习贯彻4月8日中央政治局常委会会议精神，听取2019年全区全面深化改革工作、龙溪河流域水环境综合治理与可持续发展试点PPP项目建设情况汇报，审议《中共重庆市梁平区委全面深化改革委员会2020年工作要点》《梁平区农村闲置宅基地盘活利用改革实施方案》，研究明月山践行“两山论”、梁平区农村闲置宅基地盘活利用改革工作。区委书记、区委全面深

化改革委员会主任杨晓云主持会议并讲话。

10日

△梁平区召开创业创新服务专班人员业务培训会。

△区长蒲继承主持召开区政府第84次常务会议，学习贯彻4月8日中共中央政治局常务委员会会议精神、4月7日国务院常务会议精神和市委、市政府近期工作部署，审议《春季学期学校开学工作方案》《2020年招商引资方案》，统筹安排疫情防控和经济社会发展工作。

△9—10日，新华社重庆分社党组书记、社长李勇一行到梁平，就经济社会发展情况开展调研采访。区委书记杨晓云参加。

11日

△梁平区召开第32个爱国卫生月活动动员暨全区2020年爱国卫生工作部署会。

12日

△区委书记杨晓云到铁门乡长塘村随访暗访脱贫攻坚工作。

△11—12日，区长蒲继承带队到黔江区、秀山县考察学习，先后到秀山县现代物流园区、现代农业示范区、海王医药产业园、川河盖旅游区等地考察学习电商和乡村振兴等工作；到黔江区濯水镇了解湿地保护、农文旅融合项目开发等情况。黔江区委书记余长明，秀山县委书记王杰、县长向业顺等领导参加。

13日

△区委书记杨晓云到部分中小学校检查学校开学复课准备和疫情防控工作。

14日

△区长蒲继承到梁平职教中心、梁山初中、梁山小学检查开学复课准备工作。

△区生态环境局联合四川省开江县生态环境局开展跨区域跨流域治理和联动执法，并就推动流域环境综合治理、开展联合执法、保障流域环境安全等方面进行交流探讨，推动成渝地区双城经济圈生态共建环境共管。

15日

△梁平区2020年春季学期学校开学工作视频会议召开。

16日

△区政协十四届第18次常委会召开，传达学习中央财经委员会第六次会议精神、全市推动成渝地区双城经济圈建设动员大会等会议精神，协商相关事宜。区政协主席周仁胜等区领导参加会议。

△区委常委会召开会议，传达贯彻市委五届八次全会精神，听取全区疫情防控工作和春季学期开学复课准备情况、政府专项债券申报情况汇报，就推动成渝地区双城经济圈建设和全市“一区两群”协调发展集中调研成果进行交流。区委书记杨晓云主持会议并讲话。

17日

△区长蒲继承主持召开区政府第85次常务会议，学习传达市委五届八次全会精神、渝东北三峡库区城镇群脱贫攻坚推进会议精神，研究贯彻落实意见。会议审议创新驱动奖扶和高企引育补助事宜，研究推进三甲医院创建、国家卫生区创建，申报地方政府专项债券项目储备等工作。

△四川省达州市达川区委常委、总工会主席潘峰一行到梁平考察现代农业、乡村振兴、民宿旅游和森林康养项目建设。区委副书记陈孟文陪同考察。

△16—17日，重庆生产力促进中心调研组一行到梁平调研高新区创建和“十四五”科技创新规划工作，并对创建工作提出相关建议。

△万州区供销合作社一行到梁平考察“三社”融合发展情况，就充分发挥社有企业龙头带动作用探索“三社”融合发展路径、推进水稻种植社会化服务实践及废旧农膜回收和加工项目的实施情况等进行学习交流。

18日

△区长蒲继承到仁贤镇查看龙溪河河道整治、沙河桥至川西桥产业大道建设、龙溪渔街提档升级，检查仁贤—礼让段美丽河流综合示范段建设进度，沿线查看河流水质；到仁贤初中、云龙中学等地了解师生返校流程和健康管理、校园防疫措施落实和应急处置，督导开学

复课准备工作。

20日

△区委常委会召开会议，学习贯彻习近平总书记在4月17日中央政治局会议上的重要讲话精神，传达贯彻全市抓党建促决战决胜脱贫攻坚视频会议精神，研究部署下一步工作。区委书记杨晓云主持会议并讲话。

△西华师范大学生命科学院副院长甘小洪一行到重庆市梁平区双桂湖国家湿地公园、安胜、竹山等地考察稻田、梯塘、林团小微湿地生态保护成效，并听取相关情况介绍。

21日

△中国共产党重庆市梁平区第十四届委员会第七次全体会议召开。全会听取和讨论了杨晓云受区委常委会委托作的工作情况报告，审议通过《中共重庆市梁平区委关于发挥联接主城都市区作用建设成渝地区双城经济圈生态优先绿色发展先行示范区的决定》和全会决议。

22日

△市水投集团副总经理陈方明一行到梁平，对城市拓展区供水工程项目建设内容、建设投资必要性、可行性实地调研。

23日

△市林业局调研组一行到梁平调研“十四五”林业规划编制工作，重点听取“十四五”期间梁平拟开展重点工作及恳请事项。

△共建明月山绿色发展示范带党政联席会议举行第一次会议。重庆市梁平区、垫江县，四川省邻水县、达州市达川区、大竹县、开江县以巴山蜀水为桥梁，以明月山为纽带，齐聚梁平百里竹海，强化“一盘棋”思想、树立一体化理念，共商川渝毗邻区县融合发展，共建明月山绿色发展示范带，合力打造明月山践行“两山论”样板地。

梁平区委书记杨晓云主持会议并讲话，梁平区委副书记、区长蒲继承介绍共建明月山绿色发展示范带基本思路。垫江县委书记蒲彬彬、县长贾晖，邻水县委书记赵璞、县长黄永鸿，达州市委常委、达川区委书记许国斌，达州市政协副主席、大竹县委书记何洪波，开江县委常委、常务副县长董代春等出席并讲话。四川省、重庆市相关部门负责人应邀参加相关活动。

会上，六区县共同签署《共建明月山绿色发展示范带合作协议》。

△四川省达州市达川区党政代表团到重庆市梁平区考察，双方就推动成渝地区双城经济圈建设，深化两地合作进行深入交流。达州市委常委、达川区委书记许国斌，梁平区委书记杨晓云参加。

24日

△区长蒲继承主持召开区规划委员会主任会议，审议通过《梁平区城区规划建设管理导则》。区委副书记陈孟文参加会议。会议审议通过福德学校、城区幼儿园等一批建设项目规划设计方案。

△梁平区文化旅游委相关负责人做客重庆广播电视集团总台（FM103.5）重庆文艺广播，宣传推介梁平明月山·百里竹海民宿回归之旅、三峡田园乡愁乡情之旅、美丽乡村赏花采摘之旅等三条精品旅游线路。

△梁平区4家文旅企业组团到四川省达州市大竹县开展旅游推广活动，展示“山水田园·美丽梁平”独特魅力。

25日

△以“春归田园·柚见花开”为主题的重庆·梁平第八届柚花节活动在位于梁平区合兴镇龙滩村的中华·梁平柚海举行。

△成都天府新区天投集团总经理罗力一行到重庆市梁平区三峡竹博园、双桂湖国家湿地公园梁山草甸、竹山、安胜等地考察小微湿地保护成效，听取梁平小微湿地建设和创建国际湿地城市等方面的情况介绍。

27日

△区长蒲继承一行先后到都梁新区智慧城市信息中心查看5G、“智慧+”等智能化应用，了解智慧体验馆、智慧服务站、智慧公园规划建设；到梁平南站查看万州、达州机场梁平候机楼建设投用情况；到罗汉山、西大附中梁山校区、

高家巷、文峰便民中心、应急培训中心等停车场选址地查看项目设计方案，督办解决问题。

28日

△区委常委会召开会议，学习贯彻习近平总书记在陕西考察时的重要讲话精神，分析研究一季度经济形势，部署统筹推进新冠肺炎疫情防控和经济社会发展工作。区委书记杨晓云主持会议并讲话。

△渝东北战区队列会操暨条令纲要知识竞赛在梁平区举行，来自万州区、开州区、云阳县等8个区县的消防支（大）队参加。

△区长蒲继承一行先后到明达镇、礼让镇、仁贤镇、双桂街道等地，分段查看龙溪河及其支流水环境治理，督导水系连通及农村水系综合整治项目建设，检查农村人居环境综合整治和城周环境提升，现场督办解决问题。

29日

△推进明月山绿色发展示范带建设乡镇联席会议第一次会议和专题座谈会在重庆市梁平区袁驿镇召开，梁平区和四川省达州市达川区、大竹县相关部门主要负责人、乡镇党政负责人齐聚一堂，共商明月山绿色发展示范带建设工作思路，签署战略合作框架协议。

△区长蒲继承主持召开重点项目建设和4月经济调度会，研究龙溪河PPP、亚行贷款，梁平—开江高速等重点项目建设的卡点，解决问题，审议一批招商和融资项目。

30日

△区委理论学习中心组（扩大）举行学习会，区委常委、区纪委书记、区监委主任金烽为全体党员领导干部上了一堂专题廉政党课。区委书记杨晓云主持会议并讲话。区委副书记、区长蒲继承，区政协主席周仁胜，区委副书记陈孟文，区委常委，区人大常委会、区政府、区政协负责人，区法院、区检察院主要负责人出席会议。

5 月

6日

△5月1—5日，梁平区累计接待游客49.73万人次，实现旅游综合收入23859.16万元。

△梁平区第八届房交会5月1—5日，累计成交住宅238套，成交金额为14960.62万元；非住宅22套，成交金额为859.45万元，累计成交总金额15820.07万元。

△5月1—5日的“美丽梁平·乐享生活”2020购物消费节落幕，累计实现成交金额约1985万元。

7日

△区委召开2019年度乡镇党委街道党工委书记抓基层党建工作述职评议会。区委书记杨晓云主持会议并讲话，区委副书记、区长蒲继承，区人大常委会主任郑云山，区政协主席周仁胜，区委副书记陈孟文，区委常委出席会议。市委组织部有关负责人到会指导。

△梁平区小学1～3年级、中职学校1～2年级2.6万名学生正式开学复课。

8日

△梁平区委书记杨晓云，区委副书记、区长蒲继承率党政代表团赴开州区学习考察。开州区委书记冉华章，区委副书记、区长蒋牧宸，区人大常委会主任赵远坤，区政协主席张重新，区委副书记夏郑峰；梁平区人大常委会主任郑云山，区政协主席周仁胜，区委副书记陈孟文等参加会议。

9日

△石柱县林场相关人员到梁平区东山林场铁门坎管护站对国家储备林基地建设等项目进行观摩考察。

△区委常委会召开会议，深入学习贯彻习近平总书记在5月6日中共中央政治局常务委员会会议上的重要讲话精神，加强经济运行调度，听取重点项目推进情况汇报，部署下一步工作。区委书记杨晓云主持会议并讲话。

△梁平区脱贫攻坚工作推进会议召开，区委书记杨晓云出席并讲话。区委副书记、区长蒲继承传达2019年度市对梁平区脱贫攻坚成效考核结果，通报2019年度区对各乡镇（街道）脱贫攻坚成效考核情况。区委副书记陈孟文安排有关工作。区人大常委会主任郑云山，区政协主席周仁胜，区委常委，区人大常委会、区政府、区政协负责人，区法院、区检察院主要负责人出席。

△区长蒲继承一行先后到工业园区重啤九厂了解企业复产扩能达效情况；到有住科技、中贸投、渝每滋等企业和科创中心施工现场，检查开工项目进度和安全质量，现场解决问题，并召开专题会，研究高新区创建事宜。

10日

△梁平区第八届房交会落幕，房交会总成交470套，成交总金额28531.88万元。其中，成交各类住宅431套，金额27043.7万元，面积44173.44平方米；非住宅39套，金额1488.18万元，面积1852.05平方米。

12日

△中国铁建股份有限公司总经济师孙公新率队到梁平区考察，就深化战略合作进行交流。区委副书记、区长蒲继承等区领导，区有关部门人参加考察或座谈。

13日

△梁平西部片区“十四五”规划编制、积极融入成渝地区双城经济圈建设战略和全市“一区两群”协调发展格局调研座谈会在袁驿镇召开。袁驿镇、碧山镇、虎城镇、龙胜乡、竹山镇、七星镇主要负责人围绕发展思路作汇报发言，区双城办、区发改委、区规划自然资源局相关负责人进行主题发言。

△区委常委会召开落实中央脱贫攻坚专项巡视“回头看”整改专题民主生活会，深入学习贯彻习近平总书记关于扶贫工作、巡视工作重要论述和在决战决胜脱贫攻坚座谈会上的重要讲话精神，增强“四个意识”、坚定“四个自信”、做到“两个维护”，针对反馈问题，认真对照检查，深刻剖析原因，研究整改措施，统筹做好新冠肺炎疫情防控和脱贫攻坚工作，确保高质量完成决战决胜脱贫攻坚任务。

区委书记杨晓云主持会议并讲话。区委副书记、区长蒲继承，区委常委人员出席。市第七督导组到会指导。区人大常委会、区政协党组主要负责人，区委落实中央专项巡视“回头看”反馈意见整改工作领导小组有关成员列席。

△万州机场梁平候机楼开业仪式在梁平区举行，梁平、万州两地政府、区级有关部门负责人参加活动。

14日

△区政府党组召开落实中央脱贫攻坚专项巡视“回头看”整改专题民主生活会，深入学习贯彻习近平总书记关于扶贫工作、巡视工作重要论述和在决战决胜脱贫攻坚座谈会上的重要讲话精神，针对反馈问题，认真对照检查，深刻剖析原因，研究整改措施，确保高质量如期完成决战决胜脱贫攻坚任务。区政府党组书记、区长蒲继承主持会议并讲话。区政府党组班子成员、非中共党员副区长参加。

△2019年度梁平区级部门党组（党委、党工委）暨机关企事业单位党支部（党总支、党委）书记抓基层党建述职评议会议召开。

△东方希望集团养殖总经理刘云贵一行到梁平考察，双方就加快推动项目建设、深化拓展合作领域等事宜座谈交流。区委书记杨晓云，区委副书记、区长蒲继承，区委副书记陈孟文等参加。

15日

△14—15日，区委副书记、区长蒲继承率考察招商组赴山东省济南市，实地考察兰星电子半导体芯片、蓝孚医疗科技电子束辐照中心等高新技术项目，洽谈合作事宜，开展招商引资活动。区政协主席周仁胜参加考察。

△梁平区召开脱贫攻坚农村危房改造现场推进会。

△2020年梁平区民政工作暨社会救助兜底脱贫工作视频会议召开。

△梁平区召开高温汛期暨全国两会期间安全

生产与自然灾害防治工作会议。

△梁平区召开《保障农民工工资支付条例》宣传培训会，邀请市人力社保局相关负责人主讲相关知识。

△梁平东部片区“十四五”规划编制、积极融入成渝地区双城经济圈建设战略和全市“一区两群”协调发展格局调研座谈会在蟠龙镇召开，蟠龙镇、铁门乡、福禄镇、曲水镇、石安镇、紫照镇、柏家镇、大观镇政府主要负责人围绕发展思路作汇报发言，调研组成员进行主题点评。

16日

△区长蒲继承率考察组到渝北区，实地考察重庆渝美滋食品等企业电商销售、成品周转和物流仓库运营情况，要求相关部门做好对接跟踪服务，助推公司梁平生产基地按时投产达效。区政协主席周仁胜参加考察。

18日

△17—18日，梁平区2020年国际博物馆日暨第五届文化艺术品交流会在渝万高铁梁平南站举行。

19日

△市安委会、市减灾委督查组到梁平开展督查检查并召开督查见面会，听取梁平区近期安全生产和自然灾害防治工作汇报，并对全国“两会”期间安全稳定工作提出要求。

△丰都县党政代表团到梁平区双桂湖国家湿地公园、湿地宣教展示中心、三峡竹博园、竹山镇猎神村等地调研乡村小微湿地保护建设工作。

△区长蒲继承带队到市科技局对接高新区和国家农业科技园区创建工作。

20日

△市、区人大代表到明月山·百里竹海集中视察绿色经济发展。区人大常委会主任郑云山参加视察。

21日

△梁平区人民政府与国网重庆市电力公司签署战略合作协议，双方将围绕推进电力基础设施规划建设、优化电力供应保障、支持园区和实体经济发展、推动城乡电网协调发展等方面加强合作。区委书记杨晓云，区委副书记、区长蒲继承与国网重庆市电力公司董事长、党委书记陈连凯一行举行座谈。

△市通信管理局第四调研组到梁平区调研5G基站建设。

22日

△共商共建共享推动人社事业区域协同发展联席会议第一次会议在梁平区举行。四川省达州市达川区、开江县、大竹县、邻水县，重庆市垫江县、梁平区人社部门相关负责人齐聚一堂，共话人社事业区域协同发展。

△区委常委会召开会议，传达贯彻全市第二轮中央生态环保督察整改工作部署会议精神，学习贯彻《重庆市中央生态环境保护督察报告》，听取营商环境建设年推进情况和安全稳定工作情况汇报。区委书记杨晓云主持会议并讲话。

△区长蒲继承主持召开区政府第86次常务会议，研究抓好常态化疫情防控，分析调度经济运行，督办重点项目推进，布置近期工作。会议研究了惠企政策落实、生态环保督查整改、水生生物禁捕等工作，审议一批招商引资项目。

23日

△2020明月山·百里竹海第五届采笋节活动之文艺表演及直播推介活动在重庆市梁平区竹山镇猎神村猎神居举行。家在梁平APP全程直播推介特色农产品鲜笋、竹荪菌，并设置二维码组织当地电商进行直播带货，让广大粉丝网上购买当地特色农产品。

25日

△市金融监管局党组书记、局长阮路一行到梁平，就金融政策支持企业复工复产落实、扶贫小额信贷工作、企业上市工作情况等进行调研，并召开座谈会。区委书记杨晓云，区委副书记、区长蒲继承等参加相关活动。

26日

△区委常委会召开会议，学习贯彻习近平总书记参加内蒙古、湖北代表团审议和看望参加政协会议的经济界委员时的重要讲话精神，部署近期相关工作。区委书记杨晓云主持会议并讲话。

△梁平区第七次全国人口普查领导小组召开会议。

△市经济信息委组织召开工业经济运行数据采集平台视频培训会，梁平区平伟实业、海螺水泥、天胜电子等全市“双百”企业参会。

△重庆轻纺集团党委书记、董事长谢英明一行到梁平考察，双方就加强项目合作座谈交流。区委书记杨晓云，区委副书记、区长蒲继承等参加。

△市交通运输综合行政执法总队党委书记、总队长刘峰一行到梁平开展全国两会期间安全生产驻点督查工作，听取梁平区近期关于交通运输安全生产工作汇报，并提出工作要求。

27日

△市乡村文化振兴渝东北渝东南片区座谈会在梁平区召开，市委宣传部常务副部长薛竹，市委宣传部副部长、市文明办主任马岱良，市文化旅游委党委委员、二级巡视员钟前元，以及渝东北三峡库区城镇群和渝东南武陵山区城镇群各区县党委宣传部、文化旅游委有关负责人出席或参加会议。

△市人普办副主任、市统计局党组成员余浩然一行到梁平调研第七次全国人口普查前期工作，并提出要求。

△市人力社保局一行到梁平区开展人社系统督查巡查扶贫定点攻坚工作，听取就业扶贫、社保扶贫、人才人事扶贫等方面的工作报告。

△梁平区“健康惠民”公益活动捐赠启动仪式在柏家镇举行，重庆明峰水处理设备有限公司向梁平区所有行政村（不含社区）、部分敬老院及学校捐赠275台冷热一体净水器。

28日

△“2020美丽中国行”大型采风暨乡村振兴·百里星宿开园活动在重庆市梁平区竹山镇猎神村举行，市政府副市长李明清宣布开园，市农业农村委主任路伟、《中国旅游报》副总编辑付蓉、区委书记杨晓云致辞，区委副书记、区长蒲继承主持。

东方希望集团董事长刘永行、亿联控股集团董事长严立森、市政府副秘书长游贤勇、市委宣传部常务副部长薛竹、市水利局局长吴盛海、区人大常委会主任郑云山、区政协主席周仁胜、区委副书记陈孟文等区领导出席活动。

△梁平区举行2020年二季度招商签约和重点项目集中开工活动。此次签约招商项目32个，协议投资90余亿元，集中开工重点项目31个，总投资87亿元，项目涵盖工业集群、乡村振兴、城市提升、民生保障等多个领域。市政府副市长李明清、东方希望集团董事长刘永行、市政府副秘书长游贤勇出席，市政府办公厅、市发展改革委、市科技局、市经济信息委、市水利局、市农业农村委、市林业局、市招商投资局、中国铁建股份有限公司等部门（单位）相关负责人，区委书记杨晓云、区长蒲继承、区人大常委会主任郑云山、区政协主席周仁胜、区委副书记陈孟文等参加活动。

△市政府副市长、市副总河长、龙溪河市级河长李明清到梁平巡河，主持召开2020年龙溪河河长制工作座谈会。市政府副秘书长游贤勇，市水利局局长吴盛海，市生态环境局、市环投集团有限公司相关负责人，区委书记杨晓云，区委副书记、区长蒲继承，梁平区、长寿区、垫江县三区县分管负责人参加巡河或座谈。会上，参会人员观看2020年龙溪河河长制暗访视频，市级有关部门负责人发言，梁平、长寿、垫江负责人汇报工作开展情况。

△东方希望集团董事长刘永行一行到梁平考察，双方就加快推动项目建设、深化拓展合作领域等事宜座谈交流。市政府副市长李明清，市政府副秘书长游贤勇，市农业农村委主任路伟，区委书记杨晓云，区委副书记、区长蒲继承参加相关活动。

29日

△梁平区召开“扫黄打非”工作领导小组2020年第一次全体会议。

△梁平区在人民广场举办以“保护青少年远离传统烟草产品和电子烟”为主题的“世界无烟日”宣传活动。

△市委统战部光彩事业基金会慰问梁平区人民医院、区中医医院援鄂医护人员。

△区委书记杨晓云，区委副书记、区长蒲继承，区人大常委会主任郑云山，区政协主席周仁胜深入城区周边村（社区）巡河，调研城周环境大提升推进情况并现场办公。

△梁平区召开龙溪河流域水环境综合治理与可持续发展试点项目建设指挥部第一次会议，区长、领导小组组长蒲继承出席会议并讲话。会议通报龙溪河PPP项目进展情况，审议《指挥部工作规则》《项目管理办法》等事宜。

6　月

2日

△区委书记杨晓云到屏锦镇调研。

△市妇联主席万相兰一行到梁平调研妇联组织在参与人居环境整治、绿色家庭创建、妇女儿童之家规范化建设等情况。

3日

△四川省成都市民族宗教事务局到重庆市梁平区考察，研讨深化两地宗教工作交流，提升民族宗教治理能力水平，助推成渝地区双城经济圈建设高质量发展。重庆市民族宗教委、区政府有关领导及区民族宗教委有关负责人陪同考察和座谈。

4日

△重庆高速公路集团有限公司董事长滕英明一行到梁平考察，双方就加快推动项目建设、深化拓展合作领域等事宜座谈交流。区委书记杨晓云、区政协主席周仁胜等参加。

△区长蒲继承主持召开区政府第87次常务会议，学习传达贯彻全国两会精神，调度6月重点项目建设、经济运行工作。会议审议国资国企改革有关工作方案，审定梁平区专利资助奖励办法、农村公路建设管理办法，人事任免事宜。

△武隆区委副书记王频一行到梁平区考察乡村振兴市级示范村建设。

△四川省达州市达川区、开江县、大竹县、邻水县，重庆市梁平区、垫江县深化市场监管一体化合作第一次联席会议在重庆市梁平区召开。

5日

△区委书记杨晓云到都梁新经济区调研新经济发展工作。

△重庆广播电视集团（总台）副总裁张庆岗一行到梁平，通过实地考察和座谈交流，调研经济社会发展。区长蒲继承参加。

8日

△区生态环境保护督察工作领导小组召开会议，听取梁平区贯彻落实《重庆市中央生态环境保护督察报告》进展情况和龙溪河、新盛河流域水污染防治专项检查情况汇报，审议梁平区持续改善空气环境质量工作方案，安排部署相关工作。区委书记杨晓云主持会议并讲话。区委副书记、区长蒲继承，区人大常委会主任郑云山，区政协主席周仁胜，区委副书记陈孟文，区委常委，区政府负责人参加。

9日

△区十七届人大常委会第三十一次会议召开，听取审议区政府关于法治政府建设情况的报告、区人大常委会执法检查组关于《中华人民共和国动物防疫法》实施情况执法检查的报告等。区人大常委会主任郑云山主持会议。

△区委书记杨晓云到大观镇、蟠龙镇随访暗访脱贫攻坚工作。

△区长蒲继承带队先后到新盛河实地巡河，查看联盟桥国控断面水质状况，检查镇、村两级“河长制”落实情况，到新盛、文化污水处理厂查看技改升级和污水处理情况，并召开整改督办会解决突出问题。

10日

△区委书记、区总河长、龙溪河河长杨晓云到荫平镇、云龙镇、仁贤镇、礼让镇，沿着龙溪河巡河检查调研，并主持召开调研座谈会。

△市农科院农机所科技特派员周玉华到梁平区重庆壹稻农业股份合作社联合社，传授高粱种植、肥水管理、日常管护、病虫害防治等环节机械化技术，促进高粱产业增产增收。

11日

△梁平区召开2020年重点项目建设推进会。区委书记杨晓云出席会议并讲话。区委副书记、区长蒲继承主持并部署具体工作，区人大常委会主任郑云山，区政协主席周仁胜，区委副书记陈孟文，区委常委，区人大常委会、区政府、区政协负责人，区法院主要负责人出席。

12日

△区长蒲继承主持召开全区防汛抗旱工作视频调度会议，贯彻落实全市防汛抗旱工作会议精神和《市防汛抗旱指挥部调度令》，安排防灾救灾工作。

14日

△13—14日，区委书记杨晓云到柏家、复平、竹山等镇检查脱贫攻坚和防汛防灾工作。

16日

△区长蒲继承一行先后到西大街菜市场、北正街农贸市场等地检查食品安全和市场经营秩序，督导常态化疫情防控；到区市场监管局、区商务委调研指导工作，研究解决问题。

△区长蒲继承会见重庆市林投公司常务副总经理罗廉一行，就高质量推进国家储备林建设进行交流洽谈。

△区政协十四届19次常委会召开，视察乡村振兴工作，传达全国政协十三届三次会议等精神，听取全区乡村振兴工作、新冠肺炎疫情防控工作和企业复工复产情况汇报。区政协主席周仁胜等区领导参加视察或会议。

△区委书记、区疫情防控工作领导小组组长杨晓云主持召开领导小组专题会议，学习贯彻习近平总书记关于疫情防控的系列重要指示精神，按照市委、市政府工作要求，进一步压实责任，完善措施，对常态化疫情防控工作进行再部署。区委副书记、区长、区疫情防控工作领导小组组长蒲继承及领导小组副组长出席。

17日

△区疫情防控工作领导小组调度会议召开，研究布置全区疫情防控工作。区长蒲继承出席会议并讲话，区委副书记陈孟文参加。

18日

△市委书记陈敏尔到梁平区调研。他强调，要深入贯彻落实习近平总书记重要指示精神，坚持从全局谋划一域、以一域服务全局，贯彻共抓大保护、不搞大开发方针，坚定践行绿水青山就是金山银山理念，积极探索生态优先、绿色发展的新路子，切实筑牢长江上游重要生态屏障，努力在推动高质量发展、创造高品质生活上迈出新的更大步伐。

△17—18日市委统战部副部长、市侨联党组书记史全波一行到梁平区调研。走访平伟实业、真本味食品、重庆数谷农场等企业，就全区民营企业复工达产、惠企政策落实等情况座谈，了解企业面临的突出问题。

△梁平区深化公共资源交易监督管理改革专题培训会召开，进一步提高公共资源交易监管和服务水平。区级相关部门、单位和各乡镇（街道）有关负责人参加培训。

19日

△区委常委会召开扩大会议，深入学习贯彻习近平总书记重要讲话精神，研究落实市委书记陈敏尔到梁平调研指示要求工作。区委书记杨晓云主持会议并讲话。

22日

△达万铁路梁平火车站从即日起实施电子车票，告别纸质车票，让旅客们享受电子车票“一证通行”便利，提升出行体验。

23日

△区政协召开第46次主席（扩大）会议，传达学习市委书记陈敏尔莅梁调研有关要求，交流学习全国两会精神体会，协商梁开高速公路PPP项目、梁平区长江经济带战略环境评价“三线一单”工作。区政协主席周仁胜出席会议。

△区长蒲继承主持召开区政府第88次常务会议，调度6月经济运行，布置疫情防控和安全生产工作。会议审议安全生产专项整治三年行动、梁平至开江高速公路“两评一案”方案、人事任免等事宜。

24日

△区委书记杨晓云到部分乡镇检查指导防汛工作。

△区安全稳定工作专题调度会议召开，学习传达习近平总书记关于安全工作重要指示精神，贯彻落实市委、市政府部署，安排全区安全稳定工作。区长蒲继承出席会议并讲话。

29日

△区委常委会召开会议，学习贯彻习近平总书记关于禁毒工作的重要指示精神，传达贯彻全市平安稳定信访工作视频会议、脱贫攻坚“百日大会战”视频调度暨决战决胜脱贫攻坚专项督查动员部署会议精神，听取脱贫攻坚工作情况汇报，部署近期相关工作。区委书记杨晓云主持会议并讲话。

△区十七届人大常委会第三十二次会议召开，会议通过重庆市梁平区人大常委会关于设立重庆市梁平区人大常委会合兴街道、仁贤街道、金带街道工作委员会有关事项的决定（草案）；审议人事任免职议案；听取区政府关于梁开高速公路建设情况的报告。区人大常委会主任郑云山及相关区领导参会。

△重庆市首个小微湿地特色学校授牌仪式在三峡竹博园举行。市社科联、区政府相关领导联合授牌，市社科联、市教师教育学会、市职教学会以及区政府办、区教委、区林业局、区社科联、区职教中心等单位相关负责人出席活动。

30日

△区长蒲继承主持召开区政府第89次常务会议，传达全市财政保运转防风险有关会议精神，研究落实过“紧日子”要求，审议撤镇设街相关事宜。

7　月

2日

△市发改委联合检查组第四组到梁平，开展政策性粮食大清查发现问题整改“回头看”。

3日

△区长蒲继承一行先后到大观镇梅花村、千福社区、安乐社区入户走访贫困户，了解群众生产生活情况，检查脱贫政策和帮扶措施落实，查看农村人居环境整治，督导解决实际问题。

△梁平区2020年高温汛期地质灾害防治工作会议召开。

6日

△3—6日，区委书记杨晓云带队到上海、浙江，走访重点知名企业，围绕东方希望生猪全产业链项目、竹缠绕复合材料研发应用、数字经济发展洽谈合作事宜。

△区长蒲继承一行到梁平中学察看考场布置及考点周边环境，了解疫情防控和高考准备情况，到高考视频巡查中心检查监控设备运行情况，到学生食堂检查食品安全卫生保障等工作。

△区长蒲继承一行到工业园区，先后了解平伟射频5G前端芯片项目建设和天胜电子扩能升级情况；到亿联智能家居制造项目和电商物流园、科创中心、科技企业孵化园施工现场，检查项目进度和质量安全；到高新区悦达汽车站、福德九年制学校、区疾控中心迁址地，督导配套服务项目建设。召开专题会，审议相关工作方案，研究数字经济发展和高新区创建事宜。

7日

△市决战决胜脱贫攻坚专项督查第十组一行到梁平开展督查。督查组组长金盛主持督查工作汇报会，区委书记杨晓云汇报梁平区脱贫攻坚工作情况，区委副书记、区长蒲继承，区委副书记陈孟文等参加会议。

8日

△区长蒲继承一行到都梁新区，先后查看体育馆、游泳馆竣工投用情况，督导青少年活动中心、科技馆、档案馆建设进度；检查都梁大道、龙湖路等新区主干道及管网项目施工进度和质量安全；了解智慧城市信息中心智能化系统提升运行情况。召开专题会，研究都梁新区建设和智慧城市管理工作。

△7—8日，四川省达州市通川区政协主席何

世清率队到重庆市梁平区考察，推动成渝地区双城经济圈建设。区政协主席周仁胜等陪同。

9日

△市人大常委会副主任夏祖相率市人大常委会评议工作调研组第六组到梁平开展水污染防治工作调研，并组织召开片区座谈会。区委书记杨晓云，区人大常委会主任郑云山以及万州区、开州区、垫江县、城口县等区县相关负责人参加调研或座谈。

△区委书记杨晓云、区人大常委会主任郑云山到梁山街道，调研城周环境大提升情况并现场办公。

△区长蒲继承主持召开区政府第90次常务会议，安排安全生产、脱贫攻坚、生态环保等重点工作，调度重点项目推进，审议梁平至开江高速公路（重庆段）PPP项目社会投资人招标方案、济南兰星电子GPP芯片等一批招商项目等事宜。会议审议安全生产与自然灾害防治工作考核办法、特殊转移支付和特别国债资金分配方案、疾控中心迁建等事宜。

10日

△梁平区招商引资工作推进会暨“招商季”百日攻坚行动动员会召开。

13日

△区委常委会召开扩大会议，传达学习贯彻渝东北三峡库区城镇群工作座谈会议精神，研究部署数字经济发展等工作。区委书记杨晓云主持会议并讲话。

13日

△市政府副市长李波到梁平调研经济社会发展工作。市民族宗教委党组书记李中武，市商务委副主任宋刚，区委书记杨晓云，区委副书记、区长蒲继承参加。

△文化和旅游部、国家发展改革委联合开展的第二批全国乡村旅游重点村拟入选名单公示结束，重庆市梁平区竹山镇猎神村入选。

14日

△2020年第一批重庆市工业和信息化专项资金支持项目名单公布，梁平区重庆平伟实业股份有限公司、梁平海螺水泥有限责任公司、重庆利财管道有限公司、重庆融康彩印包装有限公司等9家企业11个项目获支持。

△重庆广电《渝东北三峡库区城镇群发展系列访谈》走进梁平，专访区委书记杨晓云，看梁平区是如何坚定践行绿水青山就是金山银山发展理念的。

16日

△15日8时至16日11时梁平区普降暴雨，部分乡镇达大暴雨，受灾人口89435人，受灾农作物面积1821公顷，直接经济损失5596万元。

△区委书记杨晓云，区委副书记、区长蒲继承到乡镇调研并调度指挥防汛防灾工作。

△区长蒲继承主持召开全区防汛救灾和消防安全工作调度会议。会议强调，要深入学习贯彻习近平总书记关于防汛救灾工作的重要指示精神，认真落实市委、市政府部署，强化责任意识和风险意识，时刻保持临战状态，抓紧抓实抓细防大汛、抗大洪、抢大险、救大灾各项工作，确保群众生命财产安全。

△市编办、市司法局一行到梁平区云龙镇，督查调研基层综合行政执法队伍规范化建设及挂牌运行情况，强调在机构改革关键时期，领导干部要坚持做好本职工作，做到队伍不散、思想不乱、工作不误。

△市商业联合会一行到梁平区曲水镇聚宝村开展消费扶贫活动。

17日

△梁平区第七次全国人口普查暨户口整顿工作推进会召开。

18日

△全市防汛救灾工作视频会议结束后，区委常委会立即召开会议，学习贯彻中央政治局常委会会议精神，听取全区防汛救灾情况汇报，进一步研究部署全区防汛救灾工作。区委书记杨晓云主持会议并讲话。

△区委书记杨晓云到回龙镇、屏锦镇实地调研防汛救灾工作。

△区长蒲继承到新盛镇、龙门镇等地，督导

检查防汛救灾工作，了解群众住房、农业生产受灾情况，暗访明达、礼让等镇值班值守、防汛防守情况；查看污水处理厂排险抢修、治污工程建设进度，现场督办解决问题。

20日

△区政协举行2020年度提案督办活动，听取区商务委、区交通局的提案办理汇报，查看商圈建设、都梁新区公交站点建设、“四好农村路”建设及农村电商发展等情况。

22日

△区长蒲继承主持召开区政府第八次全体会议暨半年经济运行调度会，分析研判上半年经济运行，安排近期重点经济工作。

△中共四川省开江县委常委、政法委书记邓奎松一行到重庆市梁平区考察，围绕服务成渝地区双城经济圈建设、推动梁开政法工作协同合作进行座谈。

△济南兰星电子有限公司GPP芯片生产项目签约仪式举行，该项目正式落户梁平。

23日

△梁平区于6月被纳入全国第一期（2020—2022年）市域社会治理现代化试点城市。

△梁平区重大项目推进和营商环境建设专项巡察（区委第十轮）动员部署会召开，传达学习中央、市委有关巡视巡察工作会议精神以及区委有关工作要求，对下一步工作进行安排部署。

△重庆煤矿安全监察局到梁平区袁驿镇邵新煤矿举办渝东片区“学法规、抓落实、强管理”活动调研座谈会，督导煤矿企业分级分类学习煤矿安全法律法规标准，切实提升从业人员的法治意识。

△区政府召开廉政工作会议，贯彻落实国务院、市政府第三次廉政工作会议精神，安排区政府系统党风廉政建设工作。区长蒲继承出席会议并讲话。

△区长蒲继承主持召开城市提升领导小组会议，专题研究城市老旧小区改造、违法建筑整治、公共停车场建设、智慧城管和垃圾分类等事宜。会议审议海绵城市建设、西大街街区公共服务项目策划方案、西苑小学西池校区改扩建等事宜。

24日

△梁平区总河长会议召开，研究龙溪河、新盛河、小沙河等主要流域水污染防治工作，分析研判当前形势，对全区水污染防治工作再安排、再部署、再督战。区委书记、区总河长杨晓云讲话，区委副书记、区长、区总河长蒲继承作工作部署。

△23—24日，人民日报社重庆分社社长王斌来一行到梁平，就推动共建明月山绿色发展示范带、高新区建设、湿地保护与自然教育等情况开展调研采访。区委书记杨晓云等参加。

25日

△24—25日，中国林业集团有限公司副总经理、重庆林投公司董事长李留彬，重庆市林业局副局长王声斌一行到梁平考察，双方就进一步加强合作座谈交流。区委书记杨晓云，区委副书记、区长蒲继承参加相关活动。

27日

△晚上8点，全市区县“晒旅游精品·晒文创产品”大型文旅推介活动梁平专场在重庆数谷农场正式开启。区长蒲继承到直播间，带领大家走进“万石耕春·丰味梁平”，品“五子登科”、游山水田园，吸引众多网友围观、点赞。据统计，仅当晚，梁平“双晒”直播观看量达1767万余人次，评论留言上万条。

△重庆市梁平区司法局与四川省达州市司法局正式签订社区矫正跨区域合作协议，两地社区矫正工作合作迈入新阶段，进一步为两地经济社会发展营造安全稳定的社会环境。

28日

△27—28日，区委书记杨晓云到龙溪河、新盛河、小沙河流域沿线部分乡镇（街道）调研全区重点流域水环境综合治理工作，并主持召开调研座谈会。

△市应急局到梁平区开展应急救援工程检查，实地察看区救灾物资仓库、应急管理平台建设进度，了解全区综合应急救援队伍建设情况并

对相关工作给予指导。

△区政协对区卫生健康委、区市场监管局2020年度的提案办理工作进行督办，并就进一步做好提案办理工作提出意见和建议。

29日

△国家开发银行重庆分行党委委员、副行长吕晓云一行到梁平区调研并召开座谈会，就进一步拓宽合作领域、提高服务质效、深化政银合作等达成共识。

△区长蒲继承主持召开区政府第91次常务会议，深入学习贯彻习近平总书记在吉林考察时的重要指示精神，安排调度安全生产和自然灾害防治工作，研究生态环保督察整改，分析调度本月经济运行工作。会议研究水污染应急处置工作机制、地质灾害点抢险治理、野生动物养殖后续处置、普通高校毕业生就业创业等事宜，审议东方希望生猪养殖产业链、重大附属肿瘤医院合作等招商项目协议。

30日

△“梁平区消费扶贫在线”电商平台在亿联·天华电商物流产业园举行启动仪式并正式上线。

△龙溪河流域水环境保护联防共治第一次联席会议在梁平区召开。长寿区、垫江县齐聚梁平，共同商议龙溪河流域水环境保护工作。

△忠县党政代表团到梁平考察，双方就深化交流合作、强化战略对接，更好推动成渝地区双城经济圈建设和全市“一区两群”协调发展深入交流。忠县县委书记江夏，县委副书记、县长黄祖英，县人大常委会主任陈强，县政协主席陈加义；梁平区委书记杨晓云，区委副书记、区长蒲继承，区人大常委会主任郑云山，区政协主席周仁胜，区委副书记陈孟文等参加。

31日

△值“八一”建军节来临之际，区委召开议军会议。区委书记杨晓云主持会议并讲话。区委副书记、区长蒲继承，区委副书记陈孟文，区委常委、区人大常委会主任郑云山，区政协主席周仁胜，区政府、区人武部、驻梁部队有关负责人出席会议。

△重庆大学附属肿瘤医院党委书记吴永忠到梁平开展专题讲座，推动重庆大学附属肿瘤医院梁平分院建设，助力区人民医院争创三级甲等医院。

△梁平区与重庆大学附属肿瘤医院签订合作协议，携手创建重庆大学附属肿瘤医院梁平分院，推动梁平卫生健康事业发展。重庆大学党委常委、党办主任冯业栋，区委书记杨晓云，重庆大学附属肿瘤医院党委书记吴永忠，区委副书记陈孟文等参加相关活动。

8　月

3日

△云阳县委书记张学锋，县委副书记、县长覃昌德率党政代表团到梁平考察工业经济发展情况。双方就强化战略对接、深化两地合作，更好推动成渝地区双城经济圈建设和全市“一区两群”协调发展深入交流。区委书记杨晓云，区委副书记、区长蒲继承，区人大常委会主任郑云山，区委副书记陈孟文参加。

△梁平区安全生产与自然灾害防治、食品药品监管暨严防聚集性疫情做好秋冬季防控工作会议召开，区长蒲继承出席会议并讲话。

△中国农业大学一行到重庆市梁平区竹山镇进行农村闲置宅基地盘活利用改革中期评估调研，并就相关改革工作提出意见和建议。

4日

△区委常委会扩大会议召开，深入学习贯彻习近平总书记在7月30日中央政治局会议上的重要讲话精神和总书记在企业家座谈会上的重要讲话精神，认真落实市委市政府决策部署，分析研究上半年经济形势，部署下半年经济工作。区委书记杨晓云主持会议并讲话。

5日

△四川省交通运输厅公路局党委书记、局长许磊，重庆市公路事务中心党委书记任洪涛一行到梁平，考察调研农村公路文化建设工作，积极

共建“四好农村路”示范区。

△市生态环境局水生态环境处、梁平区生态环境局、忠县生态环境局相关负责人一行到黄金河流域开展联合巡查并召开座谈会，推动梁平、忠县两地水环境持续向好发展。

△江西省林业科学院、江西省林业局湿地和草地管理处、南昌工程学院等团队一行到重庆市梁平区，考察学习湿地生态修复、小微湿地建设等方面的工作经验。

6日

△区长蒲继承一行到袁驿镇邵兴村检查森林防火哨卡设置和防火措施落实，到邵新煤矿查看井口安全设施设备和井下监控系统，到百里竹海·蝴蝶谷、双桂田园·万石耕春检查景区安全，现场督办解决发现的问题。

△四川省大竹县，重庆市梁平区、垫江县信访服务保障协作框架协议研讨会在梁平区信访办举行，三方就做好毗邻区县“三跨三分离”信访事项化解、信访重点人员联动服务管理、区域社会治理、社会稳定风险防控、信访制度改革、信访业务交流合作和信访干部队伍建设进行深入交流，并就签订信访服务保障协作框架协议达成一致意见，共同助力成渝地区双城经济圈建设。

7日

△第三届长江三峡（梁平）晒秋节开幕式举行。市委常委、市委宣传部部长张鸣宣布活动开幕，市文化旅游委主任刘旗出席，区委书记杨晓云致辞，区委副书记、区长蒲继承主持，区人大常委会主任郑云山，区政协主席周仁胜，市级相关部门和毗邻相关区县负责人，区委副书记陈孟文等出席相关活动。

△明月山·百里竹海蝴蝶谷景区正式开园。区委书记杨晓云出席开园仪式并检查猎神村“三巷六坊九碗”建设情况，区人大常委会主任郑云山，区政协主席周仁胜，区委副书记陈孟文等参加相关活动。

12日

△渝东北三峡库区城镇群和渝东南武陵山区城镇群农业农村改革培训会在梁平区召开。市委农业农村工委书记、市农业农村委主任路伟出席会议并讲话，区委副书记陈孟文致辞。

13日

△区长蒲继承一行到屏锦镇、回龙镇深入施工现场，检查左柏水库、东方希望生猪养殖等项目建设进度和质量安全，查看竹基新材料生产项目选址规划，现场督办解决问题。

△区十七届人大常委会第33次会议召开，听取审议区政府关于2020年1—6月国民经济和社会发展计划执行情况的报告、区政府关于2020年1—6月预算执行情况的报告、区法院关于以审判为中心的刑事诉讼制度改革工作情况的报告；审议人事任免职议案。区人大常委会主任郑云山等参加会议。

△区政协十四届第20次常委会会议召开，传达学习中央、市委和区委关于经济工作的有关会议精神，专题协商推动“成渝地区双城经济圈建设和全市‘一区两群’协调发展”。区政协主席周仁胜等参加会议。

17日

△梁平区2020年“中国医师节”座谈会召开。

△梁平区年轻干部座谈会召开，区委书记杨晓云出席会议并讲话。

18日

△市安委会、市减灾委到梁平召开严格执法专项巡查见面会，安排部署巡查工作。

△区委书记杨晓云到碧山镇、袁驿镇，就打好“三大攻坚战”、明月山绿色发展示范带建设和编制“十四五”规划进行调研，并主持召开座谈会。

19日

△市退役军人事务局党组书记、局长张邦平一行到梁平调研退役军人事务工作，并召开政策宣讲会。区委副书记陈孟文参加会议。

△18—19日，市森林草原防灭火工作第五督查组先后暗访铁门乡、明达镇、竹山镇、竹海林场，实地指导区森林消防专业队伍建设。

△全市农产量抽样调查暨遥感测量业务培训

班在梁平开班。

21日

△梁平区与百龄帮（重庆）康养产业集团有限公司举行签约仪式，签订双桂堂康养中心、安宁社会福利中心、梁山街道养老服务中心等6个生态康养项目。项目总投资1500万元，将通过三级联动、中心带站的方式，结合“智慧养老”信息化手段，为梁平区老年人提供专业化服务。

△市安委会、市减灾委2020年严格执法专项巡查反馈会在梁平区召开。

21日

△长江三峡晒秋·川渝东北啃秋活动在重庆市梁平区竹山镇猎神村持续举办，四川省达州市大竹县专场带来的《竹琴声声》《醉美大竹》等文艺节目以及大竹醪糟、白茶等特色产品备受游客欢迎。

22日

△长江三峡晒秋·川渝东北啃秋活动巫山专场在梁平区竹山镇猎神村精彩上演。

24日

△秀山土家族苗族自治县委书记向业顺率党政代表团到梁平考察经济社会发展情况。双方就进一步深化交流合作、强化战略对接，更好推动成渝地区双城经济圈建设和全市“一区两群”协调发展深入交流。区委书记杨晓云，区委副书记、区长蒲继承参加相关活动。

25日

△区扶贫开发领导小组会议暨区委落实中央脱贫攻坚专项巡视“回头看”反馈意见整改工作领导小组会议召开。区委副书记、区长蒲继承主持会议并讲话，区人大常委会主任郑云山，区政协主席周仁胜，区委副书记陈孟文等出席。

26日

△区政协党组（扩大）会举行，专题学习《习近平谈治国理政》第三卷。区政协党组书记、主席周仁胜等参加会议。

△市农业农村委农产品加工处负责人一行到梁平区合兴街道，对国家产业强镇建设工作推进情况进行督导，实地查看了银恒村1000亩标准柚园建设、冷链物流建设、电商平台建设等，并听取汇报。

△区长蒲继承一行到梁山街道东明村、八角社区等地，查看污水治理、垃圾分类等人居环境整治情况，调研指导道路交通、污水管网、健身步道等基础公共服务设施配套建设，现场督办解决问题。区人大常委会主任郑云山，区政协主席周仁胜等领导参加。

27日

△“大竹海”文旅发展联盟在四川省宜宾市长宁县正式成立，包含重庆市梁平区在内的，来自四川省、重庆市、贵州省、云南省40个富有“竹”文旅特色资源县（市、区）的代表齐聚一堂，围绕“建设‘大竹海’文旅品牌，共同做靓竹林风景线”主题，进行深入探讨、谋划合作。成立大会上，重庆市永川区、江津区、梁平区和四川省宜宾市叙州区、南溪区、长宁县、江安县，泸州市纳溪区签订了共建巴蜀文化旅游走廊合作协议书。

△24—27日，北京大学专题调研组到重庆市梁平区合兴街道龙滩村、礼让镇川西村、竹山镇猎神村与镇（村）干部、经营主体进行座谈，与梁平区农业农村委、重庆市农业担保有限公司、中国人民银行梁平支行、中国邮政储蓄银行梁平支行负责人进行交流。

△26—27日，“扶贫印记”——2020重庆视觉扶贫行动走进梁平。来自重庆市级主流媒体及市、县级摄影家协会的30名记者和摄影师志愿者到梁平区曲水镇聚宝村，用镜头记录脱贫攻坚取得的新成效，展现群众新面貌、乡村新变化。

△区长蒲继承主持召开区政府第93次常务会议，审议“十四五”专项规划编制事宜，调度重点项目建设，布置重点工作。会议审议了一批招商项目协议和《统一规划体系更好发挥全区发展规划战略导向作用的实施意见》《规范活禽交易推进集中屠宰加强冷链供应工作实施方案》，研究行政许可事项有关指标整改等事宜。

△26—27日，重庆工商大学副校长赵骅一行到梁平调研。

△市卫生健康委副主任李畔一行到梁平区调研。

28日

△重庆市公共就业服务系统技能大比武梁平赛区晋级赛在平野园林大酒店精彩举行。梁平区、万州区、城口县等12个区县的代表队在现场一决高下，最终垫江县代表队、万州区代表队晋级全市决赛。

△长江三峡晒秋·川渝东北啃秋万州专场活动在梁平区竹山镇猎神村举行。

30日

△区委书记杨晓云到竹山镇、明达镇调研美丽乡村建设和全域旅游发展工作，并主持召开调研座谈会解决具体困难问题。

31日

△区委常委会召开会议，深入学习贯彻习近平总书记在经济社会领域专家座谈会上的重要讲话精神，传达贯彻全市克服疫情灾情影响确保如期全面脱贫攻坚暨脱贫攻坚“收官大决战”动员部署电视电话会议精神，部署近期重点工作。区委书记杨晓云主持会议并讲话。

9　月

1日

△阿里研究院正式公布2020年全国淘宝村、淘宝镇名单，重庆市有9个村入选，梁平区袁驿镇袁驿村榜上有名。

3日

△区长蒲继承一行到区中医医院本部及园区分院、区妇女儿童医院，查看项目质量安全，听取投用准备情况；到高新大道、都梁大道、城市停车场、区档案馆等地，检查项目文明施工和进度；到少儿图书馆、青少年活动中心、科技馆、双桂文化展示厅督导装修工程，查看新区疾控中心选址规划和都梁水利博物馆开工准备，一一听取业主单位负责人汇报，帮助解决项目问题，明确排出工期。

4日

△梁平区克服疫情灾情影响确保如期全面脱贫攻坚暨脱贫攻坚“收官大决战”动员部署会议召开。

△长江三峡晒秋·川渝东北啃秋垫江专场活动在梁平区竹山镇猎神村举行。

5日

△2020“重庆好礼”旅游商品文创产品设计大赛颁奖典礼在荣昌区夏布小镇举行，梁平区参赛的旅游商品柚汁获优秀商品大赛金牌、蜂蜜柚子果酱获优秀商品大赛铜牌，梁平竹帘系列、梁平竹雕《观棋图》、梁平张鸭子卤烤鸭系列旅游商品入围“重庆好礼”外事礼品。

5日

△长江三峡晒秋·川渝东北啃秋忠县专场活动在梁平区竹山镇猎神村举行。

8日

△三峡银行党委副书记、行长王良平一行到梁平考察，双方就进一步深化合作座谈交流。区委书记杨晓云参加。

△重庆市梁平区和林镇和清社区主任易琼在北京人民大会堂参加全国抗击新冠肺炎疫情表彰大会，获“全国抗击新冠肺炎疫情先进个人”表彰。

△7—8日，中国水利水电科学研究院、水利部宣传教育中心以及市水利局专家一行到梁平区调研指导都梁水利博物馆布展设计工作。专家一行先后考察博物馆建设现场、双桂渡槽、盐井口水库等地，并召开座谈会就都梁水利博物馆布展规划提出思路和意见。

△第十四届梁平啤酒节在梁山街道八角社区风情街落幕。啤酒节共吸引游客6万余人次，现场销售额60余万元、带动全区经济消费约500万元，消费啤酒1万余件。

9日

△区政协组织市、区政协委员到小沙河、大河河等流域，开展污水“三排”、河流“三乱”专项视察活动。区政协主席周仁胜等参加视察。

△共建明月山绿色发展示范带部门联席会议

召开，研究明月山绿色发展示范带实施方案编制要点，会商党政联席会议第二次会议召开。重庆市梁平区、垫江县，四川省达州市达川区、大竹县、邻水县、开江县党委办公室、发展改革部门主要负责人参加会议。

△区疫情防控指挥部排查防控组一行到和林镇和清社区，向获评“全国抗击新冠肺炎疫情先进个人”的和清社区主任易琼表示祝贺，并座谈交流习近平总书记重要讲话学习心得体会。

△区委书记杨晓云在调研社会民生事业发展时强调，要坚持以人民为中心的发展思想，坚定贯彻新发展理念，抓住用好谋划“十四五”发展机遇，加快补齐民生短板，用心用情用力办好民生实事。区委副书记陈孟文等参加。

10日

△区长蒲继承带队到宏湖幼儿园、泰和小学、双桂中学、红旗中学、特殊教育学校、教师进修学校，看望慰问辛勤耕耘在教学一线的教师代表，调研“十四五”教育事业发展规划，向全区广大教师和教育工作者致以节日的祝贺和诚挚的问候。

△区长蒲继承主持召开区政府第94次常务会议，审议政府债券项目和政府债务管理、区属国企负责人任期考核等工作，调度重点项目建设。会议学习新修订的《中华人民共和国森林法》和全市社会救助暨脱贫攻坚兜底保障工作视频会议精神，审议《安置退役军官和退役士官方案》《区级党政机关目标管理绩效考核方案》等事宜。

11日

△长江三峡晒秋·川渝东北啃秋奉节县专场活动在梁平区竹山镇猎神村举行。

14日

△2020年梁平区网络安全宣传周启动仪式在区人民广场举行。

△梁平区党政代表团赴重庆师范大学、重庆工商大学考察学习，就深化交流合作、强化战略对接座谈交流并签订校地合作框架协议。区委书记杨晓云，区委副书记、区长蒲继承，区人大常委会主任郑云山，区政协主席周仁胜，区委副书记陈孟文，重庆师范大学党委书记曾礼、校长孟东方，重庆工商大学党委书记李志雄、校长孙芳城等参加。

15日

△2020线上中国国际智能产业博览会在重庆正式开幕，梁平区10家企业在平台上展示大数据智能化发展成果。同时，在峰会上发布了梁平数字孪生城市指挥中心软件平台、重庆数谷农场、数字乡村·互联网小镇、智能水路控制系统等大数据智能化应用，进一步彰显“云腾田园·智慧梁平”魅力。

△区政协开展往年提案跟踪督办活动，先后对都梁新区金融网点设置、城市周边人居环境整治、梁山城区交通拥堵和停车场建设等往年提案的办理和落实情况进行视察，并提出意见建议。

△2020线上中国国际智能产业博览会在重庆开幕。梁平区委书记杨晓云接受《重庆日报》记者专访，畅谈梁平如何抢抓机遇推动大数据智能化创新发展，以及在本届线上智博会上梁平带来的大数据智能化发展成果。

16日

△梁平区召开2020年中国农民丰收节长江三峡（梁平）庆祝活动新闻发布会。中央广播电视总台、《光明日报》、《农民日报》、《重庆日报》、华龙网等近30家中央及市级媒体参加。

△区委书记杨晓云到屏锦镇、聚奎镇调研脱贫攻坚工作。

△区长蒲继承带队到重庆参加2020线上智博会重大项目现场招商签约活动，与济南兰星电子有限公司签订GPP芯片高新技术项目。赴两江新区考察重庆联合泰电子企业，与企业负责人深入洽谈合作事宜。

△农工党梁平支部一行到四川省开江县、大竹县调研跨界流域水污染防治及联防共治工作，并召开座谈会。

△市规划自然资源局、市地理信息和遥感应用中心发布《重庆桂花地图》，邀广大市民跟随地图，在巴山渝水间感受“花中第一流”的飘香

万里。其中，梁平区双桂堂、竹山镇竹丰社区榜上有名。

17日

△区长蒲继承到大观镇梅花村、新路村，柏家镇红卫湖社区看望走访贫困户，详细了解群众生产生活情况，检查贫困户家庭扶贫政策落实和农村人居环境改善工作；到大观镇方森豆筋厂，查看扶贫车间生产经营情况。

△16—17日，“十万山东人游重庆—2020重庆文化和旅游推介会”分别在山东济南、山东青岛举行。推介会上，梁平区带去的精美手绘宣传资料、竹帘扇、梁平木版年画、梁平圣唯缇丝绸红包等纪念礼品，以及明月山·百里竹海景区套票、梁平柚子糖、梁平张鸭子、梁平竹帘等文创产品深受现场游客欢迎。

△区政协理论研究会第一届理事会第二次年会暨研究成果交流会召开，10名区政协委员和政协工作者围绕“发挥人民政协专门协商机构作用”主题进行交流发言。区政协主席周仁胜等参加会议。

△重庆市消防救援队伍（渝东北战区）装备技能比武竞赛在梁平区举行。来自渝东北战区的8支消防救援队伍共32名装备业务尖兵参赛，梁平支队获团体总分第一名。

18日

△区委常委会召开会议，深入学习贯彻习近平总书记在科学家座谈会上的重要讲话精神，听取全区脱贫攻坚工作情况汇报，部署相关工作。区委书记杨晓云主持会议并讲话。

19日

△18—19日，国家发展改革委调研组到重庆市梁平区，就推动长江经济带绿色发展重点工作推进实施情况进行调研。国家发展改革委基础司副司长马强，区委书记杨晓云，区委副书记、区长蒲继承，市发展改革委副主任赵宝权等参加相关活动。

21日

△区长蒲继承主持召开区政府第95次常务会议，审议生活垃圾分类、秋季植绿增绿等城市品质提升行动子方案，安排秋冬季疫情防控工作。会议审议区第九届房交会等事宜。

△区十七届人大常委会第三十四次会议召开，会议听取审议区政府关于2019年、2020年地方政府一般债券调整使用建议方案等报告；评议区政府水污染防治工作情况并开展专题询问；听取审议区政府关于贯彻落实国务院《优化营商环境条例》暨梁平区营商环境建设年情况报告并开展专题询问。区人大常委会主任郑云山参加会议。

22日

△2020年中国农民丰收节长江三峡（梁平）庆祝活动举行。区委书记杨晓云，区委副书记、区长蒲继承，区人大常委会主任郑云山，市级相关部门有关负责人，区委副书记陈孟文等出席相关活动。

△梁平区2020年三季度招商引资项目集中签约暨重点项目集中开工活动举行。区委书记杨晓云，区委副书记、区长蒲继承，区人大常委会主任郑云山，区政协主席周仁胜，区委副书记陈孟文，市发展改革委、市经济信息委等部门相关负责人，重庆赛美康公司董事长李浩等出席。此次签约项目43个，协议引资95.8亿元，涵盖集成电路、智能家居、绿色食品、新材料、通用航空、现代服务等多个产业板块。

△区委副书记、区长蒲继承会见重庆高速公路集团有限公司副总经理杜国平，中铁建重庆投资集团有限公司副总经理王必军一行。

△2020年中国农民丰收节长江三峡（梁平）庆祝活动拉开帷幕，近30家中央和市级主流媒体通过直播、视频、图文等方式全方位、多角度报道梁平礼赞丰收、致敬奋斗的欢庆盛况。

△来自重庆38个区县的文化旅游委相关负责人以及近30家中央和市级主流媒体的记者组成考察团，到明月山·百里竹海景区考察梁平区民宿产业发展和乡村旅游等情况。

23日

△新华社发布视频报道梁平《山林深处有人家——俯瞰美丽猎神村》，展现梁平美丽乡村建

设的丰硕成果。截至18时，浏览量已突破24万人次。

△“放歌新时代‘我的中国梦’文化进万家——重庆市2020年送演出进基层活动”到梁平区聚奎镇小、回龙镇小，来自重庆市川剧院的艺术家们带去川剧弹戏《花云射雕》、唢呐独奏《敢问路在何方》等多个节目，赢得了师生们的热烈掌声。

△重庆第二师范学院与梁平区双桂小学签订“儿童语言与思维协同发展研究与实践基地”协议书，授予双桂小学“重庆第二师范学院师范生教学研究基地”。

24日

△区长蒲继承到区精神卫生中心、老年护养中心，合兴街道社区卫生服务中心、合兴初中、敬老院等地，调研民生工作，检查秋冬季疫情防控工作；到龙滩村、银恒村查看标准化柚园建设；到龙象寺水库、白杨河水系整治、白沙河综合治理施工现场，实地督导水利工程项目建设进度，检查工程质量安全。

△区政协开展第47次主席会议视察活动，先后对重点工程左柏水库建设、明月山城市生态屏障建设和百里竹海重点景区建设营运等情况开展视察。区政协主席周仁胜及主席会成员等参加。

△23—24日，内蒙古自治区灌溉排水发展中心考察组一行到重庆市梁平区调研农村供水工程水费收缴工作。考察组一行先后到滑石水库、金带水厂、金城水厂、仁贤供水服务大厅、区水质监测站等地进行调研，并召开座谈会。

△梁平区精神文明建设和新闻出版工作业务培训会召开，邀请市委宣传部版权管理处副处长汤裕洁、市委宣传部文明调研处处长姚宜厚分别对著作权法及软件正版化工作和新时代文明实践中心建设工作进行培训。

25日

△中国旅游协会发布2020中国特色旅游商品大赛获奖名单，重庆市梁平区报送的“有陈意·柚汁”获金奖。该商品由梁平奇爽食品有限公司新研发生产，采用中国三大名柚之一的梁平柚子提取浓缩柚子汁，加入真实果肉生产而成，最大程度保证了梁平柚的原汁原味。其柚肉丰富，柚香浓郁，果汁含量≥10%，口口“柚”惑十足。

28日

△应四川省达州市委、市政府邀请，区委副书记、区长蒲继承带队参加第十届中国·达州秦巴地区商品交易会活动；前往达州巴山大剧院、非遗陈列馆、莲花湖湿地公园等地参观考察，听取相关负责人介绍情况，了解建筑规划设计、项目运营管理、城市建设等经验做法。

△梁平区开展节前旅游安全检查，对滑石古寨、双桂堂、蝴蝶谷、观音洞等旅游景区（景点）游乐设施运行安全、消防安全、道路安全、疫情常态化防控等工作提出明确要求，区分管领导和区文化旅游委、区公安局、区卫生健康委、区应急局、区市场监管局、区林业局、区民宗办、区消防救援支队及有关镇街负责人参加。

△区长蒲继承一行到碧山镇、袁驿镇等地，查看碧山场镇雨污管网建设，检查袁驿污水处理厂设施设备运行，实地巡查铜钵河、袁驿河水质和生态环境，现场督办解决问题。

29日

△区委常委会召开扩大会议，深入学习贯彻习近平总书记在湖南考察、基层代表座谈会、教育文化卫生体育领域专家代表座谈会上的重要讲话精神，认真学习9月28日中共中央政治局会议精神，传达贯彻全市市域社会治理现代化试点工作现场会议、全市扫黑除恶专项斗争第三次会议精神，听取前三季度平安综治和安全稳定、新冠肺炎疫情常态化防控工作汇报，研究部署常态化疫情防控和安全稳定等重点工作。区委书记杨晓云主持会议并讲话。

△梁平区召开中央生态环境保护督察整改部署暨全区生态环境保护建设推进会。区委书记杨晓云出席会议并讲话。

△区长蒲继承主持召开区政府第96次常务会议，调度工业经济运行，研究高新区创建，布

置秋冬季防疫和安全生产等工作。会议审议金秋消费节活动、2020年重点民生实事等事项，研究国家森林城市、国际湿地城市、“三甲”医院创建等工作。

30日

△梁平区社会各界向革命英烈敬献花篮仪式在革命烈士陵园隆重举行。区委书记杨晓云，区委副书记、区长蒲继承，区政协主席周仁胜，区委副书记陈孟文同社会各界代表一起出席仪式。

△29—30日，重庆市“两群”片区绿色示范村经验交流会在梁平区召开。来自市林业局、“两群”片区17个区县林业局的分管负责人，以及从事乡村绿化工作的科室负责人先后到梁平区合兴街道龙滩村、竹山镇猎神村、双桂湖国家湿地公园、三峡竹博园等地，考察绿色示范村建设情况。会上，梁平区林业局、黔江区林业局，以及来自万州区甘宁镇楠桥村、黔江区金溪镇长春村、武隆区沧沟乡大田村、石柱县冷水镇八龙村共4个区县的4个绿色示范村分别作交流发言。

10 月

9日

△区委常委会召开会议，深入学习贯彻习近平总书记重要指示精神，听取国庆期间有关工作和推动成渝地区双城经济圈建设、共建明月山绿色发展示范带情况汇报。区委书记杨晓云主持会议并讲话。

10日

△梁平区发布《关于禁止活禽交易宰杀的通告》，从10月11日起，梁平城市建成区内的农贸市场、商场超市、活禽专卖店、餐饮服务单位、便民农产品交易点等各类经营主体，禁止活禽交易宰杀。

11日

△区委副书记、区长蒲继承在山西省晋中市出席全国农业生产托管工作推进会，并在会上作经验交流发言，同时接受新华网、人民网、腾讯网、今日头条等媒体专访。

12日

△四川省平昌县党政代表团到重庆市梁平区考察明月山绿色发展示范带建设工作。平昌县人大常委会主任谢友先、县政协主席何效德，梁平区人大常委会主任郑云山、区政协主席周仁胜及两区县相关区（县）领导参加。

14日

△区长蒲继承一行到屏锦、礼让、仁贤等镇街督办屏锦信友水产养殖和礼让川西渔村尾水直排治理，巡查七涧河水环境和河道整治，检查龙溪河（礼让—仁贤段）河湖水系连通和农村水系综合整治项目及示范段绿化、景观节点工程进度，现场督办解决问题。

15日

△区政协第48次主席会议开展视察活动，现场查看都梁大道、G42沪蓉高速龙溪河服务区建设情况和东山国家森林公园保护、现有林改造培育、森林抚育及林下经济试点情况。区政协主席周仁胜等区政协相关领导参加视察。

△14—15日，渝东北片区市容环境卫生工作现场会在梁平区召开，市城市管理局副局长万隆出席会议。市城市管理局相关处室负责人与渝东北片区11个区县的城市管理相关负责人参加会议。

△云南省安宁市供销合作社一行到重庆市梁平区考察“三社”融合发展情况，并召开座谈会交流经验做法。

△区委书记杨晓云调研专项债券和龙溪河PPP项目建设情况。

16日

△水利部水系连通及农村水系综合整治试点县第八督查组到重庆市梁平区督查水系连通及农村水系综合整治试点工作，并召开座谈会。水利部督查组组长、长江委监督局副局长吴建明参加督查。綦江区、梁平区政府分管领导，以及市水利局相关处室负责人陪同。

19日

△区长蒲继承一行到高新区，检查规划展览馆、都梁科技企业孵化器、高新大道项目施工进

展，查看平伟5G射频器件及模组产业化、渝每滋休闲食品项目进度，了解仟和镁业生产经营情况，听取工业经济运行和高新区创建迎检工作汇报，现场督办解决问题。

21日

△共建明月山绿色发展示范带党政联席会议第二次会议在四川省达州市开江县举行，重庆市梁平区、垫江县、四川省邻水县、达州市达川区、大竹县、开江县认真学习贯彻习近平总书记重要指示要求和10月16日中央政治局会议精神，牢固树立一盘棋思想和一体化发展理念，以巴山蜀水为桥梁，以明月山为纽带，进一步明晰功能定位、突出特色重点、完善工作机制，推动明月山绿色发展示范带建设走深走实，努力在成渝地区双城经济圈建设中走在前列、作出示范。

22日

△区委书记杨晓云带队到明月山·百里竹海景区调研并现场办公。区委副书记、区长蒲继承，区人大常委会主任郑云山，区政协主席周仁胜，区委副书记陈孟文等参加。

23日

△区长蒲继承主持召开区政府第97次常务会议，分析前三季度经济形势，布置四季度经济工作。会议研究梁平至开江高速建设、高新区配套设施建设、人口普查等事宜，布置新增债券申报、安全生产、秋冬季防疫、农村乱占耕地建房专项整治等工作。

△区政协组织部分常委会组成人员视察田园城市建设情况。区政协主席周仁胜等主席会成员参加视察。

24日

△2020年重庆市跆拳道俱乐部Online联赛在梁平区东门体育馆举行，来自川渝地区的9支队伍200余名选手参赛。

26日

△24—26日，区长蒲继承带队赴四川成都，考察新经济活力区、数字经济、乡村振兴、文旅融合、大健康产业等工作。

27日

△区委常委会召开扩大会议，学习贯彻习近平总书记在10月22日中央政治局常务委员会会议和纪念中国人民志愿军抗美援朝出国作战70周年大会上的重要讲话精神，传达贯彻10月23日市委常委会（扩大）会议精神，分析研究全区前三季度经济形势，部署四季度经济工作。区委书记杨晓云主持会议并讲话。

△重庆市梁平区新盛镇、文化镇与四川省开江县任市镇、达州市达川区万家镇及大树镇等川渝边界五镇在开江县任市镇召开“跨区域党建联盟”共建座谈会。会上，川渝边界五镇党委主要负责人签订党建联盟共建协议书，商讨制定边界五镇治理现代化试点示范任务清单。

△由重庆市政府外办、四川省政府外办联合组织的16个国家驻渝蓉领事官员组成的考察团重庆市梁平区实地考察成渝地区双城经济圈建设情况。市政府外事办主任章勇武，区委书记杨晓云，区委副书记、区长蒲继承，区委副书记陈孟文等参加相关活动。

28日

△市科技局党委书记、局长许洪斌一行到梁平调研高新区和国家农业科技园区创建、高新技术产业发展等工作，并召开座谈会，就2020年市区科技工作进行会商。区委书记杨晓云，区委副书记、区长蒲继承，区委副书记陈孟文等参加相关活动。

△《重庆日报》1版报道梁平打好修复双桂湖湿地生态、打造城市湿地连绵体、建设乡村小微湿地群“三张牌”，全力推进国际湿地城市创建。

△27—28日，新华社重庆分社党组书记、社长李勇一行到梁平，就生态农业和生态旅游发展、非物质文化遗产传承与保护等开展调研采访。区委书记杨晓云参加相关活动。

29日

△区长蒲继承主持召开城市提升领导小组会议，调度都梁新区基础设施、老旧小区改造、新基建等项目建设，研究城市品质提升重点工作。

会议研究城市公共停车场、双桂湖智慧体验公园建设、健康主题公园和健康一条街选址等事宜。

△第三届长江三峡（梁平）国际柚博会新闻发布会在重庆市梁平区举行，20余家中央、市级及区属新闻媒体参加发布会。

△区政协提案委（第一委员小组）开展年终视察活动，先后视察城市“双水源”供水工程项目、社区健身点以及社会足球场建设情况。

△区文化遗产保护中心组织非遗保护工作人员和传承人到四川省达州市学习交流非遗传承保护工作，将学习考察达州市刘氏竹编、三汇彩亭会、薅草锣鼓3项国家级非遗项目和板凳龙等30项省级非遗项目的传承保护、创新发展情况。

△开州区总工会一行到梁平区考察交流职工服务中心建设。

30日

△区委常委会召开会议，专题学习贯彻党的十九届五中全会精神，研究部署全区学习贯彻工作。区委书记杨晓云主持会议并讲话。

△梁平区“以案四说”警示教育暨“以案四改”工作动员部署大会召开。区委书记杨晓云主持会议并讲话。

11　月

2日

△区委书记杨晓云到梁山街道文峰社区第29普查小区，与人口普查登记员一起入户，调研督导人口普查现场登记工作。

3日

△区政协十四届第21次常委会召开，传达学习中共十九届五中全会精神，听取全区全面建成小康社会各项任务和“十三五”规划完成情况、脱贫攻坚工作情况和污染防治攻坚战工作情况通报，围绕科学制定梁平区“十四五”规划建言献策，专题协商提升公共卫生应急能力工作。区政协主席周仁胜等区领导参加会议。

△区政协开展《中华人民共和国民法典》专题辅导培训，进一步提高全区政协委员运用《中华人民共和国民法典》参政议政、促进社会和谐稳定的能力和水平。区政协主席周仁胜等区领导出席会议。

△2020年度重庆市农产品加工业示范园区示范企业名单日前出炉，梁平工业园区获“50亿级农产品加工业示范园区”称号，重庆生博饲料有限公司、重庆渝粒乡米业有限公司、重庆渝每滋俊杰食品有限公司、重庆上口佳农业开发有限公司获“重庆市农产品加工业示范企业”称号。

4日

△中国民主促进会重庆市梁平区支部委员会举行成立大会。全国政协委员、民进中央常委、重庆市政协副主席、民进重庆市委会主委陈贵云，中共重庆市梁平区委书记杨晓云，区政协主席周仁胜等领导出席会议。民进重庆市委会专职副主委黄硕主持会议。会上，宣读了《民进重庆市委会关于成立中国民主促进会重庆市梁平区支部委员会的决定》；陈贵云、杨晓云为民主促进会重庆市梁平区支部委员会授牌、授印。

△区人大常委会调研组就2020年新（改）建城市公共停车场建设情况进行专题调研，区人大常委会主任郑云山等区领导参加调研。

△区长蒲继承主持召开区政府第98次常务会议，调度重点项目和经济运行，布置秋冬季防疫等重点工作。会议研究人口普查、龙溪河PPP项目等事项，审议梁平至开江高速、龙象寺水库征地实施方案等事宜。

5日

△4—5日，市妇儿工委第二调研组到梁平就妇女儿童规划终期评估和新规划编制开展调研。市卫生健康委党委副书记、一级巡视员夏沛，区委副书记陈孟文等区领导参加调研。

△中央文明办日前公示新一届全国文明村镇、文明单位、文明家庭、文明校园及全国未成年人思想道德建设工作先进名单，重庆市梁平区合兴街道龙滩村入选第六届全国文明村镇名单，区财政局入选第六届全国文明单位名单，屏锦镇胡忠政家庭入选第二届全国文明家庭名单，区实验小学入选第二届全国文明校园名单。

△巫山县委书记李春奎率党政代表团到梁平区考察经济社会发展情况，双方就进一步深化交流合作、强化战略对接，更好推动成渝地区双城经济圈建设和全市“一区两群”协调发展深入交流。区委书记杨晓云参加相关活动。

△重庆市梁平区召开梁平至开江高速公路建设动员大会。区长、区综合交通枢纽建设领导小组组长蒲继承出席会议并讲话。区政协主席、高指部指挥长周仁胜主持会议。

△由市农业技术推广总站、市柑橘产业协会主办的2020年“三峡杯”重庆市优质地方柚评选活动在梁平区举行，吸引梁平、垫江、丰都、长寿等10个区县报名参与。

6日

△第三届长江三峡（梁平）国际柚博会采取“线上”“线下”相结合的办会模式在重庆市梁平区盛大开幕。市农业农村委主任路伟视频致辞，区委书记杨晓云出席，区委副书记、区长蒲继承致辞。区委副书记陈孟文主持。市农业农村委副主任詹仁明、全国农技推广中心研究员李莉、西南大学副校长王进军、湖南农业大学教授邓子牛，区人大常委会主任郑云山、区政协主席周仁胜等区领导以及相关市级部门、市内外区县负责人出席活动。

中央人民广播电台、《光明日报》、《重庆日报》等20余家中央、市级媒体到梁平集中采访报道柚博会盛况，共同探访柚海之美，为梁平柚发声，助力乡村振兴。在活动现场，与6家采购商进行集中签约。

8日

△7—8日，区委书记杨晓云带队赴深圳洽谈数字经济、旅游景区运营管理等合作事宜，学习考察改革创新和城市规划建设，开展招商引资工作。

△湖南省炎陵县党政代表团重庆市梁平区考察现代农业建设工作。炎陵县委书记尹朝晖、梁平区委副书记陈孟文参加。

△中国国家湿地公园创先联盟研讨会在重庆市梁平区召开，来自广州海珠国家湿地公园、重庆汉丰湖国家湿地公园、贵阳阿哈湖国家湿地公园等13家成员单位的40余名代表参会，并到梁平区双桂湖国家湿地公园、三峡竹博园、中华·梁平柚海等地调研。

△7—8日，重庆市生态学会2020年学术年会在梁平区召开，全市80余名生态学专家参会并进行实地调研。

△重庆市第七届双拥模范城（县）命名暨双拥模范单位和模范个人名单于日前出炉，梁平区被命名表彰为“重庆市第七届双拥模范城”、区人力社保局和梁山街道办事处获评“重庆市拥军优属模范单位”、区革命烈士陵园管理处九级职员伍俊和区就业和人才服务局四级主任科员陈佐红获评“重庆市拥军优属模范个人”。

△市发展改革委日前发布《关于重庆粮食安全宣传教育基地推选结果的通报》，梁平区瑞丰米业有限公司榜上有名，获“重庆市粮食安全宣传教育基地”称号。

△市妇联日前发布《关于命名重庆市示范妇女之家、儿童之家的通知》，梁平区双桂街道皂角社区妇女之家、双桂街道皂角社区儿童之家上榜，分别获“重庆市示范妇女之家”称号及“重庆市示范儿童之家”称号。

9日

△8—9日，市科技局牵头会同市发展改革委、市规划自然资源局、市生态环境局，组织专家组对梁平区创建市级高新区实地调研、论证评审，专家组一致同意通过论证。市科技局副局长牟小云、许志鹏，市级相关部门处室负责人，区委副书记、区长蒲继承，区人大常委会主任郑云山，区政协主席周仁胜，区委副书记陈孟文等参加有关活动。

10日

△市市场监管局党组书记、局长唐英瑜一行到梁平调研市场监督管理工作。区委书记杨晓云，区委副书记、区长蒲继承，市市场监管局副局长王戈阳等参加相关活动。

11日

△区人大常委会主任郑云山到梁山城区雨污

分流管网工程、高新大道东段雨污管网及市政基础设施工程、都梁大道（一期）工程等地，对龙溪河流域水环境综合治理与可持续发展试点项目（一期）推进情况进行调研，并对相关工作提出要求。

△市城市管理局副局长、市城管综合执法总队总队长卢鹏飞一行到梁平调研指导城市管理工作。

△《中国环境报》、《重庆日报》、重庆之声、重庆电视台、上游新闻、华龙网等多家媒体到梁平，集中采访川渝两地探索建立生态环保跨界联动督查机制，了解新盛河（任市河）流域整治效果并召开新闻座谈会。

△市妇联11月11日发布《关于命名重庆市家庭教育创新实践基地的通知》，梁平区西苑小学名列其中，荣获“重庆市家庭教育创新实践基地”称号。

△国家开发银行支持林业生态建设现场推进会与会人员到重庆市梁平区，参观考察国家储备林项目梁平示范点建设情况。国家开发银行副行长、扶贫金融事业部总裁周清玉，中国林业集团有限公司党委书记、董事长宋权礼，区委书记杨晓云，区委副书记、区长蒲继承，国开行、国家林业和草原局、中国林投集团、市林业局等相关负责人以及各省（自治区、直辖市）国家开发银行分行负责人参加相关活动。

△G42沪蓉高速龙溪河服务区正式投入使用。该服务区东北侧与龙溪河相邻，东侧紧邻七涧河大桥，距梁平服务区28千米，距垫江服务区45千米，总建筑面积9652平方米，是集旅游观光、现代农业展示、商业综合体于一身的特色服务区。

12日

△区政协第四十九次主席会议开展视察活动，现场查看龙溪河综合治理和亚行生态项目实施情况，并督办评议重点提案《关于加快龙溪河PPP项目进度，推动最美河流建设的建议》。区政协主席周仁胜及部分主席会成员参加。

△区委理论学习中心组举行读书班专题学习会。区委书记杨晓云主持会议并讲话。

13日

△12—13日，重庆市政府驻广东办事处主任陈小南、广东省重庆商会会长孙远华带领34位企业家到梁平考察。区委副书记、区长蒲继承会见考察团一行，区人大常委会主任郑云山、区政协主席周仁胜参加相关考察活动。

△第三届长江三峡（梁平）国际柚博会荫平分会场活动在梁平区荫平镇乐英村百年柚源广场举行。

15日

△区委书记杨晓云到大观镇、福禄镇、石安镇随访暗访脱贫攻坚工作。

△13—15日，由市医学会病理学分会、陆军军医大学第一附属医院、区人民医院联合承办的重庆医学会病理学分会2020年学术年会在区人民医院举办，会议通过学术讲解进一步加强全市各区县医院对于肿瘤病理诊断的交流，对提高全市病理诊断和科研水平起到积极作用。

16日

△农业农村部11月16日发布《2020年全国乡村特色产业十亿镇亿元村名单公示》，依据全国“一村一品”示范村镇监测结果，经各级农业农村部门审核和专家复核，重庆市梁平区礼让镇川西村上榜全国乡村特色产业亿元村名单。

△区委常委会召开会议，学习贯彻习近平总书记在浦东开发开放30周年庆祝大会上的重要讲话精神，听取脱贫攻坚“收官大决战”和“十大专项行动”推进情况，研究基层党建工作。区委书记杨晓云主持会议并讲话。

△第三届长江三峡国际柚博会大观柚子展销专场活动在梁平区大观镇文化广场举行。

18日

△区长蒲继承到星桥镇贫困村组暗访督导脱贫攻坚“收官大决战”工作。

△交通运输部“十三五”干线公路国评组来到重庆市梁平区，对梁平“十三五”干线公路养护管理治理能力进行评价。国评组组长陈钧，宁夏回族自治区交通运输厅、河北省交通运输厅、

重庆市交通局相关负责人，区委副书记、区长蒲继承参加有关活动。

19日

△18—19日，区长蒲继承一行到梁山城区石马山、豆芽巷、回兴片区和玉景豪庭小区等地，督导老旧小区改造、治污工程设施建管，检查生活垃圾分类和城市环境综合治理；到大河坝公园，查看城市公服项目投用和秋冬季植绿补绿；到都梁新区疾控中心、福德学校、双桂幼儿园迁建、都梁水利博物馆、城市地下综合管廊等地，检查施工进度和质量安全，召开现场办公会，解决疑难问题。

20日

△区长蒲继承主持召开区政府第99次常务会议， 安排布置生态环境保护、安全生产和自然灾害防治、冬季防疫等工作。会议审议“三线一单”管控实施意见、国企考核和薪酬管理办法、招商引资优惠政策、中医药传承创新发展实施方案等事宜。

23日

△区长蒲继承带队赴两江新区、渝北区考察学习大数据智能化和数字经济发展。

△市体育局党组成员、副局长杨贵山一行到梁平，就体育设施及体育产业工作推进实施情况、体育事业发展痛点及难点等情况进行调研。

24日

△23—24日，“奋进新时代·共圆小康梦”第七届重庆市戏剧曲艺大赛决赛在梁平会堂举行。梁平区选送的梁山灯戏《西郭先生》获得戏剧类一等奖，区文化旅游委获得组织工作奖。

25日

△梁平区举行2020年全区网络安全实战应急演练暨网络安全知识培训，以进一步提高全区各级各部门网络安全责任意识，提升防护水平和应对能力。

△忠县人大常委会白公街道工作委员会组织该县部分人大代表到梁平区梁山街道学习考察城市老旧小区改造和物业管理工作，推动两地人大工作互促共进。

△24—25日，40余只红嘴鸥聚集出现在梁平区双桂湖国家湿地公园，成为一道靓丽风景线，吸引广大市民纷纷前往观看和拍照。

26日

△市区人大代表集中视察梁平区龙溪河流域治理及农业产业发展情况。区人大常委会主任郑云山参加视察。

△截至11月26日，梁平区老旧住宅加装电梯已建成59部并投用，涉及165个单元，惠及2572户居民。此外有20余部电梯安装工作在有序推进中。

△国家知识产权试点城市验收组到梁平区，对国家知识产权试点城市进行检查验收，经现场考察、查阅资料、听取汇报和评定打分等程序，梁平区通过验收。

27日

△市医疗保障局局长但彦铮一行到梁平开展医保扶贫工作调研并举行座谈会，区委副书记陈孟文陪同调研和参加座谈。

△农工党重庆市委会到农工党梁平区支委会开展走访座谈活动。

△“明月山绿色发展示范带教育共同体”启动仪式在重庆市梁平区举行，共同体成员重庆市梁平区、垫江县和四川省达州市达川区、大竹县、开江县、邻水县等教育行政部门相关负责人围绕教育事业改革发展进行演讲，并共同发起“明月山绿色发展示范带教育共同体”倡议，共推区域教育高质量发展。

△川渝七县区第五十七届联防护林暨经济协作第一小组会议在重庆市梁平区文化镇召开，来自梁平区合兴街道、复平镇及万州区余家镇和四川省开江县任市镇、广福镇的相关负责人参会。

28日

△农业农村部农田建设管理司司长郭永田率考察组到重庆市梁平区，了解高标准农田与耕地质量建设、现代农业发展情况。区委书记杨晓云，区委副书记陈孟文参加。

△重庆市安徽合肥商会一行到梁平，开展脱贫攻坚消费扶贫活动。

29日

△28—29日，山西省运城市、辽宁省大连市、河南省安阳市供销合作社一行到重庆市梁平区考察“三社”融合发展，并与梁平区供销合作社签订农产品流通体系建设战略合作协议，共同推进各地区产品流通体系建设，探索符合“三农”需要、适合供销合作社特点的振兴发展之路。

30日

△按照市委统一部署，学习贯彻党的十九届五中全会精神市委宣讲团宣讲报告会在梁平举行，市委宣讲团成员、西南政法大学党委书记樊伟受邀作专题辅导报告。区委书记杨晓云主持会议并讲话。区委副书记、区长蒲继承，区人大常委会主任郑云山，区政协主席周仁胜，区委副书记陈孟文，区委常委，区人大常委会、区政府、区政协负责人，区法院主要负责人参加。

△区委常委会召开扩大会议，传达贯彻市委五届九次全会精神，研究部署有关工作。区委书记杨晓云主持会议并讲话。

12　月

1日

△重庆两颗豆农业科技发展有限公司经过3年持续不断的投入和研发，第五代数字化豆棒生产车间建设完成并实现工业化量产，成为当前豆棒行业乃至豆制品行业实现数字化、智能化、无人化生产的高新技术产品。

2日

△市商务委调研组到梁平调研，了解梁平柚产业发展现状、前景，走访外资外贸企业了解生产经营状况，解答惠企政策，倾听企业意见、建议。

△重庆市梁平区与浙江省玉环市建立政务服务“跨省通办”工作机制。涉及社保、就业、医保等39项高频事项可异地代收代办或全程网办，以“邮政跑”“快递跑”取代“群众跑”。

△重庆市梁平区司法局与四川省达州市及所辖4个区县司法局分别签订社区矫正、安置帮教、人民调解等3项跨区域合作协议，形成“矛盾纠纷联防联调、社区矫正联控联管、刑释人员联帮联扶”的跨区域合作新模式。

△梁平区扶贫开发领导小组召开会议。区委书记、区扶贫开发领导小组组长杨晓云主持会议并讲话。

△重庆市渝北区五谷地集团为梁平区奇爽小学捐赠30台电脑以及相关设备，价值10万元。

3日

△梁平区召开城市基层党建区级联席会议，研究推进城市基层党建工作。区委副书记陈孟文出席联席会。

△区委书记杨晓云出席区政协重点提案办理工作会，听取部分政协委员和民营企业家代表对梁平区制定“十四五”规划、进一步优化营商环境的意见和建议，现场督办《关于进一步优化民营企业营商环境的建议》重点提案。

△梁平区“电力杯”篮球邀请赛在梁平体育馆闭幕。经过19天的激烈角逐，区消防救援支队夺得冠军。

△梁平区奇爽食品有限公司加大梁平柚深加工产品生产力度，除用自家梁平柚基地的700余吨柚子外，预计向当地柚农收购2000余吨柚子，用于制作柚子果脯、柚汁饮料、蜂蜜柚子茶、柚子精油等深加工产品，延长梁平柚生产加工产业链，增加梁平柚产业的附加值，提高柚农收入。

4日

△中共重庆市梁平区委召开党外人士座谈会，就区委制定重庆市梁平区国民经济和社会发展第十四个五年规划和二〇三五年远景目标的建议听取意见、建议。区委书记杨晓云主持会议并讲话。区委副书记、区长蒲继承就《建议（征求意见稿）》起草情况作说明，区委副书记陈孟文等出席座谈会。

△区长蒲继承主持召开区政府第100次常务会议，调度第四季度经济运行，审议2021年重大项目实施责任清单，安排脱贫攻坚等重点工作。会议审议《深化生活垃圾分类三年行动计

划》《深化农村宅基地制度改革试点实施方案》《农村公路养护管理办法》，新增一批区级非遗等事宜。

6日

△四川省大竹县党政代表团到重庆市梁平区考察，双方就深入推动成渝地区双城经济圈建设，深化两地合作、强化战略对接进行交流。大竹县委书记李志超，县委副书记、县长何长华，县人大常委会主任蔡文华，县政协主席曾伟，县委副书记杜权军，梁平区委书记杨晓云，区委副书记、区长蒲继承，区政协主席周仁胜，区委副书记陈孟文等参加相关活动。

7日

△由重庆市交通局、四川省交通运输厅联合主办的重庆梁平至四川开江高速公路联合开工活动在四川省开江县川渝交界处举行，共建明月山绿色发展示范带建设迈出重大步伐。该项目全长76千米，设计速度100千米/小时。

△区委常委会召开会议，学习贯彻习近平总书记在12月3日中央政治局常务委员会会议上发表的重要讲话精神，研究部署全区安全生产工作。区委书记杨晓云主持会议并讲话。

8日

△区委书记杨晓云到屏锦镇调研经济社会发展和基层党组织建设情况，研究解决实际问题。区委副书记陈孟文参加。

△梁平区援鄂医务人员收到15箱湖北分享的蒙古国捐赠羊肉，其中区人民医院10箱、区中医医院5箱，将分发给所有前往湖北参与新冠肺炎疫情医疗救治工作的医疗队员。

9日

△8—9日，区长蒲继承到荫平镇调研督导“三大攻坚战”，到蟠龙镇、铁门乡暗访检查安全生产工作。

△8—9日，市卫生健康委爱卫处组织专家组对梁平区袁驿镇、竹山镇、安胜镇和柏家镇创建市级卫生乡镇工作进行技术评估验收。该4个乡镇各项指标均达到《重庆市卫生乡镇标准》要求，通过评估验收。

△重庆燃气集团负责人带领检查组到梁平天然气公司进行全方位安全检查，为广大市民的燃气安全上一把“防护锁”。

△梁平区市政道路路内智慧停车建设运营项目已基本完成建设并投入试运行。该项目通过对城区1836个市政道路路内停车位安装地磁检测器，采用手持终端机智能设备+地磁设备+智慧停车管理平台的方案进行建设，为市民提供查找车位、预约车位、无感支付等智慧停车服务，让停车更加便捷，将进一步改善城区停车乱、停车难问题。

10日

△中国共产党重庆市梁平区第十四届委员会第八次全体会议召开。全会由区委常委会主持，听取和讨论杨晓云受区委常委会委托作的工作报告，审议通过《中共重庆市梁平区委关于制定重庆市梁平区国民经济和社会发展第十四个五年规划和二〇三五年远景目标的建议》和全会决议。区委副书记、区长蒲继承就《建议（讨论稿）》作说明。

△梁平区新建的10座“劳动者港湾”已建成投用，分别位于全民健身中心公厕、明珠·上海城驿站、东门体育馆旁、人民广场下广场、梁柚公园公厕、石马山公厕等地，其内添置有冰箱、电扇、烤火炉、微波炉、烧水壶、急救药箱、桌椅等物品，可为广大劳动者提供歇息、喝水、取暖等多种便民服务。

11日

△区十七届人大常委会第三十六次会议召开，会议听取区政府关于2020年政府债务管控情况的报告，审查批准2020年区级预算调整方案，听取审议区政府关于促进乡村产业振兴工作情况等报告，通过关于举行重庆市梁平区第十七届人民代表大会第五次会议的决定。区人大常委会主任郑云山参加会议。

△经重庆市人民政府批准，重庆市粮食安全行政首长责任制考核工作组办公室日前下发《关于2019年度粮食安全行政首长责任制考核情况的通报》，梁平区获“优秀”等次，居渝东北区

县排名第一名，全市排名第八名。

14日

△区长蒲继承主持召开区政府第101次常务会议，听取区发展改革委等部门关于经济社会发展专题调研情况汇报，安排布置近期重点工作，研究法治政府建设、保障粮食安全等事宜。会议审议《农村房屋安全隐患排查整治实施方案》《开展违法建设和违法违规审批专项清查行动实施方案》《对标国际先进优化营商环境工作方案》等事宜。

16日

△区委书记杨晓云在调研全区重点项目建设运营时强调，要深入贯彻党的十九届五中全会精神和党中央决策部署，充分发挥有效投资在稳增长中的关键作用，将推进重点项目建设运营作为做好“六稳”工作、落实“六保”任务的重要抓手，聚焦瓶颈制约、强化要素保障、加快项目进度、提高应用效率，为实现全年经济社会发展目标、建设承接产业转移示范区提供有力支撑。

17日

△区第十七届人民代表大会第八代表团组织云龙镇、和林镇、铁门乡、荫平镇所辖代表到G42沪蓉高速龙溪河服务区开展联合视察活动，查看服务区功能配套、商铺经营、环保设施、服务区外围产业道路以及产业发展等情况。

△市生态环境局局长辛世杰率调研组到梁平，就生态环境保护和环境安全工作开展调研。区委书记杨晓云，区委副书记、区长蒲继承，市生态环境局副局长王邦平，区领导陈孟文等参加相关活动。

18日

△区委常委会召开会议，学习贯彻12月11日中央政治局会议精神和习近平总书记在中央政治局第二十六次集体学习时的重要讲话精神，传达贯彻推动成渝地区双城经济圈建设重庆四川党政联席会议第二次会议精神，听取全区2020年群团组织工作情况汇报，研究部署有关工作。区委书记杨晓云主持会议并讲话。

△渝东北三峡库区城镇群十区县生态环保督察整改工作座谈会在梁平区召开，会议通报渝东北三峡库区城镇群十区县督察整改推进情况及中央第二轮督察整改工作专项督察情况，听取各区县环保督察整改工作情况、存在的问题及下阶段工作建议，并研究部署下一步工作。

△梁平柚正式上线“学习强国”强国商城扶贫助农专区，搭上全国性销售平台快车道，上线仅15小时，销售700余单。

△2020全国供销合作社合作发展论坛（海南）暨中国供销集团杯“金扁担”“红背篓”双奖典礼在海南省海口市举行。重庆市梁平区供销合作社“社企带动‘三社’融合发展”入选全国供销合作社城乡优选服务名录，并获2020年度“金扁担改革贡献奖”。

19日

△在广州海珠国家湿地公园召开的中国国家湿地公园创先联盟工作会议上，重庆梁平双桂湖国家湿地公园全票通过，正式成为中国国家湿地公园创先联盟成员单位。

21日

△区委理论学习中心组举行专题学习会，学习贯彻中央经济工作会议精神，深入学习贯彻民法典。区委书记杨晓云主持会议并讲话。

23日

△市科协党组书记、常务副主席王合清率调研组到梁平区，就青少年科普、搭建创新创业平台、助力科技创新发展等工作开展调研。区委书记杨晓云，市科协党组成员牛杰，区委副书记陈孟文参加相关活动。

△区长蒲继承主持召开区政府第102次常务会议，审议《梁平区国民经济和社会发展“十四五”规划纲要和二〇三五年远景目标》，安排布置安全生产、疫情防控、食品安全等工作。会议审议2021年一季度拟开工重点项目等事宜。

24日

△区长蒲继承到梁平工业园区，检查公租房高层住宅消防安全，督导奇爽食品有限公司消防安全问题整改；暗访仁贤街道贤德家具灯饰批发城、长龙村预制板建材厂，现场督办处置严重消

防安全隐患；前往邵新煤矿，检查安全措施落实；到云龙镇，检查龙溪河流域禁捕退捕工作。

25日

△奉节县党政代表团到梁平考察经济社会发展情况，双方就深化两地合作、强化战略对接，加快构建区域协调发展新格局进行交流。奉节县委书记杨树海，县委副书记、县长祁美文，县人大常委会主任田承毅，县政协主席向益平，县委副书记钟红兵；梁平区委书记杨晓云，区委副书记、区长蒲继承，区人大常委会主任郑云山，区委副书记陈孟文参加相关活动。

△位于高新大道和福德大道交会处西南侧的梁平区中医医院园区分院（重庆梁平高新医院）正式投入使用。该院按照二级中医院标准建设，设置门诊、急诊、放射、超声、检验、住院、手术室、中西药房等科室，符合全区医疗卫生发展规划。

△重庆（西永）对外文化贸易基地正式挂牌，梁平区国家级非物质文化遗产项目梁平木版年画、梁平竹帘以及重庆市级非物质文化遗产真丝绸制作技艺制品入驻基地。

26日

△梁平区妇女儿童医院（位于福德大道）正式投用。项目总投资1.96亿元，占地2.33公顷，总建筑面积33700平方米，设置床位276张，设置车位272个。

27日

△26—27日，在吉林省长春市举行的第八届中国旅游产业发展年会上，“2020年度中国旅游产业影响力案例”揭晓，重庆市梁平区入选2020年度中国乡村旅游发展名县（区）案例。

28日

△梁平区推动明月山绿色发展示范带建设新闻发布会在市新闻发布中心举行。区委副书记、区长蒲继承作主题发布并回答记者提问，市政府新闻办新闻发布处处长徐祖国主持。

△梁平区奇爽食品有限公司投资建设柚子果酱和柚子精油两条生产线。截至12月28日，柚子果酱生产线正式投用，按照满产计算每日可生产果酱3.6万罐，日产值可达137万元；柚子精油生产线现处于调试阶段，预计2021年11月投用。

29日

△区十七届人大常委会第三十七次会议召开，听取区政府关于“十四五”规划纲要和2035年远景目标编制情况的报告等事项。区人大常委会主任郑云山参加。

△28—29日，全市“法治人社”建设专家集中评估会议在梁平区召开，对涪陵、梁平、城口等13个区县人力社保部门5年来法治建设情况进行综合评估，并调研梁平区人力社保局“法治人社”建设相关情况。

△29日，“云腾都梁·智造未来”数智论坛在梁平区举行。来自市大数据发展局、重庆工商大学、京东云计算有限公司等8名大数据、人工智能行业领军代表汇智梁平，分别以视频连线、现场演讲的方式共话梁平数字创新及产业提升能级的发展之路。

30日

△“健康梁平·智养生活”康养论坛在梁平区落幕，重庆大学附属肿瘤医院、重庆师范大学、重庆大学建筑城规学院、重庆光大百龄帮康养产业集团等4名智养生活专家就健康梁平建设、康养产业发展等康养、智养话题展开精彩演讲。

△梁平区在石马山公园举办以“运动使人健康 登山强健体魄”为主题的2021年新年登高健身活动。来自全区19个中老年团队的300余名登山爱好者参加活动。

31日

△区委常委会召开会议，学习贯彻中央政治局民主生活会和中央农村工作会议精神，传达学习全市经济工作会议精神，研究部署近期有关工作。区委书记杨晓云主持会议并讲话。

梁平概貌

基本情况

【沿革】 重庆市梁平区史称梁山县，西魏元钦二年（553年）置县，以境内有高梁山为名，治黄土坎（今聚奎镇）。宋开宝三年（970年）以万州石氏屯田务置梁山军（亦名高梁郡），军治今梁山街道，县治由黄土坎迁至梁山街道。元至元二十年（1283年），升梁山军为梁山州，领梁山县，隶夔州路。清雍正十二年（1734年），改隶忠州直隶州。民国元年（1912年），以道统县、梁山县隶川东道。民国18年（1929年），直隶四川省政府，民国24年（1935年）川政统一，全省划为18个行政督察区，梁山县隶第十行政督察区。中华人民共和国成立初期，梁山县隶川东人民行政公署大竹专区。1952年12月，因县名与山东省梁山县同名，经中央人民政府政务院批准改为梁平县。1953年10月大竹专区撤销后，梁平县先后由四川省万县专区、万县地区、万县市管辖，1998年2月，梁平县属重庆市直管。2016年11月，国务院批准撤县设区，2017年1月10日，梁平撤县设区挂牌。

【地理】 梁平区位于重庆市东北部，地理坐标为北纬30°25′~30°53′，东经107°24′~108°05′，辖区面积1890平方千米。东邻万州区，南连忠县、垫江县，西界四川省大竹县，北接四川省达州市达川区、开江县。全区东西长65.35千米，南北宽52.1千米。最低海拔221米，最高海拔1221米。梁平地貌由于地质构造、地层分布和岩性的控制，以及水文作用的影响，呈现出“三山五岭，两槽一坝，丘陵起伏，六水（六条河流）外流”的自然景观，形成山、丘、坝皆有而以丘陵为主的特殊地貌。境内有东山、西山和中山，均呈东北—西南走向，属大巴山脉。东山和西山为“一山两岭一槽型”，中山为“一山一岭型”。在东山和西山之间，有一块由湖泊沉积而成的平坝，即川渝东部第一坝“梁平坝子”，其面积约100平方千米。境内主要河流有高滩河、波漩河、新盛河、普里河、汝溪河、黄金河等6条，分别流入垫江县，四川省达州市、开江县，万州区和忠县。国道318线、渝宜高速公路和达（四川达州）万（重庆万州）铁路横贯全境，境内有一航空港——梁平机场。城区距重庆市主城区180千米，区人民政府驻双桂街道。

【气候】

2020年，梁平区主要气候特点：气温略偏高，降水正常略偏多，汛期（5~9月）涝重于旱，气象灾害总体较2019年偏轻。

年平均气温为17.1℃，与常年相比略偏高0.4℃，各月波动大；年降水量为1254.2毫米，较常年相比略偏多；年日照时数为1067.5小时，较常年相比略偏少；入春偏早、入夏偏早、入秋偏早、入冬偏早。梁平区气象灾害特点：暴雨洪涝偏重，暴雨次数偏多，年内出现6次区域性暴雨天气过程；年内共出现2段高温过程，出现在8月中旬至下旬，高温日数较常年偏多，较2019年偏轻；出现1段气象干旱；连阴雨偏重，大风冰雹等强对流性天气偏轻。

气温　2020年，梁平区平均气温17.1℃，较常年（16.7℃）偏高0.4℃。冬季气温8.1℃，与常年相比显著偏高1.1℃；春季气温17.2℃，与常年相比偏高0.6℃；夏季气温26.5℃，与常年相比偏高0.7℃；秋季气温17.2℃，与常年持平。年极端最高气温38.2℃（8月29日），较历年极端最高气温40.4℃偏低2.2℃，极端最低气温-1.9℃（12月20～22日），较历年极端最低气温-4.2℃偏高3.3℃。

年内各月气温波动较大，1月、2月、3月、5月、6月、8月偏高，其中8月显著偏高2.3℃；4月、7月、10月、12月偏低，其中4月偏低1.2℃；其余月份正常。

降水　2020年，梁平年降水量总量1254.2毫米，与常年（1233.1毫米）比较正常略偏多1.7%。冬季降水量89.7毫米，与多年平均相比偏多4成；春季降水量346.3毫米，与多年平均相比略偏多12%；夏季降水量585.2毫米，与多年平均相比正常；秋季降水量235.2毫米，与多年平均相比偏少24.1%。

降水量各月分布不均，1月、2月、3月、7月偏多，其中2月显著偏多1倍，3月显著偏多2倍，4月、8月、9月、11月、12月偏少；其中8月显著偏少近9成，其余月份正常。

日照　2020年，梁平年日照时数1067.5小时，较常年（1283.0小时）偏少16.8%。冬季日照时数为106.5小时，较常年同期（129.6小时）略偏少17.8%；春季日照时数为359.2小时，较常年同期（332.3小时）略偏多8%；夏季日照时数为408小时，较常年同期（527.6小时）偏少32.5%；秋季日照时数为207.3小时，较常年同期（286.5小时）偏少27.6%。

年内各月日照波动大，11月偏多近4成。1月、6月、7月、9月、10月、12月偏少，10月显著偏少近7成，7月、12月显著偏少5成，其余月份正常。

气候转换　2020年，梁平区在2月23日进入春天，入春时间较常年偏早，5月16日进入夏天，入夏时间较常年偏早；9月13日进入秋天，入秋时间较常年偏早，11月22日进入冬天，入冬天时间偏早。　（区气象局）

【水文】　梁平区位居长江干流与嘉陵江支流渠江的分水岭上，地势高于四周相邻区县，为毗邻地区溪河发源地，无客水过境。区境内有6条主要河流（铜钵河、普里河、甘井河、龙溪河、新盛河、汝溪河），流域面积1892.13平方千米，年径流总量10.563亿立方米。河道干流长163.8千米，61条支流长691.5千米，年平均流量33.5立方米/秒。主要特征为河流长度短，集雨面积不大，径流量不稳定。其中，龙溪河干流最长为70.1千米，集雨面积最大为801平方千米，其余5条河流长度在36千米以内，集雨面积不超过280平方千米。这些河流发源于低山，上游较陡，平时流量小，大雨时山洪暴发易涨易退，流量变化大，水能蕴藏量不多，可开发量少。截至2020年底，全区共有水雨情监测站点116个，其中水文站4个，遥测水位站22个，遥测雨量站90个。

（区水利局　马灼军）

【环境】

环境空气质量　2020年，梁平城区环境空气质量优良天数为349天，占总天数的95.4%，较2019年增加7天，全年无酸雨样品检出。环境空气中可吸入颗粒物（PM10）平均浓度为51微克/立方米；二氧化硫（SO_2）平均浓度为9微克/立方米；二氧化氮（NO_2）平均浓度为14微克/立方米；细颗粒物（PM2.5）平均浓度为29微克/立方米；臭氧（O_3-8h）浓度为117微克/立方米；一氧化碳（CO）浓度为1.1毫克/立方米，均达到国家《环境空气质量标准》（GB3095-2012）中二级标准。

水环境质量　2020年，全区地表水总体水质为优。龙溪河普顺断面、回龙河大河桥断面、波漩河（铜钵河）上河坝断面、明月江支流（新盛河）联盟桥断面、普里河大龙平桥断面水质年均值评价为Ⅲ类，汝溪河团堡断面、黄金河双河口断面水质年均值评价为Ⅱ类，均满足水域功能要求。城区集中式饮用水源地大河坝水库、沙坝水库和蓼叶水库水质类别均达到或优于Ⅲ类，达标率为100%，乡镇集中式饮用水源地水质达标率为100%。

声环境质量　2020年，城区区域环境噪声平均值为51.5分贝，与2019年持平；道路交通噪

2020年10月7日，重庆市生态学术年会在梁平召开

声平均值为64.5分贝，比2019年下降0.1分贝；功能区噪声昼间等效声级57.2分贝，夜间等效声级47.1分贝。（区生态环境局）

【动物、植物资源】

动物资源 陆生野生动物有157种，隶属于22个目，49个科。其中，国家级重点保护动物8种，市级重点保护动物9种。野生动物中爬行类10余种（2目、3科），鸟类137种（15目、35科），兽类10余种（5目、11科），以及大量的森林昆虫。分布特点：鸟类数量占比大，占60%左右；爬行纲动物3种，鸟纲动物44种，哺乳纲动物27种。

植物资源 森林植物种类繁多，在重庆植物宝库特别是竹种质资源中占有重要地位。森林植被3类、135科、363属、492种。其中，蕨类植物18科、28属、42种；裸子植物7科、11属、15种；被子植物110科、324属、435种。主要森林类型为次生天然林：马尾松林是分布最广、面积最大的森林植被；竹林11属33种，主要有白夹竹、寿竹、斑竹和慈竹，主要分布于西山。珍稀濒危树种13种，其中国家一级保护树种3种，二级保护树种10种。挂牌保护的名木古树有577株。

（区林业局 张世春）

【土地资源】 2018年梁平区土地利用现状变更调查数据显示，梁平区2018年土地资源总量为188877.29公顷，其中耕地面积84043.25公顷，占比44.50%；园地面积3183.81公顷，占比1.69%；林地面积64902.09公顷，占比34.36%，草地面积为2028.80公顷，占比1.07%；城镇村及工矿用地面积16478.16公顷，占比8.72%；交通运输用地面积2841.36公顷，占比1.50%；水域及水利设施用地面积4151.22公顷，占比2.20%；其他土地面积11248.60公顷，占比5.96%。

梁平区耕地总面积84043.25公顷，按辖区人口计算，人均耕地0.0906公顷。2018年与2017年相比，耕地总量增加214.61公顷，提升0.26个百分点；耕地人均量增加0.0004公顷，增加0.44个百分点。区内耕地质量以中等为主，等别涵盖7～12等，集中分布在8～11等。7等、8等优质高等耕地占全区耕地总面积的23.36%，主要分布于新盛镇、聚奎镇、明达镇、虎城镇等区域；其余均为中等质量耕地，其中9等分布最多，占全区耕地总面积的30.44%，10等、11等、12等分别占全区耕地总面积的29.40%、16.32%、0.47%。

根据《重庆市土地利用总体规划（2006—2020年）调整方案》，梁平区永久基本农田保护目标为61673.33公顷，梁平区永久基本农田划定遵循“耕地保护优先、数量质量并重”的原则，按照布局基本稳定、数量保够、质量提高的要求，最终划定永久基本农田61673.42公顷，比市级下达保护目标多0.09公顷。

【矿产资源】 梁平区已发现的矿产资源有煤层气、页岩气、天然气、煤、泥炭、铁、含钾矿石、石膏、石灰岩（水泥用灰岩、建筑石料用灰岩、电石用灰岩）、砂岩（水泥配料用砂岩、建筑用砂岩、建筑用砂）、砖瓦用页岩、陶瓷土、绿豆岩、矿泉水、地热等10多种。已查明矿产资源储量9种（天然气、煤、石膏、水泥用灰岩、建筑石料用灰岩、建筑用砂岩、砖瓦用页岩、陶瓷土、含钾矿石)，占全市（查明矿产资源储量60种）的15%。已发现各类矿产地24处，其中煤炭8处，石膏矿、石灰岩（水泥用灰岩、建筑石料用灰岩)、石英砂岩（建筑用)、砖瓦页岩、陶瓷土矿等其他矿产地16处。各类矿产地中，大型矿床1处，其余均为小型矿床。矿产资源的总体特点是中小型矿床多，大型矿产少；能源矿产较多（天然气、煤)，金属矿产少；非金属矿产中，低风险建筑材料类矿产多。

梁平区已开发利用的矿产有8种，即天然气、煤、石膏、水泥用灰岩、建筑石料用灰岩、建筑用砂岩、砖瓦用页岩、陶瓷土；全区现有矿山总数26个，其中煤矿1个，非煤矿山25个。全区在产矿山企业14个，其中煤矿1个，石灰岩矿9个，水泥配料用灰岩矿1个，砂岩矿2个，水泥配料用砂岩矿1个。各类矿石年产总量537万吨，年矿业产值3亿元。采掘业的从业人员约1.0万人。

区内矿山企业主要分布在蟠龙镇、铁门乡、大观镇、福禄镇、梁山街道、双桂街道、合兴镇、文化镇、七星镇、回龙镇、云龙镇。蟠龙镇属典型的喀斯特地貌，矿产资源丰富，矿山企业众多，有9座矿山分布在镇内，年产碎石150万吨，是市政府确定的碎石生产基地之一。蟠龙镇、大观镇、铁门乡矿产地以石灰岩为主，位于黄泥塘背斜矿业经济区，呈带状分布；其余矿山零星分布在各个乡镇（街道)。

梁平区坚持开源与节流并举，将节约放在首位，完善制度、从严调控、加强监管，矿产资源综合利用水平逐步提高。邵新煤矿的煤炭开采回采率89.7%，石膏矿的开采回采率55%—60%，露天矿山的开采回采率均在90%以上；煤矸石有效用于生产矸石砖或路基材料，综合利用率60%，燃煤渣、粉煤灰用于工程路基，综合利用率40%。 （区规划自然资源局）

【水资源】

地表水资源　梁平区地处高台，为溪河发源地，是一个水资源量较缺乏的区县，水资源主要取决于大气降水，无外来客水调节。全区多年平均降水量为1247.2毫米，多年平均径流总量为10.563亿立方米，径流深557.5毫米。由于降水在地域分布上不平衡，径流量有明显差异，浅丘平坝地区853.13平方千米产生的径流量4.791亿立方米，占全区45.4%。低山604.37平方千米产生的径流量3.406亿立方米，占全区31.9%。深丘432.50平方千米产生的径流量2.366亿立方米，占全区的22.7%。

地下水资源　梁平区地下水资源比较丰富，含水层面积1855平方千米，年补给量1.24亿立方米。地下水补给主要靠降水，夏季多，冬季少。全区地下水出露较大的有28处，可开采量为0.19亿立方米。由于受地质构造的影响，梁平区地下水主要集中在东西两山顶部岩溶区，含水量0.649亿立方米，反映出由背斜到向斜不同的

表1　**梁平区地下水分布、补给量和可开发量表**

类　型		面积（平方公里）	补给量（平方米）	可开发（平方米）	已开发（平方米）	主要分布
松散岩类孔隙水		134	782	193	13	新盛、仁贤、礼让一带
碎屑岩类孔隙水		941	3405	180	60	西山北面坡
其中	构造裂隙水	276	966	60	20	
	红层承压水	665	2439	120	40	
碳酸盐岩类裂隙溶洞水		188	6490	1400	500	东西中山
基岩裂隙水		592	1770	127	27	平坝和浅丘
总计		1855	12447	1900	660	

地下水类型：由碳酸盐岩类裂隙溶洞水→碎屑岩类裂隙孔隙水→基岩裂隙水的分布规律，富水性由强到弱的特点。

黄泥塘背斜核部是全区地下水蕴藏量最丰富的地区，有5067万立方米/年，占全区地下水总量的40.7%。其次明月峡背斜核部为1423万立方米/年，占全区地下水总量的11.4%。

水质　地表水天然水质，适宜人畜饮用、农田灌溉、水产养殖和工业用水，总硬度在1.54～8.97德度，永久硬度0.28德度，最高硬度0.56德度；暂硬度在1.26～8.69德度；负硬度为0德度；pH值7.0～7.9；阳离子含量每升65.2毫克，最少每升11.1毫克；阴离子含量最多每升201.2毫克，最少每升38.5毫克。（区水利局　马灼军）

【旅游资源】

三峡地区独有的田园风光　梁平有方圆1000平方千米的平坝和4.67万公顷的稻田湿地，田园风光秀丽、农耕文明深厚，沃野千里、碧田万顷是三峡地区最亮的风景眼、最浓的乡愁源。

三峡地区最大规模的竹林资源　拥有成片竹林2.33万公顷，域内有寿竹、白夹竹、楠竹等350余竹类品种，是中国西部地区最大的高山竹海，素有“竹类博物馆”“中国寿竹之乡”的美誉，是全国首批森林氧吧。

梁平现有国家AAAA级旅游景区2个（观音洞和滑石寨），AAA级旅游景区2个（双桂堂和中华·梁平柚海）。交旅、农旅、文旅、工旅融合发展均衡，建有数谷农场、中华·梁平柚海、川西渔村等农旅融合示范景区；有张鸭子、宏美达等工旅融合示范景区；有梁平通用航空、龙溪河超级服务区等交旅融合示范景区；有滑石古寨、四方山居等文旅融合发展示范景区；同时有竹帘、年画、张鸭子、柚子茶、柚子糖、豆干、豆筋等一大批旅游商品。

（区文化旅游委　杨维祥）

【人口民族】　2020年，梁平区总人口922444人，其中城镇地区人口372941人，城镇地区人口占全区总人口比例为40.43%；农村地区人口549503人，农村地区人口占全区总人口比例为59.57%。总人口中男性479850人、占总人口的52.02%，女性442594人、占总人口的47.98%，男女性别比为108：100。年度出生率为7.75‰；死亡率为8.65‰；自然增长率为-0.9‰。总人口中，汉族人口919289人，占总人口的99.66%；少数民族人口3155人，其中人数较多的少数民族有土家族1107人、苗族563人、壮族447人、侗族196人。（区公安局　高英俊）

【宗教】　梁平是重庆市宗教工作重点区（县）之一，也是宗教大区。全区有佛教、天主教、基督教三大宗教，共有信教群众10万余人。批准开放宗教活动场所6处，设立临时活动点11处，宗教教职人员35人。

佛教双桂堂系全国重点文物保护单位，位于梁平区金带镇万竹山，又称“金带寺”，由破山海明禅师创建于清顺治十年（1653年）。“双桂道风、大振遐迩”，门派弟子和接法寺庙遍于渝、川、滇、黔、陕、鄂、闽、浙等近二十个省市以及东南亚一带，形成中国佛教史上影响巨大的双桂法派，史称“双桂弘法”。双桂堂历史文化底蕴深厚、建筑壮观、园林优美，被尊为“西南佛教禅宗祖庭”。1983年，双桂堂被国务院列为汉族地区佛教全国重点寺院，2013年入选全国重点文物保护单位，2009年被国家旅游局批准为国家AAA级旅游风景名胜区。

梁平现有宗教团体3个，分别是梁平区佛教协会、梁平区天主教爱国会、梁平区基督教三自（自养、自治、自传）爱国运动委员会。培养2名宗教界杰出代表人物，分别是全国人大代表、重庆市佛教协会会长、双桂堂方丈释身振，重庆市政协常委、中国天主教主教团副主席、重庆市天主教教务委员会主席、重庆市天主教爱国会副主席、万州教区主教何泽清。

（区委统战部　文小彰）

【区树　区花】

区树　区树为柚树。2018年12月28日，重庆市梁平区第十七届人民代表大会常务委员会第十八次会议，审议确定柚树为梁平区“区树”。

柚树又名“文旦”“栾”“抛”，芸香科，常绿乔木，叶大而厚，呈心脏型。花大，常簇生成总状花序。果实大，扁圆形成阔倒卵形，成熟时呈淡黄色或橙色。

柚树在梁平栽培历史悠久，称之为梁平（山）柚，清代嘉庆《梁山县志》物产篇记载“果之属曰：橙……”新中国成立初期，梁平（山）柚以农民一家一户为主，主要栽种于庭院四旁，房前屋后，零星分散。1985年梁平县人民代表大会作出建设梁平柚生产基地决议，1996年作出《关于推进梁山柚产业化进程的决议》，实施公司+基地+农民的经营模式，实现了梁平（山）柚生产专业化、经营规模化、管理规范化、服务社会化。梁平（山）柚曾获国家、省（市）多种农特产品奖证，2008年获中华人民共和国农业部“农产品地理标志登记证明”。2020年，全区已发展梁平（山）柚种植面积1万公顷，栽种柚树800万株，年产果量10万吨，畅销全国各地，远销俄罗斯、越南、新加坡、韩国等国家及中国香港、澳门地区。

区花　区花为桂花。2018年12月28日，重庆市梁平区第十七届人民代表大会常务委员会第十八次会议，审议确定桂花为梁平区“区花”。

桂花又名岩桂，木樨科，常绿灌木或小乔木，质坚皮薄，叶长椭圆形面端尖、对生，经冬不凋。花生叶脉间，花冠合瓣四裂，形小，其园艺品种繁多，最具代表性的是以花的颜色分有金桂、银桂、丹桂等，以开花时间分，有一年开一次的八月桂、每月都开花的月桂。

梁平（山）栽种桂花历史悠久，明末清初修建的佛教大寺庙，就是因两株桂树在此落地生根，而取名双桂堂。开山鼻祖破山和尚建庙时撰楹联一副“二株嫩桂久昌昌，正快时人鼻孔；数亩荒田暂住住，稍安学士心肠”。清代嘉庆梁山县志记载，花之属曰桂。

进入21世纪后，梁平老城、新城多条街道、居民住宅小区、城市公园桂花绿化、美化、香化于一体，仲秋时节，丛桂怒放，夜静轮圆之际，把酒赏桂，陈香扑鼻，令人神清气爽。

（区档案馆）

国民经济与社会发展

【经济社会发展】　2020年，面对突如其来的新冠肺炎疫情冲击，面对国际国内形势的深刻复杂变化，梁平区上下坚持以习近平新时代中国特色社会主义思想为指导，深入贯彻党的十九大和十九届二中、三中、四中、五中全会精神，全面落实习近平总书记对重庆提出的营造良好政治生态，坚持“两点”定位、“两地”“两高”目标，发挥“三个作用”和推动成渝地区双城经济圈建设等重要指示要求，准确把握新发展阶段，深入践行新发展理念，积极融入新发展格局，切实担当新发展使命，坚持稳中求进工作总基调，以推动高质量发展为主题，以深化供给侧结构性改革为主线，以改革创新为根本动力，以满足人民日益增长的美好生活需要为根本目的，坚决打赢三大攻坚战，深入实施“八项行动计划”，统筹推进稳增长、促改革、调结构、惠民生、防风险、保稳定，高质量发展势头强劲，民生保障坚实有力，社会大局和谐稳定，“十三五”规划收官，全面建成小康社会胜利在望，为开启社会主义现代化建设新征程奠定了坚实基础。

主要经济指标呈现逐季好转、加快复苏态势，经济长期向好的基本面持续巩固。地区生产总值上半年转负为正，三、四季度加快恢复，全年增长3.1%（同比，下同），总量达到493.2亿元。人均地区生产总值突破1万美元，居渝东北第一。工业增加值增长3.2%，绝对额列渝东北第一位。固定资产投资增长12.2%，全市排名第五。社会消费品零售总额增长1.9%，总量达到232.8亿元。

经济结构持续优化，发展韧性和协调性明显增强。经济循环加快恢复，经济增长与结构优化实现良性互动。高技术产业增加值占工业比重达17%，服务业对经济增长贡献率达42.8%。金融业蓬勃发展，存贷比达54.2%。投资结构持续优化，新型基础设施投资、高技术产业投资占比大幅提升。效益结构持续优化，规上工业企业利润全年增长2%，规上工业全员劳动生产率达31万元/人，全区居民人均可支配收入增速居全市前列。

新经济发展势头强劲，新业态新技术新模式蓬勃发展。新旧动能转换速度加快，产业绿色化、智能化、融合化发展趋势更加明显。积极推进数字产业化、产业数字化，数字经济增加值占地区生产总值比重提高到9%，战略性新兴制造业增加值增长7%。顺应疫情催生的在线购物、定制消费等新需求、新模式逆势上扬，网络零售额增长42.9%。大众创业万众创新活力增强，市场主体总量超6万户，获批国家知识产权试点城市，创成“两群”地区首个市级高新技术产业开发区。

【战疫战贫】 统筹抓好疫情防控和经济社会发展。坚持人民至上、生命至上，迅即启动重大突发公共卫生事件I级响应，用不到一个月时间实现新增确诊病例零增长，4例确诊病例、住院病例“双清零”。3批43名医务人员白衣执甲，逆行驰援万州、湖北。分类有序推进复工复产、复商复市、复课复学，经济社会快速转入正常运行轨道。区农业农村委获评全国农业农村系统抗疫先进集体，易琼获评“全国抗击新冠肺炎疫情先进个人”。深入实施脱贫攻坚总攻十大专项行动，打好百日大会战、收官大决战，高质量完成剩余10户24人脱贫任务，现行标准下农村贫困人口全部脱贫，脱贫攻坚即将收官。柏家镇人民政府获2020年度重庆市脱贫攻坚工作先进集体。投入财政专项扶贫资金6918万元，精准实施扶贫项目125个，发放扶贫小额信贷2758万元，健全长效稳定脱贫机制，持续巩固脱贫成果。

【投资消费】

投资增长快速回升　2020年，完成固投178.3亿元、增长12.2%。其中，基础设施投资62.1亿元、增长16%；工业投资50.2亿元、增长10.2%；民间投资98.9亿元。统筹推进市区级重点项目建设，7个市级重大建设项目全部开工，完成投资35亿元。总投资30.7亿元的三峡集团龙溪河PPP项目完成投资超10亿元，是重庆市与三峡集团合作第一个落地开工项目，是长江上游地区第一个落地、第一个开工、进度最快的项目。178个区级重大建设项目完成投资125亿元。总投资15亿元的国家储备林项目提速建设，完成投资近3亿元。左柏水库、龙溪河服务区建成投用。加强与全市上位规划衔接，推动长垫梁货运铁路、梁平经忠县至石柱（西沱）高速公路等重大项目纳入全市“十四五”规划。

消费市场全面复苏　新增申报限上商贸企业33家、限上商贸个体30家、规模以上服务业企业4家。人民广场商圈业态持续优化，都梁广场商圈、高铁南站商业区不断繁荣，帝豪时代城、兴茂·时代广场等商圈初具规模，亿联智慧商圈加快提档升级。建成“梁平区消费扶贫在线”“梁平风物”等电商平台，开展各类直播活动80余场，线上带货交易1.2亿元。天华电商物流园获评市级电子商务示范园区，建成区级电商公共服务中心1个，镇级电商孵化中心8个，村级电商孵化站176个，2020年电子商务交易72.3亿元，增长61%，网络零售9.5亿元。人民币存贷款余额分别达到474.7亿元、257.1亿元，分别增长6.8%、7.9%。新增OTC挂牌企业2家。百里竹海创成市级旅游度假区，猎神村入选全国乡村旅游重点村，建成猎神三巷、蝴蝶谷等重要景点4个，猎神三巷、老鹰窝民宿、明月山·明月汇等成为时尚打卡地，旅游民宿发展居全市第一位。2020年，接待海内外游客849.7万人次，旅游综合收入48.4亿元。

【大数据智能化】 深入实施以大数据智能化为引领的创新驱动发展战略，“3+3”绿色制造业体系初步构建，制造业增加值占比突破30%。实现工业总产值460亿元，规上工业总产值230.8亿元，规上企业130家，新申报26家。高新区入驻企业300余户，园区集中度提高到75%，产出强度达83亿元/平方千米，建成绿色园区。新培育引进国家高新技术企业33家、累计64家。新认定市级数字化车间5个、累计9个，列渝东北第一。平伟实业获批市级工业和信息化重点实验室、市级十大创新示范智能工厂，实现渝东北零突破。近300家企业“上云上平台”。科创中心、高新区规划展览馆投用，都梁科技企业孵化器获市级认定。

【城市宜居水平提升】 高品质建设都梁新区。投用地下综合管廊、青少年活动中心等一批功能性项目，贯通竹海大道等城市主干道5条。开放赤牛溪公园、奥林匹克公园、大河坝公园，植绿增绿750亩，人均公园绿地面积达10.7平方米。精细化提质梁山城区，改造老旧小区188个，消除违建5.5万平方米，投用一批停车场、菜市场、公厕、健身休闲等生活配套设施。“大城三管”持续发力，城镇垃圾分类全面推开。合兴、仁贤、金带撤镇设街。袁驿镇、竹山镇、安胜镇、柏家镇创成市级卫生镇。持续完善场镇功能，实施雨污分流管网40余千米。恢复重建基层供销社33个。精准把控供地节奏和房地产市场价格，稳房价、稳市场、稳预期成效明显。

【乡村振兴推进】 获批建设国家农业科技园区，做大做强“粮猪菜”保供产业，提质增效“柚竹渔”特色产业，推动农业接二连三。建成高标准农田4233.33公顷，粮食产量突破3.5亿千克大关，东方希望生猪循环产业链项目一期投产达效。培育国家级、市级一村一品示范村21个，“两品一标”农产品40个。合兴街道上榜全国农业产业强镇建设名单，新农人代表蒋丽英当选“全国劳动模范”。农产品电商销售额突破4亿元，袁驿镇袁驿村创成“中国淘宝村”。举办2020年中国农民丰收节长江三峡（梁平）庆祝活动和第三届长江三峡（梁平）晒秋节、国际柚博会等节庆活动。数谷农场、万石耕春、梁平柚海、川西渔村等农文旅融合项目引领乡村旅游蓬勃发展，乡村旅游综合收入增长17%。新建“四好农村路”900千米，村民小组通达通畅率100%。全国首批水系连通及农村水系综合整治试点项目落地梁平，农村饮水安全达标率100%。建成垃圾分类示范村148个，农村生活垃圾有效治理行政村覆盖率达100%。完成10个行政村农村环境连片整治，畜禽粪污、秸秆综合利用率分别达90%、86%。新改农厕2760户，提升农村旧房3000户，创成全国村庄清洁行动先进区，龙滩村被评为全国文明村。

【重点领域改革】 全面贯彻落实“巩固、增强、提升、畅通”八字方针，不断深化供给侧结构性改革。持续深化农村改革，承包地确权登记颁证基本完成。积极推进土地制度、集体产权制度、经营体系“3+X”集成改革，292个村集体经济组织实现经营性收入2470万元。获批全国农村宅基地改革和全国农村闲置宅基地盘活利用改革试点区县，盘活利用闲置宅基地3.96万平方米。深化国企国资经营性改革，优化“4+5+1”区属国有企业布局。发挥国有资本牵引作用，通过参股、合资等方式深化与民营企业、市属国有企业股权合作，区属国企资产总额达532亿元。积极推进投融资体制改革，编制政府投资项目三年滚动计划，全面推进投资项目网上审批。积极稳妥推进教育、就业、养老服务、医疗卫生等社会保障体制机制改革。

围绕“营商环境建设年”，深化“放管服”改革，推出100项“一件事一次办”主题服务，大力减时间、减材料、减环节、减跑动，实现群众和企业“少跑腿”甚至“不跑腿”。办结首个“跨省通办”事项，开办企业实现“零成本”、1个环节、1日办结，达到世界前沿水平。实施“凤还巢”“小培强”工程，全年引进项目108个，引资232亿元，落地75个，落地率69%。新增市场主体13122户，净增长率19.6%，列全市第一。全面落实减税降费等系列惠企政策，为企业减负5.1亿元。大幅压缩企业获得用电、用气时间，建成5G基站630个，新建预覆盖光缆900余千米，“获得电力” 营商环境案例被评选为“重庆市优化营商环境十佳案例”之一，要素保障更加有力。

【区域合作】 主动联合垫江县和四川省邻水县、达州市达川区、大竹县、开江县共建明月山绿色发展示范带，获得国家层面及川渝两省市认可和支持，建设成效初显。示范带纳入川渝毗邻地区合作共建区域发展功能平台，召开2次党政联席会议，签订合作协议，建立工作机制。谋划储备重大项目64个，计划投资5135亿元。梁平至开江高速公路、巴蜀非遗文化产业园（都梁数字文创小镇）、明月山环山旅游健康道路（垫江段）等3个项目入选川渝两省市31个重大项目清单。开工建设梁平至开江高速公路、巴蜀非遗文化产业园。组团参加智博会、西洽会等国家级市级节会展会。乘势“一带一路”，积极融入中新（重庆）战略性互联互通示范项目，柚子、生姜、豆筋等特色农产品出口欧洲、东南亚等地区。

【民生福祉增进】 深入实施保障和改善民生行动计划，着力提升社会公共服务水平，41件市区级重点民生实事落地见效。坚持软硬件并举，区妇女儿童医院、区高新医院（一期）高标准建成投用，区中医医院住院综合楼主体完工，国家卫生区创建通过市级初评。实施梁平中学教学综合楼等9个新（改、扩）建项目，建成区教育大数据中心，区财政局获评全国文明单位，区实验小学被表彰为全国文明校园。建成博物馆群，开放青少年活动中心、少儿图书馆等。建成市级社区健身点36个，群众健身设施覆盖率达100%。赤牛城考古发掘取得重大突破，非遗保护名录突破百项，居全市第一位。持续推进全面参保计划，基本养老、医疗保险参保率巩固在96%以上。实施社区居家养老服务全覆盖，完成1个街道养老服务中心、9个乡镇养老服务中心、35个社区养老服务站建设。城镇新增就业8251人，城镇登记失业率为3.8%。城镇、农村常住居民人均可支配收入分别为39645元、18210元，分别增长5.6%、9.1%，城乡居民收入倍差持续缩小。梁平区获评“重庆市第七届双拥模范城”。坚决打好防范化解重大风险攻坚战，纵深推进扫黑除恶专项斗争。实施“三所一队一基地”“雪亮工程”建设，投用公安大数据应用联合创新中心，唐宏兰被表彰为2019—2020年度“全国价格认定工作优秀个人”。坚持共建共治共享，“枫桥经验”落地见效，有序推进应急体系建设，社会治理实现新提升，全年未发生较大及以上生产安全事故。

与此同时，国防动员、双拥优抚、保密、食品药品监管、民族宗教、妇女、儿童、青年、老龄、工会、工商联、社科联、残联、科协、侨联、档案、人防、气象、邮政等各项工作不断加强。物价水平总体稳定，实现了经济、社会、人口、环境的协调、持续、和谐发展。

（区发展改革委　张荔）

精神文明建设

【群众性精神文明创建】 扎实做好第六届全国文明城市、文明村镇、文明单位和第二届全国文明家庭、文明校园评选推荐工作，合兴街道龙滩村、区财政局、胡忠政家庭、区实验小学分别获“全国文明村镇、全国文明单位、全国文明家庭、全国文明校园”称号，所获奖项列全市前茅。完成梁平区2018—2020年度文明单位、文明村的申报评选工作，截至2020年底，区级以上文明村镇占比率达91%。全区25个村入选重庆市第二批美丽宜居乡村名单。文明单位扎实推进“爱心进农家”扶志扶智志愿扶贫行动，开展农村实用技术、“新农村新生活”培训300余场。

【文明礼仪宣传教育】 扎实开展“吃得文明”主题活动，持续深化“文明餐桌”行动，创作“吃得文明”“厉行节约”梁平年画12幅，上报市委宣传部获得好评，并在机场、高速路公益广告牌发布。评选文明餐桌食品安全示范街1条、文明餐桌食品安全示范单位10家，引导市民养成文明卫生、绿色环保的生活方式。开展“山水之城 美丽之地”、“美丽新生活”垃圾分类、“我们一起奔小康”等志愿服务活动4.3万场次，梁平获评全国村庄清洁行动先进县。持续深化移风易俗“十抵制十提倡”工作，创作移风易俗梁平年画10幅，并在全市推广发布。

【志愿服务】 深化拓展新时代文明实践中心试点建设，进一步完善新时代文明实践中心、所、站建设，成立新时代文明实践服务中心，设为正科级全额预算事业单位，现有9人常态化开展此项工作。大力推广新时代文明实践云平台的使用，打造1+7云平台系统，健全云平台管理队伍。提升区级“六讲”志愿服务队宣讲水平，开展相关志愿服务活动360余场次，覆盖85%的实践站（点）。常态化开展新时代文明实践活动，采取“微宣讲+文艺演出+志愿服务”等方式，开展文明实践活动3878场次，每个村（社区）实践站每月均开展1次以上文明实践活动。梁平癞子锣鼓传承“1+1+6”志愿服务项目入选2020年全国学雷锋志愿服务“四个100”先进典型，梁平区“龙跃柚乡”礼让草把龙传承志愿服务项目获评重庆市最佳志愿服务项目，1人获评重庆市“最美志愿者”，1人获评重庆市“最美禁毒志愿者”。

【基层道德典型学习宣传】 广泛开展身边好人、新时代好少年、志愿服务典型推荐评选，3人获评重庆好人，1人获评重庆市新时代好少年，和林镇和清社区主任易琼获评全国抗击新冠肺炎疫情先进个人，梁平区青年志愿者协会获评市新冠肺炎疫情防控最佳志愿服务组织，1人获评志愿服务先进典型。有序推进“志智双扶”专项行动，举办“身边的脱贫故事”微访谈、“榜样面对面”宣讲、“德法相伴”、“家风润万家”等活动300余场，用榜样的力量激发贫困群众内生动力。

【未成年人思想道德建设】 新建乡村学校少年宫2所。全区18所学校加入市未成年人劳动教育联盟，梁平区实验小学成为理事单位。积极参加第六届“紫荆杯”两岸暨港澳青少年书画大赛，获金、银、铜等奖项9项，梁平区获总决赛小学组金奖并将在香港展出。1人获评全国优秀少先队员。加强未成年人心理健康辅导，1人获评未成年人心理健康辅导工作先进个人，区桂香小学获评新冠肺炎疫情期间未成年人心理健康辅导工作先进单位。常态化开展“小萝卜头”进校园活动，举办“柚精灵”嘉年华、“万童爱农·秋日摘香——稻田丰收节”活动，全市20所乡村学校少年宫孩子们共同参与，体验劳动艰辛。开展“祖国在我剧中·戏剧里的红色故事”巡演活动，让青少年学习传承红岩精神。在全市“我劳动 我快乐”快乐劳动小能手学习宣传活动，多名学生获“快乐劳动小能手”称号。

（区委宣传部　胡旭）

中共重庆市梁平区委员会

综　述

【概况】　中共重庆市梁平区委工作机关：区委办、区委组织部、区委宣传部、区委统战部、区委政法委、区委研究室、区委网信办、区委编办、区委直属机关工委、区委巡察办、区委老干局；区委直属事业单位：区委党校、区委党史研究室；区委工作机关所属事业单位：纪检监察信息中心、党政专用通信网络管理中心、党员教育中心、干部档案管理中心、网络信息中心、融媒体中心、民主党派服务中心、老干部活动中心。

2020年，面对突如其来的新冠肺炎疫情冲击，中共重庆市梁平区委坚持以习近平新时代中国特色社会主义思想为指导，深入贯彻党的十九大和十九届二中、三中、四中、五中全会精神，全面落实习近平总书记对重庆提出的系列重要指示要求，在市委正确领导下，团结带领全区广大党员干部群众，积极应对大战大考，扎实做好"六稳"工作、落实"六保"任务，统筹推进疫情防控和经济社会发展，各方面工作取得明显成效。全区政治生态风清气正，干部群众精神振奋，高质量发展势头强劲，社会大局和谐稳定，"十三五"规划主要目标任务即将完成，全面建成小康社会胜利在望，为开启全面建设社会主义现代化新征程奠定了坚实基础。

【区委十四届七次全会】　2020年4月21日，中国共产党重庆市梁平区第十四届委员会第七次全体会议召开。全会以习近平新时代中国特色社会主义思想为指导，全面贯彻党的十九大和十九届二中、三中、四中全会精神，深入贯彻落实习近平总书记视察重庆重要讲话、在解决"两不愁三保障"突出问题座谈会上的重要讲话、在中央财经委员会第六次会议上的重要讲话精神，全面落实党中央统筹推进新冠肺炎疫情防控和经济社会发展系列部署，认真落实市委五届八次全会要求，听取和讨论杨晓云代表区委常委会作的工作情况报告，审议通过《中共重庆市梁平区委关于发挥联接主城都市区作用建设成渝地区双城经济圈生态优先绿色发展先行示范区的决定》和全会决议。区委副书记、区长蒲继承作说明。

【区委十四届八次全会】　2020年12月10日，中国共产党重庆市梁平区第十四届委员会第八次全体会议召开。全会以习近平新时代中国特色社会主义思想为指导，深入贯彻党的十九大和十九届二中、三中、四中、五中全会精神，全面贯彻落实习近平总书记对重庆提出的系列重要指示要求，认真落实市委五届九次全会部署，听取并审议杨晓云代表区委常委会所作工作报告，审议通过《中共重庆市梁平区委关于制定重庆市梁平区国民经济和社会发展第十四个五年规划和二〇三五年远景目标的建议》和全会决议。区委副书记、区长蒲继承作说明。

【推进经济建设】　坚定不移统筹推进疫情防控和经济社会发展。严格落实"外防输入、内防反弹"防控策略，累计报告确诊病例4例，远低于周边区县，用不到一个月的时间实现新增确诊病例零增长，本地确诊病例、住院病例"双清零"。社区主任易琼获评"全国抗击新冠肺炎疫情先进个人"。抓实抓细常态化疫情防控，有力有序推动复工复产，对重点项目实行"揭榜挂帅"，经济运行逐季改善，逐步恢复常态。全年地区生产总值493.2亿元，增长3.1%，人均GDP继续保持

"两群"（渝东北三峡库区城镇群、渝东南武陵山区城镇群）第一。固定资产投资增长12.2%，高于全市8.3个百分点。一般公共预算收入增长3%，税收收入增长1%；居民人均可支配收入增长8.1%、城乡居民收入比为2.18，均居全市前列。坚定不移落实成渝地区双城经济圈建设和全市"一区两群"协调发展部署。抢抓重大发展机遇，厘清区情特征，积极对接争取，牵头谋划明月山绿色发展示范带建设，积极参与渝东北三峡库区城镇群建设和川渝东北一体化发展规划研究。市委赋予梁平"发挥联接主城都市区作用""积极承接沿海地区和主城都市区产业转移，吸纳生态功能区人口转移"等新的功能定位，为梁平高质量发展提供了充裕空间和广阔前景。加大改革开放力度，建设区域开放高地。坚定不移统筹推进"四化同步"发展。持续壮大电子信息、智能家居、绿色食品加工等主导产业，加快发展集成电路、新材料、通用航空等战略性新兴产业，全力创建国家高新区，建设绿色制造业基地，加快推进新型工业化。招商引资"三率"综合考核连续3年居渝东北第一。营商环境建设年取得明显成效，市场主体净增长19.6%，居全市第一位。平伟5G射频器件与模组产业化项目完成主体工程建设，亿联智能制造一期6条生产线正式投产，张鸭子、奇爽食品完成智能化改造。规上工业总产值230.8亿元，列"两群"第一。创建市级高新区、国家高新技术企业64家，市级数字化车间9家，均列"两群"第一。成立郝跃院士团队、蹇锡高院士团队产学研合作两个院士工作站，建立平伟实业市级博士后科研工作站。积极谋划建设都梁新区，持续推进老城"双修"，建设现代田园城市，加快推进新型城镇化。学习雄安新区规划建设理念，积极谋划建设"双百城市"。城市总体规划300平方千米，其中蓝绿空间占比为70%，城市开发强度控制在30%。加快建设双桂新城二期，城区规模扩大至30平方千米、30万人。持续推进老城"双修"，累计实施棚改2830户、改造老旧小区253个，新增停车位9000个。新建改建大河坝等城市公园37个。房地产市场平稳健康发展。建设乡村振兴示范区，加快推进农业农村现代化。做大做强"粮猪菜"保供产业，提质增效"柚竹渔"特色产业。优质粮食产量突破3.5亿千克。投资45亿元的东方希望200万头生猪全产业链项目种繁场投产运行。培育百亿级全产业链梁平柚。创建国家农业科技园区。荣获全国村庄清洁行动先进区。获批新一轮农村宅基地制度改革试点地区。百里竹海成为市级旅游度假区。举办第三届"长江三峡晒秋节"。获中国乡村旅游名区（县）。培育壮大智能产业，推动智能化改造，建设智慧梁平，加快推进信息化。召开全区数字经济大会，谋划梁平新经济活力区建设。提档升级"两中心一平台"。加快新型基础设施建设，推动300家企业"上云上平台"，建成5G基站627个。相继到成都、两江新区和华为、阿里、京东学习考察，注重提升干部运用大数据智能化的能力水平。

【推进社会文化事业发展】 坚持以人民为中心的发展思想，围绕民生大事难事急事，持续用力、精准发力。坚决打好三大攻坚战。10个市级贫困村全部脱贫出列，现行标准下29908名建档立卡贫困人口全部脱贫，脱贫攻坚成效考核连续三年被评为"好"。严格保护双桂湖国家湿地公园，投资30多亿元的龙溪河PPP项目加快推进，龙溪河水质由劣Ⅴ类稳定在Ⅱ～Ⅲ类。提名为第二届国际湿地城市。国家战略储备林项目全面开工。空气优良天数达到349天。生态产品价值实现实践得到国家"国家推动长江经济带发展领导小组办公室"充分肯定。环境质量考核连续3年为"优秀"。政府隐性债务绿色可控。深入开展信访突出问题专项排查化解行动，全区连续79个月未发生较大以上安全生产事故，群众安全感指数连续3年居全市前列。全力打好扫黑除恶收官战。坚决打好禁毒人民战争。获批全国市域社会治理现代化试点城市。基础设施加快建设。梁平至开江高速全面开工，梁平至开州高速完成可研。城区至所有乡镇道路完成升级改造，获市级"四好农村路"高质量发展示范区。左柏水库下闸蓄水，龙象寺水库主体工程开工。获批全国首批水系连通及农村水系综合整治试点区。教育卫生事业全面进步。教育优质均衡指标列渝东北第一位。公共卫生服务体系在市级第三方评估中居全市前列。建成区妇女儿童医院、区中医院园区分院，国家卫生区创建通过市级评审。文化体育事业蓬勃发展。建成投用新体育场、游泳馆、体育馆等，赤牛城考古调查取得重大突破。非遗保护名录居全市第一。第七届重庆市戏剧曲艺大赛决赛在梁平举行。获全市“双晒”大型文旅推介活动最佳传播奖。获评“重庆市第七届双拥模范城”。民生支出连续三年达80%以上。

【推进民主法治建设】 坚持党的领导、人民当家做主和依法治国有机统一，不断健全人民当家做主制度体系，更好体现人民意志、保障人民权利、激发人民创造性。加强和改进人大工作。支持人大及其常委会依法履行职权。人大及其常委会共依法作出决议决定7项。听取和审议专项工作报告13项。区十七届人大四次会议代表提出129件意见建议全部办结。推动政协更好发挥作用。支持政协充分发挥社会主义协商民主的重要渠道和专门协商机构作用。区政协围绕全区中心工作开展重点视察协商活动46次，提出提案195件；收集社情民意信息86条。深入推进全面依法治区。深入学习贯彻习近平法治思想，加强法治政府和法治社会建设，推进严格执法、公正司法、全民守法。广泛深入宣传民法典。巩固壮大最广泛的爱国统一战线。成立民进梁平支部。深入开展“抓‘六稳’促‘六保’民营企业百日大走访”活动。进一步规范宗教事务。扎实做好党外知识分子、留学人员的统战工作，开展港澳台统战工作和侨务工作。加强工会、共青团、妇联等群团工作。

【推进党的建设】 切实加强党的政治建设，严明党的政治纪律和政治规矩。认真落实意识形态工作责任制。严把选人用人关，大力培养选拔优秀年轻干部。不断增强干部队伍专业精神、专业作风。严格按照“三个区分开来”，激励干部担当作为。实行更加积极、更加开放、更加有效的人才政策，加强与科研院所、高等院校合作，探索建立人才认证平台，建设人才强区。大力整顿软弱涣散基层党组织。坚定不移正风肃纪，巩固发展反腐败斗争压倒性胜利，查处违反中央八项规定精神问题30件42人，党纪政务处分14人。高质量推进巡察全覆盖任务落实，扎实抓好市委巡视反馈意见整改和巡察整改。配合完成市审计委经济责任审计试点工作。

（区委办公室　黄得权）

组织工作

【概况】 中共重庆市梁平区委组织部是梁平区委负责组织、干部和人才工作的职能部门，为正处级，内设11个科室：办公室、组织一科、组织二科、区委非公经济和社会组织工作委员会综合科、干部一科、干部二科、公务员管理科、人才科、干部教育科、干部监督科、信息调研科。下属两个事业单位：区委党员教育中心（正科级参公事业单位）和区干部档案管理中心（正科级事业单位）。区委非公经济和社会组织党建工作委员会与区委组织部合署办公；区委直属机关工作委员会和区委组织部一起办公；区公务员局为挂牌机构。

【政治建设】 始终把学习贯彻习近平新时代中国特色社会主义思想和党的十九大，十九届二中、三中、四中、五中全会精神作为最重大的政治任务，引导党员干部自觉做习近平新时代中国特色社会主义思想的坚定信仰者、忠实实践者，分层分类开展专题培训，全覆盖培训党员3万余人次。全区各基层党组织围绕贯彻落实习总书记关于脱贫攻坚、乡村振兴、打赢疫情防控阻击战、推动成渝地区双城经济圈建设等重要讲话和指示精神讲党课3000余次。党员教育课件《书记代言》获中组部优秀奖。总结“不忘初心、牢记使命”主题教育的经验做法，建立学习教育、调查研究、检视问题、整改落实四个方面的长效机制，印发《贯彻落实关于巩固深化“不忘初心、牢记使命”主题教育成果的意见的措施》。

【抓党建促大战大考】 抓党建促统筹，全力防控疫情汛情。有序组织全区1700多个基层党组织和3万余名党员干部投入疫情防控和防汛一线，党员医务工作者带头上交“请战书”，带领41名医护人员援鄂抗击疫情。11名优秀分子在火线上宣誓入党。2.3万名党员自愿捐款229万元支持疫情防控。划拨党内关怀帮扶资金1000余万元，专项用于疫情防控、防汛救灾和重点群体党员慰问。和林镇和清社区主任易琼获评“全国抗击新冠肺炎疫情先进个人”。抓党建助力打好“三大攻坚战”。增派74名优秀年轻干部、职级公务员到村担任第一书记，进一步充实脱贫攻坚、乡村振兴一线工作力量，实行第一书记和驻村工作队员单列考核并适当增加优秀比例。持续开展“决胜脱贫攻坚·党员在行动”“护绿水青山·做合格党员”等主题党日活动，龙溪河水质每月均稳定在Ⅲ类，新盛河水污染防治取得重大进展。抓党建促经济社会发展。围绕深学笃用习近平新时代中国特色社会主义思想，全面落实党中央决策部署，统筹疫情防控和经济社会发展，扎实做好“六稳”工作，全面落实“六保”任务，推动经济社会高质量发展这一主题，在全区17个主要经济部门和4个区属国有企业党组（党委、党工委）召开专题民主生活会，深入查找在贯彻中央、市委决策部署，落实区委、区政府工作安排，推动重大项目落地落实上存在的差距和不足。各单位敢于刀刃向内真找问题、找真问题，以刮骨疗伤的勇气制定祛病除疾良方，相互批评动真碰硬有“辣味”，红脸出汗触灵魂，开出了专题民主生活会的高质量和新气象，达到了对标对表目标任务，统一思想、传导压力、增添措施、推进工作的预期效果，确保以重大项目为牵引的经济社会发展取得明显成效。

【领导干部选任工作】 统筹干部选育管用，着力打造心齐气顺、干事创业的高素质干部队伍。严把政治首要关口，严格落实重庆市干部政治素质考察实施办法，探索建立重要岗位领导干部政治素质档案，综合运用“凡提四必”、以事察人、核实甄别等逐一“过筛子”。同时注重在疫情防控、抗洪救灾等实践中考察识别干部政治表现。围绕工作重心选干部配班子，在经济发展、项目建设、维护稳定等一线战场中，提拔重用和进一步使用区管干部112人。实施“一把手”培养选拔和党政领导班子结构优化计划，优化调整31名乡镇（部门）党政“一把手”，7名优秀副职提拔担任乡镇长，7人进一步使用为乡镇党委书记，统筹用好各领域、各年龄段干部，合理配备女干部和党外干部。注重年轻干部选拔培养，精准科学考录选调生、公招公务员19人，22名优秀村（社区）干部和大学生村官考录为乡镇公务员；新提拔25名40岁以下区管副职领导干部，占比46%。修订《科级领导干部选拔任用工作实施办法》，规范科级领导干部选任程序。动态择优调整区委掌握的优秀年轻干部队伍，配合做好市级单位与梁平区优秀年轻干部双向交流任职工作。

【干部教育监督】 全面落实个人事项报告制度，实现全区708名领导干部2019年度个人事项集中报告全覆盖。因私出国（境）登记备案应备尽备，出国（境）证件应管尽管。随机抽查复核601名干部认定结果，及时纠正、完善认定结果有异议的情况。结合巡察、审计、个人有关事项报告查核、信访举报等工作，用好用活提醒、函询、诫勉等手段教育83人次。组织区内40个单位、80名党政主要领导干部开展离任经济责任交接。结合区委巡察集中开展选人用人专项检查和“带病提拔”专项整治，对查找的40余个问题早提醒早纠正。2019年度选人用人“一报告两评议”工作全区平均分较上一年度提高1.94分，干部选任监督效果持续提升。与毗邻的川渝六区县共建明月山绿色发展示范带，明月山践行“两山”理念实践教学基地成功纳入市级干部教育培训现场教学基地名录，充分利用明月山·百里竹海、双桂湖国家湿地公园、重庆数谷农场等7个教学点开展联动教学。制定《2020年梁平区干部教育培训计划》，聚焦提升“七种能力”，重点实施“一把手”政治能力提升、脱贫攻坚、大数据智能化等专题培训计划，创新“线上线下”培训模式，举办主题班7期300人次、专题培训班33期5708人次。培训县处级干部601人次、科级及以下干部1533人次、企业领导人员452人次、专业技术人员202人次、事业单位领导人员76人次、非公务员基层干部3144人次。组织干部参加市级调训37期，培训干部64人次。组织全区3000余名干部参加重庆干部网络学院在线学习。将干部压向疫情防控、防汛救灾一线促担当作为，梁平区《“现场写生”见本色》聚焦“在防汛一线发现使用优秀干部”经验做法被《中国组织人事报》推介。

【人才工作】 持续营造“近悦远来”人才生态。认真编制梁平区“十四五”人才事业发展规划。统筹推进大数据智能化等10个领域人才分类评价改革。围绕推进高新区创建深入开展校企产学研协同创新，成立郝跃院士团队等两个院士工作站，建立平伟实业市级博士后科研工作站，设立院士工作联系点3个。建立完善“都梁人才库”，已入库高层次人才5225人，其中博士203人、硕士351人；与清华大学、重庆大学、电子科大等50余所重点高校院所深入合作，柔性引进“飞行院士”“候鸟教授”等高层次人才102人。成立区专家咨询委员会，让各类专业技术带头人、学者、专家参与全区重大决策事项咨询论证工作。持续开展都梁英才系列活动，借智借脑助推梁平发展。与高校合作培养技能人才，已培育重庆“三百”、创业领军、创新争先等高层次创新人才53人、创新创业示范团队6个。中报重庆英才计划项目13个，推荐“重庆市有突出贡献中青年专家”“西部之光”访问学者各1名、“重庆市杰出英才奖”2名；入选“三峡之光”访问学者2名、2020“鸿雁计划”1名。2020年共引进各类紧缺急需优秀人才56人，其中博士3人。推进成渝地区双城经济圈人才协同发展生态，与四川达州市、达川区、大竹县、开江县签署《共商共建共享推动人社事业区域协同发展合作协议》等区域一体化发展合作协议；联合相关区县和四川省广安区、简阳市成立“双城古道教育协同发展联盟”，推动优质中小学（幼儿园）跨省域合作。制定《梁平区人才公寓管理办法》，筹建人才公寓200套，腾出市管干部16套周转房作为专家周转房，激励人才创新创业。

【基层组织建设】 推进农村基层党建“整乡推进、整区提升”示范创建行动，乡镇（街道）和村（社区）规范率分别达到51.5%、53.3%。对全区343个村（社区）开展4轮全覆盖拉网式摸排，对拟继任人选分批开展区级联审，建立正、负清单严把人选关，对选情复杂的村（社区）、有可能影响换届的问题全面掌握、及时解决，打好换届工作“提前量”。坚持因地制宜、不搞一刀切，积极有序推进书记、主任“一肩挑”。全面消除村级集体经济“空壳村”，318个村集体经济组织全部实现有经营性收入，集体经济发展带头人蒋丽英被评为2020年“全国劳动模范”。整顿提升软弱涣散基层党组织35个。建立城市基层党建三级联席会议制度，选派党政领导干部兼职社区党组织委员，8000余名机关企事业党员干部积极响应“党员回家”服务行动，“共驻共建”解决违建整治、小区管理、营商环境发展等方面的事项500余项。强化党建对非公领域发展的引领推动作用，认真落实抓党建助推民营企业发展十条措施；认真落实机关、国企基层党组织工作条例，统筹推进机关、学校、国企、医院、非公和社会组织等各领域党建工作，整体提升基层党建工作质量。

【党员发展教育】 会同区纪委监委机关等9个部门开展党员发展对象联审机制，发展党员411名，储备入党积极分子后备人选520人、积极分子600余人，举办党员发展对象集中培训班3期，培训412人次。认真开展党支部工作条例、党员教育管理工作条例、基层党组织选举工作条例等党内法规培训。拍摄党课3部、公益宣传片1部、微视频2部，其中1部党课被市委组织部在重庆红岩网展播。全区各党组（党委、党工委）书记和班子成员建立党支部工作联系点786个，其中区级领导班子建立联系点45个，涵盖农村、城市、非公、机关、教育、卫生等各领域基层党组织。发放老党员生活补贴833万元，党内互助金90万元。

【自身建设】 着力打造高素质组工干部队伍，建设讲政治、重公道、业务精、作风好的模范部门。带头认真落实“三会一课”制度，加强组工干部党性锤炼，通过选派组工干部到市挂职、有序安排新进同志在业务科室轮岗学习，提升业务能力；大兴学习研究之风，深入开展“组工干部走一线”活动，在乡村振兴、重点项目建设、工业经济等基层一线，实地调研基层组织建设、干部担当作为、人才作用发挥等情况，并结合工作实际说看法、谈体会，推动干部主动谋工作、干工作。坚持从严治部，通过深入学习党章党规、《中国共产党纪律处分条例》、典型违纪案例通报等方式，教育引导组工干部模范遵守党纪法规。严格落实中央八项规定实施细则精神和市委、区委实施意见，坚持不懈整治“四风”，牢固树立过“紧日子”思想，进一步厉行节约、反对浪费，修订完善部机关管理制度，牢固树立公道正派的核心价值理念，确保组织部机关风清气正。

（区委组织部　尹梁宇）

宣传工作

【概况】 中共重庆市梁平区委宣传部，为区委工作部门。机关行政编制为13人，机关后勤服务人员事业编制为1人。区委宣传部设有办公室、理论科、新闻科、新闻出版科、文艺科、宣教科等6个职能科室。区委宣传部下设重庆市梁平区新时代文明实践服务中心，事业编制为3人。区精神文明建设委员会办公室设在区委宣传部，设有文明建设科。

2020年，梁平区宣传思想文化工作坚持以习近平新时代中国特色社会主义思想为指导，紧扣决胜全面建成小康社会、决战脱贫攻坚，围绕全面打赢新冠肺炎疫情防控的人民战争、总体战、阻击战，着力推动党的创新理论深入人心，着力培育和弘扬社会主义核心价值观，着力加强舆论引导和舆论斗争，着力增强文化软实力，坚定主心骨、汇聚正能量、振奋精气神，获得国家级表彰奖励26项，市级表彰奖励63项，为推动高质量发展、创造高品质生活提供了强有力的思想基础、舆论保障、精神动力和文化支持。

【理论武装工作】 进一步完善党委（党组）理论中心组学习制度，组织开展区委理论学习中心组学习11次，各级党委（党组）开展理论中心组学习600余次，巡听督学16次。征订发放《习近平谈治国理政（第三卷）》6300余册，学好用好《中国制度面对面》等重点理论通俗读物。加强“学习强国”平台推广运用，开展“决胜全面小康、决战脱贫攻坚”知识竞赛，推动全区各级党组织和广大党员干部更加自觉地运用党的创新理论武装头脑、指导实践、推动工作。

充分运用“十微宣教法”“1+X微宣讲”特色方法开展理论宣讲2600余场，受众10万余人次。加强“学习强国”平台推广运用，开展“学习强国”“六进”农家书屋活动1725次，利用农家书屋向基层党员提供线下上党课、理论宣讲1029场，开展“四点半课堂”宣讲163次，让党的创新理论“飞入寻常百姓家”。精心组织开展“学习新思想 唱响能行好 夺取双胜利”习近平新时代中国特色社会主义思想微宣讲活动，承办全市第三片区赛，泰和小学宣讲团队获片区赛一等奖、全市决赛三等奖。谭仕获全市基层理论宣讲先进个人，《一个都不能少》获全市基层理论宣讲优秀理论宣讲报告。理论宣讲活动被《求是》杂志推介。

全年共采写高质量的调研报告100多篇。特别是精心组织开展全面建成小康社会“百城千县万村”调研活动，形成30余篇调研报告，其中《“新理念”演绎美丽经济“两山论”释放“绿色红利”——用好“两山论”走实“两化路”的猎神实践》获中宣部优秀调研报告，《“五淳”文化进农家 和谐共生奔小康——梁平区龙滩村践行社会主义核心价值观调研报告》被中宣部《思想政治工作研究》采用。《“直播经济”基层反映调查与思考》作为重点调研文章被《重庆舆情研报》采用，《区县红色教育精准化困境及破解之策》获重庆市政研会优秀研究成果一等奖。猎神村乡村振兴选题入选全面建成小康社会“百城千县万村”主题宣传素材库。

【舆论引导工作】 媒体深度融合，形成移动传播矩阵。按照“一次采集、多种生成、多元传播”的融合发展思路，投资500万元完成融媒体中心技术平台。报台网微端坚持“受众第一、内容为王”，实行一体策划、一体指挥、一体调度，综合运用图文、视频、H5及评论文章等，向市民传递梁平最鲜活的新闻。开通“融媒体中心”抖音号，策划推出一系列优秀作品，阅读量不断攀升。“家在梁平”新闻客户端下载量突破51万次，较上年增长11万户。“梁平微发布”微信公众号关注数达31.8万人，获评重庆2020年度最具影响力政务上游号。梁平手机报获华龙网优秀内容奖称号。梁平手机台推出丰收节、晒秋节、柚博会等活动直播节目40余场，深受市民欢迎。《梁平日报》被评为优秀区县报，《看百岁故事、品百味人生》专栏被《重庆报纸审读》推介，2020年2月20日2～3版获区县报“十佳版面”。梁平好记者讲好故事在全市巡回宣讲。

紧扣时代节拍，做优重大主题宣传。策划推出“推动重庆各项事业沿着习近平总书记指引的方向奋力前行”“在习近平新时代中国特色社会主义思想指引下——新时代、新作为、新篇章”“坚定信心 同舟共济 坚决打赢疫情防控阻击战”“坚决打赢打好精准脱贫攻坚战”“乡村振兴在行动”“走向我们的小康生活”“在行动——做好‘六稳’工作 落实‘六保’任务”“持续优化营商环境 加快建设营商环境高地”等专题专栏55个。运用“两微一端一网一抖”推送疫情防控新闻稿件、网络作品、科普知识等信息4500余篇，总浏览量达3000万+次，其中，抖音作品2件100万+次、16件10万+次。多个作品分获第六届区县广电好新闻奖和第九届重庆市区县报好新闻奖一等奖、二等奖。《书记代言之以心相守记住乡愁》获全市第九届党员教育电视片三等奖。开展“梁平微友惠”“梁平乐享派”“梁平区消费扶贫公益直播”线上线下活动，推介天池黄精、蟠龙大米、柏家土面、曲水李子、铁门老鹰茶等各乡镇特色产业、农产品60余个，线上销售额达300万元。

坚持齐抓共管，筑牢意识形态阵地。进一步完善“1+10+1”意识形态工作制度体系，将落实意识形态责任制纳入区委巡察的重点内容，在区委巡察中对24个党组织开展专项监督检查。完善意识形态领域分析研判机制，多次召开意识形态工作联席会议，对全区重大舆情、重点情况、重要社情民意中的倾向性、苗头性问题进行分析研判。严格落实党委（党组）网络意识形态工作责任制，坚持“人防+技防、线上+线下”相结合。开展20余项专项治理行动，督促网站平台严格履行主体责任，累计清理处置谣言、低俗庸俗等有害信息249条，处置违法违规网站6家、微信公众账号1个。获评全市网络舆情专报工作突出区县、网络舆情监测工作突出区县、舆情信息工作优秀单位，1人获舆情信息工作优秀个人，1篇稿件获优秀网络舆情稿件。

【文化艺术工作】 文旅品牌日益彰显。举办中国·长江三峡（梁平）晒秋节、中国·长江三峡（梁平）农民丰收节、长江三峡（梁平）国际柚博会，形成三峡品牌旅游节会，获得敏尔书记、张鸣常委充分肯定、高度评价。猎神三巷、老鹰窝民宿、蝴蝶谷等重点旅游项目全面建成，百里竹海旅游度假区获评市级旅游度假区。双桂湖湿地公园体育旅游线路被评为市级体育旅游精品线路、双桂湖城市湿地公园夜游线路入选全市最佳夜游线路、猎神三巷入选全市最美夜景打卡地、明月山民宿回归之旅入选全国100条精品旅游线路。田园芭蕾、稻海演出、乡村音乐、“夜竹海·潮生活”引领文旅活动新时尚。猎神村入选全国乡村旅游重点村，滑石村、龙滩村入选首批市级乡村旅游重点村，梁平区入选2020年度中国乡村旅游发展名县（区）案例，“有陈意”柚汁获全国旅游商品金奖，“山水田园·美丽梁平”城市名片在全国叫响。

文化惠民提档升级。建成投用都梁新区体育馆、游泳馆，加速推进都梁大剧院、少儿图书馆、双桂堂历史文化陈列馆、赤牛城文化遗址公园建设。新建6个市级社区健身点、10个农体工程、14座旅游厕所。建成城区24小时自助图书馆1个、幸福书屋1个，新增碗米民宿、滑石古寨景区、猎神村等景区景点图书馆特色分馆4个。区图书馆新增藏书2万余册，269个农家书屋新增配书1.6万余册，文献外借量近13万册次，办理读者证3万余张，接待读者15万余人次。建成猎神村、川西村等6个乡情馆，打造“一村一品”活动品牌6个。礼让镇惠民电影固定放映厅建成投用，开展惠民电影放映5090场。承办全市渝东南、渝东北乡村文化振兴座谈会并作经验交流发言，得到兄弟区县和市委宣传部一致好评和充分认可。

文艺创作精品迭出。歌曲《百年之本》获纪念建党100周年全国优秀歌词征集前十名，梁山灯戏《卖驴》获中国少儿戏曲小梅花荟萃活动“最佳集体节目”奖，《图书馆管理员的一天》入围国家图书馆学会优秀作品，《疫情结束时，妈妈来抱你》获人民日报社环球人物杂志征文大赛一等奖，《帅将门神》获第五届“工匠杯”大赛铜奖，《防控“新冠”从我做起》木版年画获重庆市非遗抗疫作品一等奖，《题梁山军瑞丰亭》获第九届重庆市乡村文艺会演三等奖，小说《黄泥巴小街》列入2020当代文艺创作发展规划，抗疫歌曲《一声“到”》收入重庆市优秀抗疫作品专辑。创作摄影作品1000余件，《守护碧水》获生态环保主题摄影大赛三等奖，《侗家斗牛》获“香港第十届全国摄影艺术展览”人文系列银奖，《呵护-upkeep》入选第24届意大利四地巡回国际摄影展，《走过金秋》获中国农民丰收节“金镜头奖”，《守护湿地》《开往春天的列车》《红红火火的日子》等获市级奖项。梦想课堂·自然笔记大赛一、二、三等奖各1个。实验小学屈姿含获“紫荆杯”两岸暨港澳青少年书画大赛总决赛金奖。广场舞《晒金秋》获全市广场舞展演优秀队伍。1人获全市第二届导游词讲解大赛铜奖。承办“奋进新时代·共圆小康梦”第七届重庆市戏剧曲艺大赛决赛并获大赛组织工作奖，作品《西郭先生》《新愚公移山》分获一、三等奖。梁平区委宣传部获“网聚正能量·共筑中国梦”重庆微视频大赛组织奖。

文化传承匠心独运。新华社以《中国民间文化艺术之乡》为题报道梁平独具匠心的非遗传承。梁平木版年画助推乡村文化振兴获评重庆市2020年度基层文联十佳创新工作案例，7幅梁平年画入选全国“新生活·新风尚·新年画——我们的小康生活”主题美术创作展。两部梁山灯戏作品入选文化和旅游部2020年度“中华优秀传统艺术传承发展计划”戏曲专项扶持项目，编撰国家级非遗专著《中国戏曲剧种全集·梁山灯戏》，受到专家充分肯定。新增3个第一批市级非物质文化遗产传承基地，新培育区级传承人127人，新命名区级非遗保护名录10项、区级文物保护单位2处。开展文物征集工作，新征集文物29件，接受捐赠56件。双桂堂重点文物保护入选全国文物行政处罚“十佳案卷”，梁平博物馆获评抗疫期间网上优秀博物馆，并与渝北区巴渝民俗博物馆联合开展“碑石遗韵——梁平、渝北两地馆藏精品拓片展”，赢得网民一致好评。

【对外宣传工作】 柚花节、晒秋节、丰收节、柚博会、民宿周等重大节会活动期间，吸引中央级、市级媒体200余家报道梁平10000余条次。全年在央视、新华社、《人民日报》、《光明日报》、《经济日报》、《求是》杂志等各类中央媒体上稿率创历年新高，上头版、上要闻版、上大图共47条，各类央媒共报道5300多条，晒秋节被央视《新闻联播》《朝闻天下》《新闻直播间》等报道，获多名市领导好评。重庆新闻联播上稿量多月排名全市前三。《梁平当好“三员”多重保障助力全面复工复产》专题报道得到重庆市委陈敏尔书记充分肯定。精心策划参加“晒旅游精品 晒文创产品”大型文旅推介活动，70余家中央及省市级主流媒体、11个移动直播平台总观看量达3000万人次，获全市最佳传播奖。

召开新闻发布会6场，邀请中央及市级媒体进行全面深入报道。区长蒲继承到市政府新闻发布厅参加梁平区推动明月山绿色发展示范带建设新闻发布会。组织新闻发言人及乡镇街道主要领导40余人参加全市新闻发布业务骨干网络培训班，对80余名中青年领导干部和中层干部进行新闻发布能力培训。

【新闻出版】 开展各类主题阅读活动200余场次。为全区269个农家书屋免费配书16140册，在20余个实体书店、新华书店农村发行网点开设全民阅读专区和“绿书签”专区，面向中小学生推荐优秀青少年读物。积极实施全民阅读“七进”工程，推介“百本好书送你读”线上免费电子书和有声书资源，累计阅读人数排全市区县第二名。深化新闻出版“放管服”，完成13项行政权力和公共服务办理类事项的网审平台配置，网上可办率达100%。实施“剑网”专项行动检查企业110家次，收缴侵权盗版图书80余册，约谈企业3家。围绕“正道”“新风”两大集中行动、“净网”“护苗”等五大专项行动，查办“扫黄打非”案件12件，没收非法出版物4615册。加强广播电视和网络视听监测监管。软件正版化工作有序推进，全区党政机关、人民团体实现全覆盖安装。《书屋恋歌》被国家新闻出版署评为优秀作品。1人获全国“扫黄打非”先进个人，皂角社区被评为全市“扫黄打非”示范标兵，云佛村被评为全市“扫黄打非”示范点。

【思想政治】

深入贯彻落实《新时代公民道德建设实施纲要》，举办“身边的脱贫故事”微访谈、“榜样面对面”宣讲、“德法相伴”、“家风润万家”等活动300余场，常态化开展以“扫黑除恶”“法治”“禁毒”“环保”“疫情防控”“科普”“爱国卫生运动”“民主团结”“双拥”“征兵”等主题梦想课堂进社区、进学校等活动近100场。深化未成年人思想道德建设，新建两所乡村学校少年宫，区实验小学在全市乡村学校少年宫片区培训会上作交流发言。加强理想信念教育，开展纪念中国人民志愿军抗美援朝出国作战70周年群众性活动和“倡导国庆新民俗、打造爱国活动周”等活动，梁平博物馆、邓平寿先进事迹展、梁平规划展览馆被命名为第三批梁平区爱国主义教育基地。抓好先进典型选树，1人获评“全国抗击新冠肺炎疫情先进个人”、1人获评全国优秀少先队员、3人获评重庆好人、1人获评重庆市新时代好少年、1人获评重庆市志愿服务先进典型、1人获评重庆市未成年人心理健康辅导工作先进个人、1人获评“我劳动 我快乐”快乐劳动小能手，梁平区青年志愿者协会获评重庆市新冠肺炎疫情防控最佳志愿服务组织。评选乡贤800余人。加强和改进学校思想政治教育，建立全员、全程、全方位育人体制机制。继续推进“小马工作室”建设，大力推广“老马工作法”。

（区委宣传部　姜华）

统战工作

【概况】 中共重庆市梁平区委统战部是区委主管全区统一战线工作的职能部门，为正处级，列区委工作机关序列，挂中共重庆市梁平区委台湾办公室（重庆市梁平区人民政府台湾事务办公室）、重庆市梁平区民族宗教事务委员会、重庆市梁平区人民政府侨务办公室牌子，区委统一战线工作领导小组办公室设在区委统战部。区委统战部有6个内设科室，分别是办公室、干部科、党派科、民宗侨台科、经济科、宣传信息科，有

1个下属事业单位，重庆市梁平区民主党派服务中心。现有人员编制15人，其中行政编制11人，事业编制2人，工勤人员编制2人。

2020年，区委统战部坚持以习近平新时代中国特色社会主义思想为指导，深入贯彻党的十九大，十九届二中、三中、四中、五中全会和市委五届九次全会、区委十四届八次全会精神，全面贯彻习近平总书记关于加强和改进统一战线工作的重要思想和对重庆提出的营造良好政治生态，坚持“两点”定位、“两地”“两高”目标，发挥“三个作用”和推动成渝地区双城经济圈建设等重要指示要求，坚决落实党中央关于新时代统一战线工作的重大决策部署和市委、区委工作要求，坚持党的全面领导，增强“四个意识”，坚定“四个自信”，做到“两个维护”，坚持围绕中心、服务大局，紧扣凝聚人心这个根本，突出思想政治引领这条主线，着力推动全区统一战线工作提质增效，积极为推动成渝地区双城经济圈建设和全市“一区两群”协调发展凝心聚力、献计献策，奋力实现争创一流、走在前列高质量新目标，为统筹发展和安全，做好“六稳”工作、落实“六保”任务，抓好疫情常态化防控、确保全面建成小康社会和“十三五”规划收官作出贡献。

【思想政治工作】 以学习宣传贯彻习近平新时代中国特色社会主义思想，党的十九大和十九届二中、三中、四中、五中全会以及市委五届九次全会、区委十四届八次全会精神为主线，深化全区统一战线“学讲做”系列活动，不断强化全区统一战线的政治认同、思想认同、道路认同，夯实共同思想政治基础。支持各民主党派、无党派人士开展“不忘合作初心，继续携手前进”主题教育，开展暑期谈心活动，在非公经济人士中开展理想信念教育实践活动、诚信守法教育活动，在新的社会阶层人士中开展“凝聚新力量，筑梦新时代”主题教育活动，在宗教界人士中开展爱国爱教教育活动，指导双桂堂开展僧侣居士集体升国旗活动。坚持正向引导、正面发声，因势利导讲好疫情防控故事，展示疫情防控重大战略成果，召开形势宣讲会5次、座谈会3次、讲座3次，让党外人士充分感受到中国特色社会主义的政治优势、制度优势，坚定统一战线成员坚持走中国特色社会主义道路的信念和决心。广泛凝聚打赢疫情防控人民战争总体战阻击战力量以及实现全年经济社会发展目标的强大合力，有力引导民营企业响应区委、区政府号召，积极复工复产，助力经济社会发展。区级各民主党派成员、非公经济代表人士、宗教界代表人士、党外知识分子、新的社会阶层人士等统一战线成员积极参与疫情防控，捐款捐物，共克时艰。疫情期间，共募集捐款163万余元，一次性医用口罩42500个以及大量消毒防护用品。

【民主党派工作】 落实《中共中央关于加强中国特色社会主义参政党建设的意见》，加强民主党派基层组织规范化建设。2020年11月4日，中国民主促进会重庆市梁平区支部委员会成立。截至2020年12月，梁平区共有中国民主同盟重庆市梁平区支委会、中国民主建国会重庆市梁平区支部、中国民主促进会重庆市梁平区支部委员会、中国农工民主党重庆市梁平区支委会、九三学社重庆市梁平区分社5个民主党派基层组织。指导各民主党派积极参与2020年度政党协商计划，围绕“三大攻坚战”“八项行动计划”，聚焦“生态优先、绿色发展”“推动成渝地区双城经济圈建设”等主题进行调研协商。支持民主党派、工商联、党外知识分子联谊会参与全区脱贫攻坚，联系帮扶8个市级贫困村。各民主党派结合自身特色，开展“送教下乡、送医下乡、送法律下乡、送农技下乡”等系列活动，区工商联通过开展“万企帮万村”活动，助力脱贫攻坚取得积极成效。

【非公经济统战工作】 建立促进民营企业发展的良好法治环境工作机制，推动制定《关于建立“保市场主体、护民营经济”专项行动沟通联络会商机制的实施意见》，为民营企业提供多途径、多层次、多种类的解纷方案和方便、快捷、低成本的纠纷化解服务。深入开展“送法进企”宣传活动，深入100余家民营企业，为职工普及劳动法律知识3000余人次，提供日常法律咨询服务500人次，进驻企业指导规范用工行为110次，帮助企业化解潜在劳动用工风险30次，协助调处劳动争议纠纷31件，办理劳动争议案件20件。着力构建“亲”“清”政商关系，深入开展“抓‘六稳’促‘六保’民营企业百日大走访”活动，深入企业商户，广泛宣传习近平总书记关于支持民营经济、优化营商环境等重要指示精神和各项惠企纾困政策，收集整理汇编政策措施6项82条，向33个乡镇（街道）、60余个区级部门、40个商会及工业园区入驻企业发放宣传资料，开通网上查阅通道，打通各项惠企政策落地的“最后一公里”。全区累计走访民营企业和个体工商户2231家，开展宣讲120场次，宣讲受众4500人次。外请专家3人，进行《中华人民共和国民法典》专题培训1800人次。

【民族宗教工作】 认真做好城市少数民族服务管理工作，推进嵌入式社区建设，促进各民族交往交流交融，区城市管理局成功创建重庆市民族团结进步示范区示范单位。巩固中央宗教工作督查整改成果，依法管理宗教事务，加强大型宗教活动审批，持续深入开展基督教非法活动专项治理工作，推进“和谐寺观教堂”建设，开展宗教领域安全隐患排查和矛盾纠纷化解30余次（件），保持宗教和睦、社会稳定。

【对港澳台工作及侨务工作】 深入宣传《关于促进渝台经济文化交流合作的若干措施》，详细解读58条惠台措施，协助台胞办理中华人民共和国台湾居民居住证10份。积极稳妥推进港澳台资源和港澳台梁平籍大学生基本情况摸底调查工作，进一步夯实港澳台统战工作基础。充分发挥侨台界人士作用，为梁平发展献计出力，区侨界、台界政协委员围绕交通建设、旅游发展、农村教育等贴近民生的问题共提出提案4件。疫情期间，广泛发动梁平籍华人华侨捐款捐物支援抗疫，累计接收华侨捐赠N95口罩630个、一次性口罩10000个、手套400副。

【党外人士工作】 有序开展党外代表人士教育培训工作，全年共举办培训班3期，培训161人次。加强党外领导干部配备力度，截至2020年12月，梁平区共安排党外副处级以上领导干部38人。区管干部中，人大专委会2人，政府工作部门17人（正职4人），政协专委会2人（正职1人），司法机关1人，国有企事业单位14人，乡镇1人。

【扶贫帮扶工作】 2020年，累计帮助柏家镇争取各类帮扶项目资金310余万元（其中市少数民族发展资金20万元），帮助柏家镇解决“四类人员”厨房、厕所等配套问题资金缺口，销号清零“两不愁三保障”方面问题270个，其中改造、修缮危旧房及配套厨房、厕所214户，全部实现“危房不住人，人不住危房”。牵头帮扶的柏家镇政府被市扶贫开发领导小组授予“2020年度重庆市脱贫攻坚工作先进集体”称号。

（区委统战部　文小彰）

机构编制管理

【概况】 中共重庆市梁平区委机构编制委员会办公室现有机关行政编制8人、机关后勤服务人员事业编制1人，实有8人；核配领导3人。

【机构改革】

综合行政执法体制改革，按照中央、市委关于深化综合行政执法改革要求，继续推进部门内综合执法和执法重心下移，印发市场监管、生态环境保护等8个重点领域和应急、水利、林业等其他领域综合行政执法支队“三定”规定，统一明确为主管部门管理的行政执法机构，并以主管部门名义统一行使行政处罚权以及与之相关的行政检查、行政强制权。在教育、民政、统计等执法任务较轻的部门，采取设置行政执法科室或行政执法职能统一交由一个内设机构承担的方式集中行使该部门全部行政执法权，进一步构建权责明晰、运行高效、保障有力的综合行政执法体系。

全面理顺森林公安执法体制，根据重庆市森林公安管理体制调整要求，将区森林公安局（区公安局森林警察支队）及森林公安派出所成建制划转至区公安局管理，并按照“编随事走、人随编走”的原则将13名政法专项编制全部划转由区公安局管理，区林业局不再领导管理。

持续推进事业单位改革，一是加大“小散弱”事业单位撤并和职责相同相近事业单位整合力度，相较2019年底，事业单位总数减少3个。撤销区机关后勤服务中心、区工业园区企业发展服务中心等事业单位，并按“撤一建一”原则设立区机关事务管理中心、区企业发展服务中心等。坚持“撤多建一”，整合区广播电视台、区新闻中心，组建设立区融媒体中心；整合区交通服务中心、区公路管理养护所，组建设立区交通建设服务中心；整合双桂湖国家湿地公园管理处和区湿地保护管理中心，组建设立区湿地保护中心。二是巩固承担行政职能事业单位改革成果，在全面清理、职能回归、规范单位名称等相关工作的基础之上，重新印发区委网信办、区教委、区农业农村委、区规划自然资源局等部门所属的近30个事业单位“三定”规定。

【机构编制管理】 充分挖潜，加大部门间、行业内编制动态调控力度。着力提升全区重大疾病预防控制能力，从卫生领域余编中调剂51名编制到区疾病预防控制中心；着力优化中小学校教职工编制结构，从34所学校动态调整63名编制到教学任务繁重、师资力量薄弱的学校。持续加强应急、退役军人等重点行业领域的编制保障，增核区退役军人事务局行政编制1人，增核区自然灾害应急救援中心事业编制1人。充分保障用编需求，全年批准使用各类编制782人。其中，退役军官、退役士官、三支一扶和村干部、村社区干部等政策性安置74人，教育系统招聘用编132人，卫生系统招聘用编195人。

【事业单位登记管理】 2020年办理事业单位设立登记22件，变更登记146件，注销登记35件；年度报告公示343件。加强事业单位日常监管，对全区9个事业单位法人公示信息进行实地核查。

（区委编办　艾美含）

老干部工作

【概况】 老干部局行政编制5人，实有5人；事业编制2人（老干部活动中心），实有2人（2020年12月从区残联调入活动中心事业人员1人）。2020年，服务管理全区副处级以上退休干部384人，离休干部23人。

【重要工作】 以中心组学习为抓手，全年共集中开展学习研讨11次，专题学习十九届五中全会精神及《习近平新时代中国特色社会主义思想三十讲》《习近平谈治国理政（第三卷）》《关于新形势下党内政治生活的若干准则》《中国共产党党内监督条例》《中国共产党纪律处分条例》等相关内容。依托“重庆市干部网络学院”“学习强国”“离退休干部工作”等学习平台，组织干部职工深入领会习近平新时代中国特色社会主义思想及习近平系列重要讲话。坚持党管意识形态，局党支部书记带头抓意识形态工作，把意识形态工作纳入党建工作重要议事日程和职工年度绩效考核内容，在党员大会以及职工会上对意识形态工作多次布置强调、严抓落实，全覆盖签订《保密承诺书》。

【日常工作】

加强离退休干部党组织建设。引导虎城镇和区政法委建立离退休干部党支部。落实离退休支部工作经费和支部书记、委员工作补贴，组织5名支部书记参加市老干部党校第88期线上培训学习。

加强离退休老干部政治学习。建立新型学习机制。新冠肺炎疫情突发后，采取视频直播、网络培训、在线送学等多种方法，形成线下线上互相结合、优势互补的学习教育新机制。建设线上学习平台。通过“红岩青松”微信公众号为老干部提供方便快捷、触手可及的学习渠道。积极引导个人自学。通过党报党刊、广播电视、微信、手机报等平台载体，收听收看中央方针政策、重大精神、专家解读等信息。发挥离退休老干部作用，引导广大老干部宣传习近平新时代中国特色社会主义思想、讲述中国故事、传承红色基因，影响和带动周边群众听党话、跟党走。

全面落实离退休人员政治经济待遇。保障政治待遇。2020年走访、探访、安抚老干部50余人次，投入资金3万余元，订阅报纸杂志20多种，分别为离退干休所支部、“四大家”离退休干部赠送《当代党员》《党员文摘》。落实经济待遇。落实改制企业离休人员健康疗养费、特需费发放及遗孀抚恤金发放，全年共发放慰问金34万余元。

组织离退休人员考察学习。2020年分别组织市管离退休副职20余人到梁平区竹山镇考察调研；组织担任“四大家”正职的退休干部到秀山县和酉阳县考察工业发展和旅游经济开发。

【其他工作】

开展以“科技托起中国梦”为主题的“中华魂”读书活动，104所学校3万余名学生参加，深入学校开展9次教育报告会，8000余名师生和家长受益。开展第四届“关爱明天、普法先行”青少年普法教育活动，弘扬社会主义法治精神。通过各种形式助学、结对帮扶458人，累计捐款90万余元，慰问留守儿童、贫困学生91人次。

落实区委区政府安排的各项工作。一是做好脱贫攻坚工作。提供5万元资金用于帮助曲水镇聚宝村开展D级危房改造；为建卡贫困户子女陈丹丹争取1200元特困帮扶专项资金。二是做好疫情防控工作。做好活动中心的疫情防治工作，配合社区进行防控宣传、人员摸排、卡点值守等，先后5次到曲水镇做好联系乡村的疫情防控工作。

（区委老干部局）

档案　地方志

【概况】　梁平区档案馆是隶属于区委办的公益一类财政全额预算事业单位，按正处级管理。内设办公室、收集整理科、保管利用科、地方志科。主要职责任务：负责档案资料的收集、整理、保管、编研、查阅、利用；编辑、出版、发行地方志书和梁平年鉴、地情资料等。2020年，以党的十九大和十九届二中、三中、四中、五中全会精神为指引，围绕区委、区政府工作重心，夯实基础，创新思路，凝心聚力，扎实工作，加大档案、地方志服务力度，规范档案、地方志业务，丰富馆藏内容，挖掘档案和地方志信息资源，推进全区档案、地方志事业持续健康较快发展。

【档案工作】

档案管理　修改完善档案库房管理、查阅登记、安全防火等制度，加强档案科学化管理。贯彻落实《重庆市归档文件整理规则》，强化档案接收征集，开始实行档案电子化与纸质化同步，做到档案管理双保险。2020年，共接收4个机关5个门类的归档文件1368件、数字化档案548524页，接收28家企业727名退休人员档案729卷、数字化档案66914页，馆藏总量达到25.72万卷册（其中档案案卷167967卷、归档文件802818件、资料8933册）。

查阅利用　区档案馆践行“为党管档、为国守史、为民服务”的宗旨，设置档案查阅大厅和服务窗口，配备专职人员，切实开展优质服务。2020年，共接待档案资料查阅利用5535人次、16605卷（件）次；接待查阅地情人员432余人次，复印、打印档案22140页，为土地确权、林权、婚姻、社保、干部档案完善等提供翔实可靠的原始依据。

数字化建设　2020年4—11月，采取聘请数字化加工人员、管理人员和租赁数字化设备的方式，数字化馆藏档案35个全宗25050卷604204件343.5万页，使馆藏存量档案数字化达到76个全宗60728卷765.7万页，数字化率25.6%。

档案抢救　2020年3月，编研项目《重庆市梁平区抗日战争档案汇编·机场建设篇》通过国家档案局立项，争取项目资金32万元。截至年底，已完成《重庆市梁平区抗日战争档案汇编·机场建设篇》1011张图片的编排、384条书稿目录的拟定和电子版书稿的初审工作，委托重庆世纪科怡公司完成297卷3.12万页机场建设档案的数字化扫描工作。

安全管理　2020年，区档案馆坚持安全值周制度，节假日值班制度，定时不定时开展档案保管及库房的安全巡查，对存在的问题和隐患及时整改。

【新档案馆建设】　2020年3月6日，新档案馆建设项目正式开工。截至年底，主体工程已完工，幕墙龙骨架、普通水喷淋消防系统、电梯和配电房机柜已安装完毕，暖通安装完成80%，发电机房变更工程正在进行施工图设计，外墙真石漆改铝单板工程已出施工图设计正在预算，智能密集架和温湿度自动控制系统正在财评，外水接入工程待确定施工单位，生化池、室内装饰、弱电智能化和高压细水雾灭火系统工程正进场施工，机房装修及设施设备购置待确定设计方案。

【地方志工作】

年鉴编辑　2020年1月，区委办公室、区政府办公室印发《关于做好〈梁平年鉴（2020）〉组稿工作的通知》，正式启动年鉴编辑工作。经过组稿，编辑，修改，区委、区政府和市志办审定，9月由四川科学技术出版社正式出版发行。该卷共设10个部分、23个类目、143个分目。全书68万字，前置彩色插图38幅，内文黑白插图20幅，诗文补白4首。全面反映重庆市梁平区深学笃用习近平新时代中国特色社会主义思想，贯彻落实中央和市委、市政府部署，坚持稳中求进工作总基调，政治生态持续向好，干部群众精神状态积极向上，经济社会各项事业发展稳步向前的新进展、新成果。

旧志整理　重庆市梁平区地方志编纂委员会、重庆市梁平区档案馆编注，重庆三峡学院校注的《清嘉庆梁山县志校注》，历经三年，于2020年9月由四川大学出版社公开出版发行。全书18卷186.6万字（原文30万字），内容丰富、体例完备，既变略为详，增益史料价值，又化难为易，扫除阅读障碍，实为梁平旧志整理出版的典范。

方志编辑　贯彻落实重庆市《关于大力促进新时代地方志事业发展意见》精神，积极开展地方志“名”“特”系列工程，广泛宣传梁平区地方特色产品，报经区委、区政府批准，梁平区农业农村委、梁平区档案馆、梁平区丰瑞建设开发有限公司于2020年12月共同启动《梁平柚志》编修工作。

方志信息化　2020年及时、有效地向重庆地情网、区内门户网站提供地方志工作动态4篇，提高方志信息利用的时效性。至2020年底，已筹备开展馆藏志、鉴档案资料数字化处理工作，增强文稿原件保护，特别是历史久远的文稿材料。

（区档案馆）

党史研究

【概况】　中共重庆市梁平区委党史研究室为中共重庆市梁平区委直属正处级参公事业单位，内设综合科，核定编制4人，在职4人。主要承担和组织党史研究、党史学习教育、党史宣传、党史纪念活动、党史资料征集、党史咨询、党史业务指导、党史遗址保护和场馆建设等职能，始终发挥“以史鉴今，资政育人”的宗旨。

【党史编研】　《图说梁平党史》初稿形成，《口述梁平党史》提纲编写完成，有序征集高质量的改革开放和社会主义现代化建设时期口述回忆文章45篇。编辑战“疫”文献资料。为妥善收录梁平区抗击新冠肺炎疫情艰辛历程的重要文献资料，保存这段特殊的梁平战“疫”记忆，留存历史，以资借鉴，按照中央党史和文献研究院《关于全国党史和文献部门在新冠肺炎疫情防控中发挥职能作用的通知》（中研院〔2020〕1号）要求，收集整理疫情防控文献资料300万字，征集疫情防控图片525张，征集疫情防控音视频资料37分钟，于11月编辑出版《梁平战“役”实录》。

【党史宣传】 紧扣中心工作，创新党史宣传。以高度的政治责任感和强烈的历史使命感，通过主动送、主动宣、主动讲，扎实开展习近平新时代中国特色社会主义思想、党的十九届五中全会精神和梁平党史宣讲29场次，受众2000人次。到区应急局、大观镇、区委编办、区妇联、荫平镇、龙胜乡等单位宣讲党的十九届五中全会精神，到区财政局、新梁公司开展《习近平谈治国理政（第三卷）》宣讲，到扶贫帮扶乡镇新盛开展《聚力推动明月山绿色发展示范带建设——开江·梁平·达川毗邻乡镇深度融合发展的思考》《信念·责任·勤奋——争做一名优秀的基层工作者》讲座，与区妇联合作到双桂街道皂角社区赠送党史读本并开展区情区史宣讲，与就业局合作到屏锦兴平社区开展《准确把握梁平区情 共建幸福美丽梁平》讲座，与区扶贫办合作到梁山职业培训学校开展《为乡村振兴出智出力 做一名致富带头人》讲座。

【党史交流】 开发红色资源，传承红色基因。建立“党史书屋”。为打造机关党员干部职工的活动阵地、文化园地、精神家园，整合党史资源，注重红色内涵、区域特色，打造党史名片，购置书柜、座椅和党史图书4000余册，在区财政局、百里竹海旅游开发有限责任公司、竹山镇猎神村、虎城革命传统教育基地（虎城党小组旧址）建立“党史书屋”，成为党员干部职工了解党史的重要窗口和开展党建活动的重要阵地。摸清红色家底。围绕梁平红色资源保护和革命文化继承情况开展调研，高质量完成《梁平红色资源保护和传承情况的调研报告》。党史场馆建设。按照区委组织部的要求，牵头建设虎城革命传统教育基地，主动与虎城党委政府协调沟通，组织相关人员到大足和渝北学习借鉴党史场馆建设经验，及时提供相关史实资料并对虎城党小组旧址布展大纲多次提出修改建议意见，年底前完成布展工作。（区委党史研究室　王鹏举）

党校教育

【概况】 中共重庆市梁平区委党校、区行政学校与区社会主义学院实行三块牌子、一套班子合署办公。学校内设行政后勤科、科研资政室、教务教研室、电教信息科、学员管理科5个科室，编制24人。现有在编在岗教职工19人，其中参公人员9人，专业技术人员10人。退休职工17人。

全校占地面积1.6公顷，有弘英楼、教学楼、学员公寓、食堂4幢建筑，教学办公用房12000余平方米，其中有2个报告厅、9个常规教室、8个讨论室。

2020年，区委党校在市委党校的指导和梁平区委、区政府的坚强领导下，认真学习贯彻习近平新时代中国特色社会主义思想、党的十九大和十九届二中、三中、四中、五中全会精神，认真贯彻落实《中国共产党党校（行政学院）工作条例》，紧紧围绕区委、区政府中心工作，始终坚持“党校姓党”，推进教学、科研、资政等工作迈上新台阶。

【干部培训】 2020年，区委党校共举办主题班30期，培训各类干部2770人次。

分类培训　区委党校充分开展培训需求调研，针对基层干部、公务员、党外代表人士等不同培训对象的不同特点，分类制定教学大纲，打造精品课程。

教学方法　加强教学方式方法研究，综合运

用讲授式、研讨式、案例式、模拟式、体验式、辩论式、情景式等方法，积极开展实践教学。

教学内容　不断优化以理论教育为核心、以党性教育为基础、以能力素质培养为重点的教学布局。将习近平新时代中国特色社会主义思想，十九大精神和十九届二中、三中、四中、五中全会精神，“三大攻坚战”，“八项行动计划”以及安全教育、国防教育等相关内容作为教育培训的中心内容。

教学基地　10月，承办市委党校第75期市级机关处长进修班到梁平进行实岗锻炼。11月，明月山践行“两山”理念实践教学基地被评为“市级干部教育培训现场教学基地”。

【教学改革】

党委主体责任　区委书记杨晓云多次专题研究干部教育培训工作，带头为市委党校第75期处干班专题授课。区委副书记、区长蒲继承多次现场调研并解决问题。区委副书记、党校校长陈孟文，区委常委、区委组织部部长孙代勇多次率相关部门到区委党校现场调研，扎实推进教学教研、校园建设等各项工作并授课。

师资队伍建设　2020年9月，遴选2名优秀教师到区委党校工作。开展以习近平新时代中国特色社会主义思想为主题的校内赛课活动，1名教师参加全市党校（行政院校）系统第四届精品课第一片区赛，1名教师参加全市第六届统一战线渝东北片区的赛课活动。为提高教师的专业水平，统筹安排，选派25人次参加市委党校、市社科院组织的培训班培训以及各类理论研讨会。

领导干部上讲台制度　2020年，区领导到区委党校主题班上课超过20人次，区级部门和乡镇负责人，业务骨干或乡镇街道站（所）负责人，优秀的村（社区）书记、主任、大学生村官到区委党校上课超过20%。

服务水平和能力提升　投入40万元对校园内安装路灯、完善校园草皮及人行步道、增设保安岗亭1个，投入30万元增设建设房1个，进一步美化和完善校园环境和设施。2020年9月起，将学员食堂和学员公寓由对外承包转为劳务外包，并建立值班管理、食堂管理、公寓管理、物业管理等运行机制，学校的餐饮质量、接待能力、服务能力明显提升。

【教学科研】

在核心期刊《商业经济研究》发表《多重结构视角下中国潜在经济增长率估算》《“互联网+流通”模式下电子商务对流通效率的影响》2篇，在《重庆行政》《学习与科普》等省市级报纸杂志上公开发表论文25篇，《服务型政府视域下区县公共文化服务体系建设研究》等3篇入选《新时代深化机构改革和行政体制改革》（重庆市行政管理学会2018年学术年会论文集）。市委党校和重庆社科院立项的《以景区带动乡村旅游精准扶贫的机制及路径研究》《政府服务民营企业的职能职责研究》等5项课题结项。《区县红色教育精准化困境及破解之策》被市委宣传部主管的重庆市思想政治工作研究会评为一等奖，《关于深度贫困地区脱贫攻坚与乡村振兴衔接研究》被中共广西壮族自治区委员会党校和百色干部学院评为二等级奖，《绿色发展视域下沿江城镇污水治理创新研究》等5篇获得区县级等级奖。

《百里竹海森林康养产业发展的调查与思考》得到区委书记杨晓云肯定性批示，获梁平区“十四五”规划编制意见建议“金点子”奖；《一座现代田园城市的崛起之路——重庆市梁平区持续推进城市提升的实践与探索》《塑“明月·竹海”IP　创国家级旅游区》2篇文章得到区政协主席周仁胜的肯定性批示；《“直播经济”基层反响的调查与思考》等17篇资政文章得到其他市管领导的肯定性批示。《农村基层党组织建设存在的问题及对策》等6篇文章被市委办公厅及市级部门采纳，《梁平区推动高质量发展的调查与思考》等3篇文章被区政府办公室及区级部门采纳。

（区委党校　安小林）

重庆市梁平区人民代表大会

综　述

【概况】　重庆市梁平区第十七届人民代表大会常务委员会（简称梁平区人大常委会）共有组成人员33人，其中主任1人，副主任5人，委员27人。常委会机关下设“七委一室”，即办公室、财经委、监察法制委、农委、社建委、人代工委、预算工委、教科文卫工委，并有梁山街道人大工委、双桂街道人大工委、仁贤街道人大工委、金带街道人大工委、合兴街道人大工委5个派出机构。全区有两级人大组织，包括区人民代表大会及其常务委员会和28个乡镇人民代表大会；有四级人大代表，其中全国人大代表1人，市人大代表20人，区人大代表283人，乡镇人大代表1733人。

重要会议和决议决定

【重庆市梁平区第十七届人民代表大会第四次会议】　重庆市梁平区第十七届人民代表大会第四次会议于2020年1月6—9日在双桂城区行政中心举行。

大会举行3次全体会议和5次主席团会议，主要听取和审议梁平区人民政府工作报告、梁平区人大常委会工作报告、梁平区人民法院工作报告、梁平区人民检察院工作报告；审查和批准梁平区2019年国民经济和社会发展计划执行情况与2020年国民经济和社会发展计划草案的报告、梁平区2019年预算执行情况和2020年预算草案的报告；通过关于梁平区人民政府工作报告的决议、关于梁平区2019年国民经济和社会发展计划执行情况及2020年国民经济和社会发展计划的决议、关于梁平区2019年预算执行情况和2020年预算的决议、关于梁平区人大常委会工作报告的决议、关于梁平区人民法院工作报告的决议、关于梁平区人民检察院工作报告的决议。

会议于2020年1月9日举行第三次全体会议，选举金烽为重庆市梁平区监察委员会主任；选举杨宁春、许有学、李其勇、刘道荣为重庆市梁平区第十七届人民代表大会常务委员会委员。

【重大事项决定决议】　2020年，梁平区人大常委会依法作出重大事项决定决议9项，分别是关于同意合兴、仁贤、金带等镇撤镇设街道的决定，关于批准2020年第一批政府债券资金使用方案的决议，关于废止《梁平县人大常委会预算监督暂行办法》的决定，关于设立重庆市梁平区人大常委会合兴街道、仁贤街道、金带街道工作委员会有关事项的决定，关于批准2019年区级决算的决议，关于批准2019、2020年地方政府一般债券资金调整使用方案的决议，关于批准2020年第二、三、四批政府债券资金和抗疫特别国债资金使用方案的决议，关于批准2020年区级预算调整方案的决议，关于举行重庆市梁平区第十七届人民代表大会第五次会议的决定。

监 督 工 作

【人大监督工作】　梁平区人大常委会依法开展人大监督和执法检查工作，全年听取和审议“一府两院”相关工作报告15项，提出评议、审议意见12项，分别是关于区人民政府2019年法治政府建设情况报告的审议意见，关于《开展〈中华人民共和国动物防疫法〉执法检查情况的报告》的审议意见，关于2020年1—6月国民经济和社会发展计划执行情况报告的审议意见，关于2020年1—6月预算执行情况的报告的审议意见，关于区法院以审判为中心的刑事诉讼制度改革工作情况报告的审议意见，关于《梁平区人民政府办理区十七届人大第四次会议代表建议情况的报告》的审议意见，关于区政府水污染防治工作的评议意见，关于区政府贯彻落实国务院《优化营商环境条例》情况报告的审议意见，关于《促进乡村产业振兴工作情况的报告》的审议意见，关于区人民检察院开展扫黑除恶专项斗争工作情况报告的审议意见，关于《重庆市科学技术普及条例》执法检查报告的审议意见，关于区政府2019年度国有资产管理情况的报告和2020年度企业国有资产管理情况专项报告的审议意见。

人事任免

【概况】 坚持党管干部和依法任免相统一，全年共审议“一府两院”及本会人事任免职议案10件。颁发干部任命书25人次，其中区人大及其常委会办事机构及派出机构负责人7人次，区政府组成部门主要负责人5人次，区监察委员会组成人员1人次，法院庭长、副庭长、审判员等11人次，检察院副检察长1人次。根据《全国人民代表大会常务委员会关于实行宪法宣誓制度的决定》和《重庆市宪法宣誓实施办法》的相关要求，对所任命人员均举行宪法宣誓仪式。接受1名区政府副区长辞职；免职16人次，其中区人大及其常委会办事机构负责人2人次，区政府组成部门主要负责人5人次，区监察委员会组成人员2人次，法院庭长、副庭长、审判员等7人次。接受16名区人大代表辞职，终止1名区人大代表资格，补选19名区人大代表。

代表工作

【议案、建议办理情况】 梁平区十七届人大第四次会议期间，全区共收到人大代表建议129件。在承办单位共同努力下，129件建议已全部办理完结，办复率为100%。129件建议经代表反馈，满意率（含基本满意）为100%，其中满意的有121件，占总件数的93.8%；基本满意的有8件，占总件数的6.2%。

【人大调研】 按照市人大常委会的统一部署和区人大常委会2020年工作安排，区人大常委会组织成立专题调研组，市区联动对政府水污染防治工作开展调研，协助市人大《中华人民共和国劳动法》《中华人民共和国劳动合同法》实施情况开展专题调研；围绕区委决策部署和全区重点工作，就农村“三社”融合发展情况，安全生产监管工作情况，基层公共卫生服务情况，《关于全面禁止非法野生动物交易的决定》贯彻落实情况，优化营商环境，企业国有资产管理情况等开展调研，形成调研报告10篇，提出工作意见和建议48条，推动区政府及其组成部门形成加强和改进工作的合力，为促进全区经济社会发展和民主法治建设做出积极贡献。

【视察活动】 2020年，按照区委的决策部署，紧扣全区改革发展稳定大局，全年组织市五届人大代表梁平联系组围绕明月山绿色经济发展、百里竹海景区建设、龙溪河流域治理、农业产业发展情况等工作开展4次集中视察活动，撰写市代表视察报告4篇，市代表主题活动工作总结1篇。指导区镇（乡）两级人大代表开展好代表主题活动，围绕乡村振兴、脱贫攻坚、农村人居环境整治、城镇综合治理、特色产业发展、农村公路建设、医疗卫生、文化教育、旅游发展等方面工作，各代表小组全年组织代表开展集中视察活动114次。

【其他工作】 2020年，区人大常委会党组和机关党组全面履行从严治党主体责任，强化党建主业意识，明确管党治党责任。坚持把政治建设摆在首位，严守政治纪律和政治规矩，不断增强“四个意识”、坚定“四个自信”、做到“两个维护”，始终在思想上、政治上、行动上同以习近平同志为核心的党中央保持高度一致。巩固深化“不忘初心、牢记使命”主题教育成果，持之以恒加强理论武装，深学笃用习近平新时代中国特色社会主义思想，认真学习贯彻中央、市委和区委重要会议、文件精神，坚定不移贯彻落实党中央决策部署和市委、区委各项要求。不断强化区人大常委会机关自身建设，持续提升依法履职能力和工作水平；进一步加强对乡镇人大工作的指导，深入推进乡镇民生实事代表票决工作，增强全区人大工作整体实效。

（区人大常委会办公室　王侯）

重庆市梁平区人民政府

综　述

【概况】　重庆市梁平区人民政府（简称“区政府”），在编人数8人。区政府工作部门33个，派出机构7个，其他机构1个。

2020年，区政府始终坚持以习近平新时代中国特色社会主义思想为指导，牢记习近平总书记视察重庆系列重要指示精神，准确把握新发展阶段，深入践行新发展理念，积极融入新发展格局，切实担当新发展使命，全力以赴战疫情、战复工、战脱贫、战洪水，扎实做好“六稳”工作、落实“六保”任务，以实干兑现承诺、用实际取信于民，较好地完成了全年发展主要目标任务。

【区政府全体会议】

区政府第十七届七次全体会议　2020年1月2日，在行政中心2号楼302会议室举行。会议审议《2020年区政府工作报告》和《2019年国民经济和社会发展执行情况及2020年计划草案报告（讨论稿）》，部署岁末年初重点工作。

区政府第十七届八次全体会议　2020年7月22日，在行政中心2号楼302会议室举行。会议分析研判全区上半年经济形势，对下半年经济运行进行调度，部署近期重点经济工作。

【经济发展】

2020年，全区实现地区生产总值493.2亿元，同比（下同）增长3.1%；工业增加值163.7亿元，增长3.2%；固定资产投资178.3亿元，增长12.2%；一般公共预算收入20.9亿元，增长3%；社会消费品零售总额232.8亿元，增长1.9%；常住人口城镇化率约53%；城镇、农村常住居民人均可支配收入分别达39645元、18210元，增长5.6%、9.1%。

脱贫攻坚　全力战脱贫，做好扶贫产业恢复生产，帮助贫困劳动力稳岗就业，深入实施脱贫攻坚总攻十大专项行动，打好百日大会战、收官大决战，完成脱贫攻坚专项调查，“两不愁三保障”问题动态清零。29908名建档立卡贫困人口全部脱贫，10个市级贫困村全部脱贫出列，稳定脱贫长效机制、“两不愁三保障”等综合保障体系全面建立。

创新工业发展　“3+3”绿色制造业体系初步构建，增加值占比突破30%，数字经济增加值占GDP比重达9%。近300家企业“上云上平台”，国家知识产权试点城市通过验收。科创中心、高新区规划展览馆投用，都梁科技企业孵化器获市级认定。实施“凤还巢”“小培强”工程，引进108个项目232亿元，落地率69%。新增市场主体13122户，净增长率列全市第一。

乡村振兴推进　绿色食品加工业规上产值达55亿元，农业产业化龙头企业突破200家，获批国家农业科技园区。完善乡镇场镇功能，实施雨污分流管网40余千米，新建一批市级农民体育健身点，建成镇级电商孵化中心、基层供销社。新培育“两品一标”农产品40个，乡村旅游综合收入增长17%，合兴镇上榜全国农业产业强镇。新改农厕2760户，提升农村旧房3000户，创成全国村庄清洁行动先进区。

重大项目发展　实行重点项目“揭榜挂帅”，固投增长12.2%。龙溪河PPP、龙象寺水库、水系连通工程等重大项目全面开工。左柏水库、龙溪河服务区投用，G318仁贤至屏锦段、城区至乡镇集镇的道路全面完成升级改造。

改革开放　持续深化供给侧结构性改革，推动企业转型发展。全年新增市场主体11381户，增速22.02%，居全市第一。为企业减税降费逾4.3亿元，营商环境纳税指标考核列全市第一。倡导发起的川渝东北六区县共建明月山绿色发展示范带阶段性成效明显。长江三峡晒秋节品牌影响提升。进出口额达2.74亿元、增幅39%。

【社会事业发展】

把增进民生福祉作为发展的根本目的，努力创造高品质生活。民生支出占一般公共预算支出比重保持80%以上。41件重点民生实事落地见效。从最困难的群体入手。持续提高城乡低保标准和特困人员救助供养标准。对因疫情遇困群众及时给予救助。成功抵御“7·15”“7·25”等洪涝灾害，全力应急抢险救援，妥善安置受灾群众，保障人民群众生命财产安全和基本生活。下大力气解决教育、医疗、养老等群众“急难愁盼”问题，以高质量公共服务满足人民美好生活需要。开建修缮学校5所，义务教育城镇大班额基本消除。坚持软硬件一齐抓，区级医疗机构全面升级扩建，实现质的飞跃。国家卫生区创建通过市级初评，高新医院、妇女儿童医院正式接诊。建成10个乡镇（街道）养老服务中心、35个社区养老服务站。创成全国无障碍环境达标区。基本养老、医疗保险参保率稳定在96%以上。从最具体的工作抓起。着力提升公共文化服务水平，青少年活动中心、巴蜀水情馆投用开放。人均体育场地面积增加至2.05平方米。新增5G基站627个。城乡三级公共文化服务体系基本建成。非遗保护名录突破百项，列全市第一。着力加强和创新社会治理，全力做好防风险保安全护稳定工作，扫黑除恶专项斗争纵深推进，安全生产、食品药品安全等工作取得积极成效，信访工作扎实开展，社会保持和谐稳定，平安梁平再上台阶。

【惠民工程】

战疫情战复工　坚持人民生命至上，用不到一个月实现新确诊病例零增长，4例确诊、住院病例“双清零”。3批43名医护人员白衣执甲，逆行驰援湖北、万州。严格实行分区分级精准防控，精准落实“助力市场主体健康发展45条”等纾困惠企政策，有序推动复工复产、复商复市、复学复课。

稳就业增收入　城镇新增就业8251人，发放创业担保贷款3.9亿元，登记失业率控制在4%以内。城乡人均可支配收入增长5.6%、9.1%，城乡居民收入比缩小至2.18∶1。

筑牢生态屏障　国家战略储备林、亚行生态项目快速推进，复垦复绿关闭矿山600亩，关闭整治畜禽养殖场45家，完成长江支流禁捕退捕。中央生态环保督察等反馈问题整改扎实，解决一大批突出环境问题。提名第二届国际湿地城市，龙溪河河长制典型经验获水利部全国推广。

打造郊区新城　都梁新区快速崛起，投用城市地下综合管廊等一批牵引性功能性项目，贯通竹海大道等城市主干道5条，大规模实施绿化美化亮化工程。提质梁山城区，改造老旧小区188个，投用一批停车场、菜市场、公厕、健身休闲等生活配套设施。“大城三管”持续发力，城镇垃圾分类全面推开。

美丽乡村　农村卫生厕所普及率、垃圾治理覆盖率、聚集点生活污水处理率分别提高到83%、97%、75%。农村饮水安全达标率100%、自来水普及率87%。新改建“四好农村路”955千米，村民小组通达通畅率100%。改造提升农村危旧房331户。山水田园、美丽梁平的画卷徐徐展开。

【服务型政府建设】

2020年，区政府坚持以党的政治建设为统领，始终将初心融进灵魂、把使命扛在肩上，扎实推动主题教育常态化制度化，切实增强“四个意识”，坚定“四个自信”，做到“两个维护”。坚决落实全面从严治党要求，加强党风廉政建设，深入贯彻中央八项规定精神和市委实施意见，驰而不息纠治“四风”，严厉整肃庸政懒政怠政行为，促进政风作风转变。严格管好用好公共资金，加强审计监督，遏制权力“越线”。严格落实向区委请示报告制度，定期向人大报告工作、向政协通报情况，自觉接受人大、政协监督，办理人大代表议案129件、政协提案195件。着力提高行政效能和服务水平，深化综合行政执法改革，办理及公开政务信息4万条，“中国铁塔股份有限公司万州分公司擅自在国家重点文物保护单位双桂堂建设控制地带内进行工程建设案” 被国家文物局通报表扬，并入选2020年度全国文物行政处罚“十佳案例”。坚持在法治轨道上推进政府治理体系和治理能力现代化，高质高效整改各类巡视、督察、审计反馈问题。深化双拥共建活动，军政军民团结不断巩固。国防动员、民族宗教、审计、统计、信访、供销、档案、消防、人防、气象、邮政等工作取得新成效，知识产权、工会、妇联、共青团、科协、老龄、工商联、社科联、残联、侨联等事业实现新发展。（区政府办公室　张鹏程　卜芯）

人力资源和社会保障

【概况】　重庆市梁平区人力资源和社会保障局是梁平区政府工作部门，为正处级。区人力社保局主要负责就业创业、社会保障、人事人才、工资收入分配、和谐劳动关系等工作。局机关行政编制18人，后勤服务人员事业编制1人。局机关内设11个科室，分别为办公室、政策法规科、专业技术人员管理科、人力资源管理科、就业促进与劳务开发科、工资福利科、社会保障科、监督监察科、基金监督科、计划财务科、信息建设管理科。下辖6个局属事业单位，分别为区社会保险事务中心、区就业和人才中心、区劳动人事争议仲裁院、区人力社保综合行政执法支队、区人事档案管理服务中心、区退休干部活动中心。

【工作实绩】

全力战疫情　系统上下建立内控外防工作机制，领导示范、党员带头，所有干部在岗在线在状态，在确保各项工作顺畅有序的基础上，实现“零感染”。牵头组织推荐在抗击新冠肺炎疫情和防控斗争中梁平区涌现出的先进个人和先进集体，其中易琼获评全国抗击新冠肺炎疫情先进个人，陈晓琴等16人获评重庆市抗击新冠肺炎疫情先进个人、重庆市梁平区人民医院感染科等6个集体获评重庆市抗击新冠肺炎疫情先进集体。全力保复工。疫情发生后，积极解决农民工外出难题，科学制定出行计划，组织包车运送农民工211趟次5415人；提前7天完成加工贸易重点电子企业招工1400人的目标任务，实际完成1493人，完成率为106.44%，居全市第二位，获市疫情防控领导小组办公室通报表扬。落实阶段性减免企业社会保险费等一系列减税降费扶持政策，扎实推进各项惠企政策落地，为全区1480家企业减免养老、失业、工伤保险费2.64亿元，为66家企业发放援企稳岗返还金792.25万元，为163家企业发放失业保险稳岗返还金164.94万元，有效缓解了企业资金压力。

扶贫收官　压实工作责任，建立“局领导班子包片区”人社扶贫工作机制，由局领导班子成员带队，到33个乡镇（街道）开展人社扶贫督导检查，及时发现、解决工作中存在的难点、痛点、堵点问题，形成齐抓共管的良好格局。抓实工作措施，全力推进就业扶贫增收入、技能扶贫强素质、社保扶贫保生活、人才人事扶贫促发展。把贫困劳动力稳岗就业作为必须完成的硬任务，全年贫困劳动力实现外出务工就业11434人，比2019年底净增1807人，增幅18.77%。为区外务工贫困劳动力发放交通补贴7427人次112.21万元，为在工业园区企业务工的贫困劳动力发放生活及差旅补助243人次11.8万元；全区公益性岗位安置建卡贫困劳动力就业2092人；新认定扶贫车间3个，现共有8个；组织贫困人员参加职业技能培训3321人次。实现全区建档立卡贫困人员基本养老保险“应保尽保”、待遇“应发尽发”、代缴“应缴尽缴”3个100%。将服务期满的14名“三支一扶”人员考核招聘为乡镇事业单位工作人员，新招募33名“三支一扶”

人员到乡镇，充实基层脱贫攻坚力量。

川渝合作　面上统筹发力。5月22日，区人力社保局具体承办召开“共商共建共享推动人社事业区域协同发展联席会议”第一次会议，垫江县，四川省达川区、开江县、大竹县、邻水县人力社保局负责人齐聚梁平，共同签署《合作协议》，包含4个方面15项合作事项。点上攻坚突破。建立社保待遇协助认证机制，为在梁平居住的四川毗邻区县养老保险待遇领取人员提供领待资格协助认证相关服务；推动社保卡共享应用，川渝社保卡业务“就近办、网上办”已上线，首批推出社保卡信息查询、激活、挂失与解挂等服务，两地持卡人无需回发卡地即可办理相关业务。合作全面开花。推进养老保险关系转移接续电子化，企业职工养老保险关系转移接续取消成渝两地纸质表单邮寄，全面推行电子化转移，业务经办时限由原来的45个工作日缩短到15个工作日，基本实现养老保险关系无障碍转移；构建了社保基金风险防控协作机制，对涉及重复领取养老保险待遇、死亡冒领的情况，与四川毗邻区县建立电话联系、互发协查函、配合实地核查等方式的协助核查机制；不断强化人事人才工作交流合作，在2020年上半年公开招聘教育事业单位人员工作中，拿出4个名额定向招聘合作六区县的农村建卡贫困户家庭毕业生。

民生保障　顶压前行稳就业。千方百计“稳就业”和“保居民就业”，全区就业形势稳中向好。实现城镇新增就业8251人，完成年度目标任务数6000人的137.52%，城镇登记失业率3.35 %，比年度控制数4.0%低0.65个百分点；为信产企业送工5585人，完成年度目标任务数4800人的116.35%；发放创业担保贷款4.72亿元，完成年度目标任务数1.2亿元的393.16%；开展职业培训14161人，完成年度目标任务数10700人的132.35%；为1645名离校未就业高校毕业生开展就业服务，就业率达98.8%；创建市级农民工返乡创业园区1家。值得一提的是退捕渔民转产安置工作，面对时间紧、任务重的压力，与乡镇共同发力，实现退捕渔民转产安置、技能培训、养老保险、兜底保障4个100%。持续巩固强社保。统筹城乡、覆盖全民的社保体系不断完善发展，城乡养老保险参保率巩固稳定在95%以上；连续16年调整增加企业退休人员基本养老金，连续5年同步调整机关事业单位养老保险待遇。积极开展退休人员社会化管理服务工作，指导27家国有企业完成移交退休人员588人，完成率100%，指导5家市属国有重点企业开展退休人员社会化管理常态化移交56人。多方合力促和谐。办结举报投诉案件99件，投诉案件结案率100%，为1185名劳动者追发工资等待遇1292.37万元；通过工资专用账户累计代发农民工工资7.52亿元。深入实施根治欠薪“夏季专项行动”和“冬季专项行动”，不断强化日常监管，把“一金三制”制度落实情况、按月足额支付工资情况作为各类执法检查重要内容。完成区人力社保创新执法优化服务试验区创建工作。坚持“着重调解，及时处理”的办案原则，及时高效化解劳动人事纠纷，维护当事人合法权益，法定期限内结案率达到100%。

人才人事工作　2020年共发布事业单位公开（考核）招聘简章11个，聘用人员314人；引进各类高层次人才32人；积极参加重庆“英才大会”，完成市里下达的项目、人才任务。扎实做好高级职称推荐送评工作，推荐送评正高级12名、副高级131名，委托评审中初级21名；向市人社局申报170个事业单位初设或动态调整岗位设置及结构比例控制标准；完成10842名事业单位工作人员及机关工勤人员2019年度考核工作。

人社公共服务　建强服务平台。全面打造办事大厅、门户网站、“重庆掌上12333”APP等线上线下联动服务体系，设置大厅政务服务综合窗口，实行“前台综合受理、后台分类审批、统一窗口出件”。锤炼系统作风。“清减压”深入推进，公布取消不必要的各类证明材料，精简办事材料，压缩办理时限。常态化开展业务技能练兵比武，正行风、树新风。提升服务效能。126项依申请的政务服务事项，即办件比例50%，平均跑动次数0次，承诺时间压缩90%，全程网办占

2020年8月，重庆市公共就业服务系统比武练兵渝东北三峡库区晋级赛在梁平区举行

比100%，优于市、区两级指标要求。

（区人力社保局　曾道海）

人才人事

【概况】　认真落实专业技术人员管理和继续教育政策，推进深化职称制度改革工作，落实完善专业技术人员职业资格制度和事业单位人事制度改革；按照管理权限负责规范事业单位岗位设置、公开招聘、聘用合同、人员交流等人事综合管理工作。有效落实技工院校、职业培训机构、职业技能鉴定机构发展规划和管理制度；指导技工院校、职业培训机构师资队伍和教材建设。贯彻执行事业单位人员和机关工勤人员工资收入分配、福利、津补贴、休息休假、工龄认定、遗属生活困难补助、死亡抚恤和离退休政策等具体办法；承担事业单位的绩效工资总额管理、退休人员综合管理服务和工资退休福利等业务工作的指导、培训等相关工作。

【机关事业单位队伍建设】　公开招聘（含考核招聘）事业单位工作人员317人，其中教育系统196人、卫生系统83人、其他系统38人。招募32名“三支一扶”大学生到乡镇服务。完成256名事业单位中层干部任职备案。完成297名机关事业单位工作人员人事调配工作，其中调出区外47人，区外调入24人，城区内调动13人，从乡镇调入城区136人（其中选聘调入教师117人）。系统内调动75人，乡镇间调动2人。机构改革人员划转632人。完成30名机关事业单位工勤人员的技术等级（岗位）考核工作。

【专业技术人才队伍建设】　做好专业技术人员继续教育工作，全年有9071人完成公需科目学习。抓好2020年职称评审工作，推荐送评通过正高级职称5人、副高级职称111人，评审通过中级职称191人、初级职称45人。落实245名人员职称确定工作。开展特殊人才职称申报认定工作，通过副高级职称1人。组织40名正高级职称专业技术人员进行健康体检。

【职业技能人才队伍建设】　鉴定合格并颁发职业资格等级证书1381人次，包括中式烹调师、汽车维修工、美容师、美发师、车工、钳工等8个工种。坚持“以赛促学”，积极组织各类人才参加技能大赛，取得较好成绩。职教中心、梁平职校等学生参加在开州举行的重庆市贫困人口职业技能展示活动，并获得三等奖；贫困人员参加重庆市技能培训成果展示活动，赵明生获得电工一等奖，柏菊获得母婴护理一等奖，刘远全获得中式烹调师二等奖，苏龙获得焊工三等奖，梁平区获全市组织奖一等奖；家服从业人员参加重庆市第三届“渝家人”杯家政服务业技能大赛决赛，王开星获育婴项目优胜奖。

【事业单位人事管理】　做好全区事业单位及机关工勤人员2020年度考核工作，备案确认考核结果10842人次。完成部分事业单位岗位设置调整工作，共调整教育系统106个、卫生系统1个、其他系统62个。完成事业单位工作人员岗位聘用2868人次，其中管理人员108人次，专业技术人员2711人次，工勤技术人员49人次。

【工资福利与退管服务】　执行农林水工资浮动政策158人，办理退休66人，认定工龄75人次，新增遗属的生活困难补助审批12件。完成2020

年机关事业单位工作人员正常晋升级别、薪级工资的审批工作，落实2020年度重庆市梁平区发放机关在职人员目标绩效奖和离退休人员健康休养费口径政策，督促全区事业单位主管部门做好所属事业单位绩效工资考核工作。落实2020年全区遗属的生活困难补助调标工作。

（区人力社保局　曾道海）

应急管理

【概况】　重庆市梁平区应急管理局为区政府工作部门，在册职工58人。内设办公室（规划财务科）、应急指挥中心（综合应急管理科）、安全生产综合协调科、自然灾害救援科、危险化学品安全监督管理科、矿山安全监督管理科、工贸安全监督管理科、救灾和物资保障科、政策法规科（行政审批科）9个科室；直属事业单位有重庆市梁平区应急管理综合行政执法支队（参公）、重庆市梁平区安全生产应急救援中心、矿山管理服务中心、自然灾害应急救援中心。重庆市梁平区应急管理局机关行政编制15人。设局长1人，副局长3人，政治处主任1人；科级领导职数10人。

2020年，区应急局始终坚持以习近平新时代中国特色社会主义思想为指引，切实把“促一方发展，保一方平安”的政治责任扛上肩，时刻冲锋在应急救援一线，经受住“7·15”“7·25”等洪灾考验，全力确保安全生产与自然灾害防治工作良好发展态势，为统筹疫情防控和经济发展提供了安全稳定的环境，被考核为全市安全生产和自然灾害防治工作先进单位。

【安全生产】　2020年，梁平区安全形势稳定，共发生生产安全事故16起、死亡16人，死亡人数占市政府下达的控制指标的69.5%，亿元地区生产总值生产安全事故死亡率降至0.03；共遭受风雹、滑坡、洪涝等灾害11起，因灾死亡1人，受灾人口19.67万人，直接经济损失1.54亿元；发生火灾79起，死亡5人；未发生森林火灾。全区安全生产和自然灾害防治工作势头良好。

【应急体制】　调整充实区安委会、区减灾委，成立10个专项安全办公室、4个专项指挥部，组建一支30余人的区级综合应急救援队伍，投资247万元建成综合应急救援队伍办公训练基地，投资178万元建成高标准区级救灾物资储备库，投资198万元建成标准化应急指挥（值班）中心。同时，组织召开局党委扩大会，全面评估“十三五”规划完成情况，科学研判全区安全生产和自然灾害防治形势，把习近平总书记关于应急管理的重要论述作为根本遵循，认真组织编制应急管理“十四五”规划，主动践行新的发展理念，融入新发展格局。

【监管执法】　危化品监管，深入开展标准化“一体化”执法工作，督促整改隐患508项；严格“打非治违”，查获非法销售储存运输烟花爆竹207起，收缴销毁烟花爆竹9223件，治安拘留26人次，罚款8.2万元。煤矿，科学有序推进邵新煤矿淘汰落后产能关闭退出，完成邵新煤矿5个井筒7个井口封闭。出动执法检查132家次，发现督促隐患整改205条。综合行政执法支队下达各类执法文书139份，责令限期整改15家次，处罚企业15次，其中罚款10.12万元，警告4家，采取停产停业整顿措施3家次。立案调查事故23起，其中生产安全事故21起，罚款110.5万元，移送司法机关调查处理8人，移送区公安交巡警支队行政处罚4人，责令9个单位做书面检查，根据处罚权限移送区内行业主管部门（或其他区县）调查处理案件7起，向区监委移送调查线索2起。

【专项整治】

在安全生产综合监管上，以大排查大整治大执法为工作抓实，牢牢抓住全国安全生产专项整治三年行动契机，持续保持“严管重罚”的高压态势，督促并带动各负有监管职责的行业部门检查企业1.67万家次，查获隐患8019条，关闭取缔6家，责令停产整顿40家，暂扣吊销15家，罚款1310.6万元，有力整治安全生产领域突出违法行为。

在直管行业上，科学有序推进邵新煤矿淘汰落后产能关闭退出，深入开展危险化学品、矿山标准化“一体化”执法工作，督促整改隐患508项；严格“打非治违”，查获非法销售储存运输烟花爆竹207起，收缴销毁烟花爆竹9223件，治安拘留26人，罚款8.2万元。

在自然灾害防治上，严格风险台账“一图一表一库”动态管理和“日周月”监测机制。采取人防技防并重严把灾害预防关，科学投用系列在线监测、灾害预警设备平台，实现灾情预测预警互联网、短信、喇叭“三联发”。坚持每月必研判、临灾必会商，大灾必调度，统筹地灾“四重”网格员、气象信息员、护林员等队伍，全力织密群防群治“安全网”。同时，严格救援队伍战斗力训练。全年共组织开展区级综合演练3次，各类应急演练320余次；共采购55.5万元帐篷、棉被等救灾物资，招标采购防汛抢险、地质灾害防治等应急救援装备设备1023万元。

【安全素质提升】 2020年扎实开展“5·12”防灾减灾日、安全生产月、安全知识“五进”等宣传活动，发放宣传资料10万余份，举办培训班9期，培训监管干部及企业管理人员1065人。督促推动消防基础设施建设，新建森林防火通道，整治地灾点等，有力夯实民生安全基本面。组织全区安全生产执法人员培训，制定2020年版执法手册，提升基层安全行政执法能力及行业监管能力。同时，把优化营商环境作为一项重要工作来抓，深入推进“放管服”改革，全面优化行政审批工作，总审批时间在法定时间内减少了90%，确保办事群众通过渝快办提交申请，一次都不跑就能办成事。（区应急管理局）

信访工作

【概况】 重庆市梁平区信访办公室（以下简称区信访办）编制12人，实有10人，设主任1人、副主任3人、督查专员1人，内设综合科、接访科、办信科、群众工作指导科、信访稳定协调科。下设正科级事业单位重庆市梁平区信访信息中心，编制10人，实有人数10人。

2020年，梁平区信访系统坚持以习近平新时代中国特色社会主义思想为指导，坚决防范化解信访稳定风险，打好新冠肺炎疫情防控阻击战，全力攻坚信访积案，信访工作呈现出“五个大幅下降”的良好态势：实现全区群众来信来访同比下降29.16%，到市上访同比下降63.76%的工作目标，确保全区社会大局和谐稳定。

【源头防范】

坚持区委、区政府定期研究信访工作制、书记议稳制，区委常委会、区政府常务会多次研究信访工作；坚持信访工作联席会议制，始终把实现好、维护好、发展好最广大人民的根本利益放在第一位，2020年召开信访工作联席会议7次、全区信访稳定工作大会4次。

干部接访下访工作 坚持“三级”接访制，拓展专题接访、入户下访、重点约访等形式，33名区级领导工作日公开定点接访，乡镇街道部门领导轮流坐班接访，村（社区）干部随时就地接访，深入推进全区领导干部接访下访工作。2020年，梁平区各级领导干部接访下访4346件次5142人次，按期办结率100%。

矛盾纠纷排查化解 成立区信访稳定联合调度中心，形成统一指挥、应急响应、分级处置、部门联动工作格局；完成视频接访调度系统延伸33个乡镇街道项目建设，恢复乡镇（街道）信访预警信息系统建设，建立健全视频调度和预警平台。践行新时代“枫桥经验”，坚持定期排查调处机制，健全社会矛盾预警机制，依托社会治理网格化建设平台，在全区33个乡镇街道海选2747名信息员，扎实开展排查化解工作。持续推动“四重攻坚”行动，开展“3+3”信访突出问题专项治理工作，坚持专项治理和动态信访突出问题专项治理相结合，集中力量攻坚化解影响全

区稳定的群体性集访问题，全年专项治理工作中共排查矛盾纠纷112件，化解96件、妥善处理16件。

社会稳定风险评估 强化重大事项社会稳定风险评估流程，建立社会稳定风险评估联合评审机制，坚持“三不评估、三不通过”原则，严把重大事项的评估、审查、运用、决策、监督“五关”，全年完成评估项目70件，其中通过评审68件，暂缓实施2件。

疫情防控 区信访办19名干部职工先后有12名抽调到疫情防控一线开展工作；对涉疫等重要信访事项，第一时间组织专班、奔赴实地，及时解决群众投诉、纾解群众困难；把涉疫矛盾化解和全区“四重”攻坚同部署、同推进，提前制定应急预案和攻坚方案，全区共摸排收集疫情有关矛盾24件，化解23件，妥善处理1件。

“访调”对接 厘清信访工作职责权限推行“访调”对接机制，在全区建立11个专业调解组织，医调、家事调处、涉诉工作站、治欠办和治安管理支队入驻来访接待中心，高效快速处置各类信访突出问题。全年共调解医患纠纷18件，涉及金额160余万元；治欠75起，追讨民工工资等待遇633.97万元。

【信访处置】

按区领导联系乡镇街道及分管领域“条、块”结合，实行“三级联动”领导包案机制；投入资金聚力攻坚化解 “治重化积”“清仓见底”“四重攻坚”信访积案。2020年，“清仓见底”案件化解率37.39%，“治重化积”案件化解率51.45%，全面完成上级交办的任务。

主动融入成渝地区双城经济圈建设，与垫江县、四川省大竹县签订三区县信访服务保障协议，召开、参与信访服务保障工作联席会议3次，深化信访业务交流、共建信访服务保障合作网络。

【信访改革】

“阳光信访”建设 深化“重庆市信访信息系统”功能运用，实行信访网电事项“一网通办”，全部网上流转，全程公开透明。提高网上信访率，全年网上信访占比75.66 %，整合区长信箱、区长热线等平台，大力推行网上信访代理，落实网上信访代理员343人，实现了网上信访代理全覆盖。开展人民建议专题征集活动，2020年征集人民建议116件，其中网上建议109件，向市信访办推荐优秀人民建议6篇，择优推选人民建议信息员1人。

“责任信访”建设 推进依法逐级走访，引导群众逐级信访，逐层压实责任，减少越级信访。推进信访基础业务规范化，落实首接首办责任制，加强初信初访办理，重复信访治理，及时就地解决群众的信访诉求。完善工作机制、压实首办责任、踩准工作节奏，推动“最多访一次”，梁平区初信初访占信访总量的94.70%。开展《重庆市信访工作责任制实施细则》专项督查和信访业务工作常态化督查，充分发挥信访“三项建议权”。 （区信访办 方兴）

政务服务

【概况】 重庆市梁平区政务服务管理办公室由原重庆市梁平区行政服务中心管理办公室更名，于2004年3月挂牌运行，地处双桂街道桂西路15号，为区政府工作部门，属正处级行政单位，编制6人，现有6人，设主任1人，副主任1人，内设综合科、职能转变协调科、政务服务科；下属事业单位重庆市梁平区行政服务中心，属正科级公益一类全额拨款事业单位，编制13人，现有12人，设主任1人，副主任2人，内设6个业务科室。区行政服务中心大厅办公面积6300多平方米，35个单位入驻，集中办理1308项行政审批服务事项；2020年通过“渝快办”平台共办件38843件，较上年增加59.01%。

【深化行政审批制度改革】

简政放权 2020年对应取消行政权力事项203项、承接市政府下放事项1项。

落实“跨省通办” 落实第一批川渝通办事项清单，加强与浙江省玉环市政务服务领域交流合作，两区市签订战略合作协议，探索推进“跨省通办”政务服务新模式，两地“跨省通办”事项39项。设置“跨省通办”窗口，按照异地申请、属地办理、邮寄送达或“全程网办”模式运行。

推进“三集中、三到位” 优化行政服务大厅布局，实现企业和群众办事“只进一扇门”，全区1308项依申请事项进驻区行政服务中心实体大厅和重庆市一体化政务服务平台受理办理，进驻率100%，审批授权率100%。

推行“一件事一次办” 立足企业和群众办事需求，推出“我要开便利店”“我要找工作”等100项“一件事一次办”服务套餐，实现多个关联事一表申报、一窗受理、一次办成，办理时间缩减89.12%。

【规范服务群众平台】

群工系统 “互联网+督查”平台。认真开展数据分析和网上反映事项预研判，强化事项的交办、催办、督办和抽查回访等日常管理。2020年，通过该平台共受理问题线索7066件，截至年底共办结7048件，办结率99.75%，评价率99.68%，满意率99.36%；未出现红、黄灯。

“渝快办” 区级部门5165项、33个乡镇街道4351项事项纳入“渝快办”平台管理，96.18%依申请事项实现网上可办，依申请事项承诺时限压缩85.46%、即办件占比59.35%、全程网办占比87.01%、平均跑动次数降至0.13次；“零材料”事项123项、“最多跑一次”事项1300项；梁平微发布、梁平趣生活、家在梁平开通“渝快办”，实现“掌上查、指尖办”；建成自助政务服务大厅，实现“7×24小时不打烊”自助服务。

“全层级延伸” 推进服务向基层延伸，社保、医保等80%以上高频事项进驻乡镇、街道公共服务中心，村、社区便民服务中心可代办事项161项。

【创新服务方式】

“帮代办”服务 区行政服务中心落实4名专职代办人员，为招商引资企业和政府投资重点项目提供全程免费行政审批代办服务，2020年共为54家招商引资项目、18个政府投资项目全程免费代办审批服务事项270余项。在政务服务大厅设置咨询服务台，落实咨询导办人员，为进厅办事群众提供现场咨询、指引导办、委托代办等便利化服务，助推政务服务工作提速增效。

“双创”服务 推行创业创新专班服务和行政审批代办服务制度，区创业创新服务中心、乡镇（街道）创业创新服务窗口分别为182家企业、11379个市场主体开展全程帮办导办服务，促进市场主体蓬勃发展，梁平区新发展市场主体净增长率全市领先。

“政务+邮政”服务 与中国邮政集团公司重庆市梁平分公司签订战略合作框架协议，在邮政网点设置通办厅，在邮政银行设置自助终端，打造“政务+邮政”线上线下双通路。

（区政务服务办 邓钦心）

机关事务服务

【概况】 重庆市梁平区机关事务管理中心于2020年3月组建，是隶属于区政府办公室的财政全额预算事业单位，按正处级管理。6月按照区委安排，设立中共重庆市梁平区机关事务管理中心委员会。区机关事务管理中心核定编制15人，内设科室6个。

2020年，坚持以习近平新时代中国特色社会主义思想为指导，深入学习贯彻党的十九大，十九届二中、三中、四中、五中全会精神，不断增强“四个意识”，坚定“四个自信”，自觉践行“两个维护”，扎实落实市机关事务局各项工作安排，不断拓宽思路、创新举措，稳步推进机关党建、公务接待、办公用房、公务用车等任务落实。

【公务接待】 严格执行《机关事务管理条例》

《党政机关厉行节约反对浪费条例》，坚决落实过紧日子要求，严格按照接待审批、接待公函、接待清单制度，从严控制接待经费，不断提升接待水平。住宿安排严格执行差旅、会议管理有关规定，所有接待住宿均安排在协议酒店或宾馆，并执行协议价格。公务接待用餐安排以地方特色和家常菜为主，不上海鲜和野味，一律不饮酒，陪餐人数严格按照标准执行。严格落实各项卫生防疫措施，并专人负责重要接待卫生防疫监督工作，必要时邀请卫生、市场监管等部门现场督促指导，切实营造卫生健康的接待环境。2020年，完成公务接待46批次1100余人次，协助完成接待54批次1500余人次。接待经费较上年同期下降0.98%。

【办公用房管理】 严格按照各级规定，推进办公用房集中管理、统一调配、优化盘活，按照相对集中办公原则，有效保障全区办公用房管理。优化办公用房管理大数据平台，督促、更新全区89家单位的办公用房信息管理系统，推动办公用房科学化管理水平。根据工作安排，及时完成16家单位的办公用房现场摸底，并严格按照办公用房管理办法，对相关单位提出统筹调配相关建议意见。严格执行国务院“约法三章”，规范管理办公用房。2020年调配办公用房面积1807.75平方米。

【公务用车保障】

深化制度改革　完成机构改革后党政机关公务用车编制核定，全区党政机关非执法执勤类公务用车编制190个。高效推进事业单位车辆改革，协助区车改办召开全区事业单位车改培训会，完成了涉改单位车辆方案报送和批复、车辆的封存停驶等工作。全区保留事业单位公务车辆编制262个，实有事业单位公务车辆215台。根据市车改办、市机关事务局工作要求，全区事业单位公务用车共统一标识化123台，安装车载智能终端121台。深入推进公务用车服务社会化。通过招标公开采购公务车辆定点租赁服务商3家，有序推进了公务出行社会化、市场化。

公务用车编制管理　坚持“过紧日子”要求，按照《党政机关公务用车管理办法》，从严控制公务用车购置、处置审批。优化了购置、处置流程，对公车处置的方式以及公车购置价格和排量坚持刚性控制，确保不浪费。2020年，共处置16辆，更新3辆。

日常管理　严格“一事一派车”的派车模式，2020年，公车平台共派出车辆320余次、里程达4.4万余千米，安全、高效地保障晒秋节、丰收节、柚博会等全区大型接待活动和其他重要公务出行。

工作监督　向全区各公务用车相关单位印发公务用车使用及管理情况相关的工作提醒。落实专人，通过重点查看各单位公务用车加油卡记录及台账、制度等形式，对全区各单位的公务用车加油卡使用管理情况进行检查，发出整改提醒函12份，责令相关单位进行限期整改。

【后勤保障服务】

高质量完成会议服务工作，会前加强对会务人员的礼仪、保密业务培训，提高会务人员服务水平，会中切实做好音响设备检查、安全维护工作，会后认真清扫会场，保持会场干净、整洁、舒适。2020年所有大小会议的会务工作，做到步步到位、场场无差错，全年共接待大小会议881场次，52590人次。严格落实物业安全生产责任制，常规巡检不松懈，全力做好安全防范，对库房、食堂、配电房、办公室等区域进行彻底的安全隐患排查和整治工作消除安全隐患，做到安全排查无死角，责任到人不扯皮，确保提供安全的后勤保障服务。机关食堂方面，持续打造4D厨房和绿色健康食堂，严格把控物品采购、物料进出库、食品加工、厨余垃圾分类等各个环节，规章制度建立健全，收支账目规范明晰，工作人员业务素质不断增强，全年无食品安全事故，食堂整体服务水平进一步提高。

（区机关事务服务中心）

政协重庆市梁平区委员会

综　述

【概况】　中国人民政治协商会议重庆市梁平区第十四届委员会（简称梁平区政协）有政协委员258人，由中共界、无党派界、共青团界、总工会界、妇联界、工商联界、科协界、台联界、侨联界、文艺界、科技界、经济界、农业界、教育界、医卫界、少数民族界、宗教界、特邀界等18个界别组成。

中国人民政治协商会议重庆市梁平区第十四届常务委员会成员包括主席1人，副主席7人，秘书长1人，常务委员47人。

区政协机关设综合办事机构1个，即区政协办公室。专门委员会办事机构4个，即区政协提案联络办公室、经济办公室、社会事务办公室、人资环建办公室。工作机构7个，即提案委员会、经济委员会、人口资源环境建设委员会、农业和农村委员会、教科卫体和文化文史委员会、社会法制和民族宗教委员会、学习和联络委员会；设置直属副处级事业单位1个，即区政协社情民意信息中心。

2020年，在区委的坚强领导下，区政协常委会以习近平新时代中国特色社会主义思想为指导，全面贯彻总书记对重庆的重要指示要求，认真落实中央、市委、区委对政协工作的部署，增强“四个意识”，坚定“四个自信”，做到“两个维护”，团结带领区政协各参加单位、全体政协委员，聚焦打好“三大攻坚战”、推动成渝地区双城经济圈建设和全市“一区两群”协调发展等重点任务，紧扣统筹推进常态化疫情防控和经济社会发展等重点工作，认真履行政协职能，充分发挥专门协商机构作用，为如期全面建成小康社会作出贡献。

重要会议

【全体委员会议】　政协重庆市梁平区第十四届四次会议于2020年1月5—8日在梁平双桂城区举行。会议听取和审议了区政协第十四届常务委员会工作报告和区政协第十四届常务委员会提案工作报告；列席重庆市梁平区第十七届人民代表大会第四次会议第一次全体会议，听取并协商蒲继承所作的《政府工作报告》和其他报告。会议期间，大会秘书处收到提案193件，立案188件。

【常务委员会会议】

第17次会议　2020年1月8日，区政协十四届17次常委会召开。会议听取各小组汇报审议政协2个报告、协商“一府两院”报告及相关报告的情况；审议区政协十四届委员会常务委员会工作报告的决议（草案）和区政协十四届委员会第四次全体会议决议（草案）；通报大会期间提案审查情况；审议2020年区政协工作要点（初稿）。

第18次会议　2020年4月16日，区政协十四届第18次常委会召开。会议传达学习习近平总书记在中央财经委员会第六次会上的重要讲话精神、市委五届八次全会精神及全市推动成渝地区双城经济圈建设动员大会精神。会议协商了有关事宜。

会议强调，推动成渝地区双城经济圈建设是以习近平同志为核心的党中央作出的重大战略部署，体现了对西部地区发展的高度重视，是推动形成优势互补高质量发展区域经济布局的重大举措，这既是重大的历史责任，又是重要的历史机遇。作为川渝合作的重要内容，“双城经济圈”建设对于解决四川、重庆地区发展不平衡、不充分问题，推动大中小城市协调发展具有重大意义，将为渝东北、川东北一体化发展提供广阔的空间。全区政协委员要深刻把握成渝地区双城经济圈建设和全市“一区两群”协调发展的重大意义，更加注重从全局谋划一域、以一域服务全局，切实把战略要求转化为战略行动，落实到工作机制、发展规划、合作项目等具体事项上，在唱好“双城记”、建好“经济圈”中展现政协的责任和担当。

会议要求，全区政协委员要认真学习领会好中央精神、市委部署和区委安排，按照市委五届八次全会精神和即将召开的区委十四届七次全会精神，认真抓好区政协2020年重点协商、通报、视察、调研计划及工作要点安排的各项工作任务的落实，努力提升政协工作的质量和水平。要在统筹推进疫情防控和经济社会发展各项工作中，立足岗位、担当作为，确保完成2020年各项目标任务。要扎实有效抓好脱贫攻坚工作的问题整改，为统筹解决好疫情带来的新情况新问题献计出力，确保全面建成小康社会。

第19次会议　2020年6月16日，区政协十四届第19次常委会召开。会议传达学习习近平总书记在全国两会期间重要讲话精神和全国两会精神；听取全区乡村振兴工作情况、全区新冠肺炎疫情防控工作情况和企业复工复产情况汇报。会前，部分区政协常委深入礼让镇川西渔村、竹山镇猎神村视察乡村振兴工作推进情况。

会议强调，全区政协委员要切实提高政治站位，把学习贯彻习近平总书记在全国两会期间重要讲话精神和全国两会精神摆在突出位置，切实把思想和行动统一到党中央决策部署和市委、区委工作要求上来。要聚焦全国两会重点任务履职尽责，围绕推动落实做好“六稳”工作“六保”任务、统筹常态化疫情防控和经济社会发展工作、决战决胜脱贫攻坚以及保障和改善民生等重点任务，进一步发挥好专门协商机构作用。要对照全国政协和区委要求扎实抓好区政协工作，助推成渝地区双城经济圈建设和全市“一区两群”协调发展，坚持在建言资政和凝聚共识双向发力中，强化委员责任担当，以良好作风保障履职实效。要认真落实审议通过的今年政协工作要点，抓住关键环节，推动政协工作提质增效。

第20次会议　2020年8月13日，区政协十四届第20次常委会会议召开。区委常委、常务副区长陈道彬应邀参加会议，并就“梁平区落实成渝地区双城经济圈建设及全市‘一区两群’协调发展的思路举措”作专题报告。

会议学习习近平总书记在企业家座谈会上的重要讲话精神，听取梁平区2020年上半年经济形势及下半年工作措施情况通报；传达学习7月30日中央政治局会议精神和市委书记陈敏尔在梁平调研时的讲话精神。

会议认为，2020年上半年，面对突如其来的疫情和复杂严峻的国内外形势，区委、区政府认真贯彻落实习近平总书记的系列重要讲话和重要指示以及市委部署，统筹推进疫情防控和经济社会发展，全区经济增长实现由负转正，成绩来之不易。全区政协委员要切实围绕中心工作履行好“三项职能”，高度关注、积极参与全区“三区一城”建设、“三大攻坚战”、招商引资、重大项目建设、营商环境改善和扩大消费等重点工作，切实助力全区经济高质量发展。

会议围绕推动“成渝地区双城经济圈建设和全市‘一区两群’协调发展”开展专题协商。会议认为，区委、区政府认真贯彻落实中央决策、市委部署，推动成渝地区双城经济圈建设和全市“一区两群”协调发展站位高、见事早、行动快、谋划实、开局好，受到市委、市政府的充分肯定。

会议强调，区政协要将推动“成渝地区双城经济圈建设”和“三峡库区城镇群建设”作为当前履职的重点，统一思想、凝聚力量的重点，参政议政、建言献策的重点，发挥专门协商机构作用，助力双城经济圈建设。全区政协委员要进一步增强政治思想行动自觉，从“结合、统筹、协同、落实”四个方面狠下功夫，在持续深入学习、深化认识、找准履职重点中更好发挥独特优势，在发挥委员主体作用、专委会基础性作用和各参加单位作用中，通过建言资政、凝聚共识，助力“三区一城”建设，助推双城经济圈建设和三峡库区城镇群建设走深走实。

第21次会议　2020年11月3日，区政协十四届第21次常委会会议召开。会议传达学习中共十九届五中全会精神。会议强调，全区政协委员要把学习贯彻中共十九届五中全会精神作为当前和今后一个时期的重要政治任务，要按照区委的工作安排，坚持学在深处、谋在新处、干在实处，切实把思想和行动统一到中央精神上来，不断增强“四个意识”、坚定“四个自信”、做到“两个维护”。要积极发挥政协专门协商机构作用，把学习贯彻全会精神贯穿到政协履职的全过程和各方面，组织全区政协委员持续为“十四五”规划的编制实施，推进成渝地区双城经济圈建设和“一区两群”协调发展建言献策，为全会精神落地落实献计出力。要充分发挥人民政协“重要阵地”“重要平台”“重要渠道”作用，加强思想政治引领、广泛凝聚共识，把全区委员、社会各族各界人士的思想统一起来，力量凝聚起来，为实施好“十四五”规划营造良好氛围，共同凝聚起全面建设社会主义现代化国家的思想共识。

会议通报全区脱贫攻坚工作、污染防治攻坚战工作和梁平区全面建成小康社会各项任务以及“十三五”规划完成情况，对“科学制定我区‘十四五’规划”进行建言，就提升公共卫生应急能力工作进行了专题协商。大家认为，近年来，区委、区政府坚持以习近平新时代中国特色社会主义思想为指导，紧紧围绕把总书记殷殷嘱托全面落实在梁平大地上这条主线，带领全区干部群众牢记嘱托、感恩奋进，推动各项事业迈上新台阶，完成“十三五”规划确定的各项目标任务，为“十四五”开好局、起好步奠定坚实的基础。

区政协主席周仁胜强调，编制“十四五”规划是一项系统工程，也是发扬民主、集思广益的过程，人民政协要发挥自身优势，为规划制定和实施贡献力量。要发挥协商民主优势，紧扣“十四五”规划重点议题科学安排协商议政活动，努力提高协商能力，善于把建言资政成果转化为党政部门工作选项；要发挥凝聚共识优势，用好政协制度化平台和委员本职工作舞台，为规划编制和实施厚植社会基础；要发挥自身岗位优势，努力为“十四五”规划编制和实施提出更多具有前瞻性、针对性的建议。

【主席会议】

第44次会议　2020年1月7日，区政协主席周仁胜主持召开区政协十四届第四十四次主席会议。会议审议了区政协十四届委员会常务委员会工作报告的决议（草案）和区政协十四届委员会第三次全体会议决议（草案），听取了提案审查情况。

第45次会议　2020年3月30日，区政协主席周仁胜主持召开区政协第四十五次主席（扩大）会议，传达学习中央、市委和区委有关会议精神，修改完善区政协工作要点。

会议学习了中央财经委员会第六次会议精神，3月18日中央政治局常务委员会会议精神，推动成渝地区双城经济圈建设四川、重庆党政联席会议精神，重庆市推动成渝地区双城经济圈建设动员大会精神，中央脱贫攻坚专项巡视“回头看”反馈意见和国家反馈2019年重庆市脱贫攻坚成效考核整改落实工作动员部署会精神，会议修改完善《政协重庆市梁平区委员会2020年工作要点》。

会议强调，要认真学习习近平总书记的重要讲话精神，认真把握党中央决策部署和市委、区委工作要求，找准政协的工作方位和工作着力点，切实抓好各项工作的落实，把增强“四个意识”、坚定“四个自信”、践行“两个维护”落实到各项履职行动之中。全区政协委员要在统筹推进疫情防控和经济社会发展各项工作中，立足岗位、担当作为，切实助推经济社会发展，把疫情影响的损失抢回来，确保完成2020年各项目标任务。要深刻把握成渝地区双城经济圈建设和全市“一区两群”协调发展的重大意义，更加注重从全局谋划一域、以一域服务全局，切实把战略要求转化为战略行动，落实到工作机制、发展规划、合作项目等具体事项上，在唱好“双城记”、建好“经济圈”中展现政协的责任和担当。区政协领导和机关要扎实有效抓好脱贫攻坚工作的问题整改，为统筹解决好疫情带来的新情况新问题献计出力，确保全面建成小康社会。

会议要求，认真抓好区政协今年重点协商、通报、视察、调研计划及工作要点安排的各项工作任务的落实。一要注重统筹，在时间上、结合上统筹安排好各项履职活动；二要立足于早，尤其是专题调研、协商活动等，要早思考、早谋划、早落实，从学习、思考、准备、人员安排、调研提纲、调查方式等方面早着手，下足调研功夫，提高调研质量；三要发挥专委会的基础作用，特别是发挥有某方面专长、善于思考和表达的委员的作用；同时，区政协各分管领导要切实加强领导，抓好对专委会经常性工作的督促检查，分析研究解决专委会工作的难题，把委员队伍带好，把工作抓落实。

要切实加强机关建设。一要抓好政协党的建设，全面抓好两级党组及党支部的工作，发挥党员委员的示范作用；二要坚持全面从严治党，认真落实好中央八项规定精神，头脑里时刻有一盏红绿灯，遇事都得想一想，什么能为，什么不能为；三要更加注重学习，认真学习领会习近平新时代中国特色社会主义思想、习近平总书记关于加强和改进人民政协工作的重要思想，做到学用结合、学以致用；四要切实做到“主动谋事、善于建言”，将政协的三大职能和八项经常性工作主动同区委中心工作结合起来，找准政协履职的切入点、结合点，努力提升政协工作的质量和水平。

第46次会议　2020年6月23日，区政协主席周仁胜主持召开区政协第四十六次主席（扩大）会议，传达学习有关中央、市委有关会议精神，交流学习体会，协商区委、区政府重点工作。

会议传达学习习近平总书记在全国两会期间重要讲话精神、全国两会精神和市委书记陈敏尔莅梁调研有关要求，15名与会人员交流学习全国两会精神体会。会议要求，要认真学习，深入领会全国两会精神，进一步提高政治站位，切实把思想和行动统一到党中央决策部署和市委、区委工作要求上来。要把全国两会精神和市委书记陈敏尔莅梁调研有关要求，贯彻落实到区政协履职工作中，在统筹推进疫情防控和经济社会发展，围绕推动落实做好“六稳”工作“六保”任务、决战决胜脱贫攻坚、推动成渝地区双城经济圈建设以及保障和改善民生等重点任务中，献实策、出实招、办实事。

会议协商了《重庆梁平至四川开江高速公路（重庆段）PPP项目实施方案》（以下简称《方案》）和《梁平区长江经济带战略环境评价“三线一单”成果》（以下简称《成果》），区交通局、区生态环境局分别汇报了梁开高速前期工作推进情况、梁平区“三线一单”工作开展情况，对《方案》《成果》起草作了说明。与会人员就《方案》《成果》主要内容进行充分协商。

会议认为，重庆梁平至四川开江高速公路（重庆段）PPP项目，是深入学习贯彻习近平总书记在中央财经委员会第六次会议重要讲话精神，深化川渝毗邻地区融合发展，推动成渝地区双城经济圈建设的具体行动，既是一条连接梁平南面和北面的通道，又是一条川渝省级大通道，对于深化川渝合作、完善高速路网结构，促进梁平旅游资源开发和带动区域经济发展具有重要意义。一要加快项目进度，认真做好梁开高速前期各项工作，确保项目按时开工。二要加强项目管理，确保项目更加规范、高质、高效推进。三是强化统筹协调，项目涉及的镇乡（街道）、部门应通力配合，确保形成工作合力。

会议认为，近年来，区委、区政府高度重视《成果》编制工作，认真贯彻落实习近平总书记生态文明思想和在深入推动长江经济带发展座谈会上的讲话精神，立足梁平发展实际，聚焦人居环境建设和水环境保护，致力于提升环境治理体系和治理能力现代化水平，推进生态文明建设水平、环境保护水平与社会主义现代化相适应。《成果》对全区当前和今后可能出现的突出环境问题识别基本准确，对空间布局约束、污染物排放管控、环境风险防控、资源开放利用效果等落细落实到各单元中基本合理。建议，要立足当前推动成渝地区双城经济圈建设、梁平“双百”城市战略、川渝毗邻地区一体化融合发展等重大形势、重大格局、重大战略，立足区域内“三大产业”集群发展、产城融合发展、明月山绿色发展示范带建设、重点水利设施建设等全区重大项目的布局，对《成果》进一步优化完善，促进空间布局更加合理优化，切实为未来发展留足空间。

第47次会议　2020年9月24日，区政协第四十七次主席会议开展视察活动，现场查看重点水利工程建设、明月山城市生态屏障建设和百里竹海重点景区建设营运情况。

与会人员认为，在区委、区政府的坚强领导下，梁平区上下深学笃用习近平新时代中国特色社会主义思想，深入贯彻新发展理念，认真落实习近平总书记对重庆的殷殷嘱托，梁平区重点水利项目推进有力，百里竹海重点景区建设进展迅速、运营平稳，践行“两山论”、走实“两化路”取得明显成效。

大家表示，要进一步认真贯彻落实习近平生态文明思想，践行新发展理念，坚持生态优先、绿色发展，切实管好用好竹海资源，筑牢城市生态屏障，助推长江经济带绿色发展；要进一步补齐民生短板，抓好重大项目的推进，不断增强群众获得感、幸福感和安全感；要进一步持续做好农文旅商融合发展这篇大文章，抓好假日经济、夜间经济，突出旅游的大众化、分众化特征，不断书写竹山变金山的精彩故事，让“绿水青山”变更多“金山银山”。

第48次会议　2020年10月15日，区政协第四十八次主席会议开展视察活动，现场查看重点交通建设项目和东山国家森林公园保护等情况。

与会人员认为，在区委、区政府的坚强领导下，全区重点交通项目进展迅速，东山国家森林公园保护和国家储备林建设推进有力，各项工作取得明显成效。

大家表示，要认真贯彻落实习近平新时代中国特色社会主义思想，坚持生态优先、绿色发展，进一步加强用地、资金等要素保障，持续推进重大项目建设，不断增强群众获得感、幸福感；要切实管好用好保护好东山森林资源，突出绿色本底，兼顾经济社会生态效益有机统一，高质量建设国家储备林，推动绿色发展；要把资源优势转变为产业优势，让“绿水青山”变更多“金山银山”，在建设生态优先绿色发展先行示范区当好排头兵。

第49次会议　2020年11月12日，区政协第四十九次主席会议开展视察活动，现场查看龙溪河综合治理和亚行生态项目实施情况。

与会人员认为，区委、区政府深入贯彻落实习近平生态文明思想和总书记视察重庆重要讲话精神，着力打赢打好水污染防治攻坚战，高质量推进龙溪河综合治理和亚行生态项目，有力地助推全区经济社会高质量发展。

大家表示，要认真贯彻落实习近平生态文明思想和总书记在推进长江经济带绿色发展座谈会上的重要讲话精神，坚持生态优先、绿色发展，切实做好龙溪河流域水环境综合治理和可持续发展试点工作，助推长江经济带绿色发展。

与会人员建议，要合理安排工期、优化施工方案，抢抓晴好天气加快项目进度。要做好项目配套建设，注重管网衔接，着力完善二、三级管网。要加强监管，注重工程质量，打造样板工程。着力保护龙溪河流域生态环境，突出全域治水、湿地润城，尤其注重产业培育和可持续发展，让梁平的“母亲河”实现“一河碧水、两岸美景”，在共抓长江大保护中展现新作为。

第50次会议　2020年12月17日，区政协主席周仁胜主持召开区政协第五十次主席（扩大）会议，通报区委、区政府重点工作，协商梁平区明年拟实施区级政府投资重大项目情况。

会议通报全区防范化解重大风险情况、加快

建设区域开放高地工作情况、国际湿地城市创建情况。会议认为，面对突如其来的新冠肺炎疫情冲击，全区上下深入贯彻党的十九大和十九届二中、三中、四中、五中全会精神，认真落实习近平总书记对重庆提出的重要指示要求，围绕推动落实做好“六稳”工作和“六保”任务，统筹推进疫情防控和经济社会发展，推动全区各项工作取得新进展。全区干部群众精神振奋，高质量发展势头强劲，社会大局和谐稳定。

会议协商了《梁平区2021年拟实施区级政府投资重大项目》。区发改委对重大项目的安排作了说明，与会人员就重大项目的主要内容进行充分协商。

政协履职

【协商议政】 发挥人民政协专门协商机构作用，紧紧围绕区委审定的年度协商计划，开展专题协商、对口协商、界别协商、提案办理协商、网络议政协商等各种形式的协商。政协全体会议上，各界别委员对“一府两院”工作报告进行充分协商，就加快梁平区经济社会发展提出意见、建议。围绕科学编制全市“十四五”规划，在市政协五届十五次常委会上，以“充分利用渝东北平原，打造先进制造业基地”为题积极建言。就科学制定梁平区“十四五”规划，召开常委会进行专题协商，常委会组成人员围绕推动高质量发展、生态文明建设以及民生事业等踊跃发言。就政府投资重大项目、仁贤等镇“撤镇设街道”工作、梁开（开江）高速公路（重庆段）实施方案进行主席会协商。就推动双城经济圈建设和“一区两群”协调发展，区政协召开常委会进行专题协商，常委会组成人员围绕交通设施互联互通、产业发展互补互鉴、生态环境联防联治等建言。对优化营商环境开展专题协商，围绕政务环境、人文环境建设等提出建议。就城市商圈建设开展界别协商。就生猪恢复性生产、赤牛城宋蒙文化的挖掘利用开展对口协商。参加川渝两省市政协开展的联合远程协商会，20名区政协委员围绕“共建西部科学城加快建设具有全国影响力的科技创新中心”主题提出意见建议。多项协商意见及时向市政协、区政府及有关部门报送并被吸纳。

【专题调研】 充分发挥政协优势，组建调研组，聚焦区委、区政府中心任务，深入实际、深入基层、深入群众，围绕川渝东北一体化发展、推进脱贫攻坚、培育市场主体、提升应急能力等开展调查研究，提高建言资政质量，调研报告得到区委、区政府领导批示，有关建议被吸纳。

围绕贯彻落实总书记双城经济圈战略、中央关于《成渝地区双城经济圈建设规划纲要》和全市“一区两群”协调发展的要求，开展川渝东北一体化发展调研，并在市政协五届十四次常委会上建言。围绕助推营商环境建设，打造区域开放高地，开展大力培育壮大市场主体专题调研，提出了坚持内培外引、强化要素保障等建议。围绕坚决打赢脱贫攻坚战，巩固脱贫攻坚成果，开展建立解决相对贫困长效机制专题调研，提出建立健全“脱贫成果巩固、长期发展保障”等长效机制的建议。围绕构建公共卫生应急体系，全面提升防控和救治能力，开展提升公共卫生应急能力专题调研，提出提升监测预警能力、应急防控能力等建议，并进行常委会协商。

【提案办理】 强化提案征集引导，收到提案200件立案195件；截至2020年底，交由部门（镇乡）办理的提案均已全部办复，委员满意率97.9%，基本满意率2.1%；加大重点提案督办力度，区委、区政府主要领导分别督办《关于进一步优化营商环境的建议》《关于打造重庆消费品工业基地的建议》等重点提案并进行民主评议，起到示范带头作用；区委、区政府、区政协多名领导领办、督办多件提案，提案办理质量进一步提高。

【社情民意】 畅通民情民意表达渠道，动员、引导委员和特邀信息员关注改革发展稳定和民生等方面的问题，广泛收集社情民意信息86篇，编辑整理上报34篇，多篇信息被采用、批示、吸纳。

【文史工作】 收集摘录、征集整理文献、史料等70余篇。政协书画院举办“书画作品展”，展现了梁平区独特的自然风光及人文景观。

（区政协办公室　陈巧）

中共重庆市梁平区纪委　梁平区监委

综　述

【概况】　中共重庆市梁平区纪律检查委员会机关与重庆市梁平区监察委员会合署办公，实行一套工作机构、两个机关名称，履行党的纪律检查和国家监察两项职能，在中共重庆市梁平区委和重庆市纪委监委双重领导下开展工作。2020年，区纪委监委机关有内设机构18个，分别为办公室、组织部、宣传部、法规研究室、党风政风监督室、信访室、案件监督管理室、第一至三监督检查室、第四至七审查调查室、第八监督检查室、案件审理室、纪检监察干部监督室、机关党委办公室，行政编制67人，工勤编制1人。下属正科级事业单位2个，分别为区纪检监察信息中心、区紫竹管理中心，现有编制15人。区纪委监委向区一级党和国家机关派驻纪检监察组11个，编制44人。区监委向乡镇（街道）派出监察室7个，编制35人。全区设28个乡镇纪委和5个街道纪工委。区委巡察办为区委工作机关，行政编制5人；设区委巡察组5个，行政编制、事业编制各5人。现任中共重庆市梁平区第十四届纪律检查委员会委员22人。

【区纪委全体会议】　中国共产党重庆市梁平区第十四届纪律检查委员会第五次全体会议，于2020年3月31日举行。出席会议的区纪委委员21人，列席246人。区委书记杨晓云出席全会并讲话。区委、区人大常委会、区政府、区政协负责人出席会议。有关方面负责人参加会议。全会由中共重庆市梁平区纪律检查委员会常务委员会主持，审议通过金烽代表区纪委常委会所作的《忠诚履行党和人民赋予的神圣使命，以决战决胜姿态为全面建成小康社会不懈奋斗》工作报告和《中国共产党重庆市梁平区第十四届纪律检查委员会第五次全体会议决议》。

党风政风建设

【涵养政治生态】　坚持用习近平新时代中国特色社会主义思想武装头脑、指导实践、推动工作，用好区纪委常委会会议、理论学习中心组学习会议、机关支部集中学习会议、全员培训等平台，开展各类理论学习68次。紧盯疫情防控责任落实、群众生活保障、干部工作作风等靠前监督，全区累计参与疫情防控监督检查的纪检监察干部928人次，发现并督促整改问题300个，处理党员干部16人。围绕打好三大攻坚战、农村乱占耕地建房、冒名顶替上大学、人防和供销领域腐败等方面强化监督。查处违反政治纪律和政治规矩问题1件2人。高质量办理中央巡视组移交的21件问题线索。

【推进全面从严治党】　认真履行协助职责，全面审核评估区管领导班子履行主体责任情况报告，对全区各级党组织全面从严治党情况进行考核。协助区委选好人、用好人，回复党风廉政意见381人次。紧盯“关键少数”，问责党组织1个，党内问责38人，监察问责3人。全覆盖督导区管领导班子民主生活会。严格执行请示报告制度，向市纪委监委和区委请示报告事项150余件次。准确把握监督专责，精准运用“四种形态”处理党员干部677人次，其中运用第一、第二、第三、第四种形态分别处理613人次、34人次、10人次、20人次，分别占比90.5%、5%、1.5%、3%。抓好受处分干部回访教育，建立受处分干部跟踪回访台账，做细做实思想政治工作，帮助51名受处分干部正确认识错误、放下思想“包袱”。

【深化作风建设】 助力决战决胜脱贫攻坚。围绕中央脱贫攻坚专项巡视及巡视“回头看”反馈问题，既对自身问题先行整改，又协助区委抓好面上整改落实。建立“走”农家农户、“访”农村党员、“看”项目资金、“谈”涉权事项、“查”干部作风的五字监督工作机制，发现并督促整改问题362个；集中约谈在脱贫攻坚中问题较多的5个乡镇党委（街道党工委）负责人。全年查处扶贫领域腐败和作风问题8件14人。坚持不懈纠治“四风”。严肃查处困扰基层干部、损害干群关系等形式主义、官僚主义问题12件19人，督促减少考核检查2项。围绕确保粮食安全、制止餐饮浪费，治理收送红包礼金、异地操办酒席等“四风”顽疾开展作风督查90余次，查处享乐主义、奢靡之风问题18件23人。开展违规使用公务加油卡专项治理，紧盯“不喝公款喝汽油”问题，清退资金43.3万元，集中约谈分管负责人48人，发出整改函42份，处理处分40人。推动构建亲清政商关系。认真贯彻习近平总书记关于推动成渝地区双城经济圈建设的重要指示精神，聚焦“营商环境建设年”要求，牵头负责构建亲清政商关系专项行动，开展营商环境建设专项巡察，出台《关于助推优化营商环境的实施意见》，发现并督促整改问题92个，查处破坏营商环境典型案例4件5人。

巡察工作

【反腐败斗争工作】 坚持有贪必肃、有腐必反。办理群众来信来访来电以及网络举报652件次，其中检举控告量、越级信访举报量、重复信访量同比分别下降30.26%、35.27%、20.44%。处置检控类问题线索284件，初核175件，谈话函询121件，了结问题线索392件。立案审查调查55件65人，结案56件；党纪处分55人、政务处分12人，双重处分5人；移送检察机关审查起诉1件1人；13人主动说明问题，6人主动投案。化解民生堵点、民生难点。查处侵害群众利益的不正之风和腐败问题19件30人。打好扫黑除恶专项斗争监督执纪问责“收官战”，专项斗争以来，共发出监察建议2份，问责干部5件17人，责令4个单位党委（党组）作出书面检查。开展农村集体“三资”管理专项整治，发现并督促整改管理不规范等问题194个。推动“以案四说”“以案四改”。组织拍摄警示教育片《镜鉴》，在全区开展“以案四说”警示教育179次，受教育对象1.2万人次。探索建立“2+2+N”工作模式，围绕农村集体“三资”管理、卫生健康系统收送红包礼金两个面在全区开展“以案四改”，在区法院、虎城镇两个具有典型案例的单位定点开展“以案四改”，其他单位对照开展以案促改或自查自改，共运用案例308个，治理问题26个，建立制度5个。

【巡察工作】 区委切实履行主体责任，召开5次常委会会议传达学习中央、市委关于巡视巡察工作的新部署新要求，研究贯彻落实意见，为巡察工作把脉。区委书记靠前指挥，亲审巡察方案，3次召开书记专题会听取巡察工作综合情况汇报，对75个问题提出具体处置意见。紧扣“两个维护”根本任务，紧盯被巡察党组织政治生态开展“政治体检”，完成区委第八轮、第九轮、第十轮巡察，巡察区管党组织33个，延伸巡察村（社区）党组织96个，发现管党治党突出问题349个，移交问题线索19件，给予党纪处分8人。严格执行“双反馈”、“双通报”、“双公开”和“三方联动”机制，做实问题整改“后半篇文章”，通报批评1名监督不力的纪检监察干部，党纪处分4名虚假整改的干部。十四届区委巡察反馈问题到期整改率96.6%，督促修订完善各类制度488个。抓好市纪委监委内部“小巡视”反馈问题整改工作，共整改6个方面18个问题。

体制改革与建设

【纪检监察体制改革】　推动监督专责化。加强对下级纪委“两为主一报告”的领导和指导，抓实抓细区管专职纪检监察干部单列考核，约谈落实“三转”不到位的乡镇党委书记和纪委书记11人，推动乡镇纪委（街道纪工委）持续深化“三转”。落实监督全面化。深化派驻机构改革，印发《关于深化重庆市梁平区纪委监委派驻机构改革的实施方案（试行）》，全面加强对派驻机构的领导。稳步推进企事业单位纪检监察体制改革，在设立党委的4家区属国有企业和4所区管学校设立纪委，进一步拓宽对行使公权力的公职人员的监督覆盖面。促进监督规范化。印发《基层纪检监察组织工作职责清单》，分类别细化乡镇纪委（街道纪工委）、派驻（派出）机构工作职责，推动照单履职，提高监督质效。编制《村（居）监察监督员民生领域监督重点任务清单》，归纳50条侵害群众利益的腐败和作风问题常见表现形式，明确村（居）监察监督重点。

【纪检监察工作规范化法治化建设】　树牢法治意识。严格按照规定和程序执纪执法，严格遵循刑事审判关于证据的要求和标准，严格审批措施使用，严格依规依纪依法，不断提高纪检监察工作规范化和法治化水平。树牢质量意识。严格按照“二十四字”方针要求，推动形成案件审理部门与审查调查部门共同对案件质量负责的工作机制，精心打造“铁案工程”。加大乡案县审力度，加强案件指导，协审把关乡镇纪委（街道纪工委）办理案件11件，提高基层案件质量。树牢安全意识。持续深化“大学习、大讨论、大整顿”，开展安全警示教育21场次。紧盯审查调查和“走读式”谈话全过程、各环节开展安全检查6次，排查整改安全隐患22个。

【纪检监察队伍建设】　区纪委常委会坚持以上率下，带头加强自身建设，通过“三会一课”、主题党日、在职党员社区志愿服务活动、党员干部红色基地受教育以及为党员过好“政治生日”等方式，引导纪检监察干部始终不忘初心、牢记使命，打造对党忠诚的坚强政治机关。选优配强领导班子，协助上级完成4名党委领导班子成员的选任工作。举办纪检监察干部业务培训，组织全员培训系列课程光盘集中学习4场次，开展线下集中测试4场次。建立每月工作例会和每半年述责述廉制度，定期听取各纪检监察组织工作汇报。坚持刀刃向内，办理纪检监察干部问题线索10件，组织处理9人次。举办心理健康专题讲座，开展干部心理测评，对个别有苗头性倾向性问题及时开展心理辅导，帮助干部卸下思想“包袱”。开展干部谈心谈话140余人次，梳理意见15条，解决问题12个。坚持干部“生病住院、红白大事、重大困难、重大纠纷、突发事件”五必访，慰问干部28人。开展澄清保护，为受到失实检举控告的2名纪检监察干部澄清正名。

（区纪委监委办公室　王永东）

民 主 党 派

中国民主同盟 重庆市梁平区支委会

【概况】 中国民主同盟重庆市梁平区支部委员会成立于2018年12月14日，现有盟员48人，其中主委1人，副主委2人，委员2人。本科及以上学历占83.33％。2020年，民盟梁平支委会获得了民盟中央表彰的“民盟思想政治建设和宣传工作先进集体”、民盟市委表彰的“组织建设先进集体”荣誉。李发安获评“中国民主同盟抗击新冠肺炎疫情先进个人”，廖爽获民盟市委“助力脱贫攻坚先进个人”表彰。

【思想建设】 坚持把学习好、宣传好、贯彻好习近平新时代中国特色社会主义思想和中共十九大精神作为首要政治任务，继续巩固主题教育活动，制定学习计划清单，建立网上读书群。开展中共十九届五中全会、《习近平谈治国理政》等专题学习6次，领导班子集中理论学习6次，全体盟员集中学习2次，盟员谈心得、谈感想37人次。分批次组织盟员到民盟先贤张澜故居参观学习，重温中国共产党与各民主党派风雨同舟的峥嵘岁月，传承民盟先贤信念与精神。注重开展廉政教育，着力提高廉洁意识，做到警钟长鸣。

【组织建设】 强化队伍建设，完善盟员后备人才库，确保队伍建设“后继有人”。2020年，新发展盟员10人，调入盟员1人。组织新盟员、信息员到涪陵参加民盟市委组织的新盟员培训。系统学习盟章、盟史等理论知识和参政议政等知识，提高新盟员参政议政能力。着力完善规章制度，规范盟员发展程序，优化组织架构。进一步完善班子和工作组分工，确保协作推进。深化组织发展，持续打造“文化浸润·点亮未来”系列教育扶贫活动、“明月山”公益学堂等极具本土特色的社会服务品牌，不断增强民盟组织凝聚力和向心力。疫情期间，发动盟员捐款、义卖筹集共19300元。“盟员之家”建设完成并投入使用。

【参政议政】 聚焦老百姓关心的热点难点，以促进梁平经济社会发展，推动高质量发展，创造高品质生活为立足点，组织盟员认真撰写议案、提案、社情民意，积极踊跃向区“两会”提交大会发言、个人提案、集体提案，部分提案得到区领导批示作为重点督办提案。积极参加政治协商，组织盟员积极参与市、区政协召开的政党协商会、谈心会、征求意见会等，精心选题，全年向盟市委、市政协报送社情民意信息6篇，提交《关于“十四五”规划意见建议的报告》。深化课题研究，先后组成专题调研小组，在全区范围内开展建立教育扶贫长效机制、发展夜间经济、基层应对重大突发公共卫生事件、深化农村土地制度改革、融入川渝古蜀道建设促进梁平文旅发展、加快高校引进提升城市综合实力、医保基金管理存在的问题和对策等高质量的专题调研，注重调研成果转化，撰写调研报告、形成提案、政协常委会协商发言材料，提出“金点子”，发出民盟“好声音”。2020年共编印《梁平盟务》工作简报15期，在民盟中央网站及市、区各媒体平台采用宣传信息共40余条。其中，民盟中央网站采用3条，民盟市委网站、“重庆民盟”公众号采用信息27条，重庆电视台、重庆手机台采用3条，华龙网采用2条，重庆统战网采用2条。

（民盟梁平支委会　谢精华）

中国农工民主党梁平区支委会

【概况】 中国农工民主党重庆市梁平区支部委员会，成立于2018年12月7日，有正式党员37人，涵盖医药卫生、生态环境、农林水利、教育科技、新闻出版等多个领域。党员平均年龄40岁，其中副处级及以上5人，占比14%；人大代表3人，占比8%；政协委员9人，占比24%。2020年获农工党中央建党90周年组织建设工作先进集体称号，陈宝涛、唐驰分别获中共梁平区委、区人民政府重大专项工作个人三等功和嘉奖1次。方旭彪撰写的《浅谈农工党在重庆谈判前后的表现及所受的影响》获2020年农工党重庆市委会理论和农工党党史研究成果一等奖。

【思想宣传】 2020年，农工党梁平支委会开展班子（扩大）会议4次、支部大会3次、小组会8次，开展庆祝农工党建党90周年座谈会1次，邀请农工党重庆市委会副主委王本朝作纪念农工党建党90周年主题报告1次。充分利用农工党市委网站、微信公众号、《重庆农工》等平台，上报刊载宣传稿件及主题征文22篇，农工党重庆市委网站采用20篇，《梁平日报》、梁平手机报、家在梁平APP等梁平新媒体采用20余篇。

【组织建设】 2020年，进一步建立健全民主集中制、民主生活会制度以及各项议事决策制度，出台《重点课题申报制度》等规章制度，参加党外人士座谈会和暑期谈心会，开展“主委走访活动”5次，新发展农工党党员9人，分别来自医药卫生、生态环境、新闻出版等领域，联合农工党大渡口区委会开展学习交流活动2次，邀请农工党重庆市委会领导开展党务知识培训3次，邀请梁平区政协、中共梁平区委统战部、中共梁平区委党校领导开展农工党员履职能力提升培训3次，组织5名新党员参加农工党重庆市委2020年培训。

【参政议政】 2020年，农工党梁平支委会3个小组分别开展《关于协同推进川渝毗邻区县河长制工作的几点建议》《龙溪河美丽乡村示范带建设调研报告》《关于进一步提升梁平区基层医疗卫生服务能力的建议》课题调研3篇，完成中共梁平区委、区人民政府“关于龙溪河流域水环境治理情况”及“关于持续推进水生态文明城市建设”的政党协商调研，合作撰写党内监督经验交流材料《刀刃向内的力量——各民主党派重庆市委会探索内部监督显成效》被团结报采用1篇，撰写集体提案2篇、个人提案8篇、社情民意2篇，推荐梁平区第十四届政治协商会议委员1人，参加区政协“科学制定梁平十四五规划”“成渝双城经济圈建设”专题协商，进行《关于加强梁平水安全保障体系建设的建议》《关于城渝毗邻区县河长制的几点建议》发言，向中共梁平区委报送《关于“十四五”规划意见建议的报告》。

【社会服务】 召开疫情防控专题工作会，认真学习贯彻习近平总书记关于疫情防控重要指示精神和中共中央决策部署，支委会领导班子成员及时通过视频连线、电话和微信沟通等方式，第一时间发起爱心捐款活动，农工党梁平区支部筹集9900元爱心捐款和2600个一次性医用口罩，全部捐献给梁平区红十字会及奋战在抗疫一线的工作人员。区水利局农工党党员组织开展集中式饮用水源地防疫巡查防控专项行动，有力保障疫情期间农村供水安全稳定和水源地安全；区科技局

2020年11月12日，农工党梁平区支委会联合农工党大渡口区委会调研数谷农场，共谋乡村振兴

农工党党员通过线上线下相结合的方式，积极开展疫情防控科学知识宣传；区农业农村委农工党党员扎实开展农业技术指导服务，助力春耕春播；医疗界和乡镇基层的农工党党员承担疑似病例筛查、医疗救治点隔离点建设、确诊病人及疑似病人治疗、返梁人员信息摸排、居家隔离观察对象管理、疫情防控事项宣传等工作。

（农工党梁平支委会　曹文蒋）

九三学社重庆市梁平区支社

【概况】 2020年8月6日，经九三学社重庆市第五届委员会第三十一次主任委员会议审议，批准郭霞、赵兴华、陆顺燕、姜玉婷、姚中华等5人加入九三学社。12月17日，经九三学社重庆市第五届委员会第三十五次主任委员会议审议，批准林燕、向冰冰、张丽艳、刘虹、尹惊雷等5人加入九三学社。年底梁平支社有社员37人，其中男社员23人，占62.2%；女社员14人，占37.8%。社员平均年龄45.84岁（以2020年为准计算）。社员中有副厅级干部1人，正处级干部1人，副处级干部1人，正高级职称3人，副高级职称17人。高级职称和处级以上社员23人，占62.2%。区政协委员和区人大代表12人，占37.5%。区政协委员11人，其中，区政协副主席1人，区政协常委1人。区人大代表（常委）1人。高层次人才（高级职称或处级以上或区政协委员和区人大代表）26人，占比70.3%。其中，男社员17人，占比65.4%；女社员9人，占34.6%。

2020年，九三学社梁平区支社获九三学社重庆市委表彰参政议政工作先进集体、社情民意信息工作先进集体称号。社员袁利平获社市委表彰为九三学社重庆市新冠肺炎疫情防控工作先进个人，社员李红波、郭霞、蒋模琴获社市委表彰为2020年参政议政工作先进个人，社员周廷发、蒋文勇获社市委表彰为2020年社情民意信息工作先进个人，社员蒋文勇获社市委表彰为2020年社会服务工作先进个人，社员陈英灿获社市委表彰为2020年组织建设工作先进个人。

【参政议政】 承担九三学社重庆市委重要课题《关于完善群众参与基层社会治理制度的建议》专题调研。完成中共梁平区委统战部《推动明月山产业生态化发展的建议》《关于以大数据智能化为引领推动科技创新的建议》《百里竹海森林康养产业发展的调查与思考》等3个政党协商课题调研。完成《关于提升梁平与毗邻地区交通基础设施互联互通水平的建议》《关于调整县乡道结构比例进一步完善农村公路网结构的建议》等2个政协专题协商课题调研。完成《调查研究：政协委员发挥建言献策职责之关键》政协理论课题研究。提出《关于进一步优化民营企业营商环境的建议》《关于提升高中教育水平的建议》等2件集体提案，其中《关于进一步优化民营企业营商环境的建议》被区政协确定为重点提案。发挥民主党派建言直通车优势，社员共提交提案、意见建议、社情民意信息等10篇。

【社会服务】 组织社员积极参与新冠疫情防控工作。疫情期间，区支社按照九三学社重庆市委和中共梁平区委的要求，全力排查全体社员行动轨迹，建立台账。积极发动社员参与防控工作，坚守防控一线，通过九三学社重庆市委、红十字会等共捐款3.12万元，践行九三学社的优良传统，诠释“九三”人的责任与担当，为打赢疫情防控阻击战贡献力量。

以“九三·法课堂”品牌为支撑，开展送法进企业进社区活动，举办劳务经纪法制专题讲座。以名师课堂为载体，开设空中课堂，培训骨干教师，引领示范促成长，展示九三名师风采。

【交流学习】 邀请中共梁平区委统战部常务副部长陈焰作统战理论和政党知识报告学习培训。围绕乡村振兴和生态文明建设举行社员素质拓展教育活动。与秀山县支社、开州区支社就农村生活垃圾分类处置、乡村振兴、生态环境建设、机关规范化建设及参政议政等工作开展交流学习，增进发展共识。（九三学社梁平支社　陈英灿）

人 民 团 体

梁平区总工会

【概况】 重庆市梁平区总工会（以下简称区总工会）是党和政府联系职工群众的桥梁和纽带，基本职能是维护职工合法权益、竭诚服务职工群众。区总工会内设综合部、基层工作部，下辖职工服务中心，有行政编制6人，事业编制7人，实有干部职工19人，其中社会化工作者5人。全区有乡镇（街道）总工会2个（梁山街道、屏锦镇），工业园区总工会1个，教育工会1个，乡镇工会联合会31个，部门工会联合会15个，基层工会组织925个（实名制工会组织748个），工会会员84520人（实名制工会会员35559人）。

【职工思想引领】 持续深入学习贯彻习近平新时代中国特色社会主义思想、习近平总书记关于工人阶级和工会工作的重要论述以及党的十九届四中、五中全会精神，广泛运用线上线下学习平台，深入推进习近平新时代中国特色社会主义思想进基层、进企业、进头脑。联合区国资委、区教委、区民政局、区农业农村委开展十九届五中全会精神进企业、进校园、进社区、进农村宣讲活动，完成宣讲300余场。深化产业工人理论学习教育，在产业工人中广泛开展理想信念教育，凝聚产业工人共识，引导产业工人听党话、跟党走。精心组织开展2020年“网聚职工正能量 争做中国好网民”主题活动，各基层工会广泛参与。积极开展评优树模，引领广大职工向劳模学习、积极争当劳模的时代新风。2020年推荐评选全国劳模1人（重庆田中秧农产品股份合作社理事长蒋丽英）；新认定省部级劳模2人（区财政局唐忠蓉和区农委张强）；公开推荐评选重庆五一劳动奖状1个；重庆五一劳动奖章2个；重庆市工人先锋号2个。

【职工权益维护】 积极推动志愿律师进驻联系乡镇（街道）工会、企业工会为广大职工（农民工）提供法律服务，同时通过发放宣传图册、微信公众号推广、抖音短视频推送等线上线下多途径多形式进行法律宣传。深入工业园区、基层工会开展法律宣讲5次，服务职工10000余人次，发放宣传资料20000余份，为企业及职工提供日常法律咨询服务500余人次。女工委以“促进工作场所性别平等”为主题，开展“女职工维权集中月行动”，同时充分利用劳动关系三方四家协商机制，把有关女职工特殊权益维护的内容纳入议题，着力解决女职工特殊利益的突出问题。

【劳动和技能竞赛】 推动职工素质提升，积极开展劳动和技能竞赛。积极组织动员广大职工以“当好主人翁、建功新时代”为主题的各级劳动竞赛，全力助推梁平经济建设快速发展。积极组队参加川渝畜牧劳动和技能大赛1场，获比赛项目三等奖，联合工业园区管委会和京环环境服务公司开展技能竞赛2场，组织9家单位参加网上劳动和技能竞赛及寻找宣传发布“巴渝工匠年度人物”活动，获集体奖2个，获月度之星35人，获季度劳动之星2人，获“五小活动”展示奖12个，入围60名巴渝工匠候选人物2人。

【职工文体活动】 搭建职工文体活动平台，丰富职工文化生活。积极打造区职工服务中心活动阵地，各种功能房，如游泳馆、乒乓球室、舞蹈室、健身房、书画室、职工书屋已全面开放，开办瑜伽、健身操、舞蹈、手机摄影等培训班，参与5000余人次。举办梁平区女职工“观大美梁平·享美好生活”环湖徒步活动、2020年“体彩杯”庆“七一”职工游泳比赛、梁平区“月光宝殿之守护月光宝盒”青年职工联谊活动、首届“电力杯”篮球赛、“移动5G杯”羽毛球邀请赛，通过各类活动激发广大职工奋发向上的精神，丰富职工文化体育生活。各基层工会广泛开展形式多样、喜闻乐见、职工参与的各类文体活动2000余场，参与10余万人次。

【工会困难帮扶】　有效推进消费扶贫，区总工会引导鼓励基层工会组织按照工会相关政策，在发放节日福利、开展工会活动时利用工会经费460余万元优先购买扶贫产品，促进消费扶贫工作在工会系统落到实处。持续推进困难职工解困脱困工作，通过基层工会层层核查，对建档困难职工实地走访调研，进一步完善困难职工解困脱困联系卡，对建档困难职工实行动态管理，实时更新建档信息。2020年，全国级建档困难职工9户，医疗救助1人35000元，生活救助9人52000元，金秋助学12人69600元，残疾人特别救助4人13680元，残疾人家庭学生特别生活救助4人22800元。为切实保障广大职工的身体健康，扩大职工互助保障活动在全区的影响力，组织开展职工互助保障健康公益体检活动1场，为400名职工进行免费公益体检；开展以“职场情绪与压力管理”为主题的健康公益大讲堂1场。2020年，梁平区职工互助保障参保单位291家，参保16303人次，续保金额约279万元；理赔737人次，理赔金额118万元；慰问患重病职工20人，慰问金额4万元。

【工会组织建设】　加大基层工会组建力度，推进我区规模以上、百人以上、国有企业、企业经营者有政治安排的单位工会组建工作，及时召开基层组织建设推进会，联合区委非公经济和社会组织工委出台《关于加强非公有制经济组织和社会组织党建带工建工作的通知》文件。通过摸底调研，梁平区规模以上、百人以上企业126家，

2020年梁平区缝纫技能竞赛

运行正常已建会100家（运行不正常、停产26家），建会率100%；国有企业21家，建会率100%；企业经营者有政治安排的单位共31家，已建会29家（1家在建未投产、1家停产），建会率100%。2020年新建工会组织34家，新增会员586人。全面贯彻落实《企业民主管理规定》，积极推进全区集体协商、民主管理工作。打造梁平海螺水泥有限公司、梁平兆丰物业有限公司、梁平县福韵建材有限公司3家企业民主管理示范点；新建梁平区美容美发行业工会1个，推动打造民主管理和集体协商建制工作示范点。

（区总工会　孙傲）

共青团梁平区委员会

【概况】　中国共产主义青年团重庆市梁平区委员会（以下简称团区委）是区委领导下的先进青年的群众组织，是党和政府联系广大团员和青年的纽带，是广大青少年在实践中学习中国特色社会主义和共产主义的学校，是区委、区政府的助手。团区委有行政编制5人，内设综合部、青少年工作部，下设重庆市梁平区青少年活动中心（简称青少年活动中心），全额事业编制5人，现有工作人员3人。

【抓好育人职责】　2020年，团区委以习近平新时代中国特色社会主义思想和习近平总书记关于青年工作的重要思想为根本工作遵循，聚焦青少年思想政治引领。

深入开展“青年大学习”行动，平均每月参

学人数达18000人以上，引导广大青年切实把习近平总书记向广大青年提出的重要要求内化于心、外化于行。“五·四”期间集中开展“绽放战疫青春·坚定制度自信”的主题团日活动900余场，通过形式多样的活动将党在防疫期间的战斗精神化为青年坚定制度自信的精神食粮。优化“青春梁平”微信公众平台的设置，发布各类信息105条，用户8049人，及时向全区青年传播“青年好声音”，特别是在疫情防控期间，及时传达官方正确信息，编辑“战疫青春”主题报道10期。

在全区开展“奋斗的青春最美丽”青年故事大赛，评选出先进青年事迹30篇，并通过《梁平日报》、“家在梁平”APP等平台进行展播；开展“梁平青年创新创业故事分享会”活动，组织60余名创业青年进行故事分享，为全区青年树立创新创业榜样。开展最美团员、团干部、团组织评选活动，推报的区人民医院泌尿外科主治医师李锋获“重庆市向上向善好青年——爱岗敬业好青年”称号、西南大学附属重庆市梁平实验中学团委书记杨小玲获2019年度全市优秀团干部称号，以榜样的力量引领青年成长。

【服务中心大局】

发动青年打好疫情防控战　组织成立“青年突击队”35支，队员200余人，协助开展公共区域环境消杀、帮助不方便出行的居民购买生活物资、给一线工作人员送口罩等志愿服务活动，捐赠《新冠肺炎儿童读本》3000册。开展“为奉献者奉献”志愿关爱医护人员结对行动，组织23名志愿者与梁平区赴鄂支援医疗队及一线抗疫医护人员的41名子女进行结对。对含有青少年的3户未脱贫家庭开展集中走访、关爱活动，对受新冠肺炎疫情直接影响的青少年开展关爱帮扶特别行动。

助力打赢脱贫攻坚战　举办梁平区“直播带货”培训班，以“导师讲解+直播练习+导师点评”方式培训涉农创业青年32人。组织6名西部计划志愿者参加重庆市“山茶花”脱贫攻坚志愿者“网络带货”比赛，依托微信、微博、抖音等新媒体平台，销售扶贫产品共计500余件，销售额近两万元。

回应青少年需求　为解决单身青年婚恋问题，组织100余名单身青年开展“月光宝殿之守护月光宝盒”梁平区青年联谊交友活动；开展“冬日阳光·温暖你我”关爱行动，点对点为500余名留守儿童实现新年心愿；开展“关爱快递小哥”新春走访活动，对圆通、顺丰、中通、申通、百世、韵达等快递公司“快递小哥”进行集中慰问，送去团组织的关心和关爱；开展流动少年宫下乡活动，累计在10个偏远学校免费送教50课时，让3000余名留守儿童接受艺术熏陶。

【强化自身建设】　新成立非公团组织2个，对7个基层团组织进行了换届选举；58个团（工）委、团总支，782个团支部中开展三级述职评议测评，使团组织的评价体系更加完善；7000余名团员、团干部参加应知会知测试，提升团员、团干部基础团务操作能力。抓实团前教育工作，严格新发展团员“思想上入团”的要求，在全区制度化开展标准化入团离队和入队仪式，切实增强团员、队员的荣誉感、责任感，全区1900名新团员严格按照九步工作法发展，实行“一册一证一编号”。完成新建青少年活动中心内装工程建设。

（团区委　魏红珍）

梁平区妇女联合会

【概况】　重庆市梁平区妇女联合会（简称区妇联）是区委、区政府联系广大妇女的桥梁和纽带，基本职能是维护妇女的合法权益，促进男女平等。内设综合部、维权部，有行政编制5个，事业编制3个，实有干部职工7人，配备主席1人、专职副主席2人、挂职副主席1人、兼职副主席2人。全区33个乡镇（街道）均建有妇联组织，配备妇联主席33人，专职副主席33人，专职副主席均已按照中层干部正职配备；兼职副主席75人。区属妇委会27个，配备专（兼）职妇委会主任27人。全区269个行政村、74个社区配备妇联主席343人，副主席508人。

2020年，区妇联认真贯彻党的十九大和十九届二中、三中、四中、五中全会精神，深学笃用习近平新时代中国特色社会主义思想，巩固深化“不忘初心、牢记使命”主题教育成果，按照中央决策部署和市委、区委要求，以建设“坚强阵地”和“温暖之家”为统领，以服务大局、服务妇女为宗旨，在妇女参政议政、妇女儿童权益维护、参与社会管理等方面取得显著成效，全区妇女儿童工作成绩显著，获重庆市妇联综合目标考核一等奖和2020年“书香润万家”家庭阅读活动组织奖。

【妇女参政议政】 在本届区级党委、人大、政府、政协领导班子中，配备1名女干部。11个区委工作部门领导班子中有7个配有女干部，占63.64%；33个政府工作部门领导班子中有14个配有女干部，占42.42%，其中有4个班子配有正职女干部。33个乡镇党政领导班子配备女性干部32人，配备率96.97%。二是在区人大代表中，女性代表83人，占比达29.33%；其中有12名女性常委，占人大常委总数的36.36%。在区政协委员中，女性委员66人，占比25.58%，其中有10名女性常委，占政协常委总数的20.41%。三是在公务员和高级专业技术人员选聘中，注重选拔优秀女性。全区有538名女性公务员，占全区公务员总数的25.03%，其中，新录用的女性公务员（参公）26人，占新录用公务员总数的48%。全区机关事业单位中有高级专业技术人员1617人，其中女性有561人，占比34.69%。四是在村（居）委员会中，女性地位有所提升，全区村（居）委会100%配备女委员，其中村委会中女委员有374人，占总数的29.29%，村委会主任中女性有54人，占比20.07%。

【妇女儿童权益维护】 圆满完成妇女儿童发展纲要（规划）（2011—2020）终期评估工作，并积极谋划新一轮妇女儿童发展规划编制工作。转发《关于进一步规范招聘行为促进妇女就业的通知》，制定《重庆市梁平区未成年被害人“一站式”询问救助中心运行办法》，保护妇女儿童合法权益。开展法律知识宣讲。利用“三八”维权周，在《梁平日报》开展维权知识宣传，专题刊登妇女儿童维权知识；聘请2名专业律师为法律顾问，为妇女儿童维权提供服务，开展婚姻家庭公益讲座、千万妇女大学法等法制宣传活动6场次；在安胜镇、大观镇开展法律知识进校园活动2场次；在双桂街道、聚奎镇、礼让镇等开展“守护童年 安全伴成长”暑期儿童安全教育讲座6场次。在和林镇、屏锦镇、七星镇等开展“建设法治中国 巾帼在行动”宪法、民法典、维权知识等宣传10余场次。开展暖心关爱活动。结合疫情防控工作，慰问支援湖北、万州一线医护人员、复工复产企业困难职工55人；在元旦、春节、“三八”、“六一”及中秋、国庆等重大节日期间，慰问贫困妇女、儿童及抗疫一线相关人员185人。发放洪涝灾害母亲关爱邮包242个及家庭关爱包80个。依托儿童之家实施“情暖童心 相伴成长”贫困留守儿童、困境儿童关爱项目活动8场次200余人。完成“法援民生 关爱妇女”法律援助案件2件。全年接待群众来信来访73件，切实维护妇女儿童合法权益。深化“平安家庭”创建。转发《关于落实预防性侵未成年人、保护未成年人人身权益“五项机制”具体举措》，开展“携手防疫防抗 共担健康责任”防艾宣传活动，联合区卫生健康委、区民政局等部门进行免费婚检调研活动，在区婚姻登记中心开展免费婚前医学检查一站式服务，全区婚检率达到40.33%。

【参与社会管理活动】 开展巾帼脱贫技能培训16场次，覆盖2200余名妇女群众。组织妇联干部、留守妇女互助组等开展“巴渝网姐邀你购”巾帼电商展示梁平柚促销活动、直播带货等20余场次，切实帮助贫困农户解决农特产品销售难的问题。2名脱贫户获得重庆市最美“巾帼脱贫户”称号。深化“三留守”人员关爱服务，加强城乡妇女“两癌”免费检查宣传，争取资金对30名农村贫困妇女“两癌”患者救助13.8万元。落实“母亲健康快车”1辆，为贫困母亲送健康知识和服务。

开展“乡村振兴百名巾帼标兵”推介活动，共推介巾帼标兵50名，并推荐10名巾帼标兵代表参加第三届“长江三峡（梁平）晒秋节”活动，充分展示梁平女性“自尊、自信、自立、自强”的精神面貌。授牌“巴渝巾帼产业示范基地”2个，开展电商培训12场次超300人次，吸纳就业200余人，帮助50户贫困户销售农产品。举办留守妇女“双学双比”技能比赛1场次。新培育巾帼农场1家，组织青少年儿童开展系列研学活动。组织“巴渝巾帼 美丽我家”卫生习惯专题培训3场次、“绿色生活美万家”巾帼植绿护绿活动6场次和“巾帼护河”活动3场次。在双桂街道、梁山街道、金带街道、回龙镇等乡镇（街道）开展“最美庭院”“最美阳台”巡回展示活动，引导创造整洁优美的居家环境。

持续开展“千万妇女文明素养提升”行动，发动妇联干部、执委、妇女代表等注册“女性享学吧”500余人。实施“绿色家庭”创建行动，开展“绿色生活”视频征集活动，并在《柚乡半边天》栏目中展示。广泛开展垃圾分类宣传巾帼在行动、“提倡光盘 拒绝浪费——家庭晒承诺、晒行动”视频征集线上活动，联合区委宣传部、区卫生健康委在双桂幼儿园开展“光盘行动，从我做起”主题活动。创新志愿服务工作。2020年8月，区妇联牵头成立梁平区花季护航志愿者协会，推动志愿服务工作科学化、规范化，为广大志愿者关爱未成年人搭建交流平台。协会自成立以来，先后到双桂、礼让、屏锦、聚奎、铁门、紫照等地开展关爱未成年人志愿服务活动10余场次。

推荐重庆市三八红旗手蒋丽英参加“渝创渝新 创富梁平”创业大赛，推动全区916名妇女获得创业担保贷款16896万元。广泛开展“争创文明岗、建功新时代”活动，广大妇女群众在工作岗位上战疫战贫，推动经济社会发展。推荐梁平区人民医院急诊科等2个集体获得重庆市巾帼文明岗称号、扈模英获得重庆市巾帼建功标兵称号。联合区人社局开展“春风行动”就业专场招聘会9场次，为妇女群众提供招聘信息、政策咨询等，拓宽妇女就业渠道。各级妇联积极开展手工编织“巴渝巧姐”、城乡电商“巴渝网姐”、家政服务“巴渝大姐”培训3300余人次，进一步做好女性创业就业服务工作。

4户家庭获得重庆市“最美家庭”荣誉称号。实施“好家风 孝雅善”月月谈进乡村活动6场次。开展“书香润万家”活动，黄莺家庭获得重庆市“书香润万家”比赛一等奖。开展“清风常伴 廉洁齐家”家庭助廉立德活动，莫绍萍绘画作品获市妇联家庭廉洁文化征集活动二等奖。深化“小手拉大手”活动，开展“制止餐饮浪费 崇尚勤俭节约”和敬老孝亲宣传活动，倡导家庭积极参与厉行节约，弘扬传统美德。完成家庭教育五年规划终期评估工作，依托妇女儿童之家，以《重庆市家庭教育促进条例》《重庆市家庭教育指导大纲》为重点开展家教知识宣传活动8场次。深化“家家幸福安康工程”，在梁山街道云佛村开展“幸福家庭 共同成长”家庭教育日主题讲座，在聚奎镇中心小学举行家庭教育百场讲座进万家活动，开展“把爱带回家”寒假特别行动。推进家校社协同共育，大力开展“守护花季 相伴成长”防性侵专题讲座、“同心抗疫 家校共育”作品征评、留守儿童监护人素质培训及“守护童年 安全伴成长”暑期儿童安全教育讲座等系列活动。开展“健康中国——母亲行动”健身知识讲座，倡导践行健康生活方式，带领广大家庭参与全民健身。

【“巾帼建功”及“五好文明家庭”活动】

巾帼建功　赵睿、黄婷婷、邓天星获新冠肺炎疫情防控“重庆市巾帼建功标兵”，扈模英获重庆市巾帼建功标兵称号。罗小红、黄晓慧获重庆市三八红旗手称号。梁平区桂香小学六年级组获全国巾帼文明岗称号。区医院急症科、税务局征收管理科获重庆市巾帼文明岗称号。梁平区公安局刑事侦查支队获全国维护妇女儿童权益先进集体称号。

五好文明家庭　胡忠政家庭获评2020年全国最美家庭；罗成燕家庭、聂巧鸿家庭获评2020年重庆最美书香家庭；张盛涛家庭表演的作品《等你春天回家》获重庆市第三届家庭诵读大赛一等奖。何义兰家庭、余小华家庭、游洋家庭获评2020年重庆“绿色家庭”，许建峰家庭、杨志家庭获评2020年重庆“最美阳台”；谢开燕家庭获评2020年重庆“最美庭院”。刘彤家庭、李航家庭、陈晓琴家庭、谭国军家庭、姚玲玲家庭、熊红春家庭获评重庆市最美家庭。

（区妇联　蒋利苹）

梁平区科学技术协会

【概况】　梁平区科学技术协会现有职工6人。职责定位：为科学技术工作者服务、为创新驱动发展服务、为提高全民科学素质服务、为党和政府科学决策服务。

2020年，梁平区科协在区委、区政府的领导下，认真贯彻落实《全民科学素质行动计划纲要》，围绕“四服务”职责定位，扎实推进各项工作的开展。

【科技馆建设工作】　2020年9月梁平科技馆开工建设，该馆规划展区分为两个楼层，共有63个设备展品。至年底，科技馆装饰、造型等工程全部完成，科技馆展品设备安装及科技馆展品调试工作完成。

【青少年科普工作】　组织参加第35届重庆市青少年科技创新大赛，梁平区获一等奖1名，二等奖1名，三等奖8名，区科协被评为“第35届重庆市青少年科技创新大赛优秀组织单位”。免费开放礼让中学“农村中学科技馆”（国家级），开展科普活动20余次，服务师生及市民4000余人次。选拔10名优秀高中生参加2020年线上青少年高校科学营活动，与海峡两岸及港澳地区万余名对科学有浓厚兴趣的优秀高中生走进北京大学、上海交通大学等重点高校开展科技与文化交流活动，让青少年感受到了科技魅力、科学家精神，增强对科学研究的兴趣。

【“科技下乡”活动】　充分发挥联系科技工作者的优势，团结带领种养殖技术专家深入农村、院坝开展技术培训和现场指导。以实施“科普惠农兴村计划”为抓手，促进农技协、科普示范基地开展技术培训15次，培训种养殖技术能手200余人。加强科普信息化建设，按照“互联网+科普”的要求，实施科普文化信息化资源系统集成与精准推送服务项目，主动向贫困地区倾斜，建成30个“科普文化重庆云” 平台，向农民精准推送科普内容，服务公民科学素质的提升。免费开放云龙镇三清村“村级科技馆”，通过展示科学基础原理，寓教于乐，为当地群众提供集科学性、趣味性、知识性、参与性于一体的“科普盛宴”。

【科普宣传活动】　以提升广大人民群众科学素质为目标，紧抓春节、科技活动周、全国科技工作者日、全国科普日、国家网络安全宣传周等科普宣传重点时段。2020年，开展各类科普宣传、科技培训及反邪教主题宣传活动40次，发放科普宣传资料3万余份。积极对接“科普中国”等网络科普资源，在新冠肺炎疫情期间，制作400余米长的专题防疫科普画廊1处，通过网络积极推送权威防疫科普知识以及官方辟谣知识2000余条，并通过张贴宣传挂图、发放宣传单等方式积极开展线下防疫科普宣传活动。在报国公园科普画廊制作健康生活、防灾减灾、反邪教、国家安全等专题科普宣传专栏4次，服务市民1.5万余人。指导北池社区科普大学开展科普知识讲座20余场次，培训社区居民3000余人次。

（区科协　张小燕）

梁平区归国华侨联合会

【概况】 重庆市梁平区归国华侨联合会（简称梁平区侨联）是中共梁平区委领导由区归侨、侨眷组成的人民团体，是党和政府联系广大归侨、侨眷和海外侨胞的桥梁和纽带。梁平区现有归侨1人，侨眷属3000余人。

【为侨服务】 倡议组织海外华人华侨和侨眷为抗击新冠疫情汇集侨界力量，为梁平区捐赠医用口罩1万个、N95口罩600个、医用手套500双、现金1万元。积极争取中国华侨公益基金会支持，为梁平区侨属企业争取4万元的防疫物资。争取市侨联支持，为梁平籍的海外华人华侨和留学生寄去20余个防疫“爱心包”。参加区委统战部组织民企百日大走访活动。

倡导支持侨眷领办区传统戏曲协会送文化下基层10余场次。围绕“中国变化”“家乡味道”，征集第21届世界华人学生作文大赛作文200余篇。

积极争取浙江省新华爱心教育基金会的支持，为梁平红旗中学“珍珠班”的学生每人每月捐赠生活补助500元，2020年毕业40名学生，其中本科上线率97.2%。利用实施“魏基成慈善”项目，为贫困归侨侨眷发放老花镜30余副。

保障和改善侨界民生，开展走访慰问活动，2020年累计走访慰问困难侨眷10余人次，发放慰问品、慰问金10000余元，切实把党和政府的关怀送入侨心。加强侨益维护，为归侨侨眷和海外侨胞排忧解难。2020年，共收到侨界群众来信来访来电16件，反映困难问题15个，共协调解决养老保险子女入学再就业等问题16件，办结率100%，有效维护了侨界群众的合法权益。宣传普及侨法，共发放宣传资料2000余份，解答涉侨法律咨询20余人次；组织20余人参加中国侨联普法办第二届“侨商杯”法律知识竞赛活动，涉侨法律法规进一步普及。

梁平区侨联与万州、开州和四川省达州市侨联签订协同助推川渝统筹发展示范区建设合作备忘录。四地侨联将有力有序地推动侨界主动融入“双城圈”、建好“示范区”，共谋侨联事业新发展。

（区侨联　李果）

梁平区工商业联合会

【概况】 重庆市梁平区工商业联合会（以下简称区工商联），是区委、区政府联系非公有制经济人士的桥梁纽带，是政府管理和服务非公有制经济的助手，具有统战性、经济性、民间性，以非公有制经济健康发展和非公有制经济人士健康成长为工作主题。区工商联机关编制5人，2020年底在编6人，内设综合部，下属重庆市梁平区非公有制经济服务中心（事业单位），事业编3人，在编2人。区工商联有执委118人，其中企业副主席24人、副会长15人、常委18人、执委54人，工商联机关7人。截至2020年底，区工商联共有会员1785个，其中企业会员1270个、个人会员472人、团体会员43个（乡镇、街道商会33个、行业商协会5个、其他5个）。

【服务民企】 2020年，梁平区工商联以习近平新时代中国特色社会主义思想为指导，牢固树立思想引导和服务工作深度融合的工作理念，坚决做到“两关注”“两手抓”，有效地促进“两个健康”。一方面，在思想引导、凝聚共识上有新加强，补足“精神之钙”。为打造一支政治素质高、企业经营好、社会贡献大的民营经济人士队伍，努力树立民营经济人士的新形象，区工商联聚焦“铸魂补钙”“强筋壮骨”“创先争优”三个重点，全面加强民营经济人士队伍建设。

区工商联“线上、线下”相结合，双管齐下切实推动习近平新时代中国特色社会主义思想往民营经济人士心里走。线上利用微信工作群及商会公众号宣传中共十九大及十九届五中全会精神；线下通过“梁商大讲堂”“企业家沙龙”，用习近平新时代中国特色社会主义思想武装民营经济人士的头脑，正确引领广大民营经济人士的思想意识，坚定听党话、跟党走的信心。

区工商联坚持“走出去、请进来”相结合的工作办法，不断帮助企业家坚定发展信心，厘清发展思路，拓宽发展门道。组织民营企业家代表赴重庆社会主义学院学习；邀请市律师协会钟祥伟、国家一级律师杨家学、利民消防警官为企业经营者培训就业创业法律知识、作《中华人民共和国民法典》及企业家精神与平等刑事保护专题讲座、作消防安全教育培训。同时，汇集13个区级部门的涉企政策，编印《梁平区纾困惠企政策速览》，免费发放12000册，并及时通过门户网站、新媒体等方式向企业广泛发布，进一步提升企业的政策知晓率，助力企业实现高质量新发展。

区工商联坚持“办好自有媒体、争取主流媒体”相结合，打好宣传“组合拳”，大力弘扬优秀企业家精神。充分利用商会平台，依托微信工作群和商会公众号，挖掘报道优秀民营企业参与光彩事业、脱贫攻坚、乡村振兴的典型案例。同时，加强与主流新闻媒体沟通协作。全年在《中华工商时报》《新渝商》及人民网、新华网等媒体宣传报道工商联系统工作做法及优秀企业30余次。

另一方面，在精准发力、服务民企上有新作为，浓郁“鱼水之情”。区工商联始终把听企音、解企困放在深化服务的首要位置，做到应扶尽扶、应帮尽帮，更好地为全区民营企业提供精准服务，切实让民营企业暖心、让民营企业受益、让民营企业满意。

携手重庆银行梁平支行，创新推出“三个一”对接服务工作机制，“点对点”“面对面”对接梳理中小微企业的融资需求。截至2020年底，帮助30余家企业完成1.1亿元的融资协议。同时，邀请农业融资担保公司负责人为镇（街）商会专题介绍融资产品及方案，2020年完成担保放款项目416个、金额1.5亿元。

扎实开展民营企业“百日大走访”活动，通过“三看三问一答一账”，当好随叫随到的“店小二”。活动开展以来，累计走访2231家，解决的问题惠及市场主体582个，通过帮扶实现稳岗不裁员的市场主体321个。同时，印发《重庆市梁平区非公有制经济工作联席会议民营企业反映问题办理制度》，帮助化解生产经营中的困难和问题。

携手区检察院建立“保市场主体、护民营经济”专项行动沟通联络会商机制，共同开展“检察开放日”活动；携手区法院建立一站式多元解纷、诉讼服务梁平区民营经济联络站。全年为会员企业提供法律咨询服务200余次，调解涉企纠纷21起。

【商会建设】 按照“成熟一个、组建一个、健全一个、巩固一个”的原则，积极开展商会党组织组建工作。2020年，2个商会建立党支部。同时，邀请区非公工委领导为直属商会党员、入党积极分子上专题党课；组织慰问老党员、参观邓平寿纪念馆、参加“青春有我、将爱传递”等主题党日活动，进一步引导民营经济人士坚定听党话、跟党走的理想信念。

区工商联坚持深化改革，为商会赋能。制定商会联系沟通制度，带动“政企恳谈会”“领导挂点商会”等形成常态，推动构建亲清新型政商关系；积极发挥“梁平区总商会商事调解委员会”作用，借助商会律师服务团，主动为广大会员企业免费提供法律咨询、帮助解决纠纷等服务；推动“四好”商会创建工作开展，助力商会服务升级。2020年，区青年企业家商会、区女企业家商会成功创建重庆市“四好”商会。

商会在经济发展中具备“承上启下”与“合纵连横”的重要功能，特别在推进招商引资方面具有得天独厚的优势。区工商联把全区33个镇街商会、10个直属商会组织，2000余家会员企业紧密团结在一起，大力推进“商会联商、返乡创业”行动，为家乡发展摇旗呐喊。全年共促成2个项目落地。同时，指导和推动各商会结合地域、行业特点，探索不同发展路径，积极打造“一会一品”。区女企业家商会创新构建“3+3+3”工作体系，即推进“三个建设”、制定“三个机制”、搭建“三个平台”，把“诚信女企”“责任女企”“活力女企”做成商会新名片。（区工商联）

法 治

政法委及社会治安综合治理

【概况】 中国共产党重庆市梁平区委员会政法委员会（简称区委政法委）为区委工作部门。核定机关行政编制12人，机关后勤服务人员事业编制1人，内设5个职能科室。2020年末，实有在编在岗职工13人。

2020年，区委政法委坚持以习近平新时代中国特色社会主义思想为指导，深入学习贯彻党的十九届四中、五中全会精神和市委五届九次全会精神、区委十四届八次全会精神，全面贯彻中央决策部署和市委要求，以坚决打好防范化解重大风险攻坚战为主线，以全国市域社会治理现代化试点为牵引，以“枫桥经验”落地为基石，深入开展扫黑除恶专项斗争，坚决打好禁毒人民战争，开展包容创新审慎执法专项行动，全力以赴战疫情、防风险、保安全、护稳定、促发展，推动平安梁平、法治梁平建设取得新成效。

【常态化疫情防控】 协调组织梁平区各级各部门以村社为单位、以网格为基础，开展疫情常态化防控和重点防控，组织干警、村社干部、网格员、志愿者5000余名对入境、国内重点地区到梁平返梁平人员常态化开展滚动式、精准式、延伸式排查，把“外防输入、内防反弹”各项措施落到实处。社区排查防控工作人员易琼获得“全国抗击新冠肺炎疫情先进个人”荣誉、政法委1人获得“重庆市抗击新冠肺炎疫情先进个人”称号。

【防范化解重大风险攻坚战】 进一步健全完善风险源头预防、动态排查、研判处置、统筹协调、交办督办等机制，切实做好政治领域、意识形态领域、经济领域等8大领域的风险隐患化解、出入库管理等工作；积极推动信访问题“治重化积”“清仓见底”，协调化解一批多年疑难信访问题；梁平区涉法涉诉疑难信访问题化解率达100%。按照“三同步”原则，妥善处置突发事件，2020年到市上访、进京上访、越级上访、到京非接待场所上访均大幅下降。落实专班专人、分级分类监护管理，特殊人群肇事肇祸案事件“零发生”，社会大局持续稳定。

【扫黑除恶专项斗争】 以“六清”行动为抓手，推动扫黑除恶专项斗争走深走实、收官提质。专项斗争开展以来，累计侦办9类涉恶案件139件，抓获犯罪嫌疑人433人，移送审查起诉310人，判决235人。其中，打掉恶势力集团、团伙5个25人，社会治安环境不断净化。

【平安建设】 细化制定梁平区推进全国市域社会治理现代化试点工作实施方案（试行），明确重点任务分工和负面清单，建立工作进度跟踪督办机制。切实加强和创新社会治理，积极推动“深化‘枫桥经验’重庆实践十项行动”落地，创新邻里自管会、院落联户联防、“五老调解室”、小区智能安防系统等机制，推动“五治”融合。作为重庆市15个区县之一，参加重庆市市域社会治理智能化应用场景展示，重庆市委刘强常委到展位视察，给予肯定，中国长安网等媒体直播报道。

【反邪教工作】

2020年，梁平区保持高度警惕、高压态势，加强反恐防暴、防邪反邪工作。以习近平总书记关于反邪教工作的重要指示为根本遵循，深入学习中央政法工作会议和全国反邪教工作会议精神，全面贯彻市委、区委政法委工作会议和全市维护政治安全暨反邪教工作会议精神，全区未发生邪教人员滋事闹事情况和涉邪教网络舆情。

（区委政法委　吴先莉）

公　安

【概况】　重庆市梁平区公安局坚持以习近平新时代中国特色社会主义思想为指引，深入贯彻落实全国公安工作会议及相关重要会议精神，统筹抓好疫情防控、维护稳定和服务经济社会发展工作，社会大局持续平稳。2020年，梁平区公安局移诉655人、起诉513人，破获梁平区首例、重庆市首批“1·15”特大跨境电信网络诈骗集团犯罪案件；在重庆市目标管理绩效考评中，排名序列第7位（全市第20位），被重庆市公安局记集体嘉奖1次。

2020年，完成森林警察支队整建制转隶工作；实体化运行机关党委和机关纪委，分别配备专职副书记和纪委书记1人；共有政法专项编制561人，事业编制32人，实用政法专项编制537人，事业编制29人。内设机构26个、派出机构27个，局领导班子成员9人。

【维护稳定】　2020年，梁平区公安局处置各类突发事端、化解影响社会稳定的矛盾隐患88起（次），处置各类群体性事件45起（次）。完成柚博会、“两会”等大型活动（会议）安保工作29场次。

【治安管理】　2020年，梁平区公安局积极开展“减量控大”、打非治违等专项行动；查处各类交通违法行为11万余起，饮酒驾驶469起，醉酒驾驶66起，完成消防监督检查4516家，责令整改2657家；落实民爆物品安全护送122批次，查处违反危爆物品管理行政案件82起，收缴非法枪支13支、弹药629发、雷管13枚、仿真枪20支、非法烟花爆竹4282件；检查寄递营业网点1692处（次），开展行业场所集中清查行动19次，查处不实名登记的旅馆案件38起62人，责令整改歌舞娱乐场所7家、责令停业整顿1家。

【禁毒工作】　2020年，梁平区公安局以“2020净边”专项行动为依托，强力推进缉毒执法工作，破获涉毒案件73起，抓获涉毒犯罪嫌疑人103名，缴获各类毒品5.8千克，移送检察院审查起诉96人，破获2起跨国境、跨区域走私运输贩卖毒品案件。查处吸毒违法人员252人次，强制隔离戒毒122人，社区戒毒37人。推动落实“禁毒办”实体化运行，强化与广东、福建、浙江、云南等重点流入地的公安机关精准协作，推送情报线索45条。2020年，梁平区外流贩毒人员15人，同比（上年55人）下降72.7%，取消国家禁毒委对梁平区毒品问题的重点关注。

【打击和防范刑事犯罪】　2020年，进一步优化刑侦工作模式，健全完善警力集约工作机制，全面提升刑事打击效能。破现行案件589起，同比上升17.1%，现行八类案件破案率90.91%，破现行命案2起，破案率100%。2020年5月，与高新区分局联合行动，破获梁平区首例、重庆市首批“1·15”跨境电信网络诈骗集团犯罪案件，已抓获首批犯罪嫌疑人128人，涉案资金8000万元，实现了梁平区公安局打击跨境电信网络诈骗犯罪“零突破”。起诉电信网络诈骗案件1789件，电信诈骗抓获任务完成市局指标的321.43%。

【基层基础建设】　2020年，梁平区公安局完成涉及派出所综合服务窗口改造、声纹虹膜系统采购、档案数字化扫描、5个派出所标准化设备改造、反诈中心设备、机房配套设施设备等政府采购39项，投入财政资金640余万元。深入推进“三所一队一基地”建设项目，如期完成用地预审、相关审批征地安置等工作。12月30日，完成“雪亮工程”招投标工作，拟投入6700余万元。

【队伍建设】 2020年，梁平区公安局坚持党管干部原则，将其作为在干部管理工作中的第一原则；对干部的选拔任用，坚决做到紧握原则不动摇、执行标准不走样、履行程序不变通、遵守纪律不放松，共提拔任用科级领导干部27人，职级晋升选升307人。召开党委会33次、党委理论学习中心组学习14次，坚持以“真学”为先，落实“第一议题”制度513次；精选各地区反面典型警示全局，开展“以案四说”48次；组织全局自查反思，收集个人问题7类1523个，全部督促整改完毕；对工作期间饮酒、饮酒驾车、民警涉借贷等问题进行了系统排查，摸排出涉借贷问题2人，收集到违法违纪线索33条；运用监督执纪“四种形态”，共处理20人，其中第一种形态17人次、第二种形态3人。

【疫情防控】 2020年，梁平区公安局组织核查四类高风险人员700余批次45365人次，溯源核查确诊病例密切接触者1756人次。疫情防控期间，针对疫情突发状况，共设置20个入梁通道联合检查站，严格执行24小时严查严控制度，对全区3处集中隔离点实行24小时巡防值守，落实疫情常态监管措施。查处拒不执行紧急状态下的决定、命令等涉疫情防控案件22起，刑事处罚9人，治安处罚23人；及时妥善处置涉疫突发事件9起。

【扫黑除恶】 2020年，梁平区公安局坚持把扫黑除恶专项斗争工作作为一项重要政治工作来抓。积极开展各类现场宣传100余次，发放各类宣传资料手册10万余份；扫黑线索查结率100%，对实名举报线索核查结果告知率100%。侦办9类涉恶案件107件，抓获犯罪嫌疑人193人，移送起诉133人，判决112人。累计抽调36人参加扫黑除恶专项斗争工作，对其中作出重要贡献和成绩突出的民警给予记二等功1人、三等功4人、嘉奖5人的奖励。

【民生警务工作】 2020年，梁平区公安局抽调3名民警入驻区行政审批大厅，推行专员联系、专班办理“双专”服务。在新城工业园区设置24小时便民服务点1个，全面升级一所、二所、双桂、屏锦、袁驿等5个派出所窗口综合服务，真正实现“一窗综办”。与四川省达州市、达川区大竹县、开江县等地公安局开展现场交流活动，签订全方位警务合作协议4份、单项警务协作协议2份，开创了跨省警务合作新局面。

【告破典型案例】 2020年5月15日11时许，在重庆市梁平区双桂街道回兴小区3栋3楼一房间内，群众发现李某、王某在卧室床上死亡并迅速报案。案发后，局长邱树洪、副局长陈厚清第一时间赶赴案发现场，迅速启动命案侦破机制，调集相关警种、派出所等精干警力成立“5·15”专案组，全力开展侦破工作。经法医初步判断，两死者均系机械性窒息死亡，经深入侦查，专案组迅速锁定嫌疑人孙某，在屏锦镇盐井口水库边发现嫌疑人遗留下的衣物等随身物品，疑是投河自尽；次日20时许，急救队从该水库中打捞起1具尸体，经外貌特征辨认及DNA鉴定确认该尸体就是犯罪嫌疑人孙某，用34小时侦破该命案。

（区公安局 汪周）

检 察

【概况】 重庆市梁平区人民检察院，位于重庆市梁平区梁山街道文峰路238号。该院现有政法专项编制67人，在职干警64人，其中班子成员6人，专职委员2人；本科以上学历55人，硕士学历5人；员额检察官22人，检察辅助人员30人，司法行政人员9人，工勤人员3人；内设检察一部、检察二部、检察三部、检察四部、检察五部、检察六部、办公室、政治部等8个部室；机关党委下设4个支部委员会。

2020年，梁平区人民检察院坚持以习近平新时代中国特色社会主义思想为指导，在区委和上级院的坚强领导下，在区人大及其常委会的有力监督下，在区政府、政协及社会各界的亲切关怀下，深入学习贯彻党的十九大和十九届二中、三中、四中、五中全会精神，紧紧围绕习近平总书记对重庆提出的营造良好政治生态，坚持“两点”定位、“两地”“两高”目标，发挥“三个作用”和推动成渝地区双城经济圈建设等重要指示要求，坚持讲政治、顾大局、谋发展、重自强，忠诚履行党和人民赋予的检察职权，依法行使法律监督职能，为全区经济社会稳定发展提供有力司法保障，各项检察工作取得新的进步。

【维护社会和谐稳定】

扫黑除恶专项斗争　紧扣三年为期总目标，坚持依法严惩、标本兼治总要求，稳准狠打击黑恶势力犯罪。自专项斗争开展以来，共批捕涉恶犯罪11件27人，起诉涉恶犯罪9件55人，打掉恶势力犯罪团伙6个。稳步推进“六清”行动，严格按规定移送违纪违法线索16条；建议追捕涉恶犯罪嫌疑人3名；深入落实“一案一整治”工作要求，紧盯行业重点整治问题，发出社会治理检察建议6份。

履行刑事检察职能　严厉打击刑事犯罪，受理移送审查逮捕案件217件294人，批捕188件250人，不批捕30件46人；受理移送审查起诉案件424件622人，起诉336件517人，不起诉74件102人。突出打击影响群众安全感的犯罪，批捕黄赌毒犯罪78件108人、起诉89件134人，批捕故意伤害、抢劫等严重暴力犯罪3件3人、起诉11件11人，批捕盗窃、诈骗等多发性侵财犯罪73件89人、起诉116件192人；批捕制售假药劣药、有毒有害食品等食品药品安全犯罪1件2人，起诉1件1人。

社会综合治理　2020年，共依法处理涉法涉诉信访97件，办理刑事申诉案件4件，实现7日内程序回复和3个月内结果答复“两个100%”。主动开展3次接访下访，妥善化解一家企业复工复产信访问题。深化落实“一号检察建议”，督促辖区全体教职工完成入职筛查。联合团区委、区公安局共建未成年被害人一站式询问救助中心，对7名未成年被害人实施综合救助。全面落实“谁执法谁普法”责任制，5名院领导兼任法治副校长，“莎姐”检察官深入开展普法宣传活动，不断提升公民法治意识。

【诉讼监督】

侦查活动监督　开展羁押必要性审查4件4人，监督立案3件，追捕漏犯7人，追捕涂某，其涉嫌贩卖毒品罪被依法判处有期徒刑15年；追诉漏犯2人、漏罪8条，纠正违法行为23件次。2020年12月，联合成立派驻区公安局执法办案中心检察室，探索实施全新的执法监督模式，不断规范司法行为。

民事行政监督　对民事生效裁判、调解书提请抗诉2件，提出再审检察建议2件，纠正审判活动违法行为4件，纠正行政违法行为4件，提出社会治理检察建议2件。

刑事执行监督　对刑事执行活动违法提出纠正14件，对监管场所执法活动违法提出纠正18件，对监外执行违法提出纠正10件，核查纠正监外执行脱漏管6人。

【社会管理创新】

服务保障民营经济　深入落实“六稳”“六保”，扎实开展“保市场主体、护民营经济”专项行动，牢固树立“让企业活下来”的办案价值取向，审慎处理涉企犯罪案件，坚持少捕慎诉原则，最大限度保障企业正常生产经营。共办理涉企案件41件62人，其中刑事案件19件40人，批捕6件8人，起诉13件32人，不起诉4件15人；开展刑事诉讼“涉企积案”清理，监督撤案12件14人，为企业卸下包袱。

脱贫攻坚战　紧盯决胜全面建成小康社会目标任务，深入开展“两不愁三保障”专题调研，加强精准帮扶，推进“造血式”扶贫。通过走访收集到安胜镇金平村18.37公顷农田闲置问题，主动联系辖区农业合作社，促成土地流转项目，实现多方合作共赢；充分运用支持起诉手段，帮助39名农民工追讨工资30.5万元；深化落实司法救助制度，对9名生活陷入困境的刑事案件被害人或近亲属予以司法救助22.5万元；组织线上购买扶贫农产品4万元，切实解决贫困户实际问题，助力打赢脱贫攻坚战。

融入成渝双城经济圈建设　围绕推动双城经济圈建设相关内容，以保护明月山、明月江上游生态环境以及共同司法办案为纽带，先后与四川开江、大竹、南充高坪等地检察院建立协作机制，开展联席会议4次、联合巡查3次、业务交流10余次，有力提升区域一体化司法水平。

助力龙溪河生态环境保护　严格落实重庆市2号总河长令，深化保护长江母亲河。2020年1月，梁平区检察院与两江地区、长寿、垫江等地检察院共同建立龙溪河流域跨区域生态保护检察协作机制，整合检察资源，凝聚监督合力，服务保障龙溪河流域绿色发展。扎实开展龙溪河流域生态环保公益诉讼行动，走访巡查20余次，摸排案件线索5件，立案调查7件，发出诉前检察建议7件，督促整改落实，不断守护龙溪河流域生态环境。

公益诉讼检察工作　深化双赢多赢共赢理念，主动与区生态环境局等6家行政机关签订协作机制，营造良好工作氛围。加大公益诉讼办案力度，摸排线索58件，立案调查52件，发出诉前检察建议40件；联合区人社局、区司法局建立退休服刑人员基本养老金管理协作机制，督促追回违规发放养老金10余万元，保障社会基本养老金规范运行；督促相关乡镇整改不规范农药经营户30余家；督促有关职能部门治理农村集中居民点生活污水排污点5处、养殖面源污染1处，切实维护公共利益。

【接受监督】

坚定接受人大及其常委会监督的宪法自觉，向梁平区人大常委会报告扫黑除恶专项斗争等工作情况，全面梳理区人大调研组视察座谈时提出的指导意见，并认真整改落实。向梁平区人大代表、政协委员赠阅《检察日报》，主动邀请市、区两级人大代表和政协委员、人民监督员、群众代表等100余人次参与“检察开放日”、案件公开听证等活动。公开案件程序性信息743条、法律文书431份，接受辩护人、诉讼代理人各类申请52件次，进一步拓宽社会各界了解和监督检察工作的渠道。

【自身建设】

思想政治建设　紧扣学习贯彻习近平新时代中国特色社会主义思想这条主线，巩固深化主题教育成果，认真组织全院集中学习、中心组学习、支部学习80余次，深入学习党的十九届五中全会精神、习近平法治思想、民法典等重要内容，不断提升干警政治素养。

全面从严治检　以接受经济责任审计为契机，坚持问题导向，强化整改落实，加大对落实中央八项规定精神、依法规范履职等方面的检务督察力度，深入开展“以案四说”“以案四改”，精准运用监督执纪“四种形态”特别是“第一种形态”，谈话提醒5人，不断筑牢干警道德高线、纪律红线和法律底线。

学习培训　认真贯彻最高检岗位素能标准，加强同西南政法大学开展理论研究与实践指导交流活动，通过业务培训、实战演练及本院的“每周一课”“刑检讲堂”等形式，大力培养业务能手和复合型人才，扎实提高办案专业水平，促进责任担当。

文化育检　发挥检察文化的示范引领作用，精心打造“梁检书苑”图书室，丰富开展检察文化活动，营造健康文化氛围，助推文化建设提档升级。2020年10月，重庆市梁平区人民检察院被最高检评为“全国检察宣传先进单位”。

【典型案例】

刘某某、王某某等7人串通投标不起诉案

刘某某系重庆Y公司的实际控制人、王某某系重庆J个人独资企业投资人，欧某某系重庆L公司法定代表人，盛某某系重庆R公司股东，丁某某系重庆I公司法定代表人，黄某某系重庆J公司实际控制人。

2019年9月底，刘某某与王某某、盛某某、欧某某等人在重庆L公司办公室共谋，采取利用自身公司统一投高价标和与其他已经缴纳投标保证金的公司协商给予好处费使其放弃投标的方式，对重庆梁平工业园区A项目进行围标，并商定由欧某某的重庆L公司中标。同年10月9日开标当天，由王某某、欧某某、盛某某到投标现场根据现场情况进行投标。因欧某某在现场等待谈判结果以及时间误差，导致未能交成标书，最终由刘某某、王某某、盛某某、欧某某联系好的重庆I公司中标（中标价1865.564003万元）。刘某某与王某某、盛某某、欧某某商议后，由刘某某、王某某、欧某某三人分别以45%、40%、15%的股份对该工程进行施工并以此比例承担围标费用298万元，其中盛某某分得其中71万元。

2019年10月底，刘某某与王某某、黄某某、丁某某、李某某、盛某某共谋，利用自身购买的公司资质，采取统一报价的方式对梁平区B建设工程进行围标，进而得以高价中标。同年11月1日该工程开标当天，王某某、盛某某、李某某在投标现场观察情况，选取部分公司和报价进行围标，最终该工程由刘某某、王某某等人借用资质的河南T有限公司中标（中标价3850.881680万元）。经过刘某某与王某某、黄某某、丁某某、李某某、盛某某商议，将该工程交由黄某某负责施工并承担围标费用50万元，其中王某某、李某某、丁某某、盛某某各分得好处费7万元，刘某某分得22万元。

公安机关移送审查起诉后，在审查起诉阶段7名犯罪嫌疑人全部认罪认罚，梁平区检察院对7名犯罪嫌疑人作出微罪不起诉决定。

对于本案犯罪嫌疑人名下的企业，梁平区检察院全部进行走访，详细了解每个企业目前的经营现状、规模大小以及近年来的纳税情况，做出一个全面、准确的经济影响评估报告，防止办了案子、垮了厂子。

梁平区院了解到刘某某、王某某等嫌疑人企业名下中标工程较多，若采取羁押性强制措施，势必严重影响工程进度，影响农民工等工人的工资发放，遂依法对7名犯罪嫌疑人采取了取保候审的非羁押性的强制性措施。

本案中被不起诉人和他人围标，未采取言语威胁等暴力手段，围标目的在于提高公司知名度和用于自身施工，到案后都能如实供述自己的罪行，并愿意退缴违法所得，犯罪情节轻微，主观恶性不大。经过检察分院、市检察院的指导以及梁平区检察院两次检委会讨论后，对7名犯罪嫌疑人最终采取微罪不诉的决定。

淦某、张某某贩卖、运输毒品案

2020年5月10日，张某某电话联系淦某购买毒品，并以微信转账的方式先向淦某支付5000元毒资。2020年5月11日上午，张某某乘坐C6403号动车由梁平到重庆主城与淦某进行毒品交易，当日16时许，淦某在重庆市渝北区龙溪镇武陵路上海大厦车库内将一包甲基苯丙胺（冰毒）贩卖给张某某，张某某将剩余毒资4500元支付给淦某。2020年5月12日14时许，张某某携带从淦某处购买的毒品搭乘网约车由重庆主城区返回本区，当日15时许，张某某携带毒品到达本区梁山街道梁山路与文峰路交叉口重庆农村商业银行门口时被梁平区公安局民警抓获，民警当场从张某某右侧裤兜内搜出疑似毒品甲基苯丙胺1包（净重23.85克）。经鉴定，从张某某身上查获的疑似毒品中检测出甲基苯丙胺成分。

2020年6月2日15时许，梁平区公安局民警在本市渝北区龙溪镇武陵路上海大厦车库淦某的轿车上将淦某抓获，并从其车上查获疑似甲基苯丙胺（冰毒）和疑似甲基苯丙胺片剂（俗称“麻古”）共计24小包（净重共计28.74克）。经鉴定，从淦某车上查获的24小包疑似毒品中均检测出甲基苯丙胺成分。

侦查机关提请逮捕时，仅认定张某某涉嫌非法持有毒品罪，对其联系毒品交易、乘车前往重庆渝北购买毒品后携带毒品返回梁平的行为未进行综合判断，亦未搜集、移送该部分证据材料。梁平区检察院经审查认为，张某某电话联系购买大量毒品，并支付定金，尔后搭乘高铁前往重庆渝北区交易毒品，携带该包毒品返回本区，在其到达本区后即被公安机关当场查获。根据《武汉会议纪要》的规定，其行为应当认定为在运输毒品的过程中被查获，其行为涉嫌运输毒品罪，其行为对毒品的跨区域流通有积极促进作用，侦查机关仅认定非法持有毒品罪，不足以全面评价张某某的行为，更不能体现罪责刑相适应的刑法原则，应当以运输毒品罪批准逮捕张某某。

因侦查机关对张某某行为定性有误，导致侦查取证方向偏移，梁平区检察院在审查批捕期限内，遂要求侦查机关立即补充收集张某某、淦某的通话清单、微信聊天记录、转账记录、张某某的行动轨迹、购票乘车记录等证据，尔后侦查机关在审查逮捕期限内，补充收集、固定了通话清单、微信转账、聊天记录以及张某某乘坐高铁检票的记录等证据。在批准逮捕的同时，梁平区检察院列出了继续补充侦查提纲，要求侦查机关继续对张某某的行动轨迹、毒品交易过程等证据进行搜集、固定。同时考虑到因案件定性发生改变，张某某的刑期将大幅度提升，可能在后期翻供，为此本院在批准逮捕阶段对张某某进行详细讯问，并进行同步录音录像予以固定，并要求侦查机关做好客观证据固定，后审查起诉阶段张某某翻供，但鉴于其他证据与其之前的供述能够相互印证，其前后翻供又无合理解释，其辩解未予采纳，在庭审阶段，张某某面对确实、充分的证据，当庭表示自愿认罪认罚，被判处有期徒刑八年六个月。

梁平区检察院在审查逮捕张某某时，发现张某某的上家淦某长期在渝北区龙溪镇武陵路上海大厦车库内的自家小车内进行毒品交易，且其车内长期存放有毒品。为此，梁平区检察院在批准逮捕张某某的同时，发出应当逮捕犯罪嫌疑人淦某的通知书，督促侦查机关尽快布控抓捕，并时时关注案件进程。2020年6月2日，在批准逮捕张某某后第四天，侦查机关经过布控，抓捕犯罪嫌疑人淦某，并当场从淦某的车上查获毒品甲基苯丙胺28.74克。在审查逮捕淦某时，检察官再次提出补充侦查意见，要求侦查机关做好DNA鉴定、手机数据提取等证据的收集、补查工作。由于前期证据收集充分，该案移送审查起诉后，淦某自愿认罪认罚，愿意接受有期徒刑十五年的刑罚，与梁平区检察院签署了认罪认罚具结书，梁平区检察院的量刑建议亦得到法院支持与采纳，取得了较好的办案效果。 （区检察院）

法 院

【概况】 梁平法院始建于1951年，原名梁山县人民法院，1953年更名为梁平县人民法院，2017年1月重庆市梁平区人民法院正式挂牌，先后迁址3次，2004年2月迁入梁平县石马路449号。2020年，梁平法院有10个内设机构和4个人民法庭。全院共有中央政法专项编制126个，现有法官及其他工作人员122人。其中，法官44人、占36.07%，司法辅助人员54人、占44.26%，司法行政人员24人、占19.67%。全年共受理案件11723件，审执结10913件。

【刑事审判】 审结一审刑事案件347件，判处罪犯568人。决胜“扫黑除恶”专项斗争收官战，做到“案件清结”，审结涉恶及13类案件43件118人，判处有期徒刑116人、占98.31%。严惩暴力犯罪、涉毒犯罪和多发性侵财犯罪，审结196件313人，从重判处有期徒刑230人。严惩电信诈骗网络犯罪，审结18件82人，从严判处有期徒刑80人、占97.56%。深化以审判为中心的刑事诉讼制度改革，判决变更公诉机关指控罪名、犯罪事实及量刑建议6件14人，为122名被告人指定辩护人，普通程序案件律师辩护率100%。

【民商事审判】 审结民商事案件6828件，审结率95.37%。坚持“优制度、减时间、降成本”，审结买卖、租赁等合同纠纷案件2480件，促进诚信履约。建立案件审执时刻表制度，合同案件平均审执时间缩短28.43天。维护市场主体合法权益，审结民营企业纠纷案件2024件，涉案标的额1.95亿元，营造稳定公平可预期的营商环境。依法审结生命权、健康权等人身损害赔偿案件378件，审结消费、医疗等案件311件，严惩食品药品安全犯罪，切实保障民生权益。

【行政审判】 审结行政案件64件，有力支持行政机关依法行使职权，判决驳回诉讼请求等48件、占75%。监督行政机关依法行使职权，判决行政机关撤销、变更具体行政行为3件、占4.69%。促进行政机关负责人出庭应诉，开庭审理的33件行政机关负责人均出庭应诉，积极助推依法行政。

【执行工作】 执结案件3469件，执行到位金额2.67亿元。强化强制执行措施，曝光失信被执行人926人，限制高消费1634人，移送追究拒执罪5人。开展“六稳”“六保”专项执行行动，执结1121件、兑现9796万元。深化执行公开，网络司法拍卖214宗，成交金额3609万元。

【接受监督】 坚持将自觉接受监督作为改进法院工作的不竭动力和重要保障，向区人大常委会报告和专题汇报5次。委托市区人大代表、政协委员等开展第三方案件回访640件、满意率95.22%。赠阅《人民法院报》，邀请代表委员视察法院、旁听庭审等9场151人次。主动接受政协民主监督、检察机关法律监督以及社会各界监督，网上庭审直播1788场次，裁判文书上网5310份，以司法公开促进工作改进。

【自身建设】 加强组织建设，巩固深化“不忘初心、牢记使命”主题教育成果，认真开展“坚持党对司法工作绝对领导、坚持中国特色社会主义法治道路”专题教育。推进人员分类管理，按程序选拔科级领导干部12人，职级晋升69人次。加强党建工作，坚持“三会一课”等，发展党员2名。提升能力素养，深化岗位练兵，组织参加各类培训371人次，庭审考评83场次，裁判文书评查1094份。举办“七彩天平大讲坛”6期，承办的市高级人民法院重点调研课题《家事纠纷多元化解问题研究》被评选为优秀课题，《人民司法》等采用调研文章3篇。

【典型案例】

原告严某诉被告李某变更抚养权一案。以法治温情化解争夺女儿抚养权的当事人隔阂，被最高人民法院拍成纪实短片《答案》，作为两个典型案例之一向全国人大常委会专题汇报。

挂牌督办的熊某某等12人恶势力犯罪集团案。犯罪分子均被从严判处有期徒刑，首要分子被判处有期徒刑二十年、罚金540万元。

（区法院　欧阳雄）

司法行政

【概况】 梁平区司法局成立于1981年5月，系梁平区政府工作部门，为正处级。2018年12月，根据梁平区机构改革方案，区司法局的职责与区政府办公室（区政府法制办公室）的相关政府法制职责整合，重新组建区司法局；区委全面推进依法治区委员会办公室设在区司法局。新组建区司法局负责贯彻落实党中央关于全面依法治国、市委关于全面依法治市的方针政策和决策部署，以及区委关于全面依法治区的工作安排。2019年3月，区司法局内设机构进行调整，下设依法治区办综合科、办公室、行政执法协调监督科、规范性文件管理科、行政复议应诉科、社区矫正管理局、普法与依法治理科、人民参与和促进法治科、公共法律服务管理科、律师工作科、装备财务科等11个科室及政治处，下辖梁平区医疗纠纷调解中心、梁平区法律援助中心、梁平公证处。2020年有政法专项编制58人，事业编制13人，在职职工66人，其中硕士研究生4人，本科52人，专科10人。

2020年，梁平区司法局进一步增强“四个意识”、坚定“四个自信”、做到“两个维护”，坚守政法机关创造“四个环境”的职责使命，围绕全区经济社会发展稳定大局，积极稳妥开展依法防控疫情、营造法治化营商环境、法治助力“三大攻坚战”等重点工作，为全区“十三五”规划完美收官提供了坚强的法治后盾。2020年，重庆市梁平区法律援助中心驻老龄委工作站被司法部表彰为全国法律援助工作先进集体，黄险峰被司法部表彰为全国模范人民调解员，廖财、王海利被重庆市司法局、四川省司法厅联合聘任为川渝地区调解专家。2020年度，梁平区司法局政法队伍满意度得分97.12分，同比增长0.25分，高于全区平均得分0.32分；公信力得分97.40分，同比增长0.41分，高于全区平均得分0.27分。

【从严治党】 加强党的组织体系建设，实现党建“两个覆盖”。经梁平区委、区委组织部批准，梁平区司法局党组改设为党委，成立机关党委，共设立含司法行政系统、律师行业、基层法律服务工作者5个党支部，党的基层组织实现应建尽建。深入学习贯彻习近平新时代中国特色社会主义思想，不断增强思想淬炼。2020年开展理论学习中心组学习11次，党的十九届四中、五中全会精神宣讲4次，习近平法治思想宣讲2次。把“两个维护”作为最重要的政治纪律和政治规矩，严格执行重大事项请示报告制度，向市局、区委、区政府和区委政法委请示报告50余次。加强政治能力训练和政治实践历练。组织党员干部100余人次参观学习虎城革命传统教育基地、梁平博物馆等，切实开展好革命传统教育和爱国主义教育。新冠肺炎疫情突发后，40余名党员干部参与到疫情防控第一线，在落实重大政治任务中检验政治担当和政治能力。四是持续深化正风肃纪。严格落实中央八项规定精神，坚决整治“四风”突出问题。全年共开展违规发放津贴补贴等专项治理2次，专题廉政党课2次，专题警示教育2次。

【依法治区】 在区委常委会、区政府常务会、区委依法治区委员会、区委理论学习中心组学习会等会议上，及时传达学习习近平法治思想、中央和市委相关会议文件精神，促进依法治区成为全区的思想自觉和行动自觉。区委、区政府主要负责人自觉扛稳推进法治建设第一责任人职责，开展全面依法治区工作调研30余次，对法治建设工作作出专门批示23件次，区委常委会会议、区政府常务会议研究法治建设议题11次。召开区委全面依法治区委员会第二次会议和区委依法治区办主任会议、区委依法治区工作推进会议，制定全面依法治区、法治政府建设年度工作要点，法治工作请示报告、督察、备案、协调等制度，完善《市民法治素养提升行动工作方案》等分工方案4项，强化工作考核，有效推进全面依法治区各项工作落地落实。

【法治政府建设】 完成2016—2020年法治政府建设总结评议。公布行政规范性文件制定主体，开展规范性文件专项清理8次，审核区政府规范性文件26件，向市司法局报备10件，合法合规率100%。严格落实重大行政决策程序制度，聘任12名区政府法律顾问，合法性审核全区重大项目合同、重要决策、化解重点矛盾156件。举办全面依法治区专题培训班，开展行政权力下放“回头看”工作调研，组织全面落实行政执法“三项制度”督查，抽取56个案卷开展行政执法案卷评查，全面清理行政执法主体和执法人员，新增、更换执法证件696个、回收89个。切实发挥行政复议应诉监督纠错作用，行政复议综合纠错率达26.7%；行政诉讼胜诉率达74.1%，较上年增长1.5%；行政机关负责人出庭应诉率95.9%，较上年增长11.5%。主动接受人大、政协监督，定期向区人大常委会报告法治建设工作情况。

【强化法治保障】 依法防控疫情。区政府常务会专题学习疫情防控法律知识，审核疫情防控和复工复产类行政规范性文件4件，提出修改意见22条。开展“助企抗疫·司法同行”行动，向40余家企业精准推送防疫法律指引，开展“法治体检”20家，化解抗疫助企矛盾纠纷20件、协议金额122万。深化法治扶贫。依托精准扶贫走访大力排查化解矛盾纠纷，全区设立16个“乡贤堂”调解纠纷40件，调解处理不孝父母案件23件。与区委宣传部联合主办“好家风·孝雅善月月谈”活动，开展赡养维权法治宣讲，全年覆盖乡镇街道7个。优化法治化营商环境。废止不符合《优化营商环境条例》规范性文件8件。设立民营企业法律咨询服务窗口，解答企业热线咨询323件，受理涉企或涉企职工法律援助案件91件。为75家企业提供“法治体检”服务39次，形成“法治体检报告”39份，调解涉企纠纷17件，全年为民营企业挽回经济损失1000余万元。推进跨区域社会治理合作。与达州市及所辖4个区县司法局分别签订社区矫正、安置帮教、人民调解等3项跨区域合作协议，开展社区矫正跨区域合作对接2次，促进形成“矛盾纠纷联防联调、社区矫正联控联管、刑释人员联帮联扶”的跨区域合作新模式。

【人民参与和促进法治】 落实公众参与社会治理制度，公开选任人民监督员10人。推进矛盾纠纷大调解体系建设。规范化建设34个乡镇街道调委会，均聘请2名专职人民调解员。开展一站式多元解纷机制和一站式诉讼服务中心建设，设立“驻法院调解工作室”“梁平区信访事项人民调解委员会”，在区公安局建立2个“驻所调解室”。主动配合化解全区重大矛盾纠纷，其中化解医疗纠纷27件，申请金额643余万元，达成协议189万元。全区共调解纠纷2204件，调解成功2154件，成功率97.7%，协议涉及金额3138.72万元，无民事纠纷转化为治安案件、刑事案件和民商事案件。

【特殊人群管理】 建立领导机构，成立区社区矫正委员会。每月开展社区矫正风险研判，开展暂予监外执行社区矫正对象专项排查，走访慰问困难社区矫正对象，与区公安局交警支队联合开展交通安全集中警示教育2批次。守牢监管安全底线，全年累计在管社区矫正对象417人，累计解除214名，未发生重新犯罪和重大案件。共接收新回归刑释人员671人，其中重点帮教对象58人，落实低保23人、临时一次性救助22人，安置帮教率达100%。家属与在监服刑人员远程视频探视24次，视频会见50人次。

【公共法律服务】 强化智治支撑，为全区乡镇街道配备33台法律服务触控一体机，配备2台大牛法律服务智能机器人，为来访群众提供便捷高效的法律服务。提升公共法律服务群众满意度，“两快”“两全”公共法律服务体系高效运转，全年接待热线咨询764件、现场咨询2530件，办理法律援助案件762件，办理公证1044件。强力推进刑事案件律师辩护全覆盖和认罪认罚从宽试点工作，法院指定辩护法律援助案件142件，见证签署认罪认罚具结书452份，为在押人员提供法律咨询576人次。切实加强法律服务行业监管，扎实开展律师和基层法律服务行业队伍教育整顿、法律服务市场专项整治、律师违规兼职清理、司法鉴定机构专项清理等活动，提升法律服务行业执业规范化水平。

【普法与依法治理】 完成“七五”普法总结评议，梁平区在全媒体开设“普法之窗”以及云端授课经验获得评议组肯定和表扬。深入推进宪法、民法典法制宣传，大力开展“三大攻坚战”“服务民营经济”“疫情防控”等专项法治宣传活动，开展“法律八进”活动300余场次，组织“12·4”宪法宣传周活动。组织209名领导干部参加法治理论集中考试，202名领导干部旁听庭

2020年4月14日，区人大调研公共法律服务工作

审。在区属媒体开设《律师说法》《法在身边》《警方时空》等10多个普法栏目。推动普法阵地建设，建成3所法治教育基地、33个乡镇（街道）法治文化主题宣教长廊、343个村（社区）覆盖普法宣传教育专栏。深入推进“三治结合”，全区2个全国民主法治示范社区、55个市级民主法治示范村（社区）通过复核并保持称号。

（区司法局　赖正娇）

劳动关系及维权

【概况】 加强劳动保障监察执法和劳动争议调解仲裁，全面落实《重庆市劳动保障监察条例》，加强多元化矛盾纠纷处理机制的建设，聚焦根治欠薪工作重点，深化部门协同配合，优化欠薪源头管控，细化工作责任分工。2020年，梁平区未发生因欠薪等劳动纠纷引发的恶性事件，切实保障劳动者合法权益，维护社会稳定大局。

【劳动保障监察执法】

强化法律法规宣传　不断拓宽宣传渠道，创新宣传方式，持续强化《保障农民工工资支付条例》《中华人民共和国劳动合同法》等劳动法律法规宣传，发放宣传手册30000余本，悬挂横幅300余条，接受群众咨询答疑2000余人次，受益工人10000余人。

开展专项检查　主动监察用人单位288户，书面审查用人单位212户。组成联合督查检查组，对全区各在建工程项目“一金三制”实施情况实行检查督察全覆盖，实地检查在建工程项目130余个，对未落实“一金三制”的在建项目下达《劳动保障监察限期整改指令书》48份，不断规范各单位用工行为。

受理举报投诉案件　共办结举报投诉案件99件（投诉案件结案率100%），为1185名劳动者追发工资等待遇1292.37万元。其中，立案处理案件17件，行政处罚类案件16件，移送公安机关案件1件。通过持续强化执法力度，有力维护劳动者的合法权益。全年行政复议、行政诉讼零发生，有责执法过错零发生。

实施“两金三制”　全区在建工程项目累积190个，农民工工资保证金执行率、“三制”执行率均达到100%。全区在建工程项目通过工资专用账户累计代发农民工工资7.52亿元，代发11万余人次，同比2019年代发金额增长43%，代发人次增长37%。

推进试验区创建　按照人力社保创新执法优化服务试验区创建工作要求，深入开展创建工作，区级财政专项安排创建工作经费50万元。完成办公场所改造、指挥中心设备采购、执法车辆租赁等工作，规范设立举报投诉大厅、调查询问室、陈述申辩室、行政调解室等功能用房，增加办公场地300余平方米。同时，在梁山街道、双桂街道、工业园区设立3个劳动保障监察派出机构，在原有编制人数基础上增加执法人员编制2人，不断加强机构建设和队伍建设，初步完成创建工作。

【争议调解仲裁】

案件办理　2020年，共接待登记劳动人事争议案件182件，立案受理142件，不予受理40件，上年度结转案件1件。审结案件141件，法定期限内结案率100%，年度结案率98.60%，及时高效完成平安建设目标考核任务。审结的案件中，仲裁调解结案或经调解撤回申请62件，因其他原因撤回申请1件，仲裁裁决结案77件（终局裁决42件），移送1件。

协商调解　深入学习“枫桥经验”，认真贯彻“预防为主、基层为主、调解为主”的工作方针，充分发挥协商、调解在劳动人事争议处理中的基础性作用，最大限度地把矛盾纠纷化解在基层和萌芽状态。

调解组织建设　依托乡镇（街道）社会保障服务所、区工业园区管委会建立基层劳动人事争议调解组织34个，负责辖区内劳动争议调解工作。将“互联网+调解”服务平台延伸至各乡镇（街道）和工业园区，引导当事人通过“互联网+调解”服务平台申请调解，就近就地化解争议。

坚持仲裁员分片联系指导基层调解制度，3名专职仲裁员分片区联系指导各基层调解组织开展劳动人事争议预防调解工作。

统一裁审标准　与区人民法院建立裁审衔接机制，统一裁判尺度和法律适用标准，合力化解矛盾纠纷，促进劳动关系和谐与社会稳定。

规范仲裁办案程序　召开区劳动人事争议仲裁委员会2020年度全体会议，切实加强与各成员单位的横向联动，为2021年劳动仲裁工作的开展奠定坚实的基础。审议通过《重庆市梁平区劳动人事争议仲裁委员会工作规则》《重庆市梁平区劳动人事争议仲裁委员会仲裁员工作绩效考核实施办法》，进一步规范仲裁办案程序和仲裁员行为，调解仲裁规范化再上新台阶。

【工伤认定】　2020年，办理工伤案件272件，其中认定工伤249件，不予受理4件，不予认定19件。全年被行政复议7件，维持6件，撤销1件；被行政诉讼17件。其中，一审15件，维护13件，撤销2件；二审2件，维持2件；主动提出上诉1件。（区人力社保局　曾道海）

梁平区法学会

【概况】　梁平区法学会于2012年成立，为正处级群团部门，设置1个内设机构，配备事业编制3人，设会长1人（由区委政法委书记兼任），常务副会长1人，秘书长1人。现有兼职副会长7人，常务理事15人，理事25人，个人会员341人，团体会员4个，个人会员覆盖了梁平区政法系统、乡镇（街）政法书记和法律工作者。

【学会活动】

通过会员活动、法治宣传活动等多种形式及时把中央、市委精神传达到个人会员和政法系统。积极参与到政法各部门、市律协梁平律工委组织的论文评选、法律工作者评奖评优等活动中，加强政治引领，严格落实意识形态工作责任制。

携手毗邻区县推动跨区域平安法治共同体建设，结合梁平区内341名会员和3000余名热心公益事业的干部群众的工作单位、经历、特长，充分发挥群团优势，协调相关区级部门搭建平台，组织会员开展矛盾纠纷联调、普法联动、平安边界联防联护等多种活动，推动平安法治建设要素的内外联通，夯实跨区域平安稳定基层基础。开展法治调研，积极组织会员参加第九届“京津沪渝法治论坛”、泛珠三角合作与发展法治论坛和第十五届“西部法治论坛”。参与基层社会治理，梁平区探索创新开展“五老”调解室，在运行过程中，积极组织法官、检察官、律师参与到调解，形成“五老调解室+家事调解、法律顾问、专业调解”等调解模式。

举办刑辩沙龙活动。活动邀请梁平区纪委监委机关、政法部门相关分管领导、科室负责人和梁平区职业律师、实习律师、参加，围绕取保候审、非法证据排除、认罪认罚等法律问题开展交流，为推动刑事案件律师辩护全覆盖试点工作提出很多有参考价值的意见建议，进一步推动政法机关执法司法公信力的提升和律师队伍刑事案件依法辩护的能力提升。开展“法治文化进万家”主题活动。组织341名志愿者围绕“普法四个一”，即一场普法宣传、一个座谈会、一堂法治讲座、一次送法下乡开展青年普法志愿者“法治文化进万家”活动。活动共开展法治宣讲和法律服务300余场，发放宣传资料50万余份，受到基层干部和群众的热烈欢迎。（区法学会　李琳）

军 事

人民武装

【概况】 2020年，在重庆市警备区党委和区委、区政府的坚强领导下，梁平区人民武装部坚持以习近平新时代中国特色社会主义思想和习近平强军思想为指导，全面贯彻党的十九大和十九届二中、三中、四中、五中全会精神，深化主题教育成果，聚焦备战打仗、聚焦动员主业，年度各项工作有效落实，呈现全面发展、稳步上升的良好势头，在年终各项考核中成绩优异。

【党管武装】 2020年党管武装工作坚持以习近平新时代中国特色社会主义思想和习近平强军思想为指导，深学笃用习主席关于强军兴军系列重要论述，大力推动各项工作落实，不断增强新时代党管武装工作实效。坚持履职尽责担当，第一书记研究部署、督促指导、协调解决国防动员和后备力量建设。坚持落实法规制度，区委常委会传达学习上级党委扩大会议精神，研究贯彻措施；区委中心组专题学习国防知识；召开区委议军会，研究解决驻梁部队建设困难；第一书记、国动委主任定期到人武部开展现场办公，指导武装工作建设；组织过“军事日”活动，增强国防意识，丰富国防知识。坚持强化督查督导，开展党管武装述职，推动党管武装责任末端落实；将武装工作纳入全区全面从严治党考核，实现以考促建。

【征兵工作】 2020年征兵工作是“一年两征两退”改革实施第一年，受疫情影响，梁平区年度征兵工作从1月开始，10月结束。大力抓好征兵宣传。结合疫情防控宣传和摸排，发放20000份征兵宣传手册，播放征兵宣传音频视频，对在外就读大学生和毕业未就业男性大学生进行精准动员，3月初实现兵役登记率100%。开展“为入伍大学生和进藏进疆青年送奖励金”活动，及时兑现大学生优惠政策，激励更多学子参军报国。坚持疫情防控条件下严格有序开展体检和政治考核，科学制定定兵原则，严密组织役前教育，完成征兵工作。

【国防教育】 始终把全民国防教育作为夯实国防和军队建设群众基础的重要举措，进一步健全国防教育领导机构，制定国防教育工作要点和“国防教育进校园活动”实施方案。召开国防教育成员单位联席会议，研究推进重点工作，建设通用机场国防教育文化墙和营区外宣传长廊，大力营造关心国防、支持国防的浓厚氛围。深入开展全民国防教育日暨重庆市国防教育宣传周活动，以欢送新兵为主题举行国防教育日启动仪式，组织预定新兵参观荣誉室，请团区委专家开展爱国主义辅导授课，引导赓续红色血脉。深入梁平中学、职教中心等高中宣讲国防教育思政课，为区委党校中青年干部培训班开展国家安全形势报告，增强爱国强军意识。召开学生军训协调会，抓实骨干集训，协助开展“少年军校”，组织高一新生军训，激发学习报国热情。

【民兵训练】 认真学习贯彻习主席开训动员令，扎实开展“开训周”活动。周密制定年度军事训练计划，统筹疫情防控及时调整训练计划，开展以勤代训，完成协助疫情防控任务。坚持围绕非战争军事任务，组织专武干部和民兵应急连集训，加大训练场地整治，先后民兵训练场地进行升级改造。承办片区“小专业、大集中”演练水上救援科目，积极开展“精武民兵”比武竞赛。加强军地协同，与应急、交通等部门开展防汛抢险综合应急演练和道路交通事故应急抢险演练。坚持以比武竞赛为牵引，认真选拔各专业参赛民兵和教练员，从10月19日开始，组织区民兵应急连围绕重庆市军地联考联评10个科目，开展封闭式集训，进一步提高练兵备战水平，取得综合第五名、实弹射击科目第二名、森林灭火科目第三名。

【专武干部队伍建设】 严格按照警备区要求选拔任用专武干部，分批次对新任专武干部进行业务技能培训，坚持以勤代训、以会代训，组织民兵分队长集训，传经验教方法。组织乡镇专武部长参加警备区第一、二批轮训和年终军事能力普考，及时摸清短板弱项，针对性地开展补差训练。注重发挥考核的“指挥棒”作用，将专武干部和民兵骨干军事考核成绩纳入武装工作拉榜排名，作为区委党建考核武装工作部分的重要元素，专武干部队伍整体素质得到提升。

【基层规范化建设】 加强新时代基层人民武装部和民兵建设，分两批对全部乡镇（街道）开展规范化建设，添置各类器材，充实完善战备物资，改善办公条件，通过上级检查验收，全区33个乡镇均实现了一级达标。筹措专款完成梁山街道武装部创建市级示范单位。

【参与打赢打好脱贫攻坚战】 坚持把脱贫攻坚作为政治任务扛在肩上，认真贯彻总书记“两不愁三保障”座谈会和视察重庆脱贫攻坚工作讲话精神。先后投入16万余元，用于帮助贫困户购买农资、基础设施建设、产业扶贫、节日慰问和阵地建设，助力打赢脱贫攻坚战。3月份，组织干部、职工和民兵30余人帮助合兴镇大梨村困难群众看护李子园，送去肥料6吨；扎实开展消费扶贫活动，制订详细计划，逐月抓好落实，配合区委区政府围绕消费扶贫组织开展“八一”慰问，梁平连续八届评为“双拥模范城”。

（区人武部　万成胜）

人民防空

【概况】 重庆市梁平区人民防空办公室为区政府挂牌机构，挂在重庆市梁平区住房和城乡建设委员会，内设人防科。下设全额拨款事业单位重庆市梁平区人民防空指挥信息保障中心，现有在编在岗人员5人。区人民防空办主要负责人民防空工作相关政策、法律法规规章、标准规范的监督实施；负责人民防空指挥场所、疏散地域（基地）建设和管理；负责人民防空信息化建设；负责人民防空警报建设、管理和警报试鸣工作。负责人民防空工程建设、管理工作；承担国防动员委员会交办的工作。

【人防指挥体系】 启动《防空袭方案》修订，结合机构改革后职能职责调整，合理编组梁平区人防指挥机构，建立科学、顺畅的指挥关系和指挥程序，明确指挥员、工作人员职责。积极参与市人防办组织的联演联训；结合国防动员潜力调查统计，加强重要经济目标防护建设。

【人防专业队伍】 建设群众防空组织专业队伍，分别结合单位工作实际自行开展业务技能岗位大练兵和集中培训，并常态化开展行业应急演练。

【人防宣传教育】 2020年，区人民防空办继续加强与区委党校和教育部门的衔接，丰富教学防空防灾知识。将人民防空知识纳入党校（行政学校或社会主义学院）教学范围，巩固党校人民防空专题教育阵地。利用“5·12”全国防灾减灾日、“6·5”警报试鸣活动日、“12·4”法制宣传日，以举办人防知识竞赛、媒体专栏、广场宣传、防空防灾演练为着力点，并利用横幅、图片、宣传牌、广告站牌等各种形式加大人民防空知识的宣传力度。紧紧围绕“庆祝新中国人民防空创立70周年”这一主题，以生动活泼、内容丰富、特色鲜明的方式，通过电视、电台、“家在梁平APP”、梁平趣生活、梁平手机报等本土新闻载体，宣传人防建设发展的重大方针政策，区级各部门和社会各界了解、关心、支持人民防空工作的意识明显增强，为人民防空工作的顺利开展奠定了思想基础和群众基础。

【人防应急保障】 新建2个疏散基地全区人防应急疏散能力得到进一步提升。新建1个“两防一体化”标准社区，对已建成的社区进行定期检查，完善了制度管理。

【人防工程建设】 梁平区修建防空地下室5个。2020年，2个结建人防工程正在施工建设。加强人防工程质量安全管理，实施人民防空安全生产专项整治三年行动，强化人防结建建筑工程质量、安全监管和农民工工资清欠工作。认真开展安全生产质量监督行政执法检查，将人防工程质量监督8个环节调整为3个环节，多次开展行政执法专项检查，无行政执法不作为、错案或执法过错责任发生。

【人防信息化建设】 2020年，梁平城区防空警报器安装29台，防空警报后备电源配装4台。完成短波通信系统网络化升级改造，落实专人对电台进行维护和管理，确保设备始终处于良好的工作状态。

【人防法治化建设】 依法规范行政审批制度，全面落实人民防空“放管服”改革，精简审批环节，取消社会投资项目初步设计审查环节，严格执行重庆市房屋建筑和市政基础设施工程施工图联合审查管理规定。 （区人民防空办 方熹）

经济管理

发展和改革

【概况】 重庆市梁平区发展和改革委员会（以下简称区发展改革委）是重庆市梁平区人民政府工作部门，为正处级。机关核定行政编制21人，内设科室14个；下设1个财政全额拨款的公益一类事业单位，核定事业编制14人。2020年末，实有在编在岗职工36人。

区发展改革委负责拟订并组织实施国民经济和社会发展战略、中长期规划和年度计划。负责提出加快建设现代化经济体系、推动高质量发展的总体目标、重大任务以及相关政策。负责统筹提出国民经济和社会发展主要目标，监测预测预警宏观经济和社会发展态势趋势，提出宏观调控政策建议。负责指导推进和综合协调经济体制改革有关工作，提出相关改革建议。负责投资综合管理，拟订全社会固定资产投资总规模、结构调控目标和政策。负责按规定权限审批、核准、审核重大项目。负责推进落实区域协调发展战略、新型城镇化战略和重大政策，组织拟订相关区域规划和政策。负责协调一二三产业发展重大问题并统筹衔接相关发展规划和重大政策。负责推动实施创新驱动发展战略。承担粮食总量平衡和宏观调控工作。负责推进实施可持续发展战略，推动生态文明建设和改革，协调生态环境保护与修复、能源资源节约和综合利用等工作。负责拟订全区能源发展战略、发展规划、产业政策并组织实施等。

2020年，区发展改革委在区委、区政府的坚强领导下和上级部门的指导支持下，深学笃用习近平新时代中国特色社会主义思想，全面落实习近平总书记对重庆提出的营造良好政治生态，坚持“两点”定位、“两地”“两高”目标，发挥“三个作用”和推动成渝地区双城经济圈建设等重要指示要求，切实抓好规划编制和管理、固定资产投资、重点项目建设等各方面工作，有力有为地促进全区经济社会高质量发展。

【抓谋划思发展】 加快推进“十四五”规划编制各项工作，积极谋划全区“十四五”乃至更长时期的发展目标、重点任务。加强与全市上位规划衔接，推动长寿区—垫江县—梁平区货运铁路、明月山大灌区水资源配置工程等重大项目纳入《重庆市第十四个五年规划纲要和二〇三五年远景目标》。分析研判梁平区各季度经济运行情况，强化经济指标动态分析，提出一批长短结合、务实管用的政策建议措施。加强风险管控，有效防范化解经济领域重大风险。

【抓项目促投资】 2020年，争取上级资金项目16个，已获得上级资金3.05亿元，涉及教育、卫生、水利等多个领域。获批第一批地方政府专项债资金13.4亿元。统筹推进市区级重点项目建设。7个市级重大建设项目全部开工，完成投资35亿元。178个区级重大建设项目开工（含续建）145个，完成投资125亿元。21个专项债项目完成投资14.1亿元，13个揭榜挂帅项目完成投资37.8亿元。规范稳妥推进融资项目建设。龙溪河流域综合治理与可持续发展试点PPP第一批项目全面开工，完成投资8.5亿元，是重庆市与三峡集团合作第一个落地开工的项目，获得市级层面的高度认可。

【抓制度优服务】 进一步规范梁平区政府投资项目审批制度，优化流程提升效率。完成政府投资项目立项审批423个，总投资89.93亿元；完成企业备案项目190个，总投资114.7亿元。全面优化营商环境，深入推进放管服改革，安商亲商富商环境进一步优化。加快推进生态文明建设。充分发挥贯彻落实长江经济带发展战略领导小组办公室和深入推动长江经济带发展加快建设山清水秀美丽之地领导小组办公室职能职责，统筹推进全区生态文明建设。严格落实能耗总量和强度“双控”目标。

【抓改革强合作】 牵头做好综合经济体制（统筹城乡配套）改革专项小组各项工作，各项年度任务总体进展顺利。加快推进事业单位及国有企业公务用车制度改革。抢抓成渝地区双城经济圈建设和全市“一区两群”协调发展重大机遇，充分发挥“突击队”作用，以共建明月山绿色发展示范带为主要抓手，主动谋划、全力争取，积极对接、务实合作，明月山绿色发展示范带建设谋得深、抓得紧、干得实，有效提升渝东北、川东北毗邻区县在川渝发展大格局中的地位和作用。

【抓实事惠民生】 深入实施保障和改善民生行动计划，着力提升社会公共服务水平，41件市区级重点民生实事落地见效。积极开展商品和服务价格监测及预警；合理调整工商业用电、医疗等收费标准，着力规范教育、涉农价格，全区物价水平总体稳定。全面落实粮食安全行政首长责任制各项工作，应急保供能力不断增强。加快推进信用体系建设。强化天然气长输管道保护及管道企业安全生产监管，全区天然气长输管道安全生产形势总体平稳。 （区发展改革委 张荔）

规划和自然资源管理

【概况】 重庆市梁平区规划和自然资源局于2018年12月正式挂牌成立，主要负责履行全民所有土地、矿产、森林、草原、湿地、水等自然资源资产所有者职责和所有空间用途管制职责，贯彻执行自然资源和国土空间规划及测绘等法律、法规、规章和方针政策。现有领导班子成员1正4副，内设15个科室，机关行政编制24人，机关后勤服务人员事业编制1人；局属事业单位11个，事业编制135人，其中参公编制24人；基层管理所12个，事业编制89人。实有在编在岗人员227人。

【城市规划管理】

国土空间总体规划 坚持“从全局谋划一域、以一域服务全局”，高站位宽视野谋划全域空间发展，抢抓成渝地区双城经济圈、“一区两群”协调发展机遇，积极融入万达开川渝统筹发展示范区，以空间优化布局引领经济社会发展。编制完成《梁平区生态保护红线评估优化方案》及《梁平区国土空间总体规划方案（2020—2035年）》初方案。

重点规划 坚持“产业兴旺、生态宜居、乡风文明、治理有效、生活富裕”的乡村振兴总体要求，完成全区269个实用性及管控性村规划编制，竹山猎神村被评为全市首批实用性村规划示范村，村规划引领的成功经验上报自然资源部，被中国自然资源报采用并推广；开展梁平区“四山”明月山管制区优化研究，在远郊区县中率先编制完成《重庆市“四山”梁平区段保护提升实施方案》，扎实推进生态优先、绿色发展。

行政审批 严格按照“多规合一、多证合一、多测合一、减免成本、缩短时限”要求，实行工程建设项目空间协同；合并办理建设项目规划选址和用地预审、建设用地规划许可和用地批准。对社会投资的小型低风险建设项目，将建设工程规划许可审批时限压缩为5天，对政府投资类项目采用承诺办件，提高审批时效。2020年，办理用地预审和选址意见书30件，用地面积约14.73万平方米；办理用地规划许可47件，用地面积48.83万平方米；办理工程规划许可119件，建筑面积120.26万平方米；办理竣工规划核实67件，建筑面积144.20万平方米。完成城区77个老旧小区增设电梯的现场公示工作，全年办理电梯工程规划许可46件。

【不动产登记】 稳步推进不动产登记。2020年，办理不动产登记业务（国有土地房屋）36638件；核发不动产权证书（证明）26574本；林权证24本；预售合同备案登记证明6634件。接待查档咨询人员30000余人次，出具无房证明近27000份。配合区住房城乡建委、区教委、区民政局等核查信息5400余人次。全年财政收入269.12万元。压缩办件时限。二手房买卖、抵押登记及抵押注销登记业务、查封及解除查封登记业务、异议及注销异议登记业务实现“零”等候，立等可取，其他登记业务办理时限压缩至3个工作日内，所有登记业务办件时限压缩70%以上。实现“一窗办理、即办即取”。整合不动产登记分类受理窗口，实现办理存量房交易只交一次资料、只接触一个工作人员，办结业务8682件。严格落实“减费”政策。对申请办理车库、车位、储藏室不动产登记，单独核发不动产权属证书或登记证明的，不动产登记费由每件550元减至每件80元，全年减费46.9万余元。

【城市风貌管理】 印发《梁平区城区规划建设管理导则（试行）》，对建筑外墙、建筑屋顶、建筑色彩等要素提出设计管控要求，确保整体城市空间环境的协调统一。注重建筑高度协调，重点管控滨湖、近山、临公园广场区域、都梁大道、碧湖大道、竹海大道等重要道路旁地块的建筑高度，构建高低错落的城市天际线景观；根据不同的建筑功能，对建筑主题色彩进行控制，塑造柔和雅致的城市色彩，突出现代田园城市风貌特色。

【土地管理】 用好用活市级专项计划、地票配给计划及供地补票等新增建设用地计划指标政策，不断加大用地报批力度，全力做好都梁新区、梁开高速、龙象寺水库、乡村振兴等重点项目用地保障。加强用地报批。组卷上报37批次69个项目农用地转用和土地征收，申请建设用地面积201.32公顷。取得市级配备新增建设用地计划154.64公顷，另使用地票31.58公顷，批准建设用地200.89公顷。强化土地收储能力。收回国有土地9宗，面积37.24公顷，土地监管系统录入储备地块84宗，面积384.55公顷。

【耕地保护】 重庆市政府下达梁平区耕地保有量面积68040公顷，基本农田保护面积61673公顷。梁平区实有划定永久基本农田面积61673.42公顷，耕地面积大于市政府下达的耕地保有量面积。查处各类违法行为。开展农村乱占耕地建房问题整治工作，国家和市级共下发图斑16481个，梁平区自查发现533个，开展摸排17014个；抓好土地例行督察问题整改，成都督察局反馈问题272宗，完成整改229宗；“非农化”挂账问题106宗，完成整改86宗。推进生态保护修复。完成18个土地整治项目，新增耕地304.8公顷。其中，梁平区合兴镇“中国名柚园”市级首批土地综合整治试点项目已验收并纳入全国试点项目。完成35个农村建设用地复垦项目，新增耕地80.53公顷。

【建设用地管理】 优化供地规模、结构、时序，坚持严控土地前期供应各流程并加强后续用地监测监管，完善闲置土地处置机制，加强土地集约节约利用。2020年，出让土地27宗，面积550.05亩，出让综合价金44491.42万元。其中，商业及住宅用地17宗，面积17.388公顷，出让价款33774.08万元，工业用地10宗，面积19.282公顷，出让价款10717.34万元。划拨土地16宗，面积51.44公顷。

【地质灾害防治】 坚持人民至上、生命至上，完成金带镇穿耳岩、花园嘴危岩和聚奎镇堰塘湾危岩工程治理，文化镇三寨村岩质滑坡治理工程项目已整改到位；积极申请中央灾害重建资金1310.4万元，用于金土工程搬迁避让和福禄镇大印村邱家院子滑坡治理，目前已完成搬迁避让工作，正有序推进滑坡治理工程；完成黄蜡坪危岩治理工程项目详勘和设计工作；全面启动全区地质灾害详细调查和群测群防智能化监测预警工作。

【矿产资源管理】 强化矿产资源监管，有序推进矿业权出让管理，全区有效期内采矿权共15宗，其中大中型矿山11宗，小型矿山4宗。总生产规模742万吨/年，其中水泥用灰岩矿1宗，生产规模250万吨/年；建筑用灰岩矿11宗，生产规模458万吨/年，砂岩3宗，生产规模合计34万吨/年。牵头完成5个绿色矿山建设、47家露天矿山综合整治，海螺水泥灰岩矿和砂岩矿成功创建为重庆市绿色矿山建设典范。

【测绘地理信息管理】 完成“多测合一”改革。整合涉及规划、土地、房产审批及不动产登记的各项测绘业务，推进“联合测绘”，完成“多测合一”信息系统部署，有效解决企业“反复跑”问题，为企业提供高效优质服务。完成地下管线数据年度更新。召开全区地下管线数据动态更新工作会，建立完善月报机制，梳理核实疑似待更新地下管线区域，按时提交年度更新成果。完成全区永久性测量标志核查。实地核查测量标志58个，建立全区永久性测量标志台账，完成牛头寨、滑石寨等4个重点区域测量标志点建设。强化测绘地理信息基础保障作用。免费向区级相关部门、有关乡镇、有关单位提供梁平行政地图、遥感影像、变更调查数据库和地形图等各类测绘地理信息资料1000余次，为全区优化营商环境、疫情防控等提供基础保障。

【监察执法】 扎实开展日常巡查。严格实行网格化管理，不断增加巡查频率，拓宽巡查区域，全年巡查300余件次，排查违法线索220余条，有效将违法行为遏制在萌芽状态。严格进行违法查处。以“零容忍”的态度坚决打击新增违法行为，集中整治查处一批违法案件，全年共办理案件76件，收缴罚款628.34万元。有序推进卫片执法。核查2019年及2020年度市局下发的卫片图斑249个，全区违法图斑28个，面积29.16公顷。立案查处22个，不予立案1个，移交区农业农村委5个。

（区规划自然资源局 谢春洪）

公共资源交易管理

【概况】 重庆市梁平区公共资源交易监督管理局是区政府的工作部门，内设综合科、交易监督科、执法检查科3个职能科室，全局核定行政编制6个，设局长1人、副局长1人。下设1个财政全额预算的公益一类正科级事业单位，核定事业编制9人。

2020年，区公共资源交易监督管理工作在区委、区政府的坚强领导下，在市公共资源交易监督管理局的精心指导下，深学笃用习近平新时代中国特色社会主义思想，深入贯彻党的十九大及十九届二中、三中、四中、五中全会精神，积极探索新体制，不断深化公共资源交易改革，不断强化公共资源交易监管，着力提升公共资源交易服务质量和效率，为全区经济社会发展提供重要保障。

【建设工程】 严格执行工程招投标相关法律法规，始终坚持以制度建设为保障，将依法办事、规范操作和主动服务贯穿到招投标工作各个环节，确保整个交易过程公开、公平、公正。2020年，组织建设工程招标124个标段，成交金额约17.45亿元，节约金额4.66亿元，节约率21%。

【政府采购】 严格执行政府采购相关法律法规，紧紧围绕“信息公开、流程规范、操作透明、服务高效”的服务宗旨和“重服务、重效率、重规范”的工作思路，认真完成各项采购任务。2020年，组织政府采购活动77次，交易金额1.5亿元，节约财政资金422.44万元，节约率为2.51%。

【产权交易】 严格执行产权交易相关法律法规，采用符合当地实情的产权交易方式，实现了国有资产处置收益最大化。全功组织产权交易35次，合计金额404.72万元，溢价金额9.18万元。

【土地出让】 严格执行土地出让相关法律法规，优化国有建设用地出让程序，规范交易行为，积极落实各项惠企政策，切实减轻企业负担。全年土地交易成功招标24宗，成交金额约6亿元；采矿权出让3宗，收益成交价约0.34亿元。

（区公共资源交易监管局）

市场监督管理

【概况】 2019年1月16日，重庆市梁平区市场监督管理局正式挂牌成立，局机关位于重庆市梁平区梁山街道文峰路163号。主要职责是负责市场综合监督管理、食品药品安全监督管理综合协调、食品安全监督管理、药品、医疗器械、化妆品安全监督管理、宏观质量管理、产品质量安全监督管理、特种设备安全监督管理、市场主体统一登记注册、推动市场主体信用体系建设、规范和监督管理市场秩序、消费者权益保护工作、统一管理计量工作、统一管理标准化工作、统一管理认证认可和检验检测工作、知识产权发展与保护工作、开展市场监管综合执法工作、协助指导小微企业、个体工商户、专业市场党建工作，负责机关、直属单位党建工作及区委、区政府交办的其他任务。

区市场监管局内设22个科室，片区市场监督管理所14个。行政编制144人，机关后勤服务人员事业编制16人。设局长1人（兼知识产权局局长），副局长4人；科级领导职数86人（含机关党委专职副书记1人和市场监管所36人）。综合行政执法支队于2020年3月23日挂牌成立，统一行使市场监管领域的行政处罚权及与之相关的行政检查、行政强制等执法职能。设支队长1人，政委1人，副支队长1人。内设机构领导职数12个。

【营商环境】 积极响应区委、区政府“营商环境建设年”号召，以统筹做好疫情防控和市场监管为主线，积极担当作为。深入推进“放管服”改革，进一步释放市场主体活力。对标世界银行营商环境评价体系要求，实现材料“一次提交”、线上“一网通办”、线下“一窗办理”、全流程“一日办结”，将市场监管部门领域内行政许可事项按照法定时限压缩90%以上，全程网办事项占比90.41%，平均跑动次数降至0.096次，即办事项占比50.68%。创新准入服务举措，扩大住所申报承诺制范围，破解产权证明难问题。通过部门联动、部企互动、部内主动工作方式，全方位助推市场主体解难题、渡危机、稳发展。成立“双创”服务专门班子，全面落实助企纾困政策，为新开办企业免费提供印章1185套，为企业减负88.88万元。全年新发展市场主体13122户，同比增长78.77%，位居全市第一，净增长19.16%，列全市第一，增速25.46%，列全市第三，全区市场主体总量61819户。

【食品安全监管】 以“四个最严”为遵循，花最多精力、下最大力气，守住辖区不发生食品安全事故的底线。全面落实“党政同责、一岗双责、属地管理”原则，建立起一支325人的乡镇（街道）协管队伍，横向到边、纵向到底的食品安全责任体系进一步加强。全面落实监督检查，结合监督抽检、违法查处、食品安全事故调查等情况，对全区6210家食品生产经营主体进行风险等级评定，检查发现隐患275个，已全部整改到位。聚焦重点领域，开展学校食堂、校园周边、白酒小作坊、保健食品等专项整治，对全区199家学校及托幼机构、27家养老机构、34家机关企事业单位及建筑工地食堂、281户食品摊贩进行规范检查，约谈38家食品企业负责人。组织食品安全监督抽检2073批次，合格率97.6%。全面落实示范创建工作，创建市级餐饮食品安全示范街1条、市级餐饮食品安全示范店10家，全区199家学校及托幼机构食堂“明厨亮灶”覆盖率100%。

【“两品一械”监管】 严格落实“四有两责”工作要求，规范“两品一械”市场秩序，守住安全底线。开展疫情防控工作，加强对防疫物资进货渠道、质量的监管，督促药店经营主体落实体温测量、场所消毒，持续实施发烧咳嗽药品购药登记制度。开展“日常+专项”监管，坚持问题导向、风险防控原则，制订全年监管计划，加大高风险品种、区域、环节药械监管频次，部署开展中药饮片、药品网络销售违法违规行为、无菌及植入性医疗器械、医疗器械“清网”等专项整治工作。开展抽检及不良反应监测工作，全年完成抽检任务药品70批次、医疗器械18批次、化妆品20批次、美容场所5批次、美发场所5批次，完成药品不良反应监测473例，新的、严重的报告133例，医疗器械不良事件报告215例、化妆品不良反应报告59例。

【产品质量和计量监管】 开展质量监管工作，对梁平丰疆生物科技有限公司、重庆强泰砂轮制造有限公司2家企业开展证后监管，对社会关注度高的儿童和学生用品、低速电动车、危险化学品等产品开展质量安全专项整治，共对262批次产品进行监督抽检，发现不合格产品22批次。开展质量提升行动，针对塑料管材产品抽检合格率不高的情况，制定塑料排水管材质量提升行动工作实施方案，切实提升梁平区塑料管材生产企业整体产品质量水平。联合16个部门共同开展2020“质量月”活动，积极组织企业参加专项质量提升培训会议。开展计量标准化工作，指导帮扶平伟实业、宏工机械等25家单位声明公开155个企业产品标准，新增49个企业产品标准。检定医用计量器具、民用三表、加油（气）机等设备2322台件次。

【特种设备监管】 严格落实“党政同责、一岗双责”，领导带队检查企业36次，召开特种设备专题工作会22次，督促企业落实主体责任，做到“三落实、两有证、一检验、一预案”要求，切实开展安全隐患自查自纠工作，出动执法人员392人次，检查特种设备使用单位131家，下达监察指令49份，排查整改安全隐患182个。利用“渝特安”APP开展日常检查，实时掌握检查进度，督促隐患整改，深入开展特种设备大排查大整治大执法、长输管道和燃气管道三年攻坚、危化品相关特种设备、电梯门锁专项抽查等6项专项整治，共出动安全监察人员169人次，检查特种设备使用单位78家次。抓住疫情期间、元旦、春节、五一、中秋、国庆等重要时段，对商贸区、景区等重点场所实施重点检查，严格执行检查诊断、行政处罚、整改复查的“三部曲”，重大隐患整改率100%，一般隐患整改率98%。

【知识产权工作】 深入推进知识产权战略，修订完善专利资助奖励、创新驱动奖扶等政策文件，围绕集成电路、智能家居和绿色食品三大产业布局创新链，大力推行知识产权“贯标”，培育知识产权优势企业，深化成渝地区双城经济圈、川渝东北毗邻区域知识产权协作联动，与四川省达州市、万州区等六区县签署知识产权合作备案录，建立跨区域知识产权保护、运用、管理合作机制，将“梁平柚”、“张鸭子”、平伟实业高价值专利纳入首批川渝知识产权合作重点保护名录。全年新增注册商标929件、专利423件，全区有效商标总量7354件、有效专利1754件，万人发明专利拥有量达2.25件，国家知识产权优势企业7家，市级知识产权优势企业21家，知识产权“贯标”企业42家，2020年11月梁平区通过国家知识产权试点城市验收。

【消费者权益保护】 深入开展放心消费创建活动，围绕“3·15”国家消费者权益日，结合疫情防控形势，充分利用网站、微信、LED等媒体开展形式多样的线上教育活动，大力宣传相关法律法规、12315维权渠道、消费者权益保护公益广告等内容。深入开展消费领域专项整治，重点对健身、美容美发、培训、汽车销售服务等易发生消费纠纷的领域加强监督检查，共出动执法人员459人次，检查各类市场经营主体1007个，开展行政约谈、行政指导12次，组织开展宣传教育7次，发布消费警示1条。深入开展野生动物保护工作，督促市场开办者、经营者严格落实禁止贩卖竹鼠、獾等可能携带新型冠状病毒的野生动物和其他野生动物的主体责任，张贴警示通告，加强监督检查和隐患排查，发现并移交经营野生动物案件线索1个。全年共受理消费者投诉举报1132件，为消费者挽回经济损失455.4万元。

【市场管理执法】 突出重点监管执法，围绕老百姓关心关注的市场监管热难点问题，重拳出击"双打"领域，扎实开展食品药品、非法集资、虚假广告、民生领域价格执法等专项行动，立案查处案件234件，处罚没款387.79万元。突出重点专项工作，持续推进长江流域禁捕退捕工作，建立完善相关台账8个，整改店招、门楣广告、菜单等41个，查处违法案件2件。全力做好扫黑除恶工作，联合区公安局、区商务委、区金融工作办开展检查2次，加强信息共享，移送案件线索2件。突出信用联合惩戒，强化涉企信用信息跨部门征集和联合惩戒，对1113户市场主体开展联合抽查，提供信用报告180份，为社会各界出具企业信用报告188份，91户企业因不良信用记录，在招投标、银行贷款、表彰奖励、项目补助等方面受限。 （区市场监管局 谢憧）

审 计

【概况】 2020年，梁平区审计局人员编制40人，实有34人。设有办公室（电子数据审计科）、法规审理科、整改督查与内审管理科、财政审计科、企事业审计科、投资审计科、经济责任审计科（经济责任审计工作联席会议办公室）、重大政策执行审计科；下设重庆市梁平区审计中心（参公管理）。

2020年，梁平区审计局共完成审计项目30个，其中审计27个，专项审计调查3个。查出主要问题金额551856.94万元，审计促进整改落实金额130343万元，移送案件29件，其中移送纪检监察部门9件。出具审计报告和专项审计调查报告31篇，撰写审计要情、专报55篇，报告、要情、专报被批示78篇，推动区委区政府完善制度7项，审计提出建议意见75条，被采纳审计建议意见75条，撰写审计信息、简报被各级新闻媒体采用75篇次。

2020年，梁平区审计局获得重庆市审计机关综合目标考核一等奖；重庆市梁平区卫生和计划生育委员会2017年度预算执行及其他财政财务收支情况审计项目被评为中华人民共和国审计署优秀项目三等奖；梁平区水务局等部门（单位）2017年度预算执行和其他财政财务收支情况审计项目、梁平区梁山街道社区卫生服务中心2017年度预算执行和其他财政财务收支情况审计项目等2个审计项目被评为重庆市审计局优秀审计项目；2020年度重大政策措施落实情况跟踪审计项目、2019年度梁平区财政预算执行和决算草案审计项目、梁平区生态环境局党组书记、局长自然资源资产离任（任中）审计项目等3个审计项目获得重庆市审计局行业优秀项目表彰。

【国家重大政策措施落实情况跟踪审计】 聚焦新冠肺炎新形势，重点关注区疫情防控政策落实、助企纾困政策落实、降低企业生产经营成本、新增财政资金管理使用、高素质农民培育等政策落实情况；高度关注"六稳六保"政策落实，揭示减轻企业负担方面、优化实体经济发展环境、降低企业生产经营成本、公益性岗位稳就业等问题。截至2020年12月，抽查部门40个、镇街43个、企业34个，发现9个方面34个问题，涉及问题金额13100.87万元。

【财政审计】 对梁平区财政预算执行和决算情况进行了同级审计。审计查出问题金额454403.98万元，促进区政府及相关单位出台了《重庆市梁平区区级预算安排与监督检查和绩效评价结果挂钩办法（试行）》《重庆市梁平区财政局关于进一步加强政府采购预算管理的通知》《重庆市梁平区财政局 重庆市梁平区总工会关于进一步强化工会经费管理工作的通知》）等7项制度。

【经济责任审计】 2020年，完成7个单位10名领导干部任期、离任经济责任审计，查处问题资金11907.35万元，出具审计报告7份、审计决定4份，编报经责通讯3期。统筹实施1个单位1名党政主要领导干部自然资源资产任中审计。

【投资审计】 全面实现投资审计转型，完成投资建设项目审计9个，审计核减工程投资金额428万元。

【企业审计】 对梁平区新鑫实业有限公司、梁平区丰瑞建设开发有限公司、梁平区兴农融资担保有限公司、梁平区交通建设开发有限公司等4家国企2019年度财务收支审计中，对公共资金、国有资产、国有资源等方面进行全面审计，在深化国有企业改革中强治理、反腐败、控风险、防流失，发挥重要监督作用。

【专项资金审计】 完成梁平区2016—2019年度招商引资企业履约情况专项审计调查，对全区90个招商引资落地项目进行全面清理，并对其履约情况进行梳理，下达3份审计决定，促使征收土地出让金、人防费等多项资金；在梁平区2019年度扶贫资金管理使用情况审计中，充分利用大数据分析能力，提升审计效率，分析检查区级医院建档立卡贫困人员居民医保住院报销比例提高10%、起付线降低50%等政策执行情况；在梁平区国有土地和房产闲置现状审计调查中，优化项目组织方式，抽调内审人员参与审计，对全区闲置土地使用情况进行分析筛选，重点揭示梁平区国有资产管理制度缺失和漏洞的问题，移送纪检监察部门案件线索1件。

【信息化建设】 对审计分析平台进行优化和升级，对审计模型进行维护和更新，适应不同年度审计项目需求。区级各部门报送审计电子数据已形成机制，2020年梁平区审计局数据分析室已收集整理了2012—2019年全区各部门、镇乡财务数据和重点业务数据634G，及时对已归集数据进行规范化处理。同时，严格执行数据使用审批制度，杜绝数据泄露造成审计风险。坚持数据先行理念，按照“以用促采”的原则，2020年初采集了全区97个财政一级预算单位2019年度的财务数据，并完成数据标准化处理工作，标准化率100%。

【内部审计】 召开全区内部审计工作会，制定《梁平区审计局内部审计工作指导和监督工作方案》，推动内部审计指导和监督工作“全覆盖”；修订完善《梁平区内部审计业务工作规程》，分类制定投资审计、预算执行审计、经济责任审计等不同类型审计项目的审计实施方案及审计报告模板，列举相关审计内容和应关注的审计重点，推动提升内部审计项目质量。全面开展内审工作监督检查，推动全区内部审计工作提质增效。

【相关工作】 贯彻落实区委审计委员会第二次、三次、四次会议精神，严格落实全面从严治党责任，开展“不忘初心、牢记使命”主题教育“回头看”；强化审计队伍建设，积极选派人员参加审计署、市审计局举办的各类培训班。

（区审计局　蒋瑷瑜）

统　计

【概况】 重庆市梁平区统计局（以下简称区统计局）是重庆市梁平区人民政府工作部门，内设办公室（政策法规科）、综合核算科、工业能源统计科、固定资产投资统计科、第三产业统计科、统计执法检查科。区统计局管理的正科级事业单位有2个：重庆市梁平区社会经济调查队（普查中心和民调中心挂牌于社会经济调查队，以下简称区社会经济调查队），重庆市梁平区统计服务中心（以下简称区统计服务中心）。区统计局人员编制26人，实有人员21人；其中区统计局机关行政编制9人、实有人员8人，区社会经济调查队人员编制13人、实有人员12人，区统计服务中心人员编制4人、实有人员1人。

2020年，区统计局坚持以习近平新时代中国特色社会主义思想为指导，紧紧围绕全区经济社会发展重点工作和市统计局的部署要求，着力观大势、谋全局、抓关键，深入推进统计法治建设，切实提高统计数据质量，不断提升统计分析研判和服务水平，完成各项工作任务，为推动全区经济社会高质量发展提供坚实统计保障。

【调查项目】 区统计局承担的常规性国家统计调查项目主要有国民经济核算统计，基本单位名录统计，数字经济统计，规模以上工业统计，规模以下工业抽样调查，规模以下企业创新调查，建筑业统计，限额以上批发和零售业统计，限额以上住宿和餐饮业统计，以全国为总体的限额以下批发零售住宿餐饮行业抽样与问卷调查，固定资产投资统计，房地产开发统计，小微企业固定资产投资情况调查，能源统计，新型金融业统计，劳动工资统计，科技综合统计，社会综合统计，人口变动情况抽样调查，企业用工调查，规模以上服务业统计，规模以下服务业抽样调查，部分行政事业单位调查等。

【重大国情国力调查】 2020年，在全区范围内开展第七次全国人口普查，取得良好效果。全国农业普查每10年进行一次，在逢6的年份实施。全国经济普查每5年进行一次，分别在逢3、8的年份实施。

【统计改革】 区统计局与时俱进、深入推进统计制度方法改革创新。把提高统计数据质量作为统计工作的生命线，进一步提高基础数据质量，确保统计资料真实准确、完整及时，增强统计工作的科学性、权威性。坚持以高度的使命感推进统计三大核算改革，认真对接全国全市统计监测方法，积极探索完善现代统计调查体系；全面启动劳动力调查工作，稳步实施规模以上服务业企业入统标准调整改革，实现区级部门制定地方统计调查项目需向区统计局审批的规范管理，统计各领域改革全面发力、纵深推进。

【统计基础工作】 全面总结提炼乡镇（街道）统计基础工作前期成效，及时督促“四上”企业建立完善统计原始记录和统计台账，努力形成切实可行地长效机制；充分发挥统计联席会议制度作用，细化理顺部门统计工作关系，全方位建立信息交流共享机制，切实形成政府统计工作合力。

【统计服务】 密切跟踪各项主要经济指标的发展动态，联合行业主管部门建立和完善重点企业、重点产业的日常监测体系，每月印发《统计月报》、每季度发送统计数据快报、每年刊印《统计年鉴》《经济社会发展状况》，及时客观反映全区经济社会发展实绩。针对党政中心工作和重点任务开展调研分析，适时撰写统计信息40篇、完成统计分析15篇、开展课题研究2项，获区委、区政府领导批示2次，其中《梁平融入成渝地区双城经济圈研究探讨》《梁平区财政收入与经济增长关系的实证分析》在全市优秀统计分析评比中分别获一等奖和三等奖。新冠肺炎疫情期间，抽选统计骨干人员组建疫情分析小组，发挥专业优势，贡献智慧力量参与疫情防控，每日汇总分析形成《梁平区新冠肺炎疫情防控数据分析图》，用数据分析疫情防控走势趋势，为全区周密防控、科学决策提供重要参考支撑。

【统计法治建设】 落实普法责任制，及时向区委区政府汇报统计法治工作及相关文件、会议精神，组织开展形式多样、注重实效的人口普查等统计工作法治宣传，加强基层统计人员遵守执行统计法的宣传、检查，全社会统计法治意识进一步增强。建章立制促法治，提请区政府印发梁平区《关于深化统计管理体制改革提高统计数据真实性的实施意见》，夯实乡镇、部门防惩统计造假弄虚作假工作责任，严格执行行政处罚信息公示及执法检查工作制度，规范统计违纪违法举报并强化案件移送管理，将统计工作纳入法治轨道。结合国家统计督察的情况，对全区统计法治工作逐条对照自查自纠，坚持实事求是，真实准

确，不断提高统计工作能力和水平，为全区经济社会高质量发展提供统计服务。（区统计局）

财　政

【概况】 梁平区财政局是综合管理全区财政收支、财税政策、财政监督的区政府组成部门。局内设16个职能科室：办公室、党建科、预算科、国库科、教科文科、社会保障科、农业财务科、行政政法科、产业发展科、政府采购科、经济建设科、资产管理科、财法会管科、乡镇财务管理科、政府债务管理科、绩效评价科。下属5个事业单位：国库集中支付中心、财务结算中心、非税收入征收中心、财政投资评审中心、预算绩效评价中心。2020年，区财政局实有在职职工90人。

2020年，梁平区一般公共预算收入20.94亿元，同比上年增长3%，加上级补助收入、地方政府债券转贷收入、调入资金、上年结转收入后，收入总计79.07亿元；一般公共预算支出68.6亿元，加上上解市级支出、地方政府债务还本支出和结转下年支出后，财政支出总计79.07亿元。政府性基金预算收入17.4亿元，加上级补助、地方政府专项债券转贷收入、抗疫特别国债和上年结转收入后，收入合计46.74亿元；政府性基金预算支出33.71亿元，加上上解市级支出、调出资金、地方政府专项债券还本支出和结转下年支出后，支出总计46.74亿元。国有资本经营预算收入1亿元，国有资本经营预算支出1亿元。

梁平区财政局深学笃用习近平新时代中国特色社会主义思想，坚持稳中求进工作总基调，坚持新发展理念，以宽广的视野聚财理财，以前瞻的思维应对挑战，以科学的方法平衡资金，深入践行新发展理念，积极融入新发展格局，切实担当新发展使命，主动添措施、挖潜力，牢固树立政府过“紧日子”思想，扎实做好“六稳”工作、全面落实“六保”任务，有力助推经济社会持续健康发展。梁平区财政局2020年被评为全国文明单位。

【财政政策】

坚持政府过紧日子　建立绩效评价结果与预算安排挂钩机制，调整低效、无效的支出，优化支出结构，腾退资金重点保障公共卫生、教育医疗、社会保障等民生领域支出，做到有保有压、有促有控。从严管控各类经费支出，大力压减“三公”经费、一般性支出，大力精简会议、差旅、培训、调研、论坛、庆典等公务活动，厉行节约、反对浪费，严控年度中增支，全年按照一般性项目15%、重点专项10%共压减支出5710万元。

加快推动企业复工复产　全面落实抗疫渡难关20条、40条政策措施，安排直达资金4.7亿元直接惠企利民，发放疫情防控重点保障企业贷款1.2亿元，降低企业水、电、气价格降成本2000万元，减免租金541万元，投入2300万元举办春秋两季房交会，安排500万元消费券，积极为市场主体纾困，确保最大程度释放政策效应。

全面落实减税降费政策　第一时间跟进，落实落细税收减免、社保降费、公积金缓缴、租金减免等惠企政策，进一步提振企业信心，激发市场主体活力。2020年，减税降费4.3亿元。

【“三大攻坚战”保障】

脱贫攻坚目标如期完成　坚持精准脱贫方略，通过完善扶贫资金管理制度，建立健全扶贫资金监管机制，充分运用扶贫资金动态监控平台，实施全过程绩效管理，建立长效机制，进一步提高了扶贫资金使用效益。加大对市级贫困村、深度贫困组、相对贫困村资金倾斜，全面解决“两不愁三保障”突出问题，支持教育扶贫、健康扶贫、农村危房改造、饮水安全等政策落地落实，切实做到力度不减、总量增加、结构更优。2020年投入财政专项扶贫资金6918万元，同比增加1046万元，增长17.82%。

污染防治取得实效　坚持生态优先，绿色发展，2020年污染防治支出6亿元，对龙溪河、新盛河、铜钵河等流域水环境进行综合治理，实施退耕还林、国土绿化提升、农村人居环境整治、垃圾分类等生态环境行动，加快补齐污染防治设施短板，持续改善生态环境，龙溪河等6条出境河流水质全部达到或优于国家功能标准，倾力将梁平打造成践行“两山论”的样板地。

强化债务风险防控 抢抓政策机遇，狠抓落实，加大专项债券争取力度，在各部门的公共努力下，梁平区2020年专项债券争取工作取得较好的成效。全年共到位新增专项债券21.1亿元，比2019年增加17.1亿元，增幅高达427.5%，居渝东北第二。专项债券资金精准支持产业园区、双桂新区、生态环保等重大项目建设，以及教育、医疗、社会保障、水利等民生工程，充分发挥债券资金对稳投资、扩内需、补短板的重要作用。区政府债务规模适度、结构合理、风险可控。

【保障民生】 深入贯彻以人民为中心的发展思想，始终将保障和改善民生作为财政工作的出发点和落脚点，民生得到有力保障。2020年，梁平区民生支出56亿元，占一般公共预算的80%以上。

加大疫情防控支持力度 面对突如其来的新冠肺炎疫情，区财政局闻令而动，开通防疫物资采购绿色通道，对于与疫情防控相关的采购项目，作为紧急采购项目，不执行政府采购法规定的方式和程序，免除进出物资审批手续。

实施就业优先政策 安排就业资金0.5亿元，发放创业担保贷款4.2亿元。完善就业优先宏观调控机制，兑现稳岗补贴和社保补贴，抓好抓实高校毕业生、农村务工人员、贫困劳动力等重点群体就业工作，增加企业就业岗位和公益性岗位，保障人民收入水平。

优先保障教育投入 2020年，教育支出19亿元，用于新区学校建设、农村薄弱学校改造、学前教育投入、学生营养改善计划、乡村教师岗位生活补助等基础教育领域，乡村教师岗位生活补助全部兑现，全区教师各项工资福利待遇按时足额发放，城乡义务教育经费保障机制得到进一步巩固。

全力落实社会保障 推进企业和机关事业单位退休人员改革政策，积极筹措资金及时足额发放企业职工养老保险金12.6亿元、城乡居民养老保险金2.1亿元。持续做好困难群体救助保障工作，发放城乡低保、特殊困难群体补贴1.7亿元。安排资金1.3亿元兑现优抚抚恤、退役安置、义务兵优待。安排资金1450万元，兑现80周岁以上高龄老人补贴。

推进医疗卫生建设 2020年，医疗卫生支出9.6亿元。城乡居民医疗保险财政补助标准提高到人均550元，人均基本公共卫生投入提高到74元，基本药物零差率补助和村医补助有效落实，妇女儿童医院、中医院建设有序推进，人均医疗资源水平进一步提升，群众“看病难”“看病贵”问题进一步缓解。

促进文体事业发展 统筹资金2亿元，支持体育馆、游泳馆及基层文化活动中心建设，支持博物馆、图书馆、文化馆、全民健身中心免费开放，健全完善公共文化服务体系，丰富市民文化体育生活。

【深化改革】

坚持以深化改革为动力，稳步建立健全权责清晰、财力协调的现代财政管理体制，切实提高财政资金使用效益。

全面实施预算评审制度 实施部门预算公开评审，审减资金2.7亿元；建立预算追加评审机制，审减支出5390万元。

深化预算管理改革 实施零基预算、综合预算，推进部门预算“零结转”改革，清理收回存量资金、往来款项6700万元；建立“三保”定期评估机制，对人员经费、运转经费和教育、扶贫、社保、医疗等民生支出，优先予以保障和拨付资金；实施国库集中支付电子化改革，持续深化预算执行动态监控，预算单位公务卡使用率100%，切实加强账户管理，实体账户一律撤销。

深化财政投资评审和政府采购改革 财政评审项目284个，审减率21.4%，节约资金3.7亿元。完善政府采购管理机制，建设政府采购云平

台，实现政府采购信息统一发布、市场规则统一透明、市场服务统一规范，采购公开透明度显著提升。

全面推进预算绩效管理　建立全方位、全过程、全覆盖的预算绩效管理机制，做到事前有绩效评估、事中有绩效监控、事后有绩效评价，真正做到花钱问效、无效问责。

【服务发展】

全力支持工业发展　深入实施大数据智能化为引领的创新驱动发展战略，安排资金9.8亿元支持高新区创建，“3+3”绿色制造业体系初步形成，创建重庆市高新区。

全力推进乡村振兴　安排资金1.2亿元，兑现耕地地力保护补贴、支持农业产业发展。安排资金3.5亿元，支持农田、水利工程、河道治理等基础设施建设。安排资金6.6亿元，用于“四好农村路”、“一事一议”，乡村振兴走在全市前列，争当全国示范。

全力支持田园城市美丽幸福梁平　整合资金20亿元，支持都梁新区品质提升，梁山老城治污、旧改、棚改、停车场综合治理，山水田园城市展现新姿。

【廉政建设】

始终坚持政治建设　结合党组中心组学习、党支部“三会一课”等制度，全面系统学习党章党规党纪，大力开展“以案四说”推进“以案四改”，切实加强党员干部党性教育、提高思想觉悟，严明政治规矩和政治纪律，一体推进不敢腐、不能腐、不想腐，着力打造一支为民、务实、清廉的财政干部队伍。2020年，组织财政系统干部职工开展党风廉政教育2次，观看《镜鉴》等警示片2场次，开展党规党纪学习10余次，转发、通报违法违纪案例8次。

明确落实“一岗双责”　切实履行好全面从严治党党组集体领导责任，年初制定党风廉政建设工作要点，将党风廉政建设纳入年终考核，推动党风廉政建设工作与财政工作同部署同落实。2020年，局党组研究党风廉政建设工作8次，听取党风廉政建设工作汇报3次。

严肃党内政治生活　严格执行民主集中制，认真落实重大事项请示报告、“三会一课”、民主生活会、领导干部双重组织生活、“主题党日活动”等制度，严把选人用人廉洁关，科级干部“三述”全覆盖，定期开展提醒、约谈，持续推动纪律和廉政教育常态化。2020年，开展廉政谈话60余人次，其中党组书记廉政谈话15人次。

强化财政日常监督　建立健全财政管理全过程的监督制度机制，实施全方位、全过程、全覆盖绩效管理。2020年，聚焦扶贫、教育等领域，开展专项检查3次，对27个项目开展绩效评价，全面厘清财政资金动向，把脉资金使用效率，坚决确保财政资金用在刀刃上、用出好效果。同时，抽调6名工作人员，积极配合区委开展巡察工作，强化财政担当。（区财政局）

税　务

【概况】　国家税务总局重庆市梁平区税务局，由原梁平县国家税务局、原重庆市梁平区地方税务局合并而成，2018年7月5日挂牌成立，有内设机构18个、派出机构9个、事业单位2个。设机关党委，下设18个党支部，建有工会、团总支、妇委会等群团组织。2020年，全局有干部职工364人，其中在职在编人员210人；退休干部120人；另有临聘人员34人。主要负责梁平区内各项税收、社会保险费和有关非税收入征收管理，负责贯彻执行税收、社会保险费和有关非税收入法律、法规、规章和规范性文件，研究制定具体实施办法。

【税费收入】　2020年，组织各项收入364261万元，同比减收10310万元，下降2.75%；其中税收收入196118万元，同比减收13140万元，下降6.28%；完成社保费收入149536万元，同比增长2.23%；完成非税收入4416万元，同比下降15.9%；完成其他收入14191万元，同比增长

2.95%。税收总量在渝东北地区排名第六位，税收增速排名第八位。税收收入分级次看，中央级税收完成63589万元，同比减收13016万元，下降16.99%；地方级税收完成132529万元，同比减收124万元，其中区县级税收完成135526万元，同比增长2815万元，增幅2.12%，完成市局和区委区政府下达的税收目标任务。

【减税降费】 2020年，梁平区新增减税14321万元，减免社保费和非税收入36651万元。2020年，新出台抗疫政策减免税收2777万元；翘尾新增减税11544万元，其中增值税税率调整及配套措施（翘尾期1—3月）1242.51万元、增值税留抵退税（翘尾期1—8月）8579万元；社保费减免36069万元，其中减征医保费792万元；非税收入减免582万元。

【深化改革】 2020年，梁平区税务局准确把握各项改革的精神实质，推动改革任务落实落地，不断提升工作质效，推动税收工作高质量发展。完成首次个税年度汇算工作，汇缴申报13361人，完成汇缴进度131.58%。增值税专用发票电子化改革，2020年12月30日开出首张电子专票。有序落实非税收入征管职责划转，深入开展调研，摸清政策规定、征管流程等基本情况，四项非税收入职责划转成功落地。财行税合并申报平稳落地，财产和行为税合并申报在12月征期实现。

【依法治税】 不断强化税收执法行为，全面推行行政执法三项制度，持续加强规范性文件清理和重大税务案件审理。大力规范税收征管秩序，提出税收征管四项基本要求，"建账管理要求、收入管理要求、成本管理要求、欠税管理要求"，以此作为日常税收征管工作的基本遵循。深入打击涉税违法行为，发挥稽查作用，严厉查处和打击涉税违法行为，坚决遏制虚开骗税等违法行为猖獗势头。2020年，实施稽查检查26件，其中新立案7件，检查办结26件；组织实施风控应对案件立项33件，应对完结31件。

2020年3月24—25日，市政府督查三组成员到梁平区专项督查支持企业复工复产和生产经营若干政策落实情况

【服务发展】 2020年8月，重庆市发改委发布的全市优化营商环境考核结果，梁平区纳税指标考核分数为满分，位列全市第一。12月，在全市纳税人满意度调查中，梁平区税务局综合得分位列第四名。聚焦疫情防控，促服务提档升级。严格贯彻落实国家税务总局"四力"要求，大力推广"非接触"税费办理方式，引导纳税人、缴费人足不出户安全办理涉税（费）事宜。聚焦创新举措，开拓便民办税途径。打造24小时自助办税服务厅，加强电子税务局的推广。聚焦数据服务，助企业复工复产。2020年，通过"银税互动"纳税信用贷帮助78户小微企业办理贷款110笔6468.24万元，有力助推当地企业复工复产、产能升级、发展壮大，得到梁平区委区政府领导的充分肯定，受到区政府通报表扬。

（区税务局　胡若醒）

农业　农村

综　述

【概况】　重庆市梁平区农业农村委员会是统筹协调和综合管理全区农业农村工作的工作机构。2008年10月，原县农办、县移民局、县农综办、县农牧局及县水务局水产和农机职能部门整合成立梁平县农业委员会，与县委农村工作委员会合署办公。2017年1月5日，因撤县设区，梁平县农业委员会变更为梁平区农业委员会，2017年1月20日，区农委正式挂牌。2018年12月29日，因机构改革，梁平区农业委员会更名为梁平区农业农村委员会，并于2019年1月17日正式挂牌成立。梁平区农业农村委员会内设13个科室：办公室、发展规划科、农村经济与改革科、扶贫综合科、扶贫开发科、种植养殖管理科、农田建设科、农村人居环境改善科、政策法规与行政审批科（安全生产监督管理科）、农产品质量安全监管科、宣传和科技教育科、财务科、组织人事科，下辖8个中心（站、所）：重庆市梁平区农业综合行政执法支队、重庆市梁平区农村经济经营管理站、重庆市梁平区农业技术服务中心、重庆市梁平区畜牧渔业发展中心、重庆市梁平区农产品品牌发展中心、重庆市农业广播电视学校梁平区分校、重庆市梁平区农业农村大数据中心、重庆市梁平区乡村振兴服务中心、重庆市梁平区农田工程建设中心、重庆市梁平区良种场、重庆市梁平区园艺场。在职人员共155人，其中研究生16人，本科64人。区委农业农村工委现有基层党支部12个，党员180人。

2020年，梁平区农林牧渔业总产值、增加值分别达到92亿元、61亿元，同比增长5.3%、5.0%。农村常住居民人均可支配收入18210元，分别比全国全市高1079元、1849元，城乡居民收入比2.18，居全市前列。

梁平区先后获全国第二批农村改革试验区、国家农产品质量安全县、国家级农产品地理标志示范样板、首批国家农村产业融合发展示范园、全市乡村振兴综合试验示范区、全国村庄清洁行动先进县，获批全国农村闲置宅基地盘活利用改革试点区县。2019年获全国农业农村系统先进集体、重庆市乡村振兴贡献奖先进集体表彰，区农业农村委主任陈泽田作为全国农村改革试验区代表，乘坐“希望田野彩车”参加国庆群众游行庆祝活动，并作为获得全国农业农村系统先进集体的代表，受邀参加全国农业厅（局）长会议。

【种植业】

梁平柚　梁平柚因产于梁平而得名，在梁平栽培已有200多年的历史。梁平柚种植始于清乾隆末期，系梁人刁思卓自福建省引入，在梁平的特殊自然条件下，优化而成现在独具特色的柚树品种，是中国柚类平顶型柚的代表品种。梁平柚果实呈高扁圆形，果顶平凹，基部较平，色泽橙黄，芳香浓郁，皮薄光滑，油胞较细，外形美观，无裂果，于11月中旬成熟，较耐储藏。梁平柚果肉颗粒饱满，晶莹剔透，入口化渣，味浓甜，略带苦麻味，富含维生素、果糖、果胶，香精油等，有祛除胃中浮风恶气、消食平喘去痰、利尿生津、降血糖、治疗便秘等功效，营养丰富，素有“天然罐头”之美誉。

梁平柚曾获全国第五次、第六次柚类评比“金杯奖”，2006年中国优质果品基地评选组委会授予“中国优质梁平柚基地”称号，2008年中华人民共和国农业部“农产品地理标志登记证书”，2010年国家工商行政管理总局商标局“地理标志证明商标”，2017年中华人民共和国国家质量监督检验检疫总局“生态原产地产品保护证书”，先后通过“无公害农产品”“绿色食品”“有机农产品”认证，2018年第十六届中国国际农产品交易会“金奖”，2019年香港环境保护协会“香港（国际标准）食品安全证书”，2019年“重庆优质气候农产品”，在国内外享有较高的声誉，畅销全国各地，远销俄罗斯、越南、新加坡、韩国等国家和中国香港、澳门。梁平柚实施“公司+基地+农民”的经营模式，实现生产标准化、经营规模化、管理规范化、服务社会化。2020年，梁平柚种植面积1.07万公顷，年产量10万吨，梁平柚成为梁平区农村经济增收的支柱产业。

蔬菜　2020年，重点改造龙溪河、梁山—安胜—星桥、蟠龙—大观—铁门和曲水—福禄加工蔬菜等4个万亩蔬菜基地，保护地设施蔬菜基地面积达到4666.67公顷，蔬菜专业村达到9个；新建城区菜市场2个、扩建2个，新建乡镇农贸市场1个、扩建1个。持续提升生产保供能力，充分利用冬闲地种植根茎类、叶菜类、芥菜类蔬菜，满足春节前后高峰期市民需求，确保“春淡”不淡；因地制宜发展特色蔬菜产业，扩大殷家坝萝卜、和林生姜、碧山香椿、曲水辣椒等特色蔬菜生产规模；推广稻菜轮作，推进冬闲田利用，发展榨菜等特色增收产业1333.33公顷。2020年，全区蔬菜生产面积2.08万公顷，产量62.88万吨。

水果　坚持稳面积、强产能、优结构、提品质、拓市场原则，积极推广淡季水果发展，引进7个杂柑品种和6个其他优良水果品种，实施清园改造面积达400公顷，高接换种面积达146.67公顷，更新复壮面积200公顷，基本构建早、中、晚熟合理搭配的水果生产体系。种植模式上，选用优良新品种，合理密植，建立猪—沼—果生态农业循环种植模式；生产管理上，推广冬季清园、夏秋生草覆盖、冬季深翻松土、修枝刷白和水肥一体化等技术。推广生物有机肥+高效复合肥的平衡施肥技术，施用腐熟的生物有机肥12.8万余吨，高效复合肥2万余吨。推广果树病虫害生物、物理防控技术，施放抗药性捕食螨9万袋，黏虫板26万张，安装太阳能杀虫灯0.28万盏，挂糖醋酒诱球1.6万个等，水果产量品质得到明显提高，市场占有率进一步扩大。2020年，全区水果种植面积（除梁平柚外）达到7560公顷，产量达6.01万吨，综合产值达10.5亿元。

名优茶　2020年，坚持稳定面积、提高质量，积极开拓市场。坚持野生茶叶保护性开发利用原则，新建优质茶园面积16公顷，实施低产茶园改造面积达13.33公顷。推广茶叶物理、生物防控技术，安装太阳能杀虫灯125盏，悬挂黏虫板1.8万张等，全区新增有机茶认证面积33.33公顷。平川茶叶有限公司、一箭春生态茶叶种植有限公司先后投入资金1800余万元，引进机械设备和制茶工艺，提高茶叶品质，参加全国各地斗茶比赛和茶叶博览会10余次，“金宝眉”“平川翠竹”“平川翠芽”等茶叶品牌影响力提升；当地野生“老鹰茶”“龙胜甜茶”资源保护性开发利用获得进展；围绕茶叶基地，发展休闲观光农业，打造星级农家乐2家。全区茶叶生产面积216公顷，其中采摘面积186.67公顷，毛茶产量194吨，名优茶产量84吨，茶叶综合产值5000余万元。

粮油基地建设　梁平区累计建设粮油重点示范区9个，总面积6000公顷。其中，核心示范基地4个，分别是“万石耕春”有机绿色水稻示范基地133.33公顷，蟠龙高山稻米生产基地33.33公顷，新盛龙门优质稻生产基地333.33公顷，仁贤聚奎优质稻生产基地333.33公顷。粮油产业绿色高质高效创建3333.33公顷，包括水稻示范片1333.33公顷，玉米、小麦、豆类和薯类等旱地作物示范片666.67公顷；油料（油菜）示范片1333.33公顷，带动特色优质粮油生产面积3.53万公顷。全年生产优质粮油农产品18万吨，产值4.5亿元。

农业生态环境保护　2020年，推广测土配方施肥技术10.47万公顷，主要农作物肥料利用率达40.3%。农作物秸秆机械粉碎还田2.47万公顷，实施水稻“秸秆机械粉碎还田+深翻耕+蓄留

冬水”示范面积980公顷，农作物秸秆综合利用率达88%。严查露天焚烧秸秆行为，区农业农村委执法人员现场扑灭火点45个，发出责令改正通知书13份。各镇乡（街道）出动执法人员10020人次，出动执法车辆2540次，发现并扑灭火点212个，发出责令改正通知书25份。

梁平区农作物种植推广绿色防控与统防统治融合防控面积2万公顷，主要农作物绿色防控覆盖率和统防统治率都达到40%以上，其中集中开展水稻绿色防控示范面积2666.67公顷，建立水稻、蔬菜、水果等主要作物示范基地各1个。主要通过推广生态调控（包括抗病品种，冬季清园、深耕灌水灭蛹、稻田养鸭、果园生草、果实套袋、防虫网）、实施理化诱控、采用生物防治、科学用药（包括低用量农药、减量助剂和统防统治）等4项绿色防控技术，化学农药使用总减量18.27吨，较上年减少1.50%，有效减少了植物保护过程中化学农药不合理使用对农业生态环境可能造成的危害。

农产品质量安全监管　坚持以农产品质量安全体系建设为中心，以“二品一标”等农业品牌建设为抓手，实施国家农产品地理保护工程，不断完善和推广梁平区农产品质量安全综合监管平台，农产品、农业投入品等生产经营主体1053家入驻追溯系统，实现农产品质量安全巡查和监测网络化、信息化、智能化。全年共检查农资经营门店3643家次，检查兽药经营门店25家次，未发现违法违规销售行为；监测蔬菜水果等样品5446个，合格率100%，农产品质量安全事件零发生。2020年，全区有效期内“二品一标”农产品85个，总产量11.19万吨（种植业产品83个11.01万吨，畜牧业产品2个4000吨）；市级以上农业品牌133个。

【养殖业】

畜牧　2020年，生猪出栏50.02万头，牛出栏1.84万头，羊出栏3.92万只，家禽出栏1044.51万只，兔出栏10.32万只。生猪存栏36.3万头，牛存栏2.6万头，羊存栏2.8万只，家禽存栏422万只，兔存栏2.2万只，蜂存栏5.6万群。

水产　2020年，渔业养殖面积2280公顷，水产品产量1.97万吨，渔业经济总产值9.80亿元。推广鱼菜（稻、卉）共生面积126.67公顷，稻田综合种养面积306.67公顷，累计建成内循环微流水养殖基地44个。建设南美白对虾工厂化车间4个，培育水产苗种繁育基地9个，年产泥鳅、大鳞鲃、黄颡鱼、四大家鱼、观赏鱼等苗种3.1亿尾。

畜禽屠宰与调运　推进家禽集中屠宰，全面规范活禽交易屠宰。2020年，高质量建成1家标准化、规模化家禽集中屠宰厂，设计年屠宰能力1000万只以上。强化调运监管，守好“卡口”，严格动物调运和运输车辆备案，严禁高风险区的动物及动物产品调入梁平，查处非法调运行为7起，罚款10万余元。

长江禁捕退捕　贯彻落实长江流域禁捕退捕工作要求，全区符合条件的20艘渔船、24名渔民均完成退捕任务，渔民退捕转产率、就业安置和社保参保率均达100%；资金补偿到位，全区投入资金共计224.08万元，全部拨付到位，兑现退捕鱼船、网具、证书、渔民补助金共计196.08万元；严厉打击非法捕捞行为，办理渔政行政处罚案件4起、处罚8人、罚款9900元、生态补偿5000元，全区禁捕秩序良好；强化宣传引导，开展宣传活动11次，张贴宣传海报2000余份，悬挂宣传横幅40余幅，联合开展2次非法渔具销毁活动。

生态文明建设　开展礼让镇、明达镇、仁贤街道等重点镇街池塘水质调控和养殖尾水治理，治理覆盖面积133.33公顷，整治完成养殖尾水直排83万吨；开展水产养殖污染防治专项整治及技术培训会8次，累积培训400余人，发放宣传资料800余份（册）。

完成414家畜禽养殖场户污染治理设施改造升级，共计完成粪污集散点料场（砖混结构）2000平方米，储液池容积4.77万立方米，储粪池6393立方米，堆肥场8579.4平方米，发酵床3282.4平方米，沼气池8721.4平方米，沼气贮存气囊2040立方米，灌溉管网15.99万米，雨污分离沟及管网3.30万米，漏缝地板3.89万平方米，其他配套设施500余台。2020年，梁平区畜禽粪污综合利用率达到91.2%，规模化养殖场粪污处理设施装备配套率达到100%。

动物疫病防控　2020年，春季秋季动物疫病防控工作效果明显，应免动物免疫密度、疫情普查、消毒驱虫、持证戴标率均达到100%，强制免疫动物疫病抗体合格率均在70%以上。全面落实非洲猪瘟、高致病性禽流感、非洲马瘟、牛结节性皮肤病等防控措施，全年未发生一起重大动物疫病。强化牛羊“布病”、结核病和狂犬病等人畜共患病的防控，并积极配合卫生部门对全区牛、羊养殖等相关从业人员进行布病健康排查，保障梁平区兽医公共卫生安全。排查391人次，行业排查覆盖率70%。督促养殖、屠宰等相关从业人员强化生物安全和自我防护工作，并积极筹措资金，采购防护服3000套、消毒药15吨、扑杀器60套，做好应急储备，确保应急所需等。完善病死畜禽无害化处理机制，建成片区收贮体系，委托开州区病死畜禽无害化处理机构进行集中收集、处理。

【农业机械】　2020年，农机总动力62万千瓦，完成水稻机插秧1.77万公顷、机收2.77万公顷，主要农作物耕种收综合农机化水平65.53%。农机具应用为农民实现节本增收效益3.8亿元。

农机推广　深入贯彻落实全市农机工作要点中农业机械化“由种植业向林业、牧业、渔业等各个领域拓展”的工作精神。引进化肥深施机具3台，改良油菜智能精量播种机1台，开展“油菜—高粱轮作”免耕直播、无人植保、机械收获、机械烘干全程机械化试验33.33公顷。开展玉米生产全程机械化示范及机械化技术监测面积33.33公顷，指导参与农田宜机化改造示范面积76.67公顷，投入大中型联合收割机1300余台（套）。在战疫保春耕中，保障机具零配件供应，畅通机具转运渠道，传授机具操作维护技能，搭建农机服务信息平台，为打赢“战役保春耕”奠定了基础，推广补助育秧软盘32余万张，育秧播种机10余台（套），春耕期间投入70马力以上大型拖拉机120余台（套）、水稻插秧机2000余台（套），全区销售补贴农机具6024台（套），兑付补贴资金675万元。

农机监理　利用农机安全短信平台、广播、标语等多种形式开展安全宣传工作，散发宣传资料3.9万多份，发送农机安全宣传短信30.6万余条。开展农机安全生产专项检查，实施行政处罚2起，简易程序1起，一般程序1起，排查隐患76起，整改率100%。稳步推进变型拖拉机清零专项行动，广泛宣传、动员机主主动上交牌证，拆解报废车辆，消除安全隐患，全区共消除存量渝01拖拉机525台、外省籍变型拖拉机256台，同比分别下降81.2%、42.8%，进一步夯实了农机安全生产基础。全年无一般及以上农机安全事故发生。

【高标准农田示范改造】

围绕农田宜机化、水利化、生态化、园田化、规模化、标准化、管理信息化要求，在星桥镇两路村和龙门镇文圣村示范改造200公顷高标准农田，耕地面积扩增3%左右。2020年，通过2019年度高标准农田建设项目，在星桥镇星桥社区、两路村；安胜镇金平村、龙印村；龙门镇河龙村、马鞍村、文圣村、明亮村；新盛镇五福村、金刚村、乐都社区，建设高标准农田3366.67公顷。通过2019年度新增千亿斤粮食生产能力规划田间工程建设项目，在福禄镇光荣村、月亮村；曲水镇长榜社区、曲水村；铁门镇铁门社区；大观镇安乐社区；袁驿镇民主村、绍兴村、袁驿村；虎城镇永和村、五角村；荫平镇太平村、七斗村，建设高标准农田866.67公顷。2020年，新增高标准农田4233.33公顷，全区高标准农田总面积4万公顷。

【脱贫攻坚】

2020年，梁平区深学笃用习近平总书记关于扶贫工作重要论述、在决战决胜脱贫攻坚座谈会上的重要讲话和视察重庆重要讲话精神，不折不扣落实党中央、国务院决策部署和市委、市政府工作要求，始终把脱贫攻坚作为重大政治任务和第一民生工程，深入贯彻精准扶贫精准脱贫基本方略，按市管领导“包镇”、区管领导“包村”、驻村干部“包组”、帮扶责任人“包户”，统筹抓好“战疫”与“战贫”，着力补齐“两不愁三保障”短板弱项，以高度的责任感和使命感，咬定目标、尽锐出战，善始善终，善作善成，持续向脱贫攻坚发起总攻，奋力夺取脱贫攻坚战全面胜利。

聚焦剩余贫困人口，落实“增强版”帮扶措施，剩余10户24名贫困人口全部脱贫。2020年末，全区实有脱贫户8616户24952人。聚焦曲水镇聚宝村、福禄镇青桥村、石安镇里程村、大观镇庙坝村、复平镇小山社区等5个存在短板弱项的贫困村（其中曲水镇聚宝村为市级定点攻坚村），实施定点攻坚，集中人力、物力、财力，补短板强弱项，打好贫困歼灭战。聚焦解决“两不愁三保障”及饮水安全突出问题，建立问题动态清零工作机制。对17所学校19个教学点进行义务教育薄弱环节改善与能力提升。贫困人口基本医保参保率、大病救治率、家庭医生慢病签约服务管理率、重病兜底保障率均达100%。改造农村危房140户，实施农村饮水安全巩固提升工程111处。坚持区、镇、村“三级联动”，建立问题、任务、责任“三个清单”，一体推进中央脱贫攻坚专项巡视“回头看”、国家和市级脱贫攻坚成效考核、“不忘初心、牢记使命”主题教育检视问题以及各类监督检查发现问题整改。中央脱贫攻坚专项巡视“回头看”52项整改任务、1个问题点全部整改销号，国家脱贫攻坚成效考核52项整改任务全部整改销号，市级脱贫攻坚成效考核反馈梁平7个方面11个问题全部整改销号。高质量完成312个行政村、963户建卡贫困户市级脱贫攻坚专项调查，精准掌握全区贫困人口脱贫实现情况。

做实稳岗就业，落实从家门口到厂门口、“点对点”包车等措施，帮助11434名贫困劳动力外出务工；发放贫困劳动力跨区域就业交通补贴7427人次；完成建卡贫困户职业技能培训3321人次；开发公益性岗位就近安置贫困人口2092人；129家扶贫龙头企业、8家扶贫车间，吸纳贫困人口480人就业。助力稳产增收，全覆盖落实贫困户产业发展指导员2882人；完成扶贫开发农村实用技术培训2088人次；培育农村创业致富带头人371人，带动1183户贫困户增收；发放扶贫小额信贷2892.21万元，扶持1916户发展生产。大力开展消费扶贫行动，投资72.6万元布设消费扶贫智能专柜50台，设立线上线下消费扶贫专区3个，建成“梁平区消费扶贫在线”电商平台；注册重庆市消费扶贫馆个人用户45420人，全年消费金额599.53万元；创建全国淘宝村1个；认定扶贫产品222个，年销售额2.5亿元。开展精准帮扶，对受疫情影响导致家庭生活困难的建档立卡贫困户、农村低保对象、残疾人等进行个性化帮扶和临时救助。

区委、区政府与33个乡镇（街道）签订《脱贫攻坚成果巩固责任书》。落实财政专项扶贫资金6917.7万元，围绕支持贫困群众产业就业增收、解决“两不愁三保障”突出问题及贫困村提升工程，实施脱贫攻坚项目125个。健全落实防止返贫监测和帮扶机制，建立区、镇、村三级监测体系，落实“一对一”监测和帮扶举措，脱贫不稳定户193户566人、边缘易致贫户259户596人，返贫致贫风险全部消除。大力实施健康医疗扶贫、产业扶贫、就业扶贫、消费扶贫、乡村旅游扶贫、扶贫小额信贷及金融扶贫、生态扶贫、社会救助兜底、“志智双扶”等脱贫攻坚总攻“九大专项行动”，切实巩固提升脱贫攻坚成果。

选择4个镇村开展脱贫攻坚与实施乡村振兴战略有机衔接试点，其中曲水镇聚宝村为市级试点村，大观、福禄、石安3个镇为区级试点镇。在4个试点镇村投入1500万元专项资金，用于人居环境整治、基础设施建设、发展李子和柑橘等产业，持续巩固脱贫成果，全面推进乡村振兴。

工作成效 梁平区在重庆市2019年脱贫攻坚成效考核中被评为“好”。2020年6月18日，市委书记陈敏尔莅梁调研时对梁平脱贫攻坚工作给予充分肯定，并提出高质量完成脱贫攻坚任务的明确要求。《严格动态管理 夯实脱贫基础》工作经验在《重庆扶贫专报》上刊登。《李子树变“摇钱树”曾经贫困的聚宝村有了“聚宝盆”》产业扶贫成功经验在央视新闻频道《新闻直播间》栏目播出。梁平区柏家镇人民政府获2020年度重庆市脱贫攻坚工作先进集体；梁平区曲水镇聚宝村脱贫户、致富带头人陈孝良获2020年度重庆市脱贫攻坚工作先进个人奋进奖。梁平区仁贤街道五一社区脱贫户华永会、和林镇大冲村脱贫户吴中元获评重庆市最美“巾帼脱贫户”。梁平区扶贫开发办公室在全市建档立卡贫困人口技能培训成果展示活动中获得优秀组织奖，参赛贫困人口获得一等奖2个、二等奖1个、三等奖1个、优秀奖2个。

【农村改革】 2020年，梁平区在浙江全国农村改革推进会上作经验交流发言。

“三变”改革 2018—2020年，共选择17个村开展试点，村、组集体资源性资产入股面积579.47公顷，经营性资产折价入股1136.46万元；整合各级财政资金用于“三变”改革资金3360万元，形成股金3159万元，撬动社会资本投入1.3亿元；40763名成员通过集体经济组织持股，参与经营主体187个。“三变”改革促进土地流转1161.67公顷，创造就业岗位502个，村级集体经营收入增加42.33万元。“三变”改革试点村竹山镇猎神村实现首次分红，1227名股民分红61350元。

新型农业经营体系建设 大力培育新型农业经营主体，累计培育农业产业化龙头企业213家、农民专业合作社1044个（国家级示范社8家，市级示范社44家，区级示范社6家,）、家庭农场1077个、社会化服务组织累计375家。

新型农村集体经济发展 连续4年投入扶持壮大村级集体经济项目资金5300万元，完成项目66个。全面消除村级集体经济“空壳村”，318个村集体经济组织全部实现有经营性收入，全年增收2294.30万元，村均收入7.21万元，其中10万元以下269个占比84.6%，10万～50万元48个占比15.1%，50万元以上1个占比0.3%。梁平区村集体经营性总收入和村均收入在渝东北片区均位居第三。

稳慎推进农村宅基地制度改革 积极承接全国农村改革试验区拓展试验任务进行退出实践，探索补偿价格形成机制。全区共有263户农户自愿退出闲置宅基地54980平方米，地上建筑价格平均每平方米200～500元，增加农户收入2000余万元。探索建立“自愿有偿退出、一个主体承接、四种方式利用、三方共同受益”的农村闲置宅基地盘活利用模式。2020年，梁平区入选农村宅基地制度改革试点地区，12月梁平区农村宅基地制度改革实施方案获市委、市政府批复。在选定的试点镇村开展集体所有权、保障资格权、抵押融资、审批管理、强化日常监管等5个方面的试点内容，已启动宅基地制度摸清底数、编制村庄规划、处理遗留问题、确权颁证等四项改革基础工作。

社会化服务 按照“建体系、壮产业、降成本”的要求，以“提质增效转方式、稳粮增收可持续”为目标，支持符合条件的经营性服务组织承担水稻、梁平柚等主导产业托管服务。累计投入4000余万元，服务面积超过2.4万公顷，直接带动农户10万户以上，节本增效1.5亿元以上，取得明显经济效益与社会效益；社会化服务组织增长到300余家，社会化服务面积从零增长到8000公顷。《全程保姆式托管让农民当“甩手”掌柜》入选全国社会化服务20个案例之一，2019年山东德州全国社会化服务推进会上，梁平区作案例培训，2020年山西晋中全国农业生产托管工作会上，梁平区作经验交流发言。

（区农业农村委）

农特产品

【梁平大米】 梁平素有“川东粮仓”之美誉，是早期的国家商品粮生产基地县。梁平米产于梁平境内各个乡镇（街道），以安胜镇、蟠龙镇、新盛镇、龙门镇、明达镇、礼让镇、仁贤街道、聚奎镇、屏锦镇、回龙镇、荫平镇、云龙镇、和林镇、金带街道、星桥镇、袁驿镇、碧山镇、虎城镇、龙胜乡、七星镇、竹山镇的米最为出名。梁平区地处重庆市东北部，平均海拔450米。境内山、丘、坝兼有，以丘陵为主，在东山与西山之间有渝东第一大坝——梁平坝子，面积300平方千米。属亚热带季风气候区，气候温和，四季分明，雨量充沛。梁平米生长周期145～165天，自然条件得天独厚，阳光充足，土壤富含磷、钾等多种矿物元素，以纯净无污染的河水或山泉水灌溉，独特的地域优势，保证了梁平米独有的品质。

2012年12月，在中央农村工作会议上，梁平县被表彰为“全国粮食生产先进县”。至2019年，梁平区先后建立有机水稻生产基地66.7公顷，绿色优质水稻生产基地1067公顷。“高梁山有机米”“冷沙米”“蟠龙大米”等高端大米产品打入北京、上海、广州、深圳等全国一线城市，并出口非洲。在2018年首届“三峡杯”重庆十大好吃大米评选活动中，“高梁山有机米”“冷沙米”“蟠龙大米”分别获得第一、第三、第五名。

【梁平白酒】　梁平区地处高台、四面青山、六水外流，是典型的小盆地气候，再加上优质的土质、空气、气候以及生物的多样性，得天独厚的自然条件造就了梁平白酒独特的风味。梁平有500多年的规模酿酒历史，梁平白酒以高粱、玉米为主要原料，引山泉水或地下水，采用传统固态小曲生产工艺酿造，用瓦缸至少存放一年后开坛饮用；梁平白酒具有“饮不刺喉、酒后不上头，回味爽、余香久”之独特风格；截至2020年底，梁平有持证酿酒作坊149家，白酒类有效商标184件。

梁平白酒以境内产的大观白酒最为出名，其次是屏锦铺老窖、快活春、一碗水和明达老白干。大观白酒有近百年的品牌历史，是2009年梁平政府首批认定的非物质文化遗产项目产品，2017年被重庆市商委认定为“重庆老字号”，2020年被《重庆市志》农特产品志收录记载；屏锦铺老窖品牌创建于明正德八年（1513年）；快活春品牌创建于明嘉靖三十一年（1552年），创始人为明代易学家、理学家和诗人来知德先生；一碗水酿酒技艺和明达老白干酿酒技艺为梁平政府第四批认定的非物质文化遗产。

【梁平红羽土鸡】　梁平红羽土鸡，重庆梁平特产，农业部农产品地理标志登记产品。其历史悠久，最早的记载可追溯到清嘉庆十三年（1808年），1985年、2005年版《梁平县志》和2011年版《梁平年鉴》上均有梁平红羽土鸡记载。2009年，梁平红羽土鸡荣获重庆市首届“奇博会”银奖，2012年在第十一届西部国际农交会上参加“两翼”土鸡大比拼获“气质之王”，2017年被评为“重庆市民最喜爱的土鸡”与“重庆市民最喜爱的土鸡蛋”，2019年国家农产品地理标志产品登记成功。

梁平位于渝东北生态涵养区，特殊的自然环境造就了梁平红羽土鸡独特的品质，梁平红羽土鸡成年公鸡平均体重2.15千克，成年母鸡平均体重6.6千克；生长的环境以红棕紫泥土为主，鸡肉脂肪含量低，铁含量是其他土鸡的1.5倍以上，其皮糯肉脆、具有独特的清香口味，在梁平当地有“药鸡”之称，多年来备受广大市民的青睐。

【梁平大观平柚】　梁平大观平柚主产于梁平区大观镇，在庙坝村和梅花村的柚核心基地种植面积666.67公顷，柚树超过30余万株，挂牌百年老柚树50余株，其他村也有小规模和零散种植。柚果呈扁圆型，顶部约成平状，皮薄光滑，色泽金黄，大多数单果超过1千克。大观平柚汁水充盈、香甜四溢、口感极佳、回味香足，深受食客喜爱。

【梁平大观脆李】　梁平大观脆李属青脆李晚熟品种，主产于海拔800米左右的大观镇安乐社区。产地日照充足、土地瘠薄且有机质含量高，适合李树生长。生长出的果实饱满圆润、玲珑剔透、青脆香甜、含有丰富的维生素及果酸，食用后可促进消化、清肝利水、降压镇咳，并具有美容养颜的功效。

【梁平袁驿白茶】 梁平袁驿白茶主产于袁驿镇及其周边的虎城镇、碧山镇、七星镇、屏锦镇、竹山镇、龙胜乡等地。梁平袁驿白茶因产地海拔优势，相比其他产区的白茶要提前一周上市。袁驿白茶属传统的微发酵名茶，清明前采摘，冲泡后清泽、明亮，香味鲜醇持久。（区农业农村委）

林　业

【概况】 重庆市梁平区林业局为主管梁平区林业行政工作的区政府工作部门，负责全区林业生态建设的监督管理，维护生态安全。内设办公室、机关党委、生态修复科（绿化委员会办公室）、森林资源管理科（行政审批科）、森林火灾预防与安全管理科（政策法规科）、生态产业发展科6个职能科室，下设湿地保护中心、林业行政执法支队、森林资源监测和病虫害防治站、林木种苗和林业科技站、东山林场、竹海林场6个事业单位，2020年末实有在编在岗职工183人。委托管理重庆市竹桂林业开发有限公司。

2020年，完成市级以上营造林任务15470公顷。现有林地面积91804公顷，森林面积86594.66公顷，森林覆盖率47.3%，湿地保护率52%。全年无较大森林火灾和人员伤亡。林业生产总值29.57亿元。

【森林资源管理】 梁平区有林地面积91804公顷，森林面积86594.66公顷，森林覆盖率47.3%。审核审批使用林地114件，批准使用林地面积187.53公顷，收取森林植被恢复费350.12万元。办结林业行政审批申请312件，其中林木种子生产经营许可证8件、林业植物检疫证235件、木材运输证64件、检疫登记证5件。坚持采伐限额管理的森林采伐制度，禁停马尾松商品性采伐。2020年，审核办理林木采伐证（网上）432份，采伐活立木蓄积7415.70立方米（年森林采伐限额指标30183立方米），出材4721.84立方米。其中，商品林采伐活立木蓄积5182.58立方米，出材3321.43立方米；公益林采伐活立木蓄积2233.12立方米，出材1400.41立方米。查处涉林行政案件80起，其中非法猎捕、经营使用野生动物案件6起，擅自改变林地用途案件43起，毁林案件21起，滥伐林木案件3起。

【天然林资源保护】 以生态保护和生态修复为宗旨，以管护森林资源为核心，严格工程规范管理，认真落实目标责任制。全面落实森林管护面积45200公顷，管护人员390人（建卡贫困户16人），落实管护费271.1万元。兑付森林生态效益补偿资金696.5万元，补偿公益林面积36400公顷，其中建卡贫困户2984户、9721人。

【野生动物保护】 全面落实陆生野生动物管控措施，加强野生动植物保护管理及疫源疫病监测，划定陆生野生动物禁猎区。印发《新型冠状病毒感染的肺炎陆生野生动物疫源疫病防控专项应急预案》。全面暂停野生动物人工繁育和经营利用行政许可审批，打击非法猎捕、贩运、经营野生动物违法犯罪行为，2020年检查餐饮企业1591次、农贸市场47次、超市35次、农家乐2次，拆除经营陆生野生动物制品的广告牌2处，张贴禁止野生动物交易的公告1167份。做好鸟类疫源疫病监测和非洲猪瘟防控工作，实行疫情“日报告”和“零报告”制度。开展陆生野生动物人工繁育摸排清查，完成75家禁食野生动物养殖户的后续处置工作。

【集体林权制度改革】 积极开展资源变资产、资金变股金、农民变股东“三变”改革，放活林地经营权，促进林业投资多元化、社会化、市场化。流转林地35宗，流转面积5852.653公顷，流转金额672.997万元。截至2020年底，全区新型经营主体林业专业合作社有18家，入户社员

2688户，经营林地面积490.584公顷，经营总收入162.33万元，户均收入5177.25元；林业大户250户，经营林地面积4039.98公顷，经营收入1468.42万元；家庭林场8家，经营林地面积39.666公顷，经营收入27万元；森林人家11家，经营林地面积14.53公顷；龙头企业12家，经营林地面积4472.83公顷，经营收入2162万元。

【森林防火】 层层签订防火责任书，落实乡镇（街道）、国有林场网格化管理，实现全年“零”森林火灾和“零”人员伤亡目标。新建14条森林防火通道54.1千米，新增森林防火视频监控系统5套，改建标准化检查站2个。组建28人的国有林场森林消防专业队伍，配备主战装备888件（套），防火期集中驻防、训练，提升先期处置能力。出动督查车辆820台次，排查治理火灾隐患32个，登记林区重要设施1299个。发放防火宣传单、宣传折扇、纸杯等资料21.6万份，新建宣传碑牌315块，悬挂宣传横幅500幅，发送防火信息15万余条，宣传教育人数超30万人次。

【林业有害生物防治】 推进松材线虫病除治改革，采取“除治队伍和除治资金一定三年不变”的绩效承包模式，实行“统一公开招标、划片分段签约、联合管理与自行监管相结合、同步连带考核”的公开发包连片考核防控管理模式。2020年，除治清理松材线虫病疫木18.1万株，未发现大面积成片死亡松树现象，疫情发生小班数量下降9.96%，病死株数下降76.26%。试点马尾松带状改培133.333公顷。开展松材线虫病春、秋季普查，普查松林面积23540公顷，普查覆盖率100%。在梁山街道、蟠龙镇等13个疫情乡镇（街道）挂设诱捕器725套，诱杀天牛8万余只。开展两轮飞机施药防治松墨天牛工作，飞防面积1333公顷。实施重大林业有害生物联防联治，签订合作协议6份，召开联防会议7次，开展交叉检查10余次。定点防治8440公顷主要林业有害生物发生面积，防治率100%。开展林业植物检疫百日宣传，自制宣传标语牌、宣传单4000余份，发放宣传袋1500余个，接受群众咨询10000余人次。

【国土绿化】 坚持部门分工合作，城乡统筹联动，加快推进国土绿化提升行动，完成市级以上营造林任务15470公顷。其中，疏林地及未成林地培育330公顷，农田林网和特色经济林改造9730公顷，森林抚育2400公顷，幼林抚育3000公顷。义务植树225.28万株。城区绿化覆盖率达到44.84%，人均公园绿地面积由9.1平方米增长到12.84平方米。建设乡镇休闲公园61个、乡村公共休闲场所412处。适宜绿化的水岸绿化率达到89.34%，乡镇道路绿化率达到88.45%，村庄林木绿化率达到45.82%，全区林木覆盖率达到49.40%，提高4.2个百分点。全面高质量高标准完成国家森林城市创建各项指标，创建特色亮点在绿色时报作为重点宣传，被国家林业草原局在森林城市建设工作简报中作为典型案例，全国印发推广。

【林业种苗技术】 实施中央林业科技推广项目，推广适用技术。竹笋上林率提高20%以上。三峡竹博园获“重庆市教育科普基地”称号。培育油茶苗木350万余株，造林林木良种使用率在75%以上。完成国土绿化提升保障性苗圃建设33.33公顷。梁平区45家苗圃育苗面积455.17公顷，苗木数量2728.44万株。

【国家储备林建设】 与重庆林投公司合作，计划投资15亿元，建设高质量国家储备林基地3.33万公顷。2020年，结合“三权变革”与全产业链绿色发展探索出“梁平模式”并在全市推广。合资成立重庆都梁林业开发有限公司，完成林地流转6666.67公顷，新造林地666.67公顷，森林抚育3333.33公顷，现有林改培666.67公顷，累计完成投资约2亿元；争取到全国6666.67公顷马尾松纯林松材线虫综合除治试点，成为国家储备林示范基地，承办国家开发银行全国储备林现场会。

【湿地生态保护修复】 全面加强湿地保护修复，推动国际湿地城市创建工作。整合区湿地保护管理中心和重庆梁平双桂湖国家湿地公园管理处，成立公益一类财政全额预算副处级事业单位重庆市梁平区湿地保护中心（重庆梁平双桂湖国家湿地公园中心）。制定《重庆梁平双桂湖国家湿地公园管理办法》；编制《梁平区湿地保护与合理利用总体规划（2019—2023）》《梁平区湿地本地资源调查》《双桂湖十四五生态修复规划》《双桂湖鸟类图册》《双桂湖植物图册》《双桂湖小微湿地图册》；编制《重庆市湿地保护利用总体规划技术规程》《重庆市小微湿地保护与利用技术规程》2项地方标准；建立湿地自然学校2所，申报专利5项。开展双桂湖生态修复66.67公顷，乡村小微湿地生态修复100公顷；清理湿地公园内外来物种、垃圾、漂浮物35余吨；维护宣传牌、宣教牌300余块，新增宣教牌100余块。国家级、市级媒体报道120余次，区级媒体报道300余次。梁平入选第二批国际湿地城市中国政府7个推荐城市之一。双桂湖国家湿地公园成为中国国家湿地公园创先联盟成员单位。

【国有林场】 完成国土绿化森林抚育266.67公顷、油茶良种苗木培育出圃200万株。除治松材线虫病疫木共计34257株，其中枯病死松树6459株，自然灾害松树27798株。签订防火目标责任书68份，开展森林防火演练6次，清理维修林区道路81千米。在林区要道书写防火标语3260条，出动宣传车287次，发放森林防火宣传单1500份，发放宣传册4000份。

【林业产业】 2020年，梁平区林业生产总值29.57亿元。实施万亩低效竹林改造，精准提升百里竹海森林景观质量，梁平百里竹海获得首届双城经济圈最美竹林景区称号。全区竹林保存面积28530公顷，年产竹材20万吨左右，竹笋1万吨左右，箨壳0.2万吨左右，年生产竹签1万余吨、竹竿13万余吨、竹帘10000平方米、竹编织品30万余件等，竹产业综合年产值达12.2亿元。全区以油茶、花椒、油桐为代表的木本油料种植面积达7333公顷，年产量5万余吨，年总产值1.5亿元。发展市级定点油茶苗圃1个，定点油茶采穗圃2个，苗木年产量530万株。发展以梁平柚为代表各类水果种植面积14333公顷、产量达10.85万吨，年产值6.5亿元。现有森林人家25家，林业生产经营主体225家。

（区林业局　张世春）

水　利

【概况】 重庆市梁平区水利局是区政府工作部门，办公地址为梁山街道马房路28号（为方便群众办事，在区行政中心3号楼2楼设有交通水利工程综合服务窗口），主要职责是贯彻落实党中央、市委市政府关于水利工作的方针政策和决策部署以及区委区政府工作安排，在履行职责过程中坚持和加强党对水利工作的集中统一领导。局机关内设办公室、财务审计科、政策法规科、规划建设科、水资源与水土保持科、水利与水旱灾害防御科、河长科、安全与质量监督科、移民与信访科、党建办公室10个科室；管理区水利工程管理中心、区城市水源水库管理中心、区水利移民工作站、区水利综合行政执法支队、区水资源站、区河道站、区水文站、区水利安全管理站、区水利工程建设质量管理站、区水土保持站、区水质监测站11个事业单位；全局总编制330人（行政编制16人，事业编制314人），在编在岗职工309人。区水利局党组下设机关党委，机关党委下设机关第一、机关第二、城市水源水库管理中心、水利工程管理中心等4个党支部，共有中共党员175人。

截至2020年末，梁平区建成各类水利工程37564处，有水库76座。其中，中型3座，小（1）型22座，小（2）型51座；山坪塘4712口，有引水堰72处、石河堰15处，泵站121处，窖池946口，机电井31622处。总蓄引提水能力达2.1亿立方米，有效灌面25493.33公顷。

【"十三五"水利工作】　"十三五"时期是梁平区水利事业取得长足发展的重要时期，创建全国水生态文明城市，区水利局被评为全国水利系统先进集体、全国水资源工作先进集体，保持全国文明单位称号，连续5年获全区目标管理绩效考核一等奖，被区委、区政府记集体三等功1次。

农村饮水　完成虎城水厂等8座"千吨万人"水厂新（改、扩）建，新建662座农村供水工程，巩固提升村级水厂，改造、延伸供水主管网520余千米，构建"21处规模化集中式供水工程为骨干、90处小型集中式供水工程为辅助、14985处分散式供水工程为补充"的农村供水工程体系，农村自来水普及率达到87%，全区78万名农村居民全部实现饮水安全。2019年12月28日，全国农村供水工程水费收缴工作交流推进会和2019年10月30日重庆市农村饮水安全暨巩固提升试点工作现场推进会在梁平召开。

水利工程　完成各类水利投资31.4亿元。猎神水库建成投用，左柏水库竣工在即，龙象寺水库开工建设。综合治理河道89千米，全国首批水系连通及农村水系综合整治试点项目落地梁平。建成盐井口水库至小沙河等4个河湖水系连通工程，连通河库17座（条），新增年生态调补水能力2391万立方米。治理水土流失面积185平方千米，水土流失治理率达到27%以上。完成22个集中式饮用水水源地规范化建设。整治山坪塘1590口，新增（恢复）蓄水能力323万立方米；整治干支渠69千米，建成高效节水灌面0.236万公顷，新增（恢复）灌面0.52万公顷。加强库区和移民安置区基础设施建设，完成各类工程148处，受益人口2.96万人。

涉水管理　着力管好水、护好岸，推动水生态持续向好。河长制工作"全面见效"，构建两级"双总河长"、三级河长、两级河库警长体系，建立健全"8+1"河长制工作制度，认真贯彻落实市、区总河长令，实施"一河一策"专项整治，开展重点流域综合治理，全面取缔33座水库肥水养鱼，完成11座小水电清理整改。龙溪河获评"长江经济带美丽河流""重庆市十大最美河流"。水资源管理"全面从严"。落实最严格水资源管理制度，出台管理制度、奖励办法，严格取水管理和用水定额管理，推行居民阶梯水价，县域节水型社会创建通过市级验收，全区万元GDP用水量、万元工业增加值用水量分别下降50.77%、43.59%，全区农田灌溉水有效利用系数由0.4841增加到0.4964。水行政执法"全面加强"。推进水行政执法规范化建设，积极联动毗邻区县、相关部门，严厉打击各类水事违法行为。

安全质量　守住水旱灾害防御底线。加快防洪薄弱环节建设，建立健全工程措施和非工程措施相结合的防洪减灾体系，建成遥测水位站3个，完成水毁工程修复74处，建成山洪灾害防治非工程措施重点示范县，应对27次洪旱灾害袭击。守住安全质量底线。强化安全管理和质量监督，进一步完善安全生产责任和水利监督体系，安全生产工作连续五年在全区安全考核中获评先进单位，质量工作连续4年在全市水利质量工作考核中获评A级（优秀）。守住信访稳定底线。开展龙象寺水库等重大水利工程社会稳定风险评估，积极化解信访积案，完成机构改革，妥善解决国管水库人员超编历史问题。

【"十四五"水利规划】　"十四五"时期，梁平区将深入落实"节水优先、空间均衡、系统治理、两手发力"治水思路，围绕国家、市、区重大发展战略，把水安全风险防控作为守护底线，把水资源承载力作为刚性约束上限，把水生态环境保护作为控制红线，加快建设现代水利基础设施网络，完善河库保护监管体系，全面提升水安全保障能力，建设造福梁平人民的幸福河湖。到2025年，基本建成"六大体系"：水资源合理配置体系、城乡供水保障体系、防洪抗旱减灾体系、农田灌溉保障体系、水资源保护和江河健康保障体系、行业监管制度体系，实现城乡水利统筹协调发展新格局。

【水利改革】 认真贯彻落实“营商环境建设年”工作决策部署，深化水利“放管服”改革。2020年办理275件事项，办件比例55.1%，平均到现场次数0.1次，承诺时间压缩比达到82.7%，全程网办占比89.7%，各项指标均达到上级要求。

落实用水保障　优化行政审批环节，取水许可、水土保持方案审批、涉河审批等由政策法规科直接负责，对应科室提供技术审查，实行先审批、后补签，授权由窗口人员现场办理审批手续，审批等环节可直接由专班负责人签字。

优化行政审批　乡镇企业用水报用手续由原来的4项减为2项，提供营业执照和安装报批表。压缩安装环节，报装环节压缩为受理、查勘及确定方案3个；压缩用水成本，对新增落户乡镇的规上企业需安装自来水的，采取先交后返的方式免费安装自来水；对年自来水用量达到3000立方米以上的市场主体，水量优惠20%。

包容审慎执法　出台《关于进一步规范和加强水行政执法工作的通知》，对情节较轻或者危害后果能够及时消除的违法行为，除法律、法规、规章明确应直接给予行政处罚外，先责令改正，进行教育引导，为守法企业营造优质经营环境。

维护公平交易　对工程建设项目招标程序进行优化，推进招标工作阳光化、公平化。精简招标备案审查，精简招投标文件资料，提高招标透明度。

全面清欠降费　规定水利工程建设领域除投标保证金、履约保证金、工程质量保证金、农民工工资保证金外，不得收取其他费用或保证金。清理工程项目履约情况，精简拨款程序，杜绝拖欠和变相拖欠工程款，设置门槛等现象。

【民生水利】

骨干水源工程　左柏水库工程主副坝及借水坝全面完工，连通隧洞衬砌及隧洞出口全部完成，灌区工程完成90%，管理房完成60%。龙象寺水库工程完成可研报告审批、初步设计报告审批和征地拆迁方案编制，开工建设水库主体工程。有序推进银河桥水库、中心水库、七里沟水库前期工作。

农村饮水安全　将保障农村饮水安全作为首要政治任务和第一民生工程，落实“1+1+1”分区划片包干责任制和动态摸排机制，开展脱贫攻坚农村饮水安全问题“动态清零”行动，实施2020年农村饮水安全巩固提升工程，技术改造全部村级水厂、延伸（改造）供水主管网80余千米，新增受益人口10万余人，农村居民全部实现饮水安全。2020年，重庆市脱贫攻坚专项调查，梁平区实现饮水问题“零反馈”，高质量完成脱贫攻坚饮水安全保障任务。

灌区建设　梁平区有效灌溉面积达到25493.33公顷。大力开展灌区续建配套与节水改造，积极推广高效节水灌溉。完成农业综合开发中型灌区续建配套与节水改造项目梁平区西山灌区节水改造工程，高效节水灌溉项目竣工验收。投资66万元，用于补充完善大中型灌区计量设施、高效节水项目区维修养护、重点中型灌区运行成本核算。提前谋划灌区现代化改造，编制龙溪河灌区续建配套与现代化改造项目规划报告。

水生态保护修复和治理　保障生态流量。编制完成《重庆市梁平区重点河流生态流量保障实施方案》。完成张星桥水库至大河水系连通工程2020年建设目标任务，治理小沙河（金马咀桥至大拱桥段）2.3千米，安装张星桥水库至大河连通管道1.58千米、盐井河至大河、小沙河、白沙河生态补水管道13.879千米，实现从张星桥水库至大河新增调补水能力243万立方米，从盐井河延续调水621万立方米至大河、小沙河、白沙河，进一步保障城区河道生态基流。保护饮用水源。完成农民、曹家湾、李万沟、七里沟、上游等5座水库型饮用水源地规划建设任务。划定水源地保护“红线”，对全区重要饮用水源地和重要河流实时监测，及时掌握水质状况，2020年梁平区集中式饮用水源地水质达标率为100%。清理整改小水电。制定《梁平区小水电清理整改工作实施方案》，对全区全部11座小水电站进行清理或整改，划定退出类4座，整改类7座，全面完成清理整改任务，通过上级验收。治理水土流失。完成梁平区2020年水土保持以奖代补项目，综合治理水土流失面积42平方千米。

移民后期扶持 2020年，到位资金4850万元，其中发放直补资金955.53万元，项目建设资金3894.47万元。实施项目23个，涉及18个乡镇（街道），主要包括人居环境综合整治5处、硬化农村公路10处、整治山坪塘12口、农村供水管网延伸工程4处、产业园提档升级工程1处、小型水利基础设施建设1处、解决移民公益性岗位108个。

【乡镇供水】

场镇供水 重庆荣禹水电工程建设有限公司是区属国有企业，下辖12个供水分公司，运营管理场镇规模化水厂，负责梁平乡镇（街道）场镇及农村管网延伸地区供水。12个供水分公司有供水管理人员98人，有场镇规模化水厂21座（含4座备用），累计供水能力7.75万吨/天，供水用户112087户（2020年新增用水户6330户），用水人口46万余人。为巩固脱贫攻坚成果，全年优惠水费144万余元；为营造良好营商环境，降低企业用水成本，全年对市场主体优惠减免费用6.8万元。2020年，投资5800万元，实施袁驿、碧山、云龙、文化、明达、龙门22个村（社）供水管网延伸改造工程，云龙、和林、荫平供水水厂及管网改造延伸工程，屏锦、回龙供水水厂及管网改造延伸工程。

农村地区供水 梁平区农村供水分为规模化供水、小型集中供水和分散式供水三大板块，分别由荣禹公司、用水者协会（村组）、用水户个人负责供水管理。“十三五”以来，梁平区投入农村饮水安全巩固提升建设资金2.04亿元，巩固提升51万人饮水安全，全面保障贫困人口饮水安全。截至2020年底，实现农村集中式供水67.86万人（由90座村级水厂或场镇规模化水厂管网延伸供水），分散式供水10.14万人，自来水普及率87%，水质达标率90%以上，农村饮水安全达标率100%。

【河流治理】

水系连通及农村水系综合整治 2020年4月，梁平区列入全国首批水系连通及农村水系综合整治试点县（全国有55个区县列入，重庆市有梁平区、綦江区列入），实施梁平区水系连通及农村水系综合整治试点项目。项目计划投资3.98亿元，其中水利投资2.4亿元、其他投资1.58亿元，分2020年、2021年实施，项目涉及龙溪河、新盛河、袁驿河、张星桥河、七涧河5条河流，覆盖明达、礼让、仁贤、云龙、荫平、袁驿、双桂、新盛、文化、明达、合兴11个乡镇（街道）21个村（社），主要通过河道治理、新建护岸、滨水景观建设、滨水文化节点打造、旅游大道建设、污水处理站建设、雨污管网建设、人居环境整治等方式，实现“河畅、水清、岸绿、景美、人和”水美乡村建设目标。截至2020年底，治理河道14.73千米，新建护岸21.89千米，生态化改造已建堤防10.29千米，建设水文化基础设施和水生态修复等景观节点6处，其他行业项目实施交通道路、人居环境整治和防污控污类项目9个。

中小河流治理 2020年，实施梁平区龙溪河礼让、仁贤镇扩展区河段综合治理工程，梁平区新盛河新盛、龙门镇河段综合治理工程等2个中小河流治理工程，完成投资4500万元，治理河道10.2千米。工程实施后，治理河段防洪标准提高到10年一遇，有效保护了两岸的居民和耕地，人居环境和生态环境明显改善，实现了水清、岸绿、景美。

【水库除险加固】 梁平区现有水库76座，全部运行正常，防洪减灾、水资源配置等综合功能得到充分发挥，历年累计投入病险水库除险加固资金1.66亿元，整治病险水库65座，整治销号率100%。2020年，严格按照《水库大坝安全鉴定办法》《水库大坝安全评价导则》要求，完成24座水库大坝安全鉴定，确保水库大坝安全运行。

为确保水库有人、有钱、有制度管，全面落实水库大坝安全管理“三个责任人”和水库安全度汛“三个责任人”，区财政每年预算安排小型水库运行维护经费200万元、防汛工作经费100万元，积极争取市级水利工程维修养护资金，保障水库运行维护到位，逐库落实预测预报、调度方案、应急预案“三个重点环节”，建立健全水库工程巡视检查、水库工程观测、水库工程安全管理、水库防汛值班、水库防汛物资管理等制度，构建完备的水库运行管理制度体系。

【防汛抗旱】

基本情况　2020年，梁平区先后遭受“3·27”“6·12”“6·17”“6·27”“7·2”“7·15”“7·25”7次暴雨灾害袭击，其中“7·15”暴雨洪灾最为严重。7月15—18日，梁平区大部分地区累计降雨量为100毫米左右，部分乡镇达200毫米以上，最大雨量302.3毫米。灾害造成所有乡镇（街道）受灾，受灾人口145255人，农作物受灾面积3857.34公顷，倒塌房屋131间，直接经济损12277.61万元。

汛前准备　做好汛前部署。召开防汛抗旱工作会议，对水旱灾害防御工作进行部署，全面开展汛前检查。落实防汛责任。贯彻落实水旱灾害防御责任制，6个防洪风险点、178个行政村山洪灾害防治区、76座水库，8个水电站全部落实“三个责任人”，并在报纸上进行公示。完善预案编制。编制完成《梁平区水利局水旱灾害防御工作预案（试行）》《梁平区城区超标洪水防御预案（送审稿）》，对76座水库、18个重点临河城镇《2020年防汛抢险应急预案》和33个乡镇（街道）编制的《山洪灾害防御预案》进行修订，完成全部水库超标准洪水防御方案编制。加强培训演练。5月26日，举办梁平区2020年防汛抢险综合应急演练，达到预期效果。做好水毁修复。2019年下达水利救灾资金530万元，完成河道堤防整治900米、清淤疏浚950米，整治抗旱水源工程山坪塘66口，新建抗旱供水水厂2座，安装抗旱引水管道31.5千米。2020年下达水毁修复资金300万元，完成河道堤防400米，修复水毁供水管道3千米，修复水毁山坪塘15口，购置安装水毁水文设施设备11处。开展隐患排查。3—4月，对水库度汛准备进行全面检查，对山洪灾害监测预警系统和设备进行全面的检修。加强物资储备。筹备充足的防汛抗洪抢险救灾设施设备，所有物资均建立台账。

汛期应对　加强监测预警预报。汛期，区水利局与相关部门保持密切联系，落实雨情、水情预警制度，参与部门联合会商21次，各相关科室站针对强降雨会商18次。做好值班值守工作。严格执行汛期24小时值班和领导带班制度，5次电话抽查各乡镇（街道）和水库管理单位，未发现脱岗、离岗等现象。做好水利工程调度。强化全区水资源科学调度，各水利管理单位严格控制水库汛限水位，确保水利工程安全度汛。做好应急抢险工作。7月15日和16日，第一时间转移群众脱离危险，避险3处洪涝灾害，避免40多人因灾伤亡，最大限度减少灾害损失。

山洪灾害　实施梁平区2020年度山洪灾害防治非工程措施维修养护和群测群防体系建设项目，利用“5·12”防灾减灾日，广泛宣传山洪灾害防御知识，增强全区干群的防灾减灾避灾意识，向山洪危区乡镇（街道）干群发送山洪灾害监测预警短信8622条，对进入山洪灾害危险区的人员及时发送危险提示短信。

【水行政管理】

水资源管理　加大节水。开展梁平区县域节水型社会达标建设，大力推动全社会节水，全面提升水资源利用效率，促进经济社会高质量发展。积极推动节水载体建设，创建节水型单位40个、企业8个、居民小区10个，建设高效节水灌溉面积2580公顷。12月9日，梁平区县域节水型社会达标建设通过市级验收。编制完成《重庆市梁平区“十四五”节约用水规划》并报市水利局备案。合理分水。制定《梁平区龙溪河流域2020年度水量调度计划》《梁平区主要江河流域水量分配方案》，科学调度管理，保障合理用水需求。

有效管水。及时下达年度取水计划，对纳入取水许可管理的单位和公共管网重点用水户实行计划用水。加强重点用水单位监控，实行名录化管理，建立重点用水单位监控管理体系，重点取水户全部实现在线监测、远程抄表。

河湖库监管　深入推进河湖长制。梁平6条主要河流水质均值稳定达到水功能区要求，龙溪河河长制工作入选水利部典型案例汇编。各级河长认真履职，2020年巡河查河5万余次，上报处理各类问题259个。深入贯彻落实市第2号总河长令。开展整治污水“三排”专项行动，发现、整改问题57个，立案查处5起，罚款9万元；开展河库“清四乱”专项行动，制止违法行为38起，排查、整改问题45个。重点流域治理有序推进。聚力推进龙溪河流域水环境综合整治，开展新盛河流域治理百日攻坚战、铜钵河流域治理突击战。联防共治推动有力。先后与四川省开江县、大竹县、垫江县、长寿区签署铜钵河、新盛河、龙溪河联动共治协议。建立龙溪河流域污染治理联席会议机制。7月，梁平区、长寿区、垫江县三区县在梁召开联席会议，审定《龙溪河流域（梁平—垫江—长寿）水环境保护联防共治工作方案》，签订跨区县界河流联防联控合作协议；9月，三区县对龙溪河流域进行交叉检查。加强水域岸线管护。全年巡查河道200余千米，排查、整改问题34个。严格按照河道管理范围内建设项目审批行政许可权限，完成行政批复和行政许可建设项目19个。

水土保持监管　严格“三同时”制度。全年审批水土保持方案68起，水土保持设施自主验收37起，监督检查生产建设项目34项，发出限期编报水土保持方案通知书34份，发出限期开展水土保持设施自主验收工作通知书17份。加强遥感监管疑似违法违规项目处理。完成水利部下发2020年生产建设项目遥感监管图斑复核查处，认定合规项目10项，不合规项目8项，已对不合规项目进行查处。推进“放管服”改革。积极推行区域水土保持评价，工业园区编制区域水土保持方案，园区内单个建设项目不再办理水土保持方案审批手续。

安全生产　2020年实现“零事故”目标，被评为安全生产“先进单位”。开展水利建设施工“两防”专项整治、有限空间作业专项整治等行动，累计安全检查235次，现场整改一般隐患134处，下达隐患整改通知书16份，整改销号16处，整改率100%，对13起违法违规行为行政处罚，处罚金0.79万元。

水利行政执法　2020年，出动执法人员巡查3915人次、执法巡查车次1334次台、执法巡查舰艇772次，巡查河道长度1373千米，巡查湖泊水库面积953平方千米，调查处理水事违法案件15起，一般程序2起，简易程序13起，共处罚款3.79万元。

工程质量监管　梁平区水利工程质量监督检查覆盖率、完工验收合格、竣工验收合格率均达到100%。加强质量管理宣传，提升参建单位及人员质量意识；开展业务培训，提高在建人员质量管理能力；开展汛前检查及“质量月”活动，确保在建工程安全度汛，提升全民质量意识；加强质量监督检查和问题整改，督促参建方加大工程实体质量监督检查，落实问题整改。

水质监测　对10处重点河流、2处重要饮用水源地、13处农田灌溉用水、35个取缔肥水养鱼水库及新盛河、龙溪河流域部分排污口进行水质监测。对城区、农村饮水工程全覆盖水质监测，全年检测项目参数累计21337个，出具检测报告110份。（区水利局　马灼军）

工　业

综　述

【概况】 重庆市梁平区经济和信息化委员会是宏观管理全区工业经济和信息化发展的综合工作机构，主要负责对全区工业发展指导、运行调度、节能监察、协调服务和行业管理；承担民用爆破物品安全监管；承担电力、城镇天然气、煤炭等运行调度管理；承担城镇天然气、液化石油气、二甲醚和醇基燃料的行业管理和安全监管；承担盐业的行业管理；推进工业领域信息化发展，促进工业化和信息化融合，负责软件和信息服务产业行业管理。内设综合科、产业发展科、经济运行科、能源保障科、应急管理科、智能信息科、食品工业科、工业节能监察科8个科室。重庆市梁平区中小企业服务中心为其下属事业单位。

【工业经济】 2020年，梁平区130户规模以上工业实现产值230.8亿元，增长4.7%；规上工业增加值同比增长3.4%，工业增加值163.7亿元，居渝东北考核组第一；工业投资完成50.2亿元，增长10.2%。

【创新驱动】 完成智能化改造项目23个，新认定市级数字化车间5个（累计9个），总量占渝东北的1/3且连续2年位于渝东北第一位；帮助平伟实业创建了渝东北唯一一个市级十大创新示范智能工厂。新增“专精特新”企业4家（累计9家）、“双百”企业1家（累计3家）、“小巨人”企业1家。

【招商引资】 2020年，梁平区共签约招商项目合同108个，合同引资232.07亿元，其中工业项目75个，合同引资158.87亿元。集成电路产业项目7个，合同引资16.75亿元，智能家居产业项目35个，合同引资17.54亿元，绿色食品产业项目24个，合同引资81.21亿元。已落地项目69个，落地率63.89%，正在建设项目17个，已投产项目44个。亿元以上项目26个，合同引资204.37亿元。

【重点项目】 推进3个市级和39个区级重大工业项目，其中渝每滋休闲食品项目已投产，克路德智能家居即将进入设备调试，平伟5G射频模组项目已完成主体工程，梁山微企园等项目进展顺利。

【信息化建设】 全年累计建成通信基站5018个，其中5G通信基站630个，实现梁平城区、工业园区、旅游景区等重点区域5G信号连续覆盖，4G通信基站2956个，辖区内行政村4G信号全覆盖，铁塔累计建成物理基站1396个。累计建成通信杆路9754千米，通信光缆35282千米，辖区内行政村宽带通达率100%。支持企业实施上云上平台。搭建梁平产业互联网云平台，推动300家企业实现了上云上平台，已引入允择科技建立本地化团队，对企业进行深度服务。

【保障服务】 2020年，创建渝东北唯一一个全市十大绿色园区，新创建市级绿色工厂2家（累计3家），6家节水型企业（累计8家）。为12家疫情期间重点保障企业申请专项再贷款1.287亿元；为2万余家企业减免电费1923.9万元、气费324.58万元；累计清偿拖欠民营企业中小企业账款1.06亿元；为企业争取市级以上资金2906万元。《获得电力》《“三零三省”服务让企业用电省心》被评为重庆市优化营商环境十佳创新案例。新培育制造业、信息传输类市场主体729家。（区经济信息委）

集成电路产业

【概况】 梁平区集成电路产业总体规划面积4.33平方千米，获批科技部“国家功率半导体封测高新技术产业化基地”认定，是重庆市首批“121”科技支撑示范重点工程、市级博士后创新基地。截至2020年底，入驻平伟实业、平伟光电、捷尔士显示、天胜电子、天胜科技、名正电子等26家集成电路生产企业，其中规模以上工业企业6家，产品涵盖电子元器件、半导体、二极管、MOS管、电子连接器、液晶显示屏及模组、手机玻璃盖板、光学镜片等30多个品种，广泛用于笔记本电脑、手机、汽车、家电、安防等领域，为三星、DELL、华为、谷歌、亚马逊、联想、宝骏等企业配套。2020年，集成电路产业完成规上产值35.9亿元，增长12.9%。

【重庆平伟实业股份有限公司】 该公司是一家集IC芯片设计、封测、应用与可靠性检测服务一体化的功率半导体IDM产品公司。公司成立于2007年2月，注册资金3.5亿元，现有资产15亿元，员工1000余人，其中技术人员200余人。2020年，生产制造半导体器件190亿只，出口创汇3000万美元，主要销往欧洲、美洲、东南亚地区及中国香港、台湾地区，主要客户有三星、DELL、富士康、伟创力、思科、华为、联想等国内外500强和知名品牌企业。产品技术质量属国际先进水平，产销量名列全国同行业前茅。

2020年，实现产值17.5亿元，创利税6000余万元，就业1000余人。投入研发资金3000余万元，研发新产品4个，其中获市重大新产品1个；获得专利6项，其中发明专利2项；承担市级项目5项。公司先后获“国家火炬计划重点高新技术企业”“国家知识产权优势企业”“重庆市创新型企业”“重庆市优秀民营企业”“重庆市100家重点企业”等多项称号。

【重庆捷尔士显示技术有限公司】 该公司是一家专业针对在特殊环境使用的电子产品设计、开发、生产和销售专用订制的液晶显示器（LCD&LCM）；显示模组、背光源、触摸屏和配套电子元器件的高新技术企业。公司位司位于梁平工业园区，成立于2010年2月，注册资金500万元，现有资产3.53亿元，员工405余人，其中专业技术人员40名，占地面积约2万平方米。

2020年实现产值5.33亿元。全自动全制程STN生产线主要生产TN、HTN、STN、FSTN、COB、TAB、COG、TFT、CSTN等，年产64万组，广泛用于汽车、家用电器、工业设备、仪器仪表等领域，产品销往中欧美日韩等国家和地区及中国香港。（区经济信息委）

智能家居产业

【概况】 梁平区智能家居产业规划面积5平方千米，以亿联家居、群星建材、巨源不锈钢、利财管道等为龙头，产品包括竹木家具及门业、日用塑料管材及制品、不锈钢管材及制品等种类，截至2020年，入驻规模以上企业20家，2020年实现规上产值45.4亿元，增长9.9%。

【重庆利财管道有限公司】 该公司是中财招商投资集团旗下的塑料管道专业生产企业，是中财集团实业生产基地之一，成立于2013年11月，2014年10月正式投产，注册资金10080万元，厂区面积达7万平方米，全部建成后年产能可达10万吨，产值15亿人民币。该公司是一家集科研、设计、制造、销售与服务为一体的专业化管道企业，产品涵盖PVC-U排水系列，PVC-U螺旋消音管系列，PVC-U电工套管系列，PE给水系列以及PP-R冷热水系列等五大系列1000多个品种。2020年产值1.9亿元，现有员工170人。

【重庆巨源不锈钢制品有限公司】 该公司成立于2013年9月，地处重庆市梁平区工业园区A区，属“重庆市十大战略性新兴产业”规划项目之一，占地面积400余亩，总投资30亿元，年产不锈钢制品30万吨，是西南地区一家集产品研发、生产、销售于一体的不锈钢制品企业。公司现有研发、生产、销售、管理团队300多人。主要经营汽车用高强度钢板、卫生级饮用水管、燃气管、连接管件、医疗用不锈钢制品、工业用不锈钢特种材料、民用不锈钢制品及建筑装饰用不锈钢制品，产品钢种涉及200系、300系、400系等。2019年，冷轧车间被重庆市经信委认定为重庆数字化车间，同年公司研发中心被认定为市级企业技术中心；2020年，被认定市级绿色工厂。公司常务副总彭鹏获《重庆英才·创新创业领军人才》称号。截至2020年底，已取得59项专利（9项专利正在申请受理中），其中发明专利5项，外观设计专利3项，实用新型专利42项；成果转化10项。（区经济信息委）

绿色食品加工业

【概况】 梁平区绿色食品加工业规划面积4.82平方千米，全区绿色食品工业涉及休闲食品、豆制品、酒饮料制品、果蔬制品、调味品、粮油制品、肉制品、制茶及饲料加工等行业，拥有奇爽豆干、两颗豆、张鸭子等一批代表性的特色农产品品牌。2020全区规模以上企业37家，实现工业产值55.7亿元，增长3.7%。

【重庆市梁平区奇爽食品有限公司】 该公司是奇爽集团下属的生产型分公司，是农产品科技企业。公司位于梁平工业园区，成立于2009年，现有资产1.3亿元，占地面积120亩。公司以农副休闲产品加工为主，拥有大型标准化无菌车间及柚子系列自动化生产加工流水线、素食休闲豆制品3条流水线、休闲竹笋制品生产线、调味品生产线、饮料生产线。现有员工400余人，具有高级职称的3人，具有中级职称的15人。2020年，实现产值11.78亿元。公司先后获“中国质量放心企业”“消费者信得过产品”“食品安全生产示范单位”“中国食品优秀企业成长之星”称号，公司“奇爽”牌商标获“中国驰名商标”“重庆著名商标”。公司获“市级龙头企业”“农产品加工示范企业”“中小企业技术研发中心”“重庆市优势企业”“知识产权贯标”“重庆市知名品牌”“重庆市创新型企业”“科技创新二等奖”“科技型企业”，2014年获“重庆市蜜柚深加工企业工程技术研发中心”称号等。

【重庆真本味食品有限公司】 该公司成立于2015年8月19日，位于重庆市梁平区工业园区竹贡路8号，占地面积1.598公顷，注册资金人民币5000万元。“张鸭子”品牌创立于1953年。卤烤鸭系列产品获重庆市旅游协会2019“重庆好礼”特色旅游商品大赛银奖，获中国旅游协会“2019中国特色旅游商品大赛”入围奖。2019年12月，取得知识产权管理体系认证证书，2020年1月，取得“HACCP体系认证证书”。公司为农业产业化国家重点龙头企业、重庆市中小企业技术中心、重庆市优秀创新型企业、重庆市农业产业化龙头企业、重庆市农产品加工示范企业、梁平区优秀工业企业、梁平区A级纳税企业、安全生产标准化企业。2020年，产值1.3亿元，实现税收380余万元，员工162人。

（区经济信息委）

电业供应

【概况】 2020年，国网重庆梁平区供电公司供电网络覆盖全区33个乡镇（街道）、315个行政村，全区用电客户40.3万户，年供电能力20亿千瓦时。公司主动融入梁平区发展大局，积极作为，全力抓好重点项目保障、城市建设、降低用电成本等工作，得到区委区府及社会各界的肯定。

2020年，公司完成售电量10.09亿千瓦时，同比增长3.05%，实现利税985.31万元，截至年底，实现安全长周期5299天。

【电网建设】 为保障梁平区经济发展，十三五期间，公司新建220千伏城北变电站、110千伏明达变电站、35千伏虎城变电站，扩建110千伏梁平、张桥变电站，电网建设远超前负荷增速。统筹城乡配电网协调发展，改造10千伏线路69千米，更换和新装配变82台，改造0.4千伏及以下低压线路225千米，完成22个村电网升级，全面完成2020年城市和农村配电网改造任务，配电网络进一步优化。

截至2020年底，梁平区有500千伏线路2条；220千伏变电站2座，线路5条；110千伏变电站7座，线路20条；35千伏变电站10座，线路21条；城、农配电网共有10千伏线路151条，配变4394台。各级电网容载比高于全市平均水平。

【供电服务】

疫情防控 2020年疫情期间，制定应急供电方案，成立青年突击队，对梁平区人民医院和中医院、高速公路、合兴医院等23个防疫检查点，实现全部员工“零感染”，供电保障“零失误”。积极助推企业复工复产，主动深入124家已复工复产规上企业，开展专项巡查，减免相关费用，全力保障复工复产企业可靠供电。

供电保障 始终坚持安全第一，确保电网坚强可靠，2020年未发生大面积停电事故。经受住逐年增长的冬夏季高峰负荷考验，在电力供应空前紧张的大背景下，公司多措并举，实现零拉闸限电，保障全区用电需求。积极推进触电案件压降工作，全年治理触电隐患377项，未发生第三方触电事件。主动配合政府相关部门开展城区电力通道树竹修剪，清理线下树障隐患1635处。治理低电压台区100台，全年供电可靠率和电压合格率分别为99.815%、99.986%。

服务重大项目 2020年，国网重庆市电力公司与梁平区政府签订战略合作协议，超前谋划电源布局。提前统筹协调电网线路迁改，满足梁开高速梁平段建设需求。积极服务梁平城市美化建设，完成10千伏金工线、金政线等线路入地工程。为保障梁平新城用电需求，扩建110千伏张桥站10千伏出线间隔15个，新增10千伏环网柜8个。建立区重点建设项目清单，开通办电服务“绿色通道”。完成亿联智慧小镇及东方希望畜牧集团等重点项目配电工程，主动服务都梁、爱娃两家千万级口罩生产企业，协助工业园区解决2家企业用电需求，助力梁平区经济社会高质量发展。

优化营商环境 积极落实降价降费，通过执行一般工商业电价降价、降低电网输配电价、2020年抗疫支持性电价等政策，降低梁平区企业用电成本4441.04万元；主动一对一指导企业合理降低用电成本，91户超高企业平均到户电价同比下降15.12%。全面开展“三零三省”服务，2020年梁平区政府以《“三零三省”服务让企业用电省心》为案例，创作申报“重庆市优化营商环境十佳”评选，作为全市唯一电力案例获重庆市创新案例奖。

履行央企责任 加强“国家电网红岩共产党员服务队”建设，快速高效地应对“7·16”强降雨灾害天气。认真落实梁平区委、区政府扶贫工作部署，积极开展消费扶贫工作，在中国社会扶贫网重庆馆梁平专区购买扶贫农产品9万余元。投入资金880万元建成梁平双桂湖湿地公园及百里竹海等多个充电站，有效改善了大气污染状况。其中，梁平双桂湖湿地公园充电站为渝东北首个城市公共充电站。完成全国两会及梁平区两会等重大保电任务20余次。

（区供电公司 孙光辉）

天然气供应

【概况】 1992年3月，梁平县天然气公司成立，2006年11月28日由上市公司重庆燃气集团全资收购，更名为重庆梁平天然气有限责任公司，作为重燃集团驻梁平区二级企业。

梁平天然气公司供气服务区域东起复平乡西

到竹山镇，北起龙门镇、文化镇南到大观镇、铁门乡，涵盖梁平区境内5个街道和13个镇乡，另有四川省达州市开江县部分供区。截至2020年底，公司管理天然气客户12万余户，年供气量4000万立方米。公司有天然气配气站2座，区域性调压柜3台，CNG加气站1座，资产总额1.34亿元。为梁平区最大的城市燃气供应与综合服务商。

公司坚持把本质安全工作放在非常突出的重要位置。以重庆燃气集团“0234N”和“01310”安全管理模式为目标，以“安康杯”“劳动竞赛”为载体，提升员工业务技能和安全意识，确保安全生产。截至2020年底，实现安全生产20年，无重特大安全责任事故，以“服务区域经济发展，服务广大燃气用户”为出发点，调整工作思路，自我加压，突破供气瓶颈，强化优质服务，努力实现燃气集团“树燃气品牌，建全国一流燃气企业”的战略目标。公司获国家二级安全标准化生产企业，重庆市文明单位、重庆市“守合同重信用企业”、重庆市消费维权诚信单位、重庆市燃气行业安全生产管理先进单位、梁平区优秀工业企业、重点纳税工业企业、A级纳税企业等称号。

【气源管网保障】 2020年，公司有天然气管网1723千米，拥有气源下载点3个（七桥至梁平φ159气源管线1条、高都铺气田增压站至镇龙配气站φ219气源管线1条、渝川配气站应急气源下载点1个），初步形成梁平城区双气源环状供气管网。另有铁门调压计量站气源下载点和高都铺至合兴老拱桥气源管线在建，工程完工后，公司将成为梁平区拥有4个气源下载点的企业，可满足梁平区经济社会发展需要。

【重大项目建设】 2006—2020年，公司累计投入资金1.43亿元用于天然气管网重大项目建设。较大的工程有：百里竹海度假区天然气管道工程，投资620万元，提高了镇乡和景区供气保障能力；高都铺气田增压站至镇龙配气站φ219气源管线，投资2800万元，形成梁平新老城区双气源环状供气的格局；燃气应急抢险调度指挥中心，投资3252万元，成为渝东北片区燃气抢险救援联动机制的联结点，为梁平区燃气应急抢险、调度等提供坚强保障。

【安全保障】 2006—2020年，公司累计投入资金4606万元，用于隐患管网整改、老旧设施改造、安全生产及用气宣传、管网防腐检测等工作，特别是积极运用SCADA、GIS地理信息系统、提高本质安全水平，确保辖区天然气安全供气、用气“双安全”。

【履行社会责任方面】 2020年，公司积极响应区政府号召，落实降低用气成本优惠政策，主动让利200万余元，免收气费滞纳金9.3万元，减免中小企业门市租金2.3万余元。在服务上，公司积极落实“放管服”改革、优化营商环境要求，开展“六减”活动，缩短服务流程，开展延伸服务，以方便用气客户为己任，客户满意度大幅提高。时刻以“奉献光热、追求卓越”的理念，全力保障全区人民用好气。

（梁平天然气公司　陈良）

工业园区建设

【概况】 重庆梁平工业园区成立于2002年12月，是重庆市特色工业园区、产城景融合先行区、渝东北优秀工业园区，2020年获批梁平高新区，总体规划面积55平方千米，建成面积13平方千米。重庆梁平工业园区管理委员会是区政府派出机构。下设区企业发展服务中心和园区党群服务中心2个事业单位；现有行政编制11人，事业编制26人。

2020年，工业园区抢抓成渝地区双城经济圈建设和“一区两群”协调发展重大机遇，以创建市级高新区为牵引性抓手，以打造产业转移示范区、消费品工业基地为突破口，奋力开创园区高质量发展新局面。

【疫情防控和经济发展】 2020年坚持战疫，复工“两手抓”，对标重庆市“4+2”防疫要求，抽调80余人成立工作专班驻厂督导疫情防控工作。在落实好防疫“五个必须”以及安全生产“五到位”等前提下，加快推进企业复工复产。2月10日，19家重点企业率先复工复产；3月1日，投产企业全部复工复产。2020年，经济增速超过预期，成为全区稳增长的有力担当。2020年，工业园区累计建成面积13平方千米，入驻企业320户，投产168家，规模以上企业64家。实现工业总产值265亿元，同比增长12.8%；实现工业增加值78.5亿元，同比增长12.0%。其中，规模以上工业总产值174.4亿元，同比增长5.8%；园区高新技术产值（规上）106.7亿元，同比增长13.6%。园区工业集中度75%，产出强度达83亿元/平方千米。固定资产投资47亿元，同比增长4.4%，其中工业投资35.2亿元。

【获批市级高新区】 以大数据智能化为引领，扎实做好“高”和“新”两篇文章，对照创建任务，聚焦核心指标，重实干、强执行、抓落实，深入推进创建市级高新区百日攻坚行动。2020年培育引进高新技术企业33家，累计64家；园区新入库科技型企业48家，累计205家；法人化研发机构达到6家，专业研发机构达到36家、科技服务机构达到41家；新增发明专利16件，累计148件，园区万人发明专利25件。半年内建成投用都梁科技企业孵化器、高新区规划展览馆，完成科创中心主体建设；3个月内引进13家企业入驻都梁科技企业孵化器，完成平伟、巨源、张鸭子3个高新企业展厅装修；2个月内完成创建氛围营造、高新区宣传展示片制作等。11月9日，梁平创建市级高新区顺利通过专家组论证。

【实体经济发展】 新签约引进项目26个，落地率69.2%。渝每滋、诺天环保等19个项目建成投产；平伟射频5G、克鲁德智能家居、谢鸭子卤烤鸭完成主体建设；亿联智能制造项目新建厂房10.23万平方米；欣维尔等10个项目启动厂房装修；完成工业投资35.2亿元。平伟实业、奇爽食品、融康包装等18个项目完成智能化改造；盘活重组京海药业、海元机电等6家企业；组织15家企业提交升规资料，新增“上云”企业51家。新获批数字化车间5个、企业技术中心4个。创建市级智能家居、绿色食品两大产业基地，获批全市十大农产品加工示范园区、市级绿色园区。

【基础设施】 2020年，在建政府主导类项目44个，完成投资11.65亿元。龙溪河PPP项目在建雨污管网34.6千米、市政道路6.5千米；高新大道、盐河路即将完成水稳层铺设，全线贯通在即；完成迎宾大道、龙湖路、福德大道等5个子项目雨污管网建设；皂角路、和谐路雨污管网等8个子项目完成总工程量80%以上。智能家居孵化园竣工投用，20万平方米绿色食品孵化园完成桩基础工程；公共停车场全面开工建设；科创中心装修工程加快推进；职教产业园二期、科创中心二期完成EPC招标；债券资金支付比例91%。美诚标准厂房消防整改工程进场施工。完成区域安全评价编制等4个专项方案、川维管线迁改方案等12个临时方案编制工作。2020年，组件上报用地指标7个23.73公顷，出让土地11宗25.33公顷。

【营商环境】 对照“1+8”专项行动方案，深入推进营商环境建设年行动。建立重点项目服务专班，深化“服务专员”制度，协调解决企业手续办理、用工用能等实际问题300余个。全面落实疫情期间惠企政策，将瑞丰米业、蜀达饲料等10家企业纳入重点保障企业，指导融康、天胜电子等企业成功申请转贷资金9005万元，指导仟和镁业、宏工机械等32家企业申请知识价值信用贷超过5000万元。投入1431万元实施48个要素保障项目；协调解决高速公路通行费、水电气优惠政策事宜；协助捷尔士、天荣家居等企业办理不动产权属登记7宗。向奇爽、亿联等22家企业发放稳岗补贴、减免租金600余万元，协助解决企业用工1000人次以上。

（工业园区管委会　汪小梅）

招商引资

【概况】 重庆市梁平区招商投资促进局（简称区招商投资局），成立于2018年12月，正处级单位。核定行政编制6人，内设综合协调科、招商效能科、企业服务科，下设事业单位重庆市梁平区招商投资服务中心。主要负责统筹、指导、协调和督促全区内外资招商投资促进工作；组织研究国（境）内外产业发展趋势和招商投资促进政策；拟订全区招商投资促进发展中长期规划和招商投资促进政策及措施并组织实施；制定全区招商投资促进年度工作计划并组织实施；建立全区内外资招商项目库，统筹管理市、区级重大招商项目；推介全区产业开发重点区域、特色产业、区级重大招商项目；组织客商莅梁考察等。

【工作措施】

坚持招商“一把手”工程，成立区委、区政府主要领导任组长的招商领导及决策机构，组建由“四大家”主要领导领衔，20名区级领导参与招商，全区所有经济部门齐动员的八大产业招商组；实施由“一名区级领导牵头，一个牵头部门负责、一套工作班子推进”的招商引资组织领导模式，明确了各牵头单位、责任单位的重点方向和招商任务，形成“人人都有招商责任，人人都是营商环境”的浓厚氛围。

区主要领导率先垂范，“线上+线下”齐发力，高位推进全区招商工作。疫情期间，区主要领导开展“云洽谈”活动3场，与万汇半山伴水等企业6家“云洽谈”；复工复产以后，瞄准长三角、珠三角等地重点企业，外出招商考察9次，对接拜访重点企业78家，接待来梁考察客商60余批次；八大产业组区领导带队外出开展招商活动，在深圳、佛山、温州、福建等地举办招商推介会10余次，拜访企业305家。

利用大数据平台，制定区域企业招商线路图，大力开展产业链招商、专业招商、精准招商。结合“线上”和“线下”双重方式，借助大数据智能招商平台，各类行业组织、中介机构等，不断拓展项目来源渠道。围绕新兴产业集成电路全产业链招商，引进平伟射频（5G）前端芯片及模组产业化、兰星GPP芯片生产等重大项目；围绕传统产业转型升级，引进东方希望现代化生猪养殖循环产业链、蜀达饲料增值扩能饲料生产、面制品智能化生产等一批好项目，为培育壮大梁平特色产业，奠定了坚实的基础。

全区开展营商环境建设年活动，纳税、消防办理满意度位列全市前列，电力供给案例评为全市前10名。深入实施招商项目专班服务机制，对重点招商项目实行专人负责，专班推进，促进69个签约项目落地，落地率达63.9%。招商引资项目资金到位总额近70亿元，超过目标任务40亿元的75%，资金到位率高于全市平均水平。

【招商成果】

2020年，签约招商项目合同108个，合同引资232.07亿元，其中工业项目75个，合同引资128.87亿元。集成电路产业项目7个，合同引资16.75亿元，智能家居产业项目35个，合同引资17.54亿元，绿色食品产业项目24个，合同引资81.21亿元，通用航空产业项目2个，合同引资0.02亿元，新材料产业项目3个，合同引资2.35亿元，现代服务业项目26个，合同引资7.86亿元，其他工业项目8个，合同引资11.87亿元，其他项目3个，合同引资94.47亿元。已落地项目69个，落地率63.89%，正在建设项目18个，已投产项目44个。亿元以上项目26个，合同引资204.37亿元。 （区招商投资促进局 张涓）

交通　邮政

交　通

【概况】　重庆市梁平区交通局位于重庆市梁平区梁山街道机场路437号，是主管梁平区交通工作的政府职能部门，主要负责贯彻执行交通运输法律、法规、规章和方针政策以及行业技术标准和规范，推进综合交通运输体系建设，统筹规划铁路、公路、水路、民航以及邮政行业发展，拟订综合交通运输发展战略规划，组织编制综合交通运输体系规划，承担全区公路、水路、地方民航（通用航空）、铁路建设、道路运输市场监管责任。内设办公室、规划计划科、建设管理科、养护管理科、综合运输科、民航铁路科、政策法规科、安全监管科、行政审批科、信息宣教科、财务审计科11个职能科室，下辖区交通建设服务中心、区交通运输综合行政执法支队、区道路运输服务中心3个局属单位（2020年机构改革，撤销原交通服务中心、公路管理养护所，设立交通建设服务中心、道路运输服务中心）。全系统总编制数为324个，其中行政编制18个、参公编制83个、事业编制223个（包含机关工勤编制2个）。

2020年，完成普通干线公路项目36个290千米、建成“四好农村路”900余千米，全区公路总里程突破5000千米。代表重庆接受交通运输部“十三五”全国干线公路养护管理评价，通用航空成功飞起来，G42龙溪河服务区、双桂汽车站全面建成。“交通三年行动计划”“十三五”收官。

【交通基础设施】

高速公路

梁（平）开（江）高速　取得用地预审批复、可研批复、初设批复；取得有关物有所值、财政承受能力批复及实施方案批复，完成投资人招标及项目公司注册；取得该项目的行洪论证、压覆矿、地灾评估、选址意见、社会风险稳定评估、环评等有关专项评估批复。正在开展水保、林勘、勘测放线、施工图评审等工作。

梁（平）开（州）高速　完成可研行业审查，完成社会风险评估，正在开展用地预审及选址意见工作，正在开展初步设计、“两评一案”等工作。

梁（平）西（沱）高速　已完成可研初稿编制工作，待评审。

G42沪蓉高速龙溪河服务区　完成建设并投入使用。

通用航空　完成机场维修整治，通过民航部门验收，并取得民航西南地区管理局颁发梁平机场A1类通用航空机场使用许可证。招商引资签订6个协议，合同引资10亿元，已有九州神鹰、龙浩航校等通航企业入驻梁平机场运营，梁平机场成功“起飞”，业务量突破500小时。

铁路　完成“梁平区工业园铁路专用线工程”接轨意向性审查和可研修编。

车站　完成双桂汽车站建设。

普通公路

城市道路　完成一环路桂东大桥至大井水厂段新建工程（鸣钟寺至桂东大桥）；都梁大道（一期）路基基本完工。

国省干线　完成G243合兴至梁山、G243仁贤观音桥至仁贤沙河桥、G318仁贤岔路口至屏锦、S204文化至梁山、S206云龙至垫江界、S511福禄至交界湾、S513新店子至大观、S513大观镇至千福、S514云龙至铁门等9条89.06千米改（扩）建。

县道及农村联网公路　完成蟠龙至福禄、竹丰湖至新盛、屏锦至柏树桥、小峨眉至虎城、仁贤沙河桥至礼让川西桥、云龙摩配园产业路、合兴李子园产业路、瑞丰路一期、虎城绕镇公路等9条56.64千米建设。

“四好农村路”　建成955千米，办理四好农村路开工许可293项。

【客货运输】

运输概况　2020年，梁平区公路客运量414万人，客运周转量22414万人千米，货运量805万吨，货运周转量97108万吨千米。铁路旅客方面，梁平火车站发送98272人次，梁平南站发送985131人次。铁路货运量48.7万吨。

运输企业　梁平区班线客运企业5家，车辆420辆；公交企业4家，车辆133辆；巡游出租企业2家，车辆174辆。

货运企业56家，个体运输业户1787户，从业人员10662余人，货运车辆4080辆。

客运站点　梁平区汽车客运站37个，其中一级站2个，四级站35个。2020年，新建农村客运招呼站（亭）35个。

客运线路　梁平区开行各类客运班线175条，其中省际班线7条，县际班线12条，县内班线156条；全区开行公交线路17条。

维修驾培　梁平区有维修企业共301户，其中一类2户，二类19户，三类专项209户，摩托车修理71户，驾校6所、驾驶员培训中心1处。

水运和船舶　梁平区涉水街道和镇12个（梁山街道、双桂街道、和林镇、云龙镇、荫平镇、屏锦镇、竹山镇、虎城镇、碧山镇、龙门镇、文化镇、明达镇），自用船18艘。

【道路养护】

养护概况　2020年，梁平区列养国省县道公路总里程561.428千米、桥梁443座，国道平均优良路率为94%（2020年下半年抽检G243国道）。购置车载式灌缝机、环保型除线机、厂拌沥青热再生沥青摊铺机等新设备。完成“十三五”全国干线公路养护管理评价。

养护工程　完成G318国道分水场镇至碧山界牌段沥青路面修复养护工程30.898千米、G318国道分水场镇至蟠龙养护站段沥青路面预防养护工程（UTM薄层罩面试验段）9.094千米、G318国道蟠龙岔路至烈士陵园段沥青路面预防养护工程9.626千米、G243国道腰塘治超站至回龙鹞子岭段路面改造工程5.0千米、G243国道屏锦场镇至楠木村段预防养护工程6.7千米、回龙场镇至垫江界段路面改造工程5.083千米、S204省道新店子至檬子垭口段路面改造工程8.075千米、S206省道新盛加油站至高生桥段路面改造工程4.436千米、G318国道夫马桥至大河坝跨线桥段预防性养护工程10.303千米。

完成梁平区二环路板板桥至蟠龙洞段绿化补植工程（一期）、X563竹七路蝴蝶谷绿化补植工程、S510线K86+200处危岩处治工程、CU75开綦路及机械站院内绿化移植工程、2020应急抢险中心绿化移植工程、S510线安胜场口至敬老院段绿化补植工程。

启动G243桩号K60+600至K123+052水毁恢复重建、G318桩号K1893+100至K1998+760水毁恢复重建、S204桩号K1+980至K67+600水毁恢复重建等14个灾毁恢复重建项目。

日常养护

道路养护　2020年，清扫路面6250.14万平方米、清理边沟114.74万米、清理路肩23.19万平方米、清理塌方22720立方米、修补坑槽474.80平方米、清洗路面7640.00平方米、护栏清洗9.34万千米、标志扶正59块、标志牌清洗3673.00平方米、路面标线补划2.48万平方米、路面病害挖补2.23万平方米、灌缝55.22千米、机铺1.36万平方米。

桥涵养护　2020年，完成清理涵洞1548.10立方米、清洗栏杆3769米、疏通泄水孔1492个、清理伸缩缝181延米、清扫桥梁步道500座、清扫桥面杂物36.25万平方米、清理桥梁侧墙杂草3896.10平方米、更换86座桥梁公示牌。委托专业机构完成全区道路桥梁护栏安全和提升评估工作，2020年桥梁定检工作通过。

绿化养护　2020年，清理枯树134株、清理倒竹倒树844株、行道树扶正及修整1829株、绿化粉刷73.60千米、清理绿化遮挡1001处、浇灌行道树17.30千米。

安防设施　在“二环路”（梁平板板桥-蟠龙观景台）急弯处波形护栏上设置彩色轮胎509个；在国省道、旅游通道、重要县道增补“双面太阳能柱式无线同步诱导标”93套、“太阳能蓄能自发光路面标识”2000个；增设乡村道波形护栏135千米。

【交通行政执法】

执法总况　出动执法人员13578人次，执法车辆3295车次，巡查国省县道17.68万千米，查处各类案件1710件，其中运政案件1183件，路政案件491件，质监案件36件，调查处理涉及交通执法领域的投诉举报411件。

路政治超　开展路域环境整治284次，与养护联合巡查85次，路政监督指导96次，制止摆摊设点、打场晒粮等行为129件，查处损坏公路及附属设施案116件，拆除公路违建52处，非公路标志标牌262块。开展路警联合治超241次，走访货运源头企业46次，检测货运车辆19.8万辆，查处超限运输案368件，卸载7936.3吨，途径超限站超限率控制在2%以内。

运政管理　联合公安、市场监管等部门成立综合执法组，开展仿冒出租车整治150次，查处“金桂”案10件。重点针对“三客一危一货”“两非一租”、面包车等九类重点车型，开展各类专项整治196次，查处“非法营运”案49件、巡游出租车案19件、网约车案35件、危化品运输案9件、班线客运案34件、公交车案11件。妥善应对金桂、网约、巡游出租三方矛盾，协调处理梁垫线、虎城客运站经营纠纷，维持出租车“双到期”过渡期秩序稳定。

依法执法　全面执行《交通运输行政执法程序规定》及行政执法“三项制度”，规范自由裁量，推动行刑衔接。以“金桂”案例为典型，开展案件评议考核、剖析4次。依法申请法院强制执行立案15件、结案10件；公开举行听证会2次，行政复议答复1件，行政诉讼应诉45件，一审胜诉24件，二审胜诉8件，再审胜诉2件，诉讼过程中11件，已审结案件胜诉率100%。

【行政审批】　办结行政审批服务事项12866件，办结率100%。其中，道路运输行政许可476件、工程建设施工许可286件、其他行政服务事项12104件。

组织从业资格考试47次，其中客运11次、货运16次、违规10次、网约3次、巡游3次、公交4次。继续教育信息录入1132次，诚信考核及备案3609次，办理服务监督卡159张。

完成401辆客车2020年春检工作，办理加班车320趟次、网上审核包车1051辆、新增网约车208台、新增货运企业7家货车610台、维修备案91家。

【安全监管】　2020年，梁平区交通运输行业安全生产形势稳定向好，持续保持道路运输、交通在建工程及水上交通安全监管责任零事故。被市交通局、区安委会评为安全生产目标考核先进单位。细化安全监管责任，重新修订“党政同责，一岗双责”责任制。推动安全工作落实，组织召开安全生产工作会议80余次，印发转发各类安全工作文件100余件。压实安全责任，全行业层层签订安全目标责任书300余份。深入开展宣传教育培训，组织安全培训10期，参培人员380余人次，开展现场咨询活动8次，发放宣传资料17000余份。强化从业人员能力提升，组织完成道路运输企业主要负责人和安全生产管理人员考核考试3次，参考174人，合格162人，合格率93%。提升应急保障能力，及时调整应急救援队伍，全面清理更新应急救援物资储备。积极承办全区2020年道路交通突发事件综合应急救援演练，指导交通行业企业开展消防专项应急演练5次。强化隐患排查治理，检查企业970余家次，查处整改安全隐患634个，处罚违法行为1227起。

【行业稳定】　及时办理回复信访系统、梁平信箱、96096、群工系统等信访件134件，办结率达100%。监测网络舆情353条，处置回复141条，回复处置率100%。完成春节、国庆、“两会”期间、党的十九届五中全会等重要节假日、重大会议的维稳任务。联合公安、市场监督管理等部门共同处置仿冒巡游出租汽车非法营运问题，已取得阶段性成绩。

【交通信息化】

智慧公交　项目二期完成设计，进入财评阶段，建设内容有：对27辆新增（更换）城市公交车进行智慧化改装；对5条线路12辆农村公交进行智慧化改装，实现全覆盖；按照区委区政府要求建设14个重点站台，主要向都梁新区倾斜。

非现场执法　G318国道蟠龙至石河沟段（K1923）建成投用；完成X119县道蟠龙至安乐段立项和设计。成为重庆市首个试点应用“勤务通”移动执法系统、路政养护联合巡查系统的区县。

【抗击疫情】　成立新型冠状病毒感染肺炎疫情防控应急处理领导小组、疫情防控党员突击队、疫情防控先锋突击队，抽调系统140名思想过硬，业务熟练、作风优良的执法（执勤）人员，协调公安、卫健、镇乡（街道）等部门在各交通要道设置疫情防控卡口24个，严查湖北地区入梁人员。截至2020年2月11日，共投入检查7153人次，检查车辆11675辆，检查316685人次；劝返车辆7122台、15437人（其中湖北籍车辆142辆、450人）；共发现发热人员34人，均按规定进行处置。2020年4—12月，出动执法人员1185人次，车辆237车次，排查火车（动车）325趟次，排查人员5856人，其中854人移交区卫生健康委。在抗击新冠肺炎疫情中，区交通运输综合行政执法支队获评“重庆市抗击新冠肺炎疫情先进集体”，支队杜红平获评“重庆市抗击新冠肺炎疫情先进个人”。（区交通局　黄江湖）

邮　政

【概况】　2020年1月20日，中国邮政集团公司重庆市梁平区分公司变更为中国邮政集团有限公司重庆市梁平区分公司。现设6个职能部门，综合办公室（安全保卫部）、市场营销部、渠道平台部、文化传媒部、代理金融部、寄递事业部，5个班组（内部处理班、后勤班、机要室、驾驶班、驿盾中队）。全区共有邮政局所39个，其中代理金融网点31个，纯邮政网点8个，由区分公司对各网点实行管理职责。截至2020年底，共有各类在岗员工233人。

2020年，中国邮政集团有限公司重庆市梁平区分公司完成业务总收入1.22亿元，规模列全市第26位；同比增幅6.91%，增幅排名全市第28位；完成预算进度100.66%，进度排名全市第24位；实现利润4266万元，收入利润率高于全市平均水平。

【业务发展】

普遍服务　中国邮政集团有限公司重庆市梁平区分公司聚焦“普遍服务、监督检查、客户服务”三个核心模块，以普遍服务为“根”，完善普服运行机制，固化普服达标成效；以监督检查为“要”，落实服务质量考核机制，强化服务质量管控；以客户为“本”，完善客户服务体系，全面提升客户体验，不断完善中国邮政集团有限公司重庆市梁平区分公司服务质量和水平。普遍服务局所乡镇网点覆盖率100%；建制村直接通邮率持续保持100%；邮政普服用户满意度80分以上，客户用邮体验得到持续提高。

基础设施　2020年，梁平区新城生产指挥调度楼主体工程及环境工程项目已完工，邮件处理中心已于“双11”期间启用，新增处理面积500平方米，日处理量提升到每日3万件以上，揽投能力得到大幅提升；以“邮快合作”为契机，创新开展“邮快超市”建设。2020年，建成“邮快超市”45个，其中自营型33个、代理型12个，有效提升寄递末端支撑服务能力；对自助机具及智能化设备进行适度添设，全年新增ITM26台、存折取款机1台，并将所有代理金融网点摄像头更换为高清镜头，为金融服务提供了保障。

项目助农　2020年，中国邮政集团有限公司重庆市梁平区分公司开展“梁平柚+豆干”市级项目营销，通过拟定项目管理办法，从项目内容、项目运行、项目管控、激励办法及项目总结提炼等方面夯实项目运行基础，推进工作组围绕客户需求，结合各专业服务内容，从肥料、贷款、销售、寄递、存款、宣传推广等提供一条龙营销方案，制定了定期走访+节点回访的走访计划，抽调各专业精兵强将组团对柚农合作社、豆制品加工厂开展浸透式营销工作，助力梁平柚、豆干等特产品销售。

打造综合服务平台，针对已建设的村邮站、“邮乐购”店、邮快超市等站点，实现金融便民取款、便民缴费、农资代销、代收代投、普遍服务等业务叠加，充分整合渠道资源、实行N站合一，实现获客引流，推动协同发展。

“邮政+”模式　中国邮政集团有限公司重庆市梁平区分公司不断深化拓展服务领域，构建“邮政+区商务委”农村电商生态圈，落实“一镇一品”“一月一品”的发展思路，加大梁平农特产品邮乐上线和线上推广力度，发挥全网合力，推动农产品进城，帮助农民增收增产；全面对接政府“一网通管、一网通办”，实现“以政拓商”，加快复制推广“邮政+政务”模式，深化政务大厅派驻工作，为企业和群众代办行政审批、公共服务等事项。

疫情防控　2020年认真落实“四不中断、四免费办”服务承诺，坚决贯彻落实党中央、集团公司和梁平区疫情防控指挥部的各项工作部署，全力以赴协助做好疫情防控和运营保障工作，未出现1例被感染或疑似病例的情况。第一时间传达贯彻习近平总书记重要指示精神，成立疫情防控领导小组，全力部署区分公司疫情防控、防疫物资配备、生产运营等关键环节，全力确保疫情期间全区人民的用邮需求和安全；多次召开疫情防控会议，指定专人负责防疫物资的购买及发放工作，建立购买及发放台账，保障一线工作人员防疫物资到位，全年共采购12.6万个口罩、130台测温仪等防疫物资，投入30.9万元，每天对金融网点、邮件处理场地、邮运车辆和进口邮件进行消毒，所有员工必须佩戴口罩，确保邮政处理中心和各网点达到防疫标准，为用户提供安全的用邮服务；积极开展蔬菜生活用品配送、金融、简易险线上办理、农资春耕上门配送等工作，保障了民生需求；同时，投递教材9.5万件，配送肥料1500余吨，种子35吨，得到区融媒体中心、新闻“第一眼”等多家媒体宣传报道，提高了邮政影响力。

脱贫攻坚　积极主动支持、配合地方政府做好精准扶贫工作。按照上级要求开展定点扶贫，按月对19户定点扶贫对象走访，了解其生产生活情况，针对存在的困难制定帮扶措施，并为结对贫困户送去慰问品及慰问金；积极参与帮扶村党支部建设，认真落实“清单制+责任制”工作法，积极开展“双联系+共建推进”活动，组织开展农技培训，捐赠2万元农资产品用于软弱涣散党组织帮扶；结合集团脱贫攻坚政策，利用邮乐网平台对铁门高山米、土豆等扶贫产品进行帮扶销售1.32万件，为贫困户增收20.54万元。

【经营业绩】

代理金融　完成总收入9209.5万元，规模列全市第20位；完成进度100.93%，同比增幅7.91%，增幅排名全市第21位。聚焦商户收单、工资代发、基金定投等“抓手”调整余额结构，累计新增活期余额占比18.39 %，同比提升9.43个百分点。

寄递业务　通过开展“百日会战”活动，全面推进寄递业务“五大体系”建设，坚持积极走访重点单位，不断加快寄递业务改革发展步伐。全年完成寄递业务收入1054.5万元，同比增幅17.28%，完成年度目标的100.43%。

渠道平台　完成收入1127.17万元，收入规模列全市第25位，完成进度排全市第20位。渠道运营能力逐步增强，“邮乐购”店绑定包裹自提系统148个，规模排全市第10位，累计代投包裹6.15万件；增值业务亮点突出，累计代开税票44365笔，代开税金3396.45万元，实现收入101.89万元，收入规模排全市第3位，税额市场占有率61.16%，列全市第1位。

文传业务　完成收入774.65万元。突出“培育”力度，校园市场开发取得新成效，完成校园报刊收订流转额309万元，同比增量52万元，列全市第1位。以开展图书巡展、重点政务图书文化创意产品销售、媒体广告宣传、封片和重点函件文创等为日常工作重点，积极开展项目活动策划，组织季度劳动竞赛，共实现收入142.7万元。

（中国邮政梁平分公司　邓茜）

城乡建设

住房和城乡建设

【概况】 重庆市梁平区住房和城乡建设委员会是区政府的工作部门。内设办公室（计划财务科、信访办）、党建科（法制科）、房地产开发建设科、房地产市场科（住房保障科）、建筑管理科（行政审批科）、质量安全科、设计与绿色建筑发展科（科技发展科）城市建设提升科（房屋征收科）、排水管理科（城市人居环境建设科）、村镇建设科、物业监督管理科、建设工程消防设计审查验收科（人民防空科）12个科室。下属重庆市梁平区城市建设服务中心、重庆市梁平区住房和城乡建设综合行政执法支队、重庆市梁平区建设工程造价服务中心、重庆市梁平区城乡建设档案馆、重庆市梁平区人民防空指挥信息保障中心、重庆市梁平区住房和城乡建设科技发展中心、重庆市梁平区房屋征收中心、重庆市梁平区公共住房保障中心8个单位。现有编制数114人，其中：行政编制17人，参公事业编制15人，事业编制81人，机关后勤服务人员事业编制1人，实有在编在岗人数105人。

【城乡建设】

城市品质提升　高品质提升都梁新区内涵，高水平推进梁山城区更新，城市规模基本实现“双30”（建成区面积达到30平方千米，城区人口30万人），经第七次全国人口普查初步统计，梁平区常住人口城镇化率提高到53%。投用城市地下综合管廊等一批牵引性功能性项目，贯通竹海大道等城市主干道5条，大规模实施绿化美化亮化工程。完成投资1亿元，实施棚户改造240户；投入资金2.3亿元，推进改造老旧小区188个，完成2019年老旧小区改造工程计划，全面开工2020年老旧小区改造工程；投入资金5.125亿元，协调新城、老城、园区三大片区实施公共停车场建设项目74个，新增停车位10000余个；投入资金3129万元，实施保障性住房安居工程13个，完成园区和5个乡镇14.4万平方米廉租住房改造；新增保障性住房实物配租251套；筹集人才公寓133套。

美丽乡村建设　统筹推进乡镇场镇基础设施建设，重点打造屏锦特色小镇，实施基础设施提升项目6个，场镇功能更趋完善。注重村容村貌提升，整治提升农村旧房2000户、创建美丽庭院750个、安装公共照明路灯1700盏，培训农村建筑工匠100余人；以开展美好环境与幸福生活共同缔造工作为契机，推进设计下乡，编制风格各异农房建设图集3套。传统村落保护发展稳步推进，全区传统村落达到4个，其中国家传统村落1个，市级传统村落3个；投资250万元，基本完成聚奎镇席帽村观音寨传统村落保护修缮。

雨污分流　2020年，新增城市排水管网26千米，建设场镇雨污分流管网105千米。投资1.2亿元，实施城乡接合部三级管网雨污分流工程10千米，补齐近郊区域缺失污水管网约30千米；投资1.4亿元，开工建设二级管网雨污分流工程17千米，启动建设三级管网雨污分流工程91千米。加快老城区雨污分流，同时牵头完成新盛河流域新盛镇场镇雨污分流和铜钵河流域碧山镇、龙胜乡场镇雨污分流工作。

【房地产开发】 举办梁平区2020年春季、秋季房交会，商品房销售（含预售）金额45.8亿元，销售面积80.96万平方米，实现稳地价、稳房价、稳市场、稳预期。推进智慧小区建设，所有新建超过30000平方米的楼盘全部按智慧小区设计，完成智慧小区设计评价项目5个。

【建筑业管理】 完成建筑业产值155.5亿元，增速达到12.5%；推进建筑企业做大做强，成功出台促进和扶持建筑业发展实施办法，落实帮扶企业政策措施7条；培育资质以上建筑业企业20家，新增一、二级资质建筑企业各1家；建成扬尘控制示范工地5个、智慧工地7个。

【物业管理】 2020年，办理物业审批事项4件；监督指导物业服务企业开展冬春火灾防控工作、商住楼消防安全大检查等专项行动5次，例行监督检查小区140余人次，整改消防、电梯等重大安全隐患点10处，一般安全隐患点123处，物业安全生产“零事故、零死亡”；协调处置物业信访矛盾纠纷8件；持续推进“公开承诺、协商互助、和谐共处”为主题的项目经理接待日、设施设备开放日等活动325次；成立区物业管理协会，拓展会员48家。

【行政审批】 以“营商环境实施年”为契机，实施提高办理施工许可效率专项行动，推动住建系统施工许可、竣工验收、档案管理等服务水平提升。实行一窗通办，社会投资小型低风险建设项目，审批时限由35个工作日压缩为15日，一般社会投资建设项目审批时限由50个工作日压缩为42日，一般工业建设项目审批时限由29个工作日压缩为24日。市场主体获得感较强，营商环境考核名列靠前。

【质量监管】 开展工程质量安全提升行动，落实工程质量安全主体责任，加大新规范、新规定宣贯力度，加大工程质量常见问题的治理工作，督促落实工程质量安全手册，提高工程项目质量安全管理水平，梁平区在建工程总体上在落实主体责任，提升项目管理水平方面得到明显提升。2020年监督竣工验收项目58个149万平方米，工程合格率100%。完成23项住宅工程分户验收监督检验。开展专项巡查、检查8次，签发整改通知书61份，局部暂停施工通知书4份，处理工程质量投诉88起，质量投诉处理率100%，全年未发生建筑质量安全事故。

【安全管理】 统筹加强住建领域安全防范工作，突出信访矛盾化解，化解各类矛盾纠纷300余件，重点解决部分开发楼盘和清欠信访问题。严格施工安全，扎实开展安全生产专项整治三年行动，排查整改安全生产隐患1136处；严格消防安全，牵头推进74个公建类项目消防安全隐患问题限期整改；严格住用安全，完成80栋8.98万平方米城镇房屋、35225户农村房屋安全隐患排查，有序分类开展整治；严格小区安全，完成全区23个物业小区安全检查督促工作，督促物业服务企业对物业小区进行安全隐患排查、整改。

（区住房城乡建委　全鑫）

城市管理

【概况】 重庆市梁平区城市管理局（重庆市梁平区城市管理综合行政执法局）是区政府工作部门，主要承担市政公用设施运行管理、市容环境卫生管理、园林绿化管理、城市供水管理等职责。内设办公室、财务审计科、市政公用管理科、园林绿化管理科、市容环卫科（农村环境指导科）、执法监督科（行政审批科、应急管理科）共6个科室，下辖区城管执法支队、区市容环卫所、区市政设施管理所、区园林绿化所、区公园和风景名胜区管理所、区数字化城市管理中心6个局属单位和区洁美环卫有限公司1个企业，联系龙泉供水公司。全系统现有编制数131人，其中行政编制11人、参公事业编制41人、事业编制77人、机关后勤服务人员事业编制2人，实有在编在岗人数131人。

2020年，认真贯彻落实习近平总书记关于城市工作系列重要指示精神，牢固树立“城市管理是最大的民生工程”这一管理理念，紧紧围绕“干净整洁有序、山清水秀城美、宜居宜业宜游”

的目标和愿景，以建立完善城市管理统一领导指挥、部门协作联动、全民共同参与的“大城管”工作格局为牵引，全力推进管理提效、环境提质和功能提升，城市面貌持续改善，城市品质不断彰显。

【市政基础设施】 升级改造道路1.9万平方米，提质改造车行道、人行道隔离栏杆3.5千米，完成喜鹊桥等城区12座桥梁检测整治。

【城市供水保障】 梁平新（老）城区、双桂新区、工业园区、火车站片区及周边农村，由龙泉供水公司供水，供水面积约30平方千米，有用水户8.45万户，供水人口约20余万人，2020年供水量1450万吨。龙泉供水公司有沙坝、大河坝、大井、盐井河四座水厂，设计日供水能力7.3万吨，管径DN100毫米以上的供水管道长约190千米。2020年，龙泉供水公司多渠道筹措资金，积极推进双桂城区老旧管网改造和大井水厂至盐井河水厂原水应急备用管道建设，逐步落实住宅小区一户一表、二次供水设备改造。与此同时，还通过加强设施设备、水质水压等运行安全监管，加大供水水质监测检测频次，保证出厂水质合格率100%。

【城市园林绿化】 2020年，梁平区建成区内新增绿地面积35.61公顷。截至年底，建成区绿地率33%，人均公园绿地面积达11.09平方米。新建大河坝公园、白沙河公园、张星桥河河道岸线绿化，改扩建双桂湖国家湿地公园、八角公园及报国公园。实施梁柚路西段道路绿化、迎宾大道新拱桥至草堂路段道路绿化、罗汉山至桂东加油站公路沿线、高新大道北侧（知德大道至皂角路）防护绿化等主干道沿线绿化。提质改造工业大道、高新大道、竹丰路等8条道路绿化，完成了新、老城市街30余条道路的绿化补植。

【城市环境卫生】 2020年，城区道路机械清扫率达90%以上，生活垃圾日产日清，完成城区化粪池的清掏监测工作，城区内86座公厕日常保洁。

【城市生活垃圾处理】 城区设置生活垃圾分类收集点1273处，2020年1—10月累计收运处理厨余垃圾1.06万吨、其他生活垃圾无害化处理8.62万吨，完成全区建成区所有楼层撤桶工作，新增40个农村生活垃圾分类示范村。

【城市照明设施】 完成梁平区照明及景观智能化控制系统，新装照明智能化控制终端144台，实现了城区照明及景观智能化控制；完成梁平城区智能灯杆试点工程，新建智能灯杆6套；维修路灯1474盏，路灯保洁2061盏，排查整改安全隐患430处，城市路灯亮灯率达到98%以上、完好率达到98%以上。

【数字化城市管理】 建设智慧城市管理视频分析平台、智能停车系统、建筑垃圾运输处置监管平台，加强渣土运输管理；建立智慧公厕管理系统，安装烟感、喷香机、人流量计数器、人脸识别厕所机等，实现公厕智慧化管理。2020年，梁平区数字城管平台共上报案件15729件，有效立案15689件，按时结案15687件，按时结案率99.9%。

【城市管理执法】 开展“八大专项执法行动”，规范查处乱停乱放行为3.25万余次，规范流动商贩、骑门摊点2.94万余起，拆除各类违规设置户外广告500余块，规范设置店招牌425块。消除新增违法建筑135件、6382.6平方米，拆除存量违法建筑561件、48593.65平方米，收取违建治理罚金42.27万元。 （区城管局 高海燕）

商贸流通

综　述

【概况】　重庆市梁平区商务委员会主要负责推进商贸流通业发展，拟订开拓市场、促进消费的措施，提出培育商贸流通大企业、促进商贸流通中小企业发展的建议，推动流通标准化和连锁经营、特许经营、物流配送、电子商务、跨境电子商务等现代流通方式的发展；推进商贸物流标准化体系和智慧物流配送体系、商务系统信息化以及电子商务企业（示范基地）建设；负责全区餐饮、住宿行业和生活服务行业、仓储业、冷链行业、电子商务行业管理工作，辖区内展会活动、外来办展以及外出办展的统筹、协调、审查和备案工作，拟订全区开放型经济发展中长期规划，指导协调全区外贸进出口、对外经济合作、吸引外资等业务；负责外经贸的宣传培训工作；负责城乡商贸统筹发展工作，指导乡镇（街道）商贸流通工作；牵头协调整顿和规范市场经济秩序的责任，负责重点行业和重要商品监管执法的综合协调工作，负责成品油经营、储存日常安全监督管理；承担商贸行业商会、协会的指导、监督、管理职责。

梁平区商务委员会内设8个科室，即综合科、规划发展科、服务业发展科（行政审批科）、市场流通科（安全生产管理科）、外经贸科、电子商务和信息化科、会展科和运行调节科，下属重庆市梁平区商务综合行政执法支队一个事业单位。机关行政编制为17个，机关后勤服务人员工勤编制为3个，在职人员21人（公务员18人、机关工勤人员3人），离退休职工83人。重庆市梁平区商务综合行政执法支队，事业编制10人，现有在职人员9人，退休2人。2020年，梁平区实现社会消费品零售总额232.8亿元，同比增长1.9%，渝东北排名第三位。全区限额以上商贸企业及个体总数304家。

【城乡商贸发展】

推动城区商圈提质　提档升级人民广场商圈，引导海韵重百商业综合体优化业态、提升品牌；都梁广场商圈不断成熟，帝豪时代城商业综合体、南站商业区、兴茂·时代广场等重点商业项目形成规模，商圈人气商气快速集聚；加快发展亿联智慧商圈，小商品城、汽车城等项目先后建成投用，住宿、餐饮等配套业态不断丰富。

支持乡镇大力新建（改建）商业设施，引导品牌连锁企业向乡镇延伸，进一步改善消费环境；支持新盛、袁驿等边贸乡镇提升商业氛围，发展边贸经济，云龙、明达等5个镇创建市级乡镇商贸服务中心，屏锦镇、袁驿镇创建市级商贸强镇。

新建扈家项、兴隆街、湖晓路等城区菜市场，支持福禄、礼让等乡镇新（改）建农贸市场；联合梁平区财政局制定《重庆市梁平区白条禽冷链经营补贴政策》，发展活禽冷链交易；同时，大力发展社区商业，引导小型超市、社区菜店等快速布局。

【外向型经济发展】　大力开展稳外资稳外贸工作，支持和帮助本地外向型企业开拓多元国际市场。2020年，梁平区进出口企业共计14家。外贸进出口总额达到2.74亿元，同比增长39.1%，增幅列全市第九，渝东北第三，其中出口1.75亿元，同比增长41.4%，增幅列渝东北第二，进口0.99亿元，同比增长35.3%，增幅列渝东北第四。全区有中外合资及独资外商投资企业6家，2020

年合同利用外资214万美元。

【电子商务发展】 2020年，梁平区电子商务交易额72.3亿元，同比增长61%，网络零售额9.49亿元，同比增长42.9%。袁驿镇袁驿村被评为全国“淘宝村”，亿联·天华电商物流产业园区被评为重庆市示范电商园区。

基础设施 建成区级农村电商公共服务中心1个、镇级电商孵化中心8个、村社电商服务站170余个，市级贫困村、相对贫困村村级电商服务站点全覆盖。建成3300平方米梁平电商物流共同配送分拨中心，整合12家快递企业物流资源，与镇村电商综合服务站点互联互通。亿联·天华电商物流产业园区一期2.3万平方米项目已建设完毕并投入运营，已经入驻电商、快递物流企业共70余家，二期项目正在加紧建设。

人才队伍 通过线上培训、电商峰会、专业培训班、专家送培下乡等形式，持续开展电商人才孵化培训，新培训电商专业人才1500余人，辅助开设店铺500余个。

网货品牌 完成50余种农产品的形象包装，培育以稻子、竹子、柚子、鸭子、豆子为代表的“五子登科”系列网货品牌。

电商主体 梁平区电商主体超过4200个，店铺5000余个，电商从业人员突破1万人，年销售额上千万元的小莲姐电商企业落户梁平，张鸭子、农本味、洪秒购等本地电商企业快速发展。

线上业态 挖掘培育曾庆贵、曹元波、胡涛等一批当地“网红”，组织开展各类直播带货活动80余场次，销售各类产品1.2亿元。兴盛优选、美团优选、多多买菜等社区电商快速布局。传统商贸企业、生产企业加速触网营销。商旅联动逐渐深入，云上文旅馆、云上晒秋、云上丰收节先后上线，长江三峡晒秋·川渝东北啃秋、丰收节、柚博会等文旅活动均实现线上推广。

【成品油供应】 截至2020年，梁平区建成投入运营加油站41座，其中中石油14座，中石化6座，高速路服务加油站3座，民营加油站18座。全年各加油站共零售成品油7.9万吨，其中销售柴油4.2万吨，汽油3.7万吨。各加油站已全面替换销售国六标准汽柴油，安全管理和服务质量进一步得到提升。继续开展成品油市场打非治违专项整治工作，规范市场秩序，保障行业健康发展。

【再生资源情况】 再生资源回收行业发展前景看好，全区再生资源回收网点有200余个，其中再生资源回收企业18家，各经营单位年回收分拣能力达20万吨以上。按照新的《报废机动车回收管理办法》相关规定，建成标准化报废汽车回收拆解公司一家。开展城区回收站点违规行为整治，规范市场秩序；做好垃圾分类工作中可回收物的管理，可回收物做到应收尽收。

【住宿餐饮】 截至2020年底，梁平区限额以上住宿餐饮企业49家，限额以上住宿餐饮个体户76家，从业人员7000余人，住宿营业额同比增长5.1%，餐饮营业额同比增长8%。餐饮协会、餐饮商会先后发展会员企业100余家。滑石寨度假村、冲锋餐饮被评为市级住宿餐饮企业50强，美食林、朱家面馆、福德鸡、中意格格等企业共获得“中国名菜”授牌1块、重庆市级授牌4块。

【保供工作】 做好新冠肺炎疫情期间生活必需品市场保供。安排专人巡查、落实企业报告制度，对各大型超市、农贸市场生活必需品的价格、销售与库存进行动态监测，督促各大型超市、市场确保货源充足，供应有保障，做好物价稳定相关工作，同时协助各大型超市、市场物资补充车辆的通行，积极帮助企业采购口罩、消毒水等防控物资。疫情期间，梁平区没有出现生活必需品价格大幅上涨的现象。按时完成猪肉入储工作。下半年，与重庆国豪食品有限公司、重庆都梁农业发展有限公司签订猪肉储备协议，共计储备猪肉170吨，其中储备冻猪肉100吨，活体70吨，同时联合执法支队进行了抽查检查，保障应急储备物资保质保量在库。加强应急值守。严格执行领导24小时带班、2名值班干部24小时在岗值班制度，确保政令信息畅通，一旦发生突发事件，做到及时上报。

【商务执法工作】 加快制度建设，加强商务综合行政执法人员资格管理和教育培训，提升依法行政水平。按照“谁执法、谁普法”普法责任制，多种形式开展普法宣传4次，发放宣传资料200余份。严格按照“双随机一公开”制度，2020年组织监督检查50余次，出动商务执法人员200余人次，检查经营户200余户，调解汽车销售纠纷5起；处理案件13起，罚款11500元；要求23家经营户现场整改，有效地维护了梁平区正常的商贸秩序。（区商务委 项仕丽娜）

粮油购销

【概况】 2020年，梁平区粮油购销工作认真贯彻落实国家粮食收购政策，全区22家粮油加工企业、5家饲料加工企业以及国有粮食企业全方位、多渠道开展粮油购销。全区收购粮油357869吨，（其中稻谷151599吨、玉米147353吨、小麦4184吨、大豆53599吨、油菜籽1134吨），销售粮油156838吨（其中稻谷156265吨，菜油573吨），有力保证了全区粮油市场的基本稳定，确保了粮食安全。

【粮油流通基础设施】 10万吨粮食仓库及配套设施项目全面投入使用；积极申报“优质粮食工程”项目；加大对民营粮食加工企业财政补贴，提升应急保供能力。

【粮油加工企业】 2020年，梁平区粮油加工企业纳入统计范围的有22家。全区大米年产量63799吨，食用油年产量826吨，饲料年产量274438吨。

【地方粮食储备】 截至2020年末，梁平区完成市级储备粮工作，区级储备（稻谷）委托给重庆市储备粮有限公司存储，成品粮储备1000吨（其中市级500吨、区级500吨）。

（区发展改革委 张荔）

供销商业

【概况】 重庆市梁平区供销合作社联合社是直属区政府全额拨款参照公务员管理的事业单位，内设综合科、经济发展与信息科、合作指导科、烟花爆竹专营管理科、财务会计科5个科室。现有事业编制18人，在职人员18人。

2020年，梁平区供销社系统及专业合作社完成销售总额327083.74万元，同比增长23.6%；农产品市场交易额180047万元，同比增长29%；农副产品购进额185898万元，农产品销售额217658万元。电子商务销售额76038万元，同比增长55%，农产品电子商务销售额46918.2万元，同比增长92.31%。连锁经营网络销售额86204.11万元，同比增长70.79%；各控股及参股企业、基层社资产总额23647万元，同比增长12.1%，实现利润总额3686万元，同比增长11.32%；所有者权益总额11521万元，同比增长10.3%。负债基本保持平稳。在2020年重庆市供销合作社非贫困区县综合业绩考核中获一等奖。

【农民专业合作社】 区供销合作社联合社指导发展农民专业合作社38个，并向全国总社申报农民专业合作社示范社，重庆市梁平区2011—2019年累计获评示范社10个。2020年12月21日，紫和蔬菜种植专业合作社、荣盛昌榨菜公司牵头成立农图果蔬种植专业合作社联合社，联合相关专业合作社、村（社区）股份经济合作联合社形成合力，推动榨菜产业发展。

【脱贫攻坚与“三社”融合发展】

2020年是全面建成小康社会收官之年，也是脱贫攻坚决战决胜之年。区社成立由领导班子、各科室负责人、社有企业党支部书记组成的脱贫攻坚“回头看”全面排查工作领导小组，全面梳理工作开展情况，召开脱贫攻坚工作专题会20余次，深入学习习近平扶贫工作重要论述，明确考核评估和责任追究制度，会同区妇联、梁平国调队落实帮扶责任人25人，帮扶里程村、莲花村、骆马村、翟溪村建卡贫困户46户153人。区社利用健全的经营服务网络，以及掌握农业管理经营模式、熟悉农村情况、了解农民需求的优势，全面推进“三社”融合发展：即把农民专业合作社、供销社、信用社“三社”融合统筹推进发展。建成“三社”融合发展试点示范10个，其中打造示范亮点3个，实现涉农乡镇服务全覆盖，提高农民生产组织化程度、提供农业生产性社会化服务、促进农产品流通，助力乡村振兴。建设星级农村综合服务社11个（累计21个）。建设“村村旺”电商服务站点33个。三社“融合”试点单位北霖蔬菜种植专业合作社帮扶蔬菜销售，帮助菜农减少损失，保障市民菜篮子安全。与区内“三社”融合发展试点单位紧密合作，开展农业生产社会化服务面积累计2666.67公顷、1.14万公顷次。“三社”融合助力农村金融工作发展，通过科技扶贫促进农业服务转型升级，组织3家基层社与7家专业合作社，开展水稻全程社会化服务2000公顷，服务农户10000余户，为农户节约成本约600万元，增产3000吨。

【控（参）股企业】 2020年，梁平区供销合作社控股企业2个：梁平区新合储运有限责任公司、梁平区新合农资有限责任公司。参股企业2个：梁平区新合烟花爆竹有限责任公司、重庆市大都发商贸有限公司。社有企业全年净资产收益率24.09%，销售净利率4.41%，总资产周转率265.72%。全资、控股企业全年实现利润总额1049万元，同比增长11.48%。

梁平区新合农资公司是集农贸市场经营管理、农副产品购销、冷藏及农资商品批发、配送的农业产业化市级龙头企业。2020年，实现净利润50.38万元，较上年同期增长11.47%，到年末公司总资产共计1793.05万元。疫情期间，市场调进水果20余个品种，4600余吨。销售各种化肥7116.64吨，比上年同期增长7.25%。农产品交易市场实现交易额2.5亿元，交易量3.8万吨。实现门市租金收入78.52万元，与上年同期持平（因疫情减免了涨价部分租金），库费收入42.02万元。

梁平区新合储运公司是从事汽车货运、维修、汽车配件零售、再生资源回收、农产品运输、驾培、机动车检测、报废汽车回收等业务的龙头企业。2020年，实现各项营业收入1864.5万元。驾校培训毕业各型车学员1735人，检测各类车辆42221辆，收购各类报废机动车车1505辆。新冠疫情期间，积极带头组织各类防控物资，复工复产。12月，基本完成基层社合作协议签订和综合服务社的建设。

梁平区新合烟花爆竹公司专门从事烟花爆竹批发的企业。企业奉行“努力超越、追求卓越”的企业精神，落实安全生产“一岗双责”，建立安全生产相关工作制度。发现情况及时报告，及时解决。已经设立各责任在安全生产中的具体职责，做到安全责任到位。

重庆市大都发商贸有限公司集批发、零售、连锁、配送于一体的商贸企业，直营超市5个，加盟店20个，是政府应急保供重点单位。通过投资1500余万元的日用品整体推进的城乡一体共同配送项目实施，经济效益和社会效益日益凸显，实现销售收入8390万元，日常库存储备量达2200吨以上，降低物流成本200万元。直接带动新增较多工作岗位，解决86名下岗职工及农民工的就业问题。

【基层社建设】 区供销合作社一直致力于基层社的恢复重建。2017年后，累计改造建设基层社示范8个，其中2018年建设双桂街道供销合作社、合兴镇供销合作社、碧山镇供销合作社，2019年建设和林镇供销合作社、聚奎镇供销合作社、福禄镇供销合作社、星桥镇供销合作社、龙门镇供销合作社。2020年，基层供销社全年实现利润总额1525万元，同比增长8.08%。

【协会工作】 区农产品流通经纪人协会与区农村合作经济组织联合会成为政府和农民的纽带，提高农民组织化程度，解决农户分散经营与大市场的矛盾，促进农村产业结构调整和农业产业化经营，本着“精简、高效、统一”的原则，服务农村农民。2020年，积极组织会员单位开展水稻、梁平柚农村社会化服务面积666.67公顷；协调会员单位种植签订订单协议，种植榨菜666.67公顷；组织全区梁平东山片区10个市级贫困村、6个区级相对贫困村、18个贫困组开展农产品展示展销，参加渝交会、西交会、海交会等，把各类农副产品推广到全国各地乃至国外；积极联合农民合作社服务中心开展新冠疫情防控工作，积极组织农业生产资料；建立扶贫专柜，让贫困户的蔬菜走进超市、机关、学校、医院食堂，实现产销无缝对接；积极组织学会会员单位负责人参加市供销社和市协会组织的技术服务交流学习20余次。

【农资保供】 区供销合作社疫情期间保证一个月至少2次通过实地和电话的方式，了解新合农资公司农资供应情况，做好农资保供，确保春耕备耕。采集、汇总农资基础数据，及时填报农资情况监测表，到农资网点了解农资供应及春耕备耕情况，选取15个农资网点作为农资供应监测点进行检查，督促网点做好农资储备工作，保障农资供应。2020年2月，新合农资公司加大货源调运力度，追加订购复合肥、尿素600余吨，疫情期间（一季度）销售化肥1665吨，保障了春耕需求，稳定了市场价格。

2020年2月13日，梁平区供销服务队队员操作无人机，在中华·梁平柚海义务喷洒杀毒、杀虫药水

2020年2月7日，梁平区供销社大都发商贸有限公司向战斗在疫情防控第一线的区人民医院医护人员捐赠牛奶并合影

2020年2月15日“抗疫情、促生产、保供给”供销服务队为全区水稻种植大户送化肥，保春耕，解决燃眉之急

【烟花爆竹经营】 区供销合作社始终坚持把烟花爆竹安全经营摆在重要位置，督促企业增强安全经营工作意识，加大安全投入，加强安全教育，定期开展安全风险评估和检查，不断健全安全经营保证体系和安全监督体系。2020年，召开安全经营会议200余次，及时整改安全隐患。区新合烟花爆竹公司投入整改和增加消防设施设备、监控等20余万元，对各部门提出具体意见

积极执行，设立宣传教育知识栏，进行消防演练，维护防雷防静电设施等，安全投入到位。定期召开监事会会议，研判企业经营管理中的风险点，提出合理化建议，提醒企业健全财务核算相关制度和规定，合法用工。

（区供销合作社　游蕊菱）

烟草专卖

【概况】　2020年，梁平区烟草专卖局（分公司）现有员工134人（在岗合同工83人，内退职工5人，病休职工1人，退休职工44人）。局（分公司）下设一室五科一部：办公室、政工科、综合管理科、财务审计科、专卖内管与法制监督科、专卖监督管理科（下设1个稽查支队、4个稽查大队）、客户服务部（下设一片区、二片区）；拥有注册资金122万元，总资产3081.64万元，全区有卷烟零售客户3080户。

【卷烟销售】　2020年，梁平区局（分公司）始终坚持以习近平新时代中国特色社会主义思想为指导，抓实“党建立烟、改革强烟、科技兴烟、依法治烟”各项工作，持续深化卷烟营销市场化取向改革，坚持市场导向。认真贯彻落实“总量控制、稍紧平衡、增速合理、贵在持续”方针政策，加强店堂整洁、明码标价、卷烟陈列、经营指导等客户服务工作，帮助和引导客户转变经营理念，提高经营能力和盈利水平。积极推进现代零售终端建设，加强营销人员零售终端建设先进经验学习，提升营销队伍零售终端建设工作水平，做好零售终端建设宣传推广，促进客户经营方式、经营习惯转变，尊重客户意愿并结合实际，指导客户确定终端建设等级并实施改造。坚持实事求是、问题导向、鼓励创新原则，按照“讲”“评”“学”“用”四个环节，开展营销大讲坛，搭建员工自我展示平台，促进营销人员能力素质不断提升。全年卷烟销量18016箱，销售收入5.53亿元（含税），税利7906.15万元。

【专卖管理】　坚持专卖制度是根本，强化“内管外打”，维护良好市场秩序。强化专卖监管，打流入、防流出，确保颗粒归仓，市场秩序持续向好。深化多部门协作，共抓共打涉烟违法犯罪行为。联合邮政管理局、公安局、高速执法、交巡警开展多次联合检查，始终保持打假打私打非高压态势，震慑涉烟违法犯罪行为。深化拓展零售许可“放管服”改革。积极配合区政府“营商环境建设年”的工作要求，清理办证“堵点”，缩短办证时间，让“数据跑路”代替“群众跑路”，确保零售客户所有证照办理时间压缩在8个工作日内（所有证照包括工商营业执照、烟草零售许可证、卫生许可证等），比法定时限平均减少70%。《重庆市梁平区烟草制品零售点合理布局规定》按期实施并严格落实。2020年，查获涉烟违法案件132件，涉案卷烟4124条，案值79.95万元，行政处罚与行政许可案件均无复议、诉讼。

（区烟草专卖局　潘文卿）

信 息 业

大数据应用发展

【概况】 重庆市梁平区大数据应用发展管理局（以下简称“区大数据发展局”）成立于2018年12月29日，是区政府工作部门，内设综合科、信息化管理科、应用发展科。主要负责数据资源建设、管理，促进大数据政用、民用、商用；全区大数据应用发展管理；推进全区信息化应用工作；协调全区信息基础设施建设；推动大数据、人工智能、信息化领域对外交流合作；统筹全区大数据应用发展领域项目和资金安排等。全局核定行政编制5人，设局长1人，副局长1人。下属事业单位梁平区大数据应用发展服务中心成立于2020年5月27日，核定事业编制3人。全局现有行政人员5人，事业单位人员1人。

2020年，区大数据发展局深学笃用习近平新时代中国特色社会主义思想，认真贯彻落实新发展理念，按照市大数据发展局、区委、区政府工作部署要求，坚持以推动数据“聚通用”为工作重点，全力攻坚“管云治数促用”各项工作，圆满完成了各项工作任务，全区大数据智能化基础不断夯实。

【数据“聚通用”加快推进】 2020年，建成政务信息资源共享平台，可实现“国家—市—区”三级数据实时共享。年底已接入全区52个部门（单位）3300余项信息项，形成387条目录清单。通过摸排、清理共收集到全区19个部门（单位）124条政务数据需求清单。加快城市大数据资源中心建设，完成梁平智慧城市信息中心实体大厅建设，展示体验中心、调度指挥中心、大数据云平台全面建成投入运行。基本建成包含智慧政务、智慧城管、智慧交通、智慧旅游等10个板块的数字城市孪生平台和能源大数据中心。

【“云长制”工作有序开展】 完成“智慧梁平”云平台建设，按要求推进重点业务接入。加快推进政务信息系统迁移上云，2020年已完成16个单位22个系统迁移上云，迁云比例95.6%。完成系统整合25个，整合率53.2%。

【智慧城市建设全面实施】 建成集VR、AR、智能家居等于一体的智慧体验馆，智慧服务站正式运营；双桂湖智慧体验公园建设稳步推进，停车无杆扰、音乐地砖、智慧广场舞等体验场景陆续投用。建成区应急系统指挥（值班）中心，应急水平不断提升。新建大观镇数字乡村·互联网小镇项目，乡村智能化服务水平不断提升。完成香漫林等10个平安小区建设，统筹推进数字经济与实体经济融合发展，都梁新经济活力区建设取得新成效。（区大数据发展局　李莉）

移 动 通 信

【概况】 中国移动通信集团重庆有限公司梁平分公司（以下简称梁平移动分公司）成立于1999年9月，隶属于中国移动通信集团重庆有限公司。

2020年，中国移动坚持“客户为根、服务为本”的理念，着力提升4/5G网络质量，全面推进新一代5G网络建设，将打造卓越网络、提供可靠的通信保障作为网络工作的核心目标，致力于通过持续提升的网络质量、卓越的通信保障能力和不断完善的电磁辐射管理，打造负责任的安全通信网络；坚持以实施“大连接”战略为主线，以推进“CHBN”融合发展为着力点，持续做好语音、短彩信等传统业务，不断扩大家宽业务发展规模，抢占流量运营市场，并推出中移云联、云办公、云视讯、智能后视镜、智慧话筒、行车卫士、OBD、ICD、流量800、移动400、旅游大数据等，一系列“连接类”信息化产品。以信息化推动数字化发展，创造万物互联新机遇，引领移动通信新时尚。

重庆移动梁平分公司在各级领导和社会各界的大力支持下，以“主动务实的新思维、积极健康的新风气、与时俱进的新行动”为指导思想，坚持“服务·业务”双领先战略，深入推进产品、营销与服务的深度融合，奠定了移动事业蒸蒸日上的基础。同时，分公司始终秉承“正德厚生，臻于至善”的核心价值观，时刻不忘肩负的社会责任，积极参与社会各项公益活动，为梁平区的和谐发展做出了积极贡献。先后获得各级政府机关、行业主管部门授予的统筹城乡农村信息化体系建设工作组织奖、诚信承诺单位、售后服务先进单位、重庆市“信息下乡”工作优秀集体、中国移动重庆公司先进单位、“消费者信得过企业”“重合同守信用单位”“梁平县新农村建设先进单位”“市级文明单位”“全国模范职工小家”等多个称号。

【市场发展】 截至2020年底，用户数逾32万户，互联网宽带接入用户约8万户，全年税收59万元。在竞争激烈的市场环境中，在区委、区政府的关心和指导下，在区各级部门的支持下，梁平移动仍保持着主导运营商的地位。

在家庭宽带发展方面，为让更多的用户用上移动光宽带，全年建设家庭宽带户线资源1.5万线，总资源覆盖了全区90%的行政村。推出的主要宽带套餐为5G全千兆套餐，包含宽带和电视，同时解决了用户的语音流量需求，满足日益丰富的万物互联应用需求，极大降低了用户的宽带套餐费用。2020年，共计发展家庭宽带1.9万余户。流量经营上，积极响应国家降费提速的号召，在流量方面推出假日流量礼包、夜间流量包，大幅度降低大流量套餐资费，并推出5G超低单价的流量提速优惠包、限时流量包赠送等活动，降低了用户的流量使用费用。

【服务水平】 梁平移动作为服务型企业，为进一步落实“客户为根，服务为本”理念，真实倾听客户声音，走进千家万户，提升服务水平，塑造客户口碑，2020年持续开展一系列客户服务活动。机制补全，在原有一把手负责的服务专项小组的基础上，建立分公司服务一键响应机制及每月服务分析例会制度，并将用户满意度纳入所有员工的绩效考核。积极响应国家开展的携号转网服务，在自有营业厅设置携转服务专席，真正做到让用户“携出便捷，携入安心”。疫情期间积极配合梁平各级政府部门，以一把手挂帅的方式积极投入物资保障各级营业厅正常服务用户，装维正常上门安装维护，发送疫情防控提醒短信130万余次。健全外部客户监督机制，切实维护客户利益，持续提升“用户监督委员会”的质量，聘请多层次客户担任服务质量监督员，总计开展活动5次，收集问题及建议25件，均回复解决。每月开展总经理接待日活动，总经理深入一线，充分了解一线疑难问题，为客户算账，走通营销流程，切实倾听一线客户声音。为改善营业厅环境，重视客户体验，打造50余家5G示范厅，让营业厅服务形象再升级。开展服务进万家活动，装维人员上门服务1.5万余户，为使用宽带三年以上的老用户免费更换5000余个机顶盒或光猫，切实提升宽带用户满意度。开展“走进智慧移动”“总经理讲服务”活动，“服务明星大赛第二季”等提升内部服务技能，展现移动服务初心的各种大型活动，真正做到用户为本、服务至上。

【网络质量】 “网络质量是企业的生命线”，梁平移动深知为服务民生，网络必须要先行，着力解决用户关注的热点、难点问题，加强网络运行、维护管理，保证网络通信质量。2020年，梁平移动积极响应和支撑梁平区应急通信保障，经过周密组织和安排，完成晒秋节、川渝明月山联席会、屏中百年校庆、安全实战接动演练、蝴蝶谷开园、雨雪冰冻应急演练等多个大型活动的应急通信保障任务。

在网络建设上下足功夫，全力争取资源，2020年新建4G基站130余个，4G基站规模1400余个。通过项目建设、优化、内部挖潜等手段，综合提升4G覆盖率，农村4G覆盖率提升10PP。积极探索和部署5G建设，在城区核心商务区政务区等建设5G站点，建设5G基站256个，城区5G覆盖率98%。在百里竹海、滑石寨、安胜龙印率先建设5G站点；并支撑智慧城市、智慧园区建设，打造高速基础信息网。2020年新增覆盖光纤到户端口2万余个，累计光纤端口数24.5万个，覆盖家庭约30万户，覆盖集团单位数近3200家，光纤接入端口率达到98.5%。

【支持社会保障】 2020年，梁平移动全面践行创无限通信事业，做信息社会栋梁的使命，通过落实推进5G网络等基础设施建设，运用人工智能、大数据、物联网等前沿技术，助力梁平产业升级，提升城市智能化水平，增强梁平人民获得感。为全区31家单位，630万人次，提供大数据服务，通过精准的用户画像、海量的行为习惯分析，准确的地点推送，为梁平旅游宣传、梁平柚推广、森林防火等工作做出了贡献。在城市智能化领域，为梁平区城管局提供了基于人工智能的视频分析平台，该平台重复利用区公安局背街小巷视频资源，对城市违章违规行为进行自动分析，自动告警，实现了23个城市管理场景智能化。在医疗健康领域，为梁平区卫健委提供了远程会议平台，该平台覆盖全区40多家卫生医疗机构。通过该平台，大大提升上传下达效率，提升医疗资源共享率。在做好信息项目建设的同时，梁平移动不断丰富、完善信息化产品，为全区政府单位、教育行业、医疗行业、各类企业提供红外测温门禁、智能售票系统、云空间、云主机等服务，大大提升了各单位信息化、智能化程度。

（中国移动梁平分公司　叶欣瑶）

联通通信

【概况】 中国联合网络通信有限公司梁平区分公司（以下简称“梁平联通”）是中国联合网络通信集团有限公司在重庆市的县级分公司，主要经营移动网络业务，固定通信业务，国内、国际通信设施服务业务，数据通信业务、网络接入业务和各类电信增值业务，与通信信息业务相关的系统集成业务等。

2020年，梁平联通有5G基站180个，实现梁平城区和工业园区全覆盖；4G基站595个，3G基站250个，2G基站238个，实现梁平317个行政村全覆盖。本地接入光缆2072.24千米，通信管道42.45管程千米。相比2019年，移网网络信号尤其是5G信号覆盖情况有较大幅度改善。数固业务主要覆盖梁平县城及仁贤、聚奎、屏锦、回龙、礼让、新盛6个乡镇，端口占用率30%左右。2020年，梁平联通在推进5G网络建设的同时，不断强化4G网络的深度覆盖，力求为梁平大众提供一张精品网络。

梁平联通一直致力于“我的百倍用心 换您十分满意”，按照中国联通集团公司“三个一切”经营管理理念，开展全员服务在行动活动。追求用户需求变化，了解用户需求，满足用户需求，围绕用户从入网到使用的过程，推进、强化接触点服务执行的规范化、标准化。加紧造就品牌软实力，提升服务质量，树立企业形象。一方面以5G建设为契机，充分结合梁平区域特点开展品牌宣传、产品营销，系统化优异地补换卡、异地销户等功能，提高业务办理便捷性；二是借助移网产品、智慧家庭市场产品，为广大用户提供从手机号卡到家庭宽带、视频监控等智能一体化服务，将优惠及便捷惠及千万家。

（中国联通梁平分公司　唐思）

金　融　业

人民银行梁平支行

【概况】 中国人民银行梁平支行（以下简称人行梁平支行）现有在册职工20人，聘用制职工5人，共25人。内设办公室、货币信贷与调查统计股、国库会计股、货币金银股、保卫股5个职能部门，同时设立中华人民共和国国家金库梁平区支库。人行梁平支行主要职责是传导执行货币政策，维护辖区金融稳定提供金融服务。

2020年，人行梁平支行以习近平新时代中国特色社会主义思想为指导，坚持党建引领，以对外履职为工作重点，以创建“让党中央放心、让人民群众满意的模范机关”为抓手，以打造先进行为中心，全面贯彻落实党的十九大精神、中央经济工作会议精神、党的十九届五中全会精神，积极应对新冠肺炎疫情，落实好金融支持企业复工复产、金融稳企业保就业各项决策部署，提高金融服务水平，维护辖区金融稳定，高效服务地方经济发展，进一步提升基层央行履职能力和水平。

【货币政策传导】

引导信贷规模合理增长　在新冠肺炎疫情全球肆虐的背景下，人行梁平支行将金融支持企业复工复产和稳企业保就业作为全年工作重点，全面梳理金融支持政策，形成《金融支持疫情防控政策解读》《一图读懂金融支持稳企业保就业政策工具》等宣传资料，带领银行业金融机构开展“百日大走访活动”，深入辖区40家重点企业和小微企业了解经营状况和金融需求，宣传解读金融支持政策，引导银行机构立足区情、结合企业需求精准提供金融服务，推动辖区信贷规模合理增长，促进地方经济持续健康发展。截至2020年12月末，全区各项存款余额474.96亿元，同比增加30.2亿元，增长6.79%；各项贷款余额257.23亿元，同比增加18.88亿元，增长7.9%。

全力支持企业复工复产　落实好延期还本付息和信用贷款两项货币政策支持工具，运用人民银行专项再贷款、再贷款专用额度、再贴现等金融支持政策全力支持企业复工复产。全年辖区14户抗疫保供企业中的12户提供人民银行专项再贷款20笔、金额1.157亿元，加权平均利率2.06%（企业经财政贴息后实际负担利率1.065%）；运用人民银行再贷款专用额度发放支小再贷款1013笔、金额5.52亿元，发放支农再贷款485笔、金额1.35亿元，加权平均利率4.73%；办理企业贷款延期续贷958笔、金额10.37亿元；办理企业贷款降息免息312笔、涉及金额10.5亿元。

落实稳企业保就业政策措施　加大对脱贫攻坚、春耕备耕、禽畜养殖等领域，外贸、制造业、旅游娱乐、住宿餐饮、交通运输等行业，以及受疫情影响较为严重的小微企业、民营企业等的支持力度，推动辖内各银行普惠小微贷款“量增、面扩、价降”，切实落实稳企业保就业各项政策。2020年12月末，梁平辖区普惠口径小微贷款余额30.38亿元，较去年同期增长26.93%。民营企业贷款余额24.23亿元，较上年同期增长18.72%。全年累计向小微企业发放贷款2066笔，金额32.87亿元，发放信用贷款252笔，金额1.76亿元。

推动融资成本适度下行　认真落实LPR（贷款市场报价利率）改革要求，维护辖区存贷款市场竞争秩序，提高政策传导效率，推动企业贷款利率下行，融资成本下降，为实体经济注入金融

"活水"，助推辖区经济高质量发展。截至2020年12月末，辖区银行业机构公司类贷款和个人类贷款加权平均利率分别为5.03%、5.3%，较上年同期分别下降0.59、0.42个百分点。

持续推进小额扶贫信贷工作　督促3家扶贫小额信贷承办银行（农行、农商行、重庆银行）切实提高政治站位，主动对接贫困户金融需求，在风险可控的前提下，做到应贷尽贷，并通过巡查整治扶贫领域腐败和作风问题，引导银行机构为脱贫攻坚全面胜利贡献金融力量。截至2020年12月末，全区累计发放扶贫小额信贷4999笔、金额1.06亿元，获贷率达到60%。

【金融业务创新】

建成民营小微企业首贷续贷中心　在区行政服务中心审批大厅设立梁平区民营小微企业首贷续贷中心，组织辖区8家银行业金融机构集中入驻办公，为全区民营小微企业和个体工商户提供首货续贷政策咨询、贷款产品介绍、货款受理等便捷化的金融服务。推动民营小微企业首贷续贷中心线上系统"渝融通"正式落地梁平，为企业和银行搭建1台"银企直通车"，企业可通过手机微信扫描"渝融通"二维码线上提交贷款订单，银行收到订单后将主动对接企业需求，审核放款。2020年7月3日，梁平区民营小微企业首贷续贷中心正式对外开展服务。全年线上线下已为201家企业提供服务，发放贷款21笔，金额4944.8万元。

持续推进农村集体资产股权抵押融资试点　督促辖区农村集体资产股权抵押融资试点工作的3家承办银行（农行、邮储银行、农商行）强化工作部署，按照时间节点持续推进试点工作，确保农村集体资产股权抵押融资试点工作取得实效。全区累计发放农村集体资产股权抵押贷款4笔，金额9万元。

进一步丰富融资手段　持续推进应收账款融资服务平台的应用，鼓励银行机构依托核心企业带动融资链信贷业务，创新推广知识价值和商业价值信用贷款，丰富企业融资手段，提高企业融资便利度。应收账款融资服务平台全年新注册用户13户，完成融资业务4.332亿元。全年年累计发放知识价值信用贷款54笔7458万元，商业价值信用贷款53笔2865万元。

建成"1+2+N普惠金融服务到村"基地2个　先后在合兴镇龙滩村、梁山街道八角社区建成集普惠金融综合服务示范站、金融消费权益保护与金融知识宣传站、党员活动室为一体的"1+2+N"普惠金融基地2个，既为基础金融服务提供了便利，也为助力脱贫攻坚和乡村振兴奠定了基础。

【金融管理与监督】

加强对辖区法人银行机构的监管　加强对辖区法人银行机构梁平澳新村镇银行的宏观审慎管理，注重对澳新村镇银行流动性的动态监测，强化对其的培训和督导，强化事前、事中监测和提示，指导其及时化解不良贷款，提升管理水平，消除风险隐患。做好存款准备金的管理，按照规定及时调整澳新村镇银行的存款准备金率，确保村镇银行能够按时足额缴存存款准备金。认真贯彻落实《存款保险条例》，加强对澳新村镇银行走访，做好对澳新村镇银行的央行评级，督促其按时缴存上划存款保险金。

强化货币政策落实情况的监督检查　2020年对辖内金融机构开展现场核查3次，督促银行业金融机构按照"应延尽延"原则，落实阶段性延期还本付息和信用贷款两项货币政策支持工具，同时按照规定用途用好用活人民银行再贷款、再贴现，提高再贷款、再贴现对民营企业、小微企业等实体经济的支持力度。

加强银行开户管理　通过日常抽查、定期巡检等方式，加强账户管理工作力度，重点对企业多头开户、乱开账户、出租、出借、出售账户进行了监测管理。督促银行机构切实履行客户身份识别义务，落实银行账户实名制。开展电信网络新型违法犯罪专项打击治理行动，为广大群众的财产保驾护航。

强化监管协作，防范洗钱风险　联合区民政

局、住建委对3家社团组织、2家房地产企业开展了反洗钱现场督导，对6家金融机构进行了反洗钱分类评级，对30家机构进行反洗钱考核评级，对1家金融机构进行反洗钱风险评估，对9家银行业金融机构进行银行结算账户管理考核评级，对5家银行业金融机构进行支付结算业务现场督导，共提出监管整改意见18条，较好地履行了监管职责。同时，向公安机关移送洗钱线索1例，就洗钱上游犯罪案件与区检察院开展案情会商1例，就洗钱线索与公安机关开展线索会商1例，有效遏制洗钱犯罪。

【金融服务】

持续推进信用梁平建设 以梁平诚信教育基地为依托，开展以“诚以修身、信以立德”为主题的诚信故事分享会，传播诚实守信理念。联合区发改委联合印发《梁平区信用户信用村信用镇（乡）评定办法》（梁平银发〔2020〕14号），引导广大群众积极营造良好社会信用环境。增设个人信用报告自助查询代理点1个，完善征信查询基础设施，形成人人关注征信的良好氛围。全年征信企业查询共计367次、个人查询共计26487次，处理个人异议申请8次、企业异议申请1次。

简化企业开户、退税业务办理流程 认真落实“放管服”要求，完成取消企业银行结算账户系统上线，充分运用互联网手段，提高开户效率。实现企业退税业务电子化，极大缩短企业退税办理时间。督促金融机构简化贷款、业务流程，有力提升企业获得金融服务的便利度，务实做到“让党中央放心、让人民群众满意”。全年核准开立人民币银行结算账户327户、撤销账户110户、变更账户信息306户。

改善农村支付环境 以农村居民存取款基础金融服务“不出村、低成本”为目标，推动银行卡助农取款服务，设立便民金融自助服务点，投放存取款一体机、取款机，广泛布放POS消费机具，重点营销村组的小超市、农资店、饭店、农村专业合作社等经营实体，安装POS机具，解决农村现金交易比例过大的问题，有效改善了农村支付服务环境。2020年12月末，全辖ATM数量284台，比上年同期下降1.39%；特约商户3472户，比上年同期增长46.13%；POS终端机3967台，比上年同期增长39.19%。银行卡笔数1296.39万笔，比上年同期增长65.07%。农村地区网上银行户数50.05万户，比上年同期增长8.85%；交易金额132亿元，比上年同期下降36.23%；电话银行户数11.87户，比上年同期增长10%；借记卡262.51万张，比上年同期下降0.25%；信用卡15.15万张，比上年同期增长18.54%。

持续推动移动支付便民示范工程 通过推进会、现场督导等方式，安排布置工作任务，督促商业银行提高移动支付用户数及场景建设，建成区医院、菜市场、乡村客运、惠农站等多个移动支付场景建设。全年云闪付用户新增2.73万户，比上年同期增长1.11%。移动支付户数69.67万户，比上年同期增长19.48%；交易金额435.53亿元，比上年同期增长93.23%。

深化金融知识宣传 建成金融知识与金融法律宣传站33个，国债宣传服务站35个，基本实现辖区乡镇全覆盖。全年以“3·15”金融消费者权益保护日、“6·14”信用记录关爱日、“12·4”宪法日等重要时间节点为依托，开展金融知识进学校、进企业、进商场、进乡村，先后到职教中心、亿联商贸城、名豪广场、市级贫困村老林村、长塘村开展金融知识集中宣传20余次，切实提升群众金融知识素养。

履行国库职能，确保资金安全 牢固树立精细化管理理念，认真办理国库核算业务，强化柜面监督，确保国库资金安全。全年共办理预算收入业务36.82万笔，金额72.71亿元；拨款2.83万笔，金额112.39亿元；退库4922笔，金额9102.28万元；更正228笔，金额23317.7万元。柜面监督退回不合规凭证29笔，金额94.9万元。

保障市场人民币供应，构筑现金流通安全线 切实加强发行基金调拨管理，保障辖区现金合理安全供应。督促商业银行做好流通中现金的消毒，让社会公众用上“干净钱”“卫生钱”。持

续开展拒收人民币现金整治工作，加大假币打击收缴力度。全年共投放现金12.67亿元，回笼现金18.27亿元，净回笼5.60亿元；共收缴假币11.92万元，其中金融系统收缴7.24万元，公安机关收缴4.68万元，警银收缴比例64.72%。

【维护金融稳定】

区域金融风险监测防范 重点关注区域内经济金融运行中的苗头性、倾向性潜在风险隐患，以及“影子银行”、实体经济、房地产市场及地方政府融资平台等重点领域风险状况，及时了解辖区银行、保险、证券、担保等金融机构的运营状况，做到风险隐患早发现、早处置，坚守不发生区域性、不引发系统性金融风险的底线。加强对区内2家融资性担保公司，3家小微贷款公司的日常性监测，强化事前防范，确保不发生影响金融稳定的事件。

金融稳定协作机制 加强与政府相关部门的联系合作，履行好与区公安局签订的打击非法集资合作协议，守好人民群众的“钱袋子”。发挥区政府牵头，金融办、财政局、人民银行、商业银行等部门共同参与的金融稳定协作机制的作用，形成维护辖区金融稳定工作合力。

提高突发事件处置能力 落实金融机构重大事项报告制度，督促各金融机构及时向人民银行报告重大事项，对辖内金融机构的基本情况做到情况清、底数明。强化突发事件应急演练，全年督促各金融机构开展突发事件应急演练18次，提升金融机构的突发事件处置能力。

（人行梁平支行 文小玲）

银行保险业监督管理

【概况】 中国银行保险监督管理委员会万州监管分局梁平监管组于2019年6月3日挂牌成立，是万州银保监分局的派出机构，负责在万州银保监分局的授权范围内对梁平辖内银行保险业的监督管理，重点是依据相关金融法律法规对银行保险业金融机构实施现场和非现场监管，保护辖内金融消费者合法权益。

2020年12月末，梁平区辖内银行业金融机构9家，其中法人机构1家（梁平澳新村镇银行），分支机构8家，共有营业网点110个，从业人员1030人。保险机构20家，其中财险公司11家，寿险公司9家，共有营业网点35个，从业人员2009人。2020年12月末，辖内银行业金融机构各项存款余额为4717717万元，比年初增加299388万元，增幅6.78%；各项贷款余额2571295万元，比年初增加187994万元，增幅7.89%。不良贷款占比0.55%，比年初增加0.15个百分点。2020年12月末，辖内保险业机构实现保费收入92481万元，同比下降4.09%，赔款和给付支出29049万元，同比增长3.62%。银行保险业运行平稳，金融风险总体可控。

【金融服务】 督导银行保险机构落实金融支持复工复产政策。2020年，面对突发的新冠疫情辖内银行业金融机构累计办理贷款延期续贷958笔，金额10.37亿元，办理降息免息312笔，涉及金额10.5亿元，发放信用贷款252笔，金额1.76亿元，发放专项再贷款20笔，金额1.18亿元，发放支小再贷款1013笔，金额5.52亿元，发放支农再贷款485笔，金额1.35亿元。辖内银行业金融机构公司类贷款和个人类贷款平均利率分别为5.03%、5.3%，同比分别下降0.59、0.42个百分点。保险公司在做好自身防疫工作的同时，积极履行社会责任。一是免费提供保险保障，二是扩展保险责任，三是创新保险产品。

引导金融机构回归本源，支持实体经济发展。2020年，辖内银行业金融机构累计向小微企业发放贷款2066笔，金额32.87亿元，向辖内重点民营企业授信13.45亿元，已发放贷款10.54亿元。同时，对辖内重点项目进行支持。

强化金融消费者权益保护。督促辖区银行保险业金融机构认真开展消费者权益保护工作，积极组织推动“金融知识普及宣传月”活动，并对银行保险宣传情况进行督查。及时处理人民群众来访工作，切实保护金融消费者合法权益。

【风险防范】 2020年末，辖内银行业金融机构不良贷款余额14084万元，占比0.55%，占比分别低于重庆和全国0.93、1.39个百分点，辖内金融风险总体可控。加强重点领域监测分析。坚持“房住不炒”定位和“稳地价、稳房价、稳预期”目标，密切关注“三道红线”全面推开、房地产贷款集中度管理政策出台对市场的影响，严防信贷资金通过供应链金融、消费贷等形式违规流入房地产市场。加强地方政府债务率分析，防范地方政府债务违约风险。督促机构做实资产质量提足拨备。督促机构坚持五级分类核心定义，按照实质重于形式的原则真实反映资产质量，指导机构采用多种渠道多种方式加大不良贷款处置力度，银行业金融机构全年共处置不良贷款9046万元。同时引导机构加大拨备计提。联合区公安局对辖内银行业金融机构安全保卫工作进行抽查，防范治安刑事案件风险。四是指导中行梁平支行启动应急预案，妥善处置“原油宝”事件，督促中行梁平支行做好“原油宝”事件后续“和解协议”签订及相关舆情维稳工作。五是主持召开太保财险梁平支公司现场托管天安财险梁平支公司进离场会议，密切关注天安财险梁平支公司业务经营状况，防范可能出现的声誉风险。

（银保梁平监督组　解昌光）

农业发展银行梁平支行

【概况】 中国农业发展银行重庆市梁平支行成立于1997年1月，隶属重庆市分行领导，以国家信用为基础，以市场为依托，筹集支农资金，支持“三农”事业发展，发挥国家战略支撑作用。2020年末，正式员工21人，内设办公室、信贷业务部、会计结算部3个部门。2020年，农发行梁平支行坚持以习近平新时代中国特色社会主义思想为指导，深入贯彻落实市分行党委各项部署，紧紧围绕梁平区委区府的安排部署，充分发挥和运用政策性金融优势，坚持“稳中求进”总基调，助力梁平区经济社会高质量发展。

【业务经营】

贷款业务　截至2020年末，全年投放贷款3.57亿元，贷款余额43.14亿元。资产质量持续优良，无逾期贷款、无欠息、无不良贷款。投放中国农发重点建设基金25笔，涉及金额10.26亿元。

存款业务　截至2020年末，存款余额3.48亿元。

中间业务　办理国际业务结算17笔，结算量452.63万美元。

【综合管理】

党建统领　认真落实全面从严治党主体责任。印发党支部工作意见和落实全面从严治党主体责任2020年度任务安排表，把从严治党的责任落实到岗位上、体现在各方面各环节，推动全面从严治党走向“严紧硬”。严格落实意识形态工作责任制，尽职尽责把意识形态工作落到实处。加强政治理论学习。印发支委和党支部学习计划，整理编印《党内基本理论知识汇编》和《党内条例制度汇编》，充分利用学习强国、智慧党建等载体，组织党员集中学习32次、员工集中学习48次、党小组学习47次、支委会首议题学习29次、支委专题学习研讨13次。推进支部标准化规范化建设。印发建设工作清单，严格落实“三会一课”制度，组织召开党员大会12次，支委（扩大）会61次，行领导讲授党课4次，积极申报达标党支部。扎实开展“全面从严治党夯实年”活动。成立“党员（先进）突击队”和“党员（先进）服务队”，设立共产党员示范岗11个，认真学习宣传党的十九届五中全会精神，与中国银行梁平支行开展党建共建，到烈士陵园缅怀革命先烈，开展党建工作座谈会。开展对口帮扶、廉洁教育等主题党日活动12次。坚持以党建带工团。把团的建设作为党建工作的重要内容，开展“忆行史、悟初心、担使命”主题系列青年活动，组织参加义务献血，开展读书交流会、户外运动和厨艺展示等，支行团支部获得市分行“五四红旗团组织”称号。

队伍建设　重视员工教育培训。开展制度讲堂并集中测试12次，积极参加上级行培训98次共计754人次，鼓励参加会计、银行、保险继续教育23人次，参加市分行“老信贷员讲信贷”讲座8期，不断提升专业知识和技能。加强培养锻炼。编制员工培养计划，向上级行推荐交流锻炼人员4人次，参加重庆市银行业2020年消费者权益保护知识培训竞赛，2人分别获得优胜奖和优秀奖；1名员工被评为“2020年度重庆市银行业文明规范服务优秀个人”。加强党员队伍建设。按月收缴党员党费，按季对党员进行积分考核，严格落实党员发展要求，培养1名党员转正，新吸收预备党员2名、入党积极分子2名。抓实理想信念教育。开展“四爱”教育，组织观看爱国主义影片《八佰》，以“学先进、当先进”为主题，通过“微党课”形式，讲述支行优秀党员的“范式风范”，通报违规违纪案例33件，拧紧思想“总开关”，知敬畏、守纪律。加强民主管理。把疫情防控工作摆在重要位置，落实落细防控措施，坚持疫情防控常态化。开展员工谈心谈话超70余人次，召开青年员工座谈会2次，注重培养民主意识，坚持民主集中制和“三重一大”制度，召开第21次职工暨会员大会，大会满意率100%。

内部管理　抓好内控合规管理。扎实开展“内部基础管理提升年”活动，开展员工异常行为排查，严格执纪问责。按月检查岗位履职情况，将考核结果与员工月度、季度岗位绩效考核挂钩，并与年度考核、评先评优挂钩。推进信贷全流程标准化管理。强化贷投后管理，严格落实贷投后管理例会制度和基金经理责任，提高办贷管贷质效。推进数据治理专项行动，切实加强地方储备粮轮换资金监管。实施财会及运营全流程标准化操作。严申财经纪律，规范业务操作细节，严格做到利息收支合规、应收尽收，收息率达100%。全面落实反洗钱管理规定，积极推广网银业务，电子业务替代率达到98.79%，居全市系统内第二。无重大差错事故和结算事故发生。抓好案件防控管理。印发案件防控工作要点，认真开展案件风险排查，定期每季开展案防形势分析，组织签订安全保卫责任书24份、案件防控责任书24份，组织安全教育和消防培训演练，无案件事故发生。加强企业文化宣传。更新办公楼企业文化宣传内容，新增宣传灯箱4幅，更新宣传展板6块、灯箱18幅。报送每日动态227期，编发简报13期，市级及以上媒体刊发稿件12篇、区县级媒体刊发10篇，1人获市分行优秀通讯员称号。

党风廉政　坚持将党风廉政建设纳入全行工作总体布局，组织签订党风廉政建设责任书3份、银企共建协议书9份，签订率达100%。召开银企廉政共建座谈会，纪检委员回访贷款企业11次，认真履行主体责任和监督责任。创建廉洁特色党支部。按照“七特”标准，认真开展“一创四讲”廉政教育，整理廉政文稿，征集廉政故事，搭建家属助廉通道，将支行“清正廉洁，无私奉献”廉政文化理念融入制作廉洁文化墙，设置廉政文化楼道，建设风清气正、高效务实的廉洁文化行。严格执行中央八项规定，驰而不息纠治“四风”，严防各类“节日腐败”，深入推进扶贫领域腐败和作风问题专项治理，坚决反对和整治形式主义、官僚主义，全行员工无公款吃喝、超标准接待、公车私用、利用婚丧喜庆借机敛财等问题。　（农发行梁平支行　李蓉）

工商银行梁平支行

【概况】　工商银行梁平支行成立于1985年，现有员工73人，营业网点5个、24小时自助银行4个，自助设备19台。开办存贷业务，公司机构及个人开户、结算、汇划业务，代理保险、基金、理财产品业务和电子银行、手机银行业务及互联网金融E-ICBC等多样化金融服务。业务全面、结算快捷、技术先进、信誉良好。2020年8月，为紧跟城市发展步伐，方便客户业务办理，拓展业务发展空间，梁平支行整体搬迁至重庆市梁平区双桂街道钟文路6号附18-21号营业。

2020年工商银行梁平支行坚持以党的政治建

设为统领，深入学习贯彻习近平新时代中国特色社会主义思想、十九届五中全会以及十九届中央纪委四次全会精神，贯彻落实总行“48字”工作思路，遵循“三比三看三提高”工作方法，增强“四个意识”，坚定“四个自信”，做到“两个维护”。始终坚持依法合规经营，各项业务稳健发展，有力地支持了区域经济的发展。

【主要经营情况】

存款　截至12月31日，支行存款总额359334万元，较年初增加54406万元。其中，储蓄存款250307万元，较年初增加33631万元；对公存款108886万元，较年初增加20734万元，创历史新高。

贷款　截至12月31日，贷款总额228174万元，较年初增加18540万元。

中间业务　全年中间业务收入1668万元，实现税收612万元。

利润　实现拨备前利润8182万元，较同期增加77万元，净利润2705万元。

【内部管理】

支持企业复工复产　根据政府、上级党委和监管部门陆续出台的各项政策和规定，主动加强与企业联系，落实“六稳”“六保”工作要求。疫情以来，支行大力推进普惠金融业务，主动降低融资利率，积极推进“e抵快贷”、经营快贷、发票贷、科信贷、银政通和农但贷等系列拳头产品，持续提高信用贷款占比。同时在中小微企业办贷过程中全部承担所产生的所有费用，包括资产评估、抵押登记、公证、财产保险等费用，切实降低中小微企业申贷成本。截至年末，人行口径普惠贷款余额12760万元，较年初新增4718万元，居万州分行县行前列。

强化党支部建设　通过组织中心组集中学习研讨、专题党课、参观教育、“党员先锋岗评比”等学习教育形式，促进全行党员干部在思想、政治、作风、能力、廉政上得到提升，凝聚力、向心力、战斗力得到进一步加强。为确保主体责任落实落地。支行党总支、各支部认真按照《万州分行基层党建工作考核办法》《党建工作主体责任清单》等坚持将党风廉政工作与业务工作同部署、同推进、同落实、同考核，有力推进了党建工作落地落实，为业务持续发展奠定了坚实的政治环境。

加强队伍建设　围绕政治素养、业务技能、管理能力，注重干部梯队均衡延续，着力选拔培养优秀年轻干部。2020年通过公开选拔梁平支行后备干部，储备30岁以下后备干部5名，推荐提拔3名年青员工走上管理岗位，为干部队伍注入活力。坚持为改革发展服务、为员工成长成才服务、为业务经营发展服务理念，努力培养与业务快速发展相适应的员工队伍。除日常各专业自主培训外，主要依托工银大学及其移动学习平台专区，组织员工参加网络培训，员工参培率达100%，有效地满足了基层员工碎片化和便利化的学习需求，全面提高员工综合素质。

提升风险管控水平　继续落实“两个从严”要求，按照总行制度要求和分行统一部署，扎实开展内控合规“制度治理年”主题活动和内控合规“2020市场乱象整治回头看”工作，以案为鉴、以案代训、以案促改，引导全行员工知敬畏、存戒慎、守底线，坚决杜绝风险事件和案件发生。坚持按期召开案防分析会，督导推动各营业网点、各部门遵循和落实内外各项管理政策和制度规定，密切关注信贷、智慧运营、大零售、贵金属、对公账户等领域和新业务、新产品的合规管理，有效落实案防风险管理要求，做实各类

2020年8月14日，工行梁平支行营业部盛大开业

2020年9月9日，工行梁平支行组织青年员工深入街道、社区、商圈，开展反假人民币宣传活动

检查发现问题的整改，确保员工廉洁从业，经营依法合规。

培育企业文化　支行坚持量力而行、尽力而为原则，结合支行实际，认真落实总行党委为基层员工办好“十件实事”精神和要求。将企业文化课程纳入新员工培训必修课，引导青年员工深入了解工商银行的核心价值观和文化理念。重庆分行增加员工重大疾病医疗保障范围，将全行在岗和退休员工全部纳入重大疾病保险范围，实实在在提高了员工的医疗保障，保证所有员工身患重疾都能够得到及时、持续性地救治。在按照薪酬资源向基层、向一线倾斜要求，做好重点业务条线员工、绩优员工的正向、重点激励的同时，做好员工日常关心和帮扶工作，切实把各级党委的要求与员工的实际需求结合起来，真正普惠员工，提升员工的满意度和幸福感。

（工商银行梁平支行　谭永春）

农业银行梁平支行

【概况】　2020年，中国农业银行梁平支行内设部门6个，辖营业机构15个，在职员工220人。农行梁平支行坚持以习近平新时代中国特色社会主义思想为指导，坚定不移扛起金融服务“国家队”和“主力军”职责，坚决贯彻落实区委、区政府及上级行部署，在抓好疫情防控的同时，紧跟梁平区经济社会战略重点，积极主动作为，以更大力度、更高效率、更优服务为梁平区经济社会发展持续贡献金融力量。

【业务发展】　树牢“存款立行”理念，把存款作为“一把手”工程抓牢抓实，稳固人民币日均存款份额提升优势。2020年末，各项人民币存款余额112.5亿元，较上年增加8.1亿元。树牢“贷款兴行”理念，坚持优先发展资产业务，聚焦旅游、公路、水利、制造业等重大领域重点项目做大贷款投放。各项人民币贷款余额57.7亿元，比上年增加5.1亿元。坚持“效益强行”发展理念，挖潜增效，不断优化价值提升。实现中间业务收入4160万元，市场份额占比61.84%，较上年提升5.85个百分点。坚持把客户作为立行之本，不断夯实客户基础，确保量质双升。全年新开立对公结算账户394户、集体经济组织账户30户，在重点客户及账户营销上取得突破。加强个人客户常态化外拓营销，个人“两户”建设成效显著。年末，全行个人有效客户净增1万余户。

【服务“三农”】　坚持业务发展与社会责任两手抓两不误的发展理念，“三农”服务不断深入。2020年，实现全区33个乡镇、312个行政村惠农服务点全覆盖，真正实现村村通，并在竹山镇猎神村建立“1+2+N”普惠金融到村基地。加大扶贫贷款投放。扶贫贷款余额4.46亿元，较年初增加1.44亿元，其中扶贫小额贷款余额5058万元。打开“三农”服务新局面，以农户信息建档工作为切入点，以农户贷款线上为驱动器，农户信息建档上线并实现新增建档8688户，惠农e贷款余额2.24亿元。

【综合管理】

党建和企业文化建设　坚持把党的政治建设摆在首位，持续深入学习党的十九大和十九届五中全会精神等，巩固“不忘初心、牢记使命”主题教育成果，推动“两学一做”学习教育常态化制度化，不断增强“四个意识”、坚定“四个自信”、做到“两个维护”。班子成员带头履行“一岗双责”，自觉落实双重组织生活制度，深入“两个责任”联系点调研指导，既管好业务，又抓好党建党廉，确保“两个从严”主体责任落到实处。持续推进“两项管理”，推进党支部规范化标准化建设，组建党员突击队、青年突击队等，充分发挥“两个作用”，促进党建与业务深入融合。发挥巡察利剑作用，对辖内机构开展巡察。认真落实中央八项规定精神，持续深入开展“四风”及隐形变异问题整治，扎实推进清廉金融文化建设，进一步营造风清气正的政治生态。

家园文化建设思路不断拓宽。年初，疫情期间通过错峰上班、错峰就餐、为全行员工购买防疫物资等措施，全面保障全行员工的生命健康安全。通过全员家访、“五小建设”、系列座谈会、员工集体生日会等方式，了解员工所思所想所盼，收集支行改革发展意见，员工凝聚力、归属感、主人翁意识得到显著提升。慰问帮扶困难员工17人，发放慰问金7.4万元，进一步做实人文关怀，传递组织关爱。

班子和队伍建设　2020年8月，按照《梁平支行内设机构优化实施方案》要求，纪委办公室与综合管理部合署办公。突出用人导向，组织中层干部正职、营业网点副职、内训师及客户经理等后备库竞聘上岗，进一步优化干部队伍结构。全行7名中层干部副职转为正职，新提拔副职6名，6名青年员工转岗为客户经理。开设“成长课堂”培训班，不断提升全员综合能力，凝聚转型发展合力。

运营财会管理　在未增加费用、人员的情况下，对乡镇8个网点17台设备实现集中加钞，进一步充实网点营销力量。全年运营质量考核排市21家“三农”行第二，辖内的虎城、云龙等5个网点运营基础管理被评为“三铁”单位。

内控案防管理　坚持发展与控险并重，不断强化“控险是第一责任”的理念，驰而不息抓实风控案防。加大不良贷款清收和处置力度，抓好风险化解。年末，全行不良贷款余额1352万元，较年初减少2856万元，不良贷款率0.23%。利用“三线一网格”、全息画像等内部管理平台，加强员工行为管理，做好员工行为排查，净化支行政治生态。不断夯实安全基础，抓实安全生产“三化三达标”各项重点工作，全年无各类案件事故发生，被评为总行级安全保卫“三化三达标”先进单位。

综合保障　对屏锦、七桥营业支行进行迁址装修，屏锦支行于10月30日举行迁址开业庆典。

（中国农业银行梁平支行）

中国银行梁平支行

【概况】　中国银行股份有限公司重庆梁平支行辖营业机构3个（营业部、北正街经营性支行、广场经营性支行），内设部门3个（综合管理部、风险内控部、业务发展部）。在职员工60人，男员工28人，女员工32人，具有大专以上文化程度56人。2020年，梁平支行以习近平新时代中国特色社会主义思想为指导，全面贯彻落实党的十九大，十九届二中、三中、四中、五中全会和总分行工作会议精神，努力践行总分行发展战略，全面深化从严治党，坚持价值创造和高质量发展理念，牢固树立“四个意识”、坚定“四个自信”、坚决做到“两个维护”，坚守风险底线，坚持合规经营，按照市分行党委“四三二”总体工作方针扎实推进各项工作。

【存款业务】　截至2020年12月31日，人民币一般性存款时点余额186033万元，比年初新增1725万元。日均余额179930万元，日均较年初下降20651万元，比上年同期下降20651万元。人民币个人存款日均余额130556万元，年新增7926万元，较上年同期增长7926万元。人民币公司存款日均余额49375万元，日均较年初下降28577万元，比上年同期减少28577万元；人民币公司存款时点余额50535万元，较年初下降11172万元。

【资产业务】　截至2020年12月31日，人民币贷款全口径余额104433万元，较年初新增20821

万元，其中人民币对公授信全口径资产余额37622万元，较上年末新增15538万元，均为表内授信，公司贷款余额16330.89万元，余额较年初增加6338.49万元；票据贴现余额为3893.35万元，较年初增加3758.10万元；贸易融资余额17399万元人民币，比年初新增5442万元；人民币个人贷款余额66811万元（含信用卡分期及透支），较年初新增5283万元。

【中间业务】 截至2020年12月31日，支行实现非利息收入余额899.27万元，比上年同期974.55万元减少75.28万元，同比减幅7.72%。

（中国银行梁平支行 李天宝）

重庆农村商业银行梁平支行

【概况】 重庆农商行梁平支行牢记社会责任，坚持服务三农、服务中小微企业、服务实体经济的市场定位不动摇，努力为区域经济发展贡献力量。截至2020年末（下同），支行下辖营业网点46个、便民服务点18个、个人贷款中心2个、小企业贷款中心1个和自助银行1个，在岗员工372名，是全区资产规模最大、机构人员最多、服务地域最广的金融机构。

截至2020年末，各项存款余额179.84亿元，较年初净增8.91亿元。其中，储蓄存款余额164.47亿元，对公存款余额15.37亿元。各项贷款余额64.23亿元，较年初增加41.63亿元。其中，公司类贷款余额24.38亿元、个人类贷款余额39.85亿元。中间业务创收4831.77万元，较上年增加1969.77万元。 （农商行梁平支行）

中国邮政储蓄银行梁平支行

【概况】 中国邮政储蓄银行股份有限公司重庆梁平区支行（以下简称“邮储银行”）成立于2008年1月，位于双桂街道桂西路7号戴斯国际B2栋写字楼9层，现有在册员工70人，内设综合管理部、风险合规部、零售金融部、公司金融部4个部门，下辖支行营业部、东正街支行、三峡风支行和柏家镇支行4个银行自营网点及石马山、大河坝等31个邮政金融代理网点，自助设备92台。自成立以来，邮储银行始终坚持“普之城乡，惠之于民”的经营理念，坚持“服务三农、服务城乡居民、服务中小企业”的零售银行市场定位，在提供普惠金融服务、发展绿色金融、支持精准扶贫等方面，积极履行社会责任。2020年，邮储银行快速响应疫情及后疫情时代形势变化，加速推动零售转型发展，零售特色优势更加凸显。

【存款业务】 截至2020年12月31日，个人储蓄余额703141.94万元，较年初新增81504.06万元，公司存款余额25206.91万元。

【贷款业务】 截至2020年12月31日，累计发放贷款2483笔，金额80127.25万元，结存6485笔，余额153578.9万元，较年初净增16832.02万元，增幅11.72%。资产质量优良，不良贷款为1133.94万元，不良率0.74%。

【中间业务】 截至2020年12月31日，累计代收37.04万笔，金额38678.45万元，累计代付103.63万笔，金额119604.91万元。全年完成大理财45379.6万元，销售国债1620.6万元，新增电子银行231315户，新增激活信用卡1479张。

（邮储银行梁平支行）

重庆银行梁平支行

【概况】 2020年末，重庆银行梁平支行人民币一般存款余额242899万元，较年初增长17609万元。其中，储蓄存款余额达170374万元，公营存款余额为72525万元；2020年末，各项贷款余额104626万元，较年初增长13311万元。其中，公司贷款78276万元，个人贷款余额26350万元。

【支持疫情防控和复工复产】 2020年，梁平支行面对疫情危机勇于担当尽责，全面贯彻执行各项金融支持政策，全力落实减费让利、纾困解难、应延尽延等措施，发放专项再贷款5800万元，发放支小再贷款8768万元，支持企业复工复产，被人行梁平支行表彰为金融支持疫情防控和企业复工复产先进集体。

【围绕效益抓业务】 2020年，梁平支行围绕梁平区经济发展的重点和热点，持续加强与地方政府、平台公司的合作，抓住业务发展重点，充分调动各方主动性，通过购买债权融资计划3亿元、购买非公开发行公司债券（保障性住房）4亿元，发放房开贷1.5亿元等方式，持续加强对梁平区新型城镇化建设项目、旅游开发项目等的投入，为支持梁平地方经济发展，建设“山水田园 美丽梁平”做出了应有的贡献。同时支行全员面对异常严峻的形势，迎难而上，围绕高质量发展主旋律，努力开拓市场，狠抓风险管控，经营效益保持稳定增长。

认真落实总行金融扶贫工作部署，贯彻落实“六稳六保”，强化支农惠农金融服务，持续完善农保贷、助农贷、支困贷等农业普惠金融信贷产品，全年共发放扶贫小额信用贷款251笔，发放金额625.87万元，同时积极参与消费扶贫行动，为助力打赢脱贫攻坚战做出了重行贡献。

为实现负债业务与资产业务齐头并进，2020年梁平支行坚定“存款立行”理念，把握“稳中求进”主基调，以储蓄存款基础，以客户培育为重点，以队伍建设为保障，有效增强客户服务能力、产品营销能力和基础管理能力，努力提高个人存款市场占比和，完成年度“大目标”和各阶段短期性“小目标”，实现负债业务的稳健增长。

【狠抓风控提质效】 支行以控风险、降不良、稳增长为主导思想，强化制度流程和风险管控目标考核，确保完成“两增两控”目标。支行持续加大不良贷款清收力度，一户一策制定化解清收方案、专人落实跟进，充分利用总行授信风险化解手段，积极主动清收降解不良，支行资产质量得到显著提高。

【强化案防出效益】 持续抓好常态化疫情防控，持续推进案件防范、安全维稳、舆情管控各项工作。全面开展案件风险排查，抓实安全管理闭环，突出日常巡查，加强值班值守，强化应急响应，做好重大事项报告，有专班、有机制、有预案、有举措、有落实，在极具不确定性的2020年，守住了安全发展底线。

【加强党建促发展】 2020年，梁平支行在总行党委正确领导下，深入学习贯彻习近平新时代中国特色社会主义思想，认真履行“一岗双责”要求，持续抓好意识形态教育，组织支行党员干部开展“以案四改”、清廉金融文化建设、支部主题党日等党的活动，着力增加党员干部的党性意识和组织意识，提高党组织的凝聚力战斗力，推进党建与经营有机融合，支行党支部和共产党员在急难险重的经营管理实践中，勇挑重担、锤炼党性，体现了战斗力，展现了先进性，保证各项业务的稳健发展和对外形象的持续提升。

（重庆银行梁平支行　袁宁）

重庆三峡银行梁平支行

【概况】 重庆三峡银行梁平支行成立于2008年12月25日，自成立以来，支行坚守“中小企业银行、零售银行、理财银行、库区银行”四大战略定位，坚守本源，全力服务地方发展，聚焦服务实体经济，有效防范各类风险，在高质量发展道路上稳中求进，实现了规模、效益和质量的稳步提升。

2020年，支行在职职工有26人，下设二级支行梁山支行，内设营业部、普惠金融部、个人金融部、公司业务部、综合部5个职能部门。本行在广大客户及社会各界的大力支持下，深学笃用习近平新时代中国特色社会主义思想，坚决贯彻落实区委区政府的决策部署和监管机构工作要求，面对突如其来的疫情，支行上下凝心聚力，同心共向，战疫情、促转型、谋发展，经营发展取得新成效。

【存款业务】 支行秉持客户至上，全面提升服务质效，践行“一切为你着想”服务理念。坚持以提升客户满意度、培养客户忠诚度为导向，优化资源配置，丰富金融产品，拓展服务场景，提高服务效率，以规范化、智能化、个性化、综合化的金融服务满足客户多元化金融需求。截至2020年12月31日，各项存款余额24.4亿元，比上年同期增长2.3亿元，增长率为10.4%，其中公司存款余额9.9亿元，储蓄存款余额14.5亿元。

【贷款业务】 始终坚守本源，全力服务地方发展。持续拓展服务地方发展的广度和深度。坚定不移支持实体经济，大力发展普惠金融，重点加大对民营、小微企业支持力度，切实做好疫情纾困，认真贯彻落实党中央支持复工复产、六稳六保政策。发放支小再贷款48笔，金额0.6亿元。认真落实应延尽延政策，支持稳企业保就业，为小微企业疏困延期10笔，金额0.1亿元。截至2020年末，银行贷款余额17.8亿元，比去年同期增长1.2亿元。

【经营业绩】 坚持质量优先，把有效防控风险放在首位，坚持行稳致远，各项业务安全平稳运行。截至2020年末，实现利润0.9亿元，计划完成率106 %，不良贷款零余额，经受住了经济周期的考验。同时，坚定不移推进大零售转型，零售业务占比持续提升，业务结构更加合理；数字金融业务转型经营初见成效，各项指标全面达到审慎监管要求。全年实现零案件目标。

（三峡银行梁平支行　刘逗）

重庆梁平澳新村镇银行

【概况】 重庆梁平澳新村镇银行是重庆市政府、梁平区政府2009年共同招商引资、由位居世界500强的国际性银行“澳新银行”在中国独资发起设立的农村金融机构。澳新村镇银行经中国银保监会、中国人民银行批准成立，于2009年9月正式开业，注册资金人民币3000万元，是梁平区唯一的法人银行。

澳新村镇银行金融业务仅服务于梁平区当地，目前无分支机构，为客户服务主要提供面对面的柜台方式。根据发展环境和客户目标，该行为梁平区内的居民消费、个体工商户和小微企业及企业主的经营提供“小本贷款银行”“免费银行”的金融服务；为周边社区中老年客户存取款和各类客户支付结算提供“不排队银行”“免费银行”的服务。

2020年，上半年受新冠肺炎疫情影响，下半年自身结构调整，梁平澳新村镇银行在存款、贷款业务上的经营策略以稳定为主，因此呈现存款稳中下降、贷款收放持平的特点。

【存款业务】 梁平澳新村镇银行正确评判面临形势，在存款管理上，适时压降中长期存款以减少成本支出；在利率市场化、同行竞争加剧、职能部门管控企业销户的情况下，实现了存款平稳下降无异常的目标。2020年末，各项存款余额5970万元，降幅30.42%。

【贷款业务】 2020年，在银行结构调整和缩表措施情况下，仍积极行动，抗击疫情，助力“六稳”“六保”。一是减费，贷款抵押物评估费、保险费、抵押登记费等全部由银行承担；二是让利，对小微企业客户在LPR利率基础上降息50个基点，实行让利优惠；三是支持复工复产，发放支小专项再贷款，对小微企业客户贷款做到应延尽延，上门走访对接小微企业客户，对符合条件客户发放贷款。2020年末，在贷款发放与收回金额大致持平情况下，贷款余额较年初略有增长。

从2009年9月开业到2020年12月，累计发放贷款7亿多元，支持客户543户。

（梁平澳新村镇银行　黄晓渝）

中国人寿梁平区支公司

【概况】 中国人寿梁平区支公司于1983年在梁平开展业务，1996年6月产寿险分业为中保人寿梁平县支公司，1999年更名为中国人寿梁平县支公司，2003年6月30日股改后变更为中国人寿保险股份有限公司梁平县支公司，2017年5月更名为中国人寿保险股份有限公司重庆市梁平区支公司。2020年，公司改革后下设综合管理部、营销发展部、收展营销部、银行保险部、团体业务部、客户服务中心、教育培训部，经营人寿保险、健康保险、意外伤害保险等人身保险业务。代理包括车辆保险在内的中国人寿财产保险股份有限公司的部分业务。经中国银行保险监督管理委员会批准的其他业务。截至2020年12月31日，支公司有员工29人，派遣员工5人。架构个人代理人510人，全区主要乡镇设有11个农村营销服务网点，统筹城乡发展，为城乡提供就业机会，大大解决乡镇就业压力。

【经营业绩】 2020年，中国人寿重庆市梁平区支公司在区委区府以及金融办等职能部门的关心和支持下，在市分公司的决策指导下，认真贯彻“让同业认可、让客户认同”的精神。以党建为统领，紧紧围绕“重振国寿”战略部署和“双心双聚”战略内核要求，夯实基础，提升品质，进一步转变观念、改革创新，强化核心竞争力，开展多元化经营。通过全体员工不懈努力、奋力拼搏，各项业务均得到持续健康发展，持续保持巩固市场份额的主导地位，实现了业务队伍双领先的发展局面。

支公司不断改革创新，强化管理，努力使中国人寿成为完善区域地方金融体系的支柱力量、改善民生保障的有力支撑、促进经济提质增效升级的高效引擎和转变政府职能的重要抓手。为拓展“三农”保险广度和深度，自2014年以后，支公司响应国家号召，积极履行社会责任，率先在全区范围内推出农村小额人身保险、“孝老安康”老年人小额人身保险、扶贫保险等普惠保险产品，为全区上万户低收入人群、建卡贫困户和50岁以上老年群体提供了保险保障。

截至2020年12月31日，完成总保费24336.83万元，同比增长6.12%。其中，新单保费（含短险）8243.27万元，同比增长10.01%，长险首年期交保费6655.10万元，同比增长10.82%，短期险保费（含一年寿险）1588.16万元，同比增长6.72%，续期保费16014.03万元，同比增长2.65%。给付或赔款总支出5259万元，为千万家庭提供了强有力的保险保障，维护了社会稳定。为地方创利创税168.9万元。

（中国人寿梁平支公司　唐萍）

文化　旅游

文　化

【概况】　重庆市梁平区文化和旅游发展委员会于2018年12月29日组建，由原区文化委和原区旅发委整合而成，共有文化馆、图书馆、博物馆、文化遗产保护中心、文物管理所、旅游发展推广中心、文化市场综合行政执法支队等7个委属事业单位，在编在岗职工63人。

【文化阵地建设】

都梁大剧院建设　2020年9月，都梁大剧院完成设计招标，预计2023年建成投入使用。都梁大剧院位于梁平新城区双桂湖国家湿地公园西南侧，总用地面积约2.69公顷，总建筑面积约2.45万平方米。该项目是集文化交流、市民活动、娱乐休闲等于一体的文化艺术综合体，主要包括文化馆和大剧场、小剧场各1个。

图书馆　新建梁山城区暗桥24小时图书馆，面积300余平方米，藏书1万余册次。改建完成少儿图书馆，建筑面积近4000平方米，新增图书5.1万册，为重庆市第一家区县单体建筑图书馆。新建滑石古寨、碗米民宿、猎神村、梁山驿等4个景区民宿类型的社会化图书馆分馆。区图书馆面积累计近8000平方米，馆藏图书18万余册次。

文化馆　2020年提档升级区文化馆，添置书法机、阅读机、唱歌机等数字化设备，优化功能室12个，增设1个党员活动室（阅览室）及1个梁山灯戏研讨室，迎接第五次全国文化馆评估定级并取得较好成绩。

基层综合性文化服务中心　梁平区33个乡镇（街道）、343个村（社）均建有综合性文化服务中心，实现全城全覆盖。

【群众文化活动】　承办第七届重庆市戏剧曲艺大赛决赛。2020年11月23—24日，由市委宣传部、市文化旅游委主办，市群众艺术馆、区委宣传部、区文化旅游委承办的“奋进新时代·共圆小康梦”——第七届重庆市戏剧曲艺大赛决赛在梁平会堂举行，来自渝中区、南岸区、万州区、梁平区、秀山县等22个区县的22件戏剧作品、17件曲艺作品进入决赛并在本次大赛决赛中登台亮相。梁平区文化旅游委创编的梁山灯戏《西郭先生》获第七届重庆市戏剧曲艺大赛一等奖，梁平区文化旅游委获大赛优秀组织奖。

持续繁荣群众文化活动。2020年，投入专项资金214万余元，实施流动文化服务进村民生实事总场次1100余场。举办2020年梁平区春节联欢晚会、2020年新年音乐会、明月山·百里竹海民宿消费季、“文化和自然遗产日”系列活动等群众喜闻乐见的文化活动。积极参加第九届重庆市乡村文艺会演、2020重庆市广场舞展演等市级重点群文活动。区图书馆组织策划“书香迎新春 把爱带回家”“战疫作品征集赛”“‘柚花飘香·书香梁平’全民阅读暨百本好书送你读”“‘缤纷童画 以梦为马’六一绘画作品网络征集”“滑石古寨分馆开馆暨庆‘六一’”“疫去春来‘粽’是情深”等50余场线上线下阅读推广活动，赠送图书7000余册，惠及读者20万余人。区文化馆常态化开展“周周讲·月月演”全民艺术普及60余场，受邀赴四川省开江县参加第七届荷花节开幕式，表演灯戏经典剧目《再唱梁山调》；受邀赴四川省邻水县参加第三届五华山旅游文化节，表演灯戏经典曲目《卖驴》。

【文艺创作】 根据《重庆市梁平区优秀文艺作品创作奖励办法》，评审2019年度35件（部）获奖作品，编印《梁平区2019年度获奖文艺作品集》《梁平区第一届梁山灯戏剧本创作大赛获奖作品集》。新创作《一声到》《三月桃花红》等一批“抗疫”歌曲，新创编舞蹈《走，去梁平耍》，新创作梁山灯戏《西郭先生》《新愚公移山》，男声小合唱《题梁山军瑞丰亭》荣获第九届重庆市乡村文艺会演（音乐类）三等奖。新创作美术作品8件，其中《大丰收》入围2020年重庆市农民画作品展，《乡村书记扶贫记》入围“艺术助力脱贫攻坚”重庆市美术作品展，《春天就在不远处》入围2020年重庆市抗疫主题美术作品展，油画《在别处》入围2020年重庆小幅精品油画邀请展；创作摄影作品50余件，其中《红红火火的日子》在2020年重庆市微摄影作品展获二等奖，《守护湿地》在2020年“网络正能量摄影（相机）”获一等奖，《开往春天的列车》在2020年“网络正能量摄影（相机）”获三等奖；编排广场舞《晒金秋》获2020年“欢跃四季·舞动巴渝”重庆市广场舞展演优秀队伍奖；出版内刊《柚乡歌声》及《梁平摄影报》。

【文化市场监管】 加强农村演出市场规范管理。制定下发了《重庆市梁平区文化和旅游发展委员会关于做好农村演出市场管理工作的通知》，要求各乡镇（街道）认真开展农村文艺表演团体清理核查、做好辖区内营业性演出登记备案，进一步加强对农村演出市场的管理，杜绝无证经营、内容低俗等违法违规现象发生，确保农村演出市场规范有序、安全健康运行。开展文化市场主体清理工作。对100余家行政许可有效期届满未延续的娱乐场所和文艺表演团体以及停止经营的互联网上网服务营业场所的行政许可经公告后予以注销。经清查，目前全区共有歌舞娱乐场所28家，互联网上网服务场所36家，营业性表演团体74家。贯彻“放、管、服”工作要求，严格履行审批职责。2020年，全区新设立互联网上网服务营业场所3家，游艺娱乐场所1家。全年共出动执法人员9500余人次，巡查、检查经营场所3200余家次，发放疫情防控宣传资料1200余份、梁平木版年画防控“新冠”宣传画1000余张，处理投诉举报13件，下达责令整改通知书20份，办理行政处罚案件16件。

【非遗文化保护】

非遗传承体系　完成11名传承人申报第六批市级非遗传承人的申报文本及申报片制作；同时开展第七批区级非遗项目代表性传承人及第四批区级非遗项目的挖掘、资料收集整理工作，新增区级传承人121人、区级非遗保护名录10项，梁平三级非遗项目达100项。

非遗记录工程　组织编纂《重庆国家级非遗学术研究丛书》中的《梁平木版年画》《梁山灯戏》《梁平癞子乐鼓》《梁平抬儿调》《梁平竹帘》等5项国家级非遗项目理论专著，2020年完成了前期资料采集，初稿已形成。年初启动的国家级非遗专著《中国戏曲剧种全集·梁山灯戏》，完成初稿并送四川人民出版社待出版。

传统工艺振兴　开展梁平木版年画老作坊修复工作，梁平木版年画老作坊目前正在进行墙面的修复工作；完成梁平土陶技艺改进，2个土陶生产作坊改进土陶烧制技术，分别引进了电窑和汽窑；梁平铜乐锻造技艺设备改进，购置了空气锤、熔铜炉等设备，可以调节敲击间隔时间和敲击时间长短。

传承人学习交流　组织梁山灯戏、梁平土陶、梁平土法造纸等项目传承人到四川省南充市、夹江县、达州市和重庆市荣昌区学习相关技艺等。通过出去考察学习，知道自身不足，通过交流找到发展的方向。派出何本安、杨江英、胡旭、张娅等4名年画传承人参加由四川大学非物质文化遗产研究中心承办的木版年画研修培训；派廖品红、李相容参加由重庆文化艺术职业学院承办的荣昌安陶、年画培训。

【文物管理】

文物工作保障　区委、区政府高度重视文物

工作，多次召开政府常务会、专题会研究文物保护工作，从2020年起，每年安排文物保护专项资金160余万元纳入区财政常年预算，为文物工作提供坚强保障。

文物基础工作　公布第四批区级文物保护单位，新增区级文物保护单位2处，合并公布区级文物保护单位1处。建立完善不可移动文物保护单位“四有”工作，全区239处文保单位建立文物记录档案和保护管理机构；108处文保单位设立文物保护标志牌（碑）和安全责任公示牌，落实文物安全直接责任人和文物安全管理人；正在划定36处区级文物保护单位的重点保护范围和建设控制地带。完善可移动文物保存和管理条件，建成梁平博物馆馆藏文物管理系统。双桂堂和梁平博物馆实现消防、安防全覆盖，均聘请有专业维保单位对消防设施设备进行定期维修保护。

文物安全防控体系　扎实落实文物安全责任，健全区、乡镇（街道）、文博单位三级文物保护网络。逐级签订文物安全责任书，区政府与乡镇政府（街道办事处），乡镇与文物保护单位，签订完成率100%；建立文物安全巡查常态化机制，区级及以上文物保护单位全部聘请文物看护员，实现定点看护；区、乡镇、村文物巡查员定期开展安全巡查检查；扎实开展重要节假日、夏季、汛期文物安全大排查，排查整改安全隐患30处；与区公安局、区消防救援支队等部门建立联合检查督查机制，严厉打击文物违法犯罪，近年来查处文物违法犯罪案件7件，2019年双桂堂建设控制地带内文物违法案件荣获全国文物行政处罚“十佳案卷”，目前全区文物总体安全。

文物保护利用　坚持文物保护修缮原则，完成陈家老院子、秦定发砖石碉楼、新大街石屋、冯家沟上拱桥等文物的抢险排危和白洋河万善桥、八庙遗址、滴水崖石刻等42处文物保护单位的环境整治工作；启动实施赤牛城调查考古发掘、双桂堂历史文化陈列馆、双桂堂文物库房建设、双桂堂消防和防雷提升工程；修复双桂堂可移动文物47套（件）；完成银河桥水库和龙象寺水库工程文物调查勘探。

文物火灾隐患整治和消防能力提升三年行动扎实开展　制定并印发《重庆市梁平区文化和旅游发展委员会文物火灾隐患整治和消防能力提升三年行动实施方案》（梁文旅发〔2020〕21号），集中整治文物火灾隐患；联合各乡镇（街道）组成排查检查小组，重点排查全区33处文物古建筑，收集“重点火灾隐患排查清单”31份，排查发现15处安全隐患，督查整改13处文物火灾隐患，2处正在整改。推进一批重要古建筑的消防改造工程，实施双桂堂消防工程和孟浩然故居电器线路改造，目前双桂堂消防工程竣工待验收，完成孟浩然故居电器线路改造设计方案；针对重点文物博物馆单位开展消防安全演练和培训，进一步提高全体文博工作者的消防安全意识和火灾应急处置能力。针对一批未定级文物古建筑（民居类）配置消防灭火器和教导居民如何正确使用灭火器，共对19处文物古建筑配置124具灭火器，切实提高文物建筑的火灾防控能力。

【文化产业】　2020年，新增文化及相关产业市场主体117余家，其中文化企业54家，个体63家，新增就业岗位350余个，培育文化类“四上”企业1家。组织文化企业参加全市文化旅游惠民消费季、2020重庆文化旅游产业博览会等节会活动10余次，展出梁平特色文化产品5000多件，实现销售收入800多万元，签订订单5000余万元，发放宣传资料70000余份。举办长江三峡（梁平）晒秋节、民宿消费季、文旅惠民消费季等重大文旅节会活动30余场，免费发放年画门神、春联等非遗产品10余万张，拉动文化旅游消费规模1.5亿元，带动相关领域消费规模8000余万元。　（区文化旅游委　杨维祥）

旅　游

【综述】　2020年参加、举办宣传营销推介活动共45次，其中港澳台1次，国内市外7次，区外市内17次，区内21次。举办成渝双城经济圈文化旅游交流活动。携手四川省邻水县、达州市达川区、大竹县、开江县，重庆市垫江县等川渝毗邻区县，开展“共此一轮明月·同建绿色家园”为主题明月山民宿消费季活动，作为共建明月山绿色发展示范带的开篇之作，促进疫后文化旅游消费升级。在举办的“2020美丽中国行”大型采风暨乡村振兴·百里星宿开园活动中，重庆市梁平区与四川省长宁县、大竹县、青神县结成友好区县，蜀南竹海、五峰山竹海、青神竹海和百里竹海，共同缔结“竹海联盟·唱响双城”。打造当地特色旅游节会。以“庆五谷丰登·晒小康生活”为主题，举办2020年第三届长江三峡（梁平）晒秋节，按照“立秋、秋分、立冬”三个节气时序，分别举办第三届长江三峡（梁平）晒秋节开幕式暨渝东平原开镰、2020年中国农民丰收节长江三峡（梁平）庆祝活动、第三届长江三峡（梁平）国际柚博会三大节会活动，长江三峡（梁平）晒秋节已形成品牌效应，向全国游客展现“山水田园·美丽梁平”魅力。举办重庆·梁平第八届柚花节、2020中国旅游日系列活动明月山百里竹海第五届采笋节、“夜竹海·潮生活”乡村音乐会、“疫去春来·江山多娇·全国精品主题旅游线路明月山·百里竹海民宿回归之旅线路推介会”等重要文旅节庆活动。积极参加市内外宣传营销活动，精心组织参加全市“晒旅游精品·晒文创产品”文旅推介活动，“区长晒精品8分钟”点击量突破3000万人次，获最佳传播奖；精心策划推出现代田园城市之旅（一日游）、明月山·百里竹海民宿回归之旅（二日游）、城郊周末假日美食之旅等3条精品旅游线路，明月山·百里竹海民宿回归之旅入选全国100条精品旅游线路，“梁平猎神三巷”入选首批重庆最美夜景打卡地，“梁平双桂湖城市湿地公园夜游线路”入选首批重庆最佳夜游线路；组织文旅企业组团到四川省开展2020“探秘山水田园·畅游美丽梁平”旅游推广活动；积极参加市文旅委组织的“第24届重庆都市文化旅游节暨城际旅游交易会”“第八届澳门国际旅游（产业）博览会”“2020重庆文旅‘大篷车’巡游营销推广活动”“十万山东人游重庆—2020重庆文化和旅游推介会”“2020中国国际旅游交易会”“‘成渝地·巴蜀情’2020年成渝地区文化和旅游公共服务及产品采购大会”等活动，全方位推介梁平文化旅游资源，展示梁平的旅游品牌形象与城市文化。

（区文化旅游委 杨维祥）

【滑石古寨】 位于金带街道滑石村的滑石古寨，地处一座拔地而起的纺锤形孤峰山顶，海拔672米，因山四周皆是陡峭光滑的悬崖峭壁，故名“滑石古寨”。据传，滑石古寨修建于18世纪末至19世纪初，是一座有着200多年历史的军事古寨。2011年，滑石古寨被列为梁平县（区）级重点文物保护单位，后进行旅游开发，复建祠堂、整修石墙、打造景点、完善旅游配套设施，成为国家AAAA级景区。

景区开发后，在山顶复建一座木质祠堂。景区在寨顶推出摔碗酒、打糍粑、坐花轿、击战鼓等一系列活动。游玩之余，寨顶的长廊是休憩的“加油站”，有手工麻糖、炸油面、爆米花、三角粑、棉花糖等各种传统手工小吃。山下推出高空速滑、水上乐园、越野车、5D玻璃云桥、网红蹦床、喊泉等一系列互动体验性项目。酒店设有游客接待中心、餐饮部和住宿部，占地面积6700平方米，设有客房55间，可同时容纳1000余人就餐。

2019年，梁平区图书馆在景区游客中心旁的文创苑内打造一个图书馆分馆。馆内藏有儿童绘本、国学经典、文学名著、保健养生、时事期刊等5000余册图书，室内配备有舒适的桌椅，可同时容纳近50人阅读。（区文化旅游委）

社会科学

【概况】 重庆市梁平区社会科学界联合会成立于2010年6月，是区委宣传部管理的正处级事业单位。

2020年，梁平区社科联坚持以习近平新时代中国特色社会主义思想为指导，全面贯彻党的十九大和十九届二中、三中、四中、五中全会精神，深入贯彻落实中央、市委、区委的决策部署，增强“四个意识”，坚定“四个自信”，做到“两个维护”，动员组织广大社科理论工作者坚定理论自信、文化自信，在市社科联和区委宣传部的指导下，完成各项工作。

【社科研究】 围绕习近平新时代中国特色社会主义思想，结合全区重点任务、民生项目，各级领导干部和社科理论工作者，常态化深入基层开展调研，推出了一批有针对性、指导性的调研成果。为充分调动社科工作者的积极性和创造性，繁荣发展梁平区社会科学事业，印发《重庆市梁平区社会科学界联合会关于开展2018—2019年度社会科学优秀成果评奖活动的通知》，开展梁平区2018—2019年度社会科学优秀成果评奖活动。

【社科普及】 针对基层社会科学普及的特点，开展社科普及“十微宣教法”“1+X”社科知识微宣讲等特色活动，常态化深入社区、学校、企业等开展社科宣讲。进一步加强“学习强国”学习平台在全区的推广使用，在全区开展了“学习强国”重庆学习平台“决胜全面小康、决战脱贫攻坚”知识竞赛，扩大参学群体，提高学习质量，竞相学习习近平新时代中国特色社会主义思想。在“家在梁平”APP、“梁平微发布”微信公众号、“梁平手机报”、“梁平手机台”等新媒体，开设“科普专栏”普及社科知识，用群众喜闻乐见的方式，多角度、多层次展现梁平全域独具特色的自然风光、人文风情、饮食文化、历史变迁和人物故事等社科知识。（区社科联）

文学艺术

【概况】 重庆市梁平区文学艺术界联合会成立于2010年6月，是区委宣传部管理的正处级事业单位。2020年，梁平区文联以学习贯彻落实习近平新时代中国特色社会主义思想为主线，围绕区委、区政府的中心工作，在市文联精心指导和区委宣传部的坚强领导下，完成各项工作。进一步加强重庆市校园文学梁平创作实践基地建设。

【文艺创作】 围绕决胜全面小康、决战脱贫攻坚创作摄影作品800余件，文学作品530余件，美术、书法、音乐作450余件，《乡村书记扶贫记》入围“艺术助力脱贫攻坚”重庆市美术作品展。编印脱贫攻坚《龙溪河》专刊，《“福打滚”正名记》《琴声幽婉忆故人》《梦有稻香隐隐来》等多篇散文、诗歌被《重庆日报》《重庆晚报》《重庆法制报》采用。

组织区内文艺家和文艺工作者围绕防控疫情主题创作摄影、诗歌、散文、书法、美术、快板、顺口溜等文艺作品共计300余件，创作并制作抗疫歌曲4首，歌曲《归来》在华龙网—重庆新客户端刊播，阅读量达24.74万次。编发诗歌、书法、小说、散文、顺口溜、摄影、美术专刊12期。创作“梁平艺起来战疫”摄影、书法、金钱板、新年画、戏曲、舞蹈等抖音短视频350条。《疫情结束时，妈妈来抱你》获人民日报《环球人物》杂志征文大赛一等奖。歌曲《百年之本》获纪念建党100周年全国优秀歌词征集前十名，梁山灯戏《卖驴》获中国少儿戏曲小梅花荟萃活动“最佳集体节目”奖，《图书馆管理员的一天》入围国家图书馆学会优秀作品，《帅将门神》获第五届“工匠杯”大赛铜奖，《防控“新冠”从我做起》木版年画获重庆市非遗抗疫作品一等奖，《题梁山军瑞丰亭》获第九届重庆市乡村文艺会演三等奖，小说《黄泥巴小街》列入2020当代文艺创作发展规划，抗疫歌曲《一声“到”》收入重庆市优秀抗疫作品专辑。创作摄影作品1000余件，《守护碧水》获生态环保主题摄影大赛三等奖，《侗家斗牛》获“香港第十届全国摄影艺术展览”人文系列银奖，《呵护-upkeep》入选第24届意大利四地巡回国际摄影展，《走过金秋》获中国农民丰收节“金镜头奖”，《守护湿地》《开往春天的列车》《红红火火的日子》等获市级奖项。

【文艺交流】　组织文艺家参加全市文艺工作培训、重庆市中青年文艺骨干培训、重庆市曲艺高级人才培训等。重庆散文家、文化专家、摄影家赴梁采风，创作非遗、景区景点摄影作品80件。赴合兴、复平、石安、紫照、屏锦、开江等地开展扶贫摄影、文学采风创作8次，创作文艺作品200多件。

【实践活动】　开展“我们的中国梦 文化进万家”活动，为市民书写春联2800余副、福字2300多个、家训100余幅，承办“奋进新时代 共圆小康梦”文艺家送欢乐进基层活动，在丰收节、晒秋节、柚博会等活动中，组织文艺家开展文艺志愿服务活动20场。（区文联）

融　媒　体

【概况】　重庆市梁平区融媒体中心（重庆市梁平区广播电视台）为隶属于区委的公益一类财政全额预算事业单位，按正处级管理，归口区委宣传部领导。中心内设办公室、财务室、总编室、党群人事部、新闻部、报业部、新媒体部、节目部、广播部、技术部、媒体运营部、媒资管理部、后勤保障部等13个部门。现有在编人员36人，14名退休人员，临时聘用人员79人。办公用房2800平方米。

2020年，梁平区融媒体中心始终坚持以习近平新时代中国特色社会主义思想为指导，深入学习宣传贯彻党的十九大和党的十九届二中、三中、四中、五中全会精神，深学笃用习近平关于媒体融合发展的重要论述，在区委、区政府和区委宣传部的坚强领导下，区融媒体中心按照“让正能量更强劲，主旋律更高昂”的要求，充分发挥主流媒体压舱石、黏合剂、风向标的作用，推进媒体融合发展迈出新步伐，引领群众、服务群众实现新作为。

【优化组织构架】

推动媒体融合　区委、区政府认真贯彻落实党中央推动媒体融合发展的重大决策和战略部署，多次召开专题会议研究、部署，解决媒体融合发展具体问题。于2019年12月搭建区融媒体中心领导班子，2020年3月组建重庆市梁平区融媒体中心，并明确机构职能职责。6月成立区新鑫文化传媒有限公司，为媒体融合发展提供物质保障，7月正式挂牌运行。

强化机构管理　推进媒体融合发展是一项全新的改革课题，没有统一的模式可借鉴，没有现成的路子供选择，区融媒体中心按照“正能量是总要求，管得住是硬道理，用得好是真本事”的要求，务实强化新生机构的管理运行。2020年10月中旬，推动原新闻中心和原电视台实现集中办公，便于新机构的工作安排和统一管理；11中旬选任中心中层干部和调配部室工作人员，进一步理顺了各部室有人牵头理事，有人具体办事；12月下旬，研究出台《区融媒体中心考核办法》《区融媒体中心财务管理办法》等一批制度，推动构建以制度管人管事管权的良好工作格局。

加强业务融合　按照“流程优化，平台再造”和“一次采集、多种生成、多元传播”的要求，2020年8月中旬选定融媒体技术平台建设方案，通过公开招投标程序，11月底完成投资500万元的技术平台建设，12月底通过融媒体中心建设市级联合验收，使区融媒体中心《梁平日报》、梁平电视台、梁平微发布等10个媒体平台各类媒介资源、生产要素有效整合、共融互通，有效释放新闻生产力。

【强化精品产能】

区融媒体中心以互联网思维优化资源配置，把更多优质内容、先进技术、专业人才向互联网主阵地汇集、向移动端倾斜。通过实施《考核办法》，强化采编人员“四力”实践锻炼，鼓励干多干好、注重业务融合、扩大精品产能，培养具有专业背景的复合人才，着力打造“一专多能”的全媒体人才队伍。刘建强参加2020年全市好记者讲好故事比赛并获得优秀奖，跟随市记协巡讲团前往重庆三峡学院、重庆大学参加巡讲。方艳、张力心、刘建强等在全民阅读马拉松赛中获得全市三等奖的好成绩。按照“关停并转一批受众少、影响力弱的版面栏目、频率频道和平台账号，集中力量打造精品内容和知名品牌”的要求，关停了“梁平日报抖音号”，集中精力做强“梁平电视台抖音号”等媒体品牌。创新使用AI智能播报、H5等技术，根据受众需求改版《梁平手机报》版式，扩大短视频生产并置入相应稿件，丰富传播形态、传播样式。

区融媒体中心紧紧围绕中央重大决策部署，市委、市政府部署安排和区委、区政府中心工作、重大活动进行全媒体策采编发。

《梁平日报》先后开设《推动重庆各项事业沿着总书记指引的方向奋力前行》《在习近平新时代中国特色社会主义思想指引下——新时代、新作为、新篇章》《坚决打赢打好精准脱贫攻坚战》《走向我们的小康生活》《在行动——做好‘六稳’工作 落实‘六保’任务》《持续优化营商环境 加快建设营商环境高地》《坚定信心，同舟共济，坚决打打赢疫情防控阻击战》等系列报道，组织策划“办好民生实事”等栏目，2020年共编辑发行《梁平日报》285期，其中节假日加刊38期。

梁平电视台坚持做好《梁平新闻》的“时政新闻（口播新闻）+民生新闻+搜图多媒体+片尾+公益字幕”板块式播出模式，直接操刀或配合参与“区县长双晒直播”“云上文旅馆”“文旅精品90秒”“区县文旅精品荟8分钟视频”等拍摄制作，全年拍摄制作播出“十三五”系列专题片等90余部，微视频70余部，专题栏目22期，制作纯公益短片及公益广告30余部，晒秋节、丰收节系列VCR制作20余部，各类直播录播活动50余场。

梁平广播电台策划、制作、编播《音为梁平》《107.9朋友圈》《为你诵读》《资讯快报》《金色田园》等广播自办节目，吸纳了众多“粉丝”。

新媒体平台围绕脱贫攻坚、乡村振兴、营商环境、疫情防控、双城经济圈建设等重点工作做好主题报道，多形式多渠道多媒体为市民传递梁平最鲜活的新闻，获得较好媒体引导力、公信力和社会影响力，“梁平微发布”全年共计发布稿件2528篇，关注粉丝31.83万人，较上年新增约1万人；“家在梁平APP”全年下载注册量增至51万人，发布稿件9105条，其中原创类稿件3850条；“梁平融媒”抖音号已拥有固定粉丝4.1万人，共生产出9条播放量50万人次以上的短视频；《梁平手机报》精心打造“掌上主流媒体”，全年共编发梁平手机报251期，受众用户达13万人。

积极探索媒体融合发展之路，充分发挥报纸“权威”、电视“具象”、新媒体“快捷”等不同平台的个性化优势，推进内容生产供给侧结构性改革，走好媒体融合精品化发展之路，力争实现宣传效果最大化。在第九届重庆市区县报好新闻奖评选中，区融媒体中心选送的新闻摄影、报纸消息、新闻版面以及通讯与深度报道等9件作品获一等奖2件，二等奖2件，三等奖5件；在第六届重庆市区县广播电视好新闻奖评选中，区融媒体中心选送的短视频专题、新媒体直播、电视专题、专栏等5件作品获一等奖2件，二等奖2件，三等奖1件。《梁平日报》被评为2020年度重庆市优秀区县报。《梁平日报》2020年2月20日2～3版被评为2020年度区县报“十佳版面”，《梁平日报》策划的“看百岁故事品百味人生”专栏开拓报道领域、提高报纸的可读性和影响力，获得《重庆报纸审读》深度点评并向全市推介。梁平电视台《乡村振兴在行动》栏目获得“2020年重庆市广播电视创新创优引导扶持项目”入围奖，梁平“双晒”作品获最佳传播奖。“梁平微发布”被评选为重庆2020年度最具影响力政务上游号。“家在梁平APP”，阅读量破万人次稿件有37条，10万人次+稿件3条，最高为40余万人次。“梁平融媒”抖音号生产出“100万人次+”浏览量的有6条。《梁平手机报》获得华龙网集团颁发的优秀内容奖称号。同时，宣传工作成绩斐然，中央电视台、《人民日报》等中央级主流媒体用稿45条，《重庆日报》、重庆新闻联播、重庆午间新闻等市级主流媒体用稿297条，其中平均联播排名在全市前8名，在人民网、华龙网、重庆第1眼等其他市级及以上媒体用稿750条，为全区经济高质量发展营造良好的舆论氛围。

【加强基层党建】

选好配强党的组织　为进一步强化党对新闻媒体工作的领导，按照有关要求，8月24日改选了党总支。9月11日，区融媒体中心机关党支部进行了改选。通过“交叉任职”模式，真正让党建与业务合而为一、融为一体，真正做到基层党建与媒体发展互促互进。

严肃过好组织生活　切实抓好党组织的学习，不漏篇目地学习习近平总书记系列重要讲话精神和党的创新理论，以及《中共中央办公厅、国务院办公厅印发〈关于加快推进媒体深度融合发展的意见〉的通知》（中办发〔2020〕33号），在学懂弄通做实上下功夫。定期和不定期开展谈心谈话60人次，了解党员干部的思想动态，及时发现和纠治党员干部在思想上、作风上、行动上存在的不良倾向。认真“三会一课”、主题党日活动，扎实开展对荫平镇双寨村和七星镇金柱村的脱贫攻坚帮扶工作，组织在职党员到户籍所在社区报到并积极参与志愿服务工作32人次，班子成员上专题党课3次，实现组织生活正常化、规范化。

认真落实党建任务　党总支认真落实管党治党责任，党总支书记认真履行第一责任人责任，班子成员较好履行“一岗双责”，全年召开支委会12次，机关党支部召开党员大会6次、党小组会12次。3名预备党员按期进行转正，发展2名入党积极分子，党员结构更加合理。扎实开展软弱涣散党组织整顿，成立软弱涣散党组织整顿领导小组，制定软弱涣散党组织整顿方案，对突出问题的整改实现全部销号，党员干部职工工作责任心进一步增强，全年内容安全、传输安全、播出安全无事故发生。

切实加强监督执纪　严格落实中央八项规定精神，加强对“三公”经费开支管理。扎实开展“以案四说”“以案四改”，以身边典型案例教育身边人，班子成员带头以案说纪、以案说法、以案说德、以案说责，找问题、讲责任、提要求，压紧压实责任链条，1人受到党纪政纪处分。加强对中心干部职工到岗到位、履职尽责、安全防范等情况进行突击检查，并对存在的问题进行通报批评。　　（区融媒体中心　李红兵）

表2　　2020年梁平区融媒体中心获得区市级以上奖项单位情况表

序号	获奖名称	颁奖单位	备注
1	作品《人大代表风采：人大代表履行职行权 守护梁平绿水青山》荣获2020年重庆市人大新闻奖三等奖	重庆市人大常委会办公厅 中共重庆市委宣传部	2020年8月颁发
2	作品《养殖户乱点鸳鸯谱 家猪生下野猪仔》获2019年度重庆市广播电视优秀作品（新闻类）三等奖	重庆市文化和旅游发展委员会	2020年11月颁发
3	《梁平日报》（2020年2月20日2-3版）被评选为2020年度区县报“十佳版面”	重庆市区县报研究会	2021年5月颁发
4	《梁平日报》被重庆市新闻出版局评选为2020年度优秀区县报	重庆市区县报研究会	2021年5月颁发

表3　　2020年梁平区融媒体中心获得区市级以上奖项个人情况表

序号	获奖名称	获奖人	颁奖单位	备注
1	作品《把一切献给党和人民》第六届重庆市区县广播电视好新闻奖（短视频专题）一等奖	邓贵文 邓可 屈上富 方艳	重庆市新闻工作者协会	2020年8月颁发
2	作品《龙腾丰年》第六届重庆市区县广播电视好新闻奖（电视专题）二等奖	蔡志刚 屈上富	重庆市新闻工作者协会	2020年8月颁发
3	作品《乡村振兴在行动》第六届重庆市区县广播电视好新闻奖（电视专栏）三等奖	李韦华张琪 谭人之 付聪 屈上富 曾钰洪 曹锋	重庆市新闻工作者协会	2020年8月颁发
4	作品《归又来》2020年“讲好中国故事”创意传播大赛重庆分站文化传播类三等奖	张祥玥 叶国松 屈上富 李韦华 蔡志刚	重庆大学新闻学院 重庆日报报业集团上游新闻	2020年12月颁发
5	作品《践行“两山论”竹山变金山》2020年“讲好中国故事”创意传播大赛重庆分站人物纪实类优秀奖	张祥玥 邓可 屈上富 李韦华 蔡志刚	重庆大学新闻学院 重庆日报报业集团上游新闻	2020年12月颁发

教育　体育

教　　育

【概况】 重庆市梁平区教育委员会是主管全区教育事业和语言文字工作的区政府组成部门，现有10个内设机构：综合科、党建科、基础教育科（区语言文字工作委员会办公室）、体育卫生艺术教育科、职业教育与成人教育科（行政审批科、民办教育科）、组织人事科、财务审计科、规划建设后勤服务科、安全稳定科（信访科、法制科）、督导室（区政府教育督导室）；教委机关核定行政编制26人、工勤编制1人，实有27人。直属事业单位6个：重庆市梁平区教师进修学校（重庆广播电视大学梁平区工作站、重庆市梁平区教育科学研究所、重庆市梁平区社区教育学院）、重庆市梁平区教育考试中心（教育服务中心）、重庆市梁平区教育信息技术与装备中心、重庆市梁平区教育经费结算中心、重庆市梁平区学生资助管理中心、重庆市梁平区学校规划建设发展中心。区纪委监委驻区教委纪检监察组在区教委机关办公。区教育工会在区教委机关挂牌办公。

2020年，梁平教育系统坚持以习近平新时代中国特色社会主义思想为指导，全面贯彻落实党的十九大和十九届二中、三中、四中、五中全会精神及全国教育大会精神，众志成城，奋力拼搏，统筹推进疫情防控和教育事业改革发展，教育脱贫攻坚收官，完成区委、区政府统一部署和市教委年度教育工作目标任务。是年，全区有各级各类学校203所，比上年增加3所，增长1.5%；在校学生118236人，比上年减少1425人，下降1.19%；有教职工8547人，比上年增加355人，增长4.33%。全区学校占地289.95万平方米，比上年减少1.88万平方米，下降0.64%；校舍建筑面积152.79万平方米，比上年减少0.98万平方米，下降0.64%。全年教育经费总收入205690万元，比上年减少1349万元，减少0.65%；总支出210645万元，比上年增加8211万元，增长4.06%。

【学校建设】 总投资16090万元，完成新建、改建星桥镇中心幼儿园、梁山街道迎水村小幼儿园、双桂街道万和康城幼儿园3所，完成梁平中学教学综合楼及其配套工程建设，完成多媒体教学、视频监控、功能室、油烟系统等设备设施升级改造学校（含教学点）263所（次），新增学位360个；启动新、迁建东城幼儿园、双桂幼儿园、福德学校、福禄中学教学楼及其附属工程、袁驿二小、竹山镇小学生宿舍、合兴小学教学楼等7个建设项目。

【学前教育】 通过绘本、游戏、手工等活动，指导家长科学育儿；投资500万元为公办幼儿园购买岗位服务；统筹区内外优质资源开展游戏课程观摩活动，组织开展园长、保教人员专题培训；实验幼儿园教师高丽的游戏课程《抬驴》参加“我的家乡”优质课竞赛获市级二等奖，学前教育保教质量不断提升。启动全市首批“国家学前教育普及普惠县”创建工作，印发《梁平区普惠性民办幼儿园管理办法》，认定一级幼儿园10所、民办普惠园6所，完成小区配套幼儿园治理，严格控制幼儿3周岁以上入园，全区公办幼儿在园占比61.5%、学前3年毛入园率92%、普惠覆盖率96.34%。

【义务教育】 将高飞学籍管理软件、全国学籍管理平台和重庆市控辍保学动态管理平台进行无缝对接，对全区94所义务教育学校（含特教学校）6～15周岁93663名适龄儿童青少年入学情况进行全面摸排，精准掌握建档立卡贫困户、残疾儿童等特殊群体就读情况，确保义务教育阶段无一人失学辍学。启动全市首批“全国义务教育优质均衡发展区”创建工作，组织精干力量对全区义务教育资源布局进行专项调研，拟定专题报告。对乡镇教师2388人进行脱贫攻坚、教育教学能力提升全覆盖专题培训。实施校域内“走教”模式，扎实推进集团化办学。优化教学质量考核办法，完善教学常规督查制度，推进学校、教师、学生减负工作，督促指导基层学校常态抓实教学教研工作，促进教学质量提升。大力规范招生秩序，制定《义务教育招生入学工作方案》，通过专栏、会议、网络等平台加强政策宣传引导，要求公、民办学校同步招生，严格执行招生纪律，有力彰显教育公平。12月，在北京召开的全国精神文明表彰大会上，实验小学获评“全国文明校园”。

【特殊教育】 全区残疾儿童普通学校随班就读465人、特殊教育学校就读112人、送教上门171人，入学率达100%，推进“一生一策”动态管理，保障残疾儿童受教育权利。投资330.55万元，共建成特教资源教室13个及感统、律动、美发按摩、干预训练等功能室17个，切实改善康教结合、职技培训等办学条件。特教学校建成残疾人陶艺项目培训基地，被命名为重庆市残疾人陶艺项目培训基地学校。12月，范莹被市人力社保局、市残联联合表彰为“残疾人工作先进个人”。

【普高教育】 完成区内第二个市级课程创新基地——梁平中学物理课程创新基地验收，申报精品选修课程1门、优秀学生社团3个、课程建设示范校1个。组织实施英语、地理教材选用，开展新教材、新高考培训，落实高中课程设置及课时安排。加强学生生涯规划教育，探索学生综合素质评价改革。3月13日，组织召开高三诊断性考试分析会。开展教学提质调研，形成文字报告材料。严格按计划招生，将重点高中招生计划70%指标下达到区内各初中学校，基本控制超大班额。高中阶段毛入学率达98%，全区4865人参加高考，“双一流”和一流学科建设大学录取137人；重本上线1225人，上线率为25.2%，比2019年提高1.8个百分点。

【职业和成人教育】 中职全年招高一新生2869人，三年在校生6842人，办学规模不断扩大。围绕区内产业集群调整专业设置，职教中心成功申报工业机器人应用专业，会计专业成功申报为市级中职骨干专业建设项目；梁平职校计算机应用专业成功申报为市级中职虚拟仿真实训基地建设项目。积极推行1+X证书制度改革，与《国家职业资格目录》对接专业毕业学生1407人，获证人数1307人，获证率达92.89%。区内中职学校承接区就业局培训861人，学校新增校企合作企业4家，累计合作企业34家，为区内外企业送工2460人，助力区域经济发展。参加高职分类考试1575名，专科上线1448人、上线率98.7%，本科上线106人、上线率6.7%。12月25—29日，承办全市职教学会产教融合联盟虚拟现实产教融合研讨会以及中职语文学科课程思政师资培训。与重庆工商大学、重庆师范大学、重庆市商务职业学院、重庆三峡职业学院等高等院校洽谈到梁平合作办学事宜。

【教学科研】 疫情期间停课不停研，分学科分年级建立QQ工作群，筛选推介网上空中课堂、教参教辅等教学资源，组织教师在线交流、研讨，帮助解决线上教学热点难点问题。组织学科骨干教师编写部分年级、部分学科单元能力形成性作业，指导全区学校适应新高考，提升教育教学质量。加强教学课程监管指导，集体视导20余次，抽查教师备课、改作、辅导等工作200余人次。提升教师业务水平，举行高中教师语文、物理、化学、生物、政治等学科赛课、物理学科四项教学技能大赛、高三语文“古代散文课堂教学研究”主题研讨以及培训新教师、青年教师、新教材、学科教师等活动，参培教师1830人次。桂香小学教师李家红参加语文学科优质课竞赛获得市级二等奖，职教中心教师陈艳参加法治教育优质课竞赛获全市一等奖，梁山小学教师钟维军参加市首届书法教师技能大赛获二等奖。评出各类教育教学论文区级一等338篇、二等514篇、三等591篇。印发《梁平区级课题申报管理的暂行规定》，选题评审60余项，准许申报50项。成功申报家校共育国家级子课题5项，市级重点课题1项、一般课题3项，区级规划/自选课题50多项、共育专项课题26项，促进教师专业成长。

【教师队伍】 调整任免区委教育工委管理的校级干部63人次，完成41名中层干部提拔试用任职、90名中层干部正式任职备案。完成30名小学校长任职资格培训。补充新教师213人，校际交流校长、教师277人次，与重庆三峡学院签订农村小学全科教师定向培养协议29人，与重庆幼儿师范高等专科学校签订学前教育公费师范生定向培养协议2人。教师取得正高级职称1人、副高级职称49人、中级职称188人、初级职称149人，岗位新聘、递补专业技术人员1080人。开展29个培训项目共10749人次。对8个名师工作室、5个教师工作坊完成届满考核。5名教师

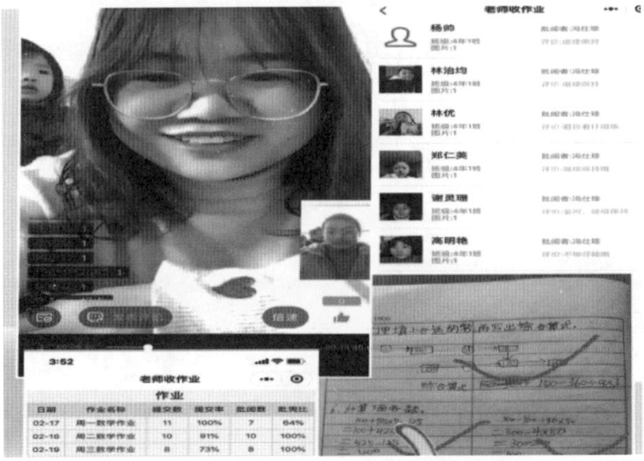

2020年2月18日，梁平区福禄镇福山完全小学五年级教师冯仕琼在新冠肺炎疫情突发期间，通过手机视频对学生进行线上教学

2020年11月27日，梁平区教委携手垫江县、四川省邻水县、大竹县、达州市达川区、开江县等5个区县教育主管部门在区教师进修学校举办明月山双城教育发展共同体启动仪式

被认定中级中职双师型教师。双桂小学曹崇丽被评为重庆市中小学骨干校长，响滩完小邓巧林被确定为“乡村优秀青年教师培养奖励”“最美基层高校毕业生”候选人，钟雪英班主任教师工作坊被评为重庆市中小学班主任工作室，西大实中张勇被确定为第19批“三峡之光”访问学者选派培养对象。邀请区外3名专家分别在梁平会场、西大实中（双桂校区）、红旗中学举行“都梁英才大会”教育专题讲座，参会教师773人。投资3044.6万元，兑现全区乡村教师岗位生活补助和乡镇工作补贴，惠及8225人次。

（区教委　莫坤源）

体　育

【概况】 梁平区体育事业发展中心成立于2019年4月，设综合科、群体科、竞技科、场馆科、产业科，编制11人，在岗10人。2020年，新增各类体育场地设施49.7万平方米，每万人体育场地增加7547.9平方米，增幅达到56%，人均体育场地面积增加到1.83平方米。大型体育场馆有5个：东门体育馆、东门游泳馆、全民健身中心、都梁新区体育馆、游泳馆。

【基础设施】 2020年10月1日，都梁新区体育馆、游泳馆正式投入运行。截至年底，全区已建

成体育场地2500余个。市级社区健身点36个，骑行道、健身步道500余千米，农民体育健身工程215个，群众健身设施覆盖率100%。乡镇实现了篮球场、羽毛球场、健身路径、室内外乒乓球台、棋类室等体育健身场地设施的全覆盖。建成投用8块五人制社会足球场地，10个市级农民体育健身工程，6个市级社区健身点，1个乡镇健身广场及1个社区健身中心；改造升级全民健身中心环道及停车场、篮球场、网球场等，不断满足市民健身需求；支持部分乡镇（街道）、部门及学校室内外场地设施建设，并配置室内外健身器材500余件。

【群众体育】 4月，开展“体彩大乐透杯·线上全民健身月挑战赛活动”，200余名群众参与其中，真正做到疫情防控与全民健身的有机结合。完成“重庆市第十届全民健身运动会”前期准备工作，7月1日举办“体彩杯”庆“七一”职工游泳比赛。8月8日，开展“全民健身日”系列活动，涉及面广，群众参与度高。9—10月，举办“庆国庆、迎中秋”系列赛事活动。7月举办“川渝篮球邀请赛”，四川省开江县、大竹县、达州市等区县参加比赛。10月5—6日，参加四川省邻水县“英才杯”川渝毗邻地区羽毛球邀请赛。10月18日，参加万州区首届“万达开·体育馆杯”气排球邀请赛，男队、女队分别获第五名。10月，参加垫江“中华垂钓大赛·重庆市第二十四届钓鱼锦标赛”获团体第二名。11月11日，区老体协举办“环双桂湖”健步走活动，2000余名爱好者参加。12月10—13日，组队参加开州区“渝川陕鄂毗邻区县”篮球邀请赛，获第六名。全年梁平区开展篮球联赛126场，足球联赛30余场。

【竞技体育】 组建重庆市第六届运动会梁平区代表队，确定参赛项目，完成选拔教练员、运动员，制定重庆市第六届运动会梁平区组团实施方案。12月，参加中国乒协国青、国少集训重庆选拔比赛，梁平区选手廖一龙获国少男子单打第三名，廖一凤获国少女子第二名。梁平区输送至重庆市运动技术学院的佟欣获得国青男子单打第一名；10月，参加重庆市青少年武术散打（甲组）锦标赛男子甲组65公斤级，梁平区选手钱豪杰获得第一名。10月参加重庆市青少年武术套路锦标赛，男女组分别获第三名。10月15日，参加2020年重庆市跆拳道冠军赛，梁平区选手龙青松获得第八名。10月24日至18日承办重庆市2020年跆拳道俱乐部Online联赛。11月27—31日承办2020年重庆市武术散打擂台赛，共500余名运动员参赛，梁平区运动员夺得六金四银的成绩。12月上旬，组织全区青少年运动员进行重庆市第六届运动会参赛运动员体能测试。

【体育产业】 2020年梁平区体育彩票销售1.85亿元，全区新增10个体育彩票销售点，共有81个彩票销售点。“梁平区双桂湖湿地公园体育旅游线路”被重庆市体育局、重庆市文化和旅游发展委员会评为“重庆市体育旅游精品线路”。为梁平区云鼎健身有限公司申报市级体育产业发展专项资金项目10万元。

（区体育事业发展中心　谢政轩）

卫生　健康

综　　述

【概况】 重庆市梁平区卫生健康委员会是主管全区医疗卫生健康工作的政府工作部门，内设办公室、组织人事科、规划发展与信息化建设科、财务审计科、政策法规科（体制改革和药政科、行政审批科）、疾病预防控制科（卫生应急办公室）、爱国卫生运动委员会办公室、医政医管科、中医科、基层卫生科、妇幼健康科、健康促进科（职业健康科）、人口发展与老龄健康科等13个科室。核定行政编制24人，实有23人。

截至2020年底，梁平区有各级各类医疗卫生健康机构576个。其中，区属卫生健康机构11个（区人民医院、区中医医院、区疾控中心、区妇幼保健计划生育服务中心、区精神卫生中心、区卫生健康综合行政执法支队、区基本药物采购中心、区计划生育流动人口管理所、区计划生育药具管理中心、区人口资源信息中心、区基层卫生计生会计核算中心），乡镇卫生院（计划生育服务站）29所，街道社区卫生服务中心（计划生育服务站）5个，村卫生室398个，民营医院5家，个体诊所、门诊部及医务室128个。开放床位共4400张（包括民营医院418张），全区每万人拥有床位数67.6张。

区属卫生健康单位共有职工2254人（其中，在编职工997人、非在编1257人），基层卫生健康单位共有职工1321人（其中在编职工985人、非在编336人），民营医疗机构共有专业技术人员318人，个体诊所、门诊部及医务室人员296人；全区卫生技术人员共5219人，其中博士3人、硕士59人、本科1697人，有正高职称24人、副高职称217人、中级职称690人，有执业（助理）医师1827人，执业护士2258人。

2020年，梁平区累计门诊167.46万人次，住院11.94万人次。

据人口家庭信息系统显示，2020年底，全区户籍人口92万人，人口自然增长率为-0.77‰，出生人口性别比为104.7。人口平均预期寿命77.51岁。

2020年，财政对卫生事业投入5.42亿元，较2019年增长7.75%；其中，公立医院投入1.3亿元，较2019年增长5.69%；基层医疗机构投入1.97亿元，较2019年增长9.44%。

【党建工作】

党的政治建设　加强理论武装，引导全系统党员干部深学笃用习近平新时代中国特色社会主义思想，深入学习贯彻党的十九大及十九届二中、三中、四中、五中全会精神，推动理论学习往深里走、往心里走、往实里走。全区二级以上公立医院和设党委的公立医院均实行党委书记、院长分设；各公立医院均设立党建办公室，并按照不低于职工总数0.5%配齐党务工作人员，党支部书记和委员分别参照医院中层正职和副职落实相关待遇；全面推进党支部设在内设机构、一线科室、重大项目组和重点学科组，区人民医院党支部从6个增设至14个，区中医医院党支部从2个增设至8个，区妇幼保健计划生育服务中心党支部从1个增设至4个。全区公立医院2020年发展预备党员18人，预备党员转正18人，批准入党积极分子50人、发展对象13人。严格规范党内政治生活。严格落实“三会一课”、民主生活会、领导干部双重组织生活会、每月主题党日活动、民主评议党员等制度，召开党委理论中心组学习11次，党委书记和班子成员轮流带头上党课。落实意识形态工作责任制。落实定期研判、定期报告、督查考核、责任追究等制度。2020年，区卫生健康委党委专题召开疫情期意识形态风险研判会议2次，召开疫情防控舆情研判等方面会议20余次。

干部人才队伍建设 2020年，向区委编委申请用编195个。深入开展基层卫生事业单位人员公招、基层紧缺实用人才考核招聘及“英才计划”高层次人才引进工作。联合区委组织部、区委编办、区人力社保局，修订出台全区卫生健康系统七、八级管理岗位干部管理办法。

党风廉政建设 开展廉政警示教育“五个一”活动，全系统召开“以案四说”警示教育会及案件剖析反思会2次，受教育150余人次。2020年11月，召开全区卫生健康系统集中整治收受红包礼金问题“以案四改”工作动员部署会，深入推动“以案改治理、以案改监管、以案改制度、以案改作风”工作。加大对违纪行为惩治力度，2020年，全系统给予通报批评4人，书面检查2人，诫勉谈话2人，降低岗位等级处分2人。加强正面宣传。围绕疫情防控、健康扶贫、健康中国重庆行动、医改、全面建成小康社会及各类卫生健康日，制定年度宣传要点和具体方案，大力开展宣传，开展援鄂医疗队出征、援鄂医疗队凯旋、“5·12”国际护士节、第三届医师节等大型宣传活动，得到区委、区政府主要领导及社会各界的充分肯定和参积极与。加强与新闻媒体合作，全年在市级及以上主流媒体上稿近百篇，积极塑造卫生健康系统良好形象。

【疫情防控】

新冠肺炎疫情防控阻击战取得重大战略性成果 区卫生健康委系统认真贯彻落实习近平总书记重要讲话和重要指示批示精神，严格按照“外防输入、内防反弹”的防控策略，按照全市启动重大突发公共卫生事件一级响应部署，压紧压实属地、部门、单位、个人“四方责任”，严格落实防控措施，加强疫情监测、发现、研判，规范处置流程，确保各项防控举措有效衔接，形成防控合力。疫情突发初期，全区医护人员挺身而出，始终坚守防疫一线，和全区人民一道英勇抗疫，把确诊病例锁定在4例并很快治愈出院，迅速调整为疫情低风险区，为梁平区复工复产复学赢得先机。先后派出3批43名医务人员支援万州、湖北。

抓好疫情常态化防控 转为常态化疫情防控后，全区卫生健康系统干部职工时刻绷紧疫情防控这根弦，坚决克服麻痹思想、厌战情绪、侥幸心理、松劲心态，坚持力度不减、防线不松、未雨绸缪，按照市级工作部署，制定《梁平区秋冬季疫情防控应急处置预案》《梁平区秋冬季疫情防控工作方案》等系列工作指导文件，组织开展大培训、大演练、大排查，建立采样、核酸检测、流调、消杀、心理干预和社区防控六类专业队伍，核酸检测能力达到“一周内7天全员检测全覆盖、3天内辖区核心城区全员检测全覆盖”，按5000—6000人常住人口设置1个应急采样点的要求，全区共设置应急采样点142个，设置集中隔离点5个，防控物资储备长期保持满足1个月满负荷运转需求，落实隔离点、学校、托幼机构、养老机构、监所等重点场所精准防控措施，强化农村地区疫情防控，做好了院感防控各项工作，完善多点触发实时监测预警机制，发挥发热门诊“哨点”作用，增强早期监测预警能力，提升队伍应急能力，精准推进常态化疫情防控，统筹推进疫情防控和经济社会发展。

【健康扶贫】 成立专项工作小组，实行书记、主任双组长制，明确区内各医疗卫生单位主要负责人为第一责任人，狠抓责任落实，严格对照《重庆市基本医疗有保障工作标准》精准推进健康扶贫各项工作，医疗卫生机构“三建好”、医疗卫生人员“三合格”、医疗服务能力“三达标”目标全部实现；狠抓政策落实，34个基层医疗卫生机构采取义诊体检、制作健康扶贫宣传专栏、电话访问、入户走访等多种形式，加大健康扶贫政策宣传力度，确保群众知晓；严格执行“先诊疗后付费”“一站式结算”和“七重保障”政策，全区8616户24952人建卡。贫困户“资助参保、医疗救助、先诊疗后付费、一站式结算、家医签约”实现五个100%；全年扶贫医疗救助2万余人次，发放救助金926.27万元，通过医疗救助保障，全区建档立卡贫困人口住院个人自付比例9.88%，慢病和重特大疾病门诊自付比例11.75%，区域内就诊率97.23%，达到基本医疗有保障目标。

【医药卫生体制改革】

“三医联动”由试点探索逐步转向系统配套，建立健全现代医院管理制度，持续巩固取消药品耗材加成改革成果，夯实医改便民服务，公立医院改革“破、立、改”取得新进展。

深化药品供应保障制度改革 落实国家组织药品带量采购使用工作要求，其中第一批25个品种超计划完成采购使用，4月完成集采药品采购使用续标工作。落实32种降价药品平稳过渡。推进第三批国家组织集中采购药品55种。落实国家基本药物制度，区人民医院、中医医院、妇幼保健院、精卫中心、基层医疗机构基药配备和使用占比均达到市级下达指标。深化流通领域改革，公立医疗机构全面执行药品采购“两票制”，开展短缺药品监测，加强短缺药品供应保障工作，全区所有公立医疗机构全部纳入国家短缺药品信息直报系统，建立短缺药品预警监测信息资源共享制度，二级以上医疗机构建立短缺药品供应保障工作领导小组，制定短缺药品管理制度、工作流程，建立短缺药品清单管理储备制度，落实短缺药品备案采购制度，2020年全区共备案87个品种1148.83万元，缓解易短缺药品临床供应。推进医疗服务项目价格调整，破除以药补医，所有公立医院均实施药品零差率销售（中药饮片除外）。

建立医改便民长效机制 公立医院灵活调配医疗资源、开展自助服务、规范设置便民门诊、开展预约服务、候诊叫号服务等，改善群众就医体验。二级医院预约就诊率达到30%，分时预约时间在1小时以内。建成区域内远程协作网，能够实现远程会诊、远程影像、远程心电和远程培训功能。区人民医院、区中医医院开设收费挂号窗口16个，缩短病人排队等候时间；开设38个自助服务机，服务213673人次；设置导诊台20个，23293人次参与服务；普通门诊占比69%；便民门诊服务8823人次；按病种付费管理出院1911人次；50327人次参与多种形式预约服务；1055人次参与志愿者服务；患者满意度88%。

推进分级诊疗制度建设 促进“基层首诊、双向转诊、急慢分治、上下联动”改革。探索以医通、人通、财通为目标的医共体“三通”建设。2020年，区级医院下派11人常驻基层医疗机构、免费培训基层医疗机构人员440人、开展教学查房及讲座26次、质量控制11次、指导手术5次、远程会诊278次。区级公立医院先后派出40余人次到基层驻点支医。探索推进用药衔接。在医共体内倡导上下医疗机构用药衔接工作，满足患者就近看病拿药需求。巩固基层首诊机制。以常见痛、多发病、慢性病为重点，落实66个基层首诊病种分级诊疗，出台《梁平区双向转诊实施方案》，推进分级诊疗制度落实。

【服务体系建设】

医疗服务体系提档升级 投资1.96亿元的区妇女儿童医院、0.7亿元的区高新医院1期于2020年12月26日建成投用；投资1.7亿元的区中医院住院综合楼主体完工进入装修；投入3000万元的区人民医院感染科改造项目有序推进；启动投资0.61亿元区疾病预防控制中心迁建工程；投入1633万元提升基层医疗卫生机构服务能力，完成33个基层单位、74个村卫生室维修改造。投入1540万元为基层采购141台数字化诊疗设备，基层DR、彩超等数字化设备配备率100%，数字化预防接种门诊建设率100%。完成15个基层医疗机构污水专项治理工程。

积极推进优质服务基层行活动 全面开展基层医疗机构等级评审，对评审达标单位分别给予基本公共卫生分值奖励和年终目标考核加分奖励，34个基层医疗机构全面完成线上自评，其中

1家达到基层医疗机构“丙级”标准、5家达到基层医疗机构“乙级”标准、1家达到基层医疗机构“甲级”标准。区第二人民医院创建“市级美丽医院”。

【公共卫生服务】

项目资金全面到位　2020年，梁平区基本公共卫生服务项目财政投入4765万元（含新加入19项基本公共卫生服务补助资金483万元），其中中央资金3812万元，市级资金579万元、区级配套资金374万元。各基层医疗卫生单位基本公共卫生服务项目资金使用规范，未发现挪用、拖欠、克扣等现象。

工作开展扎实有效　2020年，基本公共卫生服务项目工作达到年初制定目标和市级工作要求，年度工作任务完成。

家庭医生签约服务：全区常住人口签约227629人，签约率34.8%；65岁及以上常住居民签约72431人；高血压患者签约32738人；糖尿病患者签约7522人；肺结核患者签约224人；严重精神障碍患者签约2614人；在家且有意愿建档立卡贫困人口签约18517人，签约率100%。

居民健康档案管理：全区累计建立电子健康档案607140份，电子档案建档率92.82%，达到重庆市考核标准。

传染病管理及突发公共卫生事件报告和处理：全区报告传染病病例数7855例，传染病报告率100%，报告及时率100%；报告突发公共卫生事件相关信息12个，报告率100%。

预防接种：全区0～6岁适龄儿童建证建卡49862人，建证建卡率99.98%，八苗接种率90.91%，八苗接种总计90944针次。

0～6岁儿童健康管理：全区上报活产数4096人，接受访视的新生儿数3900人，新生儿访视率95.21%；0～6岁儿童数35519人，健康管理数33242人，0～6岁儿童健康管理率93.59%。

孕产妇健康管理：产妇4060人。早孕建册3839人，早孕建册率94.56%；孕产妇系统管理3779人，孕产妇系统管理率92.26%；孕产妇产后访视3880人，孕产妇产后访视率94.73%。

健康教育：全区累计印刷健康教育资料923种，发放健康教育宣传资料377377份，设置健康教育专栏411个，更新健康教育专栏内容2082次，健康教育影像资料727种，播放3632次，播放总共时长11827时，举办健康教育讲座1305次，受益人数为29763人，举办公众咨询活动354次，受益人数为27310人。居民健康素养水平21.81%。

肺结核健康管理：全区确诊并通知基层医疗卫生机构管理的肺结核患者249人，管理245人，管理率98.39%；同期辖区内已完成治疗的肺结核患者274人，按照要求规则服药的肺结核患者273人，规则服药率99.64%。

65岁及以上老年人健康管理：全区65岁及以上老年人健康体检72051人，接受健康管理71074人，健康管理率72.60%。

慢性病患者健康管理：全区高血压已管理48626人，规范管理32546人，规范管理率66.93%；糖尿病已管理13534人，规范管理8980人，规范管理率66.35%。

卫生计生监督协管：全区饮用水卫生安全巡查1056户次、学校卫生及托幼机构巡查564户次、非法行医及非法采供血巡查3207户次、回访24次、计划生育巡查95户次，职业卫生巡查249户次，共计巡查5195户次，巡查覆盖率100%；上报饮用水卫生安全违法信息359条、学校卫生违法信息15条、非法行医违法信息8条，职业卫生违法信息146条，共计528条，信息报告率100%。

中医药健康管理服务：全区接受中医体质辨识的65岁及以上老年人共65670人，健康管理率67.08%；接受中医药健康管理服务的0～36个月儿童共9146人，健康管理率68.16%。

严重精神障碍患者管理：全区累计登记并且录入国家严重精神障碍信息系统的患者4195例，在册患者3756人，报告患病率5.74‰。系统管理率93.5%，规范管理率88.55%，面访率91.21%，服药率83.43%，规律服药率53.27%，精神分裂症服药率82.94%，精神分裂症规律服药率53.99%。

“两癌”筛查：完成宫颈癌筛查12245人、乳腺癌筛查9365人，均超额完成年度检查任务。

0～6岁儿童年度眼保健和视力检查：0～6岁儿童眼保健和视力检查覆盖率93.49%。

地方病：地方病现症病人治疗年度任务完成率100%。

职业病防治：梁平区工作场所职业病危害因素定期检测率达80%以上。

【医疗服务质量提升】

等级创建　区人民医院积极创建三级甲等综合医院，设立500万元人才引进专项经费，投入1000万元购买设备，投入3000万元改造感染科；与重医大附一院、重大附属三峡医院、重大附属肿瘤医院签订合作协议。区中医医院启动创建三级甲等中医院，区妇幼保健计划生育服务中心启动创建二级乙等保健院。各基层医疗机构全面开展等级医院建设。

学科建设　2020年申报市级科研项目20项，较2019年增加150%；申报继续医学教育项目63项，较2019年增加21.15%。

服务能力提升　区人民医院与重庆医科大学附属一院、重庆大学附属肿瘤医院、全国各地病理专家开展远程会诊，服务超过600人次，并依托医联体对基层医疗机构远程会诊、远程影像会诊服务、远程培训服务工作。全区建立有胸痛中心、卒中中心、创伤中心、危重孕产妇救治中心、危重儿童和新生儿救治中心，提升全区重点疾病医疗救治能力。建立全区航空救援体系，实施陆地、空中立体救援模式，强化120指挥调度信息系统建设，系统建成包含区级120调度指挥中、区级120网络医院急救系统、社区卫生服务中心（乡镇卫生院）车载调度系统，实现与市级数据信息互联互通。区级医疗机构优质护理服务覆盖率达到100%。

无偿献血保供　严格血液安全技术核查，加强对集中无偿献血的组织协调，全区无偿献血5973人次共献血192.28万余毫升，无偿献血满足临床用血的需求，无偿献血量超出用血量10.19%。

【健康环境建设】

农村人居环境建设　2020年市级农村改厕任务2500户，实际完成2500户（全部为三格式无害化卫生厕所），农村人居环境得到进一步改善。爱国卫生运动全面推进。组织召开全区爱国卫生运动工作推进（视频）会议，重点部署全区广泛开展爱国卫生月活动和大力开展爱国卫生运动，将新盛、龙门、文化3个镇创新纳入爱国卫生运动试点乡镇，大力开展卫生整治，优化人居环境，以点带面，整体推进。

国家卫生区创建　进一步健全全区爱国卫生组织体系，有序推进创卫工作，竹山镇、安胜镇、袁驿镇、柏家镇4个镇创建市级卫生乡镇；张桥社区、八角社区、猎神村参加2020年重庆市首届健康村镇示范建设评审工作，分别取得全市第一、第三、第五名的成绩；慢性病综合防控示范区创建成效明显；全区无烟卫生健康系统和无烟学校全覆盖，无烟党政机关创建积极推进，创建67个区级无烟党政机关，3个市级无烟党政机关；健康教育网络健全，健康促进逐步强化，区内中、小学健康教育开课率100%，人均预期寿命77.51岁，居民健康素养21.8%；加强病媒防制宣教，强化病媒生物预防控制，每年开展春秋两季“除四害”活动，针对性开展登革热疫点专业消杀。

【中医药事业发展】　区人民医院、区妇幼保健院均设置了中医科、中药房，能够开展中药饮片、中成药及中医药适宜技术等中医药服务；实现中医馆全覆盖，袁驿中心卫生院中医馆被评为“精品中医馆”，获得专项补助资金15万元；区中医医院及34家基层中医馆均接入市级中医馆健康信息平台，全区各基层医疗机构已实现中医辨证论治、治末病、知识库、远程教育、远程会诊等各项功能全覆盖，完成年度中医辨证论治、远程会诊等远程医疗目标任务；开展非中医类别医师中医药知识培训考核工作，符合可直接开具中成药处方条件的非中医类别医师共581人，398名非中医类别医师通过“学堂在线”培训考核合格取得开具中成药处方资格；加强中医药科研工作，区中医医院《巴布剂中药穴位敷贴在膝关节炎应用中致敏性及有效性观察研究》获得2020年市级科卫联合中医药技术创新与应用发展“一般项目”立项。

【计划生育】 深化计划生育服务管理改革，优化再生育审批流程，将法定审批时限由20个工作日缩减至8个工作日。全区年度生育服务登记4320个，其中二孩生育服务登记2129个，占49.28%，再生育审批155个。计划生育家庭发展能力稳步提升。按时足额发放计生奖励（特别）扶助金及失独家庭一次性养老保险补贴26421人4584.724万元。投入70.65万元为1775名计生特殊家庭人员购买住院护理险。落实公安、民政、卫生计生等部门人口信息每月交换和共享通报制度，交换各类数据4.1万条。扎实开展出生人口信息监测工作，采集各类监测信息3026条。推进婴幼儿照护服务机构建设，印发《重庆市梁平区人民政府办公室关于贯彻落实〈重庆市人民政府办公厅关于促进3岁以下婴幼儿照护服务发展的实施意见〉的通知》（梁平府办发〔2020〕53号），1家具有示范效应的托育机构完成备案。

（区卫生健康委　王军）

梁平区红十字会

【概况】 重庆市梁平区红十字会属于区委领导的正处级群团组织。机关内设综合部和赈济救护部。核定参公事业编制4人，实有4人。

2020年，区红十字会在区委、区政府的坚强领导下，在市红十字会的精心指导和关心支持下，团结带领全区各级红十字工作者和广大志愿者，深入学习贯彻习近平新时代中国特色社会主义思想、习近平总书记关于群团工作重要论述和党的十九大和十九届二中、三中、四中、五中全会精神，紧紧围绕全区改革发展大局，扎实开展备灾救灾、应急救护培训、人道博爱救助、造血干细胞捐献及遗体器官捐献、儿童大病救助、红十字人道传播和脱贫攻坚等方面工作，有力地维护了易受损人群的利益，较好地发挥了党和政府在人道救助领域中的助手作用，各项工作取得新进展。获中国红十字会总会抗击新冠肺炎疫情暨红十字应急救护知识竞赛单位组织奖二等奖。红十字宣传工作被中国红十字总会评为三等奖。

【抗击新冠疫情】 2020年，新冠肺炎疫情突发后，区红十字会领导班子坚决贯彻落实习近平总书记关于疫情防控重要讲话精神和党中央决策部署，把参与疫情防控作为首要政治任务，在区疫情防控工作指挥部统一指挥下，积极投入防控阻击战，及时成立疫情防控工作领导小组，加强应急值守，第一时间向社会发布捐赠公告，广泛动员人道力量募集款物支援一线，并派出2名工作人员入驻区经信委合署办公做好物资接收和发放工作，共接收捐赠物资和资金600余万元，承接区政府有关方面协调的重庆润德天亿建材有限公司捐赠用于发展医疗卫生和教育事业资金645万元，到位145万元。在加强募捐工作基础上，组织动员红会系统干部、基层组织、志愿者参加新冠肺炎疫情社区联防联控等工作，协同社会各方面力量构筑疫情防控的人民防线，为抗疫斗争取得重大战略成果作出积极贡献，获中国红总会抗击新冠肺炎疫情暨红十字应急救护知识竞赛单位组织二等奖，区红十字会博爱志愿服务大队队长邓淑华获“中国红十字会抗击新冠肺炎疫情优秀志愿者”称号。

【“三救”工作】

救灾　完善《梁平区红十字会突发公共事件应急预案》，并纳入梁平区和市红会应急救援体系。规范备灾仓库管理，对库存物资进行清理分类，建立完善备灾物资账目管理台账和物资管理制度。持续完善仓库硬件建设，筹措资金对仓库统一安装防护网，确保仓库能正常高效发挥备灾作用。自发生洪涝灾害以来，积极主动向上级红会报送灾情，争取各方支持，共接受上级红会抗洪救灾资金和物资40.59万元，及时发放到受灾较严重的14个镇（街道），受益群众6000余人。

救护 围绕市红会《关于持续推进红十字应急救护“五进”工作的通知》要求和目标任务，精心制定方案，狠抓工作落实。针对工业园区31家企业外贸验厂急需要取得培训合格证的红十字救护员实际，主动作为，与市红十字会协调并邀请市急救培训师资授课，在梁平举办首期初级救护培训班，共培训企业员工67人，为园区企业解了燃眉之急。同时，积极组织开展红十字救护培训进机关、进企业、进社区、进农村、进学校的“五进”活动，发放《急救知识手册》等宣传资料8000余份，开展活动16场次，累计培训各类人员8500余人。通过大力普及救护知识，广泛传播红十字精神，扩大红十字会在社会各阶层的影响力，增强群众安全防范意识，切实提高干部群众和学生应对突发事件的自救互救能力。

救助 立足服务民生，利用各种渠道募集救助资金，积极开展以“博爱助困、博爱助学、博爱助医、博爱助老”为主要内容的系列救助活动。在开展“红十字博爱送万家”活动中，先后为全区33个镇乡（街道）的364户困难群众家庭发放爱心救助款物11.85万元；组织看望慰问病逝军休干部蒲良培家属，并送去1000元慰问金和牛奶、食用油等慰问品；救助遗体器官捐赠者困难家庭0.5万元；博爱助学争取市红会“红十字星火计划”为6名高一新生发放助学金1.2万元；联合区血浆捐献中心为11名品学兼优、家庭困难的大学新生发放助学金1.6万元；为屏锦中学20名高中学生及3名就读大学的遗体器官捐赠者子女发放助学金2.6万元。申报儿童大病救助8人。为云龙镇5家专业合作社及创业发放生计基金45万元。

与此同时，加强志愿者队伍服务能力建设和专业化培训，积极组织三支队伍参与红十字“三救三献”核心业务知识宣传普及，申报争取红总会和市红会志愿服务项目3个。组织开展形式多样主题志愿服务活动，为留守儿童、困难残疾、失独及患重病等人群送去爱心物资和慰问金合计6万余元，志愿者队伍扶弱助困、传递社会正能量的重要作用得到较好发挥。

【“三献”工作】

无偿献血 配合梁平区卫生健康委利用各种纪念日以及每年2～6月集中开展献血活动时机，采取发放宣传资料、现场面对面宣传等方式，加强《中华人民共和国献血法》及献血有关知识的宣传，鼓励引导群众及机关事业单位干部职工参与无偿献血，2020年献血人数4931人次，献血总量156.75万毫升，为弘扬人道主义精神和缓解用血难问题做出了贡献。

造血干细胞捐献 拿出专项资金编印各类宣传资料，组织造血干细胞捐献志愿者服务队伍，以救护培训“五进”活动、“5·8”红十字纪念日以及“世界骨髓捐献者日”等集中宣传为契机，大力开展造血干细胞捐献宣传活动，同时，利用全区集中开展无偿献血活动时间做好血样收集等工作，不断提高群众对造血干细胞捐献工作的认识和参与积极性。全年发放宣传资料3000余份，全区有15人经血样采集成为造血干细胞志愿捐献者，光荣加入中华骨髓库。

遗体器官捐献 充分利用“5·8”红十字博爱周、无偿献血月、志愿服务等有利时机以及媒体网络载体，以制作宣传折页、活动展板、宣传单等载体，大力宣传普及《重庆市遗体和人体器官捐献条例》等相关知识，倡导人道主义精神，不断提高市民的认知度，全年发放相关资料2000余份，全区接受遗体（角膜）和器官捐献志愿登记372人，为挽救生命、推进医学教育事业发挥了积极作用。

【扶贫攻坚】 自结对帮扶复平镇大龙村6户建档立卡贫困户以来，领导班子深刻领会习近平总书记在解决“两不愁三保障”突出问题座谈会上的讲话精神，把脱贫攻坚作为一项重大政治任务抓落实。坚持每月末对帮扶对象走访慰问，跟进了解掌握帮扶户生产生活等情况，结合实际充分发挥自身优势，分别从支持发展种养殖业、改善生活居住条件、博爱助学、博爱助困、救护宣传培训、健康扶贫、消费扶贫等方面入手，多措并举用心用力做好精准扶贫工作。2020年，累计为结对帮扶对象送去扶贫产业资金及物资等款物3.5万余元，资助1名白内障患者实施复明手术，红十字人道力量在助力帮扶困难群众解决实际问题上受到当地政府和群众一致好评。

【人道文化宣传】

在“5·8”世界红十字日期间，组织开展主题为“助力疫情防控　红十字就在身边”的“红十字博爱周”系列宣传活动，广泛传播红十字精神，引导市民群众正确认识和预防疾病，继续落实好防控措施，提高自我保护意识和自救互救能力。加强新闻宣传工作，充分利用《中国红十字报》、重庆市红十字网、《人道与博爱》杂志等媒体以及本地各类新闻媒体传播平台，大力宣传为防疫献爱心的单位个人以及红十字事业发展新成就，在全社会传播人道、博爱、奉献精神，全年在各级报刊、网站发表新闻宣传、信息报道90余篇次，进一步树立红十字会的良好社会形象。获2020年度中国红十字总会报刊宣传先进集体三等奖。（区红十字会　李美权）

科技　气象

科学技术

【概况】　重庆市梁平区科学技术局是区政府组成部门，主管全区科技创新工作。内设综合科、政策法规科、资源配置科、创新发展科，机关编制人数8人，在编人数7人。下辖1个事业单位：重庆市梁平区生产力促进中心（重庆市梁平区科技信息服务中心、重庆市梁平区科技金融服务中心），事业编制人数7人，在编人数7人。

2020年，获区级“无烟党政机关”及“区级卫生单位”称号，区生产力促进中心专业技术人员罗朝聪获得重庆市委组织部、市人力社保局、市国资委联合表彰为2020年度“重庆市担当作为好干部”，区生产力促进中心专业技术人员曹文蒋参加区委宣传部组织的习近平新时代中国特色社会主义思想微宣讲比赛获二等奖。

【市级高新区】　2020年，重庆梁平高新技术产业开发区新入库重庆市科技型企业48家，累计205家；新入库国家科技型中小企业17家，累计49家；新认定国家高新技术企业31家、引进2家，累计64家。加强与重庆市内外21所高等院校、科研院所合作，引进两院院士3人，设立院士工作点3个，引进高层次人才35人；新建研发机构17个，累计36个；新注册法人化新型研发机构4个，累计6个；新获批认定市级新型研发机构1个，累计3个；新注册和引进科技服务机构19个，累计41个。高新区科技企业孵化器获批认定市级科技企业孵化器，新建并投用高新区规划展览馆，加快建设高新区科创中心。

【国家农业科技园区】　2020年，获科技部批准建设“重庆梁平国家农业科技园区”。截至年底，拥有产业化龙头企业207家（其中，市级以上龙头企业29家、农业科技型企业81家、国家高新技术企业9家）；深化产学研合作，选派市、区级科技特派员139人次，组建科技特派团队4个，建设并获批认定市级专家大院、星创天地、工程技术研究中心、企业技术中心、中小企业技术研发中心等农业科创平台21个、农产品检测中心1个。建设试验示范基地10个，引进和推广新品种43项、新技术49项，获得“二品一标”87个、重庆名牌农产品7个、名特优新农产品2个。

2020年3月23日，市级科技特派员、西南大学教授陆智明在中华名柚园开展技术指导和服务

【科技体制改革】　坚持科技创新和制度创新“双轮驱动”，推进科研项目经费“包干制”、科研项目结题备案等科技体制改革，4项公共服务事项全部进驻区行政服务大厅，扎实开展“营商环境建设年”和“民营企业创新发展服务月”活动，全面落实《创新驱动奖扶办法》，及时兑现2019年度创新驱动奖扶资金及高企引育补助资金1100多万元，切实为科研人员减负，赋予企业和

科研人员更大自主权，持续营造良好创新创业生态。

【科技金融】 深入推进科技金融改革，积极贯彻落实重庆市科技型企业知识价值信用贷款风险补偿工作，着力破解科技型中小企业融资难、融资贵问题，助力科技型中小企业创新发展。组建1亿元科技型企业知识价值信用贷款风险补偿基金，2020年，新增46家科技型企业知识价值信用贷款7398万元，引导叠加商业贷款4114万元，累计为80家科技型企业发放知识价值信用贷款1.2308亿元，引导叠加商业贷款6804.5万元。

【科技合作】 2020年，梁平区政府与重庆市科技局建立科技工作会商机制，加强与璧山区开展"一区两群"对口科技协作。着眼产业创新，突出企业主体，以项目实施为载体，推进电子信息、智能家居、绿色食品加工等主导产业和集成电路、新材料等战略性新兴产业以及现代农业企业，与市内外近30所高校院所、10余家大型企业开展科技合作，加强人才引进培养、研发机构建设、科技研发服务、成果转化和新产品研发对接。通过科技合作，全年承担实施国家科技部"科技助力经济2020"重点专项项目及市级专项项目4项，企业自主科研项目100余项。

【科普宣传】 深入宣传贯彻《科学技术普及法》《重庆市科学技术普及条例》等科技法律法规，新增认定市级科普基地2个，累计达到4个。扎实开展科普助力疫情防控和复工复产活动，下发《关于做好新型冠状病毒感染的肺炎疫情防控科普工作的通知》，印发科普宣传资料80余万份，制挂科普宣传标语和推送疫情防控科普知识各1000余条，通过主流媒体刊发刊播科普知识200余条。采取"线上+线下"方式，举办以"科技战疫·创新强国"为主题的科技活动周，开展科技战疫成果展示、"大数据智能化"科技创新成就展示、科技助力脱贫攻坚和乡村振兴等五大类17个科普活动。举办梁平区第二届科普讲解大赛，推选4名选手参加第七届重庆科普讲解大赛，获二等奖和优秀个人、优秀组织奖各1个。

【科技成果】 2020年，梁平区创造并在"国家科技成果登记系统"登记科技成果32项。

表4　　2020年梁平区新登记科技成果一览表

序号	科技成果名称	成果完成单位
1	水上种植浮架	重庆市梁平区畜牧渔业发展中心
2	曝气盘	重庆市梁平区畜牧渔业发展中心
3	鱼塘吸污系统	重庆市梁平区畜牧渔业发展中心
4	防震段码液晶显示器	重庆捷尔士显示技术有限公司
5	一种抗静电的液晶显示器	重庆捷尔士显示技术有限公司
6	一种组合式液晶仪表	重庆捷尔士显示技术有限公司
7	真空袋装食品清洗、筛选、烘干装置	重庆真本味食品有限公司
8	一种香辛料提取浓缩装置	重庆真本味食品有限公司
9	焯水装置	重庆真本味食品有限公司
10	焯水后肉类原料的转运装置	重庆真本味食品有限公司
11	车载式搅拌机及混凝土搅拌车	重庆宏工工程机械股份有限公司
12	冲击式螺旋输送钻机	重庆宏工工程机械股份有限公司

续表

序号	科技成果名称	成果完成单位
13	非开挖顶管钻机	重庆宏工工程机械股份有限公司
14	环缝万向钻孔机	重庆宏工工程机械股份有限公司
15	环缝钻进装置及环缝钻机	重庆宏工工程机械股份有限公司
16	四轮车小型打钻一体机	重庆宏工工程机械股份有限公司
17	隧道取芯钻孔机	重庆宏工工程机械股份有限公司
18	一种公路护栏打桩机	重庆宏工工程机械股份有限公司
19	一种取芯钻孔机	重庆宏工工程机械股份有限公司
20	一种钻孔打桩一体机	重庆宏工工程机械股份有限公司
21	一种具有保温隔湿功能的挤塑板	重庆才伟科技有限公司
22	一种防浸泡的抗冲击型聚苯板	重庆才伟科技有限公司
23	一种膨胀聚苯板薄抹灰外墙外保温建筑结构	重庆才伟科技有限公司
24	一种新型保温隔热挤塑板	重庆才伟科技有限公司
25	一种自粘微发泡板隔声垫层材料	重庆才伟科技有限公司
26	一种砂模浇铸模具下料传输系统	重庆福锦塑胶有限责任公司
27	一种砂模推车	重庆福锦塑胶有限责任公司
28	高可靠性GPP芯片制备方法	重庆平伟实业股份有限公司
29	一种同步整流模块、整流方法及其制造方法	重庆平伟实业股份有限公司
30	一种直流电机换向器拉槽机	重庆惠梁机电配件有限公司
31	一种换向器冷却导风罩	重庆惠梁机电配件有限公司
32	一种转子入绝缘片换向器套管机	重庆惠梁机电配件有限公司

【国家高新技术企业】 2020年，全区新认定国家高新技术企业31家、引进2家，新增国家高新技术企业33家。

表5　**2020年梁平区新增国家高新技术企业一览表**

序号	企业名称
1	重庆渝工科技有限公司
2	重庆真本味食品有限公司
3	重庆两颗豆农业科技发展有限公司
4	重庆市一可金属制品有限公司
5	梁平县万辉建材有限公司
6	梁平县福韵建材有限公司
7	重庆奥丽特建材有限公司
8	重庆凯美塑料有限公司
9	重庆佰全电子科技有限公司
10	重庆巨源阿洛一新材料开发有限公司

续表

序号	企业名称
11	重庆市塑佳包装有限公司
12	重庆渝每滋俊杰食品有限公司
13	重庆市昊华配件制造有限责任公司
14	重庆市仰慕服饰有限公司
15	重庆仟和镁业科技有限公司
16	重庆市戏水族服饰科技有限公司
17	重庆市冠美廷陶瓷有限公司
18	重庆市凌鹤科技有限公司
19	梁平大北农饲料科技有限责任公司
20	重庆市蜀达饲料有限公司
21	重庆市梁平区宏富贵农机设备制造有限公司
22	重庆亿豪活性炭有限责任公司
23	梁平县吉龙混凝土有限公司
24	重庆初方休闲用品有限公司
25	重庆天戈陶瓷有限公司
26	重庆金漫电力设备制造有限公司
27	重庆市泉鹤印务有限公司
28	重庆市同盟农业开发有限公司
29	重庆梁山群星装饰建材有限公司
30	重庆欣富迪包装印务有限公司
31	重庆市梁平区丰疆生物科技有限公司
32	重庆亘祥科技有限公司
33	济南兰星电子有限公司

【市级科技型企业】 2020年，梁平区新增纳入 企业48家。
“重庆市科技型企业信息管理系统”统一管理的

表6 **2020年梁平区新入库重庆市市级科技型企业一览表**

序号	企业名称
1	重庆良治天奇科技开发有限公司
2	重庆辉润农林开发有限公司
3	重庆平华科技有限公司
4	重庆市梁平区御康水果股份合作社
5	重庆柚香谷科技有限公司
6	重庆力赛物资有限公司
7	重庆市梁平区海溢锅炉有限公司

续表

序号	企业名称
8	重庆鑫安捷电梯有限公司
9	重庆辰环物流有限公司
10	重庆市泓宙网络科技有限公司
11	重庆云工机械有限公司
12	重庆市锦龙户外用品有限公司
13	重庆市数谷旅游开发有限公司
14	重庆森发光学科技有限公司
15	重庆市梁平区华兰生物单采血浆有限公司
16	重庆巳午农业有限公司
17	重庆煜嵘农业发展有限公司
18	重庆润德天华电子商务有限公司
19	重庆农耕农业开发有限公司
20	重庆市赟哒科技有限公司
21	重庆猎神居旅游有限公司
22	梁平县中茂建材有限公司
23	重庆市光彩涂料有限公司
24	重庆市梁平区吉福建材有限公司
25	重庆市盈标科技有限公司
26	重庆欣富迪包装印务有限公司
27	重庆易森高分子材料有限公司
28	重庆厨韵调味品有限公司
29	重庆大后方农业开发有限公司
30	重庆市竹海新能源开发有限公司
31	重庆长鸿博大钢结构工程有限公司
32	梁平县万辉建材有限公司
33	重庆市戏水族服饰科技有限公司
34	重庆市梁平区文爵机械制造有限公司
35	重庆新锐企业管理服务有限公司
36	重庆金漫电力设备制造有限公司
37	重庆奇奇食品厂
38	重庆天荣家居有限公司
39	重庆泓誉机动车检测有限公司
40	重庆兴蕊隆生态农业有限公司
41	梁平县金铖现代农业开发有限公司
42	重庆红果服饰有限公司
43	重庆市汇森玩具有限公司

续表

序号	企业名称
44	梁平县福韵建材有限公司
45	重庆市一可金属制品有限公司
46	重庆市泉鹤印务有限公司
47	重庆市同盟农业开发有限公司
48	重庆市金带铝业有限公司

（区科技局　曹文蒋）

气　象

【概况】　重庆市梁平区气象局为国家基本气象站，始建于1951年11月。为中央直属事业单位，由重庆市气象局和重庆市梁平区人民政府双重领导，并实行双重财务体制。

梁平区气象局前身为民国27年（1938年）国民党空军总站建立的梁山县空军总站测候班，经几次更名后为梁山县508气象台，直至1949年解放前夕撤销。1951年11月1日，成立中国人民解放军西南军区气象处梁山气象站，以后曾多次更名。1990年9月1日恢复为梁平县气象局，2017年2月梁平撤县设区更名为重庆市梁平区气象局。

气象局内设管理机构2个：办公室（法规科）和防灾减灾科（人工影响天气办公室）；直属事业单位2个：气象台和气象服务中心；地方气象事业单位1个：重庆市梁平区自然灾害预警预防管理中心（梁平区突发事件预警信息发布中心、梁平区防雷中心）。2020年全局职工有24人，其中在职职工14人，退休职工10人。

2020年，梁平区气象局在重庆市气象局党组和梁平区委、区政府的双重领导下，深学笃用习近平新时代中国特色社会主义思想，深入学习贯彻党的十九大，十九届二中、三中、四中、五中全会精神和习近平总书记系列重要讲话精神，认真领会落实2020年全市气象局长会议精神和重点目标任务，坚持践行“高质量高品质发展”“跳出小气象、做实大气象”工作理念，努力推动市局党组、区委、区政府决策部署的全面贯彻实施。

【基本职能】

行政管理职能　主要是负责气象灾害防御管理、突发事件预警信息发布平台运行管理、防雷减灾管理、人工影响天气管理、气候可行性论证、气象探测和资料管理、气象预报管理、气象服务管理、气象科普宣传、气象执法检查和监督、气象灾害敏感单位认证等社会职能的管理以及局内党务、政务、气象文化建设、气象宣传、计划财务、后勤服务等内部事务的管理。

直属业务单位职能　主要是承担基本气象业务和公共气象服务工作；开展综合气象观测、灾害性天气监测、气象预报预警工作；开展决策气象服务、公众气象服务、专业专项气象服务，发布突发事件预警信息；开展人工影响天气、气象灾害调查、气象灾害风险区划、气象灾害评估工作。

【气象服务】

完善气象防灾减灾机制　建立健全气象灾害防御组织机构，成立重庆市梁平区气象灾害防御指挥部及其办公室，指挥长由区委常委、常务副区长担任，气象灾害防御指挥部办公室设在区气象局，由区气象局局长任办公室主任。推动制定《重庆市梁平区气象灾害防御指挥部工作规则（试行）》。通过建立政府主导、部门协作、公众参与的防灾减灾工作机制，优化气象灾害防御体制，完善防灾减灾体系，气象灾害防御责任进一步明晰，沟通协调进一步顺畅，防灾减灾机制运行进一步规范，气象灾害综合管理机制初步建立，气象灾害风险管理能力得以提升。

决策气象保障服务　准确预报了1次强降温、“3·26”暴雨、“6·11”暴雨、“6·17”暴雨、“7·1”暴雨、“7·15”暴雨、“7·25”暴雨等6次暴雨天气过程。制作发布各类气象服务材料414期，其中《重要天气气候服务快报》共30期、《山体滑坡气象条件等级预报》6期、《森林火险气象条件等级预报》2期、《雨情实况》56期、《预警信号》共55期、《农业气象周报》57期（与区农委联合发布）、中长期天气趋势预测共12期、天气周报43期、《专题气象服务》96期、《短时临近天气预报》45期、《气候公报》12期。向区政府领导及相关部门的17201名决策人员、气象信息员、水库管理员、地质灾害群测群防人员、中小学校长、乡镇广播员及气象灾害敏感单位发送暴雨天气消息、0～2小时短时临近预报、各种预警信号、滑坡泥石流气象条件等级预报、森林火险气象条件等级预报等手机短信共计954万条，为区委、区政府及相关部门提供及时准确的决策气象服务，并为各级领导指挥生产、组织防灾救灾提供重要决策依据。

专业气象服务　与区农委合作，全力做好春耕春播、夏收夏种、秋收冬藏等气象服务工作，联合发布《农业气象周报》57期。开展农用天气预报、关键农事季节农业气象条件预报为农业生产管理部门防灾减灾提供了决策依据。完成新型农业经营主体直通户服务人员注册，2020年新增经营主体23户，服务总数量138户，较2019年增长20%，农业天气通APP注册用户覆盖全区83%新型农业经营主体。

人影保障服务　区气象局防办在汛前开始做好人影工作的准备工作，及时从江津运回作业所需弹药，制定《重庆市梁平区气象灾害防御指挥部关于印发〈2020年重庆市梁平区人工影响天气作业计划〉的通知》（梁气指〔2020〕2号），通过区电视台发布全年人影作业公告。人影弹药装备信息和弹药信息及时录入物联网系统。汛期密切监视天气变化，根据农业生产需要和区重大活动气象服务保障要求适时开展人工增雨和防雹作业，效果明显。全年及时反馈人影作业通知11次，人影值班9次，开展演练1次，人影作业11次，发射火箭弹33枚。

【气象事业发展】

坚持“三抓”理念，即抓好气象监测预报服务规范及创新升级，抓学习与业务融合，抓监测及预报质量和气象现代化指标融合，抓服务与部门联动做好有需求的气象保障服务相融合。实行预报预测质量月通报制度，完善内部学习交流制度。2020年，公众预报质量较2019年稳步提升，区县站公众天气预报66.46分，排名全市23，乡镇站公众天气预报58.53分，排名全市26。

开展自动日照观测仪建设，稳步推进地面气象观测全自动化运行。2020年，修订完善了工作值班制度，预报会商制度，业务学习及培训制度，重要天气服务流程，短时临近预报服务流程，气象短信服务流程以及梁平区暴雨山洪地质灾害预警预防管理暂行办法。

推动生态气象服务工作，将“双桂田园”生态气象服务站纳入《重庆市生态文明建设气象行动方案》，并启动了项目的选址和设计等前期工作。开展梁平区气象旅游资源普查，掌握全区境内气象旅游资源的分布、类型、特征、等级等信息，主要分布于区内4个地点（城北湿地、百里竹海、东山国家森林公园、双桂湖湿地公园），蕴含气象旅游资源，共3个大类、6个亚类、8个子类，共计10个资源单体点，等级均为5级，形成《重庆市梁平区气象旅游资源普查报告》。配合市气候中心完成梁平区气象旅游资源调研工作。完成梁平柚特色产业在华龙网、重庆天气的推介工作。

（区气象局）

社会事务服务

民政事务服务

【概况】 区民政局是主管全区民政工作的区政府工作部门，承担着社会救助、养老服务、基层社会治理、区划地名和社会事务管理等职能。2020年末，局机关行政编制12人，工勤人员编制1人。行政编制中，领导职数设置为：局长1名，副局长3人。内设1个室6个科，即办公室、计财科、社会救助科、基层政权建设和区划地名科、社会事务和儿童福利科、养老服务科、慈善事业和社会组织工作科。隶属区民政局管理的公益类事业单位6个，即社会福利院、最低生活保障事务中心（救助家庭经济状况核查认定中心）、殡仪馆、救助管理站、民政局婚姻登记处、养老服务中心。

2020年，区民政局坚持以习近平新时代中国特色社会主义思想为指导，深入践行以人民为中心的发展思想，紧紧围绕区委、区政府中心工作，务实创新，开拓进取，民生保障坚强有力，公共服务深入人心，社会治理创新优化，推动梁平区民政事业实现了高质量发展。

【区划地名及勘界】

行政区划 贯彻执行行政区划管理有关法律法规，保持行政区划的稳定。2020年末，梁平区共有乡镇（街道）33个，其中街道5个、镇26个、乡2个。村民委员会269个、村民小组2114个；城乡社区居民委员会74个、居民小组565个。

地名管理 开展“不规范地名”清理工作，建立不规范地名库，清理整改不规范地名2个。完成《中华人民共和国标准地名词典》梁平卷编纂工作，编录词条27条。将“双桂堂”“梁山”申报入选《重庆市第一批历史地名保护名录》。

勘定行政区域界线 根据《行政区域界线管理条例》《重庆市行政区域界线联合检查工作规范》，继续开展平安边界创建工作，认真做好界桩维护和边界管理工作，相邻双方群众没有发生过边界纠纷，各级界桩完好无损。

【社会救助】

脱贫攻坚兜底保障 对未脱贫户、返贫风险户、扶贫边缘户等重点人群进行全面排查，主动发现、及时救助贫困人口。截至2020年底，低保兜底保障建卡贫困户5352人，发放低保金2400万元；特困救助建卡贫困户194人，发放基本生活费及照料护理补贴222万元；临时救助建卡贫困户1292人，发放救助金81.35万元。

城乡低保 提高救助保障标准，城市最低生活保障由每人每月580元提高到620元，农村最低保障标准由每人每月440元提高到496元。全年为14194户24320名城乡低保对象发放低保金1.3亿元。

特困人员救助供养 提高救助保障标准，特困人员基本生活费由每人每月754元提高到每人每月806元。全年为3352名特困人员发放救助金3649万元。

临时救助 加大临时救助力度，建立乡镇临时救助备用金制度，落实分级审批、先行救助制度，充分发挥临时救助救急难作用。全年共救助9127人次，发放临时救助金1748.84万元。

【基层政权和社区管理】

基层政权基础持续稳定 指导各村（社区）进一步修订和完善自治章程、民主管理等相关制度，充分尊重群众的主体地位、积极开展基层民主协商，引导群众自我管理、自我服务，切实维护好群众的合法权益。严格落实基层干部准入资格审查制度，选优配强基层干部队伍。

社区治理成效　开展城乡社区治理示范社区创建工作，及时总结推广社区治理优秀典型和做法。注重发挥“村规民约”在基层治理中的积极作用，探索建立自治、法治、德治“三治融合”的基层治理体系。进一步优化基层《协助政府工作事项清单》，开展“万能章”清理整顿，持续推动社区减负增效。

【社会事务管理】

婚姻收养登记　2020年，办理婚姻登记9372对，办理收养登记1例，登记合格率、准确率、群众满意率均为100%。完成中华人民共和国成立以来现存历史数据的补录和档案电子化工作，整理归档及电子化婚姻档案100540件。

殡葬管理　积极贯彻《重庆市殡葬管理条例》，加大力度宣传绿色、文明殡葬。开展违规建设、问题突出的硬化大墓、活人墓整治工作。全面落实城乡困难群众遗体的基本丧葬服务费用减免政策。

救助管理　健全流浪乞讨人员救助管理工作联席会议制度，实现流浪乞讨人员救助管理的网络化、信息化。通过“互联网+寻亲”、张贴寻人启事和实地走访等方式，让185名受助人员回归家庭。

儿童和残疾人福利保障　进一步健全农村留守儿童和困境儿童关爱服务体系，及时足额发放孤儿、事实无人抚养儿童等困境儿童基本生活保障金200余万元。为5576名贫困残疾人、6938名重度残疾人发放生活补贴和护理补贴961.48万元。

【养老服务】　坚持“党政同责、一岗双责”，强化属地管理责任，履行行业监管责任，健全养老机构安全管理责任机制和督导制度，深入开展养老机构安全生产大排查大整治大执法工作，确保养老机构安全生产形势平稳可控。

2020年，新建成10个乡镇（街道）养老服务中心、35个社区养老服务站、59个村级互助养老点。提档升级区老年护养中心和11个乡镇敬老院。推进公办养老机构改革，引进重庆光大百龄帮康养产业集团有限公司，将梁平区6个养老项目打包委托其建设运营。全区养老服务设施达118个，养老床位4000张。全面落实经济困难的高龄失能老年人养老服务补贴政策和80周岁以上老年人高龄津贴制度。

【慈善事业】　全区慈善工作始终秉承“慈善为民、依法行善”的工作理念，坚持扶贫济困的工作宗旨，以脱贫攻坚、疫情防控为工作重点，积极开展慈善活动，在打造品牌项目、壮大慈善力量、营造慈善氛围、加强自身建设等领域成效显著。2020年，区慈善会本级筹募慈善款物共709万元，用于脱贫攻坚、疫情防控、助学、助医等各类慈善救助活动支出，善款惠及特殊困难群众2万余人次。（区民政局　凌祥）

退役军人事务服务

【概况】　重庆市梁平区退役军人事务局于2019年1月29日挂牌成立，为区政府工作部门。机关核定行政编制9人，设局长1人，副局长2人，科级领导职数4人。内设科室4个，分别为办公室、思想政治和权益维护科、移交安置和就业创业科、拥军优抚科。下设事业单位3个，即军队离休退休干部服务管理中心（参公）、革命烈士陵园管理处、退役军人服务中心。办公地点设在重庆市梁平区梁山街道人民西路114号9幢。

重庆市梁平区退役军人事务局贯彻落实党中央和市委、市政府、区委、区政府关于退役军人工作的部署要求，在履行职责过程中坚持和加强党对退役军人工作的领导。主要职责是：（一）组织实施退役军人思想政治、管理保障和安置优抚等工作政策法规，褒扬彰显退役军人为党、国家和人民牺牲奉献的精神风范和价值导向。（二）

指导并监督检查退役军人相关法律法规和政策措施的落实，组织开展退役军人权益维护和有关人员的帮扶援助工作。（三）负责军队转业干部、复员干部、离休退休干部、退役士兵和无军籍退休退职职工的移交安置工作和自主择业、就业退役军人服务管理工作。（四）组织开展退役军人教育培训工作，协调扶持退役军人和随军随调家属就业创业。（五）会同有关部门组织实施退役军人特殊保障政策。（六）组织协调落实移交地方的离休退休军人、符合条件的其他退役军人和无军籍退休退职职工的住房保障工作，以及退役军人医疗保障、社会保险等待遇保障工作。（七）组织开展伤病残退役军人服务管理和抚恤工作，组织有关退役军人医疗、疗养、养老等政策的实施。承担不适宜继续服役的伤病残军人相关工作。组织开展军供服务保障工作。（八）组织开展全区拥军优属工作。负责现役军人、退役军人、军队文职人员和军属优待、抚恤等工作，组织实施国民党抗战老兵等有关人员优待政策。（九）负责烈士及退役军人荣誉奖励、军人公墓管理维护、纪念活动等工作，依法承担英雄烈士保护相关工作，审核拟列入全国、全市重点保护单位的烈士纪念建筑物名录，承办区内烈士纪念设施保护事宜，总结表彰和宣扬退役军人、退役军人工作单位和个人先进典型事迹。（十）完成区委和区政府交办的其他任务。（十一）职能转变。重庆市梁平区退役军人事务局应加强退役军人思想政治工作和服务保障体系建设，建立健全集中统一、职责清晰的退役军人管理保障体制，协调各方力量更好为军人军属服务，维护军人军属合法权益，让军人成为全社会尊崇的职业，褒扬彰显退役军人为党、国家和人民牺牲奉献的精神风范和价值导向，更好地为增强部队战斗力和凝聚力做好组织保障。

2020年，梁平区退役军人事务工作坚持以习近平新时代中国特色社会主义思想为指导，坚决贯彻习近平总书记关于退役军人工作重要指示批示和中央有关决策部署，努力克服新冠肺炎疫情的不利影响，推动“不忘初心、牢记使命”常态长效，把退役军人事务系统打造成增强“四个意识”、坚定“四个自信”、做到“两个维护”的政治机关，为维护退役军人的合法权益提供了坚强的保障。

【双拥优抚】

优待抚恤工作 扎实做好新增审批享受国家定期抚恤补助优抚对象的审批、信息采集工作，截至2020年底，全区完成退役军人和其他优抚对象登记工作，各类抚恤补助金均实行打卡发放，资金保障和运行安全有序。按照上级要求认真开展优抚对象年度核查工作，通过核查，及时注销因自然死亡而需停发待遇的优抚对象。

烈士褒扬工作 深入宣传贯彻《中华人民共和国英雄烈士保护法》，及时高效地完成零散纪念设施的管理保护工作，全区烈士纪念设施摸排工作完成，信息系统完成率达100%。9月30日，区四套班子领导出席烈士公祭日活动，全区500余人参加了向人民英雄敬献花篮仪式活动。

双拥工作 广泛开展双拥活动，八一、春节期间四大家主要领导带队慰问部队官兵和军队离退休干部，为驻梁部队及离退休干部、优抚对象、退役军人模范送去党和政府的温暖。认真落实区委议军会议精神，切实为部队排忧解难。梁平区成功创建重庆市双拥模范城，为创建新一轮市级双拥模范城奠定了良好基础。

2020年9月30，梁平区社会各界在区革命烈士陵园举行向革命英烈举行敬献花篮仪式

【军官转业安置】 2020年，接收军队转业自主择业干部3人，计划安置3人，按照中央和市里政策规定进行妥善安置，无遗留问题。

【退役士兵安置】 2020年，完成2019年秋冬季登记退役士兵工作。按照有关政策规定，积极宣传安置政策，发放宣传手册，引导、推荐、鼓励退役士兵参加免费教育和技能培训。对符合政府安排工作条件的退役士兵按照安置政策规定，根据服役表现量化评分占70%和笔试评分占30%汇总总分，按总分高低排序，依次先岗，完成安置工作。

按照《重庆市民政局 重庆市财政局关于建立自主就业退役士兵一次性经济补助自然增长机制的通知》（渝民发〔2018〕2号）文件规定，“从2017年秋季起，自主就业退役士兵一次性经济补助按每服役1年不低于退役时上一年度全市城镇居民人均可支配收入的30%的标准发放”。2020年，完成发放2019年秋冬季退役士兵一次性自主就业补助资金工作。

【退役军人登记】 2018年9月6日，重庆市人民政府办公厅下发了《关于做好退役军人和其他优抚对象信息采集工作的通知》（渝府办发〔2018〕131号）。2018年9月10日，重庆市民政局、重庆市人力资源和社会保障局下发关于印发《重庆市退役军人和其他优抚对象信息采集工作方案》的通知（渝民函〔2018〕460号），根据文件精神，对军队转业干部，退役士兵，军队离休退休干部和退休士官，军队无军籍离休退休退职职工，复员军人，退伍红军老战士，包括西路军红军老战士和红军失散人员，残疾军人，享受国家抚恤的伤残民兵民工，烈士遗属，包括烈士的父母（抚养人）、配偶、子女和兄弟姐妹，因公牺牲军人遗属，包括因公牺牲军人的父母（抚养人）、配偶、子女和兄弟姐妹，病故军人遗属，包括病故军人的父母（抚养人）、配偶、子女和兄弟姐妹，现役军人家属，包括现役军人的父母、配偶和子女等十二类人员进行信息采集，完成信息采集工作，并录入国家退役军人信息采集系统。

企业“三类人员”生活医疗困难补助标准

按照国家2020年规定的重庆市企业退休人员基本养老金提高5%的标准，调整企业老复员军人、企业参战退役人员、企业参加核试验退役人员生活困难补助，即每人每月分别增加40元、17元、17元。调整后的补助标准从2020年1月1日起执行。 （区退役军人事务局 王小东）

社 会 保 障

【概况】 重庆市梁平区社会保险事务中心为隶属于区人力资源和社会保障局的正处级一类财政全额预算事业单位。2020年3月，由原重庆市梁平区社会保险局更名为重庆市梁平区社会保险事务中心。现有编制33人，在编人员30人，内设机构12个，分别为综合科、基金财务科、单位参保科、个人参保科、机关事业单位养老待遇科、企业职工养老待遇科、城乡居民养老待遇科、工伤待遇科、信息档案管理科、稽核督查科、社保卡管理科和公共业务科。主要负责贯彻落实社会保险政策，经办全区的养老保险、工伤保险参保征缴及待遇发放等各项业务。

【社会保险覆盖】 社会保险参保扩面人数累计74.01万人。其中，城镇职工基本养老保险参保13.7万人（其中在职人员8.39万人）；城乡居民养老保险参保48.14万人（其中在职人员36.71万人）；机关事业单位养老保险参保2.16万人（其中在职人员1.44万人）；工伤保险参保10.01万人。

【社会保险费征收】 征收社会保险费和职业年金111653万元。其中，征收城镇职工基本养老保险费60985万元；征收城乡居民养老保险费

6626万元；征收机关事业单位养老保险费28991万元、职业年金13931万元；征收工伤保险费1120万元。

【社会保险待遇发放】 社会保险待遇发放累计213.11万人次，发放金额195805.82万元。其中，城镇职工基本养老保险62.4万人次享受待遇，支出123012万元；城乡居民养老保险137.16万人次享受待遇，支出21049万元；机关事业单位养老保险9.49万人次享受待遇，支出49234万元；工伤保险0.36万人次享受待遇，支出1607万元；代发各类人员补贴3.7万人次903.82万元。

【社会保险基金监管】 核查上缴下发数据20条，参保补缴等资料共106份，涉及20人，做到了每条每人全部核查。完成养老保险稽核20户，参保职工1378人，工伤保险稽核20户，参保职工1378人，发现参保单位基本养老保险违规6户，收回因违规少报缴费基数而少缴的养老保险、工伤保险费8.64万元。对2户违规虚构劳动关系参加社会保险的企业下发取消参保资格的稽核决定书，督促用人单位申报减少资料，并将稽核处理决定书交业务科室进行业务处理。

【社会保险改革】 继续深入推进机关事业单位养老保险制度改革，完成机关事业单位“中人”有城镇企业职工养老保险缴费人员基础信息核定，单个复算此类“中人”养老待遇共385人，并按时足额兑现补发养老待遇。机关事业单位退休人员待遇调整完成，调整机关事业单位退休人员津补贴共7187人，月增养老金127万元，人均增资176.7元/月，从2020年1月开始补发，共补发882.7万元。

【社保惠民政策落实】 2020年，梁平区1480余家企业享受社保费用减免2.64亿元，87个新参保工程项目享受减免工伤保险费330余万元。全区共有51512名退休人员享受养老保险待遇调整，其中调整企业退休人员23128人，发放金额2078.26万元，人均月增资126.74元；调整城镇超龄人员征地农转非人员28384人，发放金额1789.8万元，人均月增资88.35元。节假日慰问企业80岁以上企业退休人员2327人次，发放慰问金116940元。27家国有企业完成移交退休人员588人，完成率100%；指导5家市属国有重点企业开展退休人员社会化管理常态化移交56人。完成退捕渔民社会保险工作，参保率100%。新办理“单解”人员参保补贴83人，发放补贴金额1384万元；“双解”人员享受养老保险补贴4人，发放补贴0.8万元。完成基本养老保险统筹外转入1496人，转移金额4451万元；统筹范围内转出92人，转移金额281万元。推进成渝地区双城经济圈发展，从2020年5月1日起，企业职工养老保险关系转移接续取消成渝两地纸质表单邮寄，全面推行电子化转移，业务经办时限缩短到15个工作日；建立社保待遇协助认证机制，为在梁平居住的四川毗邻区县养老保险待遇领取人员提供领待资格协助认证，并对行动不便者提供由其居住地乡镇街道社保所组织人员上门认证服务；构建社保基金风险防控协作机制，对涉及重复领取养老保险待遇、死亡冒领的情况与四川的毗邻区县建立电话联系、互发协查函、配合实地核查等协助核查机制。推动社保卡共享应用，2020年9月17日，川渝社保卡业务“就近办、网上办”上线，首批推出社保卡信息查询、激活、挂失与解挂等服务，两地持卡人无需回发卡地即可办理相关业务，同时，川渝两地人社部门联合推出电子社保卡“互签”服务，持卡人可在“重庆掌上12333”“重庆市政府”“四川人社”“天府通办”等4种手机APP中签发电子社保卡。

【社保基础工作】 有效化解社保信访举报投诉案件，2020年2件行政诉讼案件，经法院判决，上诉理由不成立，法院不予支持。2020年，收到有关社保的信访投诉举报信件66件，按照分工原则和信访处理流程，全部按时按规定给予回复，有效地维护了群众的合法权益和社会稳定。坚持戴口罩、量体温、多通风，认真做好新冠肺炎疫情防控常态化工作。努力加强社会保险业务档案管理工作，为各类人员提供档案查询服务3000余人次；由市社保局统一招标，配合做好社会保险业务档案数字化加工工作，2020年以前保管期限30年以上的社保业务档案全部完成数字化，共完成纸质档案数字化扫描350万页。

（区人力社保局　曾道海）

医疗保障

【概况】　重庆市梁平区医疗保障局成立于2018年12月29日，是区政府工作部门。下设重庆市梁平区医疗保障事务中心，内设办公室、规划基金财务科、待遇保障科、医药服务管理科、基金监管科5个职能科室。全局核定行政编制9人。设局长1人，副局长2人；科级领导职数5人。办公地点位于梁平区行政服务中心4号楼。

2020年3月19日，中共重庆市梁平区委机构编制委员会印发《关于同意重庆市梁平区医疗保障事务中心机构编制事项的批复》（梁委编委发〔2020〕17号），明确重庆市梁平区医疗保障事务中心为隶属于区医保局的公益一类财政全额预算事业单位，按副处级管理。设置综合科、基金财务科、参保科、职工医保待遇科、居民医保待遇科、稽核科、医保特病科、医疗救助科、生育待遇科、信息档案科10个内设机构。事业编制25人，设主任1人、副主任2人，内设机构领导职数16人。2020年10月，重庆市梁平区医疗保障事务中心被确定为参公事业单位。办公地点位于梁平区行政服务中心4号楼。

重庆市梁平区医疗保障局的主要职责是 贯彻执行国家及重庆市医疗保险、生育保险、医疗救助等医疗保障制度的法律法规、政策、规划和标准；贯彻执行医疗保障基金监督管理办法，建立健全医疗保障基金安全防控机制，实施医疗保障基金支付方式改革；贯彻执行医疗保障筹资和待遇政策。适时实施长期护理保险制度改革；贯彻执行药品、医用耗材、医疗服务项目、医疗服务设施等医保目录和支付标准；贯彻执行药品、医用耗材价额和医疗服务项目、医疗服务设施收费等政策。实施医保支付医药服务价额合理确定和动态调整机制，推动建立市场主导的社会医药服务价格机制、价格信息监测和信息发布制度；贯彻执行药品、医用耗材的招标采购政策；贯彻执行定点医药机构协议和支付管理办法，建立健全医疗保障信用评价体系和信息披露制度，监督管理纳入医保范围内的医疗服务行为和医疗费用，依法查处医疗保障领域违法违规行为；负责医疗保障经办管理、公共服务体系和信息化建设。落实异地就医管理和费用结算政策。落实医疗保障关系转移接续制度；负责城乡居民医疗救助工作。经办医疗救助业务，组织开展城乡居民医疗救助政策宣传和相关培训，推进城乡居民医疗救助信息系统建设；完成区委和区政府交办的其他任务。

重庆市梁平区医疗保障事务中心的主要职责是落实医疗保障政策，经办医疗保障具体事务。

【医保扶贫】　深入贯彻习近平总书记关于扶贫工作的重要论述和在决战决胜脱贫攻坚座谈会上的重要讲话精神，认真落实中央、市、区脱贫攻坚工作会议和文件精神，着力在参保资助、待遇保障、医疗救助和特病办理上精准施策、精细化管理，全面推动医保扶贫政策落地见效，实现建卡贫困户参保和资助100%、待遇保障100%、医疗救助100%、特病办理100%。牵头集团帮扶新盛镇工作，帮扶集团帮扶资金23.5万元、项目帮扶313万元，切实做到真帮实扶。严格对标对表，动真碰硬抓实抓细各类检查和审计问题整改，全面巩固提升医保扶贫成果，收到各类检查和审计发现问题9项，梳理制定整改措施24条，全部完成整改和销号备案。建立完善贫困户（边缘户）参保动态摸排监测机制、城乡医疗救助对象精准认定机制、数据动态调整交换部门联动机制和因病致贫返贫风险跟踪监测预警机制，坚持以长效机制的建立推动医保扶贫问题的边查边改、立行立改、真改实改。

【疫情防控】 做好市民口罩供应发放。严实履行区委、区政府明确的负责市民口罩供应牵头之责，及时回应疫情之初群众“购买口罩难”关切，向全区药店投放口罩10万个，克服供应之艰。减轻群众就医负担。扎实贯彻国家局“两个确保”要求，实行未参保确诊患者和疑似患者“即参即享”，将“新型冠状病毒核酸检测”纳入医保报销，2020年共报销6253人，医保基金支付34.24万元，有力保障参保群众得到及时救治。帮促企业复工复产。协助提出申请复工的企业制定疫情防控方案、复工工作方案，现场解读疫情期间基本医疗保险减征、缓缴、不见面办理政策，着力帮助企业复工复产渡难关，为1057个参保单位减征基本医疗保险费用792.66万元，为741户困难企业减征医保费2375.98万元。

【医保改革】 集中带量采购成效明显。扎实开展“第一、二、三批国家组织药品集中采购和使用”“渝黔滇湘桂五省市常用药品联合采购”“四省市医用耗材联合带量采购和使用”“新冠病毒核酸检测试剂及配套耗材带量采购”相关工作，督促医疗机构积极使用已集中带量采购的128种药品、4种医用耗材以及“4+7”集中带量采购药品，将国家谈判药品、国家谈判抗癌药品纳入医保目录乙类范围并确定医保支付标准，药品价格平均降幅达52%、医用耗材价格平均降幅达93%。支付方式改革实现基本可持续。推行以按病种付费为主的多元复合式医保支付方式，推广按疾病诊断相关分组付费，医疗康复、慢性精神疾病等长期住院按床日付费，门诊特殊慢性病按人头付费。按进度全面落实新增50个单病种纳入结算范围，单病种达到100个。标准化建设稳步推进。扎实推进医疗保障标准化工作，按时间节点完成医保疾病诊断和手术操作、医疗服务项目、药品和医用耗材等15项信息业务编码贯标工作，在全市医疗保障工作暨党风廉政建设工作会议上受到点名表扬。医保电子凭证激活有力。采取多种方式和途径切实推动医保电子凭证推广激活，扎实做好医药机构医保电子凭证业务开通和检测验收，着力推进智慧医保建设，有效提升参保群众获得感、幸福感。全国异地就医直接结算实现全覆盖。全区43家定点医院100%实现全国异地住院直接结算，89家医药机构实现西南片区门诊费用直接结算。与四川省邻水县签订合作建设医疗保障工作框架协议。

【医疗保险覆盖面】 2020年，梁平区医疗保险参保812424人。其中，城镇职工医疗保险参保68648人（含退休人数），城乡居民合作医疗保险参保743776人。

【医疗保险费征收】 2020年，全区征收医疗保险费97392.01万元。其中，征收职工医疗保险费36368.91万元（基本医疗保险32132.77万元，大额医疗保险4236.14万元）；征收城乡居民合作医疗保险费61023.10万元。

【医疗保险待遇支付】 2020年，职工医疗保险138.5万人次享受待遇，职工医保基金总支出28701.56万元（其中统筹基金支出11440.87万元，大额基金支出3940.38万元，个人账户支出13320.31万元）。城乡居民合作医疗保险198.59万人次享受待遇，居民医保基金总支出45209.52万元。2020年，医保基金支出预算增加至5.64亿元，比上年增长0.43亿元、8.18%。职工医保大额基金支出增幅、住院次均费用增幅控制良好，分别位列全市第二名、第一名。居民医保大额基金支出增幅、住院次均费用增幅、特病人数占本区参保人数比例控制良好，分别位列全市第三名、第一名、第五名。

【医疗保障基金监管】 抓宣传广培训。常态化开展“打击欺诈骗保，维护基金安全”宣传活动，发放打击欺诈骗保宣传海报、举报奖励宣传册等宣传资料15000余份。局领导班子分6个片区下乡镇（街道）召开基金监管培训分析会，“面对面”开展全区 医疗机构负责人、医保办人员、基层医务人员及村医医保政策宣传培训，共

800多名医务人员参训。抓制度建体系。完善医保医疗联席会议、有奖举报、分级约谈、违规通报制度，制定《新增定点医药机构评估办法》《重庆市梁平区医疗保障局医保基金监管内控管理专项治理工作方案》，着力健全医保基金监管制度体系。抓检查重监管。督促各医疗机构建立医保办，实施“飞行检查、片区联组检查、部门联动检查、购买第三方核查、基金监管集中宣传”五大行动，对全区434家定点医药机构进行全覆盖日常检查，对96690人次住院费用进行100%初审和7.55%复审。追回违规费用1196.49万元，暂停医药机构医保网络结算6家次，解除医保服务协议5家次，暂停特病待遇13人。追回资金位列全市第七名。

【特病办理】 2020年，享受特病待遇238412人次，统筹报销6314.14万元。其中，职工医保享受特病待遇105494人次，统筹报销3068.47万元；居民医保享受特病待遇132918人次，统筹报销3245.67万元。2020年，特殊疾病资格审核办理7665人，其中2020年居民医保特殊疾病资格审核办理6478人，职工医保特殊疾病资格审核办理1187人。

【特殊人群待遇支付】 2020年，离休干部、伤残军人等特殊人群521人次享受待遇，报销金额228.01万元。

【药品和医疗服务价格管理】 2019年12月22日零时起，全区公立医疗机构全部取消医用耗材加成，实行医用耗材零差率销售，同时调整经皮选择性静脉造影术等1842项医疗服务价格，配套改革医保支付政策。

【医疗救助】 进一步完善救助工作机制，强化规范管理。将具有梁平区户籍的建卡贫困户、城乡重度（一、二级）残疾人员、民政部门建档其他人员和因病致贫家庭重病患者4类救助对象，住院救助中的重大疾病救助和大额费用救助比例，从原来的65%提高到75%。2020年，医疗救助支出4593万元（其中，资助参保46752人次、资助金额1048万元），城乡医疗救助142963人次、救助金额3545万元（其中，普通疾病和重大疾病住院救助31430人次、救助金额2705万元，门诊救助111533人次、救助金额840万元）。

（区医保局　唐欢）

就业服务

【概况】 重庆市梁平区就业和人才中心是隶属于梁平区人力资源和社会保障局管理的公益一类副处级事业单位，内设科室9个，分别为办公室、城乡就业统筹科、人力资源服务科、创业指导科、职业培训指导科、失业保险科、劳务开发科、财务科、流动人员档案管理科，人员编制22名，实有19人。主要职责：城乡就业统筹，职业技能、就业创业等职业培训，流动人员档案管理，失业保险业务经办管理，高校毕业生登记，人力资源服务管理，组织开展人才招聘会和人才交流活动，指导开展创业服务，统筹劳务开发和农民工综合服务工作。

【就业创业】

2020年，梁平区城镇新增就业8251人，为年度目标任务7000人的117.87%；城镇登记失业人员就业4365人，为年度目标任务2500人的174.6 %；城镇就业困难人员就业3194人，为年度目标任务600人的532.33%；城镇登记失业率3.35 %，比年度控制数4.0%低0.65个百分点；发放创业担保贷款4.76亿元，完成年度目标任务数1.2亿元的396.67%；全区失业保险参保人数累计30270人，失业保险费实际征收1116.02万元，分别完成年度目标任务数29600人、1000万元的102.26 %、111.6%；公共就业服务机构开展职业介绍5006人；为1645名离校未就业高校毕业生实名制登记，实现就业1074人，升学、联系不上、参军入伍、自愿暂不就业等558人，正在求职13人，就业率98.8%。

2020年8月26日，梁平区就业中心在区人力资源市场举办大型“梁平区2020年‘促就业·助脱贫’专场招聘会”。

【职业技能培训】 大力推进职业技能提升行动，技能下乡进村活动，鼓励将培训班办到乡镇、村社，灵活选择培训场地，采取流动授课、在线学习、院坝田间教学等方式，提高培训便捷性、针对性和实效性。2020年，开展职业培训14161人，完成年度目标任务数10700人的132.35%；开展家政服务培训623人，完成年度目标任务数300人的207.66%；开展农村劳务经纪人培训350人，完成年度目标任务数350人的100%；开展农民工新市民培训2222人，完成年度目标任务2110人的105.31%，发放交通食宿补贴2440人168.77万元。

【就业帮扶援助】

公益性岗位开发　全年累计开发1800个公益性岗位，发放公益性岗位补贴1393.07万元，其中岗位补贴1000.54万元，社会保险补贴392.53万元。

职业介绍指导　梁平区各级公共就业服务机构为各类人员免费办理求职登记5006人次，免费开展职业指导5006人次，介绍3510人就业，举办现场招聘会32场，入场企业累计712家，提供就业岗位2.3万个，到场求职人员累计11.68万余人次。

就业帮扶　全面落实就业扶持政策，2020年为2302名就业困难人员发放就业困难人员灵活就业社保补贴1160万余元；2491人享受职业培训补贴200.68万元，为43人发放技能提升补贴6.67万元；支持贫困劳动力转移到市内其他区县和其他省市就业，发放一次性求职创业补贴1291人64.1万元，发放交通补贴7427人次112.21万元；全年发放失业保险金1318.6万元，代缴基本医疗保险费432.8万元，一次性就业创业补助117.13万元；全年发放4批66家企业疫期援企稳岗返还792.25万元；发放失业保险稳岗返还163家企业164.94万元，两项政策共计惠及企业稳岗职工10532人。

【公共服务体系建设】 梁平区33个乡镇（街道）建成劳动就业社会保障平台，343个村（社区）建立村级劳动就业和社会保障服务站，实现村（社区）建站率100%，形成“区—乡镇（街道）—村（社区）”三级公共服务体系。

（区人力社保局　曾道海）

残疾人服务

【概况】 梁平区残疾人联合会成立于1991年，主要职能和任务是代表全区各类残疾人的共同利益，宣传贯彻《中华人民共和国残疾人保障法》和《重庆市残疾人保障条例》，维护残疾人的合法权益；团结教育残疾人，全心全意为残疾人服务；承担区政府委托的任务，管理残疾人事务，开展残疾人工作，动员社会力量，发展残疾人事业。内设综合部，业务部，下属公益类事业单位区残疾人服务所。区残联机关和残疾人服务所合署办公。行政编制4人，理事长1人，副理事长1人；事业编制5人。2020年，在区委、区政府的坚强领导和市残联的正确指导下，区残联以习近平新时代中国特色社会主义思想和党的十九大、十九届二中、三中、四中、五中全会精神为指导，认真贯彻落实中央、市委和区委关于残疾人事业的新部署新要求，残疾人事业取得更大进步，残疾人服务保障水平得到进一步提高。

【康复工作】 残疾人康复服务能力和水平明显提升。贫困精神病患者服药救助780人，贫困精神病患者住院救助45人；为肢体残疾人配发辅助器具650件；为7564名有康复需求的残疾儿童和持证残疾人提供精准康复服务。对全区374名康复协调员进行业务培训。

【教育就业】 选送3名视力残疾人到万州区参加盲人按摩培训。对梁平区盲人按摩机构进行全面摸底，收集、审核、整理扶持补贴相关资料。投入66万元对44户贫困残疾人危房进行改造。新增录入残疾人实名制数据库360人，动态更新实名制数据库信息420人。认真实施“阳光家园”计划，投入54万元为450户无就业能力重度贫困残疾人进行居家托养。认真落实“两补贴”，协助区民政局为1万余名贫困残疾人和重度残疾人发放生活补贴和护理补贴。审核200余用人单位申报的残保金减免资料。在2020年初投入资金65万元，对全区1600名生活受到新冠疫情影响的残疾人发放临时生活救助。

【宣传文体】 认真开展第三十次“全国助残日”活动。5月15日，梁平区残联组织部分残疾人代表以“助残脱贫、决胜小康”为主题召开了座谈会。当天，参加座谈会的残疾人代表汇聚一堂，畅谈人生经历，分享脱贫经验，相互鼓励，一起为美好生活而奋斗。在重庆市残联网站、《重庆残联通讯》、梁平区政府网站、梁平电视台、《梁平报》、政务信息等媒体刊发宣传梁平残疾人事业的文章100余篇。

【扶助维权】 完善公开接访机制，2020年未发生残疾人到市进京非正常上访和重大群体性事件。全区422户残疾人家庭无障碍改造工作完成。发放残疾人燃油补贴7人。为4名残疾人发放C5驾照补贴5000元。（区残联　宁堃）

计生协会

【概况】 重庆市梁平区计划生育协会（以下简称区计生协会）是梁平区委领导下的正处级群团组织，是党和政府联系广大育龄群众的桥梁和纽带。区计生协核定参公事业编制7人，领导职数3人，会长由梁平区政府分管领导兼任，内设机构2个。现有在职干部7人（其中领导3人），退休职工2人。

梁平区33个乡镇（街道）、343个村（社区）均建有协会组织，共有会员小组2014个，“会员之家”376个，个人会员8.3万人（其中骨干会员3557人），团体会员35个。梁平区建立了为计生特殊家庭服务的专家队伍和志愿者队伍。

【生育关怀暖心行动】 2020年，慰问新增失独家庭57户17.7万元。区计生协会组织牵头，乡镇（街道）、村（社区）计生协会慰问计生特殊家庭1172户1877人，发放慰问金、慰问品计110.82万元。常态化开展计生特殊家庭住院护理保险，2020年投入保险资金73.64万元，为1769名计生特殊家庭人员投保住院护理保险，2020年理赔936人次，理赔金额73.78万元。稳步推进“3+X”联系人帮扶制度，为每户特殊家庭落实由乡镇（街道）干部、村（社区）干部和家庭签约医生组成的帮扶组，发放了联系帮扶卡，及时开展2个月一次的入户走访或电话联系。救助困难计生家庭1户0.2万元。帮助符合条件的1名唇腭裂患儿完成修复矫正手术。关怀离任计生专干，及时向符合条件的离任专干足额发放定额补助493人19.7万元。推动优生优育宣传指导，开展“孕优、孕产期保健”知识讲座24场次，受益孕产妇360余人次。

【宣传活动】 区计生协在双桂街道、柏家镇等6个乡镇（街道）开展6场“送健康知识下基层活动”，向会员群众宣传党的十九届四中全会精神，开展健康知识讲座。乡镇（街道）计生协结合计生赶场开展宣传服务活动33场次。发放宣传资料2.6万余份，接受义诊、健康咨询等群众0.86万余人次。

【推进脱贫攻坚】 2020年，区计生协会坚持每月走访帮扶的7户贫困户90余人次，支持新盛镇及帮扶对象款物4.8万余元，7户贫困家庭全部稳定脱贫。

【助力新冠肺炎疫情防控】 2020年，向计生协会全体会员发出疫情防控倡议书，派出4名干部参加社区一线疫情防控，捐助4个社区疫情防控经费1.6万元、疫情值守卡点雨伞1570把。

（区计生协会　曹宏钧）

人民生活

城乡居民收入

【城乡居民收入增长稳步回升】

增收势头保持稳定　2020年，梁平区全体居民人均可支配收入28475元，同比增长8.1%，高于一季度5.4个百分点，高于上半年1.5个百分分点，低于前三季度0.2个百分点，表明梁平区防疫措施有力，经济发展恢复良好，全年居民增收趋势稳定。

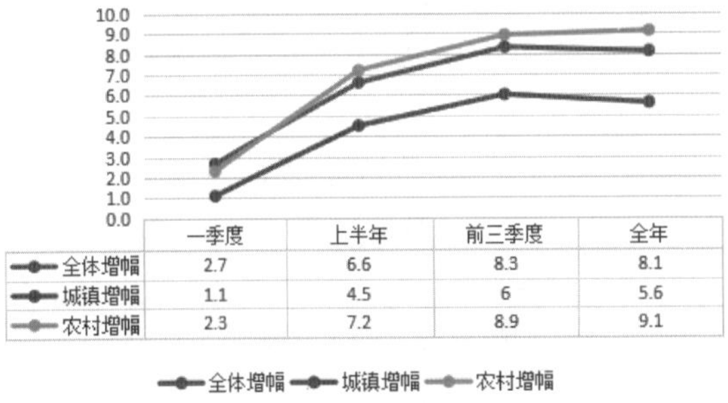

图1　梁平区2020年各季度居民人均可支配收入增幅

农村形势好于城镇　按常住地分，城镇居民人均可支配收入39645元，同比增长5.6%，较上半年回升1.1个百分点，较前三季度下降0.4个百分点，本年度收入逐季恢复增长后首次出现小幅回落；农村居民人均可支配收入18210元，同比增长9.1%，延续前三季度快速增长态势，与前三季度增速持平，高于城镇3.5个百分点，基本恢复至疫情前水平。

城乡收入比继续缩小　随着梁平区城乡一体化融合发展的持续推进，收入分配格局不断优化，城乡居民人均可支配收入倍差逐年缩小。数据显示，城乡居民收入比为2.18，比上年同期降低0.07。

城乡居民四大类收入均呈正增长　城镇居民四大类收入呈“两高两低”特点，即工资性收入、经营净收入增速均高于人均可支配收入增速。农村居民四大类收入呈“三高一低”特点，即除经营净收入增速低于人均可支配收入增速外，其余三大类收入增速均高于人均可支配收入增速。

城镇、农村收入均增长但结构差距较大。随着梁平区疫情防控得力，企业复工复产快速推进，梁平区城镇经营户首先恢复生机活力，带动经济复苏，城镇居民人均可支配收入中经营净收入恢复情况最好，增速最快，为8.2%，为拉动城镇居民人均可支配收入出力不小。而由于农村

表7　**梁平区前三季度城乡居民人均可支配收入构成情况表**

项目	城镇居民				农村居民			
	总量（元）	增幅（%）	占比（%）	拉动增长（%）	总量（元）	增幅（%）	占比（%）	拉动增长（%）
可支配收入	39645	5.6	—	—	18210	9.1	—	—
工资性收入	20766	6.0	52.4	55.9	7061	12.3	38.8	50.9
经营净收入	6297	8.2	15.9	22.7	5357	3.2	29.4	10.9
财产净收入	3400	1.5	8.6	2.4	645	10.6	3.5	4.1
转移净收入	9183	4.6	23.2	19.0	5146	11.2	28.3	34.1

经营户较小，较城镇来说恢复较晚，前期亏损较多，再加上部分经营户在疫情期间企业倒闭，在疫情控稳之后选择外出务工，导致在农村人均可支配收入中经营净收入增速最慢，仅3.2%。从增速来看，城镇居民人均可支配收入中经营净收入增长最快，其次是工资性收入，再次是转移净收入，最慢是财产净收入；农村居民人均可支配收入中工资性收入增长最快，其次是转移净收入，再次是财产净收入，最慢是经营净收入。可见，虽然城乡居民四大项收入均呈增长状态，但增长结构差距较大。

工资性收入仍然主导居民收入增长。2020年以来，随着梁平区稳就业保民生系列政策措施落地见效，年终奖、抗疫加班补贴发放、工资补发等利好政策实施，全区经济运行延续回升向好态势，就业市场活力逐步恢复，大中企业工资收入稳中有升，受疫情影响较大的服务行业工资继续回暖，带动居民工资性收入增速继续回升，刚性增长的后劲依然充足。2020年，城乡居民人均工资性收入分别为20766元、7061元，同比增长6.0%、12.3%，对可支配收入增长的贡献率分别为55.9%、50.9%，继续占据居民增收的主导作用。

【助力城乡居民稳步回升】

企业全面复工复产，经济指标平稳回升　2020年，全区实现GDP493.2亿元、增长3.1%左右，工业增加值163.7亿元、增长3.2%，社零总额232.8亿元，增长1.9%，固投178.3亿元、增长12.2%。1—12月，规上工业企业完成产值230.8亿元，同比增长4.7%。全面落实市政府疫情期间支持企业发展“45条”，指导企业包装好工业和信息化专项资金项目、中小微企业发展专项资金项目等。

市场主体增长较快带动经营收入增长　2020年，梁平区新增市场主体总量增速为25.46%。其中，新增企业2059户（含外资3户），同比增长24.58%；新增个体工商户11028户，同比增长28.06%；新增农民专业合作社35个，同比增长3.44%。净增长市场主体10129户，净增长率19.6%，新增长市场主体数量、净增长市场主体数量均破万。

就业形势保持基本稳定　疫情发生以后，梁平区积极落实“六稳六保”政策，迅速制定出台系列援企稳岗措施，始终坚持实施就业优先战略和积极就业政策，大力拓宽各种就近就地就业渠道，主动为广大劳动者做好就业服务工作。截至2020年11月，全区实现城镇新增就业7548人，为年度目标任务6000人的125.8%；城镇登记失业人员就业3687人，为年度目标任务2500人的147.48%；城镇就业困难人员就业2783人，为年度目标任务1000人的278.3%；城镇登记失业率为3.93%，比市里下达的4.0%年度控制数低0.07个百分点，全区就业局势保持基本稳定。

政策及时落实落地拉动转移性收入增长　梁平区着力做好脱贫攻坚。2020年，全区共发放扶贫资金6918万元。其中，2020年区级财政专项扶贫资金3541万元，2020年市级（提前批）财政专项扶贫资金2027万元，重要财政专项扶贫资金（第二批）100万元，市级以上财政专项扶贫资金（第三批）1179万元，少数民族发展资金50万元，对2020—2021学年重庆籍建档立卡贫困家庭大学生学费资助追加区级财政专项扶贫资金21万元。完善社会救助和保障标准。从2020年9月1日起，全面提高社会救助对象补助标准，即城市居民最低生活保障标准由580元每人每月提高到620元每人每月，农村居民最低生活保障标准由440元每人每月提高到496元每人每月。严格执行调整基本养老保险金政策，上调基本养老金标准。2020年，梁平区有51512人参加城镇企业职工2020年调待，1—7月补发调待资金3868万元，机关事业单位共有7187人参加2020年调待，1—7月补发调待养老金883万元，为城乡居民转移性收入增长提供有力支撑。

农业产业融合助推农民增收　通过实施高标准农田建设、人居环境整治、畜禽粪污资源化等项目，农业农村基础设施得到持续改善，农业农村资源及生态得到有效保护，农业农村服务体系基本建立，集体经济组织等新型农业经营主体的素质和能力得到有效提升。通过做大做强农产品加工业，延长农产品加工链条，大力发展大米加工，柚、竹、张鸭子、豆制品等精深加工，提升农产品加工附加值，“柚、竹、渔”三大特色产业综合产值达24亿元。通过休闲农业和乡村旅游工作，打造中华梁平柚海，万石耕春、川西渔村、桂香天地、数谷农场等农旅融合样板，中华梁平柚海获评国家AAA级旅游景区。打造市级休闲农业与乡村旅游示范乡镇、示范村和示范点。（国家统计局梁平调查队　扈媛）

居民消费

【概况】　2020年，梁平区居民人均可支配收入28475元，增长8.1%；居民人均消费支出17774元，增长6.4%。

【居民饮食】　2020年梁平区居民人均食品消费4582.6元，较上年同期增长22.2%。食品消费中占比最高的为肉类消费，比重达29.6%，而肉类加禽类消费更是占总体食品消费的40.2%。较上年同期相比，增幅最高的食品类消费为食用油，增速达41.2%，居民的饮食不缺油水。高油多肉的食品消费结构，一是由于居民经济水平提升，追求更高生活质量，吃得起肉用得起油，需求自然增多。一些家庭消费升级，开始购买如橄榄油、茶籽油等高档位产品，许多农村居民也放弃传统的自种油菜土榨油，购买更健康安全的正规厂家食用油。二是肉类价格高，特别是猪肉价格一直位于高位，据梁平区主要畜禽监测调查数据显示，生猪出栏月度均价由2019年初的12.8元/千克涨至2020年7月的近48元/千克，涨幅超2倍，虽后续因各项政策有所回落，但仍在高位波动。

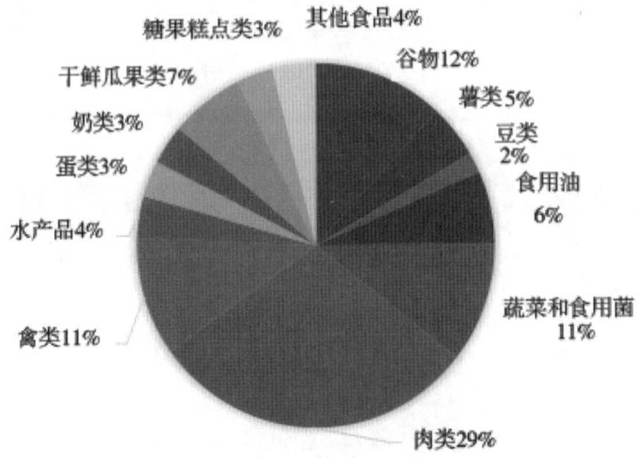

图2　2020年梁平区居民食品消费

【在外用餐】　2020年，梁平区居民人均其他在外饮食（除开食堂用餐）709元，整体同比上年减少32.7%，其中城镇同比减少37.1%，农村同比减少22.6%，在外用餐的时间大大缩减，相较之下，更多人选择食堂或在家解决。其主要原因或与贯穿整年的新冠疫情有关。年初因疫情防控，人员限制出行，餐饮业大多关门歇业，在家吃饭是唯一选择。而即使后期重新开门营业，一些居民出于谨慎的防控疫情角度，也尽量避免人多聚集的地方，自然减少外出用餐次数。

【出行减少】　“十三五”期间，交通类消费持续增长，但在2020年稍有回落。2020年，梁平区居民人均交通类消费1824.3元，同比上年减少6.0个百分点，出现5年以来首次减少，主要受到新冠疫情的影响。年初疫情防控形势严峻，交通限行，人们留置家中少出门，交通消费大幅减少。复工复产后，一些外出返岗就业人员或是工厂因复工难订单少没有召回，或拖家带口出于安全考虑未返回外省就业，选择回流市内就近就业，外出距离近交通费用少。许多家庭出省、出国旅游计划受疫情影响或搁浅取消或由近郊游代替，交通支出缩减。

【教育支出】　“十三五”期间，梁平区居民教育类消费整体在波动中上涨明显，在2020年疫情影响学校迟迟无法开学的情况下，依然保持4.2%的同比增长，达到1177元。其中，农村居民的教育类消费同比减少0.4%，教育消费能实现增长主要依靠城镇居民8.4%的增幅拉动，城乡教育消费出现反差农村居民教育消费稍减，主要是幼儿园开班晚，收费减少。据部分幼儿园反映，有些家长考虑到疫情和没剩几个月的上课时间，选择下学期再入学，节省一学期的学费。在实行义务教育的当下，对于农村居民来说幼儿园学费能算作是教育支出的大头，而各种收费高、种类多的课外兴趣班、提高班，还是经济水平更好的城镇居民消费得更多。农村居民2020年实现了教育节流，城镇居民继续为孩子报各类课外班掏钱加码。

【医疗保健】 2020年，医疗保健支出2278元，增长14.3%，增幅跃居第一，并在“十三五”期间保持连续5年年均1.2%的增长，其中主要是门诊、住院的医疗服务消费增长较快。全民医保普及医疗分诊体系改革下，民众看病难看病贵的问题有一定程度缓解，一些得慢性病的居民凭借医保报销能够承担大部分费用。社区诊疗体系逐步完善，距离社区医院较远的村也多配有卫生室，一些常见药不出村就能买到，报销比例高，购买渠道容易，消费自然增多。受新冠疫情影响，居民防疫意识较强，口罩、手套、消毒液、感冒药等防疫医疗物资的购买明显增多。

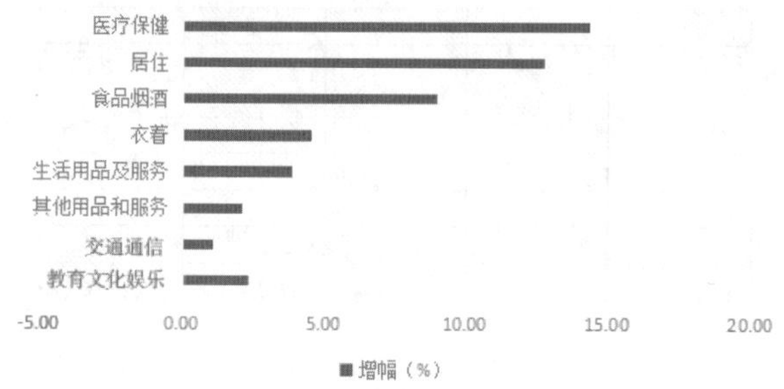

图3　2020年梁平区居民八类消费同比增幅

就目前国外疫情形势不容乐观，国内外放输入内防反弹的力度不减，预计2021年的居民消费依旧会受到相关影响，交通消费持续走低，医疗保健消费保持增长，线上教育消费增多，人们生活消费或习惯逐步发生深刻变化，口罩妆，云聚餐，宅家办公等成为生活常态。

（国家统计局梁平调查队　卢思颖）

生态文明建设

综　述

【概况】　2020年，梁平区践行“绿水青山就是金山银山”的概念，坚持以改善环境质量为核心，打好污染环境防治攻坚战，推动生态环境保护工作再上新台阶。全年落实“河长制”，巡查河库4.4万余次，排查处置问题320个，龙溪河河长制工作被水利部作为典型案例全国推广，区水利局获评全国水利系统先进集体。建成投运城镇村污水处理厂（站）9座、技改升级7座。完成双桂湖环湖小微湿地生态修复，获第二届国际湿地城市提名。治理水土流失面积42平方千米，整治河道26千米。城镇生活污水集中处理率分别达到95%、85%，龙溪河、新盛河等6条主要河流出境水质均值达到或高于水域功能要求。持续开展好大气污染治理，空气质量优良天数349天。完成国土绿化1.55万公顷，森林覆盖率47.3%。复垦复绿关闭矿山40公顷，关闭整治畜禽养殖场45家，完成长江支流禁捕退捕。建成弃土场1座，城市建筑垃圾得到规范处理；完成垃圾填埋场渗滤液处理设施扩能，城市生活垃圾（含餐厨垃圾）无害化处理率达100%。开展“散乱污”企业专项整治，新创建市级绿色工厂2家，区级节水型企业6家，全力创建节水城市。积极推动第二轮中央环保督察、市级环保集中督察问题整改落实。区生态环境局被国务院第二次全国污染源普查领导小组办公室评为表现突出集体。梁平探索生态产品价值实现路径在国家推动长江经济带发展领导小组办公室组织召开的三峡地区绿色发展2021年重点工作推进会上作交流发言，区域生态环境综合治理项目策划包装被作为范本在长江经济带沿线省市区县推广。　　（区发展改革委　张荔）

【生态环境保护机构】　梁平县环境保护局成立于1995年3月，2017年1月，梁平县环境保护局撤县设区更名为重庆市梁平区环境保护局。2018年12月，机构改革组建重庆市梁平区生态环境局（不再保留区环境保护局），并于2019年1月正式挂牌成立。内设6个科室：办公室、生态环境督查科、法规宣教科、污染防治科、自然生态保护科和行政审批科。下属事业单位有2个：重庆市梁平区生态环境保护综合行政执法支队、重庆市梁平区生态环境监测站。在职人员56人，其中局机关12人、执法支队18人、监测站26人。

2020年，重庆市梁平区生态环境局坚持深学笃用习近平生态文明思想，围绕建设生态优先绿色发展先行示范区目标，凝心聚力、攻坚克难，全面加强生态环境保护工作，坚决打好污染防治攻坚战，全区6条主要河流出境水质总体达到或优于水域功能要求，城镇集中式饮用水源达标率100%，空气质量优良天数达349天，声环境、土壤环境持续稳定，完成区委、区政府交办的各项任务。

污染治理

【污染防治】　协同推进总投资30.7亿元的龙溪河流域水环境综合治理与可持续发展试点PPP项目。整合资金1.9亿元，开展新盛河水污染防治百日攻坚行动和铜钵河水污染防治突击战行动，完善2个流域内场镇雨污管网，新建村级污水处理站18座，建立区领导督战、部门“一对一”蹲点指导机制和“环保督查专员”制。制定《梁平区主要河流水污染应急处置工作机制（试行）》，强化重点流域日常巡查与水质监测预警。完成新盛、袁驿等7座污水处理厂技改。与四川毗邻地区签署铜钵河、任市河联动共治协议，先后10余次同达州、开江、大竹开展水环境保护联合会商、联合执法等工作，共同排查流域水污染突出问题。制定《梁平区持续改善空气环境质量工作方案》，开展秋冬季重点区域大气环境专项整治行动，淘汰燃煤锅炉2台，治理餐饮油烟65家，组织海螺水泥和16家烧结砖厂错峰生产，完成殡仪馆2套火化炉废气处理设施整治。创建市级“安静居住小区”1个。

环境监督与执法

【环境管理】 聚焦水、气、土壤、农村等重点环境问题治理，科学谋划编制全区生态环境保护“十四五”规划。持续强化自然保护地监管工作，严格生态空间准入，落细落实“三线一单”编制，将全区国土空间划分为22个环境管控单元。统筹做好新冠肺炎疫情防控、经济社会发展和生态环境保护工作，疫情期间建成诺天医疗废物处置项目，持续提升优化营商环境，全年审批项目环评文件67个、网上备案216个，实现“固定污染源”排污许可全覆盖。扎实抓好第二轮中央生态环保督察反馈意见整改，坚持“一案一策”、举一反三、标本兼治，整改工作达到时序进度要求。《重庆新闻联播》、《重庆日报》、华龙网及《梁平日报》、梁平电视台宣传报道区生态环保工作成效150余次，“攻坚战污染 绿色促发展”系列短视频《归来》《践行两山论 竹山变金山》获评市级“最佳成效奖”。

【环境监测】 积极开展环境质量监测、污染源监督性监测、执法监测等监测工作，全年共获得监测数据32068个，出具各类监测报告350余份，为政府决策、环境管理提供科学依据和技术支撑。建成回龙河大河桥断面水质自动监测站。完成第二次全国污染源普查工作任务，发布梁平区第二次全国污染源普查公报，区生态环境局被国务院第二次全国污染源普查领导小组办公室表彰为表现突出集体。

【环境执法】 深入开展整治污水偷排直排乱排专项行动，排查点位4532个，排查整改问题57个。细致排查整改环境风险隐患，开展严厉打击危险废物环境违法犯罪行为专项行动。实施全区乡镇污水处理厂及重点排污企业在线监测监控，严格执行负面清单、排污许可、企业环境评价红黑名单管理制度。领导包案化解重点难点信访问题，全年办理信访投诉400余件。制定实施《梁平区生态环境违法行为有奖举报工作实施方案》，全年查处环境违法案33件，牢牢守住生态环境安全底线。（区生态环境局　孙泽伟）

治理前的龙溪河云龙段

治理后的龙溪河云龙段

乡镇（街道）

梁山街道

【概况】 梁山街道系梁平区旧县城所在地，城区建成区面积7平方千米。东与复平镇、万州区余家镇接壤，南连蟠龙镇，西邻双桂街道，北接星桥镇。国道318线和“两高一铁”横贯全境，区位优势明显。

政区沿革　梁山街道前身为梁山镇人民政府，梁山镇古为巴国之地，因有梁山寨而得名，始建于西魏元钦二年（553年），迄今已有1400多年历史，宋代在此设梁山军，元朝在此设梁山州。1949年12月解放时建立中城镇，1951年中城镇升格为城关镇人民政府，1956年4月城关镇人民政府改为城关镇人民委员会，1959年再建城关区人民公社，1968年建立城关镇革委会，1981年改为梁山镇人民政府，隶属于梁平县中城区；1992年10月撤区并镇，由城西乡、天竺乡、安宁乡、梁山镇合并为新建制的梁山镇人民政府；2009年11月撤销梁山镇建立梁山街道办事处；2011年10月因区划调整撤销原城东乡后整体并入梁山街道管辖。2015年8月行政办公地点迁至梁山街道人民南路1号，2016年12月梁平撤县设区更名为梁平区梁山街道办事处。

政区划分　梁山街道办事处现内设机构9个、所属事业单位6个，行政编制49人，事业编制34人，辖18个村委会、129个村民小组，10个社区、62个居民小组。10个社区为南华社区、北池社区、大众社区、双桂社区、西池社区、文峰社区、石马山社区、八角社区、大福社区、蓼叶社区；18个村为清都村、迎水村、上八村、沙坝村、东山村、土桥村、白沙村、东明村、时代村、群益村、罗汉村、石马村、西池村、云佛村、梦梁村、天鼓村、金桥村、龙磨村。

人口面积　梁山街道面积106平方千米，户籍人口10万余人，常住人口近15万人。

自然条件　梁山街道位于北纬30°39′47"～30°43′14"，东经107°46′51"～107°52′03"，地处四川盆地东部平行岭谷区，地势南高北低、东高西低。地形以浅丘为主，丘陵占50%，低山占30%，平坝占20%。属亚热带季风性湿润气候。多年平均气温16.7℃。境内有高滩河支流小沙河水系和普里河支流龙滩河、李家河水系，小沙河水系由东南向西流入双桂街道，龙滩河、李家河水系由南向东汇入万州余家镇，河道总长54.4千米，流域面积401平方千米。

【经济发展】

2020年，全街道实现地区生产总值105.2亿元，比上年增长4.50%；社会消费品零售总额58.28亿元，比上年增长1.81%；固定投资入库项目18个，计划总投资4.18亿元，固定投资完成额2.94亿元；城镇常住居民人均可支配收入39841.27元，比上年增长6.12%；农村常住居民人均可支配收入21447元，增长8.12%。全年，培育市场主体2037家。

农业　2020年，突出发展粮菜、柚子、李子三大特色产业，着力培育“1+3”农业产业体系，农业总产值2.8亿元。粮食作物播种面积1994公顷、产量10672吨；油料面积293公顷、产量684吨；玉米194公顷，产量1015吨；薯类829公顷，产量2669吨。全街道拥有大型农业机械33台（辆），微耕机603台，完成水稻机插秧53.33公顷，水稻机收806.67公顷。现有农业龙头企业20家，专业合作社71家，家庭农场43家。全街道森林面积4533公顷，新一轮退耕还林238.09

公顷，公益林1932.68公顷，签订国家储备林建设项目林地流转合同面积933.33公顷，2019年度松材线虫除治枯（病）死松树17068株。生猪出栏2.15万头，家禽出栏38.4万只，山羊出栏643只，牛出栏87头。检疫生猪4.05万头，无害化处理检疫不合格生猪52头，让市民吃上放心肉。

工业　工业产值总产值14.16亿元，规上工业产值3.75亿元，同比增长4.1%；规模以上工业企业6家。

商贸　初步形成以名豪、乾街、三峡风步行街、依山郡、报国商业城为核心的五大商业街区；现有限额以上商贸企业52家，销售额43.76亿元；限额以上住宿餐饮业企业20家，营业额2.85亿元；建成各类专业市场6.5万平方米，形成以电子商务、汽配汽贸、五金机械、家具建材、粮食物流等多业态商贸格局。

财政　本级一般财政总收入7552.07万元。一般预算支出7012.1万元，其中一般公共服务支出1639.22万元，同比下降18.43%。2020年，街道“三公”经费支出18.87万元，同比下降28.1%。

【社会发展】

文化艺术　文化团体有5个：中老年艺术团、老年大学、梁山乐团、演艺协会、老体协梁山分会。各类艺术表演团体演职人员有2000余人。影剧院1个，座位700个；综合文化站1个，建筑面积1208平方米，藏书8000余册。2020年组织各种讲座和培训35次，图书借阅2458次，电子阅览1463次，各类排练活动122次。

公共文化服务　市、区级社区健身点有9个。组织开展各类文体活动163场次。开展村（社区）、艺术学校、民间乐队指导和辅导28次，惠民电影放映348场，送文艺演出、知识问答、读书活动、政策法规宣传等文化下乡活动112场，读书活动28次。

文化遗产　非遗项目有5个：梁山灯戏、癞子锣鼓、竹帘、抬儿调、梁平年画。其中，“梁山灯戏”被列入世界（国家）非物质文化遗产。

文物保护　市级文物保护1个、区级文物保护7个。

教育　有中学校4所，职业教育学校1所，各类小学5所，民办学校3所，幼儿园18所。小学适龄儿童入学率100%，初中适龄人口入学率、小升初升学率、九年义务教育率均达100%。

医疗卫生　有区级医院1所，街道级医院2所，各类卫生站、卫生室、卫生点50余个，市民享有方便的公共卫生服务。

体育　新建3个五人制足球场，其中报国公园2个、梦梁村1个。各类体育场地263个，其中体育馆1个、体育场10个、台球室3个、乒乓球俱乐部3个、羽毛球场15个、门球场3个。

社会保障　2020年，城乡低保对象951户1467人，发放低保金786.06万元；临时救助669人174.45万元；参加残疾人意外伤害保险2361人；发放80岁以上高龄老年人高龄津贴151.35万元，计生特殊家庭慰问金13万元，救灾资金17.7万元，重点优抚对象优抚金455.09元。城镇就业人员3031人。初审创业担保贷款407人，发放贷款5000余万元，新增公益性岗位83人。城乡居民社会养老保险参保18105人，城乡居民医疗保险参保55129人。接收国有企业社会化管理服务移交企业23家594人。

【基础设施】　推进农村公路联网互通工程，新建通达通畅道路38千米，新建建卡贫困户入户便道3千米。修建产业便道3.91千米，新建防火通道30千米。建成858平方米的街道公共服务中心并投入使用，设立便民服务窗口14个。

【名胜旅游】　旅游名胜古迹有8处：烈士陵园、光华亭、军用机场、钢厂旧址、刘举皋故居、南岩石刻、仁安洞石刻、文峰塔。

【重点工程】

疫情防控　成立街道疫情防控指挥部，构建群防群控工作机制。多形式广泛宣传，张贴标语1000余条，发放宣传资料10万余份。严格落实“四包一”摸排责任，667名机关干部、村社干部、网格员、村医、民警等下沉一线，滚动式、拉网式入户排查32万户80万人次。148个物业小区、自治小区（楼院）全部封闭式管理；383个散居楼院、670个单元楼居民自愿值守，村民自治设立村组交通卡点76个，有效减少人员流动带来的风险。24小时值班值守，妥善处置来电来访1000余次。投入50余万元购买防控物资并及时兑现疫情防控一线人员工作补贴。分期分批迅速对1.2万余家企业和个体商户进行复工复产。2020年10月，梁山街道南华社区居委会获“重庆市抗击新冠肺炎疫情先进集体”称号。

人口普查　加强组织领导，成立街道人口普查办公室，专人负责、明确责任，对工作进度质量“每周一调度、每周一通报”。28个村（社区）划分为696个普查小区，选聘727名高素质普查指导员和普查员，对辖区近17万人开展入户登记普查。加强经费保障，落实工作经费94.3万元，完成第七次全国人口普查。

脱贫攻坚战　聚焦突出问题整改，累计投入建卡贫困户个性化帮扶资金45万元，解决住房、饮水、医疗救助等问题85个。落实产业个性化帮扶资金18.6万元，发展小米辣200余亩。64名指导员和调查员完成328户844名贫困户信息核查上报，确保“账账相符”“账实相符”。累计放贷195（户）次，放贷金额641.2万元。

污染防治攻坚战　落实河（库）长制，巡河3676次，完成率134.6%。整治河道26.6千米。整治农业面源污染，化肥减量较上年减少17.39吨，关闭畜禽养殖场24家。新建翻修公厕4个。新改建二三级污水管网25千米。严防秸秆焚烧。整治污水偷排直排乱排5起。

防范化解重大风险攻坚战　2020年，共办理信访件173件，按时受理、办结率100%。解决环保、老城综合整治、一环路建设、非法集资等问题523件。开展危化、工贸企业、农村道路、非煤矿山等领域安全检查巡查4468（家）次，缴获非法储存汽油8吨、柴油20吨、烟花爆竹286件，罚款1.08万元，整改隐患148个。投入护林防火经费25万元，全年森林火灾零发生。排查食品药品等领域风险隐患3000余户次，查处违法案件18起。随机抽检单位食堂52家，开具监督意见书和责令改正通知书11份。监督管理药店68家，查处违法案件4件。强化禁毒工作。开展反邪教警示宣传教育。加强社会治安重点地区整治，对80名3级以上重度精神病人有奖监护。开展扫黑除恶专项斗争。成立应急处置专业队伍，开展消防、地质灾害等应急演练5次。

乡村振兴　保护耕地，严格执行农村乱占耕地建房“八不准”，完成土地整治项目1个，预计新增耕地15.3公顷。一二三产业融合发展贷款1253万元。开展农村人居环境整治，在10个村（社区）试点农村垃圾分类，增配2200组（个）分类垃圾桶。实施厕所“革命”，改厕820户。提升村容村貌，拆除彩钢棚、乱搭乱建等违建4.5万平方米；实施农村旧房提升工程276户5.2万平方米；结合村庄清洁行动，对高铁沿线249处农房提升靓化。打造特色乡村亮点，在近郊打造夜市经济增长极，“荷塘月色”小微湿地公园、丰胜园休闲风情街等“夜经济·慢生活”乡村旅游景点次第开放，举办风情街招商活动5场次，打造“互联网+现代农业”。在远郊，打造以云佛、梦梁为核心的高效农业基地发展火龙果、猕猴桃、花椒等八大产业近67公顷，初步形成以蔬菜、高山水果、生态农业、优质粮油为特色的效益农业。

城市“双修”　完善老城基础设施，老旧小区改造中央预算内投资项目总投资1182万元。截至2020年底，竣工14个项目。新建或改造老旧小区41个、公共停车场5个、农贸市场2个、公厕3个。整治报国商业城、豆芽巷等违建3.8万余平方米。配合完成老城雨污分流设施建设。完善城市管理服务机制，推进物业管理，召集物业联席会6次，物业专题培训1次。加快养老服务体系建设，引进1家民营专业养老机构运营敬老院，新建社区养老服务站7个，初步建成以“居家为基础、社区为依托、机构为支撑”的社会养老服务格局。坚持大城众管、大城细管、大城智管，推行“枫桥经验”落地落实；扎实开展

"马路办公"，落实"五长责任制"，发现整改城市管理问题245个；积极推广垃圾分类，建成4个示范小区，实现社区全覆盖，有效推动城市建设高质量发展。

【党的建设】 街道党工委下辖34个党组织，党员3804名。2020年培训村（社区）干部359人次，党员冬训2000余人，发展党员23人；发放老党员生活补贴26.63万元；组建专项工作组分析研判，稳妥推进书记（主任）"一肩挑"，调整村社党组织书记14人；提前谋划村（社区）"两委"换届，按条件筛选初步候选人445人报组织部联审。投入200余万元优化便民服务中心和党建阵地。大力发展村集体经济，全街道28个村（社区）无空壳村。以网格、支部为单元，积极构建城市基层党组织运行机制，实施"街道吹哨、部门报到"城市党建模式，开展在职党员"回家"行动，推动2423名在职党员到社区报到服务群众，7个社区89个网格全部构筑"网格-居民小组—支部—社区—街道"五级党员服务管理网络，党员干部进社区进楼院协调处理问题1200余件次。

【军民共建】 坚持党管武装。完成适龄青年兵役登记工作。完成武装部规范化建设。梁山街道办事处获"重庆市拥军优属模范单位"称号。

【其他】 构建公开透明的政务环境，推进全面深化改革，深化"放管服"改革，完善网上政务服务平台，做好政府信息及政务公开，开展微笑服务、一站式、一门式服务，让群众少跑路。全年在政务服务平台办件446件，依申请办理类政务服务事项在"渝快办"平台产生业务覆盖率位列全区前三。（梁山街道办事处　肖艳丽）

双桂街道

【概况】 双桂街道办事处于2009年11月经市政府批准成立，由原梁山镇、安胜乡、金带镇、仁贤镇的部分社区和行政村合并而成，为区政府派出机构。2020年，实有编制74人，其中机关行政编制47人，机关后勤服务事业编制1人，事业编制26人。2020年底，在岗职工共74人，其中行政在岗47人，机关工勤在岗1人，事业在岗26人。

双桂街道办事处综合业务服务楼位于梁平区双桂街道桂香路3号，距"西南禅宗祖庭"双桂堂7千米，东临梁山街道，西临仁贤街道，北临安胜镇，南临金带街道，面积58平方千米，耕地面积1325公顷，森林面积1172.4公顷，绿化率20%。下辖大河坝社区、太和社区、正龙社区、皂角社区、张桥社区、回兴社区和新民社区7个社区居民委员会，安复村、安宁村、黄泥村、凉水村、牛头村、千明村、松竹村、响水村、兴隆村和盐河村10个村民委员会，共139个村（居）民小组，户籍总人口58864人。地势系平坝浅丘，海拔高度450~600米，地势东高西低，季风气候显著，四季分明，年降水量1300毫米左右，常年平均气温16.5℃。日照偏少，常年平均日照为1336小时。春季气温不稳定，初夏多阴雨，盛夏炎热多伏旱，秋多绵雨，冬季暖和，无霜期较长，湿度大，云雾多。土质以灰棕紫泥土为主，土层深厚，有机质含量丰富，土壤养分高，宜种性强。境内现有山坪塘38口。

【经济发展】

坚持疫情防控和经济社会发展"两手硬""两战赢"，有力有序推动复工复产，努力稳住经济基本盘。通过"上门讲解、电话告知、微信推送"等方式，为辖区企业协调解决各类问题200余件，帮助企业852家、个体工商户3264个有序复工复产。以"营商环境建设年"为抓手，建立企业帮扶工作机制，推动惠企政策落地落实。2020年，新增市场主体2462个，培育限额以上商贸企业6家、限上个体6家。经济形势稳步回升，社会固定资产投资金额1.0336亿元，同比增长7.9%；规模以上工业总产值2.5亿元，同比增长11.9%。GDP（含园区）达124亿元，同比增长1.2%。

农业　2020年，农业总产值17181万元。粮食产量8724.6吨，其中谷物6547.6吨，薯类产量1326吨，油料产量580吨，豆类产量271吨。蔬菜产量31886吨，水果及瓜果产量12729吨。全年猪出栏15587头，产值5611万元；家禽（鸡、鸭、鹅）出栏37.87万只，产值725万元；渔业产量920吨，产值736万元。

工业　2020年，规模以上工业总产值9.3亿元。工业固定资产投资1213万元；社会固定资产投资项目14个，投资金额10336万元。

商贸　2020年，新增培育限额以上商贸企业6家、限上个体6家，社会消费品零售总额28.67亿元。

【社会发展】

文化艺术　2020年，有社区文化服务中心1个，村级文化活动中心10处，社区文化活动中心7个，各类图书室17个。组织指导辖区开展晒秋节、丰收节等各类文艺活动，在辖区开展全民读书活动。送文化演出到辖区17个村（社区），开展送电影下乡等群众喜闻乐见的文化活动7场，组织各类文艺培训17次，累计培训文艺骨干60余人。

教育　有幼儿园13所；公办小学7所（泰和小学、双桂小学、桂香小学、城西小学、紫竹小学、安宁小学、梁山小学碧湖校区），公办普通高完中1所（西大实中），公办特教学校1所（特教学校）；民办学校2所（梁平职校和枫叶国际学校）。小学适龄儿童入学率、初中适龄人口入学率、小升初升学率、九年义务教育覆盖率均达100%。

医疗卫生　区妇幼保健计划生育服务中心业务综合楼投入使用。有创建中三级甲等公立医院（梁平区人民医院）1个；私立一级医院（梁平红十字会医院、梁平骨科医院）2个；个体药店25个；基层医疗机构（梁平区双桂街道社区卫生服务中心）1个、社区卫生服务站1个、行政村及地名村卫生室20个，乡村医生35人。区、街道、村三级卫生健康服务网络基本建成。

体育　组建各种文体队伍17支，开展丰富多彩的群众性文体活动。创建双桂街道太和、回兴、新民、正龙、皂角、张桥6个市级社区健身点和大河坝1个区级社区健身点。辖区内的游泳馆即将建成并投入使用。

社会保障　2020年，参加城乡居民合作医疗保险39692人；新增参加城乡居民社会养老保险157人，指纹验证养老保险领保人员10936人，人工认证养老保险领保人员257人；新增城镇就业人员2108人，城镇登记失业人员就业498人，城镇就业困难人员就业207人，办理4050社保补贴498人，发放小额担保贷款5287万元；开展新市民培训培训81人及就业适应性培训51人，发布提供岗位50个，为农村建卡贫困户提供就业服务100余次，开展职业指导30次，发布招聘信息300余条；认真开展农民工工资欠薪隐患排查及根治欠薪攻坚行动；开展农民工返乡创业就业、打击医保骗保宣传等活动，发放各种宣传材料2000余份。

2020年，发放各种保障金、救助金、奖扶金等374.64万元。完成优抚对象抚恤金及医疗补助发放工作。发放小额临时救助6.98万元，计划生育特殊家庭奖励扶助金100.284万元，80岁、90岁、100岁高龄津贴50余万元。完成困难残疾人生活补贴和重度残疾人护理补贴申报53人，对辖区258户扶贫建卡户、200余名农村留守儿童及困境儿童家庭进行入户走访。开展35～64岁农村妇女免费“两癌筛查”活动，500余家庭受益。资助民政对象、计生奖扶对象、建卡贫困户3046人参加合作医疗保险，投入资金58.6万元。投资8460元为282位老人购买孝老安康意外伤害保险。

【基础设施】

提升城周环境　修建四好农村路22.62千米，加宽村窄路面1.94千米。实施高速、高铁沿线及318国道庭院整治靓化，修缮高速、高铁沿线瓦屋面55033平方米，更换树脂瓦37731平方米，安装竹栅栏2300余米。

改善人居环境　打好村庄清洁行动春夏秋冬战役，清理各类垃圾885.2吨、沟渠135千米，改厕432户。扎实推进“垃圾分类”工作。在44个小区设置生活垃圾分类宣传设施，安装展板662块、草坪标识713个，张贴海报300张，悬挂标语70条，设置垃圾分类投放点207个，放置垃圾分类投放箱2800余个。

狠抓污染防治　排查污水偷排直排点位352个，发现问题13个，已全部实施整改。督促74家企业完成排污登记，整治散乱污企业1家，偷排乱排直排问题3个。发现和制止秸秆焚烧火点16起。做好河道“三乱”清理整治工作，各级河长及时解决巡河发现问题120余件，完成上级交办问题整改5个，实施大河河整治土地复耕3.86公顷。

【重点项目建设】

征地拆迁　开展新城二期千明片区、工业园区拓展区皂角片区征地拆迁工作，签订房屋拆迁补偿协议244户，拆除建筑面积60048.97平方米。全面完成高新大道征地拆迁工作，签订房屋拆迁补偿协议16户，拆迁房屋面积5852.82平方米。处理遗留拆迁户31户，为拓展发展空间、加快项目落地打下坚实基础。

棚户区改造　完成签订房屋征收协议28户，改造面积3600平方米，兑付资金3019万元。

违法建筑治理　以“严控新增、消除存量”为原则，巡查300余次，拆除违法建构筑物110处，商住小区违法建筑整治25件，整治新增和存量违法面积1.4万余平方米。

老旧小区改造　大力实施张鸭子片区老旧小区改造工程，电力公司家属网格、张鸭子楼院网格和永安路网格均已完工。

脱贫攻坚　在安宁、黄泥、响水3个村成立农民专业合作社，吸纳贫困户63户加入，形成收益联动；引进裕丰生态农业中心，流转土地13.33公顷发展观光农业，带动周边农户增收；申请扶贫小额信贷106户395.8万元，发放个性化资金、救助金53.52万元，提供就业服务100余次，助力贫困户发展产业，实现193户贫困户稳定脱贫。

乡村振兴　加强对133.33公顷中晚熟清脆李的社会化管护，在黄泥村、千明村再发展15公顷果树种植，持续推动产业振兴。

安全稳定　牢固树立安全生产“红线意识”，集中开展全覆盖、拉网式安全隐患集中大排查大整治大执法行动、城乡接合部专项整治行动。依纪依规依法解决信访积案，消存量、遏增量，信访秩序持续好转。

（双桂街道办事处）

合兴街道

【概况】　合兴街道位于梁平区东北部，距梁平城区9千米，东南与梁山街道接壤，西与星桥镇、文化镇相连，北接复平镇。辖区面积51.4平方千米，辖8个村（居）委员会，61个村（居）民小组，总人口2.4万人。境内243国道、二环路、渝万高铁纵横交错，达万铁路梁平火车北站位于境内。下辖基层党组织13个，共有党员664人，其中农村党员599人。街道办事处设办公室9个，事业单位7个，机关事业单位工作人员47人，工勤1人，核定编制49人，缺编1人。

1949年12月，梁平（山）县解放建立合兴乡，辖7个保，属城北区。1955年12月将龙滩、黄茅2个乡并入合兴乡，属新盛区。1958年9月建立合兴公社，1959年7月划归城管区，1962年1月划归合兴区。1966年9月改称五星公社。1984年1月恢复合兴建制，1992年9月建立合兴镇。2020年6月撤镇，设立合兴街道办事处。

境内地处浅丘地带，兼有低山，海拔345～920米，土壤有冷沙黄泥土、暗紫水稻土、灰棕紫泥土，属亚热带季风气候区域。主要河流为普里河，支流分别发源于星桥、合兴、梁山，经复平流入万州铁炉。有小（一）型英勇水库1座，目前正在有序推进龙象寺水库建设、梁开高速、243国道、公安“三所”一队一基地、火车北站集装箱货运站场等重大项目建设，谋划实施合兴中学扩建、街道社区卫生服务中心迁建、心理卫生中心新建、护城便民服务中心迁建，积极争取社区康养项目落地街道，加快推进停车场、文化广场、灯光球场建设和幼儿园周边环境整治等项目。

【经济发展】 2020年，地区生产总值7.3779亿元，同比（下同）增长8%，规上工业总产值3100万元，规上工业增加值增长930万元；固定资产投资9777万元，增长68%；社会消费品零售总额48375万元，增长10%。

农业 2020年，农业总产值25616万元。粮食种植2190公顷、产值11569吨，其中水稻919公顷、产值6972吨，玉米421公顷、产值2584吨。蔬菜产量12746吨，水果产量16571吨。畜牧业以猪、牛、羊、家禽为主，生猪存栏7831头，出栏10988头；耕牛存栏419头，出栏109头；山羊存栏449只，出栏440只；家禽存栏11.8万只，出栏32.11万只。完成200公顷山水林田湖草国土综合整治项目，建成26.67公顷数字化标准化柚园，有序推进龙象寺水库建设公路复建、南普大桥、盐井河中桥、二环路等建设工程。完成94户拆迁户和4个村（社区）土地征收的预签协议。征收“三所一队一基地”建设用地12.8公顷、安置298人。

2020年4月16日，合兴镇龙滩村柚农果树现场培训

工贸 2020年，合同引资5000万元，培育市场主体210个，申报培育限额以上商贸企业2家、限额以上商贸个体1家，市场主体不断扩大，营商环境不断优化。

旅游 创新乡村旅游新模式，“云上”赏花、直播带货，举办第八届“春归田园·柚见花开”柚花节和第三届长江三峡（梁平）国际柚博会。龙滩村股份经济合作联合社的梁平柚申报有机农产品。龙滩村获批重庆市文明村镇。新修建6.8千米的旅游产业路，连接中华·梁平柚海、合兴李子园、市级非遗大梨土陶基地、复平黑天池、四川省开江县飞云温泉等文化旅游景点。

【社会发展】

文体艺术 有综合文化站1个、各类图书室9个，藏书2万余册，有大梨土陶窑1个市级历史建筑。通过新时代文明实践所（站）、院坝会等平台，组织开展“志”“智”双扶宣教、“奋进新时代 共圆小康梦”“田间课堂”等活动，丰富群众精神文化生活。

医疗教育 有社区卫生服务中心1所，医务人员30人，病床20张，设发热门诊；有村级卫生室（分室）12个，乡村医生23人，公共卫生助理员1人。有初级中学1所、小学3所，在校师生2700余人。2020年，持续投入人力物力整治合兴小学、幼儿园校园周边环境，拆除合兴中学的危房，辖区4所中小学在教学质量、教育均衡发展，入学率、升学率不断提升。合兴中学连续7年教育教学综合目标考核、教学质量均获全区一等奖。

社会保障 2020年，建档立卡贫困户352户975人，已实现全部脱贫。累计发放贷款372.91万元195户；核查352户建卡贫困户的房屋安全，整改建卡贫困户房屋17户，“两不愁三保障”问题持续动态解决。严格规范低保申请审查程序，实行“应保尽保，应出尽出”动态管理，449户、744人的基本生活得到保障，因财产超标取消111户204人，新增34户59人。救助因新冠肺炎疫情导致生活困难群众200户60000元，大额临时救助20人，小额临时救助50人，特困供养88人，敬老院集中供养12人。居民医保参保率98%。城镇新增就业65人，梯度开发公益性岗位34个，市外农民工返乡创业就业472人。辖区民工工资按时足额支付到位。

环境保护　严格落实“河长制”，清理河岸垃圾2吨，处理非法排污案5件，实施场镇污水管网建设，确保河流水质达标。严禁秸秆焚烧，处罚野外焚烧秸秆2起。严防森林火灾，签订森林防火责任书20份、特殊人群监管责任书45份、坟主责任书406份，张贴护林标语130条。管护天保公益林443.2公顷，完成退耕还林33.33公顷，实施有机肥示范项目86.4公顷，砍伐除治松材线虫100公顷。持续开展“三清一改”村庄清洁行动，安装村庄亮化路灯80盏，评比美丽庭院100户。完成高铁沿线116户环境安全整治，制梁场绿化工程、护城社区生态停车场和绿化工程。制定印发农村生活垃圾分类、公共机构垃圾分类工作实施方案，建立生活垃圾分类指导员制度，购置垃圾桶2690个，完善街道垃圾分类设施，引导群众树立垃圾分类意识、养成垃圾分类习惯，创造干净整洁的生活环境。

安全稳定　牢固树立“生命至上、安全第一”理念，面对新冠肺炎疫情，精准施策、严格管控，地毯式排查辖区来梁返梁人员。检查企业60余次，发现并整改安全隐患47个。开展交通安全执法检查130余次，增设公路安全警示标牌15块、护栏1千米，整治铁路沿线安全隐患7处。排查辖区13个地质灾害隐患点并更换警示标志；全面推行消防安全网格化管理，形成“全覆盖、无盲区”的消防安全格局。没收销毁非法储存、销售的爆竹187炳，行政处罚0.03万元，移交公安派出所行政处罚1件。检查农村建房40余家次，督促整改隐患85个，社会大局平稳可控。

基础设施　持续完善基础设施建设，加快同城化进程，修建13.05千米道路，完成8个村（社区）村规划编制草案，整改74户危房，新建污水管网234米、雨水管网1236米、雨水沟450米、检查井52个、化粪池1个，隔油池1个，新建1200余平方米的社区养老服务中心。

（合兴街道办事处　周丽）

仁贤街道

【概况】　仁贤街道位于梁平区中部，地处梁平坝子腹心地带，距梁平城区9千米，交通便捷，是西北部14个镇乡通往梁平城区的交通咽喉，国道“2403”横贯全境，梁黔高速公路梁平西出口紧邻场镇，区位优势凸显。

政区沿革　仁贤街道史称“沙河铺”，历史悠久，人杰地灵，是明代著名理学家来知德故里，因来知德之父（来朝）义还遗金，被朝廷敕封义士，赐乡名为仁贤，素为文明礼仪之乡。民国初置仁贤镇，1941年改仁贤乡，1958年改成公社，1983年复置仁贤乡，1992年建立仁贤镇，2020年6月30日撤销仁贤镇设立仁贤街道。

政区划分　1997年，辖21个行政村和1个街道社区。2019年辖5个行政村和2个社区，即仁贤村（原仁贤、五星、沙河合并）、白鹤村（原白鹤、石梁、三元合并）、宏山村（原宏山、华安、双路合并）、长龙村（原长龙、鲢鱼、灵宝合并）、广福村（原广福、龙安、新立合并）和五一社区（原五一、麒麟、同力合并）、沙河铺社区。

人口面积　2020年底，仁贤街道总面积41平方千米，辖区户籍人口31445人，男性16184人，占比51.5%；女性15261人，占比48.5%。

自然条件　仁贤街道地处平坝浅丘地区，南北地势稍高，东西略平缓，最低处海拔420米，最高处海拔558米。境内的龙溪河12.08千米、小沙河2.35千米，河道总长14.43千米，小沙河属龙溪河水系，从仁贤村观音桥东入境，自东向南，在广福村熊家桥南出境。

【经济发展】 2020年，实现地区生产总值11.8亿元，其中农业总产值2.875亿元，工业总产值2.73亿元，社会商品零售总额5.58亿元，固定资产投资完成0.3984亿元。全街道经济社会发展继续保持良好势头。

农业农村 农业机械化程度不断提高。土地流转累计738.87公顷，流转占比49%，推广水稻机械化服务1333.33公顷，有农机具80多台套，农业机械化率位居全区前列。现代农业经济效益凸显。柑橘种植业主20余户，以砂糖橘、沃柑、大椪柑等品种为主，种植总面积200多公顷，完善了产业园蓄水池、灌溉管网、监控、产业道路等基础设施。

工业商贸 市场主体稳步增加。发展市场主体282家，新增企业55家。招商引资持续良好。引进工业企业2家，投资额达2100万元，有投资意愿企业5家，向工业园区输送用工人员300人。规划在长龙村2组新建1个西南乌木产业园，已完成土地流转、租用前期工作及前期设计。

重大项目 建成兴仁路公共停车场。占地面积约3333平方米，停车位84个、公共厕所1座、管理房1座、门禁系统2套，并配套围墙、绿化、污水管网等建设。完善龙溪渔街周边配套项目。建设生态停车场1个、停车位20个、休闲广场1个面积3423.54平方米，标识牌2块、标志性构筑物1个、旅游公厕1座、统一店招店牌28间门市。

人居环境 积极推进城周环境大提升工程，加大对仁贤村、宏山村、长龙村、渔业繁种场环境大提升，完成改厕238户、铺设人行道地砖2868平方米、草坪615.96平方米、宣传墙1面、货摊4套、清除杂草611.3平方米、增设垃圾桶1361个，建设花台1958.7米、新建水沟300米、改墙立面32900.8平方米、墙面灯饰3312平方米、墙面节点涂鸦443.22平方米，更换彩钢棚坡屋顶23446.9平方米，并清淤清杂2800米，新建污水管网842.9米、新建排水沟1457.7米，文化石坐凳9个、健身器材5套、绿化面积933.43平方米、种植绿化树木101棵等。

【生态文明建设】 有序推进垃圾分类工作。完成5个村和五一社区垃圾分类示范村创建工作。投入约17万元开展垃圾分类工作，购买入户垃圾桶1420个，四分类垃圾桶6套，宣传栏8栏，各类垃圾分类宣传单5000余张，宣传标语30余幅等。加大生态系统保护力度。投入约11万元，聘请专人对污水管网进行清淤、维修共32次，确保污水管网正常运行。认真落实污水处理厂专人监督检查制度，坚持每天报表，全年发现问题12个，已全部整改到位。确保污水处理厂正常运行，水质达标排放。按照属地管理原则，涉及村（社区）对管辖范围内的河道进行常态化清漂。2020年，投入约3.5万元，聘请保洁员对河道进行清漂保洁，清理河道垃圾约15吨，使河岸垃圾不断减少，河道面貌焕然一新。着力解决突出环境问题。加大对龙溪河（仁贤段）流域企业、畜禽渔养殖场等的监管力度，加大对偷排直排乱排现象的执法力度，整治1家涉水工业企业。加大对村民农业面源污染的宣传力度，要求村民减少化肥、农药的使用量，严禁焚烧秸秆等，提倡绿色环保种植，农业面源污染得到有效控制。

【社会民生】

科教文卫 教育教学质量持续提高，义务教育实现均衡发展，学前教育入园率95%以上。有街道社区卫生服务中心1所，医疗机构（诊所）16个。有公共服务大厅1个，村（社区）级服务大厅7个，街道域内现有中小学3所，幼儿园2所，商业银行3家，为群众提供全方位服务。

社会保障 全面落实社会救助工作。本着公平、公正、公开的原则，严格按要求做好低保依申请受理及动态调整工作。全年累计接收续保申请719户1169人，调整118户132人。完成特困人员年度审查，街道特困人员80人，对分散供养69名特困人员签订一对一照料护理协议。小额救助209人（含大学生助学救助18人，因受疫情影响低保对象临时救助134人），大额救助27人。民政建档122人。扎实做好居民社保工作。2020年，居民养老保险新参保323人，以个人身份参加职工养老保险27人，待遇领取初审101人，待遇终止初审187人，退休人员养老待遇领取人员资格认证4226人。2020年，参加城乡居民医疗保险人员26530人，每月核查建卡贫困户参保情况，参保率100%。

【社会稳定】 牢固树立安全生产红线意识。在追求高质量发展中牢固树立发展决不能以牺牲安全为代价的红线意识，坚持党政同责、一岗双责，坚持管行业必须管安全、管业务必须管安全、管生产经营必须管安全，突出主体责任，监督责任和属地责任，不断形成警钟长鸣，常抓不懈的安全生产氛围。深入实施大排查大整治大执法专项行动，着重在道路交通、烟花爆竹、工贸企业、食品药品、校园安全、建筑安全等重点领域、重点行业，按照“四个一律”要求，坚持“首查必罚”。持续强化社会治安综合治理。强化社会治理网格化管理，加强对特殊人群日常管理。加强禁毒防邪工作。推进新时代“枫桥经验”仁贤实践，开展矛盾纠纷排查32次，接待来信来访群众280余人，排查出矛盾纠纷10件，化解10件。调解各类矛盾纠纷134起，调解成功134起。深入推进扫黑除恶专项斗争，社会治安持续稳定向好。扎实推进军民共建，完成年度征兵任务，妥善安置退役军人。

（仁贤街道　姚杰）

金带街道

【概况】 金带街道位于梁平区中部，东依蟠龙镇，南临和林镇，西连仁贤街道，北靠新城双桂街道，辖区面积31.45平方千米。西距重庆市主城区190千米，东距万州区80千米，距梁平城区9千米，是重庆主城联系渝东北地区重要陆路交通要道，渝宜高速、梁忠高速和渝万城际铁路均贯穿全境。

金带街道因清咸丰八年（1857年）在双桂堂（又名金带寺）内挖出一条金带而得名。民国初年置石柱街道，1947年改为金带乡，1958年改为人民公社，1983年复置乡，1992年10月，将原来的光明乡、金带乡合并建立金带镇，2017年1月5日梁平撤县设区，金带镇变更为重庆市梁平区金带镇，2020年6月18日撤销金带镇，设立重庆市梁平区金带街道。2009年，梁平行政区划调整，千明村、牛头村、黄泥村划归双桂街道管辖，调整后的金带镇辖7个行政村，即仁和村、金城村、千河村、滑石村、石龙村、石燕村、双桂村，58个村民小组，1个社区，即金桂社区，3个居民小组。2020年末，金带街道户籍人口总户数6946户，总人口18451人。其中，非农业人口3690人，农业人口14761人。

金带街道山、丘、坝兼有，以丘陵为主。街道内溪流众多，有滑石、金光、向阳、东风等4个各具特色的水库。属于四川盆地东部暖湿亚热带气候区域，季风气候显著，四季分明，气候温暖，年平均气温为16.6°C，雨量充沛，日照偏少。

【经济发展】 2020年，金带街道地区生产总值6.2亿元，增长6.1%，固定资产投资4040万元，社会商品零售总额3.8亿元，增长10%，农村人均可支配收入18354元，增长5%。全街道经济社会发展继续保持良好势头。

农业　全街道耕地面积1381.13公顷，森林面积959.9公顷，农作物总播种面积2540.47公顷，粮食作物播种面积1614.07公顷，总产量9264.06吨，蔬菜面积926.4公顷，产量13201吨，园林水果375.23公顷，产量5517.2吨。有66.67公顷以上标准化柚园2个。2020年，紧紧围绕乡村振兴战略和农业供给侧结构性改革，大力推进“粮食+”绿色高效模式，积极为产业发展提供技术支撑，保障粮食生产安全并推动农业高质量发展。依托智慧农业园区——数谷农场、标准化柚园、玫瑰园、草莓休闲采摘等农业优势特色产业，构建现代农业产业体系、生产体系、经营体系，持续推进农旅融合发展。因地制宜推广配方肥、有机肥、水肥一体化、秸秆还田等化肥科学使用重点技术和抗病品种、绿色防控、专业化统

防统治等农药科学使用重点技术，扎实推进中央环保督察反馈化肥农药减量问题整改，实现化肥减量纯量32.05吨，农药减量7.59吨，建立农药包装废弃物回收点2个。加强农业品牌建设，推行农产品合格证使用制度，“两品一标”绿色农产品认证9个，农产品合格证使用12家。大力推广农业机械化水平，全年推广机耕1733.33公顷，机收653.33公顷，推广农机具141台，农机具补贴受益141户，补贴金额16.61万元。积极落实惠农补贴政策，全年兑付2020年耕地地力保护补贴4439户137.1万元，完成公益林补偿兑付189.35公顷。全面完成石龙村、石燕村、滑石村、千河村、仁和村1393.33公顷总投资3140万元农业综合开发高标准农田建设项目，龙溪河流域水环境综合治理与可持续发展试点项目金带段工程开工建设，全长约11.2千米，总投资约1.42亿元。致力于重大动物疫病、松材线虫病等农业疫情防控工作，开展春秋两季重大动物疫病防控和非洲猪瘟日常监测，实施动物出栏产地检疫712车次，猪类参保897头，除治枯（病）死松树7498株。2020年，实现农业总产值2.24亿元，增长8.14%。

工业　有规模以上企业2个，烟花爆竹零售网点18家，市场主体986户。其中，内资企业163户，外资企业1户，个体工商户787户，农民专业合作社35户，其中2020年新增市场主体188户，包括个体工商户173户、内资企业15户。规模以上工业企业重庆市凌鹤科技有限公司、重庆壹根豆筋有限公司2家营业收入为8000余万元。2020年，工业总产值1.936亿元，规上企业总产值1.05亿元。

旅游　境内有国家AAAA级旅游景区滑石古寨，国家AAA级旅游景区西南佛教禅宗祖庭双桂堂，以军事文化为内涵的战狼谷军旅园，以花为媒的金城古寨玫瑰园。超多游乐体验项目的桂香天地·乐欢天，西部一流的智慧农业园数谷农场，有农家乐10余家。2020年，各景点共接待游客80余万人次，实现旅游收入1亿元。

【基础设施】

精致场镇　金带街道场镇面积1平方千米，场镇常住人口6000余人。2020年，积极打造精致场镇，提高人民群众对美好生活的获得感和幸福感。建立场镇长效管理机制，进一步规范场镇秩序，维护场镇形象。加大对场镇防腐木步道、微地形草坪、公厕、生态停车场等公共区域的管理。劳务外包京环公司加大对场镇的清扫力度，营造干净的场镇环境。

美丽乡村　有双桂福园、百花寨、金玉良苑农民新村3个。2020年，着力于农村人居环境综合整治，积极打造大美乡村。实施城周环境大提升人居环境整治工程，投资约400万元，改厕178户，绿化约14000平方米，花坛约6000米，便道515米等。开展高铁沿线人居环境整治工程，投资约120万元，彩钢棚更换为树脂瓦约7000平方米，飘檐约11000平方米，坐脊约9500米等。实施人居环境旧房提升工程，整治提升农村旧房87户，C级危房改造3户，D级危房改造1户，完成农村房屋安全鉴定397户，发现、制止、拆除各类违法建筑132户，面积7030余平方米。实施通畅工程，投资322.8万元完成2020年，完成“农村四好公路”修建项目8.07千米。完成改建项目滑石村矮桥至窄垭口0.76千米，投资41.95万元。项目全部完工，受益5640人。

生态建设　深入开展村庄清洁行动，引导村民做好房前屋后、室内室外的清洁卫生全年共清理积存垃圾达217.6吨。加快推进垃圾分类，开展垃圾分类活动30余次，发放垃圾分类宣传手册1.5万份，新建沤肥池21座，购置240L“四分类”垃圾桶18套、50L“四分类”垃圾桶6套、120L“四分类”垃圾桶2套、120L餐厨垃圾桶2套，实现垃圾分类全覆盖。扎实开展治污行动。深入工业企业、养殖场、饮用水源地、污水处理厂等单位开展监督检查140余次，全年巡查污水管网350余次，应急维修污水管网5次。深入开展清洁河道行动，全年组织清漂队伍对河流清漂10余次，清理河岸垃圾10.3吨，打捞漂浮物4.3吨。

水利建设　有小（1）型水库2座，小（2）型水库2座。2020年，各级河长完成了对辖区8条河流4座水库巡查次数1029次。其中，区级5次、镇级231次、村级813次。召开村级河长会议2次，专题研究河（库）问题40个。投资80万元扩建成日产万吨的金带水厂严格按照操作规程制水，确保24小时正常供水，保证人民群众饮水安全。全年抢修漏水管管网210余处。加强防汛抗旱工作，确保安全度汛。全街道总用水量为13万立方米，水质达标率为100%。

【社会发展】

脱贫攻坚　高度重视，落实责任。党工委书记和村书记两级书记遍访189户，落实街道党工委、街道办事处专题研究脱贫攻坚工作13次。强化执行，落实政策。明确产业指导员77人，落实产业帮扶资金15.76万元，帮扶有产业发展意愿的脱贫户143户398人。为脱贫人口办理低保、特困等兜底性保障86人。开展就业帮扶及培训，落实41名贫困劳动力一次性求职创业补贴2.05万元，落实126名贫困劳动力交通补贴2.36万元，开发扶贫公益性岗位38人，开发致富带头人8人，农村实用技术培训脱贫户60人，蔬菜种植技术培训脱贫户49人，照料老年人技能培训脱贫户20人，农民工新市民培训64人。大力推进消费扶贫，完成832平台消费金额0.96万元，完成重庆馆注册任务1046人，完成消费金额21.58万元。扎实推行小额信贷，全街道共贷款98户，获贷率51.85%。强化责任，落实工作。完成“百日大会战”自查评估农户229户。开展脱贫攻坚成效交叉检查，整改问题16个。完成市级脱贫攻坚专项调查。文书档案累计收集整理2831个，项目档案累计收集整理4个。制定方案，精准帮扶。脱贫户2020年合作医疗保险参保事后资助工作。保障辖区内贫困家庭就读学生均享受教育资助政策，义务教育阶段的学生均享受学生营养改善计划。脱贫户房屋整改118户，使用资金约17.79万元，保障脱贫户的住房安全。脱贫户饮水帮扶5户，使用资金0.56万元，保障脱贫户的饮水安全。

文化体育　有综合文化站1个，职工图书室1个，农家书屋8个，藏书2万多册。有双桂堂1个国家级文物保护单位，滑石寨、双桂渡槽、滴水岩、金城寨4个区级文物保护单位，双桂村碉楼、金城村碉楼2个未定级文物保护单位。有健身广场6个，健身器材50余套，综合文化站实行免费开放。2020年，惠民电影放映120场，邀请区中老年艺术协会到仁和、滑石、双桂村开展文艺汇演6场次，组织老年人开展老年人健步走活动1次，开展春节免费送春联活动2场，组织村级农家书屋管理员培训2场，组织各村开展全民阅读活动7场，开展“扫黄打非”专项巡查12次。完成应急广播安装任务，安装高音喇叭50只音柱6个，为辖区内居民办理免费图书借阅证1000余个。

教育　有初级中学1所、小学2所、民办幼儿园1所、公办小学附属幼儿园2所。双桂中学在校生478人、教职工50人。小学在校生1093人（金带小学484人、新金带小学495人）、教职工69人（金带小学34人、新金带小学35人），幼儿入园率100%。2020年，街道教育工作获区教委综合目标考核一等奖。

卫生计生　有街道社区卫生服务中心1所，编制床位18张，实际开放床位35张。职工25人，其中中级4人、初级17人、工勤1人；大学本科12人、大专10人，执业（助理）医师9人，注册护士9人，公共卫生助理员2人；有村级卫生室7个，个体诊所1个，乡村医生15人。2020年，新建居民健康档案102人份，累计电子建档11778人，档案中有动态记录的档案份数7153份，健康档案使用率60.73%，组建6个家庭团队开展居民签约服务6461人。为1454名老年人开展中医体质辨识，开展健康教育咨询活动9期、健康教育讲座37期。高血压管理1083人，规范管理682人，规范管理率62.97%。糖尿病管理275人，规范管理172人，规范管理率62.55%。对常住在辖区的慢性病人均进行4次随访和1次慢性病年体格检查。

广播电视　有线数字电视用户3000余户、户户通800余户。

社会保障　集中供养五保老人13人、分散供养46人，城镇低保户25户30人，农村低保149户240人。2020年继续加大社会保障力度。抓好社保惠民生。城镇新增就业81人，城镇登记失业人员再就业60人，“4050”就业困难对象就业再就业28人。市外农民工返乡创业就业400人。城乡居民养老保险新参保283人，户改新参保45人，居民养老保险123人和城镇职工75人办理退休领保手续，居民养老死亡终止初审75人。补办社保卡325张，新办社保卡554张，市外报账32人，办理特病卡73张。落实重复参保人员退款工作15人。落实医保任务15480人，完成率96.8%。完成领取居民养老保险待遇和城镇职工养老保险待遇的村民生成验证2760人，覆盖率100%。做好民政服务。全街道分散供养特困人员46人，集中供养特困人员13人。发放残疾人辅助器具25人，阳光家园居家托养对象10人。享受国家奖励扶助726人，享受计生特别扶助42人，办理一孩、二孩生育服务证138人，再生育服务证2人。新增奖扶38人，特扶3人。完成孕前优生健康检查69人，累计补贴部分计划生育家庭参加城乡居民合作医保815人，补贴资金17.8万元。优化退役军人服务。完善退役军人及现役军人家属信息采集工作。核查重点优抚对象信息，按时发放定期补贴。申报60岁退役士兵3人，解决困难退役军人医疗救助问题。走访慰问退伍军人、残疾军人、军属，发放慰问金，为2020年参军入伍的现役军人家中悬挂光荣牌。帮困难退役军人申请建房资金1万元，审核发放抗美援朝纪念章8人8枚，为1名困难退役军人申请关爱资金6000元。金带街道创建全国乡镇退役军人示范站。（金带街道）

蟠龙镇

【概况】　蟠龙镇位于梁平区东南部，北距梁平区主城12千米，东距万州区79千米。东邻福禄镇，南接柏家镇、大观镇，西连梁山街道，北抵梁山街道和福禄镇。

明正德八年（1513年）设蟠龙铺，是梁山县4镇23铺之一。清康熙二十一年（1682年）是全县22铺之一。民国24年（1935年），蟠龙隶属梁山县第一区。1950年，设蟠龙区（第十区），1953年蟠龙乡隶属于第十区，1959年蟠龙乡隶属于福禄区，改乡为人民公社。1966年更名为红旗公社，1976年12月复名蟠龙公社，1984年改社为乡。1992年建制调整时原属福禄区的蟠龙乡与原属中城区的城南乡合并建立城南乡，1999年撤城南乡建立城南镇，2003年5月更名为蟠龙镇，镇人民政府位于梁平区蟠龙镇蟠龙东路1号。

2019年优化完善乡镇机构设置，蟠龙镇设综合办事机构9个，所属事业单位5个，行政编制27个，机关工勤编制1个，事业编制16个。下辖五星、义和、老林、平安、聚水、新店、银河、扈槽、蟠龙等9个村，80个村民小组；1个街道社区，9个居民小组。辖区面积96.27平方千米。2020年，户籍人口25000余人，常住人口18000余人。

境内山脉为神农架山脉延伸，有东山、外山一高一低两道山脉对峙，中间夹一槽相对平缓。地势东高西低、北高南低。山高坡陡，沟壑纵伸。最高点在扈槽村的窄垭口海拔1221米，最低点银河村海拔350米。

【经济发展】　2020年，地区生产总值5.14亿元，同比增长4.2%；工业生产总值4.13亿元，同比增长4.05%；固定资产投资9984万元，同比增长7.7%；社会消费品零售总额1.31亿元，同比增长3.9%；农村居民人均纯收入18123元，同比增长4.1%；城镇居民人均纯收入27658元，同比增长3.6%。

农业　2020年，农业生产总值2.16亿元，同比增长3.3%。完成老林村高山湿地蔬菜基地产业园提档升级，新发展新店村吊瓜4公顷“蟠龙冷沙米”获绿色认证。全年完成防疫生猪12500

头、耕牛180头、山羊310头、家禽25350只。

工贸　为市场主体提供“保姆式”全方位服务，在全镇大力营造便捷、高效的营商环境，培育市场主体217个，其中企业22个。对重点企业“量身定制”招商项目，与上品脆李合作社签订招商引资协议。申报升规企业1个、限上企业1个。

【社会发展】

文化艺术　有镇文化服务中心1个，农家书屋11处，做好图书借阅登记、电子阅览等日常免费开放工作，2020年图书借阅600多册，电子阅览500多场次。办理读书卡200张。承办“奋进新时代，共圆小康梦”主题文艺演出，积极组织流动文化进村活动，2020年在全镇开展“送宣讲、送展览、送演出”活动40场次，申报“抬儿调”非遗传承人2人。

教育　全镇现有蟠龙镇中学、蟠龙镇中心小学、蟠龙完全小学和蟠龙中心小学幼儿园，学龄儿童入学率、学前教育普及率达100%。

医疗卫生　全年门诊就医6200人次、住院580人、药占比38%、报销比77%、均次费用1510元、医疗收入150万元。进村、进社区、进学校开展健康知识讲座72次，发放宣传资料1万余份。对全镇65岁及以上老年人、慢性病、计生特困家庭、重性精神病、结核病等管理者进行上门式免费体检2000余人，家庭医生签约服务2600户6000余人。为全镇建卡贫困户医疗住院兜底“一站式”结算120人次，补足金额20余万元。

社会保障　2020年，核定农村低保对象547户986人，发放低保金530余万元；临时救助188户83.8万元。发放80岁以上高龄津贴719人46.46万元。发放残疾人两项补贴24.52万元，为37人落实残疾人辅助器。集中供养特困老人29人，实现敬老院规范化管理，无责任事故发生。积极开展扶贫济困、“九九公益日”活动，募捐5.8万元。计生奖扶金发放15.06万元。

2020年，新增就业149人，发放就业创业小额担保贷款1300万元。新增参加城乡居民养老保险292人，新增参加征地农转城养老保险280人，办理城乡居民基本养老保险待遇领取初审79人，办理死亡待遇领取127人，办理异地生存认证509人（现场指纹认证5000余人）。城乡居民医疗保险参保18500人。

脱贫攻坚　开展教育扶贫，全镇市内学前教育、义务教育、高中和中职教育建档立卡贫困学生政策补助、资助率100%，大学生学费资助率100%。开展医疗扶贫，组建含有5名专业技术人员的3个家庭医生签约团队，实现辖区标准化村卫生室和合格村医全覆盖，打造一支健康扶贫工作队伍。为农村贫困人口健康建立健康档案，开展免费体检586人次，制订慢性病贫困患者个性化健康教育处方121份。改造升级村级水厂5个，完善房屋配套设施200余户。发放产业奖补资金121万元，开展技能培训10期，扶贫小额信贷到位249万元，帮助贫困户销售农产品15万余元，消费扶贫26万余元。发放外出务工人员就业补贴16万余元，开发保洁员、护林员等扶贫公益岗位138个，实现“转移就业一人，带动脱贫一家”的目标。

生态涵养　大力推进秸秆禁烧，与各村（社区）签订目标责任书。持续开展造林护林工程，实施退耕还林、储备林流转等953.33公顷。严格落实森林防火日巡查制度，在扈槽村开展森林防火扑火应急演练1次。除治枯（病）死松树6524株，疫病发生率下降25%，完成2020年度松材线虫疫病除治工作。稳步推进化肥农药减量增效，免费发放高效低毒低残留农药，推广使用有机肥593吨，覆盖面积79.07公顷。深入推进河长制工作，两级河库长完成巡河库2400余次，开展河流清漂80余次，发放宣传单1000余份，严格执行1、2号河长令，两条区级河流出境断面水质常年保持在Ⅲ类及以上。

【基础设施】

场镇建设　完成场镇雨污分流管网建设，新建雨水管网500米。持续扮靓场镇，铺设透水砖

6500平方米，安装路沿石900余米。完成对青垭场镇和石垭子场镇污水管网的日常疏通和部分改造工程。巴渝新居建设有序开展，共规划审批建房55户，占地面积5857平方米，建筑面积10167平方米。投资25万元，完成66户农户旧房整治提升。

人居环境整治　持续开展“三清一改”，建立健全农村人居环境整治长效管护机制，政府购买服务，签订保洁服务合同，26名专职保洁员全天候清扫全镇公共区域。开展人居环境整治集中宣传活动6次，发放宣传资料3200份。持续推进厕所革命，完成卫生改厕169户。

交通设施　2020年，建成“四好农村路”32.9千米。实施公路防护栏工程4.8千米。配合区交通局完成新店至大观公路扩建工程项目。硬化全镇建卡贫困户入户道路9.1千米。完成石河沟水库公路拓宽工程及安全防护工程。

【名胜旅游】　借助“双晒”活动，有效促进全域文旅消费提质增效，推进全域旅游“点上发力”向“面上推开”，蟠龙洞、唐家坡印象等旅游景点接待游客近2万人次，实现旅游收入100余万元，二环路蟠龙观景台避暑露营游客爆满，成为新的“网红”打卡地。　（蟠龙镇　鄢正婷）

蟠龙镇乡村公路

星桥镇

【概况】　星桥镇位于梁平城区以北，东连合兴街道，西接安胜镇，南临梁平城区，北依文化镇，辖区面积53.1平方千米，辖7个村55个村民小组，1个社区10个居民小组，人口2.1万人，镇政府驻地星桥街道距城区5千米。2017年1月10日，重庆市梁平县星桥镇人民政府变更为重庆市梁平区星桥镇人民政府。星桥镇人民政府设综合办事机构9个、事业单位5个，行政编制21人、机关后勤服务人员事业编制1人、事业编制17人。

星桥镇森林资源丰富，景色优美，环境宜人，交通便利，县道城文公路贯穿南北，“二环路”、达万铁路横跨东西。全镇基础配套设施完善，农业产业优势明显，建设有肉鸭良繁基地、高端食用菌基地、渔业养殖基地、时令蔬菜基地、经果林示范基地和土李子示范基地。

星桥镇地形起伏，以山丘地带为主，西南面为平坝。海拔高度最低处418米，最高处610米。城文公路，达万铁路横穿镇内，距梁平火车站2千米。气候属暖温亚热带气候区，季风气候显著，春季气温不定，初夏多阴雨，盛夏炎热多伏旱，秋冬暖和。平均气温为16.5℃。常年降雨量1262毫米，无霜期270天，日照1500多小时，常年主导风向为北风。境内有河道长18千米。有小型水库1座。

2020年面对突如其来的新冠肺炎疫情，星桥镇坚持人民至上、生命至上，全镇干部群众团结一心、守望相助、共克时艰，克服疫情影响，统筹疫情防控和经济社会发展取得较好成绩，完成各项工作任务。

【经济发展】　2020年，实现生产总值4.11亿，同比增长5.1%；社会消费品零售总额1.2583亿元，同比保持增长；固定资产投资完成额3500万元.

农业　粮油产量稳中有升，梁平柚、李子等特色产业发展迅速。2020年，农民人均可支配收入18298元，同比增长11.02%。

工业　优化营商环境，服务民营企业，推动民营经济发展。工业增加值完成7188万元，同比增长11%。

旅游业　乡村旅游有力推进。持续投入资金完善便道、组级道路及观光亭、休闲桌椅等旅游配套设施。着力打造休闲观光旅游带，3—8月可品尝到种类繁多、美味可口的水果，可欣赏到樱桃花、李子花、油茶花、油菜花、荷花等美景。以休闲垂钓、赏花采摘、农家食宿为主的乡村旅游逐步形成。

商贸　新增市场主体136个，其中发展企业29个，个体工商户107个。祥云微企园引进企业4个，其中已签订招商引资协议2个，投资总额3670万元。开展星桥镇商会换届选举工作，产生了新一届星桥镇商会会长、秘书长，商会会员36个。

财政金融　2020年，财政总收入实现2406.44万元。

【社会发展】

文化教育　有镇文化服务中心1个，镇文化站被评为三级综合文化站。社区文化活动中心1个，村级文化活动中心7个，公共图书馆1个，藏书3万余册，文化传播队伍11支，文化中心户12户。送文化下村文艺演出10场，图书展览8场，电影放映108场。向群众免费开放电子阅览室、农家书屋，全年共借阅图书、免费上网约4000人次。安装应急广播21只。区级文物保护单位5处，新增2名区级非遗传承人，规范文化演艺市场、扫黄打非等工作稳步推进。镇中心学校获得综合目标考核二等奖、小学教学质量二等奖、小学教学质量进步奖，小学新校区建成投入使用，全镇教学质量不断提升。

星桥镇高都村梯田

医疗设施　有各级医疗机构11个，编制床位15张。星桥镇卫生院有DR机1台、心电图机2台、台式彩超机1台、便携式彩超1台、B超机2台、全自动生化分析仪1台，五分类血球分析仪1台、经颅多普仪1台、电解质分析仪1台和腰椎牵引床、中频仪等理疗设备若干，固定总产值372.26余万元。专业卫生人员22人，其中执业医师4人，执业助理医师5人，执业护士6人。2020，全年星桥镇卫生院（含门诊）诊疗1.13万余人次。

社会保障　民政救助成效明显。资助1210名民政对象参保金28.45万元。大额临时救助14.71万元，小额临时救助8.36万元。疫情期间专项救助153人6.49万元。发放农村低保金281万余元，城市低保金19.6万元。发放高龄津贴33.35万元。发放重残护理补贴13.2万元，残疾生活补助9.9万元，各类残疾人辅助器19件。城乡低保专项治理、特困供养、孤儿抚育、关爱留守、慈善等工作项项落到实处。创建示范型退役军人服务站，为优抚对象发放各类补助、补贴、慰问金，为现役军人家庭发放义务兵优待金。接纳退伍军人就业。2020年，全镇城镇新增就业93人，城镇登记失业人员就业42人，困难人员就业63人，返乡创业、就业446人。城镇登记失业率4.0%以内。发放创业扶持贷款370万元。开发公益性岗位23个。求职登记71人，介绍56人，大学生就业22人。贫困户外出务工交通费补助243人。举办各类培训4次，培训193人次。完成17218人参保工作。开展根治欠薪冬季专项行动，维护农民工合法权益。积极推广“互联网+政务”，用好重庆市政务服务一体化平台。

【基础设施】

道路交通建设　投入780万元完成13.905千米的“四好农村路”通达通畅公路建设工程；投入30万元完成了户脱贫户入户道路的改善；投入120万元完成大长、狮子村村级道路的连接；城文公路拓宽油化。

生态环境建设　投入38万元治理农村生活垃圾，建成河井村、高都村、双桥村3个垃圾分类示范村，新安装太阳能路灯40盏，完成卫生改厕47户，农村人居环境整治三年行动收官。

脱贫攻坚　2020年，1户1人贫困户实现稳定脱贫，无新增贫困户、返贫户。全镇379户1182人扶贫对象实现稳定脱贫。10户脱贫不稳定户，经驻村干部、村组干部、帮扶人集中研判、精准施策，全部消除风险。脱贫户全部安装自来水，确保饮水有保障。对全镇农房开展“危房不住人，人不住危房”大排查，确保住房有保障。脱贫户全部购买精准脱贫保险，资助农村合作医疗保险，享受“五重”医疗政策，确保基本医疗有保障。对在校学生全覆盖落实教育政策，其中义务教育在校生120人，特别为重庆市外就读学生发放申请享受教育资助政策的公函，确保义务教育有保障。投入155万元为脱贫户解决523个个性化困难。投入20万元引导脱贫户发展“小规模、多品种、高品质、好价钱”的生猪、鸡、鹅、蔬菜等短快的种养殖业。修建1.2千米的产业便道。脱贫户全覆盖参加专业合作社，选聘65名产业指导员入户指导，帮助销售农产品。全年共开展8场产业技术培训，556人次受训。小额扶贫信贷资金625.06万元，获贷率65.7%。建立扶贫车间，共吸纳8名贫困户就业，开发公益性岗位86个，送工就业3个，先后组织10名贫困人口就业，34人创业扶持金额1.73万元，贫困劳动力区外务工352人，58名贫困人劳动增收5.8万元。多次参加消费扶贫爱心购展销会、柚花节和购物消费节等，与电商企业产销对接，助销贫困村农特产品。向城区机关、企业、学校食堂配送农副产品。镇党政主要负责人直播带货，带动李子、面条、咸菜、土鸡、蔬菜、扫帚等产品，销售30余万元。

污染防治　持续深化落实整治污水偷排直排乱排专项行动，排查37个点位，发现并整改问题6个。投入13.98万元修复加固场镇污水管网，并明确专人维护。排查黑臭水体19个，杜家河黑臭水体纳入PPP项目整改。新办网上排污许可5个，更换排污许可证2个。镇、村两级河长切实履职，扎实开展水资源保护、岸线管理、水环境治理和水生态修复，竭力改善境内河流水质，自上级有水质检测要求以来，首次全年度每月水质完全达到功能水质要求。

防范化解重大风险　深入开展安全生产专项整治三年行动，落实并强化企业安全生产主体责任，做好危险化学品、非煤矿山安全、消防安全、道路交通安全、建设施工等行业领域安全生产工作。全年共排查安全隐患13起，整改12起。对因灾倒塌、受损的17户29间房屋给予维修资金7.1万元，发放救灾帐篷3顶、棉被棉衣72件。积极做好食品药品安全工作，严格监管农村宴席。持续做好非洲猪瘟防控工作。持续开展扫黑除恶专项斗争，大力推进平安建设。利用赶场天、村组会议、干部入户、宣传车等各种形式，向群众广泛宣传扫黑除恶专项斗争、平安建设，营造良好社会氛围。调处矛盾纠纷196件，调处率100%，兑现率100%。全年无到市进京非访、集访事件发生，妥善处理城北垃圾填埋场相关信访事项。排除铁路沿线隐患4处。

（星桥镇　刘明）

复平镇

【概况】　复平镇位于重庆市梁平区东北部，距城区19千米。东与万州区余家镇相连，南靠梁山街道，西邻合兴街道，北与开江县广福镇接壤，辖区面积32平方千米。

1966年前称复平公社，1984年更名为复平乡，2017年撤乡设镇，镇政府驻地小山社区街道。下辖小山社区1个，永和村、大龙村、安平村3个行政村，33个村（居）民小组。2020年末，户籍总人口2480户8102人，人口密度为每平方千米253人。

复平镇地处深丘，地势北高东低，最高海拔1118米，最低315米。全镇森林面积2072公顷，森林覆盖率达64.8%。土壤以紫色土为主，耕地面积753公顷，主要种植水稻、玉米、甘薯、豆类、蔬菜、经果林等。属暖湿亚热带季风性气候，四季分明，无霜期较长，湿度大，云雾多。境内主要河流2条，普里河穿越境内长8.6千米，李家河境内河道长6千米，属普里河水系。

【经济发展】 2020年，复平镇实现地区生产总值1.55亿元，增长8.7%，完成固定资产投资1080万元，增长2.4%，农村居民人均纯收入1.59万元，增长8.9%。

特色农业　全镇发展和管护石菖蒲12.8公顷、大雅柑16.53公顷、李子树26公顷、油桐166.67公顷、吴茱萸6.67公顷、砂糖橘5.6公顷、黄桃20公顷，特色种植小有规模；特色养殖业蓬勃发展，建成肉牛养殖场9个，存栏量200余头，规模化养猪场10个，存栏3000余头，蛋鸡养殖场1个，存栏6000余只，肉鸡养殖场1个，存栏5000余只。香猪养殖场2家，存栏100余头，养兔场1个，存栏2000余只。

集体经济　小山社区以“黑天池”乡村旅游为抓手，乡村旅游发展良好，年收益约2万元；大龙村壮大集体经济100万元，购买城区门市出租，年收取租金1.67万元。安平村新建桃园1个，占地面积3.33公顷，栽植桃树3200余株，长势良好。

商贸流通　营商环境氛围良好，现有注册规下企业43个，个体工商户171户，专业合作社18个，家庭农场11个，农村电商4个。

财政金融　2020年，地方财政收入1993.14万元，比上年增长218.82万元，增长率12.33%。全镇有金融分支机构农村商业银行分理处1个，邮政银行储蓄代办点1个。

【社会发展】

脱贫攻坚　复平镇151户439名贫困户如期全面脱贫销号。2020年，共投入75万元，完成6户D级危房、48户“三类”人员危房改造、61户旧房提升和排查出的41户贫困户房屋隐患整改；重点帮扶3户边缘户收入达标销号；使用资金50万元，个性化帮扶贫困户，量身定制帮扶措施，帮助105户326人改善生活条件；投入20万产业发展资金，帮助102户317人依托产业实现增收。统筹“战贫”“战疫”，克服疫情对脱贫攻坚的影响，开展就业培训2个班85人次，组织受疫情况影响的2名贫困人口到重庆务工。2020年底，共有217名贫困人口实现就业；开发护林员、保洁员等公益性岗位67个，让贫困户在家门口实现稳定收入。因地制宜发展油桐、黄桃、李子、石菖蒲、大雅柑、吴茱萸等特色种植业。不但贫困户全部受益，也为乡村振兴打下一定的基础。

文化体育　有镇级文化中心站1个，建筑面积500平方米，设有图书室、电子阅览室、多功能放映室、群众文化活动室等4个功能室，电脑12台，藏书1万余册，常年免费开放电子阅览室、图书室、公益性文体设施。推进全民健身运动，投入使用2个健身场地，建设健康小屋1个、室外运动设施4个、体育用品10件、妇女儿童之家1个；投入100万元改建镇养老服务中心和新建2个村级养老互助点，增强辖区群众幸福感和获得感。

基础教育　有幼儿园2所5个班，入园幼儿92人，幼教7人。小学1所，6个年级7个班，在校学生228人，教师27人，入园率、入学率均达100%。2020年度镇中心小学被区教委表彰为“五好退委”、年度综合考核二等奖。

医疗卫生　有卫生院1个，病床10张，专业医护人员11人，其中执业医师2人，助理医师4人。标准化村（社区）卫生室4个，诊疗分室1个，有乡村村医生7人。2020年，建立健康电子档案5101人，家庭医生签约服务3186人，全年诊疗1330人次。登记报告传染病病例53例，报告率、报告及时率均为100%。

社会保障　2020年，城乡居民养老保险方面新增参保71人，截至年底，城乡居民养老保险参保4176人，其中享受待遇人员1667人。完成2021年合作医疗参保6986人，电子医保凭证注册达40%以上。全镇低保户214户390人，共发放低保金166万元，其中2020年新增14户29人；特困人员共69户，共发放保障金68万元。全年发放临时救助77户6.3万元；发放高龄老人补贴235人14万元，失独对象7户10人发放金额10余万元，残疾子女5户8人发放金额6.5万余元。面对自然灾害，争取和使用救灾资金22万为12户倒户重建和维修。发放老党员生活补贴12.28万元。组织开展新市民培训1次参训52人，组织开展种养殖技能培训2次参训86人。截至2020年底，签订公益性岗位合同24人。投入130万元在小山、大龙、安平等村（社区）修建小型自来水厂4个，解决124户300多人吃水难问题。

人居环境　继续加大农村人居环境整治工作力度，投入150余万元，做好农村公路、村庄等公共区域的清扫保洁，坚决克服发展中的环保污染，通过评比持续改善每家每户的环境卫生，继续实施“厕所革命”，抓好垃圾分类处置和场镇雨污分流等工作，添置环卫设施小型垃圾手推车22个、中型垃圾手推车2个、钢铲24把、灭烟垃圾桶11个，治理油烟污染餐饮业4家。全面推行河长制，镇、村两级河长对全镇11条河流巡查5810次，清理垃圾13吨，对河道污染督办12次。投入40余万元，在全镇农村干道上安装200余盏太阳能路灯。投入50万元，打通老街和新街之间的通道，建设场镇中心文化阵地；完成新建农贸市场的搬迁、规范场镇经商秩序；整治街道乱搭乱建、乱堆乱放行为，确保镇容镇貌整洁有序。投入30多万元，对场镇及周边脏乱差的地方进行治理，通过修建文化墙，培植花草美化亮化场镇，全镇人居环境进一步提升。

交通建设　2020年，投入230万元建成产业便道23.13千米，投入1100万元，修建农村四好公路22.5千米，全镇实现100%村组通硬化公路。

乡村旅游　黑天池景区位于复平镇小山社区境内，距离梁平城区28千米，景区规划面积67公顷，最高海拔1118米。景区内沟壑纵横、森林茂密、植被丰富，特有的高山杜鹃花遍山争艳，富含负氧离子，空气清新怡人，是集“生态观光、文化体验、休闲度假”三位一体的乡村旅游胜地。复平镇土特产品主要有高山绿茶、文桃子、生态李、梁平柚、巴马香猪、乡村烤兔、土鸡（蛋）、土蜂蜜、腊肉等。　（复平镇）

安胜镇

【概况】　安胜镇位于梁平城区西北部，距城区6千米，与梁山街道、双桂街道、星桥镇、明达镇、仁贤镇接壤，距全国第二高石塔文峰塔3千米。清光绪时期为兴隆场，民国初年置隆胜乡，1941年安乐、隆盛2个乡合并为安胜乡，1949年前称兴隆场，1966年8月更名为解放公社，1982年复名为安胜乡，1992年撤区并乡建镇时，为县直管乡，2017年撤乡设镇。2002年，13个村合并为6个村49个村民小组。2009年12月，梁盐村一至六组和安复村并入双桂街道，后辖梁安、金平、龙印、高峰、井坝5个村38个村民小组。2016年8月，梁安村完成村改居，辖梁安社区和金平、龙印、高峰、井坝4个村。2020年，全镇总人口13407人，其中农业人口12420人、非农业人口987人。辖区面积28平方千米。

安胜镇地处有“万石耕春”之美誉的梁平坝子腹心地带，万亩稻田、碧波荡漾。地势东南低西北高，以平坝丘陵为主，海拔443～638米。气候属于热带湿润季风气候区，四季分明，气候温和，年均气温16℃，年降水量1200毫米，全年无霜期280天。境内有小沙河、龙凤河、双河口河，有备战、团结、胜利等小（1）型水库3座，高峰小（2）型水库1座，山坪塘75口，排灌水渠65千米。

【经济发展】 2020年，安胜镇地区生产总值3.25亿元，同比增长9.39%；固定资产投资同比增长13.4%，社会零售品销售总额6429万元，增长4.3%；农村居民人均纯收入17602元，增长15.22%，城镇化率提高1个百分点。

农业产业 粮食种植面积稳定在8000公顷，产量超过650万千克；持续建好万亩优质粮油基地，新建设高标准农田17.33公顷；调整坡耕地产业结构，盘活撂荒地，发展小规模多品种山地特色经济作物400公顷；推广新技术水稻直播20公顷，机插秧率近50%，机收率达85%；推广实施稻田综合种养项目，提高稻田产出效益；把好农产品质量安全关，落实惠农资金补贴；抓好动物防疫，防控非洲猪瘟等疫病。

工商经济 新培育市场主体124个；招商引资签约额5000万元，引进规模养殖、绿色食品加工、家居整装企业3家，均已建成投产；培育国家高新技术企业1家；帮助企业（商户）申请享受减税降费政策、解决用工用能难题，减免民营企业租赁国有资产租金，实现复工复产。

商贸旅游 发展城郊乡村休闲旅游，万石耕春被评为重庆十大最美乡村，农文旅相融合的景区建设初见成效，各类旅游基础设施日趋完善，连续3年作为全区长江三峡晒秋节和中国农民丰收节主会场，是庆祝新中国成立70周年“全国70个农民丰收节”全媒体直播点之一；开展农房宅基地盘活试点工作，建设集住宿餐饮、休闲观光、文化体验于一体的碗米、米当家民宿农家乐；大力发展城郊乡村采摘体验旅游，独具风情的稻田实景、充满喜悦的金秋丰收吸引八方游客。

【基础设施】 2020年，新建“四好农村路”8.55千米，整治农村病害公路、水毁公路30余处，新建农村生产生活便道15千米；实施小沙河河道（安胜段）3千米综合整治；修建农田沟带路8200米，整治河堤3800米。

【生态建设】 创建市级卫生镇；推进“厕所革命”，改厕104户，建成投用5个公厕；完善清扫保洁体系，配备保洁员27人，新增分类垃圾桶730组，新设再生资源回收点4个；加强场镇环境管理，理顺弱电“蜘蛛网”，建设临时停车场，增加绿化面积，规范临时农贸市场秩序；整治村容村貌，实施农房提质项目200户，创建整洁庭院30户；严厉打击各类违法建设行为，拆除违建5宗，对乱占耕地建房行为零容忍。

【社会民生】

脱贫攻坚 “两不愁三保障”问题得到动态及时全面解决，各类督查检查发现问题全部销号；扶贫项目竣工率、资金支出率100%；受疫情影响就业的建卡贫困户全面实现再就业，对受疫情影响的38户建卡贫困户进行临时个性化困难帮扶；动员机关企事业单位及干部职工采购贫困地区、贫困群众农副产品20万元；开展脱贫攻坚“十大专项行动”，逐项对标交账，脱贫普查效果良好。

污染防治 坚持依法治污、制度管河，认真宣传贯彻《重庆市河长制条例》。2020年，镇级河长巡河121次，完成率100.8%，村级河长巡河1113次，完成率101.6%，河流保洁形成专人常态化，出境河流断面水质达到或优于功能要求；组织村社开展清洁大行动20余次，累计清淤疏浚河塘沟渠约80千米，清理公路沿线200千米。

防范化解重大风险 群众信访事项按期办结率100%，安全隐患坚持闭环销号。落实好领导干部接访下访制度，办结各类信访件86件，常态化做好5名社区戒毒（康复）人员帮教工作；组织交通安全执法检查160余次，查处各类交通违章行为500余起，排查整治道路安全隐患10处，常态化做好居民建房、烟爆零售、农村消防的安全宣传监管，加强地灾点的排查巡查。

文体卫教 支持镇卫生院改扩建功能用房，改善村卫生室环境，教育健康服务更优；开展丰富多彩文化活动，完善文化体育设施，应急广播全域覆盖，公共文化事业持续向好放映免费电影65场次，送文化下乡文艺演出5场。

社会保障　帮助居民稳岗就业，贫困劳动力全部顺利就业，使用公益性岗位27人，农民工返乡创业就业290人，城镇新增就业36人，发放小额担保贷款375万元，帮助居民创业。

（安胜镇）

聚奎镇

【概况】　聚奎镇位于梁平区中西部，距梁平城区14千米，东临仁贤街道，南接和林镇，西界屏锦镇、竹山镇，北连礼让镇，318国道纵贯全境，省道渝巫路横穿而过。

政区沿革　“聚奎”因清末民国初，才子辈出，常聚角楼，奎星闪耀而得名，史称黄土坎。民国初年（1912年）始建聚奎乡，民国24年（1935年）改建聚奎镇，民国30年（1941年）改为聚奎乡。1949年12月梁平解放，聚奎隶属屏锦区。1953年7月划为聚奎、席帽、顺安、青河、千峰、双石6个小乡，1955年12月将6个小乡合并为聚奎乡，1958年12月改为聚奎公社，1962年12月划分为聚奎、顺安2个公社，1966年9月改名为前进公社、胜利公社，1968年12月成立前进公社革委会，1976年1月复名为聚奎公社革委会，1984年2月恢复为聚奎乡，1992年9月撤区并乡将聚奎、顺安两乡合并建立聚奎镇。辖12个村民委员会，即聚奎村、青龙村、海峰村、安寿村、高碑村、爱和村、席帽村、桥铺村、石牛村、长岭村、大来村、顺安村和奎星社区。109个村民组，1个街道社区居委会5个居民组。

人口面积　聚奎镇辖区总面积57平方千米。2020年末，户籍人口41986人，其中城镇常住人口1.4万余人，城镇化率34%。

自然条件　聚奎镇地势平坦，最高点猫儿石海拔843米，最低点黄土坎海拔438米。地处亚热带季风气候区域，年降水量1100毫米，年平均温度16°C。蕴藏有丰富的煤矿、石灰石和阴沉木资源。耕地面积3186.67公顷，全部为水浇地。

【应急保障】　2020年，面对疫情，聚奎镇严格贯彻落实中央、市、区关于疫情防控工作相关部署和会议精神，及时落实各项防控措施。发放口罩12860只、84消毒液250千克、酒精100千克、防疫宣传单6500张、悬挂宣传标语68幅。严排返乡人员，共滚动排查外地返乡人员45000余人次，居家隔离重点监测人员369人，核查境外人员35人。严控人员流动，出行管控期间设卡点19处，组织125人封闭道路36条，劝返1425辆车、外地人员3933人次。疫情常态化管控期间，居家观察和健康随访全国重点疫情地区和境外返镇人员357人次。严管市场经营，推行网格管控，强化市场监管，尤其注意学校、超市、茶馆、餐馆等重点场所，全力打好疫情防控阻击战。

面对汛情，坚持人民至上原则，落实防汛应急响应举措，投入2条应急船、40套救生衣、120名应急救援队员，较好地保障了人民群众的生命财产安全。

【经济发展】　2020年，聚奎镇实现地区生产总值10.36亿元，其中工业总产值2.05亿元，规模以上工业总产值1.07亿元，社会消费品零售总额9.74亿元。固定资产投资入库项目4个，固定资产投资完成额9000万元。市场主体培育505个。

工业　充分利用原烟爆企业转型闲置厂房和土地，积极融入梁平工业园区和屏锦、回龙工业组团，特色工业转型升级，利用闲置土地66.67公顷，累计引进企业13家，小微企创业园初见规模。2020年，引资企业4家，合同引资24000万元，实际到位资金4000万元。

农业　133.33公顷适度规模种养逐步形成，蛇李、蜜柚、鳝鱼、蔬菜等优势特色产业发展壮大。电商服务进村入户，农副产品走出梁平，现代服务业开始显现，积极推进产融合发展。

集体经济　在席帽村建成全区最大光伏发电基地（占地面积约1.67公顷，其中聚奎镇约0.47公顷），通过区级验收并组网发电。长岭村、席帽村年度实现经济收入8万余元，有力推动村民集体增收。

【脱贫攻坚】 “两不愁三保障”落实到位、帮扶计划措施落地有力，398户贫困无一人返贫。为贫困户发放个性化产业发展支持资金23万元，组织参加就业技能培训和农业实用技术培训172人次，新增发放小额信贷40户120.5万元，督促偿还到期贷款24户46万元，无逾期现象，开发道路保洁、河道管护扶贫公益性岗位99个，拨付公益性岗位工资15万元，消费扶贫57户3.4万元。社会救助低保兜底32户60人，临时救助27户52人。基本医疗参保100%共1234人，签约家庭医生912人，开展集中体检573人，上门服务92人，办理特病慢病67人。帮助398户1234名贫困户购买补充商业医疗保险，办理理赔21人2.5万元。农村卫生厕所改造68户。维修和改造住房72户。硬化村组公路21.7千米、人行便道2千米。

【污染防治】 实行网格管理，加强巡查，抓好秸秆禁烧工作。做好市、区环保督察反馈9个问题整改，督促污染巡查整改17件。严格落实河长制工作，全年镇级河长巡查166次，村级河长巡查1532次，发现并处理问题60余件，完成污水处理厂技术改造。开展生活垃圾分类试点，在聚奎、长岭、大来、席帽、奎星5个村（社），发放分类垃圾箱56个、垃圾桶3000个。

【社会和谐】 落实安全生产属地责任和“党政同责、一岗双责、失职追责”规定，狠抓隐患排查治理，召开安全警示教育会4次，开展安全大检查600余次，整改安全隐患389处。开展治安巡逻防控，广泛发放法律、防毒禁毒、防范邪教等方面的宣传材料8000余份，平安建设宣传深入人心。抓实特殊人群管理，外流贩毒整治有效，全年发现1例，同比下降200%。社区戒毒尿检率保持在95%以上。无精神病患者肇事肇祸发生，无新增邪教人员。化解了1件新增信访和4件信访积案。镇内案发率与上年同期相比，下降3.48%，禁毒工作摘帽。

【民生事业】

社会保障　全年发放特困对象生活和照料补贴160万元，最低生活保障金300万元，事实无人抚养孤儿生活费3万元，高龄补贴43.5万元；完成优抚对象补助工作，发放义务兵优待金，临时救助31.5万元。开展村组干部劣迹清理，保障干部队伍纯洁性。深化村务公开，每月定期审查，强化财务管理。建成养老服务中心1个、社区养老服务站1个及村级养老服务点12个。

科教文卫　综合文化站免费开放服务1.2万人次，镇政府购买公共文化演出服务活动26场，免费放映电影20场。启动教育基金积极支持优秀贫困大学生7人，镇域小学适龄儿童入学率、初中适龄人口入学率、小升初升学率、九年义务教育覆盖率均达100%。免费体检儿童20人，宫颈癌筛查77人，为贫困户和老年人322名进行免费健康体检，发放计生特服奖扶资金46万元，办理生育服务证260个，开展孕优检查200人次。

（聚奎镇　万成功）

礼让镇

【概况】 礼让镇位于重庆市梁平区腹心地带，地处梁平大坝以西，北接明达镇，南临聚奎镇，西邻竹山镇，东接仁贤镇，辖区面积45平方千米，距城区14千米，高铁梁平南站15千米、G5515张（家界）南（充）高速梁平西互通4.5千米。辖9个村1个社区居委会，共81个村（居）民小组，户籍总人口2.7万余人。素有“渝东粮仓”“巴渝豆筋之乡”“全国民间文化艺术之乡”美誉。

礼让镇地势平坦，兼有浅丘，海拔444~950米。气候温和，雨量充沛，土壤以冷砂黄泥、扁砂黄泥、暗紫色水稻土为主，呈中性到微酸性，土质肥沃。拥有耕地1424.8公顷，森林面积444公顷，蕴含煤、泥炭、铁、石灰石等矿产资源。有小（2）型水库1座，山平塘79口，13.5千米龙溪河干流贯穿境内6个村，红光河、玉石河、齐河、策安河4条区1级河流和李家坡水库河区2级河流跨5个村，水源丰富。辖区内山清水秀，人杰地灵，民风淳朴，治安环境优良，区位优势明显，梁忠高速公路、梁开高速公路（在建）、318国道、102省道贯穿全境，公路纵横交错，交通四通八达。

【经济发展】 2020年，实现地区生产总值7.29亿元，同比增长5.96%，农村居民人均可支配收入21960元，同比增长12.96%。

渔业　以渔业供给侧结构性改革为主线，以市场需求为导向，以生态、绿色、有机养殖为方向，依靠科技、改革、多方投入等手段，切实提升生态鱼品质。发展黄颡鱼、大口鲶、大鳞鲃等优质鱼种，注册无公害品牌26个，新发展渔业养殖市场主体97个。利用“旅游＋”等模式，实现川西渔村产业融合化发展，加快实现由传统渔业向现代渔业、智慧渔业转变。小规模多品种高效益的高山生态效益农业正在逐步成型。

工业　新发展市场主体387户，其中个体工商户321户，企业66户。全年企业累计固定投资2285万元。推进支柱企业产能升级，推动规模企业技改扩能，积极支持愉圆商贸、同河建材等企业转型升级，发展限上个体2家、企业2家。着力引进培育扶持豆筋加工企业，推动豆筋产业向休闲食品加工转变，延长产业链条，促进豆筋在做大做强的基础上做好做靓，努力推动产业振兴。

【社会发展】

疫情防控　召开工作部署会12次，出动人员近200人，宣传车辆70车次，悬挂横幅20条。设置新华村、新拱村等文明劝返点，安排公安、卫生院及镇村干部驻点值守。组织300余名党员干部参与疫情防控工作，共排查外地返梁2700余人，落实湖北及其他外地返梁“三包一”580余人。落实防疫措施，实现镇域范围内疫情防控全覆盖，全面推动镇域企业复工复产。严格“外防输入、内防反弹”抓好常态化疫情防控，为恢复经济赢得主动。

民生福祉　新增就业177人，发放创业扶持贷款1206万元，组织开展农民工培训2次370人次，其中建卡贫困户培训77人。医保筹资21890人564.089万元。发放低保、优抚、农村五保等元旦、春节慰问金3.11万余元，发放残疾人“两项补贴”31.54万元，发放临时救助54.61万元，发放低保金313.08万元。建成镇养老服务中心并投入运行。义务教育学龄段内适龄儿童入学率100%，在校巩固率100%。建成同河、川西、老营3个村卫生室，医疗卫生服务水平和群众就医条件大幅改善。有序开展第七次全国人口普查。

脱贫攻坚　落实区、镇、驻镇及镇属单位、村干部148人作为帮扶责任人开展长效帮扶。按照精准扶贫要求，为贫困户投保大病补充保险，确保贫困人口基本医保参保率100%，78名贫困户在校生全部享受教育扶贫政策性资助。落实产业项目“以奖代补”114户，奖励资金12万元。完成中央、市、区级反馈问题整改128个，实现了“两不愁三保障”问题动态清零。发放贫困户小额信用贷款99户278.17万元，助推产业扶贫，防止因创业资金不足返贫。“收官大决战”取得决定性胜利。

人居环境　认真落实河流巡查，开展清漂除杂，确保河流通畅干净。进行河道养鸭治理，对鱼塘死鱼进行无害化处理。新改建无害化卫生厕所389户，配备四分类、两分类垃圾桶6700余个，全镇两分类垃圾桶配发率达到100%。投入860万元，推进川西渔村尾水治理工程。旧房提升250户，对产业大道沿线进行绿化2600平方米。完成川西渔村及渝米路沿线蓝顶改造78户，农村房屋破损墙面改造55户，修建花墙1500米，完成龙溪河公园景观节点建设和龙溪河福拱桥上游文化长廊建设，龙溪河流域综合示范路沿线院落全面提档升级。农村人居环境整治10个村（社区）全部达标，川西村获评“重庆市美丽宜居乡村”。

综治维稳　践行“枫桥经验”，加强和创新

社会治理，认真解决纠纷矛盾。全年镇领导干部接访下访531次，接访群众100余人次，解决问题90余个，对排查出的矛盾纠纷调处成功率达100%。持续开展安全生产大排查、大整治、全面做好公共消防、交通运输、建筑施工、工贸生产、食品药品等行业领域安全工作，共排查出各类安全隐患53处，全部整改完成。加大禁毒工作力度，2020年全镇无外流贩毒人员。加强基层群防群治，群众安全感指数保持在95%以上。川西村被定为全区“枫桥经验”落地落实试点村，在全区率先践行“枫桥经验”。

【基础设施】

场镇整治　场镇日常监管有序开展，坐商归店，车辆停放规范。占地约400平方米的临时农贸市场建成投用。投入2200余万元的场镇雨污分流PPP项目正在建设。为62户居民集中修建化粪池，落实2人专门开展污水管网日常巡查管护。完成营西路综合整治项目，铺设透水砖约2000平方米，安装LED路灯18盏。

农村基础设施建设　积极推进“龙溪河示范路”建设，维护好“四好农村路”。排查和整治农村道路交通安全隐患79处，修复水毁桥梁1座，安装波形护栏1840余米，改造危险路段、桥梁6处，新增安全标志牌70余块，有效预防农村道路交通事故的发生。保障农村用水安全，全镇农村饮水安全达标率100%，农村居民全部喝上“放心水”。完成村庄亮化工程，在9个村安装太阳能路灯60盏。

【名胜旅游】

“川西渔村”　景区总面积约1.4平方千米，是重庆市最大无公害商品鱼基地、三峡生态渔场增殖放流苗种保障基地、豆筋加工—水产养殖循环农业示范基地和生态观光特色效益渔业示范基地，景区充分融合渔、农、旅产业，创新发展模式，是集渔业养殖繁育、渔文化展示、水产教学科研、技术培训、休闲观光、餐饮住宿等功能于一体的大型生态科普主题旅游景区。2020年，AAA级景区创建通过重庆市景评办专家评审。

“刀儿篾”　礼让“刀儿篾”烧腊是从1942年经营至今的老字号，2013年被列为梁平区非物质文化遗产名录。“刀儿篾”烧腊继承了梁平烧腊风味特点和传统卤制技艺，使用植物香料，不添加任何色素和添加剂，以鲜、香、润为特色，色泽金黄透亮，嗅觉、味觉感官俱佳，是当地老百姓餐桌上不可或缺的菜肴，是深得域外大众赞誉喜爱的传统美食。

豆筋　礼让豆筋选用优质黄豆，通过淘洗泡涨、磨浆过滤，将豆浆盛锅升温，待豆筋结膜，而后经手工卷制而成，进行水法生产。产品不加任何着色剂和化学添加剂。礼让豆筋曾获得“全国26大城市信得过产品”“中国放心消费产品”“重庆知名产品”“重庆名优特民间美食”等称号。

（礼让镇　肖大鹏）

明　达　镇

【概况】　明达，清雍正八年（1730年）建场，史称杨家嘴，民国初置乡。1992年，由原明达乡和原天台乡合并建镇。2016年，梁平撤县设区，遂更名为重庆市梁平区明达镇人民政府。

明达镇位于梁平区西北部，东邻安胜镇、星桥镇，南接礼让镇、西靠竹山镇，北倚龙门镇，距城区16千米，辖区面积58.9平方千米。耕地面积3138.2公顷（其中水田1953.72公顷，土用1184.48公顷），常规林地（有林权证）面积1229.44公顷，可变林地（有林权证）面积867.9公顷。集镇建成区面积4.82平方千米。

镇辖9个村民委员会（明达村、福来村、坪山村、红八村、字库村、朝阳村、龙马村、长久村、新益村），74个村民小组，2个社区居民委员会（明兴社区居委会、天台社区居委会），15个居民小组。2020年末，户籍人口29964人10311户，常住人口19225人。居住人口出生203人（其中男性110人，女性93人）。

2020年，明达镇紧盯重点项目、聚焦复工复产，奋力夺取疫情防控和实现经济社会发展目标双胜利。聚焦三大攻坚战。落实各类扶贫资金70余万元，脱贫攻坚各类问题全部整改销号，通过专项调查和长效考核两场“大考”。紧抓豆筋、白酒作坊治理，落实奖励措施，改造锅炉13家，大气污染得到明显改善。严格落实河长制，及时整改巡查发现问题14个。出境断面水质每月均达到或优于水域功能要求。“枫桥经验”全面推广，外流贩毒实现零目标。成功化解三峡移民“申办生猪屠宰场”群体诉求，全年无进京上访。严格执法监管，纠违203例，全年无安全生产安全事故。聚焦复工复产。全面落实“六稳”“六保”工作任务，深入推进“营商环境建设年”，新发展市场主体310个，组织参加就业培训690人次。渔业园区12个养殖业主经营泥鳅、大闸蟹等12个品种，产值近2000万元。落实社会化服务，333.33公顷柚树实现有效管护，459.6公顷油茶长势良好，部分已挂果收成。重点推进重大项目，龙溪河综合整治明达段项目、场镇雨污分流项目开工，渔业园区尾水治理项目即将完工，梁开高速勘界放线和征地初测全面完成，5千米产业大道油化项目全面完工。聚焦人居环境。聘请各类保洁员队伍82人，农村生活垃圾有效治理实现全覆盖。完成8个生活垃圾分类示范村建设，配套户分类垃圾桶4800个，狠抓农村垃圾治理。高质量完成年度102户改厕任务，新益村整村推进实施437户，完成率85%，持续开展厕所革命。整治提升渝巫路（明达段）至竹山段沿线老瓦房83户、旧房80户，美化庭院139户，有效改善村容村貌。常态化开展村庄清洁行动，有效维护百里竹海景区通道干净整洁。

【经济发展】 2020年，实现地区生产总值68302万元，同比（下同）增长6%；固定资产投资完成2610万元；规上工业产值22318万元，同比增长8.5%；社会消费品零售总额18605万元，增长12%；城镇、农民常住居民人均可支配收入分别达26852元、17932元，同比增长8%、14.38%。

农业　传统农业稳产保供，生猪养殖稳步提升，全年出栏生猪2.2万头，畜牧业产值突破11000万元。落实粮食播面1446.67公顷，机耕494.93公顷，统防统治333.33公顷，实现粮食产量1.55万吨，农业保障坚实有力。特色产业稳步发展，12个业主规模养殖106.67公顷，繁殖泥鳅800万尾，养殖泥鳅17.33公顷、大闸蟹12公顷、其他鱼类49公顷，实现量质双升。梁平柚全年出产柚果约2000吨，投入商品交易1000吨左右，产值200余万元。

工业　规模以上工业企业1个（重庆裕丰米业有限公司），总产值2.23亿元，同比增长8.5%。辖区内还有服装加工、电子元件代工、木材加工等工业个体21户，带动就业380人。

商贸　通过不断优化营商环境，持续开展“小培强”“个转企”工程，新发展市场主体312户，其中个体工商户265户，企业46户，农业专业合作社1户，不断壮大市场主体，为全镇商贸发展提供原动力。

财政　2020年，一般公共预算收入2273.9万元，完成预算的124.87%，同比下降0.52%；一般公共预算支出2061.06万元，完成预算的120.65%，同比增长6.79%。

金融　有各类金融网点2处，存款余额8.5亿元，同比增加8.16%，贷款余额2980万元，同比增加52.04%。

【社会发展】

文化艺术　组织开展农技推广、就业创业、非遗保护等讲座、培训、展览等活动20余场，数字电影公益进基层放映144场，购买公共文化服务进村（社）演出22场。聘请专人对2处文保点进行巡查看护，上报精神文明示范村3个，大力倡导文明用餐，制止餐饮浪费，持续加强滥办酒席整治力度，提倡喜事简办，不办无事酒。落实专人指导各村（社区）农家书屋的运行管理，提高利用率，不断满足群众精神文化需要。

教育　有中学1所小学2所幼儿园5所。中小学教职工145人，在校学生2137人，镇教管中心在全区考核中获一等奖，教学成果持续领先。

医疗卫生　有乡镇卫生院1所、各类医疗卫生机构11所，门诊部1个，病床70张，专业卫生技术人员34人，其中副主任护师2人，副主任医师1人，主治医师2人。执业医师4人，执业助理医师5人，主管护师4人，护师2人，护士5人。注册护士12人。建设核酸检测点4个，常态化运行外出返乡人员送检工作，重大疫情防控能力和公共卫生应急动员能力明显提升。

体育　新增农村体育场地设施2处，全面开展体育健身设施普查，对部分场地设施进行维修和提档升级，基本满足群众的健身需求，提升广大群众的幸福感。

社会保障　城乡低保、特困供养、临时救助、计生奖扶等政策全面落实，共发放救助资金617.99万元。投入资金140万元，建成镇级养老服务中心及两个社区养老服务站，提供养老服务。加强退役军人服务工作，深入开展走访慰问、核查管理，增强获得感、荣誉感。组织技能培训355人次，推荐就业319人。落实创业扶持政策，办理小额贷款53户878万元。同步抓好城乡居民养老保险和基本医疗保险，强化基础保障。严格建管程序，办理乡村建设规划许可证35户。第七次全国人口普查完成。

【生态环境建设】

大气污染治理　对标对表中央环保督查转办案件办理要求，狠抓豆筋白酒作坊治理，制定奖励措施，引导使用小烟煤，进行环保改造，实现锅炉改造13家，天然气生产2家，全部配建沉淀池。强化工业企业监管，严格落实排污许可制度，督促相关企业按环评要求进行生产。抓实秸秆禁燃工作，相关要求纳入村（居）规民约，加强约束。强化巡查，对违约群众进行教育、处罚。大力开展植绿护绿行动，场镇新栽种行道树145棵，渝巫路、旅游公路沿线布局花卉1160平方米，组织干部职工开展植树造林活动。

水环境治理　强化管网巡查维护力度，处置问题6处，管网抢险2处，维修一二级管网70米、检查井10个。加强对工业企业、屠宰场、加油站、畜禽养殖、渔业园区等场所监管，杜绝污水外排。严格落实河长制，各级河长巡河（库）1754次，做实河道污染源排查、清漂、治污等工作，常态化对污水处理厂和龙溪河流域水质采样检测，确保河清水净，出境断面水质每月均达到或优于水域功能要求。

土环境治理　持续实施水稻直播示范、统防统治、测土配方施肥、秸秆还田等农业新技术，减少化肥、农药使用量。强化畜禽养殖场监管，严格落实生猪户口制，8家规模养殖场全部实施粪污综合利用项目，提高综合利用率。深入开展危废固废污染治理，镇卫生院加大环保设施投入，规范处置医疗废弃物，扎实开展危险化学品环境管理登记工作。

【基础设施】

场镇建设　做好市民广场、文体广场、竹韵公园等场所配套设施日常维护，确保其休闲功能完善。投入70余万元，购买社会化服务，负责场镇卫生保洁及餐厨垃圾收运，有效改善集镇卫生环境。场镇连接路沿线栽种行道树145棵。常态化保持对占道经营、乱摆乱放等不文明行为的整治力度，保障集镇的良好秩序，持续巩固市级卫生镇成果。

农村房屋建设　立足国土空间、控制性详规，加紧编制各村（社区）实用性村庄规划。扎实推进农村乱占耕地建房摸排工作。如期完成土地承包确权登记工作，严守耕地红线。改造完成四类人员危房22户，各村安装路灯120盏。整治提升渝巫路（明达段）至竹山段沿线老瓦房83户、旧房80户，消除蓝屋顶62户，美化庭院139户，乡村面貌大为改观，评选出50户美丽庭院。

交通设施建设　高质量建成通达公路4.4千米，油化公路8.18千米，全面管养好已建成的四好农村路，保障村民基本出行。

【名胜旅游】

红岩洞景点　红岩洞是西南佛教圣地双桂堂

的分支，原建于清乾隆二年（1737年），后被破坏，寺前两对石狮，已移至双桂堂山门前，现仅存岩上石刻。红岩洞虽受损毁，但岩石雕刻栩栩如生，香火旺盛，每年庙会，游客络绎不绝。

红八渡槽　重要历史遗存，承载着广大劳动群众的辛勤和智慧，农业水利作用发挥至今，被评定为梁平区非物质文化遗产。

竹工艺品　重庆玉竹竹木饰品有限公司的产品获得国家专利100余项，其工艺制品多次在国内各大博览会上获奖。

【社会管理】　强化安全监管。修编各类应急预案5个，建设应急避难场所，规范建设应急物资仓库，深化安全生产专项整治，开展食品药品、烟花爆竹、建筑、森林防火等重点领域安全隐患大排查大整治，排查隐患137件，道路交通纠违227例，全部整改到位，实现安全事故“零”目标。强化社会治安综合治理。全面推进践行“枫桥经验”，89名网格员实施网格化管理，专兼职治安巡逻队员强化日常巡逻，维护社会治安。深入开展信访积案“清仓见底”专项行动，接访下访258次、763人，排查并化解纠纷163件，处理“四重”攻坚交办案件9件。受理群众信访事项37件，全年无进京上访。强力打击违法犯罪，高效推进扫黑除恶行动。做好严重精神障碍患者管控及反邪教工作，群众安全感普遍提高。持续加强禁毒工作。开展禁种铲毒踏查102次，实现零种植；强化社区矫正人员帮教管理，社区戒毒（康复）人员落实“一对一”帮扶措施，管控率100%。全面排查外流贩毒高危人员，无新增人员。

（明达镇　罗国军）

龙门镇

【概况】　龙门镇原名土门场，后源于清朝时期，因场镇上有6个包（6个上山包、下山包）连接像一条龙，改名龙门。龙门地处梁平区西北部，辖区面积53平方千米，辖龙凤、乐胜2个社区，9个行政村，84个村（居）民小组，2.72万人。有耕地面积1706.67公顷，森林面积1933.33公顷。地处“大天池”天然气矿核心地带，现建有10口气井。其中，生产井7口，日产气量近25万立方米。有小（一）型水库3座，山坪塘159口，蓄水量360.18万立方米。交通便利，距梁平城区32千米，距达万铁路开江火车站9千米，距张南高速公路仁贤站出入口20千米，省道渝巫路纵贯南北。

龙门镇是梁平癞子锣鼓、抬儿调、跳端公（傩戏）的发源地之一。镇内有建于明洪武二年（1369年）的古石拱桥、明末清初修建的亚白古寨、秀丽神奇的太白顶和撑石井、古老雄壮的石狮，还有民间民俗抬大蜡烛、吹唢呐、打大锣等。

【经济发展】　2020年，实现工业总产值4.73亿元，同比增长7%，农业总产值2.78亿元，增长20.66%，固定资产完成额6945万元，增长717.1%。社会消费品零售总额3.54亿元，增长6.9%。

坚持生态优先，绿色发展，发挥农产品保供区功能，提升优质农产品供给能力。培育优质农民合作社、家庭农场等新型农业经营主体8个，开展政府购买农业公益性服务机制创新，水稻生产全程社会化服务266.67公顷，实行“机耕、机栽、机收”保姆式服务，实现农业增产、农民增收、服务主体增效。加速推动高标准农田建设，建成耕作道排水沟8746米、新建机耕道11790米，平整土地34.67公顷，实现新增生产能力粮食560吨。持续优化营商环境，引资引智，积极做好企业服务，全力保障东方希望集团10万头生猪育肥项目按时落地并开工建设。全面完成土地流转18.2公顷，地上构建物、附着物清除及道路、电力通信、用水等要素保障工作，在保障群众“米袋子”“肉盘子”中积极作为。

立足当地特色，深挖竹资源，做大做强竹制品加工主导产业，培育发展销售大户10余户、区级龙头企业1户，产品远销甘肃、新疆、吉林、黑龙江等10多个省市，带动农户3000余户，年销售产值近亿元。成立“营商环境建设年”工作班子，积极营造良好营商环境，培育新增市场主体240个，引进东方希望集团生猪育肥项目，引进领创电子、甫远电子、俊珍嵘杰纸箱厂等企业22个。

【社会发展】

脱贫攻坚　落实产业指导员97人，投入个性化扶贫专项资金33万元，解决84户贫困户和边缘户个性化困难，发放产业扶贫专项资金32.6万元，为132户贫困户提供小额信款383.48余万元。培育新型经营主体26个，致富带头人12人，通过“公司+农户”等形式，带动贫困户通过土地流转、企业务工就业等方式增加收入。明亮村4组春见产业园试产，实现收入4.2万元。持续巩固脱贫攻坚成果，定期组织贫困户开展免费技术培训和雨露计划，累计培训500余人次，330名贫困人口稳岗就业。改造提升C、D级危房197户，整治跑风漏雨房屋80余户，实现危房动态清零。改造95户贫困户卫生户厕，实现无害化卫生厕所全覆盖。累计解决饮水问题320户1125人，实现供水入户全覆盖。

生态环境　扎实推进新盛河流域水污染治理“百日攻坚”行动，在建成投运场镇雨污分流一期、二期工程的基础上，奋战100天完成雨污分流三期工程建设并投运，提前1个月完成区里目标任务。建成龙门、拱桥场镇30千米雨污分流管网，一体化设施1套，小微湿地1处，基本实现镇域内雨污管网全覆盖、雨污全分流。及时整改43个污染点，实施水域综合治理，整治河道3.2千米。落实“责任制”，对辖区内的河段实行镇村组三级管理，健全“治—建—管”的管护机制，全链条筑起河道“防护网”。持续开展河长制行动，累计集中整治280余次，河道清淤87次。加强农业废弃物资源化利用，实施农药化肥零增长行动，畜禽养殖污染动态清零，减少农业面源污染。常态化开展农村人居环境综合整治，组织实施夏季战役接力赛和秋冬战役打擂赛，大力推进垃圾分类处置，持续开展爱国卫生运动，集中连片建成农村无害化厕所121座。龙门镇出境断水面水质全年稳定达到Ⅲ类，“区委工作研究”2020年第4期刊发龙门镇经验。

安全稳定　抓实疫情防控，强化“属地责任”，组织镇村组干部冲锋在疫情防控第一线，开展地毯式排查，摸排出重点管理人员1059人，严格落实“三包一”责任，实现“零感染”“零输入”。抓好防汛救灾，全面摸排，拨付16.9万元修复因灾受损房屋18户，拨付农作物受灾救助款2.11万元，受灾群众情绪稳定，社会安定。抓细安全生产，全面摸排道路交通、工矿企业、危化经营、消防安全、建筑施工、地质灾害等行业领域安全隐患，约谈辖区土纸加工户5家，责令限期整改火灾隐患5条。对摸排出的13项隐患、28项风险立查立改，全年实现各类生产安全“零事故”。抓严重大风险，落实“枫桥经验”，持续推进扫黑除恶专项斗争，严厉打击邪教活动。排查化解矛盾纠纷6例，全年无到市到京上访集访人员，外流贩毒实现“零目标”。党政主要领导接访下访96次，网上代理件录入率100%，群工系统群众满意率100%。解除社区戒毒（康复）人员3名，严格落实严重精神病障碍患者服务管理工作，全年未发生精神病人肇事肇祸事件。

社会保障　2020年，发放农村低保金887人395万元，城镇低保金56人35万元。发放临时困难救助金253人58.51万元、残疾人两项补贴14.68万元、特困人员补助资金86名92万元、80周岁以上高龄老年人津贴593人36.529万元。落实计生奖励扶助对象809人。城乡居民合作医疗保险参保人员应保尽保，建卡贫困人口参保率100%。新增300人参保城乡居民养老保险，开发公益岗位26个。发放优抚对象抚恤补助金、在役农村义务兵家庭优待金。走访慰问军烈属、残疾军人、优抚对象和退役军人，发放慰问金。

教育卫生　以办人民满意的教育为根本目的，不断推进优质均衡教育发展，师资力量不断增强，教学质量稳步推进。公共卫生综合服务实力不断增强，居民健康建档率95%，严重精神障碍患者健康规范管理率80.7%，预防接种率达95%以上，在家居民庭医生签约式服务签约率100%。特色医疗（中医）不断提质，就医环境不断改善。

文化体育　有文化服务中心、广播电视站各1个，村级公共文化服务中心11个，村级农家书屋11个，文化活动场所11个。开展“孝雅善、月月谈”等宣讲活动35场次，逐步完成镇、村文化广场健身器材等文体设施建设全覆盖。开展送文化进村服务演出及送展览、送政策、送科技活动18场，开展各类文艺活动12次，近万人次观看并参与活动。

民生工程　完成乐胜社区明月桥至彭家寨3千米道路拓宽工程和三官、龙凤、拱桥等村（社区）2.5千米“四好农村路”建设。安装农村公路安防设施2千米。实施乐胜、拱桥村庄亮化工程，安装路灯70盏。建成龙门镇养老服务中心1所，社区养老服务站2个。（龙门镇　刘金霞）

新盛镇

【概况】　新盛镇位于梁平区北部，距离区政府38公里，东起文化镇，南至龙门镇，西邻四川省达州市达川区大树镇，北界四川省开江县任市镇，辖区面积68平方千米，下辖10个行政村、2个社区、104个村（居）小组，户籍人口3.4万人，基层党组织37个、党员946人。地形以平坝、浅丘为主，海拔最低处443米、最高处1015米。气候为亚热带湿润气候，年平均气温16.6℃，无霜期272天，年平均降水量1262毫米。明月江支流在镇内横穿而过，地下水和地表水资源丰富，土地肥沃，适宜农作物生长。集镇桥头有千年黄桷古树6株，胸径最大达3.5米。

【经济发展】　2020年，实现地区生产总值8.5亿元，社会消费品零售总额4.2亿元，固定资产投资3600万元，工业总产值5.8亿元，农业总产值2.3亿元。

农业　新盛镇农业以水稻为主，其次是小麦、玉米、薯类，经济作物以黄豆、花生为主，经济果林有梁山柚、柑橘、西瓜等，林木以慈竹、白竹和松树为主。2020年，全镇发展杂交水稻制种13.33公顷，发展水稻直播66.67公顷，发展经果林93.33公顷。落实水稻科技示范入户40户，辐射带动周边农户864户。推广各类农机新机具400余台（套）。水稻生产全程社会化托管服务59.33公顷。全年开展农产品质量安全执法检查93人次，农业投入品门市检查104次，完成农残检测抽样1500次。开展畜牧防疫工作，加强非洲猪瘟管控，共注射各种畜禽口蹄疫、禽流感疫苗13万余只，防疫密度和消毒面积均达到100%。开展林业有害生物防治，实施飞防喷雾666.67公顷。

工业　重点以纸制品、建材、门窗、地砖、实木家具加工制造、大米加工、竹木器具加工、猪鬃加工等农副产品加工产业为主。有规模以上工业企业1家，规模以下工业企业7家。

商贸　2020年，新发展市场主体438户，较2019年增长139.3%（其中个体户382户，内资企业55户，农民专业合作社1户），新增就业人员400余人。新增入库重点项目3个，投资额3360万元，累计完成投资3000万元。

基础设施　2020年，提档升级公路建设13.1公里，路面全部油化并安装生命防护栏。“四好农村路”建设5.51千米。新盛河河道整治1.4千米，新增生产便道2.6千米。在金刚、五福、万炉、联盟等村启动高标准农田项目，新增生产便道9.4千米。银杏村自来水安装工程、三河村3组蓄水池修建工程。完成梁平至开江高速公路新盛段勘界放线、征地拆迁等前期准备工作，丈量房屋69户，土地30.27公顷。黄桷树片区东一街、东二街道路提档升级，配套完善部分功能设施，新增公厕1座、新增停车位40个，新铺设人行道1.3千米，新增绿化带0.4千米，提升树池1000余个，治理脏乱差场所3处，投入93万元聘请京环公司负责场镇卫生打扫及垃圾清运，投入11万元对场镇餐厨垃圾进行集中收运。持续推进农村人居环境综合治理工作，实施村庄庭院亮化美化工程，安装路灯133盏，评选出50户美丽庭院，旧房整治提升80户，农村改厕162户，农村危房改造200余户。加快推进行政村垃圾分类工作，全镇垃圾分类示范村有5个（2019年有乐都社区、五福村；2020年高升村、联盟村、银杏村）。

生态文明　2020年，完成新盛河水污染治理，投入2800万元实施场镇雨污分流三期管网工程，新建污水管网15千米，雨水管网1.1千米，雨污分流支管48千米，检查井762座，新安装污水处理一体化设备4个，新建尾水人工湿地2个，专项治理非正规垃圾填埋场1个。在联盟桥地表水国考断面安装防护栏900余米、标识牌20块，栽植绿化5300平方米。加强新胜水库饮用水源保护，联合开展大排查、大整治行动，销毁竹筏2个。全年镇村级河长常态化开展河库巡查1950人次。开展"三乱"专项整治行动，对河道疏浚1.4千米，除杂1.2千米，清理河岸垃圾7.8吨、打捞漂浮物5吨。强化农业面源污染防治，在全镇进行化肥、农药减量行动，加大农用残膜回收力度，实施水稻秸秆还田166.67公顷，全面禁止秸秆焚烧。对18家畜禽规模养殖场、5家水产养殖建立一场一档一策管理，完成畜禽污染防治设施配套建设，关闭肉牛养殖场1家，对辖区种植大户实施266.67公顷高效低毒农药统防工作。

【社会发展】

文化艺术　"梁平狮舞""薅秧歌"2项市级、区级非物质文化遗产的保护和传承工作有序进行。结合乡村文化振兴，深入村组实地采风，撰写文稿50余篇，出版《新盛风物》。五福村举办2020年首届农民春晚。全年开展文化活动12场，承接下乡演出3场。建立扫黄打非工作站（点）13个，扫黄打非检查80次。农家书屋免费开放，开展全民阅读活动。

卫生健康　有中心卫生院1个，病床80张，卫生技术后勤人员65人，村级卫生室11个，乡村医生28人。城乡居民合作医疗保险参保28118人。开展"卫生健康"宣传12场次，制作宣传标语20余幅，发放宣传资料9000余份。办理发放生育服务证171件，其中一孩生育服务证83件，"全面两孩"生育服务证83例，办理照顾生育5件。落实国家部分计划生育家庭奖励扶助制度对象1106人，其中新增对象30人。落实特别扶助对象41人，其中新增对象2人。落实一般扶助对象10人，其中新增对象1人，年审合格10人。落实手术并发症扶助对象1人，落实计生丧独家庭纳入农村五保17人。

社会保障　城乡居民养老保险参保全年新增484人，养老保险领保人员指纹验证5597人次。城镇累计新增就业人员250人，城镇登记失业率低于4%。报销区外就业建卡贫困人员交通补贴377人4.2万元。开发公益岗位78个，开展就业再就业培训252人，组织市外返乡农民工创业就业673人，发放就业困难人员灵活就业社保补贴40人次17万余元。发放临时困难救助金380人82.55万元，享受80周岁以上高龄老年人津贴773人40.95万元等。有农村低保497户878人，五保户129人应保尽保。

抗击疫情　2020年，按照区委、区政府统一部署，全力以赴做好疫情防控工作。分类有序进行复工复产、复市复消、复课复学，经济社会运行快速转入正常轨道，并做好常态化疫情防控工作。

脱贫攻坚　脱贫主要目标任务如期完成，为255户954人建卡贫困户落实帮扶政策。全年共投入产业发展资金20.5万元，投入个性化资金30万元，有针对性地帮助解决住房、饮水、教育、医疗、就业、产业发展等问题。新增建卡贫困户临时公益性岗位11个，公益性岗位累计达到107个。新增建卡贫困户小额信贷34户、贷款111.5万元，支持消费扶贫贷款19.5万元。（新盛镇）

文化镇

【概况】　文化镇位于梁平北部边陲，北与四川省开江县新街乡接壤，东接合兴镇，南邻星桥镇，西依龙门镇、新盛镇，距梁平城区22千米，辖区面积35平方千米。耕地面积1545.96公顷，林地面积1010.75公顷，森林覆盖率53%，场镇1.2平方千米。全镇辖长春、合家、三寨、齐发、永远、和平、双盐7个村民委员会48个村民小组，1个社区居委会6个居民小组。2020年底，户籍人口17325人，其中城镇户籍人口3922人。

文化镇俗称螺蛳店，因此地有一土包状如螺蛳，据传附近有一座坟，坟上经常布满螺蛳，取名螺蛳坟。后有人在附近修一家店，供过往人食宿，得名螺蛳店。清朝晚期，一个名叫唐子平的团总时常在螺蛳店场口上的文庙里处理公务，民国建乡时，他把此地取名“文化乡”。1949年前辖13个保，1949年12月7日解放，1951年建村，将原辖13个保改为13个村，1955年定名为文化乡，1958年建立文化公社。1967年更名为赤卫公社，1976年复名为文化公社，1980年恢复人民代表大会制后为文化乡，1992年撤区并乡建镇，定名为文化镇。

文化镇地势东南高、西北低，除螺蛳店社区、长春村、合家村、三寨村的部分地区属丘陵外，其他村均属低山区。气候属亚热带气候，雨量充足，气候宜人，平均气温16.8℃。年降水量在1100毫米以上，常年主导风向东北风，阳光充足，日照时间达1500小时以上，无霜期260天左右。境内明月河支流自双盐村入境，再由东向北入明月河，境内河道长8.6千米。有小（1）型水库朝阳水库，小2型水库东风水库，主要矿产资源为青砂石，地质储量300万立方米。境内发展有青花椒567公顷，柑橘、桃、李174公顷。

2019年，乡镇机构改革后，统一设置综合办事机构8个，行政编制21个，事业机构5个，编制13个。

【经济发展】 2020年，在区委、区政府和镇党委的坚强领导下，在镇人大的监督和支持下，以习近平新时代中国特色社会主义思想为指导，全面贯彻党的十九大，十九届二中、三中、四中、五中全会精神，深入落实习近平总书记对重庆讲话和重要指示和批示精神，砥砺奋进，攻坚克难，克服疫情影响，全面完成年初既定目标任务，经济社会发展取得新进展：地区生产总值47377万元，较上年同期（下同）增长7%，农业总产值23548万元，增长12%，社会消费品零售总额45034万元，增长10%，固定资产投资2156万元，较上年同期（下同）增长439%，农村常住居民人均可支配收入17858元，增长7%；城镇常住居民人均可支配收入41296元，增长10%。

农业　完成农作物播种面积2067公顷，粮食播种面积1600.8公顷，蔬菜种植314公顷，实施化肥农药减量使用面积222公顷，减少化肥用量22.14吨，秸秆还田166公顷；新增晚熟桃李、柑橘40公顷。柑橘进入试产期，生猪产业得到恢复性增长。

工业商贸　新增市场主体195个，其中企业15个，个体工商户180个。

财政金融　2020年，一般公共预算补助收入3011.02万元（其中本级收入为8.34万元），较2019年1578.64万元增加1432.38万元，增加90.74%。一般公共预算支出3011.02万元，较2019年1557.12万元增加1453.9万元，增加93.37%。年末境内金融机构各类存款余额6.98亿元，较上年同期增长13%；各项贷款余额2847万元，较上年同期增长32%。

【社会发展】

疫情防控　面对突如其来的新冠肺炎疫情，始终坚持把人民群众的生命安全和身体健康放在第一位，牢固树立“一盘棋”思想，按照“坚定信心、同舟共济、科学防治、精准施策”的总要求，做到“统一领导、统一指挥、统一行动”，在全镇迅速打响疫情防控阻击战，全镇160余名党员干部、医务工作者、公安干警、志愿者24小时坚守岗位，全面摸排，精准管理，加强对6981名流动人员排查建档、体温监测、宣传劝导、场所管理和物资保障，虽有1例确诊病例但零传染，筑牢了“外防输入，内防扩散”的生命屏障，经济社会快速转入正常运行轨道。

脱贫攻坚　坚持一鼓作气，消除贫困，全面压实各级扶贫帮扶人责任，清零解决“两不愁三保障”突出问题297个，巩固提升青花椒产业，精细管护柑橘53.33公顷，晚熟桃李80公顷，发展猕猴桃6.67公顷，党员干部助力消费扶贫8万元，实现收入稳定达标。全镇建档立卡贫困户163户582人，1个区级贫困组实现全部脱贫。

污染防治　新增垃圾分类示范村1个（三寨村），改造农村卫生厕所200户，全面实施文化河水污染治理，完成污水处理厂技改升级，完成场镇雨污分流一、二、三期工程，建成投用和平、齐发、永远、合家4个村级污水处理站，配套建设主管网17.15千米，入户管网39.15千米，解决8000余人的生活污水排放问题。整治东风河1.45千米。严格落实河长制，坚持定期巡河护河，河道清淤、疏浚5.2千米，文化河出境断面水质稳定或优于Ⅲ类。

防范化解重大风险　开展信访稳定“四个一批”和依法处理专项行动，信访稳定风险研判4次，全力化解社会矛盾。领导干部接访群众136件次，化解136件次，调解民事纠纷256件，网上办理群众信访诉求16件，意见建议4件，处理信访存量2件。纵深推进扫黑除恶专项斗争，全面开展禁毒、防邪等工作。深化安全生产大排查大整治大执法专项行动，安全形势持续向好，成功抵御4月、7月强降雨过程，完成三寨村滑坡治理1处，防灾减灾能力全面提升。

民政救助　严格核查享受城市低保29户42人，农村低保419户720人，特困人员74人，临时救助284人41.3万元；发放高龄补贴396人21.85万元；升级改造镇敬老院1个，打造社区养老服务机构1个；关爱留守儿童421人，关爱留守老人49人，全方位为困难群体提供衣食住行保障。

社会保障　发放创业扶持贷款620万元，举办就业培训4期，公益性岗位开发73人，扎实稳妥根治农民工欠薪；城乡居民医疗保险参保14938人，城乡居民养老保险参保7503人；资助四类人员、重点优抚对象等参加新型农村合作医疗保险100%。

医疗卫生　双盐村卫生室投入使用，完成农村部分家庭计划生育奖励扶助、特殊困难家庭扶助，落实送医到村全覆盖，开展家庭医生签约服务，民政对象医疗建档56人，通过特病初审82人，异地住院报账46人。

教育发展　提升教育教学水平，改善教育教学硬件设施，文化镇中升学率逐年提高；全镇学校开展网课2200堂，9月中学入学460人，升学150人，升学率91%；小学入学678人，幼儿园入学165人。

文化体育　积极开展文旅惠民活动，图书借阅登记2300人次，放映电影90场次，送文化下乡演出场8场次，展览2场次，展板12期，科普培训32次，举办“孝、雅、善”月月访谈活动和文艺演出，丰富群众精神文化生活。

【基础设施】

交通设施建设　验收“四好”公路9.15千米，建设“四好”公路1.6千米，安装危险路段防护栏5千米。

危房改造　审批农村宅基地建房25户，完成D级危房改造4户、旧房整治提升64户。

电网改造　完成长春村、原茅坝村8组农村电网大修工程，安装双盐、和平、三寨、永远、齐发、长春等村便民服务中心至场镇路段太阳能路灯265盏。

自来水　规划实施三寨、齐发等村群众饮水安全巩固提升项目，维修合家村山坪塘4口。

公共服务　双盐村便民服务中心投入使用。

【名胜旅游】　建成投用朝阳花园，打造农耕文化广场、休闲观光步道、观景亭、露营基地、水上乐园、八大碗风情农家乐等核心景点，2020年累计接待游客1万余人次。镇内有青花椒、柑橘、桃李、樱桃等农业特色产业及八大碗美食。

（文化镇　喻敏）

屏锦镇

【概况】 屏锦镇历史悠久，始建于明正德八年(1513年)，以“山水如屏，形色似锦”而名，始称“屏锦铺”，后名“红石梁”。中华人民共和国成立前为梁山“首场”，1992年10月撤区建镇，2003年7月，原屏锦镇与七桥镇合并建立屏锦镇。现位于梁平区西南部，地处国道318线、243线交会处。东临聚奎镇、和林镇，西接七星镇、四川省大竹县，南毗回龙镇、荫平镇，北壤竹山镇。距梁平城区26千米、渝宜高速公路16千米、达万铁路梁平站30千米、万州港90千米。镇域面积102.11平方千米，城镇建成区面积3.27平方千米，耕地面积3191公顷，林地面积4854公顷，宜林地32.75公顷，退耕还林面积445.2公顷，森林覆盖率达47.5%。全镇辖16个村、5个社区，186个村（居）民小组。2020年末，户籍人口78486人，总户数29821户。

屏锦文化底蕴深厚，是“笋竹之乡”和文化部授予的“文化艺术之乡”，是国家级非物质文化遗产·梁平木版年画传承基地，是全国重点镇和重庆市首批市级中心镇，是市级经济百强镇、商贸中心镇、重庆市特色小城镇。

屏锦自然资源丰富，竹林2000余公顷，天然气、煤炭、高岭土、石膏矿、铁矿储量丰富。其中已建输气配气站2座，开发天然气井9口。

【经济发展】 2020年，深学笃用习近平新时代中国特色社会主义思想和党的十九大、十九届五中全会精神，认真贯彻习近平总书记对重庆提出的“两点”定位、“两地”“两高”目标，发挥“三个作用”和推动成渝地区双城经济圈建设等重要指示要求，全面落实中央决策部署、市委要求和区委安排，以“竹产业特色工业重镇，争创国家级特色小城镇”为目标，深入实施“三大攻坚战”“八项行动计划”，全镇经济平稳运行、转型发展稳步推进、社会和谐稳定。2020年实现地区生产总值25亿元，财政预算收入7490.06万元，固定资产投资7.61亿元，其中工业投资近3.88亿元，农业3.67亿元，实体经济不断壮大。

产业转型　抢占“共建明月山绿色发展示范带”先机，培育生态绿色产业，打造践行“两山论”示范地，助推高质量发展。产业转型取得突破。2020年，引进企业14家，签约10亿元。喜宝莱、亿鼎伞业、东方希望等6家企业建成投产。全镇竹木制品加工企业有14家，食品加工企业4家，绿色食品产业园健康发展，烟花爆竹等闲置资产基本实现优化利用。市场主体逐步聚集。新增市场主体916个，累计4688个。11家企业具备升规模实力，全镇规模以上企业有望突破20家。项目入库创历史新高。围绕产业、城镇、民生等策划包装项目20余个并进入区市级项目储备库，总投资超过10亿元。配套新建污水处理厂，解决了产业安全环保问题，带动一二三产业融合发展。

现代农业　投入1000多万元，加快改造提升新合、芋禾等4个村高标准农田333.33公顷。推广水稻直播20公顷，水稻叶面肥飞防阻断技术226.67公顷，落实农机购置补贴政策627台(套)。引进三峡云海药业入驻千担坝，种植羊肚菌及高端中药材成功。400公顷生态花椒全面挂果，133.33公顷冬闲田榨菜实现丰收。新建畜禽养殖场4家。新增农业主体282家，累计768家。申报1个地理标志认证、2个绿色食品认证。

乡村旅游　以天宝山茶园采茶、品茶、垂钓，千石坝蔬菜种植、水果采摘、休闲观光、餐饮娱乐的“周末经济”氛围浓厚，天宝山风景区被评为全国森林康养基地试点。2020年8月7日，百里竹海“蝶海景区”开园营业，开设百米七彩滑草场、云霄飞车、玻璃栈桥、高空滑索、滑道玻璃空中漂流等各式项目，吸引众多游客前往体验。充分利用竹资源，依托“国家级年画传承基地”“笋竹之乡”，打造的竹木文化专业市场和特色旅游产品中心，大力发展精品民宿群，繁荣以百里竹海“蝶海景区”“天宝山”为龙头的乡村旅游景点，抢占“明月山绿色发展示范带”先机，打造梁平区践行“两山论”示范地。

特色小镇　全力推进特色小城镇建设，完成棚改33户6000余平方米，利用棚改地块新建5000余平方米停车场及公厕各1处，设置临时停车场3处。场镇更换LED灯224盏，新增人行道绿化200余株，建成3处节点景观，实施场镇人行道铺装及雨污管网改造工程3千米，正在推进休闲健身公园建设。“幸福兴平”“活力新桥”厚植民心。

污染防治　新建污水处理厂1座、雨污分流（入户排污支管）和弱电管网18.5千米、小型化粪池（过滤池）21处、污水提升泵站1处，场镇污水收集率达95%以上。投入350万元新建场镇卫生公厕2座和蝴蝶谷景区卫生公厕3座。启动亚投行回龙河整治工程项目，推进回龙河屏锦段河道综合整治。七涧河综合整治工程加快规划设计。村容村貌换新颜。以“三清一改”为重点，开展村庄清洁行动四季战役系列活动，发放入户分类垃圾桶3600个，整治沟渠112千米及塘堰、残垣断壁75处，建成垃圾收集点59个、沤肥池84个、再生资源回收点10个，清理积存垃圾、废弃物近380吨，横梁村、天生村荣获“重庆市美丽宜居乡村”。面源污染得到有效控制。落实20户规模种植户化肥农药减量重点监测任务，完成32家畜禽养殖场粪污资源化利用建设项目。

【社会发展】

基础教育　有小学3所、中学2所（1所初级中学，1所完全中学），在职教职工420余人，中小学在校学生5300余人；幼儿园9所（3所公办，6所民办），在园幼儿1540余人。小学适龄儿童入学率、初中适龄人口入学率、九年义务教育覆盖率均达100%。

医疗卫生　有一级甲等医院（梁平区第二人民医院）1所，村级标准化卫生室17个，病床100余张，医护人员91人，其中主任中医师1人、副主任（中）医师4人、副主任技师1人、副主任护师7人。梁平区第二人民医院现已发展成为全区规模最大、医疗设备最完善的乡镇卫生院，2017年被中国农村卫生协会授予“全国百佳乡镇卫生院”称号，2019年被市卫健委评为“重庆市最美基层医疗卫生机构”。

社会民生　争取项目资金4800万元，加快交通、水利、农业、扶贫等民生工程建设。2020年，新增就业岗位1500余个，发放低保金917.9万元，实施临时救助102余万元，脱贫攻坚战取得胜利。夯实基层基础，全年投入党建工作经费400万元，新建便民服务中心2个，升级改造便民服务中心5个。完成第七次全国人口普查工作，全镇共计29821户、78486人。屏锦中学举办百年校庆，屏锦第三小学被教育部认定命名为全国校园足球特色学校。

文化事业　完成《龙溪河》杂志屏锦专刊编印，建成投用2个5人足球场；播放科普影片到村（社区）258场；完成21个村（社区）应急广播安装工程。

防范化解重大风险　加快枫桥经验落地，镇村两级调解委员会调解矛盾纠纷395件次，处理上级交办信访件103件，3名信访老户签订息访息诉承诺书，历史遗留问题得到有效化解。设置戒毒（康复）人员就业安置点3个，其中1名成功社戒人员创建果园，疫情期间捐赠口罩2400只。深入开展安全生产专项行动，安全隐患整改率98%以上，全年未发生较大以上安全事故。

【基础设施】　配合实施318国道升级改造屏锦段及屏锦下场口至左柏水库公路升级改造工程，完成梁开高速公路屏锦段征地拆迁调查摸底，修建算账坪至观音洞景区道路5.2千米，新建“四好农村路”24.9千米，七屏大道贯通通车。争取移民后扶项目资金，完成横梁山洪沟整治工程新（改扩）建道路0.38千米。（屏锦镇　王琴）

回龙镇

【概况】　回龙镇位于梁平区西南部，东与荫平镇接壤，南连垫江县，西邻四川省大竹县，北与屏锦镇相邻，距梁平城区38千米，距重庆主城区148千米。

民国31年（1942年）称文峰乡，1949年12月隶属屏锦区，辖16个保。1951年将16个保改为16个村。1953年7月，将文峰乡划分为回龙、寒岭、白河、杨柳4个小乡。1955年12月，将4个小乡合并为回龙乡。1958年9月，改建回龙公社。1966年9月，改名葵花公社。1976年1月，改回龙公社。1983年，划分为回龙乡、杨柳乡、青杠乡。1992年10月，将回龙、杨柳、青杠3个乡合并，建立回龙镇。2016年8月，撤销回龙镇杨柳村、安居村，设立回龙镇杨柳社区、安居社区。2016年12月，梁平撤县设区，梁平县回龙镇人民政府改为重庆市梁平区回龙镇人民政府。2018年3月，回龙镇街道社区更名为回龙镇龙华社区。

回龙镇人民政府内设机构9个、所属事业单位5个，含行政编制32个、事业编制29个，下辖杨柳、安居、龙华3个社区、13个居民小组和八一、青杠、山河、民胜、回龙、红星、天福、双龙、兴农、清平、云阳、鹞子、寒岭13个村委、93个村民小组。

2020年辖区户籍总人口43941人，男性23682人，占53.9%，女性20259人，占46.1%。全镇幅员89.5平方千米，人口密度为每平方千米491人。

回龙镇大部分为丘陵，东西两边地势较高，中间地势平坦，明月山从西边横贯全境。海拔432~1064米。气候属亚热带季风气候区域，具有气候温暖、四季分明的特点，年平均气温16.5摄氏度，年降水量1100毫米，无霜期为240天。降雨多集中在夏季，冬季较少。间有伏旱，每年20~40天。

【经济发展】

农业　2020年，农业生产总值2.88亿元，全镇现有农村专业合作社23家，农民人均纯收入18128元，同比增长8.9%。积极推进万亩国家储备林、万亩花椒、千亩柑橘、千亩蔬菜、千亩榨菜、千亩莲藕项目等建设工程；完成5个村土地整治项目，整治土地32公顷、建设生产便道25千米。

工业　2020年工业总产值11.08亿元，其中规模工业产值9.2亿元，实现固定投资5839万元。新引进2家工业企业，总投资1.4亿元；全镇现有规上企业4家。

商贸　2020年社会消费品零售总额6.52亿元，同比增长5%。全镇现有限上商贸企业5家、限上个体2家，新注册个体工商户471家。

财政　2020年，一般公共预算收入2491.99万元，一般公共预算支出2440.31万元，当年财政结余51.68万元。完成税收1.2亿元。

【社会发展】

文化艺术　有村级图书阅览室16个，村级文化小广场8个。举办“好家风·孝雅善”月月谈活动1次，播放爱国主义教育电影202场，培育发展文化企业2个。

教育　辖小学3所，初中1所。不断推进均衡教育发展，学前教育、义务教育质量稳步提升，小学适龄儿童入学率、初中适龄学生入学率、小升初升学率、九年义务教育覆盖率均100%。

人口　2020年，全镇办理生育服务证174个，再生育服务证12个。

社会保障　特殊群体应保尽保，按期足额发放低保、特困供养、临时救助等资金1300余万元；发放80岁以上高龄补贴71.77万元；发放各类退役军人生活、医疗补助及慰问金等共343.8万元。新建3个社区养老服务站。返乡创业就业639人，城镇新增就业236人，城镇登记失业人员再就业80人，开发公益性岗位46个，发放创业扶持贷款1300万元。城乡居民养老保险参保23355人，居民医疗参保筹资94.57%。

【基础设施】

场镇建设　启动实施场镇雨污分流项目，坚持对污水处理厂进行不定时检查维护，投入资金28万元维修管网34处、更换污水井盖7处。深入开展场镇秩序综合整治，引导商贩规范经营，实行坐摊归店、游摊入市。

乡村振兴　全面开展农村人居环境整治，投入资金60余万元清理垃圾2000余吨，新购买两分类生活垃圾分类桶3668个，15个村（社区）全部达标，3个村创建市级美丽乡村。实施无害化卫生厕所改造89户，提升农村旧房20户，道路拓宽工程建设33.278千米，新开工建设移民后扶项目3个，新建生产便道3千米、水渠1.5千米、水池8个。　　（回龙镇　徐红芳）

荫平镇

【概况】

地理位置　荫平镇位于梁平城区西南部25千米，东接和林、云龙镇，南抵垫江县普顺镇，西邻回龙镇，北连屏锦镇。渝万高速、高铁分别穿越境内4个村。距离渝宜高速龙溪河服务区约5千米，与318国道相隔9千米。

政区沿革　清嘉庆年间设场镇，民国8年（1919年）柳荫乡与太平乡合并为荫平乡，1950年隶属梁山（平）县第四区（云龙区），1953年隶属梁平县第四区（云龙乡），1959年划分为荫平、太平2个公社隶属屏锦区，1962年2个公社改属云龙区，1966年两公社分别更名为火炬公社、朝阳公社，1992年荫平、太平两乡合并组建为荫平镇。2017年，梁平撤县升区时升格为重庆市梁平区荫平镇人民政府（正处级单位）。重庆市梁平区荫平镇人民政府机关地址设在荫平镇柚香街1号。内设机构有党政办公室（人大办）、党建办、经济社会发展办公室（统计办、农村经营管理办）、民政和社会事务办公室（卫生健康办公室）、平安办公室、规划建设管理环保办公室、财政办公室、应急管理办公室、综合行政执法办公室，农业服务中心、文化服务中心、劳动就业和社会保障服务所、退役军人服务站、综合行政执法大队。2020年，现有职工43人，其中行政编制数23人、公务员24人，机关工勤编制数1人、人员2人，党政领导职数11人、人员10人。事业机构编制数17人、人员17人，其中专技5人、职员9人、技术工3人。

政区划分　2020年，辖柳荫、太平2个社区和双寨、新拱桥、三坝、乐英、七斗、群乐、大坪、光华8个行政村民，有83个村（居）民小组。

人口面积　2020年末，荫平镇户籍总户数8237户，户籍总人口25011人，男性13389人，女性11622人，其中户籍迁入64人、迁出182人；出生登记190人，死亡注销212人。辖区面积54平方千米，其中耕地计税面积1940公顷；土地确权面积1940公顷；航测面积2609公顷。

自然条件　荫平镇属于平坝浅丘地区，地形略微西高东低、北高南低，海拔420～700米。气候属亚热带湿润季风气候区，气候温和，四季分明，雨热同季，年均气温17℃，年降雨量1100毫米。春季温和湿润，夏季气温高雨量集中，秋季干旱少雨，冬季气候湿润。境内七涧河、龙溪河贯穿新拱桥、柳荫、三坝、光华、太平、群乐6个村（社区）。七斗寨风光秀丽，重峦叠嶂，133.33公顷天子坟林场树木参天；东境白洋（云）寺，山高水雄，巍峨壮观。

【经济发展】

镇域经济　2020年，经济总量（生产总值）102138万元，同比上年91936万元增长，增长11%，增加值46879万元，同比上年42234万元增长11％；固定资产投资9285万元，同比上年2396.75万元增长287.4%；社会消费品零售总额19915万元，同比上年16735万元增长19%。农村常住居民人均可支配收入19728元，同比增长12%；城镇常住居民人均可支配收入预计32101元，同比增长12%。新增市场主体287个（含企业52家），完成任务率150.3%

第一产业生产总值31484万元，同比上年29152万元增长8%。其中，农业总产值35113万元，比上年31351万元增长12%。粮食产量1.92万吨，同比上年1.75万吨增长9.8%；生猪出栏2.71万头，同比上年2.55万头增加6.5%；家禽出栏36.15万只，同比上年34.11万只增长6%。蔬菜产量1.52万吨，同比上年1.39吨增长10%，水果产量0.44万吨。

第二产业生产总值19122万元，无规模以下工业企业，工业个体户74户，同比上年64户增加10户，增幅15.6%。工业总产值5166万元，同比上年4654万元上升11%。

第三产业生产总值51532万元，同比上年39640万元增长30%。有商贸单位1345个，同比增长16%，其中，现有综合超市10家，商贸企业7家，社区便民店23家，限上商贸企业2家，限上商贸个体1家，食宿餐饮个体户37个，社会消费品零售额19915万元，同比增长19%，从业人数3086人，同比增长11%。个体户1290个。

财政金融　2020年末，金融机构职工12人，存款余额为55810万元。其中，荫平农商行职工5人，存款余额34210万元，发放支农贷款1135万元；荫平邮政支局职工7人，存款余额21600万元。一般公共财政预算收入25万元，实际完成22.19万元，为预算的88.76%，财政转移性收入为2253.71万元，政府性基金收入796.29万元，财政预算总收入3050万元。一般公共预算总支出3008.11万元，其中一般公共预算支出2249.82元当年结转3.89万元。

【社会发展】

文化艺术　有综合文化站1个，面积716平方米。各类图书室11个，共藏书10万余册；有数字影院1个，座位76个。有癞子锣鼓吹手队8个，农民乐队2个，区级非物质文化遗产4个（癞子锣鼓、抬儿调、劁猪调、吹手），市级非物质文化遗产1个（抬儿调），有非物质文化遗产传承基地2个（荫平镇中学为抬儿调传承基地，荫平镇人民政府为癞子锣鼓传承基地），有非物质文化遗产传承人350人。举办“首届柚子品鉴会”、第三届柚博会、“孝雅善”等文体活动41场，公共文化服务水平不断提升。

教育　有中学、中心小学、完全小学、中心幼儿园各1所，村幼儿班2所，在职教师169人，在校初中学生547人，小学生917人，在园幼儿351人。适龄幼儿入园率98%。小学入学率100%，初中入学率100%。2020年，初中毕业生220余人参加中考，93名同学考入普高，其中梁平中学20人、梁平红旗中学20人、梁平第一中学31人、梁平屏锦中学19人、西南大学梁平实验中学3人，88名同学升入职业高中，中考成绩在原有基础上提升7个名次。

2020年，在区教委教学质量考核中，镇中、镇小均获教育质量三等奖，太平完小获教育质量进步奖。在区综合考核中，镇教育管理中心、镇中心小学、太平完小均获综合考核二等奖，镇中由于中职送生原因，获得三等奖。在单项考核，镇中获重庆市初中足球联赛总决赛三等奖、在区足球联赛中女子、男子足球队分获亚军、季军；镇小获重庆市小学校园联赛总决赛（小学女子乙组）体育道德风尚奖，在区足球联赛中女子足球队获季军。同时，镇中、镇小均获家校共育立德树人先进集体。

科技　荫平镇共有梁平柚树18万株，柚子产业实现产值281.8万元。蔬菜种植面积45.33公顷，实现产值600余万元。花椒种植73.33公顷，实现产值440万元。水稻机插秧120公顷，水稻直播面积60公顷、水稻农业机械化收割率99%，申报绿色花椒品牌2个，新增水稻无公害品牌1个，新增无公害黄鳝、蛙、花椒种养户各1个，科技示范户培训技术380人。扎实做好春秋动物防疫、病虫害防治、化肥农药（科学）减量增效。积极培育电子商务从业主体，镇“电商孵化园”共注册个人独资电商企业15户。

卫生健康　有镇卫生院1所，私人诊所1个，村级卫生室11个，其中标准化卫生室9个，各类医务人员48人。镇卫生院占地2300平方米，房屋面积3300多平方米，编制床位15张，开放床位45张。有在职职工28人，有专业技术人员27人，其中中级职称5人，初级职称14人。设有内科、外科、妇产科、中医科、口腔科、公共卫生科、放射影像科、检验科、彩超等综合科室。落实重大突发公共卫生事件新冠肺炎疫情Ⅰ级响应措施，以村社区为单位，以网格为基础，设立交通防控检疫卡口10个，断道37处实现闭环管理，全力以赴做好“外防输入、内防扩散”的疫情防控常态化工作。全镇拉网式排查9628人，完成核酸检测182人次。发放疫情期间临时救助1.2万元，全力保障人民群众特别是困难群众的基本生活。分类有序推进秩序恢复，扎实有力推动企业复工复产、商家超市复市复消、学校复教复学，组织春耕生产物资近千吨，积极打赢疫情防控和经济社会发展“双线战役”。

脱贫攻坚　2020年，全镇59户206人建卡贫困户经区、市核查验收全部实现稳定脱贫；1299户1721名“三类”人员生活得到有效保障。疫情期间临时救助40余人，新开发扶贫公益性岗位20个。精准开展扶贫专项资金项目工作，对35户脱贫户生活质量进行改造提升；实施到户种养产业扶贫项目40户；补贴外出务工交通费用104人，发放扶贫小额信贷41户73.91万元，扶贫小额信贷获贷率69.5%。全年医保兜底救助173人次，集中办理特病卡22人；完成3户边缘户住房修缮，6户贫困户及边缘户房屋配套设施建设，统筹资金50余万元，用于完善182户“四类人员”住房配套设施。全面开展医疗保障工作，实现59户建卡脱贫户参保资助、精准脱贫保全员购买；家庭医生签约、电子健康卡发放、先诊疗后付费全覆盖。全力完成中央脱贫攻坚专项巡视“回头看”等问题反馈整改工作，完成全市脱贫攻坚“百日大会战”及脱贫攻坚专项调查工作。

体育　有体育篮球场16个，新拱桥、双寨、三坝、乐英、光华、群乐、大坪、七斗、荫平社区、太平社区10个村安装篮球架、乒乓球台，学校篮球场6个，镇综合文化广场文化篮球场2个。

广播电视　2020年，全镇光缆数字电视用户1300余户，光缆数字电视主线进村到组覆盖率100%。

社会保障　2020年，全镇居民养老保险累计参保12935人、合作医保20435人，超额发放创业扶持贷款730万元，占任务数的347%。全年共救助困难群众514户，发放救助金49.65万元；发放80岁以上老人生活补助金624人10万余元；落实农村低保政策340户661人、城市低保政策27户43人；农村改厕109户。兑现耕地地力保护补贴金183万元、退耕还林补偿金119万元、农机购置补贴28万元。全年办理信访件118件（其中办理市长信箱信件14件），处理率、参评率、满意率均为100%；调解纠纷135件、开展反邪教宣传活动4次。全年排查出各类安全隐患165件（其中道路交通125件）。开展问计于民院坝会66场，为民爱民更有温度。全面完成荫平镇第七次全国人口普查，登记户数8415户、人口26989人。

【基础设施】

场镇建设　大力推进场镇综合整治，开工建设场镇雨污分流三级管网。投资20余万元配套建设停车场，新增小车停车位100个、摩托车位200个。

交通建设　境内现有省道公路14.5千米、渝宜高速公路5.30千米并设有龙溪河服务区、渝万高铁5.74千米。2020年，新建“四好农村路”6.86千米，其中公路通畅工程乐英村2.26千米、群乐村1.5千米，公路通达通畅工程双寨村1.43千米、光华村0.86千米、大坪村0.81千米。完成柳荫社区彭家榜桥栏杆和桥两侧路肩、堡坎的维修建设。柳荫社区、双寨村临水、临崖公路路段完成安全护栏安装440米长。

水利建设　有小（2）型水库3座。山坪塘有220余口，累计整修山坪塘156口。

重点工程　2020年，紧紧围绕交通、农林水、生态文明、社会事业等领域积极争资引项，推进场镇功能配套建设，投资650万元的土地整理266.67公顷项目全面开工，完成乐英村柚文化主题农庄建设。11月，渝宜高速公路龙溪河超级服务区建成投用。龙溪河、七涧河水系连通工程完成设计，场镇雨污分流项目正式启动，梁（平）开（江）高速公路荫平段开工建设，全镇“两高一铁一省道一中心”的交通区位优势已经形成。

环境保护　打好碧水保卫战，持续开展龙溪河水环境综合治理，场镇雨污分流工程全面启动，污水处理厂完成技改，坚决取缔七里滩网红景点，禁养区养殖场全部关闭，实施餐厨垃圾无害化处理，辖区内龙溪河、七涧河流域水质稳定达到或优于水域功能要求。打好蓝天保卫战，严控露天秸秆焚烧行为。打好净土保卫战，全面开展农药化肥减量行动。投入24万元推进场镇和3个示范村的垃圾分类项目建设，新增垃圾分类收运点46个。

【乡村振兴】

人居环境　2020年，投资100万余元，对乐英村、光华村、群乐村、大坪村公路沿线农村环境集中整治改善，对全镇10个村（社区）农村人居卫生环境集中开展全镇性环境卫生检查16次，光华村、乐英村创建市级宜居村。

乡村旅游　依托李光华烈士墓区级爱国主义教育基地红色资源、七斗古寨文化资源、百年老柚农耕文化资源等开发乡村旅游，2020年旅游客量累计10万人次。11月13日，以柚为媒，举办第三届长江三峡国际（梁平）柚博会荫平专场展销系列活动，促进梁平柚线上线下火爆销售热潮。

古迹景观　千年七斗古寨、古院落、古树、古墓群凸显古朴遗风，现保存较为完好的有杨家寨门、威震门、陡梯门、太平门、平安门、清吉门等古寨门，有姚家湾民居（李光华兵工厂旧址）、杨家老院子、藕塘湾老院子、李家大院、邓家院子等古院落，有李光华烈士墓、岩耳寺佛像石刻、皇坟、瞭望台、登银堂、碉堡遗址、舂火药备战的石碓窝、水牢、白岩撞机坪等遗迹。新开发景观有祈福亭（钟楼）、极目亭（鼓楼）、平安门观景台（长廊）。

网红景点　七里滩紧邻龙溪河服务区南区出口500~600米，其河流及附近有许多密如蜂窝状的石洞，星罗棋布，错落有致，大的直径3~4米，小的不过几厘米，截至2020年被确认为中国规模最大、密度最高的冰臼为第四纪冰川遗迹冰臼群，距今已有200万~300万年历史。七里滩两岸生态良好，自然环境清幽，河水清浅，跳墩桥长120米，约100个石墩，横贯龙溪河，成为游客休闲旅游打卡的网红景点。据不完全统计，2020年入夏以来，七里滩旅游地平时自驾车游客每天约50车200人，双休日每天游客300余车近1000人，累计游客6万余人次。

土特产品　百年梁平柚、新威花椒、双寨窖酒、青脆李子等特色农产品网上销售火红。

（荫平镇　徐本立）

云龙镇

【概况】　云龙镇位于梁平区南部，距重庆主城1小时车程，距梁平城区17千米高速路程，沪蓉高速贯穿全境并设有出入口，是主城进入梁平的第一站，渝万高铁穿境而过，设有预留站。东邻铁门乡，南与垫江县普顺镇接壤，西连荫平镇，北依和林镇。民国初置龙沙镇，1951年改为云龙乡，1958年改为公社，1983年复置乡，1992年建镇。辖沙垭、龙溪、护云、同心4个社区，陡梯、东平、红旗、双河、三清、人民、大石、东风、宝花9个村；33个居民小组、77个村民小组。2020年末，户籍人口总户数13029户，总人口40768人，面积78.4平方千米，人口密度为每平方千米520人。

云龙镇地势东北高西南低，地形以平坝、浅丘为主，海拔410~1125米。气候属典型的四川盆地气候，全年平均气温17℃，年降水量1000~1500毫米，光照充足，无霜期280~330天。梁平区第一大河——龙溪河纵贯全镇，龙溪河自东平村入境，由北而南，贯穿7个村（社区），与垫江县普顺镇相接；境内河道长17.62千米。有山坪塘181口，小（1）型水库（红旗水库）1座，干渠、支渠道46千米；引水渠1条，蓄水池27处，总蓄水量291万立方米。

【经济发展】

农业　全镇耕地3500.62公顷，林地1189.97

公顷，土地流转1200公顷，适度规模经营800公顷。粮食播种面积2866.67公顷，总产量达0.87万吨。年出栏生猪2.5万余头，年出栏肉牛2300余头，水产养殖133.33公顷。建立科技试验示范园1个，依托丰疆生物科技有限公司建立起“草—畜—肥—菜”循环农业发展模式。

工业　现有规上工业企业3个，限上商贸企业4个、限上商贸个体4个。2020年，工业总产值13.5亿元，同比增长3.8%，其中规上企业完成2.18亿元，商贸限额以上企业完成1.17亿元，商贸限额以上个体完成0.43亿元。

商贸　现有规模化农贸市场1个，大型超市4家。新发展市场主体613户。大力发展电商服务平台，开办电商培训班6期，新开淘宝店铺20余家，通过微信、淘宝等销售农家果蔬等农产品15.8万元。

财政金融　2020年，财政一般公共预算收入2920.7689万元，支出2846.3938万元。全镇设有3个金融分支机构。

【社会发展】

脱贫攻坚　2020年，共投资98.3万元完成295户危房改造及房屋功能配套设施；完成贫困组东平村7组20公顷瑨溪蜜柚柚园“4肥3药2除草1间种”等工作；持续加强小额扶贫信贷，发放扶贫小额信贷179户笔212万元，获贷率57.1%；积极组织扶贫技能培训，投入11.6万元新开发建卡贫困户临时公益性岗位66个；帮助三清村红彤彤火龙果在“重庆馆”电商平台入驻上线扶贫产品，完成网上消费扶贫15万余元，进一步增强贫困群众稳定增收能力。截至2020年12月，全镇354户986名贫困人口全部稳定脱贫。

文化体育　送演出进村（社区）32场次（市级2场次、区级6场次、镇级24场次）；送摄影作品展及非物质文化遗产展6场次；科普技能培训16场次；遍及全镇13个村（社区），服务群众1万余人次；完成辖区内15处文体广场整改维修，新建东平、陡梯、东风等村3个体育健身广场，安装健身器材36件，安装室内健身器材11件。

教育　现有初级中学、中心小学、完全小学各1所。小学现有36个教学班，学生1522人。小学适龄儿童入学率、初中适龄人口入学率、九年义务教育覆盖率100%。

医疗卫生　现有中心卫生院1个，村卫生室23个，个体诊所3个。执业医师25人，护士28人，病床128张，公共卫生用房和业务用房共7000平方米，其中临床用房4753平方米。中心卫生院投入400余万元新配置无创呼吸机、台式肺功能仪、DR照光机、40层CT等共计20余台新设备。

社会保障　发放300余万元做好社会救助工作，让低保、优抚、烈士遗属、高龄老人、农村退役士兵等5000余人享受政府的关怀；投入600余万元建成社区养老服务中心1个、农村社区养老服务站4个，养老床位增至80张；开发公益性岗位68个，对191名创业者提供担保贷款3182万元；城乡合作医疗工作得到有序开展，共30782人参加居民医保，完成区下达任务的94.88%，对建卡贫困人员做到应保尽保，对辖区符合条件的大病、重病患者办理特殊病证实行应办尽办、应办即办。

【生态环境】　投入500余万元完善场镇二、三级管网建设，污水有效收集率达到90%；落实业主主体责任，关闭沿河污染型企业1家，整改丰疆、源丰豆干、祥龙机械等“散乱污”企业30余家。扎实完成中央环保督察整改任务。化肥农药减量工作有序推进。全年共巡河约1690次（镇级河长巡河123次，村级河长巡河1567次），总体完成率99.5%以上。督促村级河长巡河、处理任务15次；龙溪河水质稳定保持在Ⅲ类。

投入16万元，在东平、三清等7个村（社区）完成6200棵龙溪河流域河道岸线绿化苗木种植；聘请专业清漂人员定期对龙溪河清理漂浮垃圾700余吨；动员25万余人次开展“三清一改”环境整治，清理沟渠70余千米、塘堰169

处，整治残垣断壁53处，清理积存垃圾100余吨；出动巡逻车辆60余次，发放宣传资料12000余份，安排交叉检查及平常抽查286次；分发分类垃圾桶1080个，设立资源回收点1个，两网融合点2个，建成农村生活垃圾分类示范村4个（人民、三清、同心、双河）。农村人居环境整治院（楼）长制度在全区作为典型推广。

【基础设施】 2020年，投资857万元，完成“四好农村路”建设26.72千米；投资56.2万元，安装波形护栏4千米，完成农村公路防护栏生命工程；协助建成梁平区S206云龙至普顺段改建工程8.73千米，梁平区S514云龙至铁门段改建工程6.6千米，梁平区云龙镇摩配园至双河口路面白改黑工程4.8千米。

【名胜旅游】

七里滩冰臼群　第四纪冰川遗迹——冰臼群，位于云龙镇东风村，属河谷冰臼，分布数量多，保存完好，其规模和程度乃世界奇观。它距今已有200～300万年的历史，延绵有4千米，因1964年修电站筑坝部分掩埋在地下，现所看见的冰臼只是冰臼群中的一部分，无论从保存的完好程度还是从密度来说，七里滩冰臼群都算得上是亚洲乃至世界范围内的奇特冰臼景观。

三清菜乡　梁平区最大的蔬菜种植基地，占地200公顷，覆盖云龙镇三清、人民、同心3个村（社区）。萝卜、黄瓜、菜椒3种蔬菜获得绿色蔬菜认证，23个蔬菜品种获得无公害蔬菜认证，殷家坝萝卜被评为重庆名牌农产品。2018年，三清村被列为乡村振兴区级示范村。云龙镇以蔬菜基地为基础，提档升级，建设“三清菜乡”，大力发展休闲观光农业，游客在蔬菜基地参观亲农体验，妙趣采摘，趣味烹饪，体验休闲的农家生活。

【特色美食】

刘氏龙溪鱼　始创于20世纪80年代，30多年来，烹饪用料讲究，一直坚持使用生态鱼，配以独家秘制辣椒酱，将麻、辣、鲜、香、甜味道结合，8分钟的烹煮时间，不多不少，麻辣鲜香，入口不腻。2017年1月登上重庆市电视台“美食非常道”栏目，2019年登上央视《味道》栏目。

（云龙镇）

和林镇

【概况】 和林镇地处梁平区西南部，东与铁门乡、西与仁贤镇、聚奎镇、屏锦镇、荫平镇、南与云龙镇、北与金带镇接壤。场镇距梁平城区13千米，距沪蓉高速公路云龙入口6.5千米，距西南佛教祖庭双桂堂2.5千米，区位优势突出。

和林系民国29年（1930年）和清、桂林两乡合并而得名，因山形状若奔马，同时当地马姓人士较多，又得名马家场。1951年设立和林乡，1992年10月平都乡与和林乡合并为和林镇。现辖和林、三龙、蔡家、爱国、茂林、大冲、万安7个村民委员会52个村民小组，福和、平都2个农村社区居委会19个居民小组，1个街道社区居委会4个居民小组。党的地下工作者、中共梁山（平）县委第一任书记范纪曼（1906—1990）出生于和林镇和林村。

2020年末，户籍人口总户数9199户、总人口25750人，其中非农业人口12981，农业人口12769人，总人口中男性13740人，占总人口的53.4%。全镇面积58平方千米，人口密度449人/平方千米。

和林镇地势为东高西低，东部为山地丘陵，向西南延伸，西部是浅丘平坝，最高峰金竹坪海拔1040米，最低处为爱国村石牛滩海拔401米。气候属暖温带季风区。常年平均气温16.7℃，年均降水量1200毫米。龙溪河自万安村北入境，由北而南，贯穿5个村，境内河道长5.5千米。境内矿产资源主要有煤、石灰石、页岩等。地下水资源可利用量为2486万立方米。

【经济发展】

农业　农作物总播种面积2705.4公顷，以种植生姜、水稻、蔬菜为主。农业总产值28129.8万元，农民人均纯收入16075元。粮食总产量13910.7吨。全年生猪出栏15398头，年末存栏7180头；牛出栏176头，年末存栏365头；羊出栏734头，年末存栏419头；家禽出栏35万余只，存栏15.2万余只，产蛋390吨。

工业　以建筑材料、农副产品加工以及电子元件加工为主，工业总产值4950万元，占地区生产总值的9.5%。规模以下个体企业137家。

商业　有商业网点1007个，从业人员2072人；社会消费品零售总额达5.2亿元。现有规模化工、农贸市场各1个，大型超市3个。

财政金融　财政总收入4074.98万元，固定资产投资达3452万元，居民银行储蓄存款余额达6.81亿元。

【社会发展】

脱贫攻坚　深入贯彻落实习近平总书记关于扶贫工作重要论述，聚焦“六个精准”和“两不愁三保障”突出问题，以钉钉子精神，巩固提升全镇239户552人脱贫成效。因人施策制定长效产业扶贫措施，发放个性化扶贫资金40万元，开展电商、月嫂、养老护理、农业实用技术等培训71人，公益性岗位安排56人，对91名在校学生进行教育资助政策，整修厨房、厕所140余户，改善饮水条件6户，农村旧房提升6户，进一步改善生产生活条件。

生态文明　严格落实河长制，推进治水长效常态，镇、村两级16名河长对12条河流巡河1260人次，累计巡河岸线891千米；聘请2名专业清漂人员不定期对龙溪河进行清漂作业，全年清理漂浮垃圾180余吨；桃花滩段面水质常年达Ⅲ类，符合国家功能区水质标准。全面推进污水管网建设和运行维护，投入37万元运行经费，加强3个污水处理厂（站）日常监管和11.7千米污水管网巡查维护工作，水质达到水域功能区排放标准。深入推进农村人居环境综合整治三年行动，建成万安、蔡家、三龙、和清社区4个生活垃圾分类试点，垃圾集中收运率达97%，全年收运农村生活垃圾1725吨。深入推进“厕所革命”三年行动，完成农村卫生厕所改造477座。

文化体育　2020年，全面建成和清社区健身中心并投入使用，积极申报平都社区农体工程1个，在福和社区安装健身器材10件，茂林村5件。新增文化体育场地560平方米。深入开展群众性文化体育活动，承办文艺演出3场，农村惠民电影放映132场，建立镇应急广播平台1处、村（社区）应急广播平台9处，广播终端32处并完全投入使用；各种技术培训及宣传56场次。

教育卫生　加快推进教育现代化。着力深化教育改革，持续改善办学条件，深入推进素质教育，不断提高教育质量，大力促进教育公平，全面夯实义务教育均衡发展成果，切实办好人民满意的教育。提升卫生健康事业发展能力。计生奖扶55人，上门关心慰问帮扶139次，孕前免费优生健康检查146人，育龄妇女免费生殖健康检查407人，儿童免疫接种1349人，家庭医生签约5802人。

社会保障　2020年，完成居民养老保险11964人（其中正常参保人员5768人，老年参保人员5998人，新参保198人）。全镇特困供养人员133人，累计发放特困供养生活费及护理补贴128.50万元。低保救助503户，831人，其中城市低保59户86人，农村低保444户745人。临时救助315户315人，发放救助资金额61.75万元。新增残疾证办理77人，注销21人，全年在册持证残疾人761人，其中享受生活补贴202人，护理补贴210人。累计发放高龄津贴39.52万元，年末在册发放高龄津贴644人。

【基础设施】

场镇建设　投入1.6万元安装社区文化广场路灯及维修场镇路灯。投入2万余元对社区文化广场种树栽花及场镇花箱补栽花苗。投入5万余元打造社区文化广场雕塑。投入0.95万元在社区文化广场安装监控设备。开展场镇综合秩序集中整治，并建立日常管理机制，形成长效常态。

农村基础设施　完成2019年、2020年“四好农村路”建设指标67.03千米，投入270余万元，安装公路安全防护栏工17千米；投资232万元，完成大中型水库移民后期扶持资金项目改扩建道路3.77千米。投入73.7万元，改造农村危房7户、整治跑风漏雨房屋180余户、实施农村旧房提升50户。投入20余万元，完成爱国、平都高台地区人饮提升工程，解决200余人饮水安全问题。

【乡村旅游】 大力发展乡村旅游，四方山居乡村生活农旅项目占地面积约20公顷，投入1200余万元，改造精品民宿800平方米，种植冬桃、青梅、白茶6.67公顷，建成龙池书舍、藏书阁等书院建筑。

【名优特产】 和林镇有悠久的种姜历史，有得天独厚的沙壤黏土、气候温和、水源充沛，具有特别适宜优质生姜的生长条件，所产生姜脆嫩鲜香，品质口感具佳，和林生姜获批中国地理商标和农业部绿色食品认证。2020年，全镇生姜种植293.33公顷，实现产销两旺，传统产业焕发新活力。

（和林镇）

铁门乡

【概况】 铁门乡位于梁平区东南部，距城区15千米，地处梁平、忠县、垫江结合部，东邻大观镇、忠县金鸡镇，南与垫江县普顺镇接壤，西与云龙镇、北与和林镇为邻。2020年辖2个村、1个社区，24个村（居）民小组，户籍人口2089户7203人，常住人口2557人。各行政村从东北至西南方向分别是长塘村、铁门社区、新龙村。乡政府驻地新龙村。

清嘉庆三年（1798年）为阻挡白莲教进军，用铁修成门卡命名“铁门坎”，因而得名铁门乡。在1953年3月，始建铁门乡，隶属第四区；1958年8月改建铁门公社，大观公社的长龙、应岩2村并入铁门公社；1966年9月，更名长红公社；1976年1月，复为铁门公社；1984年1月，复置铁门乡，隶属云龙区；1992年9月撤区并乡，仍为铁门乡。

铁门乡地势两山夹一槽，内槽一条虹，从东北伸向西南，长30千米，宽5千米。森林面积2258公顷，森林覆盖率在65%以上，国家公益林和地方公益林1173公顷，起源天然的成片松柏林733公顷，森林资源丰富，有得天独厚的生态优势。海拔696米～1112.5米，属温带季风区中的大陆性气候，年均气温17℃，年降水量1200毫米。石灰石、石膏等矿产资源丰富。

【经济发展】 2020年，铁门乡经济总量2.73亿元。规模以上工业产值0.93亿元，比上年同期增长159%。社会消费品零售额0.68亿元，比上年同期增长15.53%。农业产值0.89亿元，比上年同期增长1.14%。固定资产投资0.15亿元，其中工业投资480万元，重庆市昱晟建材有限公司建成干拌砂浆生产线和办公用房，完成固定投资300万元，重庆市渝川燃气有限责任公司完成固定投资180万元。同时，积极致力于打造良好营商环境，完成71个市场主体建设，完成率133.96%，排名全区第二。引进重庆市梁平区天然气有限责任公司投资近1000万元，开工建设铁门调压计量站及附属管网。

提质发展主导产业，现代山地特色高效农业产值500万元，发展优质高山水稻种植200公顷。突出生态绿色优势，加强对6.67公顷百年老鹰茶园管护，形成种植、加工、销售一体化产业链，打造“云峰香露”老鹰茶品牌，2020年产量1500多千克，实现利润4万多元，助农增收6万多元。老鹰茶手工制作技艺获评区级非物质文化遗产。支持电商发展，农产品电商销售额25万元。坚持农林旅结合，发展乡村旅游，小白水、天荡湖等休闲度假景点人气聚集。成立村（社）股份经济合作联合社，刺梨、中晚熟李等集体产业不断发展壮大，建立落实收益分红机制。刺梨产业园实现利润收入3万元/年。

【社会发展】 2020年，新增就业75人，发放创业担保贷款215万元。城乡居民合作医疗参保筹资6160人，电子医保卡激活1388人。构建居家为主、社区为辅的养老服务体系，建成乡养老服务中心，设置床位12张，定期探访37名建档留守老人。开展困难对象救助，新增低保12户16人，医疗救助对象49人，发放小额临时救助金25户4.5万元，发放大额临时救助金16户12.4万元，申请发放残疾人“两项补助”80人。群工系统47件事项均以100%满意率办结。改造铁门中心小学教师宿舍，实施长塘村小教学楼维修和塑胶操场建设，补齐教育基础设施短板。对乡卫生院进行提质升级，对2个村卫生室进行改造，全乡医疗设施设备和接诊医疗能力得到提升。稳妥推进3个村（社区）书记主任实现“一肩挑”。2020年，基本公共服务满意度调查，铁门乡在全区排名第四。

【基础设施】 持续推进人居环境综合整治，改造升级省道云铁路，修建农村“四好”公路4.4千米，安装农村公路防护栏5.5千米；投入150万元，对青铁路沿线184户庭院和重点区域进行绿化美化；继续实施全域保洁，对2个场镇卫生秩序进行重点整治，以“敲门行动”全面推进垃圾分类工作；完成20户农户旧房和30户庭院整治提升，完成132户无害化卫生厕所改造；通过人居环境整治3年行动评估，长塘村获评全市首批美丽宜居村庄。

【生态环保】 推进第二轮中央环保督察、市级环保集中督察整改。全面落实“河长制”，深入开展整治污水偷排直排乱排专项行动，加强发源于境内白石河、大白水等10条河流的源头保护。铁门社区污水处理厂通过审核验收，完成新铁街雨污分流建设，农村污水处理率达到80%以上。依法开展常态化环保监督，督促2家畜禽养殖户进行环保设施整改，向企业书面下达整改通知书1份，全年无环境污染、环境破坏等现象发生。开展农药化肥减量行动，实施退耕还林20公顷，除治松材线虫病疫木2000余根。

【脱贫攻坚】 高质量完成剩余1户5人脱贫任务，持续巩固145户385人脱贫成果，通过脱贫攻坚市级专项调查。深入开展脱贫攻坚“十大专项行动”，打好百日大会战、收官大决战，投入专项扶贫资金110.08万元，精准实施扶贫项目7个。发放扶贫小额信贷110万元，带动107户贫困户发展产业增收。畅通村组产业便道4.3千米，支持57户贫困户房屋整修及功能完善。教育资助、医疗救助、兜底保障体系全面覆盖，健全长效稳定脱贫机制。

【综合治理】 定期召开安全稳定工作会议，组织开展法治、消防安全、道路安全、生活安全、抵制邪教、安全知识“七进”等宣传活动。坚持预防为主，修订应急预案，建设应急避难场所，成立应急救援队伍，补充完善救灾防灾器材，开展森林防灭火和地质灾害应急演练，提升应急能力建设。持续推进扫黑除恶专项斗争，大力治理社会乱象，排查化解矛盾纠纷42起。强化对3名社区戒毒人员的跟踪管理，现已康复2人。开展安全生产专项整治3年行动，统筹推进危险化学品和烟花爆竹领域打非治违、农村消防安全整治、非煤矿山安全专项整治，查处烟花爆竹异地储存、超量储存等问题7起，排查整改安全生产和农村消防隐患112起，妥善处理云兴石膏厂矿区路面塌陷问题，督促企业对新龙粮站到新龙村4组路段道路进行拓宽，加强对原荒弃非煤矿山的安全监管。

（铁门乡）

袁驿镇

【概况】 袁驿镇位于梁平区西部区域中心，东与竹山镇相接，南与七星镇接壤，西与碧山镇连接，北与虎城镇、龙胜乡毗邻，318国道穿境而过。到梁平城区已通高速，路程35千米。

清嘉庆时期，袁驿街道叫丹风场，设有旅馆和马栈，供来往官员和传递公文的人歇宿换马，故称“驿站”，因袁姓人多，人们就叫袁坝驿。民国属章丘县二区，民国24年（1935年），置袁驿镇属梁山县。1949年12月，梁平（山）县解放后建立袁驿乡，乡址袁驿街上翼记盐店，属袁驿区，辖23个保。1951年春废除保甲制度，建立村政权，将23个保改为23个行政村。1953年3月划乡时，将袁驿乡划为袁驿、高梁、复兴、黄泥、新民5个小乡，1955年5个小乡合并为袁驿乡。1958年9月建立袁驿人民公社，1962年1月分出民主公社。1966年9月改名战旗人民公社，1976年1月复名袁驿公社，1984年1月废除人民公社体制，恢复驿乡建制。1986年4月撤销袁驿乡，建立袁驿镇。1992年9月，撤销袁驿区建制，将响滩乡与袁驿镇合并，建立新的袁驿镇，镇址袁坝驿。镇人民政府由党政办、党建办、经发办、民政和社会事务办、平安建设办公室、规建管环办、财政办、应急办、综合行政执法办、农服中心、文服中心、社保所、退役军人事务站、综合行政执法大队等部门组成。袁驿镇下辖袁驿社区，兴山村、石榴村、邵兴村、袁驿村、叶岩村、清顺村、民主村、胜名村、响滩村、柳河村10个行政村，共82个村（居）民小组。辖区面积43平方千米，户籍人口24119人；其中城镇面积1.5平方千米，城镇常住人口7382人。

袁驿镇地处丘陵地带，地势略为东高西低、南高北低，地面高程一般为404米~567米。辖区东西最大距离7.2千米，南北最大距离15.2千米，总面积42.6平方千米。其中陆地41.8平方千米，占98.1%；水域0.8平方千米，占1.9%。地形属背斜低山。主要山脉有谭家山、袁家山，境内最高峰袁家山位于邵兴村3组，海拔567米，最低点张家坝位于响滩村6组，海拔404米。气候属亚热带季风气候，其特点是气候温和，四季分明，雨量充沛，湿度较大，日照偏无霜期较长，春季气温不稳定，初夏多阴雨，盛夏炎热，秋季多绵雨，冬季较温和。多年均气温12℃~16℃，1月平均气温6.9℃；7月平均气温35.2℃。最低月均气温6.5℃，最高月均气温35.5℃。平均气温年较差28.3℃。生长期年平均200天，无霜期年平均240天，最长达250天，最短为225天。年平均降水量400毫米，年平均降雨日数为55天，最多达80天（200年），最少为35天（2010年）。极端年最大雨量500毫米（2008年），极端年最少雨量350毫米（2010年）。降雨集中在每年5—9月，最境内河道属长江流域，有小溪河2条，属小清河水系，自东向西流，在临碧山镇界处出境。

【经济发展】 2020年，袁驿镇生产总值12亿元，同比增长7.2%，工业总产值17.17亿元，同比增长6.7%，规上企业产值3.65亿元，固定资产投资完成4316万元，同比增长43.8%，社会消费品零售额4.6亿元，同比增长13.9%。为保持经济平稳发展，2020年积极培育双平选煤有限公司为规上工业企业。

农业　推广水稻旱育秧300公顷、优质高产杂交水稻1226.67公顷、优质高产杂交玉米333.33公顷，完成水稻机插秧作业面积81.87公顷。积极发展特色农业。引进竹荪菌、太子参种植，巩固提升袁驿白茶种植。做大做强“袁驿豆干”“袁驿肉兔”“袁驿柚果”“袁斌白茶”四大品牌，推进袁驿豆干、袁驿黄粑传统产品提质升级，特色产业发展态势较好。严格动物疫病防控。举办生猪、家禽养殖、非洲猪瘟防疫知识专题辅导课，拓宽群众预防知识面，提高辨别病症、症状能力。排查生猪散养户、规模场、生猪定点屠宰场5050户（次）16余万头，接疫情报告12起，处理12起。

工业　2020年，工业生产总产值17.17亿元。现有规模以上企业4家，中小企业328家，个体工商户2113家。新建循环经济项目都梁实业实现年产值9200余万元，利税400万元。

商贸　推动双城经济圈建设积极有为。2020年，抢抓重大机遇，立足明月山绿色发展示范带建设，积极争当川渝毗邻乡镇融合发展排头兵，启动建设明月山消费品工业重镇、明月山商贸物流中心、百里竹海景区游客集散中心，聚力创建川渝名镇。联合川渝17个乡镇，召开明月山绿色发展示范带建设毗邻乡镇联席会议、生态环境保护和交通建设专题座谈会。举办川渝毗邻乡镇招商引资推介会、特色产品展销会。培育市场主体388个（其中企业48个），完成个转企3户。强化线上线下融合，按照“以产助销、以销促产、以产成链”的思路，优化产品供给结构，持续推进电商产业发展。2020年，新培育电商人才40人，并定期对入驻园区人员进行技术指导和运营培训；实现新增培育16家龙头网店（每店年交易量不低于1000单）；9月2日，袁驿镇袁驿村被阿里研究院认定为中国“淘宝村”；10月，袁驿镇被认定为“重庆市梁平区镇级创业孵化基地”“重庆市巾帼创业示范基地”。

【社会发展】

文化艺术　完成袁驿镇社区健身中心建设，设有标准篮球场618平方米；在社区广场、驿园安装健身设施30件，助推全民健身。投入120万元完成民主村、响滩村便民服务中心建设，提升服务群众能力水平。推进民主村乡村治理示范村建设，建成“孝雅善”主题公园。在镇域内安装摄像头50个、场镇违停抓拍摄像头18个。2020年，袁驿镇民主村被授予“市级乡村治理示范村”、被命名表彰为“重庆市民主法治示范村”。精心组织开展梁平区好家风、“孝雅善”、月月谈和“学习新思想、唱响能行好、夺取双胜利”微宣讲活动。开展流动文化下乡活动，不断丰富群众精神文化生活和夯实群众娱乐基础设施。

教育　有普通高完中1所、小学2所、幼儿园3所，在校学生3920人，教职工236人。小学适龄儿童入学率、初中适龄人口入学率、九年义务教育覆盖率均达100%。

医疗卫生　有中心卫生院1所，在岗职工62人，拥有专业技术人员53人，其中高级职称4人，中级职称10人，执业（助理）医师25人，主管技师0人，麻醉师2人。医院固定资产净值880.8万元，2020年医疗业务收入896.8万元。开放床位88张，病床利用率95%。年住院病人3248人次，门诊病人26925人。

社会保障　2020年袁驿镇新增就业182人、“4050”人员等就业困难对象就业196人、新开发公益性岗位安置5人、市外农民工返乡创业就业421人，组织就业技能培训400余人。为实现灵活再就业，办理社会保险补贴，51人申请社保补贴，享受社保补贴惠民资金20余万元。办理2021年度居民医保参保19349人，参保率93.25%。累计发放低保金、特困补助金及临时救助金375万元。组织“慈善双日捐”，募集善款5302元。全镇778名残疾人参加意外保险，12名残疾人发放居家托养补助，为贫困残疾人的生活提供了有力保障。开展计生扶助和生育关怀行动，新增奖励扶助对象35人。退役军人服务站坚持改革创新、坚持“军”的特色，承担全面做好就业创业扶持、走访慰问、帮扶解困、信访接待、权益保障等退役军人事务领域服务性、保障性、事务性、延伸性工作。截至2020年12月，袁驿镇完成享受国家定期抚恤补助对象工作。完成发放优抚对象定期抚恤补助、医疗补助、临时价格补贴、两节慰问，累计开展优抚对象住院医疗救助4人次，计7303元。

2020年，袁驿镇现有贫困人口225户530人，现均已脱贫。大力发展扶贫产业。采用先建后补、以奖代补的形式，对170户发展产业的贫困户进行扶持，鼓励发展梁平柚（柑橘）、鸡、鸭、鹅、生猪、牛、羊、蜜蜂、粮油蔬菜等特色种养殖产业，共计发放奖励金13.30万元；组织58名贫困人口学习家禽养殖技术，吸纳贫困户加入产业发展专业合作社，发放扶贫小额贷款116户344.7万元。落实扶贫政策保障。全镇现有建卡贫困户85户137人享受低保政策，6人享受特困供养，37人享受计生奖扶，23人享受重度残疾人护理补贴，31人享受贫困残疾人生活补贴（12人同时享受两项补贴）；对房屋居住功能配套不完善和跑风漏雨及疑似存在饮水安全问题、自付费用较大等贫困户进行相应帮扶措施，投入31.621万元，医疗、教育资助等政策实现全覆盖。稳步推进贫困组各项工作。清顺2组修建2900平方米左右鸡场，投资86余万元，以此增加贫困户收入。

重大风险防范　坚持底线思维，防范化解重大风险有力有效。扫黑除恶专项斗争纵深推进，群众安全感指数稳步提升。常态化开展干部接访、下访活动，全面排查、及时化解、有效处理矛盾纠纷。全年无一例安全生产事故，无一例非法集访、上访事故发生。广泛开展反邪教警示教育和宣传活动，强化摸底排查、积极配合公安敲门行动，有效防止了邪教人员传播发展和活动。开展13次“交安”行动，持续深化道路交通安全严重违法行为集中治理，累计开展道路交通安全专项检查80次；检查危险化学品经营企业5次，烟花爆竹零售店5次，开展消防安全检查8次，严厉查处各种违法违规行为。

【基础设施】

场镇建设　完善场镇功能。投资100余万元新建生态停车场1个，公交车招呼站3个，安装非机动车停靠围栏539米。投资400余万元，对场镇318国道路、六合园、袁达路等处人行道进行改造12000平方米，新增人行道1500余平方米，安装路灯60盏。推动生活垃圾分类试点示范，添置分类垃圾桶4635个、垃圾桶包装箱14个、四分类垃圾箱46个。新建驿园观景平台4处、健身步道3处；投资140万元实施华西农贸市场提档升级建设工程。规范场镇秩序。群策群力，创建市级卫生镇，集中整治“六乱”行为，实行镇村（社区）网格化管理、政府、社会、群众协作共管模式。农村环卫保洁实现市场化运作。划定摩托车、电瓶车停靠位，安装违停抓拍系统，规范车辆停靠秩序。镇主要领导带队“马路办公”134次，整治销号问题410个。袁驿场镇精细化管理成效显著，得到充分肯定，全区场镇精细化管理现场会在袁驿召开，四川省达州市通川区等慕名来袁驿考察学习。优化生态空间。主动融入百里竹海西入口打造，大力实施植绿补绿工程，植绿补绿1.5万平方米；建成驿园主题公园1个、休闲绿地公园1个。投资150万元改造百里竹海西入口608米道路，美化道路环境。投资26万余元打造“福星竹苑”建设。

美丽乡村建设　袁驿镇努力以打造生态涵养示范镇作为目标，着力推进美丽乡村建设。大力实施“三清一改”农村人居环境整治村庄清洁行动，集中整治房前屋后垃圾成堆、污水横流、柴草乱码、畜禽粪污满地的“脏乱差”突出问题。全年镇域共清理积存或散落垃圾210余吨、清理沟渠67千米、堰塘16处、整治残垣断壁118处等。新建垃圾中转站滤液沉淀池，保证西山片区垃圾中转站正常营运。大力实施基础设施建设。投资4000万元对铜钵河流域袁驿段场镇及农村生活污水进行治理，进一步修复完善一二三级管网，新建主管网16.5千米，检查井1200余座，安装一体化处理设备四套，新建提升泵站1座，污水收集率99.8%以上，切实改善了污水乱排的问题。完成农村旧房整治提升改造80户，实施危房改造10户，栽植绿化面积6000平方米，种植景观绿化树木1200余株，实施无害化卫生改厕350余座，建设文化长廊1处，新建改造农村安全饮水工程200余户，安装太阳能路灯130盏，袁竹路、袁虎路、袁龙路等主干道及重点区域干净整治有序形成常态化。严格落实河库长制，实现日常监管常态化。镇级河长累计巡河132次，村级河长累计巡河1100余次；持续开展污水偷排直排乱排整治，加大涉污企业管控查处力度。对邵新煤矿绍、邵新纸厂等企业实行全天候24小时监管，关闭畜禽养殖场1家，袁驿豆干、邵新煤矿等重点企业污染防治工作得到有效提升。强化河道日常保洁，协调处理各级河长上报涉水问题150余件。

交通设施建设　2020年，先后向区交通局争取了三批公路建设、一批公路安防护栏指标，进一步完善袁驿镇四好农村路建设网络。第一批计划里程4.976千米，总投资243.75万元，涉及胜名村、石榴村、叶岩村。第二批计划里程4.631千米，总投资175.45万元，涉及袁驿村、叶岩村。第三批计划里程4.631千米，总投资196.31万元，涉及袁驿村、叶岩村。农村公路安防护栏2.368千米，总投资42.1万元。

【特色小吃】

黄粑粑　一道川东地区独有的美食，每到过年，家家户户都早早起床，用大米、枯草碱、黄栀子等原料制作黄粑粑。其外形晶莹剔透，清香扑鼻、软糯绵实，是许多人记忆中充满年味的经典美食。2018年，袁驿黄粑粑登上中央电视台《味道》栏目，让更多人认识了这道彰显当地特色文化、凝聚袁驿镇风土人情的手工美食。

（袁驿镇　王潇）

碧山镇

【概况】　碧山镇位于梁平区西部边陲，东邻袁驿镇，南接七星镇，西连四川省大竹县，北倚虎城镇，距梁平城区40千米。1958年建立璧山公社，1966年9月改称旭日公社，1981年6月恢复璧山公社，1984年改称碧山乡，隶属袁驿区。1992年10月，碧山、清平2个乡合并，建立碧山镇。碧山镇辖黄桥社区、清平社区、新元、碧山、金屏、水岩、川主、龙桥、平桥、小河10个村（居）民委员会76个村民小组，辖区面积38.7平方千米，耕地面积1933.07公顷，辖区总人口2.6203万人。张南高速、318国道穿越全境，交通便利，商贸活跃，物阜年丰；镇内山清水碧，风物宜人，水岩河、铜钵河、袁驿河在碧山交汇后，经渠江、嘉陵江注入长江。清代石仲翁、孟浩然旧居、碧山寨、高洞岩瀑布等历史和自然文化资源相映成趣，北宋宰相张商英以及明清文人官宦陈嘉谟、曹学佺、来知德、高维新等游览碧山后留下了宝贵文墨。

【经济发展】　2020年，地区生产总值8.12亿元，同比（下同）增长9.5%。工业产值7.15亿元，增长7.8%，农业产值2.83亿元，增长9%；社会销售品零售总额0.91亿元，增长4.7%；累计完成固定资产投资0.35亿元，增长600%。

农业　突出“香椿主导、百花齐放”，新发展香椿24公顷，累计466.67公顷，产值5000多万元，分片种植白茶、太子参、花椒等40公顷。推广实施水稻绿色防控技术，防控面积83.33公顷。实施水稻社会化服务，服务面积400公顷，推广水稻直播技术6.67公顷，新农人代表蒋丽英荣获“全国劳动模范”。新增科技示范户30户，带动农户科学种田。完成200公顷高标准农田建设规划。积极培养新型职业农民45人，流转土地333.33公顷实施规模化水稻、经果林种植，水产养殖等。适度发展养殖业，新增养殖大户5家。

工业　有中小工业企业30余家，主要涵盖金属制品加工、农副产品加工、建筑材料、家具制造和竹制品制造等5大类，其中规模以上工业企业3家。2020年，实现工业企业总产值7.15亿元，同比增长7.8%，3家规模以上工业企业总产值3.23亿元，同比增长3.1%。

商贸　消费拉动经济增长作用进一步增强，服务业对经济增长贡献率持续上升，质量和效益继续提升。新培育内资企业2家，发展工商贸个体工商户247户，发展限上个体40个。全年商品销售总额27307.12万元，其中社会消费品零售总额9094万元，同比增长4.7%。

【社会发展】

文化体育　2020年有镇文化站1处，村级文化活动中心10处，农家书屋11家，配备图书4.9万余册，全年镇级图书室、活动中兴每周开放时间不少于42小时，双休日、节假日照常开放，接待超6500余人次。开展农村数字电影放映工作共256场，观看人数12万人次。组织开展“新时代乡村阅读季”系列活动6场次，惠及300人次。开展讲座、展览、宣传活动30余场，送流动文化下乡演出14场，其中区级送文化下乡4场。2020年，10个村（社区）基层综合文化服务中心建设全面提升，共配备设置46个应急广播点，工作人员按时对设备点进行巡查维护工作。新增1处小河村农体工程，共建有9处农民体育健身工程，2处社区健身点。积极扩展基层文化志愿者队伍，有宣传思想文化队伍29人，民间文艺团队9个（其中编外观察队伍3个），队员共40多人。组织文化骨干培训8场，提升文化工作者的文化素养，使他们成为文化振兴的中坚力量。

社会保障　开发公益性岗位93个用于垃圾收运、绿化管护、河道清漂、社会治理。按照“应保尽保”的原则，低保兜底665人，大额救助26户37.72万元，小额救助217户13.88万元。发放创业担保抵押贷款950万元，2020年，市外返乡创业就业人员712人，发放一次性求职创业补贴2.5万元。医保参保率94%，养老保险参保率75%，做到了应保尽保。

脱贫攻坚　碧山镇291户749人脱贫建档立卡贫困人口无返贫现象发生。“两不愁三保障”等综合保障体系进一步夯实，对73.4%的贫困户落实产业帮扶措施、对25.3%的贫困户落实低保兜底政策，有劳动能力的贫困人口实现全就业，贫困人口人均纯收入12600元。无失学辍学现象发生，家庭医生团队开展服务3694人次，发放医疗保险参保资助6.71万元，发放住院医疗救助11.5万元、重特病门诊医疗救助8.8万元，累计投入25万元为贫困户解决饮水、住房等个性化问题276个。积极推进扶志扶智工作，帮助164户贫困户申请扶贫小额信贷506.77万元用于产业发展，参加“雨露计划”就业培训2人次，开展农村实用技术培训67人次，落实资金16万元用于贫困户产业奖补，开发公益性岗位115个帮助贫困户就业。积极推进消费扶贫，累计购买贫困户农产品5万元，在“重庆市消费扶贫馆”“扶贫832”平台购买扶贫产品20余万余元、在线销售34万元。

污染防治　投入1500万元新建污水主管网5.6千米、雨水管网0.65千米、二级支管7.6千米、入户支管5千米，新接入居民污水500余户，污水收集率、处理率分别达95%、98%。关闭搬迁临河畜禽养殖场11家，督促50余家畜禽养殖场完善粪污处理设施，落实“一企一档”“一场一档”，对辖区内企业和养殖场实行全寿命全周期监管。投入资金180万元改造临河农户卫生厕所600余户，对落铃滩周边实施综合整治。全面落实河长制，全年累计巡河1200余次，常态化开展铜钵河、袁驿河、水岩河沿线漂浮物清理。全力推进农药化肥减量、农膜回收、禁止秸秆焚烧、禁止肥水养鱼等工作，减少农业面源污染。

防范化解重大风险　领导班子带头包案调处，化解中联办、市联办“治重化积”交办件2件，妥善处置“清仓见底”交办件3件。党政主要领导开展下访接访48次，各级排查化解矛盾122件，真正做到小事不出村、大事不出镇。扎实做好禁毒、防邪工作，强化社区戒毒人员管控、教育、帮扶，动态摸排、精准管控外流贩毒高危人员。2020年发生外流贩毒1人次，同比下降2人，邪教人员转化率100%。发放严重精神障碍患者看护补贴5.25万元，有效管护严重精神障碍患者，未发生肇事肇祸事件。扎实抓好安全生产工作，严格落实“一岗双责”。切实做好社会治安防控，破获各类侵财案件10余起，挽回群众损失5万余元，群众安全感指数位居全区第二。

【基础设施】

城镇建设　投入5.16万元，完成黄桥社区场镇规划区栽种1932株树木的刷白和修枝；政府广场前后、碧玉园、滨河游园以及碧山大道等区域景观的刷白、修枝整型、杀虫。聘用7个公益性岗位，对河道、公园、碧山大道绿化进行全天候管护。投入0.5万元，完成场镇道路、政府广场灯饰维修。整治山坪塘12口，完成金屏、川主、平桥自来水管网铺设。投入资金28.56万元完成3户危房改造和20户旧房提升。投入2500万元完成龙桥等4个村（社区）5个项目的土地整治工程。累计投入300万元完成2个场镇和平桥居民点道路油化、树池增设、人行道铺装，新增停车位45个。积极协调重庆气矿四川省大竹县作业区，实现双家坝增压站首端供气，彻底解决碧山镇用气难的问题。

交通设施　截至2020年底，累计建成“四好农村路”42.92千米，其中通达工程建设9.22千米，通畅工程建设33.7千米。

（碧山镇　何良玲）

虎城镇

【概况】 虎城镇地处梁平区西北边陲，位于重庆市梁平区，四川省达州市达川区、大竹县三区县交界处，东接龙胜乡、竹山镇、龙门镇，南临袁驿镇、碧山镇，西邻四川省达州市大竹县永胜镇，北至四川省达州市达川区南岳镇，辖区面积78平方千米，距梁平城区48千米，距重庆主城区213千米，是区级中心镇和市级边贸镇。

民国初置虎城镇。民国17年（1928年），川东第一块赤区——虎（城）南（达川区南岳镇）大（达川区大树乡）赤区在这里建立。中共梁山（今重庆市梁平区）中心县委机关最早设在虎城镇沙石村（现砂石社区）水井湾，辖四川省达州市达川区、开江县、大竹县、宣汉县、万源县等县党的地下组织。四川红军第三路游击队也诞生于此地。1941改为虎城乡，1958年改成虎城公社，1984年恢复虎城乡建制，1992年撤乡建镇，将虎城、波漩、楚家3个乡合并为虎城镇。辖集中、礼仁、五角、大兴、永和、聂家、清河、桐子、水口、波漩、八林、千丘、大荣、楚家、河口15个村委会125个村民小组，文昌社区、陈家社区、砂石社区3个居委会31个居民小组。2020年，辖区户籍人口14030户、总人数41984人。

虎城镇海拔高度450米~700米，地势以丘陵为主，山、丘、坝兼有。西部有旋顶山，东部有小峨眉山，中部为浅丘地带。气候属亚热带季风气候区，四季温差较小，气候温和，四季分明，雨量充沛，年均气温16.7℃，年降水量约1100毫米。东北部有施家河，南部有龙安河，西部有波漩河。主要矿藏有天然气、煤、铁矿石、石灰石、黏土等。

【经济建设】 2020年，虎城镇实现地区生产总值95744万元，其中工业增加值21500万元；固定资产投资6549万元；城镇、农村常住居民人均可支配收入分别31491元、17880元，同比增长10.1%、9.8%；社会消费品零售总额69172万元，增长11.2%。

农业 农作物总播种面积5957.33公顷，盛产水稻、玉米、油菜、小麦、杂粮和柚、柑、橘、梨、李、桃等水果，尤以所产梁平蜜柚驰名。粮食作物种植面积4310.73公顷，水稻、玉米优良品种推广种植2952.33公顷。完成砂石社区虎蜜柚园提升改造工程，有效提升当地基础设施建设。以提升品质和打造品牌为重点，培育以柚子、蚕子、菌子、花椒等为主的特色产业，进一步畅通广大柚农销售渠道，增加柚农收入，落实666.67公顷柚林精细化管理，提高柚子品质。积极创建“三品一标一品牌”，2012年虎城尖柚获得中华人民共和国工商行政管理总局商标局地理标志证明商标，虎城镇被中华人民共和国农业部认定为全国一村一品示范村镇，砂石社区虎柚柚子专业合作社正在申请绿色农产品标志。做好动物春秋两季集中防疫工作，免疫率达到100%。全年进行屠宰检疫9210头，完成能繁母猪保险976头，同时做好无害化处理病死畜禽工作。大力推广机械化生产，全年机耕4000公顷，机收1666.67公顷。积极落实惠民政策，发放一般农户耕地地力保护补贴9292户次，补贴面积1576.92公顷，补贴资金368.99万元。申报公益林补贴面积577.75公顷，补贴金额11.05万元，延长退耕还林补贴面积446.85公顷，补贴金额13.41万元。全镇共推广农机具369台套，购机户共享受补贴34.8万元，农机综合化率58%，节本增效1000余万元。

工业 着力推动返乡人员创业创新，大力扶持绿色环保、创新型企业发展，规模以上工业总产值完成7000万元，同比增长1.7%；全年新入库500万元以上投资项目3个，完成固定资产投资6549万元。招商引资入驻企业5个，投资金额2.4亿元。

商贸 2020年，社会消费品零售额69172万元，同比增长11.2%。以农村电商孵化中心为枢纽，组织200余人次的培训，现有网上店铺100余个，线上年销售额1500万余元。2020年，虎城镇被评为重庆市特色商贸小镇。

【基础设施】

美丽乡村　规范农村建房管理，办理乡村规划许可证77份；2020年完成C、D级危房改造11户。持续推进生活垃圾分类工作，建设永和村生活垃圾分类示范村，大力推动公共机构实施垃圾分类，配置设施设备，营造浓厚氛围。

道路交通　境内有省道S510、县道X120通过，村级公路硬化率100%，组级公路硬化率95%以上。建设“四好农村路”15.5千米，2.1千米绕场路路建成通车，改造升级场镇过境路1.8千米，对虎城场镇老街实施白改黑，完成10.9千米虎峨路（虎城—小峨眉）升级改造，安装公路安全防护栏1.5千米。

水利建设　波漩河、施家河横贯全境，有小（1）型水库1座，小（2）型水库4座，山坪塘426口，水电站1座。永和村、五角村新建农业灌溉渠道和生产便道，进一步夯实农业生产基础。积极申请移民后扶工程项目，在砂石社区建设宽4米生产道991.9米，宽3米生产道821.1米，宽2米人行便道1984.2米，安装蓄水池3口，观光亭1座，太阳能路灯22盏，有效提升农业生产基础设施条件，进一步保障农业生产。

【社会发展】

文化体育　有镇级综合文化站1个，村级文化活动中心18个，应急广播18个，农家书屋17个，书刊外借点54个，藏书10万余册，完成全镇广电网络数字化改造，组织开展“癞子锣鼓比赛、迎新春、送春联”、植树节、送文化下乡、知识竞赛、送图书、清明扫墓、烈士纪念日等节庆文化活动70余次，惠及群众近2万人次，新增农体工程体育设施3套。

教育　有中学1所，在校学生1624人；中心小学1所，完全小学2所，在校学生1940余人。小学龄儿童入学率、初中适龄人口入学率、九年义务教育覆盖率均达到100%。

医疗卫生　有中心卫生院1个，在职在岗卫生专业技术人员61人。2020年新建健康档案247份，累计建档29100份，建档率95.37%。辖区新型城乡医疗保险覆盖率95.6%，合作医疗筹资人数35150余人，筹得合作医疗资金984万元，全年报销医疗补偿费用520余万元。

社会保障　2020年，农村低保户485户835人，城市低保41户55人，组织开展就业技能培训2次80人，城镇新增就业143人，就业困难人员就业36人，其中建卡贫困户15人。发放就业再就业小额担保贷款32笔，541万余元。城乡居民养老保险参保人数23500人，其中建卡贫困户参保率100%，享受养老待遇人员8100人。2020年医保参保人员35150人，建卡贫困户及特殊人群参保率100%。全年共发放各类救灾救济款30万元，临时救助349户75万元，各类优抚及补助资金246.7万元，公共服务质量和水平不断提升，社会保障覆盖面100%。

扶贫工作　2020年及时调整了领导小组和15个“脱贫工作队”，确立区、镇、村三级帮扶制度，统筹企事业单位165名帮扶责任人结对帮扶全镇237户586人脱贫人口。坚持精准扶贫精准脱贫，严格对照“两不愁三保障一达标”要求，压实脱贫攻坚责任。整合资金14万余元落实奖代补措施，支持脱贫户发展种养殖产业。整合资金30万元帮助脱贫户解决“两不愁、三保障”方面的突出困难，全面解决影响脱贫成果的个性化问题。

生态文明建设　坚决打好污染防治攻坚战，着力解决突出环境问题。开展整治污水偷排直排乱排专项行动，重点监管污水集中处理设施、规模化养殖场等。聘请专人专职对已建成管网进行每日巡查、清掏，由专人对管网维修进行管理。完成了铜钵河生态清洁小流域项目（虎城集中工程）等7个工程和西部片区农村生活污水处理厂及管网项目（一期）（虎城楚家标段）工程。辖区内河流水质保持长期稳定达标。

社会综治　以扫黑除恶专项斗争为牵引，推进“枫桥经验”，不断提升服务、完善机制，提高风险防控能力和监管能力。优化金融环境，促进全镇经济平稳运行。不断深化安全生产体制机制改革，深入推进烟花爆竹、道路交通、校园安全等领域大排查大整治大执法专项行动，全年共检查各类经营单位166家334次，检查各类车辆1500余辆，下达违章建设停工通知12份、各类整改通知书68份。推行社区网格化服务管理工作，建立18个大网格，149个基础网格。进一步完善信访问题排查调处责任机制，调解纠纷420件，办结信访案件55件。全镇没有因调处不当引发群体性上访，做到各类矛盾纠纷化解在基层。加强禁毒工作，组织开展禁种铲毒踏查200多次，铲除毒品原植物55株。建立外出务工人员“三个一律”管控机制，社区戒毒（康复）人员执行率100%。完成全镇150名精神障碍患者全员建档管理，开展好反邪教宣传进乡村、进社区、进机关等工作。加强治安巡逻，群众的安全感不断增强。

【名优特产】 境内名优产品主要是梁平柚之尖柚，其特点具有外形美观、油胞细腻、皮薄肉厚、汁多化渣、味甜略酸、酸甜爽口之特点，注册“虎城尖柚”地标商标。虎城柚包括“虎蜜柚”和“虎城尖柚”，尤以“虎蜜柚”受欢迎，1999年“虎蜜一号”曾获全国第六次柚类评比“金杯奖”，是全国三大名柚之一的梁平柚中的精品。

【名胜旅游】

小峨眉山旅游风景点 小峨眉山旅游风景点为重庆市梁平区百里竹海风景区的一部分，距虎城街道12千米，春赏花、秋观稻，夏纳凉、冬看雪。山上林木茂盛，郁郁葱葱，流水潺潺。建有寺庙1座。有“五狮拜佛”等景观。

猫儿寨 猫儿寨毗邻虎城街道，四周悬崖峭壁，寨上舒缓开阔，周长2000米，面积16.67公顷，为重庆第一大寨，是梁平区的红色旅游景点。猫儿寨地势险要，解放前一直被地主豪绅霸占，鼎盛时期住有1万多人。猫儿寨是中共梁平地下党的发祥地，是“虎南大赤区”的中心，是中共梁山县第一个党小组诞生地，培育了众多的英雄儿女，是进行革命传统教育的场所。 （虎城镇）

龙 胜 乡

【概况】 龙胜乡位于梁平区西北部，东毗竹山镇，南邻袁驿镇，西北接虎城，距梁平城区36千米，距梁忠高速公路袁驿出入口处7千米，辖区面积36平方千米，其中森林面积25.25平方千米，森林覆盖率70%。

龙胜乡始建于1935年，原名隆胜乡。1962年成立龙胜公社属虎城区，1965年划归竹山区管辖，1966年更名为竹盛公社，1976年恢复龙胜公社原名，1985年成立龙胜乡，机关驻地困牛坪。1992年10月撤区并乡为龙胜乡。2002年12月，乡政府办公大楼迁址龙胜村龙安场。

龙胜乡辖区面积36平方千米，其中耕地面积797公顷，森林面积2525公顷，森林覆盖率超过68%。辖龙胜社区居民委员会和公平、双凤、新口、三和4个村民委员会，7个居民小组和15个村民小组。2020年，全乡户籍人口总户数2769户，总人口8361人，其中男性4384人，占52.4%，女性3977人，占47.6%，非农业人口492人，农业人口7869人。

龙胜乡属典型丘陵山区，海拔407米～1086米。气候属亚热带季风气候，四季分明，气候温暖，雨量充沛，日照偏少。年平均气温16.5℃，无霜期年平均270天，年降水量1100毫米。境内有主要河流3条，河道长约41.7千米，小（2）型水库2座（龙君庙水库、红升水库），山坪塘39口。矿产资源主要是煤炭。竹类有寿竹、白竹、慈竹、罗汉竹、水竹、苦竹等20多个品种，树木有松树、柏树、杉树、丝栗等60余个品种。

【经济发展】 2020年，实现生产总值2.62亿，比上年增长2.92%；社会消费品零售总额0.51亿元，增长20.4%；固定资产投资额1894.66万元，增长47.2%；农民人均可支配收入16590元，增长3.0%。

【重点产业】

竹产业　龙胜乡有以寿竹、白竹为主的竹资源1666.67公顷，产竹材1万余吨、鲜竹笋500余吨、竹笋壳120余吨，竹制品加工企业5个，专业合作社、家庭农场4家，年产值逾1000万元。

甜茶产业　甜茶是梁平的稀有资源，梁平甜茶获国家生态原产地保护产品认证，富含钾、镁、磷、铁等多种元素，具有清热解毒，减肥、降脂、降压的保健功效。龙胜乡作为梁平甜茶的主要产地，已建成甜茶母本园（育苗基地）3公顷，栽种母本7000余株，育幼苗10万余株，栽种100公顷。推行“企业+基地+农户”“合作社+农户+基地”的种植生产模式，培育甜茶协会1个、专业合作社1个、家庭农场13个，年销售甜茶5吨，产值100余万元。

中药材产业　充分利用林下资源，发展黄精、白芨、独角莲、百部、积壳等中药材种植基地1.33公顷，带动群众种植33.33公顷，年可实现销售收入200万元。

【基础设施】

场镇建设　投资400余万元，完成12.7千米“四好农村路”建设任务，安全生命防护工程16.5千米，8处公路塌方、水毁修复工程。完成龙安桥扩宽排危工程，有效提升桥梁通行安全和汛期泄洪能力。

水利设施　以改善环境质量为核心，扎实做好铜钵河流域水污染治理工作。建成日处理能力50吨的污水处理站1个和日处理能力30吨的污水处理站2个，铺设一级污水管网5140米，二三级污水管网12410米，乡政府、乡卫生院及周边户居民雨污分流。

【社会发展】　老体协演出活动2场，送文化下乡3场，播放惠民电影13场。图书室、农家书屋按时免费开放，书报借阅300人次以上。挖掘保护龙胜乡本土非物质文化“锣戏”，并申报区级非物质文化保护项目。乡卫生医院有1个、村卫生室5个，病床9张，卫生技术人员10人，乡村医生8人。投入14.85万元完成9户C、D级危房改造，投入25万元完成50户旧房提升，自筹资金13.13万元对31户危旧房整改，对81户27043平方米宅基地进行复垦。　（龙胜乡）

竹山镇

【概况】　竹山镇地处梁平区西部，位于百里竹海风景名胜区腹地。东邻新盛镇、龙门镇、明达镇、礼让镇、聚奎镇；西连袁驿镇、七星镇；南靠屏锦镇，北接龙胜乡。镇政府所在地位于竹山镇安丰社区文家坝，距梁平城区30千米、渝宜高速20千米、南大梁高速10千米、达万铁路梁平站35千米、万州港110千米。

民国初年置丰胜乡，1941年改安丰乡，1950年更名下安丰乡，1958年改公社，1983年置乡。1992年撤区并乡建镇时，竹山镇由原竹山区的上安丰乡和下安丰乡合并而成。2020年，辖安丰社区、竹丰社区、正直社区等3个居民委员会和猎神村、大塘村、邵沟村、正和村等4个村民委员会，下设31个村（居）民小组。

2020年，全镇总人口7933人，其中农业人口7160人，非农业人口773人；男性4041人，占总人口的50.93%；人口出生率7.06‰，死亡率9.46‰，人口自然增长率-2.4‰。辖区面积49.39平方千米，其中陆地面积48.39平方千米，占总面积的97.9%；水域面积1.14平方千米，占总面积的2.3%。人口密度为每平方千米160人。辖区东西最大距离6千米，南北最大距离16.4千米。

竹山镇地处山地，地势陡峭，是典型的喀斯特地貌。主要山脉为明月山脉，境内最高峰位于竹丰社区与猎神村交界处的大石头山，海拔1100米，最低点位于邵沟村境内的邵新纸厂，海拔600米。属暖湿亚热带季风气候，气候温和，四季分明，雨量充沛，湿度较大；春季气温不稳定，初夏多阴雨，盛夏凉爽，冬季有雪。年平均气温18℃，夏季常温22℃。生态环境较好，蓄水量、释氧量极高，其负氧离子平均浓度达每立方厘米5700个。

全镇森林覆盖率94%，成片竹林3000公顷。

有寿竹、白夹竹、楠竹、刺竹、金竹、苦竹、罗汉竹、凤尾竹等竹类，品种达百余个，其中绿竿花黔竹、黑水竹等珍稀竹种全国独一无二，可称“竹类博物馆”；有独角莲、山藕、鱼腥草、水黄连、天麻、蝉花、山茶等珍贵药材；有国家一级保护植物红豆杉、国家二级保护植物三尖篦子杉、实心夹叶方竹等30余种珍稀植物；有国家一级保护动物鹿（野山羊）、国家二级保护动物戴胜等10多种珍稀动物。境内有竹丰水库（一级饮用水源）、花石水库（二级饮用水源）、猎神水库（调节型水库）；七涧河（龙溪河源田）发源于竹山镇猎神村分水岭，并流经竹山镇安丰社区、正直社区、猎神村、大塘村，施家河流经竹山镇竹丰社区，常年保持Ⅱ类以上的优质水质。

竹山镇有千年“荔枝”古驿道演绎的“一骑红尘妃子笑”的千古传奇；有竹海吊脚楼浓缩的明末清初“湖广填四川”的历史；有清嘉庆时期白莲教“五攻梁山”古战场遗址；有李光华、王维舟、旷继勋、蔡奎等革命先烈带领四川工农红军第一路军、第三路游击队在百里竹海浴血奋战留下的英雄故事，红军谷、汇水河遗址见证了那段光辉岁月。

【经济发展】 2020年，实现地区生产总值6.862亿元，其中一产业11647万元、二产业32230万元、三产业24752万元，固定资产投资3955.3万元，农民人均可支配收入19330元/年。

农业　耕地面积287.33公顷。2020年，农业总产值11647万元，增速为0.12%。2020年，农作物播种面积保持在539.27公顷，其中水稻139.07公顷、玉米99.87公顷、薯类110.6公顷、豆类29.73公顷。实现机耕100公顷、机插13.33公顷、机收133.33公顷。畜牧业以家禽、生猪为主，2020年，生猪出栏1500余头；家禽出栏18489羽。

林业　林业面积4066.67公顷，其中成片竹林3000公顷。竹类品种达百余个，优质竹储蓄量达100万吨，年产竹材1.2万余吨、竹笋500余吨。2020年实现林业总产值1920万元。落实14名公益林管护人员，管护面积达3540.77公顷。2020年新增低效竹林改造733.33公顷。

工业　镇内有竹制品加工企业4家、硅锰合金企业1家。有梁平区瑞升电化有限公司1家（规模以上企业），有百里竹海（重庆）旅游开发有限公司、竹丰湖避暑山庄、汪叔叔的农家乐、猎神居旅游服务有限公司、梦溪湉园度假村、瑾瑜商贸等6家限上商贸企业，有竹禅颐养酒店1家限上个体，2020年新培育发展市场主体140个。

商业外贸　以旅游、笋竹商贸、餐饮服务等为主的第三产业快速发展，成为镇域经济的重要组成部分。建成猎神村电商孵化产业园，建成农村电商服务站点8个。

乡村旅游发展　坚持学好用好“两山论”，走深走实“两化路”，倾力推动猎神居、琴海、棋海等核心景点建设，大力发展乡村旅游产业，猎神村作为全市二十个乡村振兴示范村之一顺利开园。明月山·百里竹海民宿回归之旅入选全国精品主题旅游线路，竹山镇获评市级休闲农业和旅游示范镇、入选川渝最美文旅小镇，猎神村成为全国乡村旅游重点村。

共建明月山绿色发展示范带　承接好川渝毗邻区县、乡镇第一次党政联席会系列活动。通过举办民宿消费季、采笋节、晒秋节、“夜竹海、潮生活”等文旅推介活动，打造热门旅游打卡地。整合川渝毗邻区域旅游资源，推出精品旅游路线，合力打造明月山川渝民宿集群，建成猎神三巷川渝旅游产品展销平台。

财政金融　2020年，竹山镇财政收入2519.19万元，设有重庆市农村商业银行、邮政储蓄2个金融分支机构。

【社会发展】

文化艺术　设综合文化服务中心1个，综合文化活动广场4个，建成百里竹海市级文艺创作基地1个，村（社区）综合文化活动中心7处，公共图书室2个，农家书屋7个，共藏书40000册。2020年，送文化下乡文艺演出15场次、电影下乡28场次，举办采笋节、晒秋节、夜竹海潮生活等主题活动50余场次。

教育　设中心幼儿园1所、村办幼儿园2所，在园幼儿37人，专任教师3人；设小学1所，在校生120人，专任教师23人。2020年，财政预算内小学教育经费447万元，小学适龄儿童入学率、初中适龄人口入学率、小升初升学率、九年义务教育覆盖率均达100%。

卫生体育　2020年，有镇村医疗卫生机构6个，病床8张，每千人拥有医疗床位1张，专业卫生技术人员8人，其中执业助理医师4人，注册护士2人，平均每千人拥有卫生技术人员1人，完成诊疗0.69万人次。新型农村合作医疗参保率100%。居民健身点6个。农村安全饮用水普及率100%。人口平均期望寿命78.2岁，其中男性77.5岁，女性79.8岁。

广播电视　2020年，广播电视直播卫星“户户通”设备累计用户700户，有线电视用户500余户，电视广播覆盖率100%。

社会保障　2020年，城镇最低生活保障户15户19人；农村最低生活保障户117户198人；农村特困户17户17人。城乡居民养老保险参保人4367人，待遇领取1655人，月发放待遇近35万元。巩固城乡养老保险参保率在95.2%以上、城乡合作医疗参保率在98%以上。城乡合作医疗，完成征管工作由人社系统向税务征缴的平稳过渡，全镇参保资助456人，资助金额近13万元。城镇新增就业36人，城镇登记失业再就业19人，城镇登记失业率控制在4%以内，发放创业贷款16人297万元，市外农民工返乡创业就业人数183人，高校毕业生就业95人。2020年，申报计划生育国家特别扶助8人，国家奖励扶助153人。

全力战疫情　2020年，竹山镇组织200余名党员、志愿者参与疫情防控，对涉及武汉、湖北其他地区人员、境外留学旅游工作人员以及其他高风险地区返乡人员进行彻查彻排，严防输入扩散，辖区未发现新冠肺炎确诊病例、疑似病例和无症状感染者。

全力战复工　强化常态化疫情防控指导督导，持续优化营商环境，3个核心景区、5家企业、80余家民宿竹家乐有序复工复产。多措并举促稳岗就业，共计发放创业贷款16人297万元、新培育市场主体140个、申报限上企业4个、开发公益性岗位34个、辖区企业吸纳就业31人。

全力战脱贫　通过送工送岗、技术培训、推送就业信息、兑现就业交通补贴等举措，持续抓好贫困劳动力稳岗就业。疫情期间，发放临时困难救助61人1.83万元，帮助40余户贫困户购置种子、肥料等物资，最大限度降低疫情对生产的影响。强化资金投入，鼓励55户脱贫户（边缘户）发展特色种养殖业、乡村旅游配套产业。深化消费扶贫行动，通过电商、专柜、文旅活动展销等渠道，带动贫困户农产品销售10余万元。

全力战洪水　调配镇村干部、民警、民兵、群众200余人，第一时间应对“6·19”“7·15”强降雨天气灾害。组织群众开展生产自救，发放农业生产和水利救灾资金70户2万余元、冬令春荒资金131户7.2万元，发放棉被、防寒服、棉衣等物资90余份，实施受灾房屋维修3户1.6万元，恢复污水管网0.5千米，实施河道整治2条1千米、滑坡体整治1处。

【基础设施】

交通设施建设　整合“四好”农村公路、通达工程、通畅工程、“一事一议”等项目资源，硬化四好农村公路9.1千米，建成森林防火通道6.1千米、产业道路1.3千米。打通竹山与屏锦、袁驿、明达、虎城、七星等周边乡镇的道路，实现行政村、行政组互联互通。建成百里竹海交通服务区、竹山镇客运站，开通旅游公交专线2条、农村客运班线1条。辖区道路体系、配套服务设施日臻完善。

人居环境整治　完成竹山镇国土空间规划编制。完成竹丰社区3组安置点和安丰雷家院子安置点建设。通过开发公益性岗位、购买社会化服务的方式，全镇农村生活垃圾转运体系不断完善、餐厨垃圾实现集中统一处置、生活垃圾分类减量在全镇推广。强化环境卫生综合整治，成功创建市级健康细胞示范单位1个、区级无烟党政机关1个、区级卫生红旗单位1个、区级卫生先进单位3个、区级生态卫生村5个，竹山镇被评为“市级卫生镇”。

水电气视讯设施建设　7个村（社区）实现自来水入户，入户安装天然气近600户。建成通信铁塔26个，场镇、猎神居、核心景区等重点区域接通了5G、公共Wi-Fi信号。

邮政电信　有邮政网点1个，投递路线单程总长度42千米，乡村通邮率100%。

【名胜旅游】

百里竹海旅游度假区　百里竹海旅游度假区拥有成片竹林2.33万公顷，竹品种180余个；因寿竹种植面积最广，有“中国寿竹之乡”的美誉。百里竹海旅游度假区的负氧离子含量平均值为每立方厘米5700个，为世界卫生组织公布的清新空气负氧离子标准浓度的5倍，空气颗粒物含量较低，达到优级空气标准，2015年，入选全国首批38个“森林氧吧”。百里竹海旅游度假区力学笃行“绿水青山就是金山银山”理念，抢抓明月山绿色发展示范带建设机遇，坚持“用好竹资源、建好民宿群”，聚力打造明月山川渝民宿集群。围绕建好“北斗七星”、打造百里星宿的目标，推进明月山旅游一体化发展，做响“东有莫干山，西有明月山”度假区品牌，2020年创建市级旅游度假区。

观音洞　观音洞系百里竹海重要的人文自然景观之一。悬于陡峭石壁之上，寺庙建在溶洞厅内，与山峦融为一体。“洞庙”自然古朴，香火旺盛，洞顶支支石笋倒悬，大的1米以上，粗如木桶，小的长30～40厘米。对面山峰的灰色绝壁上有一个小石洞，洞口森森，形状恰似一只鹞鹰站立。观音洞旁常年郁郁葱葱、青翠欲滴，涓涓细流玉洁晶莹、清纯甘洌，四季不干。相传观音洞寺庙由唐朝末期3名削发为僧的武士所建。到观音洞拜佛、休闲观光的人络绎不绝，香火越来越旺。2019年，观音洞景区获评国家AAAA级景区。

竹风湖　竹风湖横卧百里竹海旅游度假区腹心，海拔685.5米，系1975年开凿初建的一个人工湖，整个湖面呈V字状，湖面最大面积可达89.5公顷，总容量达1385万立方米，平均水深16米，最深处30米。竹丰湖集秀、奇、幽、雅于一体，四周群山环抱，竹木苍翠，竹海倒映，湖山一色，浑然天成，漫游其中，犹若“飘飘乎遗世而独立，羽化而登仙”。

百里竹海·寿海　“百里竹海天星塘，奇松怪石飘竹香，人间仙境随处在，云游巴渝美名扬”生动描绘了寿海的美景。总面积93.33公顷，有原始森林之说。山下段翠竹苍苍，山上半段树藤缠绕，景区内既竹影婆娑，又古树参天，怪石嶙峋，树抱石、藤缠树等奇特景观比比皆是，有红豆杉、黄檀、实心狭叶方竹等多种名木古树，景色极其壮美。（竹山镇　王海霞）

七星镇

【概况】　七星镇位于重庆市梁平区西北边陲，东和竹山镇、屏锦镇接壤，南与屏锦镇相连，西与四川省大竹县观音镇交界，北与袁驿镇、碧山镇为邻。镇政府驻地“李唐坝”，距梁平城区45千米，有“竹海溪乡”之美誉。

1949年，成立七星乡，辖7个保，1958年建立七星乡人民公社，1966年9月改称为竹园人民公社，1968年成立竹园公社革命委员会，1976年恢复七星公社委员会，1984年改称七星乡人民政府。1992年改成七星镇建制，辖8个村。2002年，村组建制调整合并。2020年，辖平滩、马梁、金柱、仁安4个村民委员会和红花社区居民委员会、36个村（居）民小组，户籍总数4225户，总人口11708人，面积33.1平方千米，其中耕地面积850公顷，林地面积2133.3公顷，森林覆盖率超过65%。

七星镇地理位置优越，是成渝地区双城经济圈的“桥头堡”，地势东南为山地丘陵，西北为丘陵间少数平坝，最高海拔1180.7米，最低海拔

425米，相对高差较大。气温属暖湿亚热带季风性气候，四季分明，气候温暖，雨量充沛。年平均温度17.5℃，年平均降水量1300毫米。辖区内矿产、竹木、石材等资源丰富，拥有市级非物质文化遗产项目“二元纸”。

镇有中心小学1所、村小学1所、幼儿园2所，辖区内适龄儿童入学率达100%；有卫生院1个、村级卫生室5个；有竹园休闲公园2座、文体广场1座、休闲足球场1个、图书室1个、农家书屋5个、村级活动中心5个、组级活动中心1个，广播、电视、通信覆盖率100%，辖区内村组公路通畅率100%。

七星镇与四川省大竹县观音镇签订川渝合作备忘录

【经济发展】 2020年，实现地区生产总值2.89亿元，城镇常住居民人均可支配收入2.6万元，农村常住居民人均可支配收入达1.7万元；社会消费品零售总额15427万元；各类市场主体增加到521户；农业增加值14319万元，工业增加值8182万元；“十三五”时期固定资产投资总额1.1亿元，其中公路建设3500万元，千亿斤粮食及土地整治项目4500万元，水利水保项目1000万元，污水治理项目2000万元。

粮食作物以水稻、玉米为主，社区百合、仁安桃、马梁黄精、金柱板栗、平滩生姜等特色作物产业的发展势头良好。同时针对“7·16”洪灾对大春农作物造成的严重影响，组织群众生产自救，抢收抢种，农作物复种指数提高5%，粮食总产量达到4100吨。发放涉农惠民补贴91.45万元，农业机械化率68%，良种良法覆盖率98%。有板栗、冬桃等经济林果233.33公顷，佛手、金银花、黄精等药材33.33公顷，竹荪菌13.33公顷。

【社会发展】

文化艺术　有镇文化服务中心1处、村（社区）文化活动中心5处、农家书屋5处。2020年，进一步完善七星镇文化服务中心以及各村（社区）文化活动中心基础建设；建立健全辖区内应急广播建设，安装21处应急广播播放点；完成七星镇仁安村健身广场基础设施建设以及场地设备配置；在辖区内4个村开展送图书进村活动，送达2000余册书籍；组织业余爱好者参加非遗项目吹手大赛；开展“奋进新时代　共圆小康梦”2020年送流动文化服务进村活动。

社会保障　2020年，城乡居民养老保险6308人参保，养老保险扩面101人，城乡居民医疗保险9892人参保，参保率达96%。城镇新增就业39人，城镇登记失业率控制在4%以内。开发公益性岗位24个，发放创业扶持贷款36笔、528万元。组织53人参加就业适应性培训、53人参加新市民培训、112人参加种植、养殖特色产业培训。为22人申请一次性求职补贴、为53人申请发放区外务工人员交通补贴。完成农村卫生厕所改造任务100户。安装自来水787户，安装天然气40余户。实施C级危房改造3户、D级危房改造5户。

脱贫攻坚　帮助86名建卡贫困户返岗复工，为47户受疫情影响的贫困户发放疫情补助1.41万元，新增临时公益性岗位5个，直接为贫困户解决就业问题。利用专项扶贫资金为92户建卡贫困户解决住房跑风漏雨、住房配套设施不完善、道路出行、饮水安全等问题，累计投入约14.7万元。向43户建卡贫困户发放产业奖补资金

8万元；向41户建卡贫困户以及边缘户发放小额贷款，累计贷款54户次，发放贷款85.32万元，获贷率51%。

川渝合作　七星镇与四川省大竹县观音镇联合成立成渝经济圈毗邻乡镇合作发展建设领导小组，建立日常联系工作机制。双方签订《推动成渝地区毗邻乡镇一体化发展备忘录》，围绕组织人才共建共融、生态环境聚力共护、基础设施互联共享、产业发展互促共兴、文化旅游互通共荣、社会治理联防共治、公共服务互助共惠等方面展开合作。

七星镇与四川省大竹县观音镇联合开展应急消防演练

【基础设施】

重大项目建设　主动融入明月山百里竹海大景区，建设村情馆、打造溪居民宿、桃溪人家等特色乡村业态，打响“山水七星·竹海溪乡”旅游品牌。同时全力振兴产业，利用丰富的竹资源发展竹签厂3家，废竹料循环利用发展林果经济和林下经济，致力于打造食用菌示范基地和药材之乡。

场镇建设　为规范场镇秩序，在农贸市场、原坝坝席场地、镇政府院坝设置停车位50个，设置摩托车、三轮车停车位2处，整治车辆乱停乱放现象。清理下场口3000平方米河道淤泥，组织村民清理河边两侧便道，拆除河道私搭棚160平方米，清理河道花坛种菜200平方米。增加场镇保洁员1人，落实河道修枝人员。治理场镇牛皮癣广告约200条，改善场镇形象。设置垃圾分类集中分类点20余处，发放入户两分类垃圾桶750个，持续不断推进垃圾分类工作有序开展，提高垃圾分类普及率、准确率。

生态文明建设　开展污染源排查摸底工作，排查出污染源50余处，关闭畜禽养殖场17家。通过“截污”“分流”实现污水管网应建尽建，污水应收尽收，主管网建设总长度11.4千米，总投资1290万元；建设村级一体化污水处理站2座、泵站1座。扎实开展人居环境整治行动，整治河道3千米，修建花台、挡墙、绿化1200余平方米。深化川渝合作，与四川省大竹县观音镇共同组建清漂队，联合开展主题党日活动，开展常态化、制度化、统一化的清漂、巡查、整治行动，解决跨境污染风险问题12个。

交通设施　2020年争取公路建设资金364万元，全年完成“四好农村路”通达、通畅工程9.7千米及3.435千米安防工程建设任务。

【名胜旅游】

旅游景点　作为百里竹海大景区承接地，七星镇以生态振兴绿色发展为总体战略，结合水土保持项目，打造以“七彩仁安　桃溪人家”为主题的农村休闲观光养生基地。利用生态优势建设“栀子湾”文体广场、七彩生态泳池、“碗厂沟”森林公园、“七号井”休闲花园、健身登山步道等乡村现代景点，不断聚集川渝毗邻镇乡人气，做优做特乡村旅游发展，同时原生态保护修复冯家古院落和周边特色民居，进一步提升“山水七星·竹海溪乡”的旅游品牌知名度，全力打造“川渝毗邻乡镇的后花园”、“明月山生态优先绿色发展示范镇”。

土特产品　七星镇有神仙豆腐、黄粑等特色小吃。

（七星镇　殷剑珊）

福 禄 镇

【概况】 福禄镇位于梁平区东部，东与曲水镇接壤，西与蟠龙镇、柏家镇相邻，南抵石安镇，北达梁山街道、万州区。距城区31千米，地势北高南低，汝溪河及其支流由北向南穿境而过。全镇面积87.5平方千米，辖14村、1个居委会、98个村（居）民小组；户籍登记人口31248人，常住登记人口15037人。

福禄镇地貌属山地丘陵地带，以中山为主。最低海拔（辣坪村1组双河口）252米，最高海拔（大印村3组窄垭口）1221米，重势陡峭，丘陵起伏，大小山丘星罗棋布，山峦叠嶂，沟壑纵横，四季树林葱葱，翠竹青青，素有“福映金山绕，金狮白水涛，玉树天香远，龟宁堰塘高”的美妙写照。

福禄镇四周环山，中间是平坝，形似葫芦，故称葫芦坝。明崇祯时期，张献忠入川，10万“铁骑”三次驻兵葫芦坝。民国初年，取谐音改名为福禄坝。1949年12月成立原福禄乡，1986年4月福禄乡人民政府改建为福禄镇人民政府，1992年10月福禄镇合并原紫龙乡、九龙乡建立新的福禄镇。2005年福禄镇被确定为梁平县县级商贸中心镇，在全县统筹城乡发展中，被确定为“两心四片”中的东部片区中心镇，2007年被市规划局确定为全市95个中心镇之一。

【经济发展】 2020年，地区生产总值7.03亿元，同比增长8%，社会固定资产投资3280元。服务业对经济增长贡献率42%。社会消费品零售总额年均增长14%。一般公共预算收入年均增长4.9%。实施“凤还巢”工程，积极优化营商环境，新增市场主体295个。经济社会实绩考核取得良好成绩。高质量完成第七次全国人口普查目标任务，户籍登记人口31248人，常住登记人口15037人，出生人口133人，死亡人口196人。

农业 发展种植绿色花椒266.67公顷，椪柑133.33公顷，绿色水稻80公顷，榨菜66.67公顷，高山脆李53.33公顷，吊瓜46.67公顷。在光荣、月亮等13个村发展绿色水稻82.63公顷。农机购置补贴申报221台，惠及192家农户，享受国家补贴资料17.765万元。12家生猪规模养殖场存栏生猪7800头，散养户870家，存栏生猪2100头。整治维修山坪塘10口，落实集雨池及配套管线建设52口，铺设管材管件50480米，整治堰渠5840米。实施九龙、青桥2村村级水厂改造，督促完成光荣、月亮等6个村完成水厂维护。

工业 投资150万元建成福禄全自动面条加工厂，福禄村年化收益2.5万元。

商贸 2020年新增市场主体292个，其中企业37个，完成总量任务目标；新建村级电商服务站点4个，累计12个。

【社会发展】

科教文卫 努力打造事业发展团队，组建站办业余文艺团队福禄镇新感觉演艺团和福禄镇社区中老年文艺队2支，文化志愿者6人。常设免费活动6项，每天定时定点开展广场舞、钱棍舞、健身腰鼓、太极拳、乒乓球、羽毛球等健身活动。指导辖区各村（社区）开展优秀读物和读书活动30场次。组织开展福禄镇“新时代　新征程　新青年　新作为”职工朗诵比赛、福禄镇老体分会老年人健步走活动、“建设书香福禄，共享美好生活”全民阅读暨“百本好书送你读”宣传活动等。创建垃圾分类示范村1个，按规定配置相应设施，安装垃圾分类路灯29盏。

社会民生 通过动态识别调整，560户贫困户，1761人已全部实现脱贫，原有的边缘易致贫户9户25人、脱贫不稳定户21户82人已全部标注风险消除；2020年初，特困人员有166人，截至年底特困人员减至161人，特困救助金额160余万元。低保户及人数在300余户600人左右。助力脱贫攻坚年，新增低保50户、新增人数90人，根据政策动态调出15户。全年低保金共发270余万元。临时救助300余人次，临时救助金46万余元。残疾人两项补贴人数372人，补贴金额30余万元。残疾人养老服务补贴40人，发出补贴9万余元。高龄补贴849人，发出补贴52万余元。纳入特殊困难群众民政建档300余人。完成红十字会200余件的救灾物资、春节慰问物质的接收与发放工作，价值近2万元。完成养老服务站建设1个，项目金额20万元。完成2020年度农村旧房整治提升110户，共投入资金51.61万元。完成2020年度农村住房安全保障2批次32户，其中参照D级危房改造补助21户，C级危房维修改造补助6户，配套5户，共投入资金49.72万元。

【基础设施】

交通设施　新建四好农村公路通达工程11.3千米、通畅工程26.28千米。完成“三年行动计划”通畅工程63.54千米、通达工程11.3千米验收、审计及收尾工作。对石福线、蟠福线进行扩宽油化12.6千米。新建7个客运站台，完成3千米生命安全护栏安装工程。

场镇建设　场镇雨污分流工程投资近500万元，对场镇范围内的场镇雨污管网进行分流，建设雨污管网长度6.1千米。完成场镇“白改黑”1.8万余平方米，新建1个综合农贸市场和一个小商品集中批发市场，提升场镇功能配套。抓好农村道路建设。

水利水保　完善福禄镇污水处理厂技改工作，更换污水处理设备，日处理污水1000立方米/天，场镇污水收集率100%，污水处理率100%；整治维修山坪塘10口，落实集雨池及配套管线建设52口，铺设管材管件50480米，整治堰渠5840米，实施九龙、青桥2村村级水厂改造，督促完成光荣、月亮等6个村完成水厂维护。

【生态文明】　2020年，落实松墨天牛诱捕器安装、监测人员3人，共诱捕松墨天牛1.4万余只。秋季普查病死松树800余株。完成大印、福山村疫木除治工作，截至12月8日，已采伐疫木744株。落实公益林管护面积2839.07公顷，管护员19人；守卡人员6人，兑现管护费12.78万元。落实生态效益补偿2857.13公顷，兑现生态效益补偿资金54.64万元。受益农户7000余户。福禄镇与京环签订合同，投入经费66.2万元用于垃圾收运、公厕运维、场镇保洁等工作，确保垃圾及时处理。聘请保洁员127人，对河道、公路沿线等公共区域进行日常性的垃圾清理工作，确保公共区域的清洁卫生。　（福禄镇　周艳、江浪）

曲　水　镇

【概况】　曲水镇位于梁平区东部，紧邻万州区分水镇，2015年撤乡设镇，镇政府驻地黄泥堡，距梁平城区41千米，国道318贯穿全境，达万铁路、沪渝高速出入口距镇仅6千米。全镇辖区面积47.43平方千米，辖中丰、长榜2个社区和曲水、龙山、三合、宝石、聚宝、中鹿6个行政村49个村民小组。2020年末，户籍总人口5755户16320人，其中男性8465人，占51.87%；女性7855人，占48.23%。

曲水镇内设党政办公室、党建工作办公室、经济发展办公室（挂统计办公室、农村经营管理办公室牌子）、民政和社会事务办公室（挂卫生健康办公室牌子）、平安建设办公室、规划建设管理环保办公室、财政办公室、应急管理办公室、综合行政执法办公室等9个综合办事机构，行政编制23个；设农业服务中心、文化服务中心、劳动就业和社会保障服务所、退役军人服务站、综合行政执法大队等5个事业单位，事业编制15个。

曲水镇地势东高西低，地形以丘陵、高山为主。气候属亚热带湿润季风气候，四季分明，气候温和。春季少雨，夏季高温多伏旱，雨量集中，秋季温和凉爽，冬季干冷少雨。常年平均气温18℃，多年平均降水量为1007毫米。

【经济发展】　2020年，统筹抓好疫情防控和经济社会发展工作，扎实做好“六稳”工作、全面落实“六保”任务，各项工作在逆境中取得新进步、实现新发展。实现地区生产总值4.46亿元，同比增长3.1%。农村居民人均可支配收入达16964元，增长7.2%。

农业　农业生产总值2.3亿元，同比增长9.2%。粮食播种面积1764.8公顷，产量8593吨。蔬菜播种面积733.8公顷，产量22976吨。因地制宜大力发展和培育李子、辣椒、榨菜、柑橘等特色产业，推进规模化、标准化、品牌化。建成汝溪河畔标准化蔬菜种植基地133.33公顷，形成“一带八园”李子产业区，实现种植规模万余亩，年产值3000余万元。深入推进品牌农业发展，成功申报无公害产品23个、绿色产品10个、市级“一村一品”1个、区级“一村一品”3个，曲水脆李“李果老”获品牌商标认证。

工贸　有企业128个，其中规模以上工业企业2个，产值2.7亿元，同比增长3.12%。有个体工商户455户，农民专业合作社33个。全年新培育市场主体146家，其中企业36家。实施招商引资项目3个，协议总投资4100万元。固定资产投资3297万元，增长64.85%。社会消费品零售总额1.42亿元，增长1.1%。

旅游　举办第六届“生态曲水·百年李韵”采李节，吸引游客2万余人次。打造谭家院子传统工艺游学实训基地，实现接待游客观、游、学、做一体化。

财贸金融　财政收入2780.18万元，比上年增加561.19万元，增长率为25.29%。一般公共预算收入2779.93万元。全镇设有2个金融分支机构。

【社会发展】

脱贫攻坚　健全稳定脱贫长效机制，巩固提升脱贫成果。全镇308户900人已全部实现高质量脱贫。帮助贫困户稳岗就业，全年“送工送岗”3人，开发公益性岗位47个，落实受疫情影响临时补助183户。开展遍访，投入2.75万元为贫困户购置衣柜、床等必备家具生活用品，切实提升贫困户生活质量。实施饮水项目6个，新建饮水池（集雨池）21个，铺设管道35千米，全面保障贫困户饮水安全。全覆盖宣传建卡贫困户大学生学费资助政策，实现贫困学生从义务教育到大学资助全覆盖。大力开展消费扶贫，完成重庆消费扶贫馆注册1600余人，完成消费任务20余万元。

人居环境　严格落实河长制，镇村两级河长累计巡河1622次，汝溪河桃花店断面水质常年保持Ⅱ类。对全镇13家养殖场进行资源化利用整治。安装农村人居环境整治宣传栏12处，新建农村呕肥池3座。扎实开展村庄清洁行动，全年累计动员党员干部群众1600余人，清理各类垃圾约83吨。完成卫生改厕500户，卫生厕所普及率85%。深入推进垃圾分类，开展专项宣传活动30余次，发放宣传手册2万份。持续深化农村生活垃圾治理，场镇生活垃圾无害化处理率达到95%。聚宝村获评全市首批美丽宜居村庄。

教育　有幼儿园1所，小学2所（其中镇小1所、完小1所），在校学生382人，专任教师50人。初中1所，在校学生213人，专任教师23人。小学适龄儿童入学率、初中适龄人口入学率、小升初升学率、九年义务教育覆盖率均达100%。

医疗卫生　有镇卫生院1个，标准化村卫生室8个。病床13张，执业医师2人，执业助理医师1人，专业卫生技术人员13人，乡村医生10人。

文化艺术　送宣讲、送演出等文化下乡活动8余次，农村电影免费放映114场，组织参加区级文体活动2次，辅导村级文体活动4次。积极申报农体工程，新增聚宝村篮球场1个，乒乓球场2个。持续推进综合文化站免费开放和农家书屋规范管理工作，持续开展全民阅读活动。

社会保障　参加城乡居民合作医疗保险14157人，筹资参保率96.89%，贫困人口医保参保率100%。参加城乡居民社会养老保险9643人。新增城镇就业78人，完成比325%；城镇登记失业人员就业30人，完成比800%；城镇就业困难人员就业22人。市外农民工返乡创业就业381人。农民工新市民培训30人，重点困难群体培训82人。审批创业担保贷款10户，累计发放贷款资金195万元。低保户225户387人。特困人员分散供养118人，集中供养15人。新增计生奖扶60人。发放临时救助共计65人41.35万元。发放80岁高龄补助金33.42万元。发放各类重点优抚对象抚恤金及医疗补助，发放义务兵家属优待金。为234名贫困残疾人办理生活补贴和重残护理补贴。投资120余万元，建设完成曲水镇养老服务中心1个、长榜社区养老服务站1个。

平安稳定　加强社会治理，聘用49名网格员，推进基层网格化管理服务工作。严格落实领导干部坐班接访、到村下访制度，全年共接访、下访群众196人次，有效化解疑难信访事项3项，群众信访事项办结率100%。无进京、到市、到区非访现象。未发生群体性和突发性事件，无重大刑事案件发生。严格落实“党政同责、一岗双责”，成功应对“3·26”“7·25”两次较大自然灾害，持续开展重点行业领域专项整治，无安全生产事故发生，获评区先进单位。

疫情防控　坚持生命至上，科学防控，排查辖区返乡人员2500余人次。经过1个多月的奋战，有效防控了感染风险，无确诊病例和疑似病例。长榜社区党总支获评“重庆市抗击新冠肺炎疫情先进集体”。

【基础设施】　完成长塝社区楼子榜产业路等农村公路建设23条43.13千米，包括通达5条11.16千米，通畅8条11.31千米，窄路面加宽10条20.66千米。新建人行便道和产业便道12千米。实施长榜社区水土保持以奖代补项目和聚宝村5口山坪塘的维修整治工作，完成对长榜社区水厂、龙山村水厂、曲水村水厂、三合村木耳湾水厂、聚宝水厂、中鹿水厂等6个村级水厂的巩固提升工程。完善安装村公共服务中心路灯17盏。完成2户农村D级危房改造。围绕厕所整治、屋顶整治、墙面整治、门窗整治、庭院整治等五大方面开展旧房提升整治，投入25万元提升整治50户。

【名胜旅游】

万善桥　位于曲水镇中丰社区5组白杨河上，距离镇政府驻地1千米。该桥建于明末清初（1630—1650年），是一座空腹式的圆弧形石拱桥，桥体全部用石料建成，最长石条4米多，桥长40米，跨径6.5米，桥高14米，桥共65步台阶。相传为鲁班所建，于鸡鸣之时用一猪槽合拢，曾为万（州）梁（平）古道（西大路）繁华之处，孕育了白羊铺这一古镇。该桥保存完好，桥栏上“万善桥”3字、护栏等雕饰清晰可见。

谭家院子千工传统工艺实训基地　位于曲水镇聚宝村4组，改建夯土房屋8套，计1600平方米，建设用地2公顷、生态农田种植区8.33公顷，农耕体验区1.33公顷，作用于乡村旅游吃住游玩接待和传统工艺操作训练，包含千工美术馆、千艺坊实训阁楼、工艺品展览馆、上房民宿、花间民宿、乡间民宿、上席餐厅、学生宿舍楼。

百年李园　位于曲水镇长榜社区4组楼子塝，距离镇政府驻地7千米，拥有百年李子树500余棵，郁郁葱葱的李子树遍布于山野田间，形态饱满圆润的李子挂满枝头，清风徐来，空气果香浓郁，沁人心脾。翠绿的李子如满天繁星挂满枝头。春季时洁白的李花、金黄的菜花和弯曲的水田交相辉映，美如一幅风景画。

（曲水镇　谢小艳）

石　安　镇

【概况】　石安镇位于梁平区东南边陲，与万州、忠县交界，紧邻318国道，省道S511穿镇而过，距梁平城区40千米、万州城区50千米。东邻万州分水镇，西接柏家镇，南连紫照镇、忠县汝溪镇，北靠福禄镇。1949年12月建立石安乡，1966年改称先锋公社，1984年1月恢复乡的建制，又称石安乡。1992年撤区并乡，将原石安乡、联丰乡和紫龙乡的部分村合并为石安镇。辖区面积60.5平方千米，耕地1968.47公顷，林地3369公顷。辖区总户数6550户，总人口21100人，其中城镇1990人，场镇面积0.91平方千米。辖9个村（荷叶、牌楼、龙坪、莲花、南溪、翟溪、骆马、里程、联丰）67个村民小组，1个社区（龙湾）4个居民小组。

石安镇地势呈西北高、东南低走向，境内山、丘、坝兼有，以丘陵为主。全镇海拔221米~715米，里程村双河口海拔221米，是全区海拔最低点。境内气候温和，雨量充沛，年平均气温20℃左右，无霜期280天左右，正常年降水量1200毫米左右。农业发展以水稻、玉米、油菜、芝麻等为基础产业，以黄桃、麻竹、蜜蜂、柑橘、蔬菜等为特色产业。长江支流汝溪河蜿蜒穿镇而过，盛产野生鲶鱼。矿产资源有天然气、页岩气、河沙、页岩、石灰石和黏土等。全镇有小（2）型水库5座，规范型小水厂7座，山坪塘220余口，公路里程260千米。

【经济发展】 2020年，实现生产总值33207.2万元，同比增长4%，其中第一产业14549.5万元，增长4.5%，二、三产业18657.7万元，增长3.6%。固定投资2495万元。

工业　石安镇天然气、页岩气贮藏富集，是中石化江汉油田采气一厂梁平采区的主要气源区。

农业　推进“黄桃、麻竹、蜜蜂”三大特色产业深入发展，蜂群保有量0.6万群，黄桃20公顷，麻竹133.33公顷。因地制宜发展芝麻、油菜、紫苏、青蒿等经济作物10000公顷，短期订单式农业产业小米辣16.67公顷、榨菜38.67公顷。

商贸　市场主体发展148个，其中企业25个，完成率100%，引进榨菜加工厂1个并在石安收购榨菜600吨。

财政金融　2020年，实现财政收入2908.2万元。

【社会发展】

科教文卫　镇有中学1所，中心小学1所，村小1所，幼儿园1所，在校学生1100余人，专任教师90余人。卫生院1个，设有内、外、康复、中医、放射、化验、心电图、彩超、公共卫生服务等科室，专业卫生人员23人，乡村医生18名，床位40张，民营诊所1家，年诊疗15000余人次。镇域内安装有线喇叭10处20只、音箱6只，满足村民及时掌握国家大事、农事信息等需求。在南溪、牌楼等村安装健身器材共32套，篮球架2副、乒乓球台2张；举办非遗展览、图片展览等流动文化进村演出活动50场次，完成惠民电影放映148场次，2020年成功申报第七批梁平区级非物质文化遗产项目石安镇里程村“一碗水”酒坊酿酒工艺

民生保障　2020年，慰问失独家庭16户24人，伤残家庭18户31人，手术并发症对象2户2人，为计生奖扶对象购买城乡医疗保险1091人，住院护理补贴50余次，报销上万元；城镇新增就业112人，就业困难人员办理社保补贴8人，城镇登记失业率在1.95%以内，无零就业家庭，小额担保贷款35人670万元；投资建设龙湾社区养老服务站1个。整修山坪塘8口，新修1口，修建饮用水池、卫生井、过滤池等水利设施28口，其中100立方米高位水池3口。

脱贫攻坚　按照“人不住危房、危房不住人”的总体要求，改造、整治农村危房100余户，有针对性的帮助269户落实旧房整治提升、厨房厕所功能配套、地坝硬化等个性化帮扶措施，进一步提升贫困户脱贫成色；开展紫苏种植、生猪养殖、柑橘种植等技术培训276人次，引导贫困户就近到黄桃、麻竹等产业基地短期务工300余人次，对265户贫困户发展生猪、山羊、蜜蜂、水稻等种养殖业进行奖补，拓宽贫困户增收渠道；全镇贫困人口合作医疗参保率100%。在家贫困户家庭医生签约服务全覆盖，资助参保1152人19.22万元，主动联系区外务工脱贫户289人，发放交通补贴总额44823.5元。发展黄桃、麻竹（2020年申报为“一村一品”）、小米辣、榨菜、黄精、脆红李、半夏等扶贫产业，结合贫困户家庭发展需求，扶持发展家庭个性化种养植。

【基础设施】

场镇建设　投资300万元新建提升泵站2座，

铺设雨水管700米和污水管1.5千米，进一步完善场镇污水设施配套，场镇雨污混流得到明显改善，有效杜绝偷排、漏排现象，污水收集率达98%以上。投入6万元与重庆永合餐厨清运服务有限公司签订餐厨垃圾清运合同，保证餐厨垃圾得到无害化处理；投入40余万元与重庆市梁平区京环环境卫生服务有限公司签订协议，垃圾得到及时有效清理，场镇实现时时保洁。

交通建设 新增硬化公路8.1千米，完成S511扩建项目的协调工作，持续开展对公路、桥梁等交通设施的养护工作。

【生态环保】 2020年，投入10万元通过完善基础设施，配套垃圾桶等，完成骆马村、联丰村两村垃圾分类示范村建设。截至年底，全镇垃圾分类示范村建设实现50%。全年河流清漂60余次，全镇清运垃圾700吨，修建无害化卫生厕所25户，镇级河长全年巡河305次，村级河长巡河829次，处理巡河问题10个，汝溪河水质监测长期保持Ⅱ类，完成农村人居环境整治3年行动验收，申报美丽宜居村庄——里程村。不定期对辖区内6个养殖场监管和里程村污水处理厂组织检查和监管，严禁避免偷排漏排现象发生。

【名胜旅游】

石安黄桃 镇域内黄桃品种属于早熟黄桃，果实近圆形，重量在150克左右，个别大果可达260克，果型大小较均匀，不套袋果面红色，套袋果面黄色，果肉金黄，风味浓甜，香气浓郁，其可溶性固形物11%～14%，品质好，果肉硬脆，充分成熟后柔软多汁。里程村、莲花村成片种植20公顷，花期在每年3月，成熟期在5月下旬左右。

石安麻竹 麻竹是笋材两用的优良经济竹种，兼具生产加工和休闲观光双重功能，竹叶、竹枝、竹笋都有用途。特别是竹笋主要为国内休闲食品加工原料，营养丰富，味道鲜美，素有“岭南山珍”美称。石安镇平均海拔较低，环境优越，气候、温度等条件非常适宜麻竹生长，截至2020年有麻竹133.33公顷。

石安蜂蜜 “石安河蜂蜜”产自梁平区石安镇，这里环境优美、气候独特，蕴藏丰富蜜源。早在明末清初，石安人民就开始养蜂采蜜，1983年引入西蜂，率先实行“公司+蜂农”的养蜂模式，规模化养殖已初步形成。2020年全镇蜂群保有量达到0.6万群，栽植蜜源植物400公顷，建成取得重庆市种畜禽经营许可证的西蜂良种繁育场和西蜂标准化养殖示范园以及中蜂选种繁育基地。镇有蜂业公司2户（其中区级蜂业龙头企业1个），蜂产品线上销售公司1家，养蜂专业合作社4个，商标2件，养蜂微型企业和个体工商户30余户，蜂农500余户，年产值4000余万元。有“槐花蜂蜜”“菜花蜂蜜”“荆条蜂蜜”“五倍子蜂蜜”“山花蜂蜜”等多种产品，营养丰富、味道纯正、质量优良、绿色环保，远销到重庆市主城区、广州市、福建省、上海市等地。

汝溪河（石安段） 汝溪河发源于东山南麓万州孙家槽，在万州分水流入梁平曲水乡三合村，经福禄、石安等镇在双河口出境流入忠县。汝溪河石安段全长15千米，有3条支流，河水清澈无污染，栖息着大量的土著鲶鱼及黄颡鱼、中华倒刺鲃等名优鱼类。沿河两岸村道、组道纵横交错，交通便捷，油菜花、槐树、乌柏、栾树、芝麻等可供观赏类蜜源植物广泛种植，景色优美，生态良好，是垂钓、赏花、休闲的好去处。

（*石安镇　龚光浪*）

紫照镇

【概况】 紫照镇位于梁平区东南边陲，距梁平城区39千米，东连忠县金声乡，南靠忠县兴峰镇、官坝镇，西接柏家镇，北倚石安镇。

政区沿革 清嘉庆时期，名粑子丘。1920年，名紫照场。1942年，设立紫照乡，隶属第四区。1947年，隶属第三区。1949年12月，隶属蟠龙区。1953年3月，分为紫照、明安、云锋3个小乡，隶属第二区。1955年12月，3个小乡合并为紫照乡。1958年8月，改设紫照公社，隶属

柏家区。1966年3月，更名向阳公社。1976年3月，复为紫照公社。1984年7月，复置紫照乡。1992年9月撤区并乡，仍为紫照乡。2017年7月，撤乡设紫照镇。辖1个社区和3个行政村，即青锋社区（原高坪、石庙、油桥、青锋合并），先进村（原中合、茂兴、陶池、先进合并），桂香村（原会龙、三圣、大堡、桂香合并），大丘村（原战斗、磨湾、高元、大丘合并）；下设41个村（居）民小组。

人口面积　2020年末，紫照镇户籍总人口14225人，其中城镇常住人口473人，流出人口4188人。总人口中，男性7410人，占52.09%；女性6815人，占47.91%。出生率5.2‰，死亡率7.19‰。

自然条件　地处深丘，间有台地，沟壑纵横、山峦起伏。地势东高西低，境内最高点位于青锋社区麻雀堡，海拔695米；最低点位于青锋社区井场坝，海拔308米。年均气温17℃，年降水量1247.2毫米。境内有2条溪河为黄金河上游支流，起源于柏家镇中心村，境内流域4平方千米，河流长1.3千米。辖区东西最大距离8.3千米，南北最大距离8.6千米，总面积36平方千米。

【经济发展】　2020年，实现地区生产总值25842万元，比上年增长13.99%，社会消费品零售总额28119万元，增长11.99%，农民人均可支配收入16907元，增长12.29%。

农业　总产值18526万元，增长10.12%。坚持因地制宜，主要致力于多品种、小规模、高品质发展山地特色高效农业产业，注重产业季节搭配、空间立体使用以及长中短期效益相联结。农作物总播种面积1597.5公顷，粮食产量8023吨。其中：水稻栽插495公顷，产量3703吨；小麦面积218.46公顷，产量680吨；玉米153公顷，产量1342吨；蔬菜面积464.4公顷，产量14558吨。种植凤凰李13.4公顷、黄桃5.4公顷、黄金梨4公顷、青脆李26.7公顷，水果产量1320吨（同比增长28.15%，桂香村青脆李、黄桃大量挂果）；种植小米辣、朝天椒、萝卜15公顷，产量130吨。

畜牧业生产，生猪出栏14329头，家禽出栏13.5余万只，黑山羊出栏5763只，牛出栏666头。

全镇森林面积1754.47公顷，其中松林面积391.47公顷，森林覆盖率50%，退耕还林377.57公顷。松材线虫病山场疫木清理2737余株。

工业商贸　有个人独资企业93家，个体工商户502家。农贸市场1个，山羊、生猪交易市场2个。有家庭农家乐3家。

财政金融　2020年，全镇财政收入1384.33万元。有金融分支机构1个，2020年底居民银行存款余额29000万元，增长6.2%。

【社会发展】

文体艺术　综合文化站有1个，建筑面积1208平方米，藏书8000余册；4个村（社区）设有农家书屋，配齐文学、科技、政治、农技、少儿等书籍5000册，并免费向群众开放。文化健身广场1个，设有篮球场、羽毛球场、乒乓球台、各类健身器材。村级文化活动广场4个，4套健身设施，切实方便群众开展体育锻炼和精神文化活动。对镇内7处文物进行修复保护。开展送文化下乡5次，开展文艺演出2次。

教育　有中心小学1所，村小3所，幼儿园1所，教职员工58人，在校学生513人。小学适龄儿童入学率100%；初中适龄人口入学率100%，小升初升学率100%，九年义务教育覆盖率达100%。紫照中心小学在2020年度梁平区教育系统综合目标考核中获一等奖。

医疗卫生　有中心卫生院1所，病床18张，医技人员14人，工勤人员1人；村级公共卫生服务机构5所，从业人员11人。全镇新型农村合作医疗参合率100%，村级卫生服务实现全覆盖，家庭医生签约服务实现全覆盖。

开展进村（社区）、学校健康知识讲座30余次，发放宣传资料5000余份。对65岁及以上老年人、慢性病、计生特困家庭、重性精神病、结核病等管理者进行上门式免费体检1500人，预防接种549针次，建卡贫困户基础体检890人，家庭医生签约服务227户890人。

社会保障　有农村最低生活保障户234户464人，城镇最低生活保障户12户19人。全年共发放临时救济金69人19.48万元，发放冬春救助款103户153人，发放金额4.4万元。全面落实城乡养老保险和居民医疗保险征收服务工作，完成养老保险参保7182人（其中60周岁以上2873人，18～59周岁参保4058人），完成参保任务100%，60周岁以上人员实现待遇100%申领。2020年城乡居民医疗保险参保完成12238人，参保率94.68%，贫困人口医保参保率100%。办理特病卡63人，办理城乡医疗保险增减员100多人，参保信息更正300多人，新办和补办城乡医疗保险社会保障卡243人，受理异地就医报销业务100余件。有力推进就业和再就业工作，实现城镇新增就业40人，登记失业人员就业11人，困难人员就业11人，公益性岗位安置就业30人（其中农村建卡贫困户14人）。

惠农政策　兑现退耕还林接续补助3187户17.96万元，退耕还林延长直补335户5.66万元，种粮直补完成补助116.36万元。完成能繁母猪保险187头。

脱贫攻坚　深学笃用习近平总书记关于扶贫工作重要论述，突出抓重点、补短板、强弱项，坚持扶贫与扶志扶智相结合，激发内生动力。通过帮扶走访、召开院坝会、悬挂宣传标语、发放宣传手册等方式，让群众全面了解各项惠民政策措施，引导贫困群众改变观念、主动脱贫，提振脱贫信心。紫照镇建档立卡贫困户280户1009人已全部脱贫，开展遍访，针对“两不愁三保障”突出问题全面整改销号清零。利用20万元扶贫资金以奖代补激励171户建卡贫困户发展产业，利用55万元个性化帮扶资金解决贫困户房屋跑风漏雨、自来水安装等问题。大力开展消费扶贫，完成832采购平台消费任务3万余元，重庆消费扶贫馆注册1024人，在重庆馆、“梁平风物”等网商平台上销售以山羊、生猪、家禽为主的当地农副产品近22万元。2020年高质量高标准顺利通过市级专项调查和市级成效考核，脱贫攻坚工作成绩得到各级充分肯定和高度认可，桂香村党总支书记张志中被党中央、国务院表彰为全国脱贫攻坚先进个人，紫照镇党委被重庆市委、市政府表彰为重庆市脱贫攻坚先进集体。

【基础设施】　“四好农村路”建设13.8千米，农村生产便道建设2.7千米，群众出行更加方便。完成1户C级危房、1户D级危房改造以及50户旧房提升工程，创建美丽庭院15户，卫生厕所改造145户，人居环境明显改善。办理乡村规划建设许可证8户，1490平方米。

【生态环保】　强化宣传，通过镇村干部大会、院坝会、组织活动、发放宣传资料等方式，增强群众环保意识。以垃圾分类示范村大丘村为样板，在全镇范围内，大力推进生活垃圾分类工作，开展“敲门”行动20次，发放宣传资料2000余份，设置垃圾分类宣传牌50块，进一步提高群众知晓率和参与度。新增2处四分类垃圾投放点和3个沤粪池，更换50个旧垃圾桶，配备保洁员71个，不断完善生活垃圾分类投放、收集、收运、处置体系，建立健全生活垃圾分类长效机制，确保生活垃圾分类各项工作有力、有序推进。新大街雨污管网分流改造工程完成，受益群众200余人。对辖区内畜禽养殖场和企业进行常态化巡查，摸清污水收集、处理及达标现状，深入查找污水偷排、直排、乱排问题源头，逐条河流建立问题清单和整改台账，确保各项问题整改落实到位。严格落实河长制工作，加强河道巡查，开展石桥沟河、黄金河沿岸专项整治行动，督促餐饮店配齐污水收集和处理设施，宣传教育沿河岸群众禁止直排生活污水，全年巡河952次。

（紫照镇　谭黄兰）

柏家镇

【概况】　柏家镇位于梁平区东南部，S204省道

（忠梁公路）横贯南北，东邻石安镇、紫照镇，西与蟠龙镇、大观镇、忠县石黄镇接壤，北与福禄、蟠龙两镇毗连，南通忠县官坝镇，距梁平城区28千米、忠县县城54千米。素有“梁平小西藏”之美誉。

1949年12月建立柏家乡，辖18个保，属蟠龙区。1950年5月划归城南区，辖18个行政村。1955年12月由三新、伍通两乡和龙峰、双河2个乡各一部分划入柏家乡，属柏家区。1958年9月建立柏家人民公社。1962年1月从柏家公社分出双河公社，1966年9月改称为红卫公社。1976年1月又称柏家公社，1984年1月恢复柏家乡建制。1992年10月，撤区并乡建镇，龙江乡与柏家乡合并，建立柏家镇。

2020年末，柏家镇政府有在职职工36人，其中行政20人（含工勤人员1人），事业单位16人。内设党政办（含人大办）、党建工作办、经济发展办、民政和社会事务办（卫健办）、平安建设办、应急管理办、规划建设管理环保办、财政办、农业服务中心、文化服务中心、劳动就业和社会保障服务所、退役军人服务站、综合行政执法大队，以及工会、妇联、共青团等组织。镇辖红卫湖社区和龙江社区2个社区居委会15个居民小组，中心村、三新村、龙峰村、白仙村、伍通村、桂花村6个村民委员会69个村民小组。辖区面积62平方千米，总户数7044户，总人口21641人。

柏家镇地理气候适宜，适宜山羊养殖和牧草生长。地貌属浅丘陵山区，海拔最低298米，最高647米。属亚热带季风气候，四季分明、气候温和、雨量充沛、日照偏少、湿度大、霜期短，年平均气温18℃，年降水量1634.5毫米，无霜期265～300天，相对湿度81%。林业用地2433.33公顷，其中退耕还林面积809.33公顷，耕地面积2619.8公顷。

【经济发展】

2020年，实现地区生产总值47092万元，较上年同期增长8%。其中，第一产业增加值达到18766万元，较上年同期增长5.5%；工业增加值达到9602万元；社会消费品零售总额达到15098万元，较上年同期增长10%；农村居民可支配收入达到18175元，较上年同期增长8%。

农业　坚持“小规模、多品种、高品质”的原则，年种植水稻、油菜、玉米1333.33公顷，山羊养殖0.6万余只，生猪出栏2万余头，种植李子、柚子、黄桃、西瓜等经果林333.33公顷，规模种植花椒、榨菜、小米辣、小葱等233.33公顷，养殖蜜蜂600余群，产业发展呈现勃勃生机。投入集体资金120万元入股专业合作社发展脆李、黄桃、麻竹、官溪蜜柚166.67公顷，年销售产值150万元，带动贫困户人均增收1500元。培育壮大粉条、面条、麻竹等食品加工企业，延长产业链条，申报“柏家黑山羊”“万家爽西瓜”“龙峰脆李”“黄妈妈麦酱”等绿色农产品商标，切实打响柏家产业品牌。按照“市内转移一批、市外输出一批、就近吸纳一批、大户（企业）带动一批”就业思路，实现有就业能力人口就业全覆盖。大力开展农村电商，实现镇域电商服务全覆盖。利用直播带货、微信公众号、电商平台线上销售农特产品60万余元。

工商业　深化“放管服”改革，提高行政审批效能，推动政务服务便民化。深入实施营商环境建设专项行动，依法保障民营企业平等获取生产要素和政策支持，全面落细落实减税降费等系列惠企政策，保护和激发市场主体活力。新培育市场主体193个，其中限额以上企业3户、个体1户。

【社会发展】

脱贫攻坚　完成减贫任务，退出贫困人口1户1人；脱贫户和不稳定脱贫户、边缘户，均稳定达到“两不愁三保障”标准。全面补齐短板弱项，强化问题排查，保障问题动态清零。累计排查各类问题300余个。义务教育阶段适龄儿童入学资助率、农村合作医疗参保率、农村养老保险参保率、住房安全保障率、饮水安全保障率均达100%。中央、市、区各级各类反馈问题全部清仓见底，100%整改到位。继续壮大脱贫成果，利用临时性公益岗位、2个龙头企业、3个产业扶贫基地和全镇3家扶贫车间，吸纳108名贫困人口就近就业。利用微信公众号、电商平台线上销售农特产品4000余笔44万余元。持续落实金融扶贫政策，新放贷款72笔68.49万元，221户贫困户受益，综合获贷率64.62%。持续巩固脱贫成效，调整帮扶责任人16人，不断优化帮扶制度，形成良好稳固的结对帮扶。通过书记遍访、干部走访、召开院坝会等方式，开展扶贫政策宣讲、村容村貌提升、环境卫生整治、晾后进晒先进等活动，激发群众内生动力，群众获得感、幸福感明显增强。全镇在市级脱贫攻坚专项调查中，脱贫成效备受群众认可。

民政救助 累计发放农村和城镇低保金469.54万余元、临时困难救助金36万余元、各类优抚金149万余元、高龄补贴37.82万元、残疾人补贴30.23万元。

社会保障 完成2021年医保筹资任务数的95.1%，完成医保电子凭证激活率任务数的46.59%。参加城乡居民基本养老保险13562人，其中领取养老保险待遇人员4215人。培训建卡贫困人员63人，农民工新市民61人。开发公益性岗位35个，其中安置建卡贫困人员24人。城镇新增就业123人，登记失业人员就业60人。发放创业扶持贷款1570余万元。

计生帮扶 开展卫生健康计生政策宣传，发放资料900余份，接待法律和健康知识咨询350多人次。开展市、区卫生镇创建工作，并顺利通过验收。开展免费生殖健康检查及两癌筛查，受益1000人。新增国家奖励扶助对象33人，其中奖扶32人、特扶2人，包括独生子家庭21人、独生女家庭10人。

文化体育 深入推进农村思想道德教育、优秀乡土文化挖掘传承创新、乡村文化供给优化升级、乡村移风易俗等四项行动。办好“新时代文明实践站所”，开展“好家风·孝雅善”主题教育，推动基层综合性文化服务中心建设，建成市级、区级社区健身点各1个。发放各类宣传单8000多份，开展三八节妇联活动、五四青年节演讲、文艺会演下乡活动3次。积极参加梁平区“非遗传承，健康生活”吹手大赛，丰富群众精神生活。

教育发展 柏家小学综合目标考核连续3年获区一等奖，附设幼儿园连续10年获区一等奖，教育管理中心2020年获区一等奖，龙江完小2020年度教学质量及综合目标考核分别获得全区二等奖。

【基础设施】

场镇建设 投资40余万元，聘请梁平区柏洁环卫有限公司完成垃圾清运工作。投资7万元完善场镇餐厨垃圾收运工作，严防非洲猪瘟传播途径。实施场镇整治，拆除主干道、农贸市场占道雨棚70余个，完成摊位归位和流摊归市。开展美丽庭院和村庄亮化建设，50户美丽庭院创建和62盏公共照明设施安装。马路办公96次，对发现的问题限期整改，限时销号，有力提升人民群众获得感、幸福感。

基础建设 整合资金1400余万元，改厨改厕187户，新建便道7.7千米，建成“四好农村路”13.87千米，拓宽伍通村、龙峰村道路10.94千米，装修红卫湖社区、龙江社区养老服务站2个，改造龙峰村高标准农田3180亩。

【生态环保】

人居环境 大力开展以“三清一改”为重点的村庄清洁行动，清理白色垃圾220余吨，建筑垃圾6吨，沟（渠）16处，塘（堰）30处。投资10余万元用于加强生活垃圾分类工作，发放宣传单5000份，宣传海报1000份，张贴宣传标语20条，制作宣传展板5幅，入户宣传90余次。督促各公共机构、村（社区）完善设施配置，巩固提升群众垃圾分类意识。积极创建白仙村区级垃圾分类示范村，投资6万余元为农户配备两分类垃圾桶500套。设置两分类垃圾收集围栏3处，四分类垃圾收集围栏2处，可再生资源回收站1处，垃圾箱2处，有效提高垃圾收治率。完成市级农

村人居环境整治3年行动评估工作，彻底整改反馈问题，极大改善村民生活品质。

安全生产　严格落实安全生产责任制，按照“党政同责、一岗双责”和“管行业必须管安全、管生产必须管安全”的工作要求，细化明确责任，形成“党政领导、社会参与、齐抓共管”的安全生产监管体系。强力开展道路交通运输严重违规违章及变型拖拉机、摩托车、电动车、房屋建筑施工等重点行业领域专项整治.扎实开展烟花爆竹、防汛抗旱、森林防火、消防危化等专项督查检查，对烟花爆竹零售户、燃气企业、危化品经销户，实现常态检查分类监管。发出各种安全宣传资料7000余份，张贴宣传标语、展板、横幅50余幅，出动宣传车辆30余次。处罚烟花爆竹违章12起，罚款8500元；农村道路交通违规115起，罚款2300元；施工建筑违章1起，罚款500元。（柏家镇　高欣宇）

大观镇

【概况】　大观镇位于重庆市梁平区东南部，距城区33千米，东邻柏家镇、西接铁门乡，南与忠县石黄镇、金鸡镇交界，北与蟠龙镇接壤。1940年设为大观乡，1958年改为公社，1983年复置乡建制，1992年改为建制镇。2016年11月24日，国务院正式签发《国务院关于同意重庆市调整部分行政区划的批复》（国函〔2016〕185号）：同意撤销梁平县，设立梁平区。重庆市梁平县大观镇人民政府更名为重庆市梁平区大观镇人民政府。

大观镇政府位于重庆市梁平区大观镇观音路南段1号，设有综合办事机构9个，事业站所5个；行政编制20个，实有19人；机关工勤1人，实有1人；事业编制16个，实有15人。2020年，辖新路、大观、梅花、庙坝、桐岩、大兴等6个村民委员会44个村民小组，观音岩、安乐、千福3个居民委员会25个居民小组。

2020年，全镇辖区总面积53.3平方千米，总户数6461户，总人口17652人，总人口中男性9516人，占53.9%；女性8136人，占46.1%。

大观镇地形以山区为主，有少量丘陵，西北部横亘着一座与梁平东山平行、延绵30多千米的外山，海拔700米；东南部横着一条石岩高岭，与外山平行，海拔300多米。境内的黄金河与它的几条支流，流经全境，气候属亚热带季风气候，春温不稳定，初夏多阴雨，盛夏炎热，年均降水量1400毫米，年平均温度17℃。

【经济发展】　2020年，全年实现地区生产总值59280万元，同比增长3.1%；固定投资额完成1520万元；农村居民人均可支配收入年均增长。

农业　2020年，镇农业总产值23127万元，其中农业12189万元，林业1015万元，牧业9050万元，渔业512万元，农林牧渔服务业361万元。全镇农作物总播种面积3886.93公顷，产量41257吨。特色农业项目发展迅猛，依托紧邻高速的区位优势，逐步扩大特色产业规模，在安乐社区实施种植高山生态优质李8.67公顷，大力推进133.33公顷标准化梁平柚园建设，成功举办第三届长江三峡国际柚博会大观柚子展销专场活动，提高大观梁平柚的知名度和美誉度；推进新路、大兴中蜂养殖，培育大兴野生葛根粉生产销售，坚持“小规模、多品种、错季节、好价钱”的发展思路，栽种8.67公顷柑橘（春见、爱媛38、沃柑），种植花椒53.33公顷，发展生态水产养殖1.33公顷。农业基础设施不断完善，完成农机购置补贴登记191台，完成山坪塘整治9口，安装自来水管12千米，新建、维修饮用蓄水池18个，完成天然气管道安装7千米。松材线虫疫木除治和森林抚育持续开展，全镇疫木除治300余根，灾害木除治3100根，森林抚育实施面积133.33公顷，完成化肥农药减量5.84吨，退耕还林面积666.67公顷。

工业商贸　2020年新引进生产加工企业5家，招商引资协议资金0.4亿元，完善建成4个村级电商服务站点，送培电商经营人才4人，全年销售农特产品1500余单，新培育市场主体100个，新增就业人员150余人。截至年底，全镇共有企业105家，个体工商户596家，农民专业合作社33家，企业、个体、合作社健康发展。全镇商贸发达，有大观、安乐、千福3个场镇，农贸市场2处，物资供给基本满足全镇居民生活需要。商贸安全检查62次，加强对加油站的检查力度。

财政金融　2020年，实现财政收入2927.32万元。全镇设有金融分支机构3个，境内金融机构各类存款余额4.7亿元。

【社会发展】

文化艺术　2020年，组织文化下乡活动8场，露天电影18场，各项政策宣传活动18场，组织开展2次读书活动，举办3次农业科技培训和1次农民工技术培训活动。

教育　全镇有中心校1个，完小1所，在校学生710人，专任教师73人。2020年，大观学校综合目标考核二等奖，初中、小学教学质量考核二等奖，2020年度家校共育先进集体，2020年度教育宣传先进集体。千福完小获2020年度梁平区文明单位、梁平区语言文字工作示范校、梁平区安全工作先进集体。小学适龄儿童入学率、初中适龄人口入学率、九年义务教育覆盖率均达到100%。

医疗卫生　2020年，有卫生院1个、村级卫生室13个，其中标准化卫生室8个，专业卫生从业人员15人，乡村医生共18人，床位20张。辖区内登记在册的确诊严重精神障碍患者77人，规范管理的严重精神障碍患者48人，规范率62%，新增妇女“两癌”筛查374人。

体育　2020年，投入100万元开展文化基础设施建设和组织开展各类群众文化体育活动，完成安乐社区小文体广场建设，新建观音岩社区和安乐社区两个农体工程项目，并投入使用。

广播电视　2020年，镇政府新安装应急广播4个，各村（社区）安装“村村响”应急广播22个，有效保障应急处置能力。

社会保障　社会保障体系逐步完善，全镇实现养老保险参保1.1万人，城乡居民医疗保险参保1.5万人，城镇新增就业完成率125%，发放创业扶持贷款641万，完成率320.5%。解决大额临时救助20户15.3万元、小额临时救助81户12.2万元。改造残疾人危旧房6户，补助资金9万元；积极开展残疾人创业培训工作，发放残疾人辅助器材17件，救助精神病患者38人，享受精神病三级护理补贴29人，投入11万元完成敬老院围墙设施改造，发放高龄老人补助金31.8万余元。

安全稳定　2020年，安全稳定“一岗双责”落实到位，明确主要领导带头抓，分管领导具体抓的制度，召开安全生产与自然灾害防治工作会议20余次，开展道路交通、建筑施工、消防等重点领域安全检查100余次，扎实开展专项整治行动6次，坚决遏制较大以上安全生产事故发生。领导干部接待群众来访制度落实到位，镇领导接待人民群众800余人次，及时掌握和有效化解各类社会矛盾纠纷。深化扫黑除恶专项斗争，对涉黑涉恶行为“零容忍”，制作宣传展板300余幅，发放宣传手册1万余份，调动人民群众参与打黑除恶的积极性，形成全镇上下同黑恶势力斗争的良好氛围。保持反邪教工作高压态势，组建反邪教队伍，健全信息网络，确保信息畅通。强化“涉毒”人员管控，不断提高社会治理法制化、智能化、专业化水平，构建共建共享的社会治理格局。

疫情防控　坚持人民至上、生命至上的总原则，强化责任担当，筑牢“外防输入、内防反弹”安全线，全力确保疫情防控常态化。降低疫情影响，临时救助158人，发放临时救助金6万元，开发贫困户公益性岗位50个，累计过渡安置51名贫困劳动力，推进扶贫车间复工复产，解决16人就业，为207名贫困劳动力申请发放近2万元外出务工交通补贴。

【基础设施】

场镇建设　场镇环境明显改善，油化学校、广场等2800平方米，安装场镇违停抓拍监控8个，场镇综合治理显著增强，确保“流摊归市，坐摊归店”。完成场镇雨污分流工程建设，投资约216万元建成场镇雨水管网328米、污水管网1900米、人行透水砖1570平方米，规范场镇秩序，美化场镇环境。动员拆除违法建筑1户，拆除场镇危房25户，拆除建筑面积约3500平方米。

农民新村建设　农村环境整治成效显著，修建花台、植绿1500平方米，新植行道树410株，治理河塘沟渠6处，创建区级垃圾分类示范村1个（庙坝村），完善桐岩村垃圾分类市级示范村建设，组织开展“敲门行动”，广泛开展村庄清洁行动，组织开展农村人居环境交叉检查2次，顺利完成农村成人居环境整治三年行动计划区级抽查验收。农村耕地保护有力，坚持耕地保护“红线”，加快推进违法占地复耕复绿，严格规范建房审批，整治养殖场29家，发现并停止未报先建养殖场6家，完成规划审批农户改建房7户，批准用地面积700平方米。污染防治持续开展，改造卫生厕所132户，开展污水偷排投放专项行动，完成工业企业排污登记注册8家，排查农村黑臭水体44家，投资190万元，完成29家畜禽养殖粪污综合整治。

交通设施　道路建设扎实推进，拓宽油化大观至忠县宝和场、大观至新店子省级公路20千米，硬化村级公路19.3千米、入户便道12千米、产业便道12千米。

【土特产品】　大观土特产品以白酒生产、梁平柚、葛根粉、豆筋为主，全镇有豆筋加工厂1个、葛根粉生产车间1个，白酒生产作坊6个。在安乐社区实施种植高山生态优质李10.67公顷，大力推进133.33公顷标准化梁平柚园建设，推动梁平柚科学管护、提质增效，实现大观梁平柚在梁平城区销售，销售额20余万元。

【脱贫攻坚】　坚决高质量打赢脱贫攻坚百日大会战、收官大决战战役，聚焦“两不愁三保障”突出问题，镇村两级党员干部联动配合、包片分组，对1378户群众的住房开展6轮地毯式摸排，综合研判、分类指导解决，共实施危旧房改造637户。全镇实现饮水安全全面保障，“两不愁三保障”突出问题动态清零。　（大观镇　邱倩）

荣 誉

表8

2020年重庆市梁平区记三等功人员名单表

单位	三等功名单
区纪委监委机关（区委巡察办）	房俊驰
区委办公室（区委研究室）	罗勇、文正辉
区政府办公室	陈渝
区委组织部	修晓明
区委宣传部（区委网信办）	屈刚
区检察院	朱慧懿、王兴德
区公安局	陈科、王卫、朱明鑫、卢晓溪、叶川、张闯利、刘胜
区民政局	潘圣群
区司法局	赖正娇
区财政局	刘方彦、黄宴会、李德祥
区规划自然资源局	唐国宣、吕艳、余待时
区生态环境局	冯玲
区住房城乡建委	江捕敖
区城市管理局	兰支曼、曾凡波
区交通局	颜建英、杜洮平、廖文胜
区水利局	王毅
区农业农村委	陈泽田
区卫生健康委	吴耿中、邱双
区应急局	李华莉、冉啟江
区国资委	吴朝杰
区市场监管局	邓君龙
区统计局	王和飞
区林业局	陈世康
区档案馆	郑方军
区社保中心	刘少荣、陈红
梁山街道	唐小平
双桂街道	刘啟明
蟠龙镇	李家瑶
星桥镇	杨亚西

续表

单位	三等功名单
安胜镇	蒋元涛、颜翎娜
聚奎镇	李江山、周飞云
礼让镇	许有蓉、周玥
龙门镇	常评
回龙镇	邓步福
云龙镇	曹祥、唐晓娟
和林镇	陈明君、姜华
袁驿镇	唐奇利、熊鹰、刘鹏
碧山镇	何良玲
虎城镇	尹小龙
曲水镇	梁义宏
石安镇	赖兴
紫照镇	廖廷鼎
柏家镇	陈凤琴
大观镇	孙思敏

表9

2020年重庆市梁平区记嘉奖人员名单表

单位	嘉奖名单
区纪委监委机关（区委巡察办）	唐红、罗健、廖猛娟、李成毅、贾云、朱正萍、彭峰、王晓红、仝小霞、徐耀斌、张龙洪、徐明高、游婷婷、叶绿、罗宏、许纲飞、邓誉林、谢光琴、廖秀艳、陈俊男
区委办公室（区委研究室）	袁华春、曹刚静、邓宣波、徐晓军、段国周、游飞、郑莉、曾清琼
区人大常委会办公室	王显贵、王晓鹏、谭力维、杨建平
区政府办公室	刘明山、李万祥、唐俊梅、杨顺、张希临
区政协办公室	谭佐祥、唐信祥、洪成刚、唐盛坤
区委组织部	陈学仁、郑绍东、杨城、李勇
区委宣传部（区委网信办）	徐文峰、唐仁平、向小娟
区委统战部	陈焰、魏厚强
区委政法委	张成、周江平、蒋刘芳、张丹
区委编办	唐梅、钟雄
区法院	张中波、邹丽芹、袁华千、雷明月、熊孝东、曾永雄、白在勇、田安琴、陈飞宏、王长平、詹亮、陆廷书、谈磊、唐红兵、张玉敏、鲁建东
区检察院	李艺、唐千岚、袁野、幸山崎、张霞、胡勇
区发展改革委	黄君、雷万秋、陈滔

单位	嘉奖名单
区教委	蒋开华、徐霞、叶庚酉、丁倩
区科技局	胡佳佳
区经济信息委	周龙举、许金超、张俊平
区公安局	罗兴义、石慎丰、陈春羽、陈健、陈平、陈兴华、董语、范倩、房侠君、高保金、古长林、郭聪、何波、贺江、胡川徽、黄金豆、黄礼学、姜林、孔建禹、赖良元、黎波、李川、孙健、孙杰、谭永茂、陶坤鹏、陶斯伦、田辉、田胜文、田习军、汪瀚、汪小燕、王宏光、王亮、王炜钦、王雪梅、邬贤金、吴天胜、吴天友、肖欣、谢玉英、徐金池、朱建华、邹文彪、李达波、李辉芳、李继德、李建华、李仁建、李晓江、刘江、龙杰、陆静、罗家强、罗有亮、聂大森、潘惠东、彭周宇、邱大川、邱淞、屈小霖、沈祖绪、舒光辉、徐荣飞、许成龙、严浩、杨付祥、杨君凡、叶贻伟、易德钊、游谨彰、余清海、袁桤桉、张成、张驰、张亮、赵代兵、钟乔、周江、周魁虎、周泉、周维兵
区民政局	谭荣、凌祥
区司法局	龚绍军、曾维勇、姜黎、徐小军、周海君、柳靖、黄佐妹、杨阳
区财政局	唐俊义、罗东升、董蜀秀、卜芯、易海燕、陈绪琳、田瑶、谭明洪、唐忠蓉、冯峰、陈为国、杨涛、方文、许新宇
区人力社保局	王江凌、黄明瑞、高军、刘沛政、唐廷越、王锋、邱乾、万承美
区规划自然资源局	秦家春、罗发华、谢春洪、叶堂能、陈晓兵、胡茜
区生态环境局	周祥芬、华兴、郭静、陈胡松
区住房城乡建委	熊健、王长江、谷雨、夏黎
区城市管理局	贺华政、陆少雄、唐小东、苏武敏、陈文友、田莹莹、陈小琴
区交通局	杨颂、明美伶、曾小燕、杨斌、罗鸿鸣、肖毅、孙黎、郭万平、陈天明、王冠、王谷亮、周益、莫红艳
区水利局	赵洪越、陈宝涛、张海泉、李海林、郑利
区农业农村委	周淑平、杨代述、李旭东、谢世龙、吴晓建、刘进文、杨健军、刘国宏、邹贵宣、胡乔国、常正荣、熊绍君
区商务委	文小琴、喻建新、殷艳艳、郑建华
区文化旅游委	刘原、屈超川、彭良香、谢知轩
区卫生健康委	刘永强、王任建、高亚君
区退役军人事务局	李伟、吕春燕、白霞
区应急局	唐光艳、何传明、钟武远、黎邦富
区审计局	程伟
区国资委	宁扬
区市场监管局	杨清桂、王涛、谢冰红、李毅、首丽花、蒋晓林、邓芬、李红军、唐林、徐晓军、李旭明、孙光荣、肖文爽、曹利、祝兴中、吴世会、王静、谈刚、陶红、曹照松
区统计局	楚德云、黄素琴、刘斌、蒋俊娇
区医保局	刘剑、唐华、余莉娜、唐欢、曹帅

单位	嘉奖名单
区信访办	姜在莲、钟进、方兴
区林业局	李薇、刘晓锋、刘世勇
区大数据发展局	李莉
区招商投资局	张海峰
区公共资源交易监管局	刘小英
区政务服务办	屈川平
工业园区管委会	李定川、帅浪
双桂新城管委会	刘圣全
区供销合作社	杨培湘、高仕涛
区工商联	秦建国
区总工会	张凤玉
团区委	杨宁春
区妇联	蒋利苹
区计生协会	陈忠明
区委党校	钟贤波、程文军
区档案馆	唐静
区社保中心	黄兴奎、龚莉
区机关事务中心	谭春玲
梁山街道	周斌、谢啟洪、肖艳丽、邹煦、首汉琼、张真真、罗宏越、高松、陈红宇、李晓
双桂街道	陶斯俊、齐峰、于飞、唐扬名、姚太利、邓佳萍、唐忠彦、吴平、龙冰、蔡勇波、唐颖
合兴街道	张涌、王炳坤、黄英、邓海燕、张妮娜、谭明函、邓安勇
仁贤街道	邹正国、楚义武、谢晓花、谭祥玉、唐鸿铃、盛文军、张峰特
金带街道	陈游伟、朱林军、刘妮娜、杨红艳、涂江涛、陈旭、汪玉兰、欧阳靖宇
蟠龙镇	王海峰、傅国东、龙顺成、吴成忠、唐瑕
星桥镇	陈兴国、刘明
复平镇	刘海波、李良明
安胜镇	袁丹
聚奎镇	王桥、陈梁奎、高燕
礼让镇	刘友建、汪建祥、曾涛、黄彪、叶小锋
明达镇	廖宇、段道余、黄礼伟、蒋流成、高向阳
龙门镇	栾红、唐毅、牟能务、刘金霞
新盛镇	许权、邱茗、何易、杨玲
文化镇	徐云豪、谭锦绣、姚小亮、陈文明、程龙冰
屏锦镇	周登顺、李小燕、高丕、谢光梅、张果、段红平、彭帅、冯正福
回龙镇	谢华栋、甯成德、庄莉娜、黄婧
荫平镇	鄢究生、尹泽平、徐本立、任治江、王绍军

单位	嘉奖名单
云龙镇	段云峰、谭佐林、毕珊、杨代顺
和林镇	王丽华、潘登
铁门乡	刘兴伍、陈云、刘永武
袁驿镇	温中斌、吕厚生、陈传义、赵世彬、何忠利
碧山镇	刘人波、张春镱
虎城镇	成天鸿、胡汉中、李胜、刘欢、李琳
龙胜乡	王海兵、黄存根、孙远斌
竹山镇	刘波、王大会、曾凡林、蒋涛军、石思辉
七星镇	张才上、钟维平
福禄镇	杨红军、周艳、杨宗兵
曲水镇	胡文胜、肖江、邓志刚、向娟、李德才
石安镇	郑延芳、詹志明、莫剑
紫照镇	张静、谭黄兰
柏家镇	邓卫、邓传祥、黄麒麟、章成、刘啟亮
大观镇	邓元科、陈杉、石志明、李兴政

文 献

重庆市梁平区人民政府关于禁止猎捕陆生野生动物的通告

为加强我区陆生野生动物资源保护，维护生态平衡和保护生物多样性，推进生态文明建设，根据《中华人民共和国野生动物保护法》和《重庆市野生动物保护规定》等法律法规，结合我区实际，现就禁止猎捕陆生野生动物有关事项通告如下：

一、野生动物资源属于国家所有，受国家法律保护，禁止任何组织和个人非法猎捕。

二、东山国家森林公园、百里竹海风景名胜区、重庆梁平双桂湖国家湿地公园等陆生野生动物主要生息繁衍场所为永久禁猎区，永久禁猎。上述区域之外的其他区域自2020年6月1日至2025年5月31日全面禁猎，禁猎期为5年。禁猎期满后，根据陆生野生动物保护情况决定是否终止禁猎期限。

三、禁止猎捕的陆生野生动物是指国家重点保护、重庆市重点保护和有重要生态、科学、社会价值的陆生野生动物，具体物种以国家、重庆市公布的名录为准。

四、禁止使用毒药、爆炸物、电击或者电子诱捕装置以及猎套、猎夹、地枪、排铳等工具进行猎捕，禁止使用夜间照明行猎、歼灭性围猎、捣毁巢穴、火攻、烟熏、网捕等方法进行猎捕，但因科学研究确需网捕、电子诱捕的除外。

除上述列举的违法情形外，禁止使用军用武器、体育运动枪支、火药枪、气枪、射钉枪、弩、弓箭、地弓、弹弓、粘网、吊杠、滚笼、捕鸟器、麻醉药、捕蛇夹等危害人畜安全的工具猎捕陆生野生动物，禁止使用投毒、麻醉电击、电子诱捕、食物诱捕、活体动物诱捕、动物标本诱捕、利用陆生野生动物生理习性诱捕、挖洞、陷阱、迷魂阵、犬捕等方法猎捕陆生野生动物。

五、因科学研究、种群调控、疫源疫病监测或者其他特殊情况需要猎捕陆生野生动物的，应当依法申办特许猎捕证或狩猎证，并按照特许猎捕证、狩猎证规定的种类、数量、地点、工具、方法和期限进行猎捕。

六、任何单位和个人对伤病、饥饿、受困、搁浅、迷途的国家和市重点保护陆生野生动物，应当尽力救护，并及时报告区林业局；对非法猎捕陆生野生动物、破坏陆生野生动物生息繁衍场所的违法行为，有权检举和控告。重庆市梁平区林业局举报电话：023-53222342。

七、违反法律法规及本通告规定，非法猎捕陆生野生动物的，依法给予行政处罚；构成犯罪的，依法追究刑事责任。

八、本通告自2020年6月1日起施行。

特此通告。

重庆市梁平区人民政府

2020年4月17日

重庆市梁平区人民政府
关于印发《重庆市梁平区规范活禽交易推行集中屠宰加强冷链供应工作的实施方案》的通知

各乡镇人民政府（街道办事处）、区政府各部门，有关单位：

《重庆市梁平区规范活禽交易推行集中屠宰加强冷链供应工作的实施方案》已经区十七届人民政府第93次常务会议审议通过，现印发给你们，请认真贯彻执行。

重庆市梁平区人民政府

2020年9月4日

重庆市梁平区规范活禽交易推行
集中屠宰加强冷链供应工作的实施方案

为深入贯彻党中央、国务院关于新型冠状病毒肺炎疫情防控工作部署和市委、市政府相关工作要求，坚决防止新型冠状病毒肺炎、禽流感等疫情的发生和传播，切实保障人民群众身体健康和生命安全，根据《重庆市人民政府关于进一步规范活禽交易推行集中屠宰加强冷链供应工作的指导意见》（渝府发〔2020〕7号）精神，制定本实施方案。

一、工作目标

按照“政府引导、市场运作，集中屠宰、合理布局，严格监管、确保安全，平稳过渡、有序推进”原则，进一步规范活禽交易，推行集中屠宰，加强冷链供应等工作，切实防止新型冠状病毒肺炎、禽流感等疫病在交易、屠宰、加工环节传播，确保禽肉产品质量安全。

二、实施及适用范围

梁平区城市建成区为禁止活禽交易和宰杀区域（以下称禁止区域）。禁止区域外的活禽交易和商业性宰杀点按照“活禽销售、屠宰严格分区”的原则实施。

本方案所称的活禽是指鸡、鸭、鹅、肉鸽、鹌鹑及其他经人工驯养的可食用活体禽类。兔、羊等可食用活体动物参照本方案管理，国家明令禁止食用的野生动物按相关规定执行。

三、实施内容

（一）全面规范活禽交易屠宰。禁止区域内的农贸市场、商场超市、活禽专卖店、餐饮服务单位、便民农产品交易点，全面禁止活禽交易和宰杀行为，坚决查处、取缔占道经营活禽交易和宰杀行为。开展活禽交易屠宰专项整治活动，加大对违规从事活禽交易和宰杀行为的行政执法力度，发现一起，查处一起，坚决防止反弹。（牵头单位：梁山街道、双桂街道；配合单位：区市场监管局、区农业农村委、区商务委、区城管局、区公安局）

（二）全面推行活禽集中屠宰。目前，在星桥镇星桥社区6组建设1家标准化活禽集中屠宰厂。今后，根据市场需求及发展需要，适时规划新建1～2个符合国家有关活禽屠宰质量管理规范的活禽集中屠宰厂。禁止区域外的乡镇（街道），由乡镇（街道）牵头在当地农贸市场设置相对固定、相对独立、具有一定隔离条件的活禽集中交易宰杀区域。（牵头单位：区农业农村委、区商务委、相关乡镇和街道；配合单位：区规划自然资源局、区生态环境局、区住房城乡建委）

（三）强化禽肉冷链供应保障。支持和鼓励

批发（农贸）市场、商场（超市）、便民农产品交易点、禽类销售门店、餐饮服务单位等活禽经营户按冷鲜禽销售要求进行改造，帮助解决实际困难，加快转型发展。进一步完善配送体系，引导有条件的批发（农贸）市场、商场（超市）、肉品经销商加强与第三方冷链物流配送企业合作，发展冷链配送、连锁经营、电子商务等流通业态。大力引进培育龙头企业，推动冷链物流加快发展，积极搭建产销冷链物流平台，布局建设冷链物流中心，加速推进冷链物流信息化、智能化、标准化发展，逐步完善活禽从屠宰到消费全程“无断链”禽肉冷链物流体系，确保禽肉产品安全新鲜和稳定生产。（牵头单位：区商务委；配合单位：区农业农村委、区市场监管局，各乡镇、街道）

（四）加快落实质量溯源管理体系。贯彻执行上级禽类屠宰厂建设标准和禽类产品出厂标准，落实动物疫病自检、官方兽医派驻“两项”制度和品质检验合格证（二维码脚环标识）、动物检疫合格证明“两证”制度，实现可追溯管理。（牵头单位：区农业农村委；配合单位：区市场监管局、区卫生健康委，各乡镇、街道）

四、加强联合监管执法

各单位要各司其职、密切配合，加大行政执法力度，确保各项工作平稳有序推进。区农业农村委要积极做好禽类养殖、运输和屠宰环节的动物防疫行政执法；区市场监管局要加强对禽类产品销售市场的监管，维护好市场秩序；区城管局要严肃查处、取缔占道经营活禽交易和宰杀行为；区公安局、区交通局依据各自职责，加大对活禽运输车辆的管控力度，严禁活禽运输车辆进入禁止区域；区生态环境局要加强对集中屠宰厂污染防治实施统一监督管理；区公安局依法维护社会正常秩序，保障我区进一步规范活禽交易、推行集中屠宰、加强冷链供应等工作高效稳妥实施。

五、工作步骤

（一）宣传发动阶段（2020年8月31日前）全面开展宣传发动，大力宣传活禽交易屠宰相关法律法规及政策，确保广大群众广泛知晓。

（二）集中整治阶段（2020年9月1日至9月30日）各乡镇人民政府、街道办事处牵头，组织市场监管、农业、商务、城管、环保、公安等部门组建专项整治工作组，集中开展活禽交易屠宰专项检查，查办一批案件，处理一批违法人员，确保专项行动取得实效。

（三）巩固提升阶段（2020年10月1日以后）督促整改落实，巩固工作成效。进一步完善管理制度，健全部门联动、齐抓共管的长效工作机制，加大日常监督执法力度，深入持续打击活禽非法屠宰行为，进一步规范活禽屠宰秩序，维护社会公共卫生安全。

六、工作要求

（一）形成工作合力。各乡镇（街道）、有关部门要充分认识活禽定点宰杀工作的重要性和紧迫性，按照职责分工各司其职、密切配合，加大联合监管执法力度，确保各项工作平稳有序推进。

（二）强化宣传引导。各级各部门要宣传活禽及禽类产品安全消费知识，深入广泛宣传活禽定点交易屠宰的重要意义，引导消费者从传统“鲜活禽”的消费方式向“冷鲜禽”绿色消费观念转变。要加大查处违法交易屠宰活禽行为的宣传报道力度，及时曝光打击私屠滥宰等典型违法案件。

（三）建立长效机制。活禽定点屠宰管理工作涉及养殖、屠宰、经营、加工、消费等各个环节，覆盖面广、难度大，相关部门要加强日常监管，密切配合，主动作为，完善相关环节监管制度，积极探索长效监管机制。

重庆市梁平区人民政府
关于进一步规范梁平柚销售市场秩序的通告

为维护梁平柚品牌形象和信誉，禁止梁平柚在霜降节（10月23日）前、梁平蜜柚在11月15日前采摘上市。有关部门将按照《梁平区人民政府关于进一步规范梁平柚销售市场秩序的通告》，严厉打击早采早卖行为。

梁平柚是我区名特农产品，国家地理商标保护产品，全国三大名柚之一。近年来，一些商贩片面追求短期利益，提前采摘并以“梁平柚”名义上市销售，对梁平柚市场和信誉造成恶劣影响，严重侵害了广大柚农和消费者的合法权益。为进一步规范梁平柚销售市场秩序，维护梁平柚品牌形象和信誉，现就有关事项通告如下：

一、梁平柚成熟采摘期为霜降节（10月23日）后，梁平蜜柚成熟采摘期为11月15日后，严禁任何单位和个人在采摘期前采摘并以“梁平柚”名义售卖，扰乱梁平柚销售市场。

二、梁平柚合格商品果为扁圆金黄，芳香浓郁，皮薄光滑，单果重量1.8斤以上（梁平蜜柚1.6斤以上），无严重机械损伤和病虫危害。梁平柚销售主体要依法经营，杜绝以次充好，做到保质保量，有序销售。

三、各乡镇（街道）、区级各部门要加强宣传教育，坚决制止因早采早卖等有损梁平柚信誉和品牌形象的行为发生，切实维护广大柚农、柚商和消费者的合法权益。

四、凡违反上述规定的，按相关规定予以处理，并通过新闻媒体进行曝光（举报电话：023-53230496）。

五、本通告自公布之日起执行。

特此通告

重庆市梁平区人民政府

2020年10月13日

重庆市梁平区人民政府
关于划定铁路线路安全保护区的公告

根据《铁路安全管理条例》（国务院令第639号）第二十七条规定，为加强铁路安全管理，保障铁路运输安全和畅通，保护人民生命和财产安全，现将梁平区境内达万铁路线路安全保护区的划定情况公告如下：

一、梁平区境内达万铁路（起止里程为K72+115~K100+300）两侧铁路用地范围外设立铁路线路安全保护区。铁路线路安全保护区的范围，从铁路线路路堤坡底、路堑坡顶或者铁路桥梁（含铁路、道路两用桥）外侧起向外的距离分别为：

（一）城市市区为8米；

（二）城市郊区居民居住区为10米；

（三）村镇居民居住区为12米；

（四）其他地区为15米。

二、在铁路沿线从事生产、生活或者其他活动的，应当遵守《铁路安全管理条例》（国务院令第639号）相关规定，维护铁路运输安全。

三、本公告自发布之日起施行。

特此公告。

重庆市梁平区人民政府

2020年11月11日

重庆市梁平区人民政府
关于取消和承接一批行政许可事项的通知

各乡镇人民政府（街道办事处），区政府各部门，有关单位：

为贯彻落实《重庆市人民政府关于取消、承接和下放一批行政许可事项的决定》（渝府发〔2020〕25号）精神，进一步转变政府职能，优化我区营商环境，区政府决定对应取消行政许可事项5项，承接市政府下放的行政许可事项1项。

区政府有关部门和单位要加强组织领导，认真做好取消和承接事项的衔接与落实工作。要制定事中事后监管措施，采取“双随机、一公开”监管、重点监管、信用监管、“互联网+监管”等方式，确保放得开、接得住、管得好，防止出现监管真空。对取消的行政许可事项，不得擅自转交下属事业单位、协会继续审批，不得通过拆分、合并或重组等方式以新的名义、条目替代审批，不得以其他任何形式变相审批；对承接的行政许可事项，要积极与市级主管部门对接，细化承接措施，确保平稳有序过渡。要加强信息公开，及时向社会公布有关事项事中事后监管细则，相应调整网上行政许可事项及办事指南，动态管理权力清单和责任清单。

2020年11月30日前，区级有关部门和单位要将取消和承接事项的落实情况报区司法局、区政务服务办。

附件：1. 取消的行政许可事项目录（共5项）

2. 承接的行政许可事项目录（共1项）

重庆市梁平区人民政府

2020年11月20日

附件1

取消的行政许可事项目录

（共5项）

序号	事项名称	设定依据	审批部门	处理决定	加强事中事后监管措施
1	典当业特种行业许可证核发	《国务院对确需保留的行政审批项目设定行政许可的决定》	区公安局	取消	取消许可后，公安机关和有关部门要通过以下措施加强监管：1.市地方金融监管部门将办理“设立典当行及分支机构审批”（含设立、变更、注销）的信息在作出审批决定后5个工作日内推送至市级公安机关，公安机关据此将典当行及分支机构纳入监管范围，依法实施监管。2.通过“双随机、一公开”监管等方式，加强对典当行的治安管理，及时化解风险隐患，发现违法犯罪活动要依法查处

序号	事项名称	设定依据	审批部门	处理决定	加强事中事后监管措施
2	乡村兽医登记许可	《中华人民共和国动物防疫法》《乡村兽医管理办法》（原农业部令第17号）	区农业农村委	取消	取消许可，改为备案。农业农村（兽医）部门要通过以下措施加强监管：1.建立健全乡村兽医服务人员备案制度，对不按要求备案的要依法设定并追究法律责任。要向社会公开备案情况，方便查询、就医，并发挥社会监督作用。2.开展“双随机、一公开”监管，畅通投诉举报渠道，发现违法违规行为要依法查处并向社会公开结果。3.依法实施信用监管，如实记录违法失信行为，实施差异化监管等措施
3	部分医疗机构（除三级医院、三级妇幼保健院、急救中心、急救站、临床检验中心、中外合资合作医疗机构、港澳台资医疗机构外）《设置医疗机构批准书》核发	《医疗机构管理条例》	区卫生健康委	取消	取消许可后，卫生健康部门要通过以下措施加强监管：1.完善医疗机构设置规划方式，对社会办医疗机构实行指导性规划。加强对社会资本投资医疗机构的服务，同时注意防止以服务之名行审批之实。2.严格实施“医疗机构执业登记”，并将审批结果向社会公开。3.开展“双随机、一公开”监管、重点监管等，畅通投诉举报渠道，依法处理医患纠纷和医疗事故，加大对医疗机构的监督检查力度，发现违法违规行为要依法查处并向社会公开结果。4.依法实施信用监管，如实记录违法失信行为，实施差异化监管措施，对严重违法的医疗机构及其从业人员实行行业禁入
4	职业卫生技术服务机构丙级资质认可	《中华人民共和国职业病防治法》《职业卫生技术服务机构监督管理暂行办法》（原国家安全监管总局令第50号）	区卫生健康委	取消	取消许可，整合至“职业卫生技术服务机构乙级资质认可”。卫生健康部门要通过以下措施加强监管：1.适当降低职业卫生技术服务机构乙级资质条件要求，完善职业卫生技术服务标准。引导现有职业卫生技术服务丙级机构换领新的乙级资质证书，拓宽业务范围和业务地域范围。2.开展“双随机、一公开”监管，畅通投诉举报渠道，发现违法违规行为要依法查处并向社会公开结果。3.对存在职业病危害因素的企业，依法开展职业病危害因素监督检查。发现职业卫生技术服务机构出具虚假报告的，依法追究法律责任。4.依法实施信用监管，如实记录违法失信行为，实施差异化监管等措施

序号	事项名称	设定依据	审批部门	处理决定	加强事中事后监管措施
5	企业银行账户开户许可证核发	《国务院对确需保留的行政审批项目设定行政许可的决定》	人行区支行	取消	取消许可后，人民银行要通过以下措施加强监管：1.压实商业银行账户管理主体责任，督促商业银行在线核验企业登记注册、相关人员、纳税等信息，并按要求向人民银行及时、全面、准确推送企业银行账户信息。2.通过“双随机、一公开”监管、重点监管等方式，加大对商业银行的执法检查力度，发现违法违规行为要依法查处并向社会公开结果。发现相关企业和个人买卖企业银行账户等违法违规行为的，要实施禁止新开户、暂停非柜面业务等惩戒措施，提高违法成本。3.健全跨部门信息共享机制，探索运用高科技手段，提升事中事后监管效能

附件2

承接的行政许可事项目录

（共1项）

序号	事项名称	设定依据	市级实施部门	我区承接部门	加强事中事后监管措施
1	成品油零售经营资格审批	《国务院对确需保留的行政审批项目设定行政许可的决定》《国务院办公厅关于加快发展流通促进商业消费的意见》	市商务委	区商务委	承接后，区商务委要会同有关部门通过以下措施加强监管：1.区商务委严格落实成品油流通行业监管职责。要求成品油零售企业建立购销台账制度，完善油品来源、检验报告、检查记录等凭证材料档案。指定部门开展“双随机、一公开”监管，重点检查企业台账制度建立执行情况，发现违法违规行为依法处理或者提请有关部门予以查处。结合企业诚信经营和风险状况依法实施差异化监管。支持行业协会发挥行业自律作用。2.区政府严格落实属地监管职责。要建立跨部门联合监管机制，按照综合行政执法改革精神，统筹配置行政处罚职能和执法资源，加强协同监管。建立投诉举报制度，定期组织开展对成品油零售企业的专项检查，发现违法违规行为由各有关部门按职责依法依规查处。建立企业信用记录并纳入全国信用信息共享平台，对违法失信企业依法实施失信惩戒。3.相关部门严格落实专项监管职责。从事成品油零售经营活动的企业必须符合自然资源、规划、建设、质量计量、环保、安全生产、消防、治安反恐、商务、税务、交通运输、气象等方面法律法规和标准要求，依法依规开展经营。公安、规划自然资源、生态环境、住房城乡建设、交通运输、商务、应急管理、税务、市场监管、能源等部门按职责依法依规加强监管，承担安全生产监管责任的部门切实履行监管责任、守牢安全底线。4.加强成品油零售行业监管信息共享运用。市场监管部门要及时将新登记经营范围涉及成品油零售的企业信息推送至有关主管部门。商务部门要将改革前已取得相应许可的成品油零售企业信息推送至有关主管部门。指定部门要将行业监管中发现的超经营范围经营企业信息或者无照经营信息及时推送至有关主管部门。有关行业主管部门要充分运用共享的监管信息，有针对性地加强监管执法

统计资料

重庆市梁平区2020年国民经济和社会发展统计公报

2020年是新中国历史上极不平凡的一年，“十三五”规划收官，疫情严重冲击，汛情历史罕见，世情错综复杂，全区深学笃用习近平新时代中国特色社会主义思想，全面落实习近平总书记对重庆提出的“两点”定位、“两地”“两高”目标、发挥“三个作用”和推动成渝地区双城经济圈建设等重要指示要求，坚持高质量发展方向不动摇，持续深化供给侧结构性改革，大力实施“八项行动计划”，统筹疫情防控和经济社会发展，沉着冷静应对风险挑战，全区抗疫斗争取得重大战略成果，脱贫攻坚战取得全面胜利，经济运行逐季改善、稳定转好。

一、综合

初步核算，全年实现地区生产总值4932423万元，比上年增长（下同）3.1%。按产业分，第一产业增加值594953万元，增长4.9%；第二产业增加值2426097万元，增长2.5%；第三产业增加值1911373万元，增长3.3%。三次产业结构比为12.1：49.2：38.7。

年末户籍总人口922444人。其中，城镇人口372941人，乡村人口549503人。男女性别比108.42（女性为100）。年内出生7151人，出生率为7.8‰；年内死亡7982人，死亡率为8.7‰。

全年全区各级公共就业服务机构免费办理各类人员求职登记5006人次，免费开展职业指导5006人次，成功介绍3510人就业。全年实现城镇新增就业人员8251人。城镇登记失业人员实现就业3973人。年末城镇登记失业2334人，登记失业率3.35%，上升0.37个百分点。

全年一般公共预算收入209366万元，增长3.0%。其中税收收入133917万元，增长1.0 %。一般公共预算支出686215万元，下降10.7 %。

2020年，全区共新发展各类市场主体13122户。其中，内资企业2056户，个体工商户11028户，农民专业合作社35户。

二、农业

全年全区农林牧渔业总产值达914306 万元，其中农业、林业、牧业、渔业、农林牧渔服务业产值分别为490146 万元、33274 万元、341673 万元、38128 万元和11085 万元。

全年粮食播种面积97.1万亩，增长0.1%。油料播种面积12.5万亩，下降0.06%。蔬菜播种面积30.1万亩，增长2.7%。水果种植面积15万亩，增长7.9%。

全年粮食总产量达35.2万吨，与上年持平。其中，夏粮产量2.6万吨，下降0.38%；秋粮产量32.6万吨，与上年持平。全年谷物产量27.6万吨，下降0.36%；其中，稻谷产量21.9 万吨，下降0.45%；小麦产量0.18万吨，下降10.00 %；玉米产量5.46万吨，下降0.73%。水果产量16.9万吨，增长11.2%。

全年出栏生猪52万头，下降2.25%；出栏羊3.9万头，增长2.63%；出栏家禽1044.4万只，增长4.18%；出栏牛1.84万头，增长2.22%。

表1　　2020年主要农产品产量

产品名称	产　量	比上年增长（%）
粮食（万吨）	35.2	0
谷物（万吨）	27.6	-0.36
水果产量（万吨）	16.9	11.2
出栏生猪（万头）	52	-2.25
出栏羊（万头）	3.9	2.63
出栏家禽（万只）	1044.4	4.18

三、工业和建筑业

全年实现工业增加值1636981万元，增长3.2%，占全区地区生产总值的33.2%，工业对GDP贡献率达37.4 %。规模以上工业企业总产值2308437万元，增长4.7%，其中工业园区产值1781985万元，增长5.9%；工业园区规上工业总产值占全区规上工业总产值比重为77.19%，比上年提高0.39个百分点。高技术制造业总产值397944万元，增长13.2%，占规上工业总产值的17.2%。集成电路产业产值358599万元，增长12.9%；绿色食品加工业产值512571万元，增长3.5%；智能家居产业产值454342万元，增长9.9%。全年规模以上工业企业利润总额203291万元，下降2.9%；产品销售率98.5%，下降0.34个百分点。

全年实现建筑业增加值789116万元，增长0.7%。全区资质内建筑企业实现产值1553258.1万元，增长12.4 %。

四、固定资产投资

全年完成固定资产投资总额1783495万元，增长12.2%。其中，第一产业投资105755万元，增长208.1%；第二产业投资501811万元，增长10.2%；第三产业投资1175929万元，增长7.0%。

其中，基础设施建设投资621436万元，增长13.2 %，占全区固定资产投资比重为34.8%；民间投资988531万元，增长1.0%，占全区固定资产投资比重为55.4 %；工业投资501811万元，增长10.2%，占全区固定资产投资比重为28.1%。

全年房地产开发投资443246万元，增长1.3 %。其中，住宅投资334532万元，增长1.1%；办公楼投资3550万元，增长42%；商业营业用房投资49077万元，下降1.1%。

全年全区商品房销售面积76.6 万平方米，增长1.3%。其中，住宅66.3 万平方米，增长1.0%；商业营业用房6.4万平方米，增长1.8%。

全年全区商品房销售额44.3 亿元，下降4.7 %。其中，住宅39.1 亿元，下降4.6 %；商业营业用房4.3亿元，下降11.5 %（下降46.0%）；办公楼销售额0亿元。

全年完成棚户区改造240万平方米。完成农村危旧房改造331户，农村旧房整治提升2000户。全区总面积1888.8，全区城镇建成区面积42.77平方公里，其中区级建成区面积30.7平方公里。

五、贸易

全年社会消费品零售总额2327770.8万元，增长1.9%，城镇消费品零售额2134657.4万元，增长1.8%，乡村消费品零售总额193113.4万元，增长3.9%；批发和零售业零售额1856063.4万元、增长2%，住宿和餐饮业零售额471707.4万元，增长1.8%。在限额以上法人企业商品零售额中，通信器材类企业下降5.9%，文化办公用品类企业下降0.3%，粮油食品类企业增长13.1%，饮料类企业下降4.5%，烟酒类企业下降13.9%，中西药品类企业增长9.1%，汽车类企业增长24.2%，建筑及装潢材料类企业增长2.9%，家用电器和音像器材类企业增长6.3%，化妆品类企业下降4.1%，日用品类企业增长12.6%，金银珠宝类企业下降46.3%。

六、交通、邮电和旅游

全区公路通车里程3981.5公里，其中高速公路通车总里程92.6公里。全区铁路运营里程达到81.5公里，其中高速铁路营运里程46公里。全年完成公路货物运输量805万吨，增长10.3%，公路货物周转量97108万吨公里，增长10.3%；完成公路旅客运输量414万人次，下降34.5%；公路旅客周转量22414万人公里，下降32.5%。

年末全区汽车拥有量88449辆。公共汽车营运车辆727辆，其中客运车辆420辆、公交车133

辆、出租汽车174辆。全区行政村公路通达率100%，行政村公路通畅率为100%，行政村客运班车通达率为100%。

全年完成邮电业务总量31511万元，下降27.35 %。邮政业全年完成邮政函件业务72064件，包裹业务6713件，快递业务量2242651件。年末固定电话用户80090户，下降1.61%；年末移动电话用户650024户，增长0.27%。年末互联网用户183997户，增长5.34%。

2020年，全区共接待游客1060.4万人次，增长8.04%，其中国内游客接待1060.38万人次，增长8.05%，海外游客162人次，减少81.65%；旅游总收入53.16亿元，增长16.18%。全区AAAA级景区2个，旅行社3家。

七、金融

2020年末，金融机构人民币各项存款余额4746909万元，比年初增加302237.7万元，比年初增长6.8%；人民币各项贷款余额2571296万元，比年初增加188259.9万元，比年初增长7.9%。

全年实现保费收入58599.7万元，下降0.73%，其中人寿保险34337.8万元，下降4.4%，财产保险24261.9万元，增长4.96%。全年保险赔付20852.21万元，增长6.67%，其中人寿保险赔付8811.85万元，下降16.12%，财产保险赔付12040.36万元，增长33.38%。

八、人民生活和社会保障

全区常住居民人均可支配收入28475元，增长8.1%。按常住地分，城镇常住居民人均可支配收入39645元，增长5.6 %；农村常住居民人均可支配收入18210元，增长9.1%。全区常住居民人均生活消费性支出17774元，增长6.4%。按常住地分，城镇常住居民人均生活消费支出21821元，增长4.5 %；农村常住居民人均生活消费支出14055元，增长7.1%。

表2　　**2020年常住居民人均可支配收入**

指　标	全区常住居民		城镇常住居民		农村常住居民	
	绝对量（元）	比上年增长（%）	绝对量（元）	比上年增长（%）	绝对量（元）	比上年增长（%）
人均可支配收入	28475	8.1	39645	5.6	18210	9.1
工资性收入	13624	9.4	20766	6.0	7061	12.3
经营净收入	5807	5.9	6297	8.2	5357	3.2
财产净收入	1964	5.3	3400	1.5	645	10.6
转移净收入	7079	8.0	9183	4.6	5146	11.2

全区城镇企业职工基本养老保险参保人数8.39万人，增长11.7%。参加城乡居民社会养老保险人数36.71万人，增长1.1%。城镇职工基本医疗保险参保人数6.86万人，增长6.95%；城乡居民基本医疗保险参保人数74.38万人，下降2.47%。工伤保险参保人数6.09万人，增长13.4%。生育保险参保人数4.17万人，增长8.06%；享受生育保险待遇0.46万人次，下降8%。失业保险参保人数3.29万人，增长8.6%。

九、教育、科学技术和文化

全区共有中等职业学校3所，普通中学33所，小学71所，幼儿园95所，特殊教育学校1所。在校生118236人，毕业生33782人；中等职业学校招生2863人，在校生6836人，毕业生1805人；普通高中招生5167人，在校生15272人，毕业生5673人；普通初中招生10347人，在校生31762人，毕业生9610人；普通小学招生6324人，在校生45514人，毕业生10232人；学前教育招生6500人，在校生18740人，毕业生6452人；特殊教育招生12人，在校生112人，毕业生10人。

2020年，我区实施市级以上科技项目18项，新认定高新技术企业31户。全年共受理专利申请578件，其中发明专利85件；获得专利授权497件，其中发明专利29件。截至年底，我区专利授权数1799件，其中有效发明专利139件。全区共有注册商标7354件，驰名商标1件，地理标志量11件。

区级广播电视台1座，影剧院2个，文化馆1个，乡镇综合文化站33个，农家书屋313个。公共图书馆2个，纸质图书170000册，电子图书100000册。非物质文化遗产保护中心1个，青少年儿童体育学校1个。全年有线广播电视实际在册用户12.3万户，其中数字电视实际在册用户9.2万户。广播人口综合覆盖率98.94%，电视人口综合覆盖率达到96.37%。

十、卫生和社会服务

年末全区共有各级各类医疗卫生机构（含村卫生室，个体办诊所）556个。共有医疗卫生机构床位数3982张，其中医院床位3892张。全区共有卫生技术人员3698人，其中执业医师和执业助理医师1469人，注册护士1892人。

年末，全区享受城镇居民最低生活保障3387人，发放保障金2270.8万元。享受农村居民最低生活保障20933人，发放保障金10773.7万元。特困人员供养3352人。城镇居民最低生活保障标准为620元/月，农村居民最低生活保障标准为496元/月，特困人员最低供养标准为806元/月。全区建有25个敬老院、1个社会福利院、0个福利中心，拥有床位3288张，集中供养505人；社区活动服务中心74个。

十一、资源和环境

全年全区水资源总量134359.65万立方米，年均降水量1304.3毫米，总用水量16397万立方米，下降2.26%。

2020年全区城市生活污水处理量1344.559万吨，增长6.4%。区域声环境噪音平均等效声级为51.5分贝。全年空气质量优良天数349天。环境空气细颗粒物（PM2.5）平均浓度为29微克/立方米。

注：

1. 本公报中2020年数据均为初步统计数，部分数据因四舍五入的原因，存在着与分项合计不等的情况。

2. 地区生产总值、各产业增加值绝对数按现价计算，增长速度按可比价计算。

3. 2020年全区常住人口相关数据，待第七次全国人口普查数据发布后另行公布。

4．基础设施投资是指建造或购置为社会生产和生活提供基础性、大众性服务的工程和设施的支出。本文中的基础设施投资包括交通运输、邮政业，电信、广播电视和卫星传输服务业，互联网和相关服务业，水利、环境和公共设施管理业投资。

5．民间固定资产投资是指具有集体、私营、个人性质的内资企事业单位以及由其控股（包括绝对控股和相对控股）的企业单位建造或购置固定资产的投资。

6．行业统计标准：

规模以上工业：年主营业务收入2000万元及以上的工业法人单位。

有资质的建筑业：有总承包、专业承包和劳务分包资质的建筑业法人单位。

限额以上批发和零售业：年主营业务收入2000万元及以上的批发业、年主营业务收入500万元及以上的零售业法人单位。

限额以上住宿和餐饮业：年主营业务收入200万元及以上的住宿和餐饮业法人单位。

房地产开发经营业：全部房地产开发经营业法人单位。

规模以上服务业：年营业收入2000万元及以上服务业法人单位，包括交通运输、仓储和邮政业，信息传输、软件和信息技术服务业，水利、环境和公共设施管理业三个门类和卫生行业大类。

年营业收入1000万元及以上服务业法人单

位，包括租赁和商务服务业、科学研究和技术服务业、教育三个门类，以及物业管理、房地产中介服务、房地产租赁经营和其他房地产业四个行业大类。

年营业收入500万元及以上服务业法人单位，包括居民服务、修理和其他服务业，文化、体育和娱乐业两个门类，以及社会工作行业大类。

资料来源（以文中数据为序）：

本公报中人口数据来自区公安局；就业、失业、社会保障数据来自区人力社保局和区医保局；财政数据来自区财政局；各类市场主体、商标数据、专利数据来自区市场监管局；城市棚户区和农村危旧房改造数据来自区住房城乡建委；城镇建成区面积数据来自区规划自然资源局；交通数据来自区交通局；民用汽车数据来自区公安交巡警支队；邮政数据来自邮政梁平分公司；通信数据来自电信梁平分公司、移动梁平分公司、联通梁平分公司；旅游、文化数据来自区文化旅游委；金融数据来自人行梁平支行、保险数据来自区金融工作办；教育数据来自区教委；科技数据来自区科技局；卫生数据来自区卫生健康委；最低生活保障标准数据来自区民政局；水资源数据来自区水利局；水质、噪音、空气监测数据来自区生态环境局；其他数据来自区统计局、国家统计局梁平调查队。

附　　录

2020年梁平区建制村、组和（社区）一览表

表1

序号	乡镇、街道名称	村、居委会名　称	组数（个）	村、居委会名　称	组数（个）
1	梁山街道办事处	清都村	10	群益村	5
		龙磨村	10	云佛村	8
		迎水村	6	梦梁村	9
		上八村	6	天鼓村	12
		金桥村	9	蓼叶社区	12
		沙坝村	9	大福社区	11
		东山村	10	八角社区	8
		土桥村	3	南华社区	4
		时代村	4	北池社区	5
		东明村	6	大众社区	4
		西池村	3	双桂社区	5
		石马村	4	西池社区	5
		白沙村	9	石马山社区	4
		罗汉村	6	文峰社区	4
		梁山街道辖18个村委会、129个村民组，10个社区、62个居民组			
2	双桂街道办事处	松竹村	11	盐河村	6
		兴隆村	5	正龙社区	10
		安宁村	9	大河坝社区	4
		响水村	9	回兴社区	9
		千明村	8	皂角社区	5
		牛头村	5	新民社区	10
		黄泥村	9	张桥社区	9
		安复村	5	太和社区	8
		凉水村	13		
		双桂街道辖10个村委会、80个村民组，7个社区、55个居民组			

续表

<table>
<tr><th>序号</th><th>乡镇、
街道名称</th><th>村、居委会
名　　称</th><th>组数（个）</th><th>村、居委会
名　　称</th><th>组数（个）</th></tr>
<tr><td rowspan="5">3</td><td rowspan="5">合兴街道办事处</td><td>大梨村</td><td>7</td><td>天龙村</td><td>7</td></tr>
<tr><td>雨家村</td><td>7</td><td>龙滩村</td><td>7</td></tr>
<tr><td>银恒村</td><td>5</td><td>护城社区</td><td>12</td></tr>
<tr><td>南普村</td><td>6</td><td>石桥社区</td><td>10</td></tr>
<tr><td colspan="4">合兴街道辖6个村委会、39个村民组；2个社区、22个居民组</td></tr>
<tr><td rowspan="5">4</td><td rowspan="5">仁贤街道办事处</td><td>仁贤村</td><td>14</td><td>广福村</td><td>12</td></tr>
<tr><td>白鹤村</td><td>14</td><td>五一社区</td><td>15</td></tr>
<tr><td>宏山村</td><td>11</td><td rowspan="2">沙河铺社区</td><td rowspan="2">4</td></tr>
<tr><td>长龙村</td><td>12</td></tr>
<tr><td colspan="4">仁贤街道辖5个村委会、63个村民组，2个社区、19个居民组</td></tr>
<tr><td rowspan="5">5</td><td rowspan="5">金带街道办事处</td><td>仁和村</td><td>9</td><td>石龙村</td><td>9</td></tr>
<tr><td>金城村</td><td>10</td><td>石燕村</td><td>8</td></tr>
<tr><td>千河村</td><td>7</td><td>双桂村</td><td>8</td></tr>
<tr><td>滑石村</td><td>7</td><td>金桂社区</td><td>3</td></tr>
<tr><td colspan="4">金带街道辖7个村委会、58个村民组，1个社区、3个居民组</td></tr>
<tr><td rowspan="6">6</td><td rowspan="6">蟠龙镇</td><td>五星村</td><td>9</td><td>新店村</td><td>7</td></tr>
<tr><td>义和村</td><td>8</td><td>银河村</td><td>7</td></tr>
<tr><td>老林村</td><td>14</td><td>扈槽村</td><td>11</td></tr>
<tr><td>平安村</td><td>8</td><td>蟠龙村</td><td>8</td></tr>
<tr><td>聚水村</td><td>8</td><td>青垭社区</td><td>9</td></tr>
<tr><td colspan="4">蟠龙镇辖9个村委会、80个村民组，1个社区、9个居民组</td></tr>
<tr><td rowspan="8">7</td><td rowspan="8">聚奎镇</td><td>聚奎村</td><td>11</td><td>桥铺村</td><td>7</td></tr>
<tr><td>青龙村</td><td>7</td><td>石牛村</td><td>6</td></tr>
<tr><td>海峰村</td><td>12</td><td>长岭村</td><td>8</td></tr>
<tr><td>安寿村</td><td>11</td><td>大来村</td><td>6</td></tr>
<tr><td>高碑村</td><td>12</td><td>顺安村</td><td>9</td></tr>
<tr><td>爱和村</td><td>11</td><td rowspan="2">奎星社区</td><td rowspan="2">5</td></tr>
<tr><td>席帽村</td><td>9</td></tr>
<tr><td colspan="4">聚奎镇辖12个村委会、109个村民组，1个社区、5个居民组</td></tr>
<tr><td rowspan="6">8</td><td rowspan="6">礼让镇</td><td>老营村</td><td>10</td><td>玉石村</td><td>8</td></tr>
<tr><td>川西村</td><td>9</td><td>凤凰村</td><td>7</td></tr>
<tr><td>同河村</td><td>8</td><td>新华村</td><td>8</td></tr>
<tr><td>新拱村</td><td>8</td><td>民中村</td><td>10</td></tr>
<tr><td>河川村</td><td>9</td><td>双龙社区</td><td>4</td></tr>
<tr><td colspan="4">礼让镇辖9个村委会、77个村民组，1个社区、4个居民组</td></tr>
</table>

续表

序号	乡镇、街道名称	村、居委会名　称	组数（个）	村、居委会名　称	组数（个）
9	明达镇	明达村	8	长久村	12
		福来村	8	新益村	9
		坪山村	7	龙马村	5
		红八村	11	天台社区	13
		字库村	8	明兴社区	2
		朝阳村	6		
		明达镇辖9个村委会、74个村民组，2个社区、15个居民组			
10	龙门镇	文圣村	4	沙井村	7
		明亮村	10	花庙村	4
		河源村	8	拱桥村	10
		三官村	12	乐胜社区	7
		马鞍村	7	龙凤社区	10
		河龙村	5		
		龙门镇辖9个村委会、67个村民组，2个社区、17个居民组			
11	新盛镇	新盛村	9	高升村	10
		联盟村	9	银杏村	9
		永兴村	12	铁树村	9
		万炉村	8	金刚村	9
		三河村	9	乐都社区	10
		五福村	6	黄桷社区	4
		新盛镇辖10个村委会、90个村民组，2个社区、14个居民组			
12	文化镇	三寨村	8	和平村	8
		合家村	9	双盐村	5
		齐发村	7	长春村	5
		永远村	6	螺蛳店社区	6
		文化镇辖7个村委会、48个村民组， 1个社区、6个居民组			
13	屏锦镇	四方村	10	明月村	7
		笋沟村	8	龙溪村	7
		柏树村	8	七桥村	8
		龙河村	7	湖洋村	7
		楠木村	10	桂湾村	11
		腰塘村	10	和睦社区	10
		新合村	9	万年社区	9
		芋禾村	10	屏锦社区	10
		横梁村	7	兴平社区	10
		竹海村	9	新桥社区	10
		天生村	8		
		屏锦镇辖16个村委会、136个村民组，5个社区、49个居民组			

续表

<table>
<tr><th>序号</th><th>乡镇、
街道名称</th><th>村、居委会
名　　称</th><th>组数（个）</th><th>村、居委会
名　　称</th><th>组数（个）</th></tr>
<tr><td rowspan="9">14</td><td rowspan="9">回龙镇</td><td>回龙村</td><td>10</td><td>八一村</td><td>5</td></tr>
<tr><td>云阳村</td><td>6</td><td>山河村</td><td>8</td></tr>
<tr><td>天福村</td><td>7</td><td>民胜村</td><td>7</td></tr>
<tr><td>鹞子村</td><td>6</td><td>兴农村</td><td>10</td></tr>
<tr><td>寒岭村</td><td>6</td><td>红星村</td><td>7</td></tr>
<tr><td>清平村</td><td>8</td><td>杨柳社区</td><td>5</td></tr>
<tr><td>双龙村</td><td>6</td><td>安居社区</td><td>5</td></tr>
<tr><td>青杠村</td><td>7</td><td>龙华社区</td><td>3</td></tr>
<tr><td colspan="4">回龙镇辖13个村委会、93个村民组，3个社区、13个居民组</td></tr>
<tr><td rowspan="6">15</td><td rowspan="6">荫平镇</td><td>新拱桥村</td><td>7</td><td>光华村</td><td>7</td></tr>
<tr><td>三坝村</td><td>9</td><td>群乐村</td><td>7</td></tr>
<tr><td>七斗村</td><td>8</td><td>大坪村</td><td>6</td></tr>
<tr><td>乐英村</td><td>8</td><td>太平社区</td><td>9</td></tr>
<tr><td>双寨村</td><td>8</td><td>柳荫社区</td><td>14</td></tr>
<tr><td colspan="4">荫平镇辖8个村委会、60个村民组，2个社区、23个居民组</td></tr>
<tr><td rowspan="8">16</td><td rowspan="8">云龙镇</td><td>宝花村</td><td>7</td><td>东风村</td><td>6</td></tr>
<tr><td>陡梯村</td><td>6</td><td>三清村</td><td>7</td></tr>
<tr><td>东平村</td><td>14</td><td>同心社区</td><td>8</td></tr>
<tr><td>红旗村</td><td>9</td><td>龙溪社区</td><td>9</td></tr>
<tr><td>双河村</td><td>8</td><td>护云社区</td><td>11</td></tr>
<tr><td>大石村</td><td>9</td><td rowspan="2">沙埡社区</td><td rowspan="2">5</td></tr>
<tr><td>人民村</td><td>11</td></tr>
<tr><td colspan="4">云龙镇辖9个村委会、77个村民组，4个社区、33个居民组</td></tr>
<tr><td rowspan="6">17</td><td rowspan="6">和林镇</td><td>和林村</td><td>12</td><td>大冲村</td><td>9</td></tr>
<tr><td>蔡家村</td><td>9</td><td>万安村</td><td>7</td></tr>
<tr><td>三龙村</td><td>5</td><td>平都社区</td><td>11</td></tr>
<tr><td>爱国村</td><td>6</td><td>福和社区</td><td>8</td></tr>
<tr><td>茂林村</td><td>4</td><td>和清社区</td><td>4</td></tr>
<tr><td colspan="4">和林镇辖7个村委会、52个村民组，3个社区、23个居民组</td></tr>
<tr><td rowspan="7">18</td><td rowspan="7">袁驿镇</td><td>兴山村</td><td>9</td><td>民主村</td><td>8</td></tr>
<tr><td>石榴村</td><td>9</td><td>胜名村</td><td>7</td></tr>
<tr><td>邵兴村</td><td>5</td><td>响滩村</td><td>6</td></tr>
<tr><td>袁驿村</td><td>8</td><td>柳河村</td><td>6</td></tr>
<tr><td>叶岩村</td><td>10</td><td rowspan="2">紫云社区</td><td rowspan="2">6</td></tr>
<tr><td>清顺村</td><td>8</td></tr>
<tr><td colspan="4">袁驿镇辖10个村委会、76个村民组，1个社区、6个居民组</td></tr>
</table>

续表

<table>
<tr><th>序号</th><th>乡镇、
街道名称</th><th>村、居委会
名　称</th><th>组数（个）</th><th>村、居委会
名　称</th><th>组数（个）</th></tr>
<tr><td rowspan="6">19</td><td rowspan="6">碧山镇</td><td>小河村</td><td>5</td><td>龙桥村</td><td>9</td></tr>
<tr><td>新元村</td><td>8</td><td>川主村</td><td>7</td></tr>
<tr><td>碧山村</td><td>7</td><td>水岩村</td><td>7</td></tr>
<tr><td>金屏村</td><td>6</td><td>清平社区</td><td>10</td></tr>
<tr><td>平桥村</td><td>5</td><td>黄桥社区</td><td>12</td></tr>
<tr><td colspan="4">碧山镇辖 8 个村委会、54 个村民组，2 个社区、22 个居民组</td></tr>
<tr><td rowspan="10">20</td><td rowspan="10">虎城镇</td><td>礼仁村</td><td>9</td><td>八林村</td><td>10</td></tr>
<tr><td>五角村</td><td>6</td><td>千丘村</td><td>8</td></tr>
<tr><td>大兴村</td><td>8</td><td>大荣村</td><td>10</td></tr>
<tr><td>永和村</td><td>10</td><td>集中村</td><td>4</td></tr>
<tr><td>聂家村</td><td>11</td><td>河口村</td><td>6</td></tr>
<tr><td>清河村</td><td>7</td><td>楚家村</td><td>5</td></tr>
<tr><td>桐子村</td><td>12</td><td>陈家社区</td><td>8</td></tr>
<tr><td>水口村</td><td>8</td><td>砂石社区</td><td>8</td></tr>
<tr><td>波漩村</td><td>11</td><td>文昌社区</td><td>15</td></tr>
<tr><td colspan="4">虎城镇辖 15 个村委会、125 个村民组，3 个社区、31 个居民组</td></tr>
<tr><td rowspan="5">21</td><td rowspan="5">竹山镇</td><td>猎神村</td><td>4</td><td>竹丰社区</td><td>4</td></tr>
<tr><td>大塘村</td><td>5</td><td>正直社区</td><td>7</td></tr>
<tr><td>邵沟村</td><td>3</td><td rowspan="2">安丰社区</td><td rowspan="2">4</td></tr>
<tr><td>正和村</td><td>4</td></tr>
<tr><td colspan="4">竹山镇辖 4 个村委会、16 个村民组，3 个社区、15 个居民组</td></tr>
<tr><td rowspan="4">22</td><td rowspan="4">七星镇</td><td>金柱村</td><td>12</td><td>仁安村</td><td>4</td></tr>
<tr><td>马梁村</td><td>8</td><td>红花社区</td><td>7</td></tr>
<tr><td>平滩村</td><td>5</td><td></td><td></td></tr>
<tr><td colspan="4">七星镇辖 4 个村委会、29 个村民组，1 个社区、7 个居民组</td></tr>
<tr><td rowspan="9">23</td><td rowspan="9">福禄镇</td><td>光荣村</td><td>5</td><td>乐园村</td><td>4</td></tr>
<tr><td>月亮村</td><td>6</td><td>紫龙村</td><td>7</td></tr>
<tr><td>青桥村</td><td>9</td><td>福山村</td><td>6</td></tr>
<tr><td>辣坪村</td><td>10</td><td>陆坪村</td><td>7</td></tr>
<tr><td>天塔村</td><td>7</td><td>九龙村</td><td>8</td></tr>
<tr><td>福禄村</td><td>7</td><td>大印村</td><td>7</td></tr>
<tr><td>四安村</td><td>5</td><td rowspan="2">福兴街社区</td><td rowspan="2">4</td></tr>
<tr><td>和平村</td><td>6</td></tr>
<tr><td colspan="4">福禄镇辖 14 个村委会、94 个村民组，1 个社区、4 个居民组</td></tr>
</table>

续表

<table>
<tr><th>序号</th><th>乡镇、
街道名称</th><th>村、居委会
名　　称</th><th>组数（个）</th><th>村、居委会
名　　称</th><th>组数（个）</th></tr>
<tr><td rowspan="6">24</td><td rowspan="6">石安镇</td><td>龙坪村</td><td>7</td><td>翟溪村</td><td>10</td></tr>
<tr><td>里程村</td><td>8</td><td>荷叶村</td><td>5</td></tr>
<tr><td>骆马村</td><td>5</td><td>莲花村</td><td>7</td></tr>
<tr><td>联丰村</td><td>9</td><td>牌楼村</td><td>7</td></tr>
<tr><td>南溪村</td><td>9</td><td>龙湾社区</td><td>4</td></tr>
<tr><td colspan="4">石安镇辖9个村委会、67个村民组，1个社区、4个居民组</td></tr>
<tr><td rowspan="5">25</td><td rowspan="5">柏家镇</td><td>中心村</td><td>12</td><td>白仙村</td><td>13</td></tr>
<tr><td>三新村</td><td>10</td><td>伍通村</td><td>12</td></tr>
<tr><td>龙峰村</td><td>13</td><td>龙江社区</td><td>12</td></tr>
<tr><td>桂花村</td><td>9</td><td>红卫湖社区</td><td>3</td></tr>
<tr><td colspan="4">柏家镇辖6个村委会、69个村民组，2个社区、15个居民组</td></tr>
<tr><td rowspan="6">26</td><td rowspan="6">大观镇</td><td>新路村</td><td>7</td><td>大兴村</td><td>8</td></tr>
<tr><td>庙坝村</td><td>6</td><td>千福社区</td><td>8</td></tr>
<tr><td>大观村</td><td>7</td><td>安乐社区</td><td>12</td></tr>
<tr><td>梅花村</td><td>11</td><td rowspan="2">观音岩社区</td><td rowspan="2">5</td></tr>
<tr><td>桐岩村</td><td>5</td></tr>
<tr><td colspan="4">大观镇辖6个村委会、44个村民组，3个社区、25个居民组</td></tr>
<tr><td rowspan="5">27</td><td rowspan="5">星桥镇</td><td>河井村</td><td>9</td><td>横山村</td><td>6</td></tr>
<tr><td>双桥村</td><td>7</td><td>狮子村</td><td>7</td></tr>
<tr><td>高都村</td><td>7</td><td>两路村</td><td>12</td></tr>
<tr><td>大长村</td><td>7</td><td>星桥社区</td><td>10</td></tr>
<tr><td colspan="4">星桥镇辖 7 个村委会、55个村民组，1个社区、10个居民组</td></tr>
<tr><td rowspan="3">28</td><td rowspan="3">复平镇</td><td>大龙村</td><td>7</td><td>安坪村</td><td>7</td></tr>
<tr><td>永和村</td><td>10</td><td>小山社区</td><td>9</td></tr>
<tr><td colspan="4">复平镇辖 3 个村委会、24 个村民组，1个社区、9个居民组</td></tr>
<tr><td rowspan="4">29</td><td rowspan="4">安胜镇</td><td>金平村</td><td>7</td><td>高峰村</td><td>9</td></tr>
<tr><td>龙印村</td><td>10</td><td rowspan="2">梁安社区</td><td rowspan="2">2</td></tr>
<tr><td>井坝村</td><td>10</td></tr>
<tr><td colspan="4">安胜镇辖4个村委会、36个村民组，1个社区、2个居民组</td></tr>
<tr><td rowspan="3">30</td><td rowspan="3">铁门乡</td><td>长塘村</td><td>7</td><td rowspan="2">铁门社区</td><td rowspan="2">11</td></tr>
<tr><td>新龙村</td><td>6</td></tr>
<tr><td colspan="4">铁门乡辖 2 个村委会、13 个村民组，1个社区、11个居民组</td></tr>
</table>

续表

序号	乡镇、街道名称	村、居委会名称	组数（个）	村、居委会名称	组数（个）
31	龙胜乡	三河村	4	新口村	4
		公平村	4		
		双凤村	3	龙胜社区	7
		龙胜乡辖4个村委会、15个村民组，1个社区、7个居民组			
32	曲水镇	曲水村	5	聚宝村	5
		龙山村	6	宝石村	6
		中鹿村	6	长榜社区	7
		三合村	7	中丰社区	7
		曲水镇辖6个村委会、35个村民组，2个社区、14个居民组			
33	紫照镇	桂香村	10	先进村	12
		大丘村	8	青锋社区	11
紫照镇辖3个村委会、30个村民组，1个社区、11个居民组					

2020年梁平区建制村汇总一览表

表2　　　　单位:个

序号	乡镇街道名称	村民委员会		社区居委会		序号	乡镇街道名称	村民委员会		社区居委会	
		村	组	居	组			村	组	居	组
1	梁山街道办事处	18	129	10	62	18	袁驿镇	10	76	1	6
2	双桂街道办事处	10	80	7	55	19	碧山镇	8	54	2	22
3	合兴街道办事处	6	39	2	22	21	虎城镇	15	125	3	31
4	仁贤街道办事处	5	63	2	19	22	竹山镇	4	16	3	15
5	金带街道办事处	7	58	1	3	23	七星镇	4	29	1	7
6	蟠龙镇	9	80	1	9	20	福禄镇	14	94	1	4
7	聚奎镇	12	109	1	5	24	石安镇	9	67	1	4
8	礼让镇	9	77	1	4	25	柏家镇	6	69	2	15
9	明达镇	9	74	2	15	26	大观镇	6	44	3	25
10	龙门镇	9	67	2	17	27	星桥镇	7	55	1	10
11	新盛镇	10	90	2	14	28	复平镇	3	24	1	9
12	文化镇	7	48	1	6	29	安胜镇	4	36	1	2
13	屏锦镇	16	136	5	49	30	铁门乡	2	13	1	11
14	回龙镇	13	93	3	13	31	龙胜乡	4	15	1	7
15	荫平镇	8	60	2	23	32	曲水镇	6	35	2	14
16	云龙镇	9	77	4	33	33	紫照镇	3	30	1	11
17	和林镇	7	52	3	23	合　计		269	2114	74	565

2020年12月重庆市梁平区市管领导干部一览表（34名）

表3

序号	姓 名	现任职务
1	杨晓云	区委书记
2	蒲继承	区委副书记，区政府党组书记、区长
3	陈孟文	区委副书记
4	张子玉	区委常委、宣传部长
5	孙代勇	区委常委、组织部长
6	李钟斌	区委常委、统战部长
7	陈道彬	区委常委，区政府党组副书记、常务副区长
8	毛大春	区委常委、区委政法委书记
9	付 云	区委常委，区政府党组成员，工业园区党工委书记、管委会主任
10	杨爱民	区委常委、人武部政委
11	金 烽	区委常委、纪委书记、区监委主任
12	郑云山	区人大常委会党组书记、主任
13	李志祥	区人大常委会党组副书记、副主任
14	扈先斌	区人大常委会副主任（兼），梁中校长
15	李庆双	区人大常委会党组成员、人大常委会副主任
16	屈 猛	区人大常委会党组成员、副主任
17	戴晓稳	区人大常委会党组成员、副主任
18	唐 军	区政府党组成员、副区长
19	唐诗平	区政府副区长
20	雷旭东	区政府党组成员、副区长
21	徐 勇	区政府党组成员、副区长
22	邱树洪	区政府党组成员、副区长，区公安局党委书记、局长，督察长（兼）
23	周仁胜	区政协党组书记、主席
24	廖文宪	区政协党组副书记、副主席
25	陈命安	区政协党组成员、副主席
26	王峻波	区政协副主席（兼），法院副院长
27	蒋明书	区政协党组成员、副主席
28	唐天敏	区政协副主席
29	周 毅	区政协副主席（兼），红中副校长
30	廖泽瑄	区政协副主席
31	石溅泉	区人民法院党组书记、院长
32	王鸣隆	区人民检察院党组书记、检察长
33	徐向阳	区公安局党委副书记、政委
34	陈祖保	区政协保留副厅级待遇干部

2020年12月重庆市梁平区级部门（单位）领导干部一览表（401人）

表4

序号	姓名	现任职务
一、区委		
纪检监察机关		
（一）区纪委（监委会）		
	金烽	区委常委、纪委书记，区监委主任
1	罗小松	区纪委常务副书记、区监委副主任
2	王素华	区纪委副书记、区监委副主任（2021.01），区委巡察办主任（兼）
3	罗健	区纪委副书记、区监委副主任
4	汪元凤	区纪委常委、区监委委员（享受正处级待遇）
5	李波	区纪委常委、区监委委员（享受正处长级待遇）
6	徐晓	区纪委常委
7	陈华东	区监委委员
8	丁梦明	区委巡察组组长
9	常金芳	区委巡察组组长
10	潘文芳	区委巡察组组长
11	王安华	区委巡察组组长
12	王豪	区纪委监委办公室主任
13	李成毅	区纪委监委组织部部长，区委直属机关工委委员
14	吴惠	区纪委监委信访室主任
15	郑小丽	区纪委监委案件监督管理室主任
16	张鹏	区纪委监委第一监督检查室主任
17	邱雪凌	区纪委监委第六审查调查室主任
18	张万利	区纪委监委法规研究室主任（试用期一年）
19	徐晶晶	区纪委监委纪检监察干部监督室主任
20	邱田	区监委派出第一监察室主任
21	彭峰	区监委派出第二监察室主任
22	邓红丹	区监委派出第三监察室主任
23	傅国东	区监委派出第四监察室主任
24	眭国俊	区监委派出第五监察室主任
25	詹志明	区监委派出第七监察室主任
工作机关		
（一）区委办（区委保密办、区国家保密局、区委机要局、区密码局、区档案局）		
26	罗勇	区委办公室主任，区档案馆馆长（兼）

续表

序号	姓名	现任职务
27	邓卫	区委办副主任（保留县处级正职待遇），区委机要局局长、密码管理局局长、区委保密办主任、保密局局长（兼）
28	邓宣波	区委办公室副主任，区档案局局长（兼）
29	邓安勇	区委办公室副主任（试用期一年）
30	徐江蓉	区纪委监委驻区委办公室纪检监察组组长（试用期一年）
（二）区委组织部（区公务员局）、区委非公经济和社会组织工委合署办公		
	孙代勇	区委常委、组织部长
31	熊健	区委组织部常务副部长，区委巡察办副主任（兼）
32	易小波	区委老干局局长，区委组织部副部长（兼）
33	钟贤波	区委组织部副部长（保留县处级正职待遇）
34	郑绍东	区委非公工委书记，区委组织部副部长，区公务员局局长（兼）
35	唐清	区委组织部部务委员
36	王淼	区委非公工委副书记
（三）区委宣传部（区新闻出版局、区政府新闻办）		
	张子玉	区委常委、宣传部长
37	徐文峰	区委宣传部常务副部长，区政府新闻办主任（兼）
38	邱报平	区委宣传部副部长（保留正处级待遇），区新闻出版局局长（兼）
39	张涌	区委宣传部副部长（保留县处级正职待遇），区融媒体中心主任
（四）区委统战部（区委台办、区政府台办、区民族宗教委、区政府侨务办）		
	李钟斌	区委常委、统战部部长，区政协党组副书记，社会主义学院院长（兼）
40	陈焰	区委统战部常务副部长，社会主义学院副院长（兼）
41	常迎春	区委统战部副部长（保留正处级待遇），区民族宗教事务委员会主任（兼）
42	柏林	区委统战部副部长，区台办主任、区侨办主任（兼）
43	向时明	区工商联党组书记，区委统战部副部长
（五）区委政法委		
	毛大春	区委常委、政法委书记，区法学会会长（兼）
44	张成	区委政法委常务副书记
45	吴玉玲	区委政法委副书记
46	周江平	区委政法委副书记、区委非公工委委员
47	钟岚	区委政法委政治部主任
（六）区委研究室		
48	曹刚静	区委研究室主任
（七）区委网信办（区网信办）		
49	屈刚	区委网络安全和信息化委员会办公室主任，区互联网信息办公室主任（兼）
50	刘颖	区委网络安全和信息化委员会办公室副主任（试用期一年）

续表

序号	姓名	现任职务
（八）区委编办		
51	蒋方芬	区委编办主任
52	刘峰	区委编办副主任
53	唐梅	区委编办副主任
（九）区委直属机关工委		
54	陈学仁	区委直属机关工委书记
55	周祥文	区委直属机关工委副书记
（十）区委巡察办		
	王素华	区纪委副书记、区监委副主任，区委巡察办主任（兼）
56	黎小金	区委巡察办专职副主任
（十一）区委老干局		
	易小波	区委老干局局长，区委组织部副部长（兼）
57	曹菲	区委老干局副局长（试用期一年）
二、区人大		
专门委员会		
（一）区人大监察法制委		
58	楚德海	区人大机关党组成员，区人大监察法制委主任委员（2019.01），区法学会副会长（兼）
59	李家玲	区人大监察法制委专职副主任委员（保留正处级待遇）
（二）区人大财经委		
60	胡发海	区人大机关党组成员，区人大财经委主任委员，区人大财经委办主任（兼）
（三）区人大农委		
61	姚新政	区人大机关党组成员，区人大农委主任委员，区人大农委办主任（兼）
62	王晓鹏	区人大农委办公室副主任
（四）区人大社建委		
63	唐尚芬	区人大社建委主任委员
64	徐继春	区人大社建委专职副主任委员
常委会办事机构		
（一）区人大常委会办公室		
65	王显贵	区人大常委会党组成员、办公室主任，区人大机关党组书记
66	张修刚	区人大办副主任
67	唐晓娟	区人大办副主任
（二）区人大常委会人代工委		
68	梁培春	区人大人代工委主任
69	鄢顶	区人大人代工委副主任
（三）区人大常委会预算工委		
70	杨衡山	区人大预算工委主任

续表

序号	姓名	现任职务
71	张春华	区人大预算工委副主任
（四）区人大常委会教科文卫工委		
72	许有学	区人大教科文卫工委主任
73	周丽	区人大机关党组成员、区人大教科文卫工委副主任
三、区政府		
工作部门		
（一）区政府办公室（区政府外办）		
74	刘明山	区政府党组成员，区政府办党组书记、主任，区发展研究中心主任、区电子政务中心主任（兼）
75	姜在莲	区信访办党组书记、主任，区政府办副主任（兼）
76	万明全	区政府办党组成员、副主任（保留正处级）
77	朱林军	区政府办党组成员、副主任（保留县处级正职待遇）
78	刘勋	区政府办党组成员、副主任
79	潘登	区政府办党组成员、副主任（试用期一年），区政府外事办主任（兼）
80	龚朝芹	区政府办党组成员，区纪委监委驻区政府办纪检监察组组长
（二）区发展改革委		
81	胡晓中	区发展改革委党组书记、主任
82	黄君	区发展改革委党组副书记、副主任（保留正处级待遇）
83	李军奇	区发展改革委党组成员、副主任（保留县处级正职待遇）
84	魏德明	区发展改革委党组成员，区纪委监委驻区发展改革委纪检监察组组长
（三）区教委、区委教育工委合署办公		
85	王建平	区委教育工委书记、区教委主任
86	常金亮	区委教育工委副书记，区教师进修校党总支书记（兼），区教委二级调研员
87	杨小军	区委教育工委委员、区教委副主任（保留正处级待遇）
88	廖爽	区教委副主任
89	蒋开华	区委教育工委委员、区教委副主任，区教育考试中心主任、区教育服务中心主任（兼）
90	贾云	区委教育工委委员、区纪委监委驻区教委纪检监察组组长
（四）区科技局		
91	郭培元	区科技局党组书记、局长
92	严一来	区科技局党组成员、副局长
93	肖中杰	区科技局副局长
（五）区经济信息委		
94	周龙举	区经济信息委党组书记、主任
95	蒋明号	区经济信息委党组成员、副主任（保留正处级待遇）
96	徐朝寿	区经济信息委党组成员、副主任（保留正处级待遇）

续表

序号	姓名	现任职务
（六）区公安局		
	邱树洪	区政府党组成员、副区长，区公安局党委书记、局长，督察长（兼）
	徐向阳	区公安局党委副书记、政委
97	高武军	区公安局党委副书记、常务副局长
98	石毅	区公安局党委委员、副局长
99	石慎丰	区公安局党委委员、副局长
100	陶远见	区公安局党委委员、副局长
101	朱正萍	区公安局党委委员，区纪委监委驻区公安局纪检监察组组长
102	罗兴义	区公安局党委委员、政治处主任
103	陈厚清	区公安局党委委员、副局长
（七）区民政局		
104	朱均燕	区民政局党组书记、局长
105	谭荣	区民政局党组成员、副局长
106	祝顺利	区民政局党组成员、副局长
107	张云屏	区民政局副局长
（八）区司法局		
108	龚绍军	区司法局党委书记、局长
109	罗华英	区司法局副局长
110	李承兴	区司法局党委委员、副局长
111	滕厚斌	区司法局党委委员、副局长，区法学会副会长（兼）
（九）区财政局		
112	唐俊义	区财政局党组书记、局长，区公共资源交易监管局党组书记（兼）
113	李立华	区财政局党组成员、副局长
114	唐泽利	区财政局党组成员，区纪委监委驻区财政局纪检监察组组长
115	罗勇杰	区财政局党组成员、副局长
（十）区人力社保局		
116	王江凌	区人力社保局党组书记、局长，行政学校副校长（兼）
117	韩晓燕	区人力社保局党组成员、副局长
118	王洪洋	区人力社保局副局长
119	李超洪	区人力社保局党组成员、副局长
（十一）区规划自然资源局		
120	杨西	区规划自然资源局党组书记、局长
121	唐胜利	区规划自然资源局党组成员、副局长
122	王久新	区规划自然资源局党组成员、副局长，梁平工业园区管委会副主任（挂职）
123	杨代斌	区规划自然资源局副局长
124	周红兵	区规划自然资源局党组成员、副局长

续表

序号	姓名	现任职务
（十二）区生态环境局		
125	伍元中	区生态环境局党组书记、局长
126	池清刚	区生态环境局党组成员、副局长
127	周祥芬	区生态环境局党组成员、副局长
128	张钊	区生态环境局党组成员、副局长
（十三）区住房城乡建委（区人民防空办）		
129	吴朝杰	区住房城乡建委党组书记、主任，区人民防空办公室主任（兼）
130	唐高寨	区住房城乡建委党组成员、副主任
131	何一彬	区住房城乡建委副主任
132	李发友	区住房城乡建委党组成员，区纪委监委驻区住房城乡建委纪检监察组组长
（十四）区城市管理局		
133	陈游伟	区城管局党组书记、局长
134	雷仁友	区城管局党组成员、副局长
135	孙作平	区城管局党组成员、副局长（保留县处级正职待遇）
136	贺华政	区城管局党组成员、副局长
（十五）区交通局		
137	杨颂	区交通局党委书记、局长
138	刘国云	区交通局党委专职副书记（保留正处级待遇），区交通建设服务中心党委书记（兼）
139	邱章俊	区交通局党委委员、副局长
140	孔令伟	区交通局党委委员、副局长
141	陈廷轩	区交通局党委委员、副局长（试用期一年）
（十六）区水利局		
142	唐红	区水利局党组书记
143	陈宝涛	区水利局局长
144	张习腾	区水利局党组成员、副局长（保留县处级正职待遇）
145	张海泉	区水利局党组成员、副局长
146	孙金华	区水利局党组成员、副局长
（十七）区农业农村委、区委农业农村工委合署办公（区扶贫办）		
147	陈泽田	区委农业农村工委书记，区农业农村委主任，区扶贫办主任
148	张宏	区委农业农村工委委员、专职副书记（保留正处级待遇）
149	周淑平	区委农业农村工委委员、区农业农村委副主任（保留正处级待遇），区扶贫办副主任（兼）
150	唐帮元	区委农业农村工委委员、区农业农村委副主任
151	张元兵	区委农业农村工委委员、区农业农村委副主任
152	叶兴义	区农业农村委副主任
153	黄大权	区委农业农村工委委员，区纪委监委驻区农业农村委纪检监察组组长

续表

序号	姓名	现任职务
（十八）区商务委		
154	唐红	区商务委党组书记
155	石思燕	区商务委主任
156	唐峰	区商务委党组成员、副主任
157	游涛	区商务委党组成员、副主任
158	文小琴	区商务委党组成员、副主任
（十九）区文化旅游委		
159	刘原	区文化旅游委党委书记、主任
160	李永畅	区文化旅游委党委委员、副主任
161	李小燕	区文化旅游委党委委员、副主任
（二十）区卫生健康委		
162	刘剑	区卫生健康委党委书记
163	郑权	区卫生健康委主任
164	梁明	区卫生健康委党委专职副书记（保留正处级待遇）
165	刘成	区卫生健康委党委委员、副主任（保留正处级待遇）
166	李耀昕	区卫生健康委党委委员、副主任
167	高小俐	区卫生健康委党委委员、副主任
168	谭平	区卫生健康委党委委员
169	卜华玲	区卫生健康委党委委员，区纪委监委驻区卫生健康委纪检监察组组长
（二十一）区退役军人事务局		
170	彭文坤	区退役军人事务局党组书记、局长
171	周万莲	区退役军人事务局党组成员、副局长（保留县处级正职待遇）
172	李伟	区退役军人事务局党组成员、副局长
（二十二）区应急局		
173	唐光艳	区应急局党委书记、局长
174	高小勇	区应急局党委委员、副局长
175	董海斌	区应急局党委委员、副局长
176	阳明胜	区应急局党委委员、副局长
177	吴杰流	区应急局副局长
（二十三）区审计局		
178	涂善俊	区审计局党组书记、局长
179	高保勇	区审计局党组成员、副局长
180	刘坚	区审计局党组成员、副局长
181	廖忠文	区审计局党组成员、纪检组长
182	刘晓燕	区审计局副局长（试用期一年）

续表

序号	姓名	现任职务
（二十四）区国资委（区金融工作办）		
183	李纯林	国资委党委书记、主任
184	龙伦奎	区国资委党委委员、副主任
185	张元平	区国资委党委委员，区纪委监委驻区国资委纪检监察组组长
（二十五）区市场监管局（区知识产权局）		
186	邓君龙	区市场监管局党组书记、局长，区知识产权局局长（兼）
187	彭达文	区市场监管局党组副书记、副局长（保留正处级待遇）
188	李发明	区市场监督管理局党组成员、纪检监察组组长
189	崔宏萍	区市场监督管理局党组成员、副局长
190	郑代荣	区市场监督管理局党组成员、副局长
191	扈模英	区市场监督管理局党组成员、副局长
192	秦圣江	区市场监督管理局党组成员、副局长
193	李家明	区市场监督管理局党组成员、副局长
（二十六）区统计局		
194	罗东升	区统计局党组书记、局长
195	胡波	区统计局党组成员、副局长
196	黄素琴	区统计局党组成员、副局长
（二十七）区医保局		
197	楚德云	区医保局党组书记、局长
198	周世波	区医保局副局长
199	徐小玲	区医保局党组成员、副局长
（二十八）区信访办		
	姜在莲	区信访办党组书记、主任，区政府办副主任（兼）
200	钟进	区信访办党组成员、副主任
201	李明川	区信访办党组成员、信访督查专员
202	陆顺才	区信访办党组成员、副主任
203	王海波	区信访办党组成员、副主任
（二十九）区林业局		
204	陈世康	区林业局党组书记、局长
205	王光会	区林业局党组成员、副局长
206	袁利平	区林业局副局长
207	徐秋华	区林业局党组成员、副局长（试用期一年）
（三十）区大数据发展局		
208	丁远	区大数据发展局党组书记、局长
209	田世君	区大数据发展局党组成员、副局长

续表

序号	姓名	现任职务
（三十一）区招商投资局		
210	高保华	区招商投资局党组书记、局长
211	胡长平	区招商投资局党组成员、副局长（试用期一年）
（三十二）区公共资源交易监管局		
	唐俊义	区财政局党组书记、局长，区公共资源交易监管局党组书记（兼）
212	李红波	区公共资源交易监管局局长
213	阮正礼	区公共资源交易监管局党组成员、副局长
（三十三）区政务服务办		
214	兰家飞	区政务服务办党组书记、主任
215	何妮	区政务服务办副主任
派出机构		
（一）梁平工业园区管委会		
	付云	区委常委、区政府党组成员，工业园区党工委书记、管委会主任（兼）(2018.12)
216	邓顺友	梁平工业园区党工委副书记、管委会常务副主任
217	卿生金	梁平工业园区党工委委员、管委会副主任
218	蒋晓东	梁平工业园区党工委委员、管委会副主任（试用期一年）
219	王瑶	梁平工业园区党工委委员、管委会副主任（试用期一年），区委非公工委委员，区总工会副主席（兼）
（二）双桂新城管委会		
	唐军	区政府副区长、党组成员，双桂新城管委会主任、党工委书记（兼）
220	刘圣全	双桂新城党工委副书记、管委会常务副主任
221	吕万清	双桂新城党工委委员、管委会副主任
其他机构		
（一）区供销合作社		
222	张幸玮	区供销社党委书记、主任
223	董成俊	区供销社党委委员、副主任（保留县处级正职待遇）
224	白丁	区供销社党委委员、副主任（保留县处级正职待遇）
225	郁秀斌	区供销社党委委员、副主任（保留县处级正职待遇）
四、区政协		
综合办事机构		
（一）区政协办公室		
226	谭佐祥	区政协党组成员，区政协机关党组书记，区政协秘书长，区政协办主任（2019.01）（兼）
227	唐信祥	区政协机关党组成员，区政协办公室副主任
228	罗春	区政协副秘书长

续表

序号	姓名	现任职务
工作机构		
（一）区政协提案委		
229	刘华	区政协机关党组成员，区政协提案委主任（2019.01）
230	吕春坪	区政协提案委专职副主任
（二）区政协经济委		
231	张天文	区政协经济委主任
232	周中建	区政协经济委副主任
（三）区政协人资环建委		
233	唐仕富	区政协机关党组成员，区政协人资环建委主任（2019.01）
234	邹晓燕	区政协人资环建委专职副主任
（四）区政协农业农村委		
235	杨学伟	区政协机关党组成员，区政协农业农村委主任（2019.01）
236	盛如春	区政协农业农村委专职副主任
（五）区政协教科卫体文化文史委		
237	陈果立	区政协教科卫体文化文史委主任
238	谭红梅	区政协机关党组成员、区政协教科卫体文化文史委专职副主任（2019.01）
（六）区政协社法民宗委		
239	周刚	区政协社法民宗委主任，区法学会副会长（兼）
240	袁德川	区政协社法民宗委专职副主任
（七）区政协学习联络委		
241	刘京贵	区政协学习联络委主任
242	任丽	区政协学习联络委副主任
区政协专委（办事机构）		
（一）区政协提案联络办公室		
243	彭彬	区政协提案联络办公室主任
（二）区政协经济办公室		
244	杨永洪	区政协经济办公室主任
（三）区政协社会事务办公室		
（四）区政协人资环建办公室		
245	熊应坤	区政协人资环建办公室主任
五、法院（领导干部所任职务对应的职务层次待市委组织部答复后确定）		
（一）区法院（下设执行局）		
	石溅泉	区人民法院党组书记、院长
	王峻波	区政协副主席（兼）、区人民法院副院长
246	卢剑波	区人民法院党组副书记、副院长，区法学会副会长（兼）
247	胡松	区人民法院党组成员、副院长

续表

序号	姓名	现任职务
248	陈龙明	区人民法院党组成员、纪检组长、三级调研员
249	龚专	区人民法院党组成员、政治部主任、三级调研员
250	刘晓峰	区人民法院审判委员会专职委员
251	邓先富	区人民法院党组成员、执行局局长
252	邓建	原县法院党组成员、工会主席
六、检察机关（领导干部所任职务对应的职务层次待市委组织部答复后确定）		
（一）区检察院		
	王鸣隆	区人民检察院党组书记、检察长
253	许锋	区人民检察院党组副书记、副检察长
254	谭永东	区人民检察院党组成员、副检察长
255	曾小平	区人民检察院副检察长
256	王诚林	区人民检察院党组成员、纪检组长、三级调研员
257	黄晓丽	区人民检察院检察委员会专职委员
258	唐林祥	区人民检察院检察委员会专职委员
259	高玲	区人民检察院党组成员、政治部主任
260	朱慧懿	原县人民检察院工会主席、四级高级警长
七、区工商联（区总商会）		
	向时明	区工商联党组书记，区委统战部副部长（兼）
261	秦建国	区工商联党组成员、副主席（2020.06），区委非公工委委员
262	孙艾华	区工商联党组成员、秘书长
八、社会团体		
（一）区总工会		
	李志祥	区人大常委会副主任、党组副书记，区总工会主席（兼）、党组副书记（2017.03）
263	周启荣	区总工会党组书记、副主席
264	方潇	区总工会党组成员、副主席
（二）团区委		
265	张旺	团区委书记
（三）区妇联		
266	廖猛娟	区妇联党组书记、主席
267	田正慧	区妇联党组成员、副主席
268	黄英	区妇联党组成员、副主席
（四）区科协		
269	易光大	区科协党组书记、主席
270	周宇婷	区科协党组成员、副主席（保留正处级待遇）
（五）区社科联（事业）		
（六）区文联（事业）		

续表

序号	姓名	现任职务
（七）区侨联		
271	石辉健	区侨联主席
（八）区残联		
272	高文辉	区残联党组书记、副主席、理事长
273	邓达国	区残联党组成员、副理事长
（九）区红十字会		
	雷旭东	区政府副区长、党组成员，区红十字会会长（兼）、常务理事
274	唐满涛	区红十字会党组书记、常务副会长
275	郑平	区红十字会党组成员、副会长、秘书长（兼）
（十）区法学会（事业）		
	毛大春	区委常委、政法委书记，区法学会会长（兼）
（十一）区计生协		
	雷旭东	区政府副区长、党组成员，区红十字会会长（兼）、常务理事、区计生协常务理事、会长（兼）
276	黎克全	区计生协会党组书记、常务副会长
277	曹宏钧	区计生协会党组成员、副会长
278	唐显平	区计生协党组成员、副会长兼秘书长
九、处级事业单位		
正处级事业单位（13个正处级事业单位不含教师进修校）		
（一）区委党校（行政学校、社会主义学院）		
	陈孟文	区委副书记、区委党校校长（兼）
	陈道彬	区委常委，区政府党组副书记、常务副区长、区行政学校校长（兼）
	李钟斌	区委常委、统战部部长，社会主义学院院长（兼）
	王江凌	区人力社保局党组书记、局长，行政学校副校长（兼）
279	唐仁平	区委党校常务副校长，行政学校常务副校长、社会主义学院常务副院长
280	徐耀华	区委党校副校长（保留县处级正职待遇）
281	沈海林	区委党校副校长、行政学校副校长（兼）、社会主义学院副院长（兼）
282	段郑洁	区委党校副校长、行政学校副校长（兼）、社会主义学院副院长（兼）
（二）区委党史研究室		
283	黄运勇	区委党史研究室主任
284	粟先敬	区委党史研究室副主任
（三）区融媒体中心		
	张涌	区委宣传部副部长（保留县处级正职待遇），区融媒体中心主任
285	蔡志刚	区融媒体中心副主任
286	刘辉	区融媒体中心副主任（六级职员）
287	姜升辉	区融媒体中心副主任（六级职员）

续表

序号	姓名	现任职务
（四）区档案馆		
	罗勇	区委办公室主任，区档案馆馆长（兼）
288	聂月红	区档案馆副馆长
289	郑方军	区档案馆副馆长（试用期一年）
（五）区发展研究中心（区电子政务中心）		
	刘明山	区政府党组成员，区政府办党组书记、主任，区发展研究中心主任、区电子政务中心主任（兼）
290	黄俊锋	区发展研究中心副主任（六级职员）
291	陈渝	区发展研究中心副主任（六级职员，试用期一年）
（六）区机关事务管理中心		
292	谭春玲	区机关事务管理中心党委书记、主任（五级职员）
293	张川	区机关事务管理中心党委委员、副主任（六级职员）
294	郑贤森	区机关事务管理中心党委委员、副主任（六级职员）
（七）区投资服务中心		
295	宋雪梅	区投资服务中心主任（五级职员）
（八）区土地储备中心（土地房屋征收中心）		
296	洪建军	区土地储备中心主任（五级职员）
297	向帮秀	区土地储备中心副主任（六级职员）
（九）区体育事业发展中心		
298	邓蒲	区体育事业发展中心党委书记、主任（五级职员）
299	赵德波	区文化旅游委党委委员、文化市场综合行政执法支队政委，区体育事业发展中心党委委员、副主任（兼）
（十）区交通建设服务中心		
300	蒋模琴	区交通建设服务中心主任（五级职员）
（十一）区城市建设服务中心		
301	刘明清	区城市建设服务中心主任（五级职员）
（十二）区企业发展服务中心		
302	单新奎	区企业发展服务中心主任（五级职员）
303	邓履娟	区企业发展服务中心副主任（六级职员）
304	章华	区企业发展服务中心副主任（六级职员）
（十三）区社会保险事务中心		
305	舒宗全	区人力社保局党组成员，区社会保险事务中心主任
306	周汉权	区社会保险事务中心副主任
307	朱兰兰	区社会保险事务中心副主任（试用期一年）
副处级事业单位		
（一）区教育考试中心（教育服务中心）		
	蒋开华	区委教育工委委员、区教委副主任，区教育考试中心主任、区教育服务中心主任（兼）

续表

序号	姓名	现任职务
（二）区人大调研信息中心		
（三）政协社情民意信息中心		
308	陈代立	区政协社情民意信息中心主任
（四）国库集中支付中心		
（五）区就业和人才中心		
309	刘莉娜	区人力社保局党组成员，区就业和人才中心主任（试用期一年）
（六）区城市管理综合行政执法支队		
310	刘勇	区城管局党组成员、区城市管理综合行政执法支队队长
311	温健	区城市管理综合行政执法支队政委（试用期一年）
（七）区交通运输综合行政执法支队		
312	黄豫锋	区交通局党委委员、交通运输综合行政执法支队支队长
（八）区环境行政执法支队		
313	陈长江	区环境行政执法支队副支队长
（九）区文化市场综合行政执法支队		
314	文国锋	区文化旅游委党委委员、文化市场综合行政执法支队支队长
	赵德波	区文化旅游委党委委员、文化市场综合行政执法支队政委，区体育事业发展中心党委委员、副主任（兼）
（十）区卫生健康综合行政执法支队		
315	高亚君	区卫生健康综合行政执法支队支队长
316	李松声	区卫生健康综合行政执法支队政委（试用期一年）
（十一）区市场监管综合行政执法支队		
317	陶小松	区市场监管综合行政执法支队支队长（试用期一年）
318	蒋锋	区市场监管综合行政执法支队政委（试用期一年）
（十二）双桂新城开发建设服务中心		
319	王涛	双桂新城党工委委员、双桂新城开发建设服务中心主任（六级职员）
（十三）区医疗保障事务中心		
（十四）区湿地保护中心（双桂湖国家湿地公园中心）		
320	唐宏	区湿地保护中心主任（六级职员），双桂湖国家湿地公园中心主任（兼）
十、国有企业		
（一）新梁投资开发（集团）有限公司		
321	赵月明	新梁公司党委书记、董事长
322	刘正辉	新梁公司党委副书记，董事、总经理
323	胡显平	新梁公司党委副书记、监事会主席，纪委书记（兼）
324	欧胜富	新梁公司党委委员、董事、副总经理
325	易同仁	新梁公司党委委员、董事、副总经理
326	欧阳	新梁公司党委委员、董事、财务总监

续表

序号	姓名	现任职务
（二）工业园区建设开发有限责任公司		
327	高翔	园区公司党委书记、董事长
328	刘红钧	园区公司董事、总经理
329	冉瑞武	园区公司党委副书记、监事会主席，纪委书记（兼）
330	张高成	园区公司董事、副总经理
331	宋代洪	园区公司党委委员、董事、副总经理
332	常黎明	园区公司党委委员、董事、财务总监（试用期一年）
333	蓝申军	园区公司党委委员，园区公司总经理助理
（三）重庆市梁平区交通建设开发有限公司		
334	唐云	交通建设公司党委书记、董事长
335	钟雅平	交通建设公司党委副书记，监事会监事、主席，纪委书记（兼）
336	曾庆华	交通建设公司党委委员、董事、副总经理（主持日常行政工作）
337	杨柯	交通建设公司党委委员、董事、副总经理
338	万勇	交通建设公司党委委员、董事、副经理
339	涂小军	交通建设公司党委委员、董事、财务总监（试用期一年）
340	邓庆华	交建公司党委委员、董事、副总经理（试用期一年）
（四）重庆市梁平区荣禹水电工程建设公司		
341	蒋邦全	荣禹公司党委副书记，副董事长（试用期一年），区水利局党组成员
342	张志君	荣禹水电工程建设有限公司董事、总经理
343	彭文福	荣禹水电工程建设有限公司党委委员，董事、副总经理
344	陈滔	荣禹水电工程建设有限公司党委委员，监事会监事、副主席（试用期一年），纪委书记（兼）
345	唐万辉	荣禹水电工程建设有限公司党委委员，董事、财务总监（试用期一年）
（五）重庆市梁平区丰瑞建设开发有限公司		
346	唐永鸿	丰瑞公司董事长（保留区管正职待遇）
347	唐琳峰	丰瑞公司董事、总经理
348	向申林	丰瑞公司监事会监事、主席
（六）重庆市梁平区兴农融资担保有限公司		
349	胡像微	兴农担保公司执行董事、经理
350	郑波	兴农担保公司监事会主席
351	张华	区兴农融资担保有限公司副经理
（七）重庆市梁平区竹桂林业开发有限公司		
352	肖朝河	竹桂林业开发有限公司执行董事、经理
353	蒋和波	竹桂林业开发有限公司监事会监事、主席
（八）重庆市梁平区新鑫实业有限责任公司		
354	徐红波	新鑫公司董事长

续表

序号	姓名	现任职务
355	周爱华	新鑫公司董事、总经理
十一、区管学校		
（一）梁平中学		
	扈先斌	区人大常委会副主任（兼）、梁平中学校长
356	谭尚前	区教委三级调研员，梁平中学党委书记（兼）
357	罗先林	梁平中学党委副书记、纪委书记（兼）
358	王千秋	梁平中学党委委员、副校长
359	龙礼波	梁平中学党委委员、副校长
360	龚骥	梁平中学党委委员、副校长
（二）红旗中学		
361	盘会灯	红旗中学党委书记、校长
	周毅	区政协副主席（兼）、红旗中学副校长
362	陈启宏	红旗中学党委委员、副校长，纪委书记（兼）
363	屈小平	红旗中学党委副书记、工会主席
（三）职教中心		
364	黄图伦	职教中心党委书记、副校长
365	李少军	职教中心党委副书记、校长
366	秦洪学	职教中心党委副书记、工会主席（兼）
367	乐发明	职教中心党委委员、副校长，纪委书记（兼）
368	谭永进	职教中心副校长
（四）实验中学		
369	孙平	区实验中学党委书记、校长
370	夏生勇	区实验中学党委副书记，副校长
371	仇晶	区实验中学党委委员、副校长
372	何治利	区实验中学副校长
（五）屏锦中学		
373	黄定军	屏锦中学党总支书记、校长
374	徐春晓	屏锦中学党总支委员、副校长
375	周承军	屏锦中学党总支委员、副校长、
376	何豹	屏锦中学党总支委员、副校长
（六）教师进修校		
	常金亮	区委教育工委副书记，区教师进修校党总支书记（兼），区教委二级调研员
377	唐明	区教师进修校党总支副书记、副校长
378	李锡琴	区教师进修校副校长
（七）袁驿中学		
379	罗伦斌	区袁驿中学党支部书记、校长

续表

序号	姓名	现任职务
（八）福禄中学		
380	刘辉	区福禄中学党支部书记、校长
十二、区管医院		
（一）区人民医院		
381	李定贵	区人民医院党委书记
382	向朝辉	区人民医院党委副书记
383	薛奎	区人民医院党委委员、纪委书记
384	常金红	区人民医院副院长
385	陈晓琴	区人民医院党委委员、副院长（试用期一年）
386	熊由富	区人民医院党委委员、副院长（试用期一年）
387	周海川	区人民医院党委委员、副院长（试用期一年）
388	李发安	区人民医院副院长（挂职）
（二）区中医院		
389	康健民	区中医院党委书记
390	吴启斌	区中医院党委副书记，院长
391	唐发祥	区中医院副院长
392	刘大奇	区中医院党委委员、副院长
393	陈贵才	区中医院党委委员、专职副书记
394	王革	区中医院党委委员、副院长（试用期一年）
395	刘永强	区中医院党委委员、纪委书记（试用期一年）
396	傅一会	区中医院党委委员，工会主席
（三）区疾控中心		
397	谢崇凡	区疾控中心党支部书记、主任
（四）区妇幼保健计划生育服务中心		
398	简乃云	区妇幼保健计划生育服务中心党总支书记
399	薛南平	区妇幼保健计划生育服务中心主任
（五）第二人民医院		
400	丁思明	区第二人民医院党支部书记，院长
（六）区精神卫生中心		
401	任康明	区精神卫生中心党支部书记、主任

2020年12月重庆市梁平区乡镇（街道）领导干部一览表（308人）

表5

一、梁山街道

序号	姓名	现任职务
1	周斌	梁平区梁山街道党工委书记
2	刘友建	梁平区梁山街道党工委副书记，办事处主任
3	黄礼平	梁平区梁山街道党工委委员，人大工委主任
4	胡平	梁平区梁山街道党工委专职副书记
5	刘安俊	梁平区梁山街道党工委委员，办事处副主任
6	谢啟洪	梁平区梁山街道党工委委员，办事处副主任
7	古勇	梁平区梁山街道党工委委员、纪工委书记
8	莫春丽	梁平区梁山街道党工委委员、组织委员
9	王海兵	梁平区梁山街道党工委委员，办事处副主任
10	江捕敖	梁平区梁山街道党工委委员，办事处副主任（试用期一年），武装部长
11	王涛	梁平区梁山街道党工委委员，党政办主任

二、双桂街道

序号	姓名	现任职务
12	陶斯俊	梁平区双桂街道党工委书记
13	齐峰	梁平区双桂街道党工委副书记，办事处主任
14	刘啟明	梁平区双桂街道党工委委员，人大工委主任
15	刘安文	梁平区双桂街道党工委专职副书记（保留正处级待遇）
16	范兴春	梁平区双桂街道党工委委员、纪工委书记
17	周娇	梁平区双桂街道党工委委员、政法书记
18	王海峰	梁平区双桂街道党工委委员、办事处副主任、武装部长
19	刘小毅	梁平区双桂街道党工委委员，办事处副主任
20	唐智勇	梁平区双桂街道党工委委员，办事处副主任
21	杜永平	梁平区双桂街道党工委委员、组织委员，人大工委兼职副主任
22	李亚敏	梁平区双桂街道党工委委员、宣传统战委员
23	王秋艳	梁平区双桂街道党工委委员，民政和社区事务办公室主任

三、合兴街道

序号	姓名	现任职务
24	王炳坤	梁平区合兴街道党工委书记
25	王益术	梁平区合兴街道党工委副书记、办事处主任
26	唐天平	梁平区合兴街道党工委委员、人大工委主任
27	彭小利	梁平区合兴街道党工委专职副书记
28	尹泽平	梁平区合兴街道党工委委员、纪工委书记

续表

29	廖启树	梁平区合兴街道党工委委员、办事处副主任
30	刘良学	梁平区合兴街道党工委委员、办事处副主任，武装部长
31	陈勇	梁平区合兴街道党工委委员、办事处副主任
32	李安翠	梁平区合兴街道党工委委员、组织委员
33	张天国	梁平区合兴街道党工委委员、宣传统战委员
34	唐铭心	梁平区合兴街道党工委委员（乡科级正职），综治办主任

四、仁贤街道

序号	姓名	现任职务
35	邹正国	梁平区仁贤街道党工委书记
36	楚义武	梁平区仁贤街道党工委副书记、办事处主任
37	谢荣禄	梁平区仁贤街道党工委委员、人大工委主任
38	谢晓花	梁平区仁贤街道党工委专职副书记
39	常正平	梁平区仁贤街道党工委委员、办事处副主任，武装部长
40	王世玉	梁平区仁贤街道党工委委员、办事处副主任
41	程霞飞	梁平区仁贤街道党工委委员、纪工委书记
42	周强胜	梁平区仁贤街道党工委委员、办事处副主任
43	盛文军	梁平区仁贤街道党工委委员、宣传统战委员，人大工委副主任（兼）
44	文成军	梁平区仁贤街道党工委委员（乡科级正职），经发办主任

五、金带街道

序号	姓名	现任职务
45	唐晓龙	梁平区金带街道党工委书记
46	杨宁春	梁平区金带街道党工委副书记、办事处主任
47	余绍涛	梁平区金带街道党工委委员、人大工委主任
48	刘妮娜	梁平区金带街道党工委专职副书记
49	廖铭	梁平区金带街道党工委委员、政法书记，办事处副主任
50	王君	梁平区金带街道党工委委员、纪工委书记
51	陈秋枫	梁平区金带街道党工委委员、办事处副主任
52	陈瑶	梁平区金带街道党工委委员、办事处副主任，武装部长
53	欧阳靖宇	梁平区金带街道党工委委员（乡科级正职），党建办主任，滑石村第一书记

六、蟠龙镇

54	雷小平	梁平区蟠龙镇党委书记
55	李定川	梁平区蟠龙镇党委副书记，镇长
56	刘清梅	梁平区蟠龙镇党委委员，人大主席
57	陈为军	梁平区蟠龙镇党委专职副书记
58	潘欣	梁平区蟠龙镇党委委员、组织委员
59	刘兴炜	梁平区蟠龙镇党委委员、政法书记，副镇长
60	丁红云	梁平区蟠龙镇党委委员，副镇长

续表

61	谭大德	梁平区蟠龙镇党委委员、宣传统战委员
62	彭飞	梁平区蟠龙镇党委委员、副镇长，蟠龙镇老林村党委副书记
七、星桥镇		
63	张成华	梁平区星桥镇党委书记
64	刘启楷	梁平区星桥镇党委副书记，镇长
65	陈传芳	梁平区星桥镇党委委员、人大主席
66	陈兴国	梁平区星桥镇党委专职副书记
67	陶俊峰	梁平区星桥镇党委委员、纪委书记
68	唐万军	梁平区星桥镇党委委员，副镇长、武装部长
69	李仁菊	梁平区星桥镇党委委员、组织委员
70	宋静	梁平区星桥镇党委委员、政法书记，副镇长
71	袁野	梁平区星桥镇党委委员、区公安局袁驿派出所教导员
八、复平镇		
72	李军	梁平区复平镇党委书记
73	于飞	梁平区复平镇党委副书记、镇长
74	何传奎	梁平区复平镇党委委员、人大主席
75	高官寿	梁平区复平镇党委专职副书记
76	李汀	梁平区复平镇党委委员、纪委书记
77	刘海波	梁平区复平镇党委委员、政法书记、宣传统战委员，副镇长
78	朱占斌	梁平区复平镇党委委员、组织委员，武装部长、人大兼职副主席
79	陈小琴	梁平区复平镇党委委员，区城管局市政公用管理科科长
九、安胜镇		
80	熊朝林	梁平区安胜镇党委书记
81	吴大雄	梁平区安胜镇党委副书记，镇长
82	蒋克琼	梁平区安胜镇党委委员、人大主席
83	余亚平	梁平区安胜镇党委委员、专职副书记
84	蒋元涛	梁平区安胜镇党委委员、组织委员
85	周村红	梁平区安胜镇党委委员，副镇长、武装部长
86	杨飞霞	梁平区安胜镇党委委员、纪委书记
87	胡茜	梁平区安胜镇党委委员，龙印村第一书记
88	袁丹	梁平区安胜镇党委委员，纪委副书记
十、聚奎镇		
89	李江山	梁平区聚奎镇党委书记
90	高健华	梁平区聚奎镇党委副书记，镇长
91	魏智章	梁平区聚奎镇党委委员、人大主席
92	周飞云	梁平区聚奎镇党委专职副书记，人大兼职副主席
93	杨华林	梁平区聚奎镇党委委员、政法书记，副镇长

续表

94	胡培峰	梁平区聚奎镇党委委员、副镇长人选
95	秦德蓉	梁平区聚奎镇党委委员、纪委书记
96	刘明庆	梁平区聚奎镇党委委员，武装部长、副镇长
97	廖芸良	梁平区聚奎镇党委委员、组织委员
98	高燕	梁平区聚奎镇党委委员、宣传统战委员
99	高雪峰	梁平区聚奎镇党委委员，区委党校行政后勤科科长
十一、礼让镇		
100	刘文洋	梁平区礼让镇党委书记，一级调研员（兼）
101	汪建祥	梁平区礼让镇党委副书记、镇长
102	孙必飞	梁平区礼让镇党委委员、人大主席
103	许有蓉	梁平区礼让镇党委专职副书记
104	丁红	梁平区礼让镇党委委员、纪委书记
105	杨浪琴	梁平区礼让镇党委委员、组织委员
106	张晓鸿	梁平区礼让镇党委委员、副镇长
107	曾涛	梁平区礼让镇党委委员、宣传统战委员，人大副主席（兼）
108	叶小锋	梁平区礼让镇党委委员、武装部长、副镇长，川西村第一书记
109	王庆明	梁平区礼让镇党委委员、政法书记、副镇长
十二、明达镇		
110	廖宇	梁平区明达镇党委书记
111	程国义	梁平区明达镇党委副书记，镇长
112	段道余	梁平区明达镇党委委员、人大主席
113	唐传红	梁平区明达镇党委委员、纪委书记
114	廖东升	梁平区明达镇党委委员、副镇长
115	刘连勋	梁平区明达镇党委委员，副镇长、武装部长
116	肖娟	梁平区明达镇党委委员、宣传统战委员
117	于兴中	梁平区明达镇党委委员、副镇长
118	游涛	梁平区明达镇党委委员、组织委员
十三、龙门镇		
119	栾红	梁平区龙门镇党委书记
120	刘中培	梁平区龙门镇党委副书记、镇长
121	唐毅	梁平区龙门镇党委委员、专职副书记，人大兼职副主席
122	文明友	梁平区龙门镇党委委员、副镇长
123	谭凤明	梁平区龙门镇党委委员、纪委书记
124	杨昌树	梁平区龙门镇党委委员、组织委员
125	常评	梁平区龙门镇党委委员、宣传统战委员
126	蒋超	梁平区龙门镇党委委员、副镇长（2020.10）、武装部长
127	张宜	梁平区龙门镇党委委员

续表

十四、新盛镇		
128	唐小平	梁平区新盛镇党委书记
129	任翠	梁平区新盛镇党委副书记、镇长
130	刘运凡	梁平区新盛镇党委委员、人大主席
131	肖仁彬	梁平区新盛镇党委专职副书记
132	贺燕平	梁平区新盛镇党委委员、副镇长
133	谢松	梁平区新盛镇党委委员、政法书记，副镇长
134	廖茫茫	梁平区新盛镇党委委员、组织委员
135	王文江	梁平区新盛镇党委委员、宣传统战委员
136	邓惠国	梁平区新盛镇党委委员、副镇长
137	许权	梁平区新盛镇党委委员，副镇长、武装部长
十五、文化镇		
138	王谦	梁平区文化镇党委书记
139	刘晓波	梁平区文化镇党委副书记，镇长
140	徐云豪	梁平区文化镇党委委员，人大主席
141	谢明友	梁平区文化镇党委委员、专职副书记
142	吴明成	梁平区文化镇党委委员、纪委书记
143	陈颖异	梁平区文化镇党委委员、组织委员
144	刘伟	梁平区文化镇党委委员，副镇长、武装部长
145	谭锦绣	梁平区文化镇党委委员、宣传统战委员，人大兼职副主席
十六、屏锦镇		
146	谭功胜	梁平区屏锦镇党委书记
147	李剑勤	梁平区屏锦镇党委副书记、镇长
148	周登顺	梁平区屏锦镇党委委员、人大主席
149	高丕	梁平区屏锦镇党委委员、专职副书记
150	彭楷隆	梁平区屏锦镇党委委员、副镇长
151	罗书兵	梁平区屏锦镇党委委员、副镇长
152	陶思涛	梁平区屏锦镇党委委员、副镇长（2020.11）、武装部长
153	李宁	梁平区屏锦镇党委委员、副镇长
154	艾文建	梁平区屏锦镇党委委员、政法书记
155	罗云锋	梁平区屏锦镇党委委员、纪委书记
156	胡佳佳	屏锦镇党委委员、组织委员
157	冯正福	梁平区屏锦镇党委委员
十七、回龙镇		
158	杨德凡	梁平区回龙镇党委书记
159	魏国	梁平区回龙镇党委副书记、镇长
160	邓步福	梁平区回龙镇党委委员、人大主席

续表

161	谢华栋	梁平区回龙镇党委委员、副镇长
162	黄鹏	梁平区回龙镇党委委员、宣传统战委员
163	张立进	梁平区回龙镇党委委员、武装部长、副镇长
164	向时丹	梁平区回龙镇党委委员、纪委书记
165	唐曦	梁平区回龙镇党委委员、副镇长
166	田小芳	梁平区回龙镇人大专职副主席
十八、荫平镇		
167	蒋锡江	梁平区荫平镇党委书记
168	唐俊梅	梁平区荫平镇党委副书记、镇长
169	李文胜	梁平区荫平镇党委委员、人大主席
170	鄢究生	梁平区荫平镇党委委员、政法书记，副镇长
171	黄德英	梁平区荫平镇党委委员、宣传统战委员
172	蔡俊勇	梁平区荫平镇党委委员、副镇长
173	申明	梁平区荫平镇党委委员、纪委书记
174	周建华	梁平区荫平镇党委委员、组织委员
175	吴小川	梁平区荫平镇党委委员、副镇长、武装部长
176	王政	荫平镇党委委员、副镇长
十九、云龙镇		
177	王任辉	梁平区云龙镇党委书记
178	李万祥	梁平区云龙镇党委副书记、镇长
179	段云峰	梁平区云龙镇党委委员、人大主席
180	曹乾桂	梁平区云龙镇党委委员、专职副书记
181	黄倩	梁平区云龙镇党委委员、宣传统战委员
182	温厚洪	梁平区云龙镇党委委员，副镇长、武装部长
183	周军	梁平区云龙镇党委委员、政法书记
184	徐召军	梁平区云龙镇党委委员、副镇长
185	谭佐林	梁平区云龙镇党委委员、组织委员
186	程传武	梁平区云龙镇党委委员、副镇长
二十、和林镇		
187	谢文祥	梁平区和林镇党委书记
188	曹学荣	梁平区和林镇党委副书记，镇长
189	肖后祥	梁平区和林镇党委委员、人大主席
190	陈明君	梁平区和林镇党委委员、政法书记，副镇长
191	朱传楷	梁平区和林镇党委委员，副镇长、武装部长
192	李志明	梁平区和林镇党委委员、纪委书记
193	邱景娇	梁平区和林镇党委委员、副镇长
194	陈洪琳	梁平区和林镇党委委员、组织委员

续表

195	邓天宽	梁平区和林镇党委委员、宣传统战委员
二十一、铁门乡		
196	刘兴伍	梁平区铁门乡党委书记
197	陈代厅	梁平区铁门乡党委副书记，乡长
198	廖存静	梁平区铁门乡党委委员、人大主席
199	陈秋霞	梁平区铁门乡党委专职副书记
200	李庆	梁平区铁门乡党委委员、纪委书记
201	陈云	梁平区铁门乡党委委员、宣传统战委员
202	张劲	梁平区铁门乡党委委员、组织委员
203	石庆福	梁平区铁门乡党委委员
二十二、袁驿镇		
204	唐奇利	梁平区袁驿镇党委书记
205	熊鹰	梁平区袁驿镇党委副书记，镇长
206	温中斌	梁平区袁驿镇党委委员、人大主席
207	蒋方忠	梁平区袁驿镇党委专职副书记
208	唐春水	梁平区袁驿镇党委委员，副镇长、武装部长
209	刘干	梁平区袁驿镇党委委员、政法书记
210	高义君	梁平区袁驿镇党委委员、副镇长
211	陈强毅	梁平区袁驿镇党委委员、组织委员
212	陈传义	梁平区袁驿镇党委委员、副镇长
213	王建	梁平区袁驿镇党委委员、纪委书记
214	王绍忠	梁平区袁驿镇副镇长、双桂街道新民社区第一书记
215	刘德成	梁平区袁驿镇党委委员
二十三、碧山镇		
216	王家淦	梁平区碧山镇党委书记
217	谭幸	梁平区碧山镇党委副书记、镇长
218	袁挺	梁平区碧山镇党委委员、人大主席
219	李依周	梁平区碧山镇党委专职副书记
220	杨德智	梁平区碧山镇党委委员、宣传统战委员、人大副主席（兼）
221	刘人波	梁平区碧山镇党委委员，副镇长、武装部长
222	龙娟	梁平区碧山镇党委委员、组织委员
223	莫琎玮	梁平区碧山镇党委委员、政法书记，副镇长
二十四、虎城镇		
224	王文波	梁平区虎城镇党委书记
225	张永红	梁平区虎城镇党委副书记、镇长
226	成天鸿	梁平区虎城镇党委委员、人大主席
227	熊国金	梁平区虎城镇党委专职副书记

续表

228	胡汉中	梁平区虎城镇党委委员、政法书记
229	李文辉	梁平区虎城镇党委委员、宣传统战委员
230	张尚春	梁平区虎城镇党委委员、组织委员
231	蓝芳园	梁平区虎城镇党委委员、副镇长
232	吕厚生	梁平区虎城镇党委委员、纪委书记
233	王锋	梁平区虎城镇党委委员、副镇长
234	何超边	梁平区虎城镇党委委员、纪委书记
二十五、龙胜乡		
235	孙泽高	梁平区龙胜乡党委书记
236	杨军	梁平区龙胜乡党委副书记，乡长
237	唐孝锋	梁平区龙胜乡党委委员、人大主席
238	谢廷海	梁平区龙胜乡党委专职副书记
239	熊中林	梁平区龙胜乡党委委员、宣传统战委员
240	黄存根	梁平区龙胜乡党委委员、纪委书记
241	李连松	梁平区龙胜乡党委委员、武装部长，副乡长
242	游中丽	梁平区龙胜乡党委委员、政法书记，副乡长
二十六、竹山镇		
243	刘波	梁平区竹山镇党委书记
244	王大会	梁平区竹山镇党委副书记、镇长
245	詹彩余	梁平区竹山镇党委委员、人大主席
246	曾凡林	梁平区竹山镇党委委员、组织委员
247	蒋涛军	梁平区竹山镇党委委员、宣传统战委员
248	陈功	梁平区竹山镇党委委员，副镇长、武装部长
249	李效竹	梁平区竹山镇党委委员、政法书记，副镇长（2020.10）
250	唐开茂	梁平区竹山镇党委委员、农服中心主任
二十七、七星镇		
251	范峰波	梁平区七星镇党委书记
252	钟大明	梁平区七星镇党委副书记、镇长
253	石思兵	梁平区七星镇党委委员、人大主席
254	黄运河	梁平区七星镇党委专职副书记
255	张才上	梁平区七星镇党委委员、政法书记，副镇长
256	唐金星	梁平区七星镇党委委员、纪委书记
257	唐聪	梁平区七星镇党委委员，武装部长，副镇长
258	李金龙	梁平区七星镇党委委员、组织委员
259	罗红娟	梁平区七星镇党委委员、宣传统战委员
二十八、福禄镇		
260	杨红军	梁平区福禄镇党委书记

续表

261	童俊	梁平区福禄镇党委副书记，镇长
262	万成龙	梁平区福禄镇党委委员、人大主席
263	陆朝江	梁平区福禄镇党委专职副书记
264	石小成	梁平区福禄镇党委委员、组织委员
265	黎夏	梁平区福禄镇党委委员、纪委书记
266	熊孟贵	梁平区福禄镇党委委员、宣传统战委员
267	左刚	梁平区福禄镇党委委员、副镇长、武装部长，青桥村第一书记
268	唐全锋	梁平区福禄镇党委委员
二十九、曲水镇		
269	胡文胜	梁平区曲水镇党委书记
270	游念华	梁平区曲水镇党委副书记、镇长
271	曹玖武	梁平区曲水镇党委委员、人大主席
272	程传义	梁平区曲水镇党委委员、宣传统战委员
273	陶明铨	梁平区曲水镇党委委员，副镇长、武装部长
274	简安娟	梁平区曲水镇党委委员、纪委书记
275	梁义宏	梁平区曲水镇党委委员、组织委员
三十、石安镇		
276	罗世贵	梁平区石安镇党委书记
277	肖江	梁平区石安镇党委副书记、镇长
278	陶诗勇	梁平区石安镇党委委员、人大主席
279	郑延芳	梁平区石安镇党委专职副书记、人大副主席（兼）
280	唐治权	梁平区石安镇党委委员、组织委员
281	姚平川	梁平区石安镇党委委员、武装部长，副镇长
282	徐丹	梁平区石安镇党委委员、纪委书记
283	石思灯	梁平区石安镇党委委员
三十一、紫照镇		
284	廖廷鼎	梁平区紫照镇党委书记
285	石世文	梁平区紫照镇党委副书记、镇长
286	黄麒麟	梁平区紫照镇党委委员、人大主席
287	刘建	梁平区紫照镇党委专职副书记
288	张静	梁平区紫照镇党委委员、组织委员
289	舒锐	梁平区紫照镇党委委员、纪委书记
290	胡显胜	梁平区紫照镇党委委员、政法书记、副镇长，大丘村第一书记
291	温学苑	梁平区紫照镇党委委员
三十二、柏家镇		
292	邓传祥	梁平区柏家镇党委书记
293	曹祥	梁平区柏家镇党委副书记，镇长

续表

294	郎琳	梁平区柏家镇党委委员、人大主席
295	游祖华	梁平区柏家镇党委专职副书记、人大副主席（兼）
296	刘民兰	梁平区柏家镇党委委员，副镇长
297	黎林松	梁平区柏家镇党委委员、纪委书记
298	秦家寿	梁平区柏家镇党委委员，副镇长、武装部长
299	廖志群	梁平区柏家镇党委委员、组织委员
300	付星	梁平区柏家镇党委委员、宣传统战委员
301	张玉良	梁平区柏家镇党委委员
三十三、大观镇		
302	邓元科	梁平区大观镇党委书记
303	向杰	梁平区大观镇党委副书记，镇长
304	龙绍斌	梁平区大观镇党委委员、人大主席
305	陈杉	梁平区大观镇党委专职副书记
306	郭丹	梁平区大观镇党委委员、纪委书记
307	黄妮	梁平区大观镇党委委员、宣传统战委员
308	李玉晓	梁平区大观镇党委委员，副镇长、武装部长

重庆市梁平区第十七届人民代表大会代表一览表（284人）

表6

代表团	序号	姓名	性别	工作单位及职务（职业）
第一代表团	1	王建平	男	区教委主任
	2	邓丽华	女	区实验小学教师
	3	叶贻军	男	重庆市圣华建筑劳务有限公司董事长、总经理
	4	伍元中	男	区生态环境局局长
	5	刘友建	男	梁山街道办事处主任
	6	刘高波	男	梁山街道社区卫生服务中心医务科工作人员
	7	孙必春	男	重庆豪泰建筑工程有限公司董事长
	8	孙自芬	女	梁山街道南华社区居委会副主任
	9	李志祥	男	区人大常委会副主任、区总工会主席
	10	李其勇	男	区中医院针灸科主任
	11	李显云	男	梁山街道云佛村党总支书记
	12	杨贤仁	男	梁山街道群益村村民、梁平武术协会主席
	13	吴兴勇	男	重庆正衡律师事务所主任
	14	邱树洪	男	区人民政府副区长、公安局局长
	15	何学波	男	梁平响鼓岭现代农业公司现场经理
	16	张　涌	男	区委宣传部副部长、区融媒体中心主任
	17	陆晓刚	男	梁平流芳工艺竹帘厂经理
	18	陈世康	男	区林业局局长
	19	周　斌	男	梁山街道党工委书记
	20	郑云山	男	区人大常委会主任
	21	赵月明	男	新梁投资开发有限公司董事长
	22	郭培元	男	区科技局局长
	23	唐俊义	男	区财政局局长
	24	涂善俊	男	区审计局局长
	25	黄礼平	男	梁山街道人大工委主任
	26	曹端东	男	梁山街道东山村主任助理
	27	龚绍平	男	梁平宏业建司项目经理
	28	蒋绍国	男	重庆知德文化传播有限公司董事长
	29	曾　彦	女	梁山街道双桂社区居委会主任
	30	黎万琴	女	梁山街道大众社区居委会主任
第二代表团	1	万传伟	男	吉龙混凝土公司工人
	2	马顶泉	男	安胜镇民正电子厂总经理
	3	邓　卫	男	区委办公室副主任，区委机要局局长
	4	刘明山	男	区政府办公室主任

续表

代表团	序号	姓名	性别	工作单位及职务（职业）
	5	刘敢明	男	双桂街道人大工委主任
	6	齐 峰	男	双桂街道办事处主任
	7	李显梅	女	西苑小学工业园区校区教师
	8	杨 西	男	区规划自然资源局局长
	9	张旺		团区委书记
	10	陈泽田	男	区农业农村委主任
	11	罗 勇	男	区委办公室主任
	12	周启荣	男	区总工会党组书记
	13	胡长江	女	双桂街道千明村本土挂职人才
	14	胡晓中	男	区发展改革委主任
	15	陶斯俊	男	双桂街道党工委书记
	16	蒋小凤	女	重庆利财管道有限公司综合部人事行政文员
	17	蒋克琼	女	安胜镇人大主席
	18	熊朝林	男	安胜镇党委书记
第三代表团	1	万隆春	女	星桥镇中心校教师
	2	王炳坤	男	合兴街道党工委书记
	3	王益术	男	合兴街道办事处主任
	4	方关玲	女	星桥镇河井村党总支书记
	5	邓金花	女	合兴镇中心卫生院护士长
	6	付 云	男	区委常委、区工业园区管委会主任
	7	刘启楷	男	星桥人民政府镇长
	8	刘道荣	男	梁平大禹水禽养殖专业合作社理事长
	9	李 军	男	复平镇党委书记
	10	杨爱民	男	梁平区委常委、人武部政委
	11	何传奎	男	复平镇人大主席
	12	张成华	男	星桥镇党委书记
	13	陈传芳	女	星桥镇人大主席
	14	周维明	男	复平镇小山村村民
	15	袁智平	男	合兴镇护城社区党总支书记
	16	唐天平	男	合兴镇人大主席
	17	龚海平	女	合兴镇龙滩完小教师
	18	蒋文婷	女	合兴镇雨家村本土挂职人才
第四代表团	1	白兰新	男	区人大常委会退休干部
	2	兰显发	男	区农业机械化技术推广站站长
	3	刘清梅	女	蟠龙镇人大主席
	4	李泽忠	男	梁平青垭建材有限公司工人

续表

代表团	序号	姓名	性别	工作单位及职务（职业）
	5	李定川	男	蟠龙镇镇长
	6	李茜茜	女	金带镇双桂村综合服务专干
	7	李德波	男	蟠龙镇义和村综治专干
	8	杨宁春	女	金带办事处主任
	9	杨学然	男	仁贤镇五一村党委书记
	10	余永华	男	仁贤镇街道社区综治专干
	11	余绍涛	男	金带镇人大主席
	12	邹正国	男	仁贤镇党委书记
	13	周裕杰	女	蟠龙镇扈槽村党总支书记
	14	顾玉兰	女	仁贤镇中心小学教师
	15	唐晓龙	男	金带街道党工委书记
	16	谢荣禄	男	仁贤镇人大主席
	17	蒲继承	男	区委副书记、区人民政府区长
	18	楚义武	男	仁贤镇镇长
	19	雷小平	男	蟠龙镇人民政府镇长
	20	谭成奇	女	仁贤中心卫生院副院长
第五代表团	1	丁洪琼	女	明达镇长久村村民
	2	冯光俊	男	梁平玉竹工艺厂董事长
	3	华观珍	女	聚奎镇高碑村党委书记
	4	刘文洋	男	礼让镇党委书记
	5	许有军	男	明达镇新益村党总支书记
	6	孙必飞	男	礼让镇人大主席
	7	孙源宏	女	聚奎镇顺安完小教师
	8	李仁凤	女	明达镇中心小学教师
	9	李必金	男	聚奎镇长岭村村民
	10	李庆双	男	区人大常委会副主任
	11	李江山	男	聚奎镇党委书记
	12	肖明淑	女	礼让中学教师
	13	汪建祥	男	礼让镇人民政府镇长
	14	张红亮	男	重庆帝豪实业集团公司董事长
	15	张晓成	男	礼让镇同河村书记
	16	陈德胜	男	聚奎镇安寿村党委书记
	17	罗小红	女	礼让镇川西村村民
	18	罗小红	女	聚奎镇中心小学教师
	19	周 进	男	区规划设计院院长
	20	郑高泽	男	明达镇朝阳村党支部书记

续表

代表团	序号	姓名	性别	工作单位及职务（职业）
	21	屈　猛	女	区人大常委会副主任
	22	赵娇娇	女	聚奎镇聚奎村主任
	23	段道余	男	明达镇人大主席
	24	姚新政	男	区人大农业与农村委主任委员
	25	秦举德	男	聚奎镇爱和村村民
	26	高健华	男	聚奎镇人民政府镇长
	27	唐　红	男	区水利局党组书记
	28	唐尚芬	女	区人大社会建设委主任委员
	29	蒋红梅	女	礼让镇民中村主任
	30	程国义	男	明达镇人民政府镇长
	31	释身振	男	双桂堂方丈、重庆佛教协会会长
	32	廖　宇	男	明达镇党委书记
	33	魏智章	男	聚奎镇人大主席
第六代表团	1	王　谦	女	文化镇人民政府镇长
	2	王英武	男	新盛中心卫生院
	3	毛大春	男	区委常委、政法委书记
	4	邓久超	女	龙门镇拱桥村党总支书记
	5	白海波	男	龙门镇河龙村综合治理专干
	6	任　翠	女	新盛镇人民政府镇长
	7	刘中培	男	龙门镇人民政府镇长
	8	刘文香	女	新盛镇三河村村民
	9	刘运凡	男	新盛镇人大主席
	10	刘晓波	男	文化镇镇长
	11	孙代勇	男	区委常委、组织部长
	12	李家玲	女	区人大监察和法制委副主任委员
	13	杨　琼	女	新盛镇中心小学德育副主任
	14	杨　颂	男	区交通局局长
	15	易云祥	男	龙门镇拱桥完小教师
	16	胡发海	男	区人大财经委主任委员
	17	贺祖波	男	重庆文康食品有限责任公司生产车间主任
	18	徐云豪	男	文化镇人大主席
	19	徐继春	女	区人大社会建设委副主任委员
	20	栾　红	女	龙门镇党委书记
	21	唐小平	男	新盛镇党委书记
	22	蒋永全	男	新盛镇高升村村民
	23	谢普玉	女	新盛镇农业服务中心副主任
	24	熊启英	女	龙门镇卫生院副院长

续表

代表团	序号	姓名	性别	工作单位及职务（职业）
第七代表团	1	王显贵	男	区人大常委会办公室主任
	2	邓步福	男	回龙镇人大主席
	3	田小芳	女	回龙镇人大专职副主席
	4	任维平	男	区委退休干部
	5	李钟斌	男	区委常委、统战部长
	6	李剑勤	男	屏锦镇人民政府镇长
	7	杨晓云	男	区委书记
	8	杨德凡	男	回龙镇党委书记
	9	吴　林	女	回龙镇初级中学教师
	10	张尚海	男	屏锦镇桂湾村书记
	11	陈小春	女	屏锦镇和睦村主任
	12	周　丹	女	梁平海螺水泥有限责任公司人事主管
	13	周登顺	男	屏锦镇人大主席
	14	郑月冬	女	梁平宏胜伞业人事主管
	15	胡　钢	男	重庆平伟实业股份有限公司执行总经理
	16	禹春花	女	屏锦镇锦兴超市货源管理
	17	贺彩忠	男	屏锦镇农服中心副主任
	18	秦继英	女	重庆旺吉泰贸易有限公司董事长助理
	19	徐家辉	男	梁平德和泰木板年画作坊负责人
	20	殷广勇	男	屏锦镇万年村村民
	21	郭依平	男	回龙镇民胜村总支部书记
	22	涂昌敏	男	屏锦镇龙河村书记
	23	黄　尉	男	环球电广影视传媒集团有限公司董事长
	24	曹先君	女	屏锦镇中学教师
	25	曾庆国	男	屏锦镇兴平社区书记
	26	曾庆钧	男	回龙镇街道社区党支部书记
	27	曾祥孝	男	屏锦镇龙溪村书记
	28	谢凤渝	女	区第二人民医院办公室主任
	29	詹传明	男	屏锦镇万年村村民
	30	廖　欣	男	重庆蝴蝶谷旅游开发有限公司法人
	31	谭功胜	男	屏锦镇党委书记
	32	谭科文	男	屏锦镇新桥社区书记
	33	谭晓绘	男	回龙镇教管中心主任、中心小学校长
	34	熊健	男	区委组织部常务副部长
	35	魏　国	男	回龙镇人民政府镇长

续表

代表团	序号	姓名	性别	工作单位及职务（职业）
第八代表团	1	王任辉	男	云龙镇党委书记
	2	邓富荣	女	和林镇卫生院院长
	3	石 娟	女	云龙中学教师
	4	代显容	女	云龙镇护云村村民
	5	朱传淑	女	荫平镇太平完小教师
	6	刘兴伍	男	铁门乡党委书记
	7	许有学	男	区人大常委会教科文卫委主任
	8	李万祥	男	云龙镇人民政府镇长
	9	李文胜	男	荫平镇人大主席
	10	李世飞	男	荫平镇光华村味源花椒种植合作社社长
	11	李必琼	女	和林镇蔡家村综服专干
	12	肖世学	男	铁门乡新龙村党支部委员
	13	肖后祥	男	和林镇人大主席
	14	张子玉	女	区委常委、宣传部部长
	15	张兴彪	男	云龙镇街道社区书记
	16	易 琼	女	和林镇街道社区居委会主任
	17	段云峰	男	云龙镇人大主席
	18	高 翔	男	工业园区公司党委书记、董事长
	19	唐俊梅	女	荫平镇人民政府镇长
	20	唐晓娟	女	区人大常委会办公室副主任
	21	唐德成	男	云龙镇同心村村民
	22	唐德明	男	和林镇平都村村民
	23	曹学荣	男	和林镇人民政府镇长
	24	梁培春	女	区人大常委会人代工委主任
	25	蒋锡江	男	荫平镇党委书记
	26	蒋模琴	女	梁平区交通服务中心主任
	27	谢文祥	男	和林镇党委书记
	28	蔡由政	男	荫平镇街道社区党委书记
	29	廖存静	男	铁门乡人大主席
	30	黎万书	男	荫平镇乐英村柚子专业合作社社长
第九代表团	1	王鸣隆	男	区人民检察院检察长
	2	王家淦	男	碧山镇党委书记
	3	左迎春	男	袁驿镇叶岩村村委会主任
	4	石思兵	男	七星镇人大主席
	5	朱孝琼	女	袁驿中学教师
	6	先德芳	女	碧山镇卫生院公共卫生科科长

续表

代表团	序号	姓名	性别	工作单位及职务（职业）
	7	孙远华	男	重庆宏铭实业有限公司董事长兼总经理
	8	李国万	男	重庆市邵新煤化有限公司 执行董事、党委书记
	9	肖国勇	男	袁驿镇邵兴村党总支书记
	10	张尚琴	女	七星镇仁安村综合服务专干
	11	陈孟文	男	区委副书记
	12	范峰波	男	七星镇党委书记
	13	孟国华	男	碧山镇街道社区组长
	14	钟雪芳	女	七星镇马梁村挂职干部
	15	袁 挺	男	碧山镇人大主席
	16	唐奇利	女	袁驿镇党委书记
	17	蒋丽英	女	重庆尧龙农业开发有限公司法人
	18	温中斌	男	袁驿镇人大主席
	19	楚德海	男	区人大监察和法制会主任委员
	20	谭 幸	男	碧山镇人民政府镇长
	21	熊 鹰	男	袁驿镇人民政府镇长
第十代表团	1	王文波	男	虎城镇党委书记
	2	石溅泉	男	区人民法院院长
	3	成天鸿	男	虎城镇人大主席
	4	刘 波	男	竹山镇党委书记
	5	孙泽高	男	龙胜乡党委书记
	6	李万玲	女	虎城镇砂石社区综服专干
	7	杨 军	男	龙胜乡人民政府乡长
	8	何 妮	女	虎城镇人大专职副主席
	9	张永红	男	虎城镇人民政府镇长
	10	周仁胜	男	区政协主席
	11	周庆素	女	虎城镇陈家社区综治专干
	12	赵春兰	女	虎城镇中心卫生院住院部副护士长
	13	唐仕英	女	龙胜乡新口村支部书记
	14	唐孝锋	男	龙胜乡人大主席
	15	唐丽娟	女	虎城镇初级中学德育副主任
	16	唐明元	男	虎城镇大兴村党总支书记
	17	阎 乔	女	区教科所办公室主任
	18	雷大海	男	虎城镇清河村党总支书记
	19	詹彩余	男	竹山镇人大主席
	20	廖国坚	男	虎城镇八林村党支部书记

续表

代表团	序号	姓名	性别	工作单位及职务（职业）
第十一代表团	1	万成龙	男	福禄镇人大主席
	2	杨红军	男	福禄镇党委书记
	3	杨衡山	男	区人大常委会预算工委主任
	4	肖江	男	石安镇人民政府镇长
	5	陈远君	男	福禄镇文化服务中心主任
	6	陈学凤	女	福禄镇紫龙村妇联主席
	7	罗世贵	男	石安镇党委书记
	8	金 烽	男	区委常委、纪委书记、监委主任
	9	周维碧	女	福禄镇光荣村主任
	10	胡文胜	男	曲水镇党委书记
	11	陶诗勇	男	石安镇人大主席
	12	黄 娇	女	石安镇中心小学教师
	13	曹玖武	男	曲水镇人大主席
	14	童 俊	男	福禄镇人民政府镇长
	15	游念华	男	曲水镇人民政府镇长
	16	谭 菲	女	福禄镇中心卫生院办公室主任
	17	谭亚玲	女	曲水镇中心小学老师
	18	谭辉全	男	曲水镇聚宝村村民
第十二代表团	1	方 元	男	青海米亚大碗馄饨加工厂总经理
	2	邓元科	男	大观镇党委书记
	3	邓传祥	男	柏家镇人民政府镇长
	4	龙绍斌	男	大观镇人大主席
	5	向 杰	男	大观镇人民政府镇长
	6	刘小军	男	柏家镇龙江村村委副主任
	7	刘小娟	女	大观镇千福村综合服务专干
	8	陈文宇	女	柏家镇中心小学教导副主任
	9	郎 琳	男	柏家人大主席
	10	黄麒麟	男	紫照镇人大主席
	11	曹祥	男	柏家镇人民政府镇长
	12	扈先斌	男	区人大常委会副主任、梁平中学校长
	13	雷永勇	男	大观镇新路村综合治理专干
	14	廖廷鼎	男	紫照镇党委书记
	15	廖猛娟	女	区妇联主席
	16	熊书凡	男	紫照乡青锋社区主任
	17	戴晓稳	男	区人大常委会副主任

政协重庆市梁平区第十四届委员会委员一览表

表7

第一组（中共界联组）

序号	姓名	性别	政治面貌	界别	所在工作单位及职务
1	廖文宪	男	中共党员	中共界	区政协党组副书记、副主席
2	谭佐祥	男	中共党员	中共界	区政协党组成员、机关党组书记、秘书长、办公室主任
3	刘　华	男	中共党员	中共界	区政协提案委主任
4	吕春坪	女	中共党员	中共界	区政协提案委专职副主任
5	曾庆华	男	中共党员	中共界	区交通建设公司党委委员、董事、副总经理（主持日常行政工作）
6	屈　刚	女	中共党员	中共界	区委网信办主任
7	吴玉玲	女	中共党员	中共界	区委政法委副书记
8	段郑洁	女	中共党员	中共界	区委党校副校长
9	张　钊	男	中共党员	中共界	区生态环境局党组成员、副局长
10	谭永进	男	九三学社社员	特邀界	区职教中心副校长
11	张志君	男	九三学社社员	特邀界	重庆荣禹水电工程建设有限公司董事、总经理
12	王云富	男	中共党员	经济界	人行梁平支行行长
13	徐　菠	男	民盟盟员	文艺界	梁平网事经理
14	王　令	男	民建会员	文艺界	区委宣传部新闻科负责人
15	张云屏	男	无党派人士	教育界	区民政局副局长
16	李锡琴	女	无党派人士	教育界	区教师进修校副校长
17	罗东升	男	中共党员	特邀界	区统计局党组书记、局长
18	陈宝涛	男	农工党党员	工商联界	区水利局局长
19	黄晓红	女	中共党员	医卫界	双桂街道社区卫生服务中心主任
20	郭东斌	男	无党派人士	无党派界	区委统战部民主党派服务中心主任
21	彭　彬	男	中共党员	中共界	区政协提案联络办公室主任
22	万明全	男	中共党员	特邀界	区政府办党组成员、副主任（保留正处级）
23	常迎春	男	中共党员	中共界	区委统战部副部长（保留正处级待遇），区民族宗教事务委员会主任（兼）
24	唐信祥	男	中共党员	中共界	区政协机关党组成员，区政协办公室副主任
25	李　伟	男	中共党员	特邀界	区退役军人事务局党组成员、副局长
26	游　涛	男	中共党员	特邀界	区商务委党组成员、副主任
27	易光大	男	中共党员	科协界	区科协党组书记、主席
28	陈　政	男	中共党员	经济界	梁平区供电公司总支部书记
29	涂小东	男	无党派人士	无党派界	梁平区青年志愿者协会会长
30	徐　翔	男	无党派人士	工商联界	亿联智慧小镇副总经理
31	陈彦旭	男	无党派人士	工商联界	重庆瀚阳工程项目管理有限公司董事长、成都梁平商会常务副会长
32	孙青山	男	无党派人士	经济界	重庆有住科技产业发展有限公司董事长

续表

序号	姓名	性别	政治面貌	界别	所在工作单位及职务
33	章晋华	男	中共党员	中共界	梁平区人民武装部军事科长

第二组（工商联界、经济界联组）（简称：工商联经济界联组）

序号	姓名	性别	政治面貌	界别	所在工作单位及职务
1	周仁胜	男	中共党员	中共界	区政协党组书记、主席
2	唐天敏	男	九三学社社员	工商联界	区政协副主席
3	张天文	男	中共党员	中共界	区政协经济委主任
4	周中建	男	中共党员	中共界	区政协经济委副主任
5	蒋明号	男	中共党员	中共界	区经信委党组成员、副主任
6	王兴龙	男	中共党员	经济界	重庆平伟实业有限公司副总经理
7	孙祥敏	男	中共党员	经济界	重庆捷尔士显示技术有限公司总经理
8	焦祖贵	男	无党派人士	经济界	重庆双吉德环保设备制造有限公司副总经理
9	叶惠民	男	无党派人士	经济界	重庆豪威尔塑胶有限公司法定代表人
10	张忠全	男	无党派人士	经济界	梁平区天胜电子有限公司副总经理
11	蒋礼燕	女	无党派人士	经济界	重庆市咪兔实业有限公司总经理
12	陶友文	男	无党派人士	经济界	重庆德财科技有限公司董事长
13	曾庆国	男	无党派人士	经济界	重庆凯美塑料有限公司工会主席
14	张 娟	女	无党派人士	经济界	重庆百货大楼股份有限公司商场办公室主任
15	王怀川	男	无党派人士	经济界	重庆市邵新煤化有限公司财务部部长
16	钟昌硕	男	无党派人士	经济界	重啤九厂酿造部经理
17	管敏锋	男	无党派人士	经济界	梁平悍豹机电公司总经理
18	石思燕	女	民盟盟员	工商联界	区商务委主任
19	林文豪	男	无党派人士	工商联界	重庆泽通管业科技有限公司董事长
20	邓孝林	男	无党派人士	工商联界	重庆市天一整装工厂店总经理、建材家居五金装饰商会会长
21	徐 旺	男	无党派人士	工商联界	区本旺商贸有限公司经理
22	文华成	男	农工党党员	工商联界	重庆天农八部农业科技有限公司总经理、梁平电子商务协会会长
23	李 英	女	民建会员	工商联界	重庆小牧羊餐饮管理有限公司董事长
24	邵周华	男	中共党员	工商联界	梁平区安泰汽车运输有限公司董事长
25	李开平	男	无党派人士	工商联界	重庆市鹏宇五金制造公司董事长
26	熊涪平	男	无党派人士	工商联界	梁平区新农小额贷款公司董事长
27	孙万莉	女	无党派人士	工商联界	梁平巴渝大酒楼总经理
28	向时明	男	中共党员	工商联界	区工商联党组书记，区委统战部副部长（兼）
29	秦建国	男	中共党员	工商联界	区工商联党组成员、副主席
30	刘远平	男	无党派人士	工商联界	重庆市慧平管业有限公司董事长
31	王元俊	女	中共党员	工商联界	梁平区私营个体经济协会会长

续表

序号	姓名	性别	政治面貌	界别	所在工作单位及职务
32	方厚剑	男	民建会员	经济界	梁平区发展和改革委员会社会发展科科长
33	张洪太	男	中共党员	经济界	农商行梁平支行党委书记、行长
34	颜 俊	男	中共党员	经济界	中国人民财产保险股份有限公司梁平支公司党组书记、总经理
35	欧 阳	男	中共党员	经济界	重庆新梁投资开发（集团）有限公司董事、财务总监
36	陶有花	女	民建会员	工商联界	区非公有制经济服务中心主任
37	罗晓蓉	女	中共党员	经济界	重庆名豪集团梁平实业有限公司副总裁兼酒店公司总经理
38	郑德伟	男	无党派人士	经济界	梁平区富丽华金银饰品有限公司、中金珠宝店总经理

第三组（总工会界、共青团界、妇联界、无党派界联组）（简称：工青妇无党派界联组）

序号	姓名	性别	政治面貌	界别	所在工作单位及职务
1	陈命安	男	中共党员	中共界	区政协党组成员、副主席
2	唐仕富	男	中共党员	中共界	区政协人资环建委主任
3	邹晓燕	女	中共党员	中共界	区政协人资环建委专职副主任
4	单新奎	男	无党派人士	无党派界	区企业发展服务中心主任
5	杨代斌	男	无党派人士	无党派界	区规划自然资源局副局长
6	刘红钧	男	无党派人士	无党派界	园区公司董事、总经理
7	冯波霞	女	无党派人士	无党派界	原区金融服务中心六级职员
8	姜玉婷	女	无党派人士	无党派界	区非税收入征收中心主任
9	何一彬	男	无党派人士	无党派界	区住房城乡建委副主任
10	叶兴义	男	无党派人士	无党派界	区农业农村委副主任
11	田 军	女	无党派人士	无党派界	区城市管理局财务审计科科长
12	向帮秀	女	无党派人士	无党派界	区土储中心副主任
13	李玉琴	女	无党派人士	无党派界	区国土资源监测所工作人员
14	黄正军	男	无党派人士	科协界	重庆渝浩建筑设计研究院有限公司分公司工程师
15	刘孝龙	男	无党派人士	科技界	重庆鹏厦建筑设计有限公司技术负责人
16	王 瑶	女	中共党员	总工会界	梁平工业园区党工委委员、管委会副主任
17	朱慧懿	女	无党派人士	总工会界	区检察院工会主席
18	江 毅	男	民建会员	总工会界	区生态环境局生态科科长
19	孙 傲	女	民建会员	总工会界	区总工会职工服务中心副主任
20	黎万国	男	民建会员	总工会界	区计生协会四级调研员
21	黎克全	男	中共党员	总工会界	区计生协党组书记、常务副会长
22	徐 坤	男	中共党员	共青团界	区机关事务管理中心干部
23	邓 中	男	中共党员	共青团界	重庆市青创会梁平分会会长、重庆捷梁农机股份合作社理事长
24	唐彰骏	男	无党派人士	共青团界	区紫竹管理中心副主任

续表

序号	姓名	性别	政治面貌	界别	所在工作单位及职务
25	廖 会	女	共青团员	共青团界	重庆胜惠电脑科技公司总经理
26	郭 霞	女	无党派人士	共青团界	梁平中学团委副书记
27	田振银	男	无党派人士	共青团界	梁平希望电脑总经理
28	陶义蓉	女	无党派人士	妇联界	星桥镇政府专职妇联副主席
29	谢春花	女	农工党党员	妇联界	区法院民二庭副庭长
30	田正慧	女	中共党员	妇联界	区妇联党组成员、副主席
31	高宝虹	女	共青团员	妇联界	梁山街道双桂社区居委会副主任
32	邱小兰	女	无党派人士	妇联界	团区委青少年学生校外活动中心主任
33	王洪洋	男	致公党党员	经济界	区人力社保局副局长
34	李红波	女	九三学社社员	特邀界	区公共资源交易监管局局长
35	罗晓鹏	男	中共党员	特邀界	区交通局规划计划科负责人

第四组（农业界、科技界联组）（简称：农业科技界联组）

序号	姓名	性别	政治面貌	界别	所在工作单位（通讯地址）及职务
1	蒋明书	男	中共党员	中共界	区政协党组成员、副主席
2	杨学伟	男	中共党员	中共界	区政协农业农村委主任
3	盛如春	男	中共党员	中共界	区政协农业农村委专职副主任
4	吴正远	男	无党派人士	农业界	区农业农村委农村经济与改革科科长
5	吴兴文	男	无党派人士	农业界	区农业技术服务中心高级农艺师
6	潘传均	男	无党派人士	农业界	重庆市梁平区跑道鱼渔业有限公司总经理
7	唐晓东	男	无党派人士	农业界	重庆市旭焰实业有限公司总经理
8	文子源	男	无党派人士	农业界	重庆文翔农业科技有限公司董事长
9	任淑慧	女	无党派人士	农业界	重庆玖旺牧业开发有限公司总经理
10	谭吉兴	男	无党派人士	农业界	梁平吉兴生猪养殖专业合作社理事长
11	吴启森	男	民建会员	农业界	重庆知稻生态农业有限公司总经理
12	唐 驰	男	农工党党员	农业界	区水利局河道站站长
13	杨祖清	男	农工党党员	农业界	区水文管理站站长
14	游永芬	女	无党派人士	农业界	新盛镇农业服务中心高级农艺师
15	张文辉	男	中共党员	农业界	梁平区龙滩柚子专业合作社理事长
16	伍学惠	女	中共党员	农业界	重庆惠成竹业有限公司董事长
17	袁 东	女	民建会员	农业界	重庆市蜀达饲料有限公司董事长
18	黄 庭	男	无党派人士	农业界	金带镇农业服务中心主任
19	孙金华	男	中共党员	农业界	区水利局党组成员、副局长
20	胡文祥	男	民建会员	农业界	区农业农村委三级调研员
21	杨代述	男	中共党员	农业界	区政协专职常委
22	游国玲	女	农工党党员	科协界	区农能环保土肥站副站长
23	高 峰	男	无党派人士	经济界	重庆市都梁实业有限公司董事长

续表

序号	姓名	性别	政治面貌	界别	所在工作单位（通讯地址）及职务
24	罗书平	男	中共党员	经济界	重庆市袁驿豆制品有限责任公司董事长
25	魏奎富	男	无党派人士	工商联界	重庆一根豆筋有限公司董事长
26	张盛平	男	中共党员	工商联界	梁平县平川茶叶专业合作社理事长
27	刘昌仁	男	民建会员	工商联界	重庆市张鸭子食品有限公司总经理
28	李成菊	女	民建会员	工商联界	重庆市森宝木胶有限公司董事长
29	马前军	男	中共党员	科技界	重庆上口佳农业开发有限公司总经理
30	韦清伟	男	无党派人士	科技界	重庆市梁平区丰疆生物科技有限公司总经理
31	廖锡平	男	中共党员	科技界	重庆回味食品有限公司总经理
32	袁利平	女	九三学社社员	经济界	区林业局副局长
33	王清明	男	中共党员	农业界	梁平区龙泉供水公司支部书记、总经理
34	方山平	男	无党派人士	农业界	梁平区新合农业生产资料有限责任公司董事、副经理
35	文俊杰	男	中共党员	农业界	重庆渝每滋农业科技发展有限公司董事长
36	周述俊	男	农工党党员	农业界	梁平区畜牧渔业发展中心畜牧站副站长
37	卢长坤	男	中共党员	农业界	重庆市数谷旅游开发有限公司总经理
38	曾庆贵	男	中共党员	农业界	梁平区七星镇金柱村新媒体人
39	曹元波	男	无党派人士	农业界	梁平区曹元波电子商务经营部法人
40	唐治均	女	无党派人士	农业界	重庆博之鸣畜产品有限公司总经理

第五组（文艺界、教育界、科协界、医卫界联组）（文艺教育科协医卫界联组）

序号	姓名	性别	政治面貌	界别	所在工作单位（通讯地址）及职务
1	廖泽瑄	女	农工党党员	特邀界	区政协副主席
2	陈果立	男	无党派人士	无党派界	区政协教科卫体文化文史委主任
3	谭红梅	女	中共党员	中共界	区政协教科卫体文化文史委专职副主任
4	谢明书	女	无党派人士	教育界	梁平职校校长
5	陆远珠	男	无党派人士	教育界	梁平一中教师
6	廖 爽	女	民盟盟员	教育界	区教委副主任
7	刘文媛	女	无党派人士	教育界	梁平区仁贤镇五一完小教师
8	唐频涛	男	九三学社社员	教育界	梁平中学教师
9	高小玲	女	民盟盟员	教育界	梁平区实验小学副校长
10	孙常春	女	九三学社社员	教育界	梁平红旗中学信息技术处主任
11	黄 莺	女	民盟盟员	教育界	梁山小学办公室主任
12	李 莉	女	中共党员	教育界	梁平区西苑小学副校长
13	李直田	男	无党派人士	教育界	梁平区屏锦中学教导处主任
14	唐祖萍	女	中共党员	教育界	梁平区双桂幼儿园园长
15	王海波	男	无党派人士	教育界	梁山初中教师
16	王 玥	男	中共党员	教育界	梁平一中校长
17	薛南平	男	民建会员	科协界	区妇幼保健计划生育服务中心主任

续表

18	刘 晓	男	无党派人士	科协界	区中医院外科主任
19	孙 伟	男	无党派人士	科协界	梁平职教中心教师
20	许国成	男	中共党员	医卫界	袁驿中心卫生院院长
21	李发安	男	民盟盟员	医卫界	区人民医院副院长（挂职）
22	徐 洪	男	无党派人士	医卫界	区人民医院胸外、血管外科主任
23	王甫娟	女	民建会员	医卫界	区妇幼保健计划生育服务中心副主任
24	杨世林	男	无党派人士	医卫界	区疾控中心卫生科副科长
25	文明月	男	无党派人士	医卫界	区中医院内二科主任
26	向伟明	男	无党派人士	医卫界	区第二人民医院中医科科长

第六组（台联界、侨联界、少数民族界、宗教界联组）（简称：台侨民宗界联组）

序号	姓名	性别	政治面貌	界别	所在工作单位（通讯地址）及职务
1	王峻波	男	无党派人士	无党派界	区政协副主席、区法院副院长
2	周 刚	男	中共党员	中共界	区政协社法民宗委主任
3	陈 焰	男	中共党员	中共界	区委统战部常务副部长
4	柏 林	男	中共党员	台联界	区委统战部副部长、台办主任、侨办主任
5	刘黎明	男	无党派人士	台联界	工商银行梁平支行营业部客服经理
6	甘业红	男	无党派人士	台联界	梁平区海峡电器贸易商行董事长
7	周助君	女	无党派人士	台联界	区人民医院呼吸内科护士
8	曾宏峰	男	无党派人士	侨联界	曲水镇中心小学教导主任
9	周 密	男	无党派人士	侨联界	重庆四通国际旅行社经理
10	周 舟	男	无党派人士	侨联界	梁平区玛雅婚纱摄影总经理
11	石辉健	男	中共党员	侨联界	区侨联主席
12	谭凤明	女	中共党员	少数民族界	龙门镇党委委员、纪委书记
13	李 锋	男	无党派人士	少数民族界	梁平区职教中心高级教师
14	郑 刚	男	无党派人士	少数民族界	区公安局刑事科学技术室二级警务技术主管
15	刘兰兰	女	民盟盟员	少数民族界	梁平一中教师
16	释克济	男	无党派人士	宗教界	双桂堂知客
17	邹 斌	男	无党派人士	宗教界	梁平区佛教协会秘书长
18	彭恩兵	男	无党派人士	宗教界	梁平天主教堂本堂神父
19	李兴峰	男	无党派人士	宗教界	梁平基督教福音堂牧师
20	释克心	男	无党派人士	宗教界	梁平峨眉寺住持
21	何泽清	男	无党派人士	宗教界	梁平区天主教爱国会主任
22	杨中明	男	无党派人士	宗教界	梁平基督教福音堂牧师
23	蒋文勇	男	九三学社社员	经济界	重庆文才律师事务所主任
24	刘世才	男	无党派人士	经济界	重庆正衡律师事务所副主任
25	罗华英	女	无党派人士	无党派界	区司法局副局长
26	周世波	男	民建会员	文艺界	区医保局副局长

续表

序号	姓名	性别	政治面貌	界别	所在工作单位（通讯地址）及职务
27	罗兴义	男	中共党员	总工会界	区公安局党委委员、政治处主任
28	钟 进	女	中共党员	妇联界	区信访办党组成员、副主任
29	郑代荣	男	中共党员	特邀界	区市场监管局党组成员、副局长
30	高保勇	男	中共党员	特邀界	区审计局党组成员、副局长
31	张 成	男	中共党员	农业界	区委政法委常务副书记
32	释克海	男	无党派人士	宗教界	双桂堂都监
33	高武军	男	中共党员	特邀界	区公安局党委副书记、常务副局长
34	陈代立	男	中共党员	中共界	区政协社情民意信息中心主任
35	张晓路	男	民进会员	无党派界	梁平区司法局铁门司法所副所长
36	向先银	男	民盟盟员	特邀界	梁平区鼎谋律师事务所主任
37	袁德川	男	中共党员	中共界	区政协社法民宗委专职副主任
38	释克智	男	无党派人士	宗教界	双桂堂监院、鸣钟寺监院

第七组（特邀界联组）

序号	姓名	性别	政治面貌	界别	所在工作单位（通讯地址）及职务
1	周 毅	男	民盟盟员	教育界	区政协副主席，红旗中学副校长
2	刘京贵	男	中共党员	中共界	区政协学习联络委主任
3	沈海林	男	中共党员	特邀界	区委党校副校长
4	朱高波	男	中共党员	特邀界	区税务局副局长
5	孙江梁	男	中共党员	特邀界	区税务局副局长
6	胡 波	男	中共党员	特邀界	区统计局党组成员、副局长
7	李安平	男	中共党员	特邀界	梁平调查队副队长
8	肖中杰	女	民建会员	特邀界	区科技局副局长
9	韩晓君	女	民建会员	特邀界	区法院第三法庭庭长
10	李 欣	男	无党派人士	特邀界	区市场监管局副科级干部
11	高小勇	男	中共党员	特邀界	区应急管理局党组成员、副局长
12	李亚敏	女	中共党员	特邀界	双桂街道党工委委员、宣传统战委员
13	曾 涛	男	中共党员	特邀界	礼让镇党委委员、宣传统战委员
14	吕厚生	男	中共党员	特邀界	虎城镇党委委员、纪委书记
15	谭 荣	男	中共党员	特邀界	区民政局党组成员、副局长
16	邓 英	女	无党派人士	科技界	重庆金思路商务信息咨询有限公司财务总监
17	陈传洪	男	无党派人士	科技界	重庆宏工工程机械有限责任公司总经理
18	袁洪相	男	无党派人士	无党派界	射击运动员、平伟实业成控部员工
19	罗 春	女	民进会员	无党派界	区政协副秘书长
20	唐小娟	女	民进会员	无党派界	区残联残疾人服务所所长
21	许家斌	男	中共党员	教育界	力帆光彩小学教师
22	任 丽	女	中共党员	中共界	区政协学习联络委副主任

续表

序号	姓名	性别	政治面貌	界别	所在工作单位（通讯地址）及职务
23	唐仁平	男	中共党员	中共界	区委党校常务副校长
24	雷 进	男	民进会员	无党派界	梁平红旗中学德育处副主任
25	江金娇	女	民进会员	无党派界	区中小企业服务中心综合科科长
26	周淑平	男	中共党员	特邀界	区委农业农村工委委员、区农业农村委副主任（保留正处级待遇），区扶贫办副主任
27	田世君	男	中共党员	特邀界	区大数据发展局党组成员、副局长
28	邓履娟	女	中共党员	特邀界	区企业发展服务中心副主任
29	桑维军	男	中共党员	特邀界	农发行梁平区支行支部书记
30	彭 鹏	男	中共党员	科技界	重庆巨源不锈钢制品有限公司常务副总经理
31	苏高华	男	中共党员	经济界	重庆市梁平智慧小镇智能制造板块负责人
32	宋 杰	男	无党派人士	经济界	中贸投实业（重庆）有限公司董事长